주부협정과 파트타임 노동

主婦パートタイマーの処遇格差はなぜ再生産されるのか
：スーパーマーケット産業のジェンダー分析
金英 著

Shufu Parttimer no Shogukakusa ha Naze Saiseisan Sarerunoka:
Supermarket Sangyo niokeru Gender bunseki by Kim Young

Original Japanese edition published by Minerva Shobo Co., Ltd.
This Korean edition is published by arrangement with Minerva Shobo Co., Ltd., Kyoto

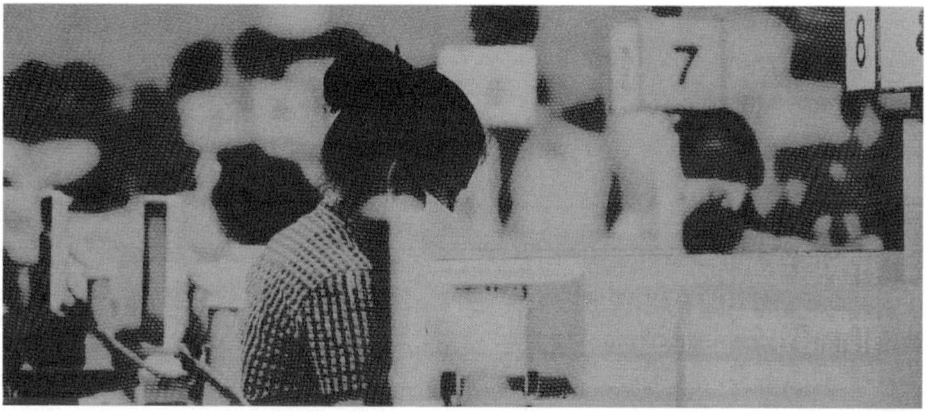

주부협정과 파트타임 노동

김 영 저·역

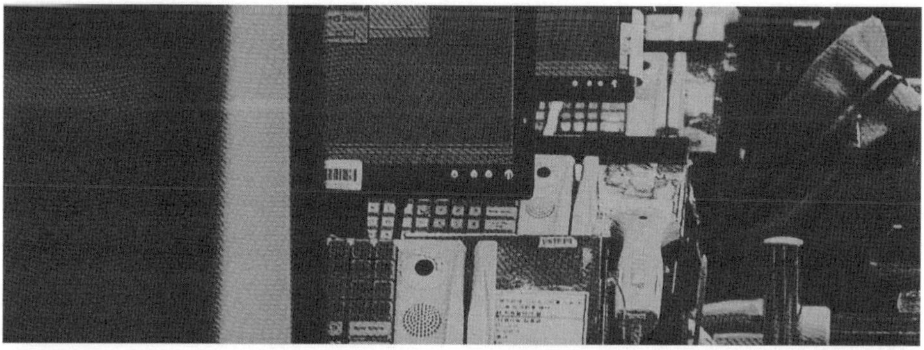

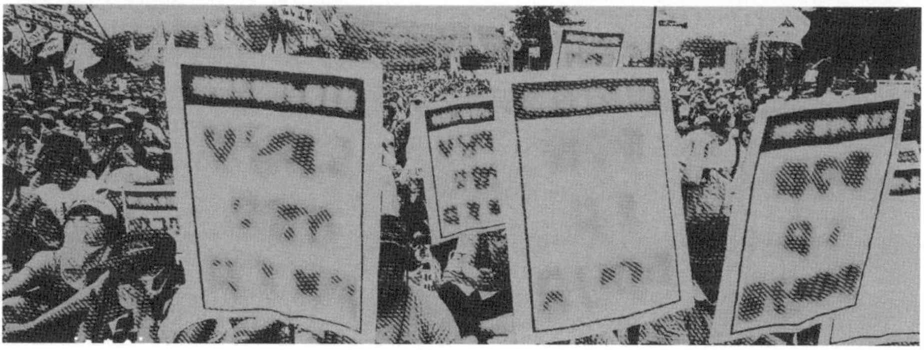

부산대학교출판문화원

목차

한국어판 저자 서문

이 책은 일본 대형마트 점포라는 일상의 노동현장을 무대로 파트타임 노동시장의 주요 행위자가 전개하는 행위전략의 내용과 상호작용에 관한 페미니스트 노동연구자의 '현장조사보고서'다.

필자가 기혼여성의 파트타임 노동에 주목한 것은 파트타임 노동이 성별분업에 관한 그 사회의 제도와 규범, 즉 젠더 시스템을 응축해서 보여주는 영역이기 때문이었다. 1994년부터 시작된 필자의 파트타임 노동 연구는 한국여성노동시장의 변화에 관한 관심에서 시작되었다. 한국사회는 1980년대 전반에, 농촌에서 도시로의 인구이동이 중단되어 도시 내부에서 새로운 노동력 풀을 찾아야 하는 시기로의 이동, 즉 농촌의 잠재적 과잉인구 풀이 고갈되는 '전환점'을 통과했다. 1980년대 후반의 3저 호황(저금리, 저유가, 저환율) 속에서 산업현장에서는 인력부족의 비명이 터져나오기 시작했다. 필자는 기혼여성들이 미혼여성들이 떠나간 1980년대의 제조업에 진출하기 시작한 것에 이어, 서구에서처럼 한국에서도 기혼여성이 파트타이머로 노동시장에 진출하기 시작할 것이라고 생각했다. 당시 한국정부도 기혼여성의 파트타임 노동을 활성화시키겠다는 입장이었다.

1990년대초부터 등장한 백화점 기혼여성 파트타이머에 대해 조사하기 시작했고, 조사대상을 은행, 병원으로 확대했다. 그러나 3년간의 조사 자료를 정리하면서 한국에서는 파트타임 노동이 '기혼여성' 특유의 취업형태로 정착하지 않을 거라는 결론을 내렸다. 한국에서 파트타임 노동은 상당 기간 크게 증가하지 않을 뿐 아니라, 노동자가 가족 내에서 돌봄노동을 전담하는 '기혼' 여성이라는 점에 입각한 고용형태라기 보다 다른 비정규 노동과 본질적으로 다르지 않은 불안정 고용형태가 될 것이라고 판단했기 때문이었다.

시간제 사원, 파트타이머라는 호칭으로 고용하기는 해도 고용주도 노동자도 단시간 노동에 대한 요구가 낮았고, 임금이 너무 낮아 중산층의 기혼여성을 흡수할 매력이 보이지 않았다. 무엇보다 한국에서는, 기혼여성이 '파트타이머'로 노동시장에 체류하기 위해 반드시 필요한 조건인 남성의 생계부양능력이 매우 취약했다. 즉 남성노동자 중에서 중규모 이상의 기업에 정규직으로 고용되어 상대적인 고임금과 고용안정을 보장받고 있는 사람의 비율이 너무 낮았다. 그간의 연구를 정리해 학술지에 논문을 게재한 후 한국에 대한 연구를 잠정 중단하고 1997년 겨울에 일본으로 갔다.

1990년대 초반까지 다수의 기혼여성이 파트타이머로 노동시장에 진출한 대표적인 국가는 네덜란드와 스웨덴, 그리고 일본이었다. 그 중 일본을 선택한 이유는, 강한 남성생계부양자형 젠더 시스템이 지배하고 있어 성별분업에 대한 사회적 합의 수준이 높았기 때문이었다. 일본은 젠더가 노동시장 내 차별을 합리화하는 기제로 사용되는 사례로 적합해 보였다. 또 당시 한국은 다양한 면에서 일본을 참고하는 경향이 있어 그 위험을 경계하고 싶기도 했다. 일본은 근대화의 역사가 짧지 않고 경제대국임에도 불구하고 아직도 여성의 연령별 경제활동참가률이 M자인 사회다. 내부노동시장의 임금제도 및 사회보장제도, 세금제도 등 여러 영역에서 남성생계부양자형 젠더 관계의 제도화 수준도 대단히 높다. 따라서 페미니스트에게 일본사회는 젠더 불평등이 전근대의 잔존물이 아니라, 노동시장과 전체 사회를 작동시키는 현대사회의 기본원리 중 하나임을 뚜렷이 드러내는 사례다.

조사 초기에는 이 책의 1장과 2장의 일부에 해당하는 내용, 즉 기업이 일상의 노동현장에서 주부 파트타이머와 정사원을 어떻게 나누어 사용하는가를 조사할 계획이었다. 문헌연구를 통해 파트타이머의 기업 내 정착도와 숙련이 높아지는 동시에 파트타이머와 정사원 간의 임금격차가 확대되는 부조리가 일본 파트타임 노동시장의 가장 큰 특징이라고 판단했다. 구조적 모순을 생생히 포착하기 위해 파트타이머가 종업원의 70%를 넘는 대형마트 산업을 연구대상으로 선택하고 싶었다. 그러나 필자는 일본에 어떤 연고도 없었기 때문에 현장에 접근할 방도가 없었다. 고민 끝에 선행연구에 자주 등장하는, 대다수의 슈퍼마켓 기업 노동조합의 상부단체인 ABC 유니온을 찾아갔다.

한국에 체인스토어 방식으로 운영되는 대형마트가 탄생한 것은 1993년(이마트 창동점)이었고, 1997년까지만 해도 아직 점포 수가 몇 개 되지 않았다. 때문에 필자에게 수 백개의 점포를 운영하는 대형마트 기업은 개인적으로도 사회적으로도 경험해본 적이 없는 새로운 조직적 공간이었다. 조사를 시작하던 시점에는 주부 파트타이머가 종업원의 절대 다수를 차지할 뿐 아니라 한국의 정규직 노동자들보다 한 기업에서 더 오래 근무하며 하급 관리직 업무까지 담당한다는 사실 자체가 그저 놀라웠다.

그러나 조사를 진행해가면서 점차 주부 파트타이머의 숙련이 상승하는 동시에 정사원과의 임금격차는 더 커지는 부조리한 구조가 안정적으로 재생산된다는 사실이 의아해졌다. 파트타이머의 저임금과 정사원과의 임금격차에 관해 노동조합 간부와 관리직들이 "그 사람들은 주부니까요"라고 말하는 것을 들었을 때는 저항감을 느끼며 속으로 "당신들은 남성정사원이니까요"라고 말했다. 그러나 주부 파트타이머 본인들로부터 "우리는 주부니까요"라는 말을 반복해 들으면서 고용형태에 따른 업무와 책임 분담에 대한 분석만으로는 일본의 파트타임 노동시장을 설명할 수 없음을 깨닫기 시작했다.

지금도 그렇지만 1990년대에 한국은 일본보다 여성의 노동시장 참여가 저조했다. 대부분의 연령대에서 경제활동참가율이 일본보다 10%포인트 정도 낮았다. 그럼에도 불구하고 1990년대의 한국에서 가사와 육아를 전담하는 주부라는 삶의 방식은 더 이상 기혼여성들 본인이 당당하게 내세우는 정체성은 아니었다. 그것은 벗어나야할 삶의 방식으로 치부되고 있었다. 그런데 한국보다 여성의 노동시장 참여가 더 활발한 일본에서는 기혼여성 노동자들이 자신은 주부라고 필자에게 당당하게 말하고 있었다. 파트타임 노동시장의 행위자들의 살아있는 목소리를 깊이 듣고 행위전략을 분석하지 않는 한 나 자신의 의문에 답할 수 없다는 생각이 점점 더 분명해졌다.

2년 계획으로 시작했던 조사는 언제 끝날지 알 수 없는 상태로 빠졌다. 2003년 여름까지의 조사결과를 정리해 2004년 초에 박사학위를 받았지만, 급속도로 진행되는 일본 슈퍼마켓 산업의 변화는 계속해서 필자를 노동현장으로, 행위자들의 목소리 앞으로 데려갔다. 해당 사회에서 살지도, 학술활동을 하지도 않는 외국인 연구자가 노동현장에 대한 미시적 연구를 지속하는 것이 바람직한가 또는 가능한가에 대한 질문을 품으면서도, 현장방문은 10년간 지속되었다.

국가에서 개별 기업까지 현대 일본사회의 각 층위의 제도가 주부라는 기혼여성의 역할과 지위를 사적 가족 내에서의 지위와 역할이 아니라 사회적, 제도적 지위로 만들고 있었다. 그것이 파트타임 노동시장의 제도적 토대라는 점에 주목해 그것을 〈주부 제도(Housewife Institution)〉라고 명명하고 주부 제도라는 개념으로 현장을 다시 보기 시작했다. 그러자 파트타임 노동시장의 세 행위주체(기업, 노동조합, 파트타이머)가, 기혼여성의 일차적 책임은 가족을 돌보는 것이므로, 주부 파트타이머가 가정을 우선시할 수 있도록 보장한다면 저임금이라도 괜찮다/어쩔 수 없다는 암묵적 합의인 〈주부협정(Housewife Agreement)〉에 근거한 행위전략을 전개하고 있다는 것이 또렷이 보이기 시작했다. 그것이 주부 파트타이머의 숙련이 상승하는 동시에 정사원과의 임금격차가 확대되는 모순이 안정적으로 재생산될 수 있는 토대임이 분명해졌다.

그러나 아무리 기업이 주부협정에 입각해 정사원과 주부 파트타이머의 노동방식에 〈구별 짓기(Demarcation)〉를 해도 주부 파트타이머의 기간노동력화가 진전될수록 주부협정과의 간극이 확대될 수밖에 없다. 따라서 모순된 구조를 재생산하기 위해 이 간극을 잇는 무언가가 있을 수밖에 없다. 한 점포에서 장기간 근무하는 주부 파트타이머들은 〈수다공동체(Conversational Communities)〉를 구성해 〈진지전(Positional Warfare)〉을 전개하고 〈비공식권력(Unofficial Power)〉을 구축하며 자신들의 이해를 방어하고 자율적 공간을 열어 이 모순에 대항하고 있었음이 선명히 보였다.

이 책은 2018년 일본에서, "사회정책학회의 젠더연구의 계보와 노동연구의 계보의 교차점에 위치해있으며", "상세한 실태조사를 통해 주부 파트타이머의 처우격차의 구조를 명확히 했을 뿐 아니라 현대 일본의 사회구조와 복지국가의 존재방식에도 새로운 문제제기의 빛을 던지는 대작"이라는 심사평과 함께 〈사회정책학회 학술상(社会政策学会 学術賞)〉이라는 과분한 평가를 받았다. 메이지 시대에 창립되어 100년이 넘는 역사를 가진, 일본에서 가장 권위 있는 학회 중 하나인 사회정책학회에서 외국인에게 수여한 첫 학술상이었다. 심사평에서 "많은 선행연구가 제도분석에 그치고 있는 것에 비해, 기업·노동조합·주부 파트타이머라는 세 행위자의 행위를 깊이 파고들어 조사 및 분석하여, 파트타임 노동시장에서 직무와 처우의 불균형이 확대 재생산되는 메커니즘을 명백히 밝힌 것이 이 책의 최대의 학문적 공헌"이라고 밝히고 있듯이, 이 책에 대해 일본의 전문가들이 이렇게까지 후한 평가를 해준 이유는 더 많은 연구자들이 현장과 살아 숨쉬는 노동자들의 삶에 기초한 연구를 전개해달라는 요청이라고 생각된다.

일본에서 전혀 활동하지 않는, 다시 말해 심사자들에게는 처음 들어보는 이름의 외국인의 저서에 학술상을 수여하는 것은 사회정책학회의 개방성을 보여주는 것이기 때문에 무척 감동적이었다. 매년 수상작을 선정하는 장려상과는 달리 학술상은 3~5년에 한 편만 선정하기 때문에 처음 선정연락을 받았을 때는 의아하기까지 했다. 그러나 가장 기뻤던 것은 여성노동과 비정규노동 연구의 중요성, 주변부를 통해 전체 구조를 파악하는 접근의 중요성에 대한 일본 학계의 평가가 높아졌다는 점이었다.

필자가 기혼여성의 파트타임 노동을 연구하기로 결정한 1990년대 초반에 한국에서는 아직 비정규노동에 주목하는 연구자가 거의 없었다. 일본에서는

1980년대 후반부터 파트타임 노동에 대한 연구가 활발해지기 시작했지만, 1990년대에도 여전히 대기업 내부노동시장, 그리고 남성정규직 노동자에 대한 연구를 통해 전체 노동시장구조를 파악해야 한다는 분위기가 팽배했다. 여성노동, 비정규노동에 대한 연구는 부차적인 연구 또는 주변적인 연구로 여겨졌다. 노동시장에서 여성의 노동과 비정규 노동을 낮은 가치의 노동이라고 치부하듯이 연구에서도 마찬가지였던 것이다. 뿐만 아니라 기혼여성은 일과 가정을 양립하기 위해 자발적으로 파트타임 노동을 선택하며 그 선택에 만족하고 있다는 주장이 만연했다. 파트타임 노동에 관한 연구가 노무관리의 관점에서 수행되는 경우도 적지 않았다. 이런 총체적인 성별분업과 성차별이 지식기반경제로의 이행을 지연시키고, 임금을 저하시키고 노동자의 삶을 기업에 더욱 의존시키는 결과(大沢真理, 2020)를 가져왔다. 남성생계부양자형 젠더 관계에서의 탈각, 성별분업의 해체와 성평등 실현은 여성만이 아니라 전체사회성원의 삶의 질을 개선하기 위해 시급한 과제다.

다른 사회에 대한 연구의 궁극적 역할은 자기 사회에 대한 이해를 확장하고 심화하는 것이라고 생각한다. 필자 자신도 일본의 노동현장을 연구하면서 한국사회와 노동현장에 관해 새롭게 알게 되거나 더 깊이 이해하게 된 여러 지점들이 있다. 제한적 자료로 대형마트에 관한 한일비교연구를 할 수 있었던 것도 일본의 노동현장에 대해 장기간 연구했기 때문에 가능했다. 필자의 일본연구가 한국의 노동시장과 젠더 시스템에 관한 더 깊은 설명을 위한 참고자료가 될 수 있으면 좋겠다.

2020. 8.

김 영

감사의 글

이 책은 한국인이 일본에서 일본어로 출간한 책을 다시 한국에서 한국어로 번역 출간하는 다소 이례적인 출판경력을 가지게 되었다. 한국에서 출간할 생각이 없었던 것은 아니지만 사실은 일본에서 꽤 일찍 출간이 결정되었다. 2010년 봄에 출간이 결정되었고 2012년 초에 초고가 완성되었지만, 심사위원들과의 상의를 거쳐 책의 절반 정도를 재집필 수준으로 고쳐 썼다. 거기에 필자의 건강문제 등 이런 저런 사정이 겹쳐 2017년에야 책을 출간할 수 있었다.

필자는 일본에서 제도교육을 받은 적이 없고, 한국에서는 SSCI저널이 아닌 외국 학술지에 게재된 논문을 공식 업적으로 인정하지 않기 때문에, 평소에 일본어로 논문을 쓰지 않는다. 장기간 현장조사를 했지만 필자의 일본어는 단독저서를 집필할 정도는 아니다. 이런 필자가 제도분석도 아니고 노동현장 행위자들의 살아있는 목소리를 기록해 분석하는 책을 일본어로 출판하는 것은 어떤 의미에서 민폐행위가 아닐까 생각한 적도 있다. 또 능숙하지 않은 언어로 단독저서를 집필하기 위해 필자는 많은 다른 일을 포기해야 했다. 그럼에도 불구하고 일본에서 책을 출간하겠다고 결심한 것은, 일본어로 된 연구물을 남기는 것 외에는 장기간 조사에 협조해주신 분들에게 보답할 다른 방법이 없었기 때문이었다.

필자와의 인터뷰 후 A씨가 갑자기 자신이 모은 자료를 건네면서 "좋은 곳에 써주세요"라고 말한 순간을 어떻게 잊을 수 있을까? B씨가 "'제대로' 하고 있는 사람들은 누구의 도움이 있기 때문에 '제대로' 할 수 있는지 알아?"라고 말할 때의 분노한 목소리, 절전을 위해 조도를 낮추어 어두침침한 점포 사무실에서 C씨의 굴곡진 인생이야기를 들으며 같이 펑펑 울었던 일, 사원식당에서 펼쳐지는 수다 공동체의 일상활동을 생생히 전해주던 순간의 D씨의 표정, 주임 길들이기에 관해 이야기할 때의 E씨의 통쾌한 표정, 20년간 주임자리에 머물러 있으며 남자 동기, 후배들이 승진하는 걸 볼 수밖에 없었던 F씨의 담담하고 쓸쓸한 표정, G3점 점장에게 이메일로 몇 가지 질문을 했더니, 다른 의견도 있을 거라 생각해 했다면서, 필자의 질문에 대한 다른 점장 두 사람의 의견을 정리해 보내주었을 때의 감동, 일이 너무 많아 평일에는 필자가 요청한 자료정리를 할 수 없어서 일요일에 출근했다던 S2사 인사부 간부, G2사 인사부 술자리에서 서로를 짓궂게 놀리는 사람들의 표정, 웃음소리 등등이 이 글을 쓰고 있는 지금도 영화를 보는 듯이 눈앞에 흘러간다.

파트타임 노동 정책에 관한 인터뷰를 구실로 찾아가 현장조사를 도와달라고 부탁하는 초면의 외국인 연구자에게 현장으로 가는 문을 열어준 ABC 유니온과 유통부회, 장기간 필자의 조사에 협조해준 사례노동조합, 기업, 점포에서 만난 많은 분들에 대한 감사의 마음은, 말로는 다 표현할 수 없다. 파트타임 노동에 관해 필자와 ABC 유니온 및 사례 노조는 상당히 의견이 다르기 때문에 필자의 분석이 기쁘지만은 않을지도 모르겠다. 그러나 다른 의견과 만나는 것이 ABC 유니온과 사례 노조에게 도움이 될 거라는 마음으로 이 책을 썼다. 이 마음이 전해지면 좋겠다.

이 책을 집필하는 과정에서 많은 분들에게 이루 말할 수 없는 신세를 졌지만 두 분의 선생님에게 특별한 감사를 표하고 싶다.

학문적 어머니로, 연구자로서의 롤 모델로, 일본 체류 시 소속기관의 어드바이저로, 1997년 이후 지금껏 신세를 지고 있는 오사와 마리(大沢真理, 동경대학 사회과학연구소 명예교수) 선생님에게 깊이 감사드린다. 오사와 선생님과의 공동연구 및 개인적 대화를 통해, 연구에 관해, 연구자로서의 삶에 관해 많은 것을 배웠다. 무엇보다 외부자이기 때문에 보이는 것이 있지 않겠냐는 오사와 선생님의 격려가 없었다면 필자는 일본어로 자신의 연구를 발표할 용기를 내지 못했을 것이다. 필자를 일본연구로 이끈 것도 오사와 선생님의 연구였다. 필자는

1990년대 전반에 일본에서 전개된 파트타임 노동의 일본적 특징을 둘러싼 논쟁과 오사와 선생님의 일련의 연구에서 깊은 감명을 받았다. 오사와 선생님의 연구와 만나지 않았다면 어쩌면 필자는 일본연구를 시작하지 않았을지도 모르겠다. 장기간에 걸친 오사와 선생님의 호의와 배려에 진심으로 감사드린다.

이 책의 심사자로 만나게 된 노무라 마사미(野村正實, 동북대학 경제학부 명예교수) 선생님은 이 책의 공저자라고 해야 할지도 모르겠다. 노무라 선생님은 이 책의 구성과 내용을 면밀히 검토해주셨을 뿐 아니라 문장과 표현까지 모두 체크해주셨다. 그 때문에 노무라 선생님과는 초고 때도 수정고 때도 몇 차례나 길고 긴 온라인 회의로 의견을 교환했다. "아~ 피곤하다. 오늘은 여기까지 합시다" 라고 말하는 노무라 선생님의 목소리가 지금도 들리는 것 같다. 때로는 엄하고 때로는 상냥한 노무라 선생님의 다양한 의견을 들으면서 감사하는 마음이 들었던 것은 물론이고, 어떻게 다른 사람의 연구에 이렇게 헌신적으로 관여할 수 있을까 의아하기까지 했다. 동시에 나 자신은 후배 연구자에게 이렇게 할 수 있을까, 반성한 적도 많았다. 이 책에 관한 충고뿐만 아니라 연구자로서의 자세를 가르쳐주신 노무라 선생님께 깊은 감사를 표하고 싶다.

만나서 지금까지, 건강도 좋지 않고 마음이 번잡한 필자를 변함없이 뒷바라지해준 남편 구보 나오유키(久保直幸) 씨에게 깊은 애정과 감사를 전한다. 그는 이 책의 첫 독자였으며, 일본어 교정자였다. 청년시절에 슈퍼마켓 기업의 노동자였으며, 노동조합에서 파트타임 노동 정책을 담당했던 그와의 토론과 그의 지원 노동이 없었다면 이 책을 집필하기 어려웠을 것이다.

두 편의 학술지 논문에 대한 평가만으로, 일본의 학계로서는 완전히 미지의 연구자인 필자의 책을 출판하기로 결정해준 (일본) 사회정책학회의 현대사회정책 프론티어 시리즈의 감수자들과 미네르바 서방, 이 책의 담당자 호리카와 겐타로(堀川健太郎) 씨에게도 깊이 감사드린다. 또 초고를 정리할 때 도와준 오바라 히로시(小原紘) 씨에게도 감사인사를 드린다.

이 책을 번역출간해 주기로 결정해주신 부산대학교 출판문화원과 배영미 과장님, 내지 편집을 담당해주신 박지현 선생님, 멋진 표지를 만들어주신 박지영 선생님께도 특별한 감사를 전하고 싶다. 표지 사진을 제공해준 김미례 감독님과 이기태 작가님에게도 감사드린다.

장기간에 걸친 일본현지연구를 위한 비용은 한국연구재단(1997년, 2006~2008년), 토요타 재단(1998~1999년), 동경여성재단(1999년), 일한문화교류기금(2007년)의 연구비 지원으로 마련했다. 이 재단들에도 감사드린다. 일본 현지 연구 때마다 객원 연구원으로 신세를 진 동경대학 사회과학연구소에도 감사드린다.

이 책이 누군가에게, 일상의 노동현장에서의 노동자의 생생한 목소리, 여성과 사회적 약자의 다양한 방식의 저항, 표면에 드러나지 않는 은밀한 저항에 관심을 갖는 계기가 되면 정말 기쁠 것 같다. 결과를 보면 한없이 부끄럽지만, 이 책을 장기간 연구에 협력해주신 주부 파트타이머 언니들, ABC 유니온과 유통부회, 사례노조와 기업의 연구참여자들께 바친다.

2020. 8.

김 영

서장

일본에서 파트타임 노동이란

1 불가사의한 현상

2 분석시각

3 선행연구

4 연구대상과 자료

5 책의 구성과 특징

1. 불가사의한 현상

20세기 이후 일본에서는 파트타임 노동시장이 급속히 확산되는 가운데, 파트타임 노동자의 숙련이 상승하는 동시에 정사원과의 임금격차가 확대되어, '직무와 처우*의 불균형'의 확대, 즉 '직무-보상 격차의 확대'가 진전되고 있다. 이 책은 슈퍼마켓 산업 사례를 통해 노동자의 숙련이 증가하는데 임금은 하락하는 불가사의한 현상이 일어나는 구조와 과정을 파트타임 노동시장의 주요 행위주체인 기업·노동조합·파트타이머 각각의 행위전략을 통해 분석한다.

1970년대 이후 일본에서는 파트타임 노동자가 급격히 증가했다. 1960~2010년 사이에 비농림업의 단시간 노동자[1](주당 35시간 미만)는 133만 명에서 1,414만 명으로 증가하여 전체 노동자 중 단시간 노동자의 비율은 6.3%에서 26.6%로 증가했다. 시기별 증가율을 보면, 고도 성장기(1955~1973)에는 상대적으로 완만하게 증가하였으나 안정 성장기(1974~1991)부터 증가 속도가 빨라졌다. 파트타임 노동의 증가는 주로 '여성노동력의 파트타임화'를 통해 전개되었다. 같은 기간 여성 노동자 중 단시간 노동자의 규모는 57만 명에서 966만 명으로, 비율은 8.9%에서 43.0%로 증가했다. 단시간 노동자 중 여성 비율도 42.6%에서 69.4%로 늘었다. 단시간 노동자 중 여성의 비율이 가장 높았던 것은 1988년으로, 72.4%였다. 여성 노동자의 파트타임화 경향은 1960~2010년 사이에 비농림업 여성 노동자가 701만 명에서 2,305만 명으로 1,604만 명 늘었는데 그 중 56.7%가 단시간 노동자인 것에서도 확인할 수 있다(総務省統計局, 『労働力調査』[2]).

양적 증가와 함께 파트타임 노동자의 숙련과 기업 내 정착도 꾸준히 증가했다. 『평성18년 파트타임노동자종합실태조사(平成18年パートタイム労働者

---

* 처우라는 개념은 협의로는 임금을 지칭하지만 광의로는 복리후생을 포함한다. 이 책에서는 대부분 광의의 의미로 사용한다.

総合実態態調査』(厚生労働省, 2007)에 따르면, 파트타이머의 평균근속년수는 5년을 넘어섰으며, 2006년 현재 파트타이머를 고용하고 있는 사업장 중 "직무가 정규직과 거의 동일한 파트타이머가 있다"는 사업장의 비율은 51.9%(2001년 40.7%)이다. 그러나 이처럼 파트타이머가 기업의 기간적 노동력(基幹的労働力)이 되었음에도 불구하고 여성일반노동자의 임금을 100으로 했을 때 여성 파트타이머(일반노동자보다 노동시간이 짧은 노동자)의 임금은 1976년 80.6에서 2010년에는 69.7(2004년 65.7)로 하락했다(大脇雅子[3], 1999: 14; 厚生労働省, 『賃金構造基本統計調査』). 이는 기준내임금만을 비교한 것이고 상여금을 포함하면 그 격차는 더욱 커진다. 즉, 기업들은 고숙련 노동력을 더 싸게 이용할 수 있게 된 것이다. 어떻게 해서 일본에서는 파트타임 노동자의 직무와 처우의 격차가 이렇게 안정적으로 확대재생산될 수 있었을까?

이러한 모순된 현상은 전국적 통계를 통해서 뿐 아니라 기업 차원에서도 확인할 수 있다. 체인스토어 기업에 관한 사례연구에 따르면, 파트타이머의 직무영역이 계속 확대되고, 관리적 업무를 담당하는 파트타이머가 증가함에도 불구하고, 처우제도가 그에 상응해 정비되지는 않았다(本田一成, 2002; 禿あや美, 2003). 이런 현실은 파트타이머의 처우에 관한 사회적, 학문적 논쟁을 불러일으켰나. 이런 모순을 개선하기 위해 필요한 것은 '균등'처우인가 '균형'처우인가, 균등 또는 균형 처우의 합리적 기준은 무엇인가 등의 질문을 둘러싼 학문적 모색이 계속되어 왔다(大沢真理, 1997; 水町勇一郎, 1997; 脇坂明·松原光代, 2003; 浅倉むつ子, 2004). 일본정부도 2003년 8월, 파트타임노동지침을 개정해 정규직과의 "균형을 고려"한 처우에 관한 지침을 발표했다. 나아가 2007년 4월에는 파트타임 노동법이 개정되었다. 그러나 이런 조치들에도 불구하고 파트타임 노동자와 일반노동자 간의 처우 격차는 개선되지 않았다. 왜 파트타임 노동자의 숙련이 증가하는데도 불구하고 정규직과의 임금 격차가 확대되는 걸까?

2. 분석시각

1) 젠더 분석

이 질문에 대답하기 위해 이 책에서는 먼저 '젠더'에 주목한다. 이 책이 젠더에 주목하는 이유는 파트타임 노동자의 대부분이 여성, 그것도 기혼여성이기 때문이다.

2007년 현재 기혼여성이 호칭 파트의 81.4%(厚生労働省, 『就業構造基本調査』)를 차지하는 것에서 알 수 있듯이, 일본에서 파트타이머라고 칭해지는 노동자의 대부분은 기혼여성이며 일본의 파트타임 노동시장은 기혼여성이 본격적으로 임금노동시장에 진출하면서 성장했다. 이는 여성 파트타임 노동자의 연령계층 분포를 통해서도 확인할 수 있다. 『파트타임노동자종합실태조사』(이하 『파트조사』)에 따르면 여성 파트타임 노동자의 60% 정도가 40대를 중심으로 30대 후반부터 50대 초반까지의 연령층에 분포하고 있다(1990년 64.2%, 2006년 51.7%). 또 2006에는 여성파트타임 노동자 중 유배우자의 비율이 76.3%(1995년 77.6%)다(総務省, 1991, 1997; 厚生労働省, 2007).

1986~2010년 사이에 비농림업 여성 노동자의 연령·혼인상태별 취업형태의 변화를 정리한 〈표 서-1〉에서도 기혼여성의 파트타임화를 확인할 수 있다. 유배우 여성노동자 중 파트타이머는 1986년 33.3%에서 2000년 49.0%로 증가했다. 특히 중년여성의 파트타임화가 현저해, 1986~2010년 사이에 55~64세 중 파트타이머 비율은 26.9%에서 51.8%로, 65세 이상에서는 23.1%에서 54.4%로 증가했다. 또 〈표 서-2〉에서 알 수 있듯이, 비농림업에서 자녀가 있는 여성의 임금노동은 주로 파트타임 노동을 통해 증가했다.

기혼여성의 임금 노동자화와 파트타임 노동의 기혼여성화가 일본만의 일은 아니다. "(기혼) 여성의 임금 노동자화", "노동력의 여성화", 그리고 "(기혼) 여

〈표 서-1〉 연령·배우관계별 여성취업형태 변화추이(비농림업)

단위: %

		전체	15-24세	25-34세	35-44세	45-54세	55-64세	65세 이상	미혼	유배우
2010년	정규직	46.0	50.2	58.7	45.9	42.0	35.7	28.9	60.9	38.1
	파트·아르바이트	41.5	42.2	26.9	41.4	46.0	51.8	54.4	25.4	50.4
2000년	정규직	51.5	56.1	66.1	46.3	45.2	43.1	30.5	67.9	43.0
	파트·아르바이트	41.1	41.5	26.9	46.6	47.8	46.1	42.4	27.0	49.0
1986년	정규직	65.5	85.5	74.0	54.7	58.9	56.7	40.0	85.5	56.0
	파트·아르바이트	27.7	12.5	21.8	39.6	32.7	26.9	23.1	11.1	33.3

주: 임원을 제외한 종업원 중 비율.
사료출처: 1986년, 2000년은 『労働力調査特別調査』, 2010년은 『労働力調査 詳細集計』

〈표 서-2〉 막내자녀 연령계층별 여성의 취업상황

단위: %

		막내자녀 연령							
		전체	0-3세	4-6세	7-9세	10-12세	13-14세	15-17세	18세 이상
2010년	유자녀 여성의 경제활동참가율	57.3	39.8	55.7	66.7	72.7	77.3	74.5	54.3
	그 중 비농림업노동자(A)	49.2	35.2	48.5	58.7	64.7	68.2	65.8	44.6
	그 중 단시간* 노동자(B)	28.8	22.5	29.9	37.3	39.6	38.6	36.2	24.3
	비농림업 노동자 중 단시간 노동자(B/A)	58.6	64.0	61.7	63.6	61.1	56.7	55.1	54.5
2000년	유자녀 여성의 경제활동참가율	55.0	28.0	48.6	63.9	68.7	70.6	75.0	57.9
	그 중 비농림업노동자(A)	42.8	22.0	37.6	52.4	55.1	47.8	61.4	42.9
	그 중 단시간 노동자(B)	22.3	11.4	20.2	30.6	30.6	30.3	31.0	21.0
	비농림업 노동자 중 단시간 노동자(B/A)	52.1	51.9	53.8	58.4	55.6	52.4	50.4	49.0
1991년	유자녀 여성의 경제활동참가율	56.7	30.8	50.8	63.1	68.3	69.5	69.2	59.8
	그 중 비농림업노동자(A)	40.5	21.6	36.2	45.5	52.9	51.0	52.1	39.7
	그 중 단시간 노동자(B)	17.3	8.3	19.1	21.9	24.3	23.2	20.5	15.5
	비농림업 노동자 중 단시간 노동자(B/A)	42.8	38.4	52.8	48.2	46.0	45.5	39.3	39.0

자료출처: 総務省統計局, 『労働力調査特別調査』, 『労働力調査 詳細集計』; 厚生労働省, 『働く女性の實情』에서 인용
* 주당 35시간미만

〈표 서-3〉 유럽 국가의 성별·혼인상태별 파트타임 노동자 비율

단위: %

	파트타임 노동자 (2011)		파트타임 노동자 (1995)		파트타임 노동자 (1992)		여성 파트타임 노동자(20~39세) (1992)		여성 파트타임 노동자 (1992)	
	여성	남성	여성	남성	여성	남성	미혼	기혼	무자녀	유자녀
EU12개국 합계	-	-	-	-	29.1	4.2	15.9	35.4	13.4	32.6
벨기에	32.4	7.0	29.9	4.3	28.1	2.1	17.1	32.2	16.8	32.3
덴마크	13.8	25.2	25.8	9.7	36.7	10.1	34.2	40.0	15.6	26.8
독일	38.0	8.5	29.1	3.4	30.7	2.6	8.7	41.9	11.4	27.4
그리스	14.0	5.6	13.3	4.7	8.4	2.8	7.4	8.4	4.8	6.9
스페인	21.9	5.5	15.8	2.4	13.7	2.0	9.6	16.0	6.9	11.6
프랑스	22.1	5.9	24.8	5.5	24.5	3.6	18.5	28.2	12.1	24.4
아일랜드	39.3	12.6	27.0	6.7	18.6	3.9	8.7	27.2	5.5	22.4
이태리	31.3	6.6	21.1	4.8	11.5	2.9	8.5	13.3	6.7	13.1
룩셈부르크	30.2	5.0	28.4	1.9	16.6	-1.2	4.6	25.5	6.8	27.3
네덜란드	60.5	17.1	55.1	11.8	63.8	15.4	45.7	76.5	38.2	78.4
포르투갈	14.4	8.8	14.5	3.8	11.3	4.1	9.1	11.7	4.2	8.0
영국	-	-	-	-	45.0	6.3	21.8	53.3	11.3	58.9
스웨덴	18.4	9.8	24.1	6.8	-	-	-	-	-	-
노르웨이	30.0	11.0	37.5	7.6	-	-	-	-	-	-

주: 일부 국가의 수치는 연구회 자료의 1992年 수치와 OECD의 1995년 수치의 차이가 커서, OECD의 1995년 수치를 제시했다.
출전: 英·スウェーデン·ドイツ·EUに関する研究資料(1999) p.127(1992년 수치)
OECD. 2012. *Employment Outlook*(2012) p.238(1995년과 2011년 수치).

성노동자의 파트타임 노동자화"는 이차세계 대전 후 선진공업국 노동시장에서 일어난 중요한 변화 중 하나로 거론된다(Beechey and Perkins, 1987; Smith, Fagan and O'Reilly, 1998; Jenson, Hagen and Reddy, 1988; 英·スウェーデン·ドイツ·EUに関する研究資料, 1999; OECD, 2012). 〈표 서-3〉에 제시한 바와 같이 유럽 국가에서도 남성보다 여성이, 미혼여성보다 기혼여성이, 자녀가 없는 여성보다 자녀가 있는 여성이 파트타임 노동자가 되는 경향이 강하다. 왜 파트타임 노동은 주로 기혼여성이 담당하는 걸까?

성별 분업이 보편화된 사회에서 기혼여성의 노동시장 진입은 남성의 노동

시장 진입과는 다른 사회적 문제를 야기시킨다. 그간 개별 가족과 가족 속의 여성 개인에게 맡겨왔던 가사, 육아, 환자 및 노인 돌봄 등의 보살핌 노동의 사회적 존재방식을 변화시킬 수 있기 때문이다. 이 때문에 기혼여성의 노동시장 진입은 개인 여성과 개별 가족의 문제만이 아니라 사회 전체의 문제로 부상하게 되고 여러 사회적 요인 간의 경합과 갈등을 통해 그 방향과 완급이 결정된다. 선행 연구에 따르면 기혼여성의 노동력화의 방향과 속도는 그 사회의 지배적인 젠더 문화와 국가, 노동시장 및 노사관계 제도의 성격, 그리고 여성 운동과 여성의 정치 세력화의 수준과 방향성 등에 따라 달라진다. 즉 그 사회의 제도와 문화, 그리고 세력 관계가 남성과 여성의 주된 역할을 무엇이라 규정하는지에 따라 달라진다(Blossfeld and Hakim, 1997; Fagan and O′Reilly, 1998). 기혼여성을 파트타이머로 노동시장에 흡수하는 방식은 남녀 간의 성별 분업을 근본적으로 바꾸지 않고 전체 사회와 남성이 노동력 재생산 노동을 위해 지불해야 하는 추가 비용을 최소화(또는 무화)하면서 시장은 새로운 노동력을, 가족은 추가 수입을 얻을 수 있는 방안이다. 따라서 기혼여성의 노동시장 진출 방식은 그 사회가 성별 분업에 대해 가진 합의, 즉 젠더 시스템을 가장 압축된 형태로 보여준다.

전체 사회 차원에서 기혼여성의 파트타임 노동자화가 재생산 노동의 수행을 둘러싼 성별 분업의 문제라면, 노동시장 차원에서는 이와는 다른 문제가 제기된다. 파트타임 노동자의 처우 문제다. 일본뿐 아니라 대부분의 국가에서 파트타이머는 외부노동시장의 노동자이며, 풀타이머 또는 정규직에 비해 임금과 고용 안정성이 낮고, 기업 복지와 국가 복지에서도 제외되는 경향이 있다(日本労働研究機構, 1994; Houseman & Osawa, 1998; Rubery, 1998; 三山雅子, 2001). 인적 자본과 직무, 업종, 직종 등을 변수로 풀타이머와 파트타이머의 처우 격차를 설명하려는 시도는 실패를 거듭해왔다. 이런 변수를 모두 통제해도, 파트타이머의 시간당 임금은 풀타이머의 시간당 임금보다 상당히 낮다(大沢真知子, 1993 ; Rubery, 1998 ; 伊田広行, 1998).

뿐만 아니라 고용주들은 고용 이전에 이미, 파트타이머에게는 풀타이머보다 더 낮은 임금을 지불하겠다고 정하고 있기 때문에, 실제 고용이 이루어지기 전에 파트타이머로는 생계 보조자(second earner)인 기혼여성이나 학생이 더 적합하다는 판단을 가지고 있다(Tilly, 1996). 비치와 퍼킨스(Beech and Perkins, 1987)에 따르면, 고용주의 유연화 전략은 대상이 되는 노동자의 성별에 따라 달라진다. 남성 노동자에게는 잔업 및 휴일근무를, 여성 노동자에게는 파트타임 노동을 늘린다. 사업장 간의 차이뿐 아니라 동일한 사업장 내에서도 그렇다. 이런 고용주의 고용전략 효과가 파트타임 노동의 증가에 미치는 영향력은 산업 및 노동시장 구조 변화의 영향력보다 훨씬 크다(Smith et al., 1998; Houseman & Osawa 1998; 大沢真知子・金明中, 2009). 즉, 파트타임 노동자의 노동시장 내 지위는, 누가 어떤 이유로 파트타이머가 되는가, 라는 노동시장 외적 요인을 포함하지 않으면 제대로 설명될 수 없다.

본래 파트타임 노동이란 노동시간이 같은 작업장의 일반노동자보다 짧은, 단시간 노동을 지칭하는 것이다. 그러나 일본에서 파트타임 노동은 노동시간의 길이가 아니라 기혼여성의 비정규 노동을 지칭하는 경향이 있다. 즉 '파트'라는 기업 내의 호칭이 노동조건을 결정하는 '신분적 노동'(大沢真理, 1994)이다. 이것은 '직무-보상 격차의 확대'라는 일본 파트타임 노동시장의 특징이 파트타임 노동자의 가족 지위와 밀접히 관련되어 있음을 시사하며, 젠더 분석 없이 일본의 파트타임 노동을 설명할 수 없음을 의미한다. 파트타임 노동은 한 사회가 성별 분업에 대해 가지고 있는 합의의 수준과 강도, 즉 그 사회의 젠더 시스템을 가장 압축된 형태로 보여주는 영역이며, 시장의 작동 원리가 시장을 둘러싼 전체 사회의 작동 원리와 밀접하게 연결되어 있음을 시사한다.

이 책은 사회 성원의 삶의 방식과 지위를 성별과 연령 그리고 가족 내 지위에 따라 규정하는 제도와 규범의 다발인 젠더에 주목하여 일본의 파트타임 노동시장을 분석한다. 그리고 그것을 통해 노동시장의 작동규칙이 노동시장을 둘러싼 사회 전반의 젠더 규범 및 제도와 밀접히 관련되어 있음을 밝히고자 한다.

2) 행위자 전략

사회는 행위자의 의미 있는 행위에 의해 만들어지는 것이며[4](Weber, 1905 = 2010), "인간집단과 사회는 근본적으로 행동 속에 존재하고 있으며(exist in action), 또 행동과 관련하여 이해되어야 한다."(Blumer, 1969: 6) 그렇다면 어떤 사회 현상이 형성되고 지속하는 것은 그것을 합리화하는 문화와 제도가 존재하고 있음을 의미하는 동시에 사회 구성원이 그에 상응하는 행위를 하기 때문일 것이다.

파트타임 노동이 기혼여성을 중심으로 증가하는 이유를 설명하려는 선행연구 중 일부는 젠더 문화에 입각해 행위하는 행위자에 주목했다. 이 연구들의 결론을 한마디로 요약한다면, 여성을 가족책임(family resposibility)[5]의 일차적 책임자로 규정하는 제도와 문화에 입각한 국가, 고용주, 노동조합의 행위가 기혼여성을 파트타이머로 만들었다는 것이다. 파트타임 노동연구에서 초기에 중요하게 취급되었던 공급측 요인은 설명력이 낮다는 것이 점차 확인되었고[6], 각국 파트타임 노동의 특성을 규정하는 기본 요인으로 수요 요인과 정책적 요인, 사회문화적 요인 등에 관한 관심이 증가했다(Tilly, 1996; Smith et al., 1998). 또 파트타임 노동에 대한 수요 요인 중에서 고용주의 고용전략의 효과가 산업구조 변화의 효과를 능가함이 통계적으로 입증되었다. 예를 들어, 1982~1992년 사이에 일본에서 증가한 파트타임 노동에 대한 수요 중, 산업구조의 변화에 의한 것은 6%에 불과하고 산업 내 고용주의 고용전략 효과에 의한 것은 92%다(Houseman and Osawa, 1998; 大沢真知子·金明中, 2009). 이 때문에 남성생계부양자 이데올로기에 입각한 고용주의 행위 전략이 주목된다.

고용주뿐 아니라 노동조합 역시 젠더화된 행동 전략에 따라 행동하고 있음을 지적하는 연구도 적지 않다(林大樹, 1992; 諏訪康雄, 1994; Hakim, 1997; Rubery, 1998; 禿あや美, 2000). 노동조합은 남성생계부양자 이데올로기에 입

각한 고용주와 공모하며(Beechey and Perkins, 1987; Smith et. Al., 1998), 국가는 세금과 사회보장 정책을 이용하여, 남성생계부양자 이데올로기로 무장한 고용주와 노동조합의 전략적 행위를 지원한다(Dex and Shaw, 1986; 大沢真理, 1993; 大沢真知子, 1993; Fagan and Rubery, 1996; O'Reilly, 1996; Blossfeld and Hakim, 1997; Houseman and Osawa, 1998; Pfau-Effinger, 1998; Fagan and O'Reilly, 1998).

파트타임 노동의 증가 및 여성화에 관한 분석을 통해, 노동시장이 젠더화된 제도와 관념에 의해 작동하고 있다고 주장하는 위의 연구들은, 시장과 가족 관계, 상품 영역과 비상품 영역의 결합구조분석이라는, 장기간 이어져 온 페미니스트 연구의 문제의식을 발전시켜 왔다. 그러나 행위자에 주목하는 페미니스트 연구에서도 국가정책에 대한 분석을 제외하면, 노동시장의 중요한 작동 원리인 남성생계부양자 이데올로기와 그것에 입각한 행위자의 전략적 행위는 구체적인 모습을 보이지 않은 채로 블랙 박스에 남아 있고, 행위자들의 성별화된 전략에 대한 구체적인 분석은 빈약하다.

일상의 노동 현장 수준에서의 행위전략에 대한 분석 결여는 집단화되지 않은 행위 주체를 분석에서 배제하는 결과로 이어진다. 집단적 행위 주체는 비교적 단기간에 자신의 행위 결과를 제도로 전환할 수 있는 가능성이 높기 때문에, 정책과 제도 분석의 대상이 되기 쉽다. 그러나 개인 행위 주체는 단기간에 자신의 행위 결과를 제도로 전환하기 어렵다. 일선 노동현장에서의 행위전략에 대한 분석이 불충분할 경우[7] 여성 주체를 성별 분업 규범을 내면화한 행위자로만 간주하거나 구조의 피해자로만 규정하기 쉽다. 젠더 시스템 접근(gender system approach)이라고 통칭할 수 있는 새로운 이론적 접근(Connell, 1991; O'Reilly 1996; Pfau-Effinger 1998; Daune-Richard, 1998)은 "기존의 제도적 접근이 사회적 행위자의 신념과 가치를 충분히 포착되지 않았음"을 선행연구의 한계로 지적한다(Sorge1994; Fagan and O'Reilly 1998; 12에서 재인용). 그리고 사회적 행위자의 신념과 가치를 충분히 포착하기 위해 제도와 문화를 통합하는 하나의 분석틀을 구성해야 하며, 가족(또는 가구), 국가, 노동시장의 세 영역에서 젠더에 관한 규범과 문화 그리고 제도가 어떻게 상호작용 하는지에 관심을 기울여야한다(Daune-Richard, 1998; 225)고 제안한다. 또 이 접근은 젠더 시스템을 행위자들의 특정한 실천에 의해 형성되고 조정되는 것으로 봄으로써 기존의 구조를 바꿀 수 있는 행위자의 능력과 변화의 역동성을 강조한다(O'Reilly 1996).

젠더 시스템 접근은 노동시장 분석에서 여성 주체의 전략적 행위를 통합할 수 있는 귀중한 가능성을 열었지만, 그 가능성을 실현하기 위해서는 분석의 시선이 여성 주체의 일상으로 들어갈 필요가 있다. 예를 들어, Pfau-Effinger(1998)는 독일, 핀란드, 네덜란드에서의 기혼여성의 노동시장진입 양상의 차이를 성별문화로 설명한다. 그러나 그녀의 연구는 한 사회의 젠더 문화가 정책에 반영되는 과정에서 나타날 수 있는 행위자에 의한 굴절에 관해서는 주의를 기울이지 않는다. 또 분석 단위가 국가 단위의 문화와 정책이기 때문에 한 사회 내에서 다양한 층위의 행위자들의 행위 간에 발생할 수 있는 갈등과 경합, 그리고 그것이 지배적 규범과 구조에 발생시킬 수 있는 균열이 포착되기 어려워진다.

상징적 상호작용론(symbolic interactionism)은 우리에게 개인 행위 주체의 일상적인 실천을 통해 사회 변화를 설명할 수 있는 가능성을 열어준다(Mead, 1934= 2010; Blumer, 1969). 상징적 상호작용론에 따르면, 인간집단은 행동하는 개인들로 구성되어 있으며 집단 구성원들간의 상호작용을 전제로 한다. 상호작용은 집단 구성원들이 공유하며 또 자기 해석을 통해 그 내용을 변경하는 의미를 토대로 전개된다. 인간은 이미 존재하는 사회에 적응해야 하는 과제를 안고 태어나, 주위 사람들의 행동을 모방하는 것으로 그 사회의 문화와 규범을 습득하기 시작한다. 자신의 욕구와 목적을 실현하기 위한 행위를 할 때, 인간은 사회의 규범에 따라 행동 전략을 세우며, 이는 시장 행위도 마찬가지이다. 그리고 규범은 제도가 된다.

이런 문제의식으로 일본의 파트타임 노동시장을 설명하면, 일본에는 기혼여성이 일보다 가족 책임을 우선하도록 유도 또는 강제하는 제도와 규범이 있고, 파트타임 노동시장의 행위자들은 그에 따라 행동한다. 그 결과, 파트타임 노동자의 기혼여성화와 파트타임 노동자에 대한 차별(직무-보상 격차)이 장기간 유지될 수 있다. 즉, 파트타임 노동자는 가족의 주된 생계부양자가 아닌 주부이기 때문에 낮은 보상을 해도 괜찮다는 사회적 합의(제도와 규범)가 존재하고 있으며, 파트타임 노동시장의 행위자들은 어떤 방식으로든 이 합의를 수용하고 있다. 그러나 모든 행위자가 동일한 수준으로 현재의 사회적 합의에 동의하거나 따르는 일은 있을 수 없다. 현재의 사회적 합의가 행위자에게 미치는 영향이 행위자가 놓여진 상황에 따라 달라질 뿐 아니라 인간은 사회적 규범을 수동적으로 받아들이기만 하는 존재가 아니기 때문이다. 인간은 기존의 문화와 규범을 수용할 뿐 아니라 자기 자신과의 대화 그리고 주변 사람들과의 상호 작용을 통해 의미를 형성, 변화시킨다. 그리고 그 의미에 따라 행동한다.

행위자가 의미를 변화시켜 행위를 조정하는 과정에 대해 미드(Mead, 1938)는 다음과 같이 설명한다. 유기체와 환경 간의 불균형 상태나 긴장을 의미하는 충동(impulse, 욕구)을 가졌을 때, 인간은 성장을 통해 자신이 습득한 사회적 규범에 입각해, 자신의 욕구에 대해 '선택적 지각(selective perception)'을 한다. 선택적 지각 이후 인간은 다양한 행위 결과를 자신의 내면에서 상상하면서 조정을 행하는데, 그것이 주체적 자아 'I'와 '일반화된 타자(사회적 규범)'의 내면화인 'me'의 상호작용이다. '내면적 조정(internal manipulation)'을 통해 인간은, 그 단계에서 자신의 욕망을 실현하는 것이 어렵다고 판단하게 되면 욕구를 '봉쇄(blockage)'한다. 욕구는 봉쇄에 의해 소멸할 수도 있지만(포기), 봉쇄가 많아질수록 욕구는 더 강렬해진다. 그리고 사고 과정과 자아 국면을 더 소비하게 된다. 조정은 욕구가 해결될 때까지 "행동 - 피드백 - 재행동의 사이클"로 반복되고, 그것이 '사회 변화'로 이어진다. 요컨대 행위는 인간이 자기가 속한 사회의 문화에 적응한 결과인 동시에 사회 문화를 변화시키는 출발점이 되며, 사회 구성원들의 행위 간의 상호작용이 사회가 형성, 유지 및 변화하는 기반이 되는 것이다(Mead, 1938; Turner, Beeghley and Powers, 1995=2004: 553-561에서 재인용).

이렇게 볼 때 어떤 사회 현상이 안정적으로 지속되는 것은, 이에 대한 행위자들의 동의 수준이 크게 낮지 않거나 불만을 느끼더라도 그 불만을 해소 또는 봉쇄할 수 있는 어떤 요인이 작동하고 있기 때문이라고 할 수 있다. 하지만 행위자간의 불일치가 크다면 그 차이를 해소하거나 봉합하는 것은 그리 간단치 않으며, 장기적으로는 동의의 재생산 자체가 어려워질 것이다. 그 동의에는 다양한 균열이 생기고, 그것이 사회적 변화의 기반이 될 가능성이 높다.

미드의 분석을 참조하면 일본의 파트타임 노동시장에 대해 다음과 같이 추정할 수 있다. 파트타임 노동시장의 직무와 처우의 불균형이 안정적으로 확대 재생산되는 것은 행위자들의 다양한 행위전략의 상호작용의 결과이다. 기업은 파트타임 노동자의 저임금에 적극적으로 동의하지만, 파트타임 노동자 본인들은 동의하지 않거나 동의를 가장하고 있을 가능성이 있고, 파트타임 노동자 내에서도 노동시간과 숙련 수준, 지역노동시장과 가족상황, 그리고 가치관 등에 따라 동의 수준이 달라질 수 있다. 하지만 파트타임 노동자의 직무-보상 격차가 장기간 안정적으로 확대 재생산되고 있는 것은, 파트타임 노동시장 내에 행위자들 간의 불일치를 해소, 봉합하면서 동의를 재생산할 수 있는 어떤 제도적, 비제도적 장치가 작동하고 있을 가능성을 시사한다. 동시에, 파트타임 노동자의 낮은 처우를 둘러싼 행위자들의 이익이 매우 다르다는 점을 생각할 때, '직무-보상 격차의 확대'라는 일본 파트타임 노동시장의 특징에 대한 동의의 이면에는 아직 표면으로 부상하지 않은 '균열'이 존재할 가능성이 높고, 행위자에 의한 변동이 발생할 가능성이 있다. 따라서 파트타임 노동시장의 일본적 특징의 형성 메커니즘과 변화 가능성을 분석하기 위해서 '행위자 전략 접근'을 통해 파트타임 노동시장의 주요 행위자들 각각의 행위전략과 행위 간의 상호작용에 주목할 필요가 있다.

3) 주부제도, 주부협정, 그리고 비공식 권력

이 책은 파트타임 노동시장의 행위자 전략과 상호 작용을 분석하기 위해 〈주부 제도〉, 〈주부협정〉 그리고 〈비공식 권력〉에 주목한다[8].

베버(Max Weber, 1972=1997)에 따르면, 사회란 행위자들이 자신의 의미를 실현하기 위해 경쟁하는 장이며, 모든 사회적 관계는 기본적으로 권력 관계다. 권력이란 사회적 관계에서 행위자가 상대의 저항에도 불구하고 자신의 뜻을 실현할 가능성을 가리킨다. 또 불평등한 규칙이 만들어지고, 그 규칙 하에서 복종 집단이 지속적인 위계 시스템에서 자신의 지위를 받아들이고, 지배 집단의 명령에 따라 행동하는 권력 관계가 지배다. 지배는 무감각한 습관에서 가장 순수한 목적 합리적 계산에 이르기까지 매우 다양한 동기의 복종에 의해 성립될 수 있다. 따라서 모든 지배 관계는 일정한 복종 의사가, 즉 복종에 대한 (외적, 내적) **이해관심**이 내포되어 있다. 일상적인 경우는 **관례**와 **물질적**, 목적 합리적인 이해관심이 이러저러한 관계를 지배한다. 그러나 관례나 이해상태와 마찬가지로 순전히 감성적이거나 순전히 가치합리적인 동기는 지배의 신뢰할만한 근거가 될 수 없다. 보통은 이런 동기 외에 또 다른 요소가 필요한데 정당성에 대한 신뢰가 바로 그것이다(408-409. 강조는 Weber).

베버의 이론은 일본의 파트타임 노동시장에서 '직무-보상 격차의 확대'라는 모순된 현상이 장기간 유지되는 것은 파트타이머에게 그 불평등을 받아들이게 만드는, 즉 그 정당성을 신뢰하게 하는 무언가가 있음을 시사한다. 그러므로 그 정당성이 흔들리면 지배체제에 균열이 생겨 불안정해질 것이다. 이 책은 일본의 파트타임 노동시장의 정당성 확보 장치로서 주부 제도와 주부협정을, 개인 주체의 대응이 야기할 정당성의 동요를 포착하기 위해 비공식 권력을 분석한다.

주지하는 바와 같이, 현대 일본의 젠더 시스템은 전형적인 남성 생계부양자형(大沢真理, 2007)이며, 남성 생계부양자형 젠더 시스템에서 남성은 생계부양자로 여성은 가족책임 전담자로 간주된다. 이 책에서 말하는 〈주부 제도〉는 남성 생계부양자형 젠더 시스템 하에서 사적 가족 내의 역할과 지위여야 할 주부라는 역할과 지위를 사회적 지위로 만드는 제도의 다발을 의미한다. 주부 제도의 주요 구성요소는 세금 제도와 사회보험 제도, 그리고 내부노동시장의 임금체계 등이다.

일본의 사회보험제도에서는 배우자가 임금노동자이면서 연간소득이 130만 엔 미만인 노동자는 사회보험료를 납부하지 않고 피부양 배우자로서 사회보험 혜택을 받을 수 있다. 또 배우자의 연간소득이 103만 엔 이하인 임금노동자는 소득세에서 상당한 정도의 공제 혜택을 받는다. 이런 사정 때문에 배우자가 임금노동자인 여성들은 연간소득이 103만 엔 혹은 130만 엔 이하가 되도록 취업조정을 하는 경향이 있다. 이 제도들은 기혼여성을 파트타이머가 되도록 강제할 뿐 아니라 임금인상을 요구할 수 없게 만드는 효과가 있다. 이렇게 세금 및 사회보험제도가 여성의 취업을 제한한다고 해서 '103만 엔의 벽'과 '130만 엔의 벽'이라고 칭해졌다. 후생노동성의 『파트타임노동자종합실태조사(パートタイム労働者総合実態調査)』에 따르면 여성 파트타이머 중 연간소득이 130만 엔 미만인 사람의 비율은 2001년 현재 71.3%고, 26.7%는 연간소득을 103만 엔 또는 130만 엔 미만이 되도록 취업시간을 조정하고 있다. 또 기혼여성 파트타임 노동자 중 본인이 사회보험의 피보험자인 사람의 비율은 2011년 현재 25.1%에 지나지 않는다. 남성임금노동자의 전업주부 아내(로 간주되는 파트타이머)인 국민연금 피보험자는 1996년 현재 1,200만 명으로 여성임금노동자 피보험자의 70%에 가까운 규모다.

103만 엔의 벽과 130만 엔의 벽에 관해 상술하면 아래와 같다[9].

2015년까지 일본에서는, 배우자가 임금노동자이면서 노동시간이 당해 사업소의 통상의 노동자의 3/4 미만이거나 연간소득이 130만 엔 미만인 노동자는 피부양자로 간주되어 건강보험료와 연금보험료를 납부하지 않고도 건강보험을 수급할 수 있었다. 또 연금수급연령이 되면 본인 명의의 연금수급권(일명 주부연금)이 발생한다(연금수급자격은 20년 이상 가입). 의료보험료는 월급의 8.393%,

연금보험료는 월급의 17.35%로 노사가 반반씩 부담한다. 즉 시간급이 800엔인 파트타임 노동자가 주당 30시간 일한다면 연간소득이 124.8만 엔이므로 건강보험료는 연간 104,745엔, 연금보험료는 연간 216,528엔인데 이 중 절반을 노동자가 납부하는 것이다. 하지만 이 노동자의 배우자가 임금노동자라면 본인도, 고용주도 사회보험료를 납부하지 않아도 된다. 그런데 국가 전체 차원에서 보면 사회보험료 중 노동자 부담분은 현역 노동자 전체가 나누어 내는 것이므로 여성노동자들이 자신의 남성 상사/동료/부하의 배우자의 사회보험료를 나누어 납부하는 셈이다. 1985년에 만들어진 이 제도는 여성의 '내조의 공'을 인정하기 위한 목적으로 설치되었다.

세금제도가 여성을 주부의 틀 속에 묶어두고 주부노동자를 창출하는 것은 배우자공제와 배우자특별공제를 통해서다. 먼저 배우자의 소득이 103만 엔 이하인 임금노동자에게 배우자공제를 적용한다. 상술하면 배우자의 연간소득이 70만 엔 미만인 사람에게 적용하는데 38만 엔을 상한으로 배우자의 소득이 5만 엔 상승할 때마다 공제액도 5만 엔씩 줄어든다. 배우자 공제는 주부의 '내조의 공'을 인정하기 위해 1961년에 제정되었다. 배우자특별공제는 피과세자 본인의 소득이 1,000만 엔 미만이고 배우자의 연간소득이 141만 엔 미만인 사람에게 적용되는데 1987년에 제정되었다. 배우자 공제와 마찬가지로 최고적용금액은 38만 엔이고 배우자의 소득이 5만 엔 상승할 때마다 공제액도 5만 엔씩 줄어든다. 배우자의 소득이 103만 엔이 될 때까지 배우자 특별공제가 줄었다가 103만 엔을 넘어서는 순간 다시 38만 엔이 되는데 전자의 부분이 내조의 공을 인정하기 위한 부분이고 후자의 부분이 배우자공제로 인한 소득역전현상을 방지하기 위한 부분이다.

배우자가 파트타이머로 일하면서 연간소득이 103만 엔 이하인 경우 평균적인 임금노동자인 남편은 소득세에서 총76만 엔이 되는 배우자공제 및 배우자특별공제액의 10%(과세소득 330만 엔 미만)인 76,000엔 또는 20%(과세소득 330~900만 엔)인 152,000엔의 세금을 절약할 수 있다. 그리고 소득세와는 별도로 주민세가 있다. 주민세는 도도부현별로 차이가 있지만 2000년 현재 각 도도부현의 평균세율은 과세소득이 200만 엔 이하인 경우 5%, 200~700만 엔은 10%, 700만 엔 이상은 13%이다. 그리고 배우자의 연간소득이 103만 엔 이하인 경우 배우자공제는 38만 엔이고 배우자 특별공제는 33만 엔이다. 따라서 배우자의 연간소득이 103만 엔 이하일 경우 10~25만 엔의 세금을 절약할 수 있다. 또 연간소득이 103만 엔을 넘으면 파트타임 노동자 자신의 소득세와 주민세를 내야하므로 소득을 103만 엔 이하로 조정하면 이 부분도 절약할 수 있다. 결국 이를 모두 합하면 연간 15~30만 엔 정도의 절세효과가 있다.

그런데 배우자 공제 및 배우자특별공제의 설계에서 알 수 있듯이, 일본의 과세제도는 형식적으로는 개인단위 방식을 취하고 있는 듯이 보이지만 배우자의 연간소득의 크기에 따라 소득공제규모가 크게 달라지므로 실질적으로는 가족단위방식을 취하고 있다. 그리고 배우자의 과세액에서 일정액을 공제하는 '세액공제'가 아니라 과세소득에서 일정액을 공제하는 '소득공제'의 형태이기 때문에 우대효과가 배우자의 소득이 높은 세대일수록 크다는 문제도 있다(水町勇一郎, 1998: 263).

2000년 현재 배우자의 소득이 103만 엔 이하여서 배우자공제와 배우자특별공제를 모두 받는 사람의 수는 942만 명이고 배우자의 소득이 103만 엔과 141만 엔 사이여서 배우자 특별공제만 적용받는 사람의 수는 53만 명이다(国税庁『民間給与の実体』). 즉 대다수의 가구는 주부의 소득을 103만 엔 이하로 억제하거나 아니면 141만 엔 이상이 되도록 조정하고 있다. 2001년 파트조사에 따르면 여성 파트타이머의 26%만이 소득조정과 상관없이 일한다고 답했다(厚生労働省, 2003: 284). 그러나 2004년부터 배우자특별공제 중 내조의 공을 인정하기 위한 부분이 폐지되었고, 2016년 10월부터 사회보험 가입자격이 변화했다. 대기업(501명 이상) 종사자의 경우 주당노동시간이 20시간 이상이거나 월급이 8.8만 엔 이상, 근속년수가 1년 이상이거나 그럴 것으로 전망되는 사람은 모두 사회보험에 가입해야 한다.

연금제도가 주부제도를 재생산하는 또 다른 제도는 유족연금이다. 일본에서는 피보험자였던 배우자가 사망한 경우 남은 배우자는 다음의 세 가지 중 한 가지를 선택할 수 있다. 첫째, 자신의 후생연금을 수급한다. 둘째, 배우자의 후생연금의 3/4을 유족연금으로 수급한다. 셋째, 자신의 후생연금과 남편의 후생연금의 합계액의 1/2을 유족연금으로 수급한다. 그런데 여성의 평균수명이 남성의 그것보다 10년 가까이 긴 일본 사회에서 대부분의 경우 사망하는 배우자는 남성이며 남겨지는 배우자는 여성이다. 또 정사원이라 하더라도 여성노동자의 임금은 남성노동자의 임금보다 낮기 때문에 첫 번째, 세 번째 선택지가 두 번째 선택지보다 경제적으로 유리하지 않다. 결국 여성노동자의 입장에서 보면 남편이 사망했을 때 자신이 평생 납입한 후생연금은 받을 수 없게 되는 것과 마찬가지이다.

기혼여성을 주부의 지위에 묶어두는 것은 세금제도와 사회보험제도만이 아니다. 내부노동시장의 임금체계도 정규직은 한 가족의 생계부양자인 남성이라는 전제하에서 구성되어, 기혼여성을 피부양자의 지위에 묶어두고 있다(山田和代, 1997, 2001; 熊沢誠, 1997; 김순영, 2006a, 2007; 野村正實, 2007). 내부노동시장 임금체계는 일본남성의 표준생애주기를 토대로 임금을 설계한 가족주기형 임금(김순영, 2006a)이라는 점에 근본적인 문제가 있지만, 세대주에게만 제공되는 배우자수당, 자녀수당, 주택수당 등이 문제를 더욱 심화시킨다. 내부노동시장의 임금제도 그 자체가 포괄적이고 강력한 주부제도다.

최근에는 대부분의 기업에서 배우자수당이 폐지되었지만 2000년대 초반까지만 해도 대다수 기업이 배우자 수당을 지급했다. 1999년 시점에서 전체기업의 77.3%가 가족수당이라는 명목으로 배우자 수당을 지급했다(厚生労働省『賃金時間制度等総合調査』). 배우자 수당액은 기업규모가 클수록 증가하며, 2003년 현재 1000인 이상 대기업의 87.2%가 배우자 수당을 지급하고 있고 배우자 수당의 액수는 월평균 18,700엔이다(中央労働委員会『賃金事情調査』). 그리고 배우자 수당을 지급하는 기업의 절반이 연간소득이 103만 엔 이하인 배우자에 한해 배우자 수당을 지급하며 나머지 대부분은 130만 엔을 기준으로 한다.

이상과 같은 주부제도는 여성을 가족 책임의 전담자로 만드는 동시에 '주부 노동자'로 만들어 노동시장에 저임금 노동자를 안정적으로 공급하는 역할도 수행한다. 103만 엔 이하 또는 130만 엔 미만으로 연간소득을 조정하기 위해 노동시간을 정하는 것뿐 아니라 임금인상 요구도 억제하게 만들기 때문이다.

〈주부협정〉은 주부인 파트타이머의 가정 우선성 보장을 주요 내용으로 하는, 파트타임 노동시장 행위자들의 행위 규칙을 명명하기 위한 개념이다. 기업의 파트타이머 노무관리 제도의 핵심이자 작업장 운영의 암묵적 규칙이며, 노동조합의 파트타임노동 정책의 기반이기도 하다. 즉, 기혼여성의 일차적 책임은 가족을 돌보는 것이기 때문에, 그 책임을 완수할 수 있도록 배려하면 고숙련 노동자에게 낮은 임금을 지불해도 괜찮다/합리적이다/어쩔 수 없다는 사고에 기초한 행위전략이다. 주부 제도라고 할 수 있는 제도의 다발이 존재하는 것은 기혼여성의 일차적 책임은 가족을 돌보는 것이라는 주부 규범이 사회 전체에 널리 수용되고 있음을 의미하며, 주부 규범은 주부 제도와 함께 주부협정의 성립과 작동의 기반이 된다. 그러나 본론에서 검토하는 바와 같이, '기간(基幹) 파트'의 경우, 소득의 측면뿐 아니라 근무 방식의 측면에서도 주부의 틀을 넘어 일하고 있기 때문에, 기간 파트에 대한 주부협정 적용은 제한적일 수밖에 없다. 때문에 파트타이머의 기간노동력화가 진행되면 주부협정의 토대는 약해지고 모순은 격화되며, 그 결과 작업장에서 파트타이머의 〈비공식 권력〉이 발생하게 된다.

〈비공식 권력〉은 조직화되지 않은 개인 주체의 일상적인 대응 전략을 분석하기 위한 개념이다. 비공식 권력은 파트타임 노동시장의 불평등을 받아들이게 하는 정당성이 저하/결여됨에 따라 발생한다. 조직된 주체와는 달리 개인 주체의 행위는 단시간에 급격한 사회 변화를 가져오기 어렵기 때문에, 개인 주체는 자신이 처한 상황(구조)이 자신의 해석과 갈등하거나 대립하는 경우 상황에 직접 또는 전면적으로 저항하기보다는 일단 상황에 적응한다. 그러나 주체는 적응하기만 하는 것은 아니다. 불합리한 희생을 자신에게 강요하는 상황과 억압에 저항하고 공식 규범과 권력을 무시하며 따르지 않거나 비공식 규범을 발전시킨다. 그리고 그 상황이 주체의 희생을 통해 유지되지만, 주체가 그것을 변화시킬 가능성을 찾기 어려운 경우, 즉 불평등에 대한 정당성을 인정할 수 없지만, 현실을 변화시킬 전망이 보이지 않는 경우, '틈새 권력'이라고도 할 수 있는 비공식 권력이 탄생하게 된다. 비공식 권력 및 규범은 공식 권력 및 규범과 공존하는 동시에 공식 권력 및 규범의 지배에 균열을 초래한다. 개인 주체의 저항 행위는 단기간에 급격한 변화를 가져 오기는 어렵지만, 비공식 규범과 권력을 만들어 냄으로써 장기간에 걸쳐 공식 권력과 규범을 부식시키고 변화시키는 힘을 가진다. 이런 의미에서 주부 파트타이머들의 저항 전략은 공식적 통제 체제로부터 자신을 보호하고 자율적인 공간을 열며 기존의 구조와 위계에 균열을 발생시켜 변화를 초래할 수 있다.

개인 주체의 일상적인 대응 전략을 분석하는 것은 눈앞의 현실이 재생산되는 메커니즘을 구체적으로 분석하는 동시에 현재의 구조가 발생시키는 갈등과 균열의 지점을 찾고 분석하는 의미가 있다. 나아가 갈등과 균열을 봉합한 결과이기도 한 목전의 현실이 재생산되는 토대가 무엇인지, 그 토대가 얼마나 강고하거나 취약한 것인지를 분석하여 사회 변동의 가능성과 방향성을 탐색하는 것이기도 하며, 여성 주체가 그 변화를 추동할 수 있는 근거와 가능성을 탐구하는 것이기도 하다.

3. 선행연구

1990년대 이후 일본의 파트타임 노동 연구에서 특히 주목을 받은 업종은 슈퍼마켓* 산업이다. 파트타이머의 양적, 질적 기간노동력화(基幹労働力化)가 진행된 대표적인 산업이기 때문이다(中村恵, 1989; 三山雅子, 1990, 1991, 2001; 青山悦子, 1990; 林大樹, 1991; 阿部誠, 1991, 1992; 本田一成, 1993, 1998, 2001; 脇坂明, 1986, 1995a, 1995b, 1996; 小野晶子, 2000, 2001).

파트타이머의 기간노동력화라는 개념을 처음 사용한 나카무라 메구미(中村恵, 1989)는 파트타이머를, 정규직의 업무를 보조하는 '보완형(補完型) 파트'와 정규직과 유사한 수준의 업무를 담당하는 '기간형(基幹型) 파트'로 구분했다. 또 나카무라 메구미(1989)와 오노 아키코(小野晶子, 2000)는, 기업이 주부 파트타이머만을 기간노동력화의 대상으로 설정하고, 학생 파트타이머는 경기변동이나 업무량 변화에 대처하기 위해 일시적으로 사용하는 노동력으로 간주함을 밝혔다. 기간노동력화 논의를 더욱 발전시킨 혼다 카즈나리(本田一成, 1993, 1998, 2001)는 파트타이머의 기간노동력화를 양적 기간노동력화와 질적 기간노동력화로 나누었다.

파트타이머의 기간노동력화와 처우 제도의 관계는 다양한 고용형태 간의 균등 처우의 문제라고 할 수 있다. 이 주제를 가장 먼저 분석한 혼다(本田一成, 1993, 2002)는 체인스토어 기업의 사례를 통해 파트타이머의 기간노동력화와 처우의 관계를 분석했다. 그 결과 기업이 정규직에만 적용해온 직능자격제도와 능력주의 임금체계를 파트타이머에게도 적용하고 있으며, 파트타이머에 대한 노무관리를 집단적, 획일적 관리에서 다원적, 개별적 관리 시스템으로 전환하고 있음을 밝혔다. 또 작업장의 특성에 따라 파트타이머의 기간노동력화 유형이 다르다는 것과 파트타이머의 처우제도 유형이 기간노동력화 유형과 연결되어 있

---

* 한국에서 대형마트라고 부르는 대형종합소매업 점포를 일본에서는 종합슈퍼라고 부른다. 한국에서 슈퍼마켓은 소규모 소매점포를 의미하는 말로 사용되지만 일본에서는 체인스토어 경영방식을 취하는 기업형 대형소매점포를 의미한다. 1장에서 살펴보는 바와 같이 일본에서 슈퍼마켓은 종합슈퍼, 식품슈퍼, 의류슈퍼, 주생활슈퍼 등으로 업태(業態)가 세분화되어 있고, 종합슈퍼와 식품슈퍼를 비교하는 것이 이 책의 중요한 내용 중 하나이므로 이 책에서는 대형마트라고 번역하지 않고 일본에서의 용법 그대로 슈퍼마켓이라고 한다. 한국기업으로 말하자면, 이마트나 롯데마트는 종합슈퍼(GMS), 하나로마트는 식품슈퍼(SM)다.

음을 밝혔다. 나아가 파트타이머와 고졸여성 정규직의 모델임금곡선을 비교해, 파트타이머도 숙련이 증가하면 임금이 상승해, 양자의 임금상승곡선이 유사해진다고 주장했다.

그러나 『임금구조기본통계조사』 등의 전국적 통계조사는 혼다의 주장과는 달리 정규직과 파트타이머의 임금 격차가 날로 확대되고 있음을 보여준다. 혼다 자신도 추후 연구(1998)에서 1990년대 후반부터 파트타이머의 임금에 대한 개별 관리가 중단되는 추세임을 인정했다. 파트타이머에 대한 개별 관리가 중단된다는 것은 임금에 숙련 수준을 반영시키는 제도가 없어진다는 의미다. 하지만, 그럼에도 불구하고 파트타이머의 기간노동화는 1990년대 중반 이후에도 계속 진전되고 있고, 파트타이머의 직무와 처우 간의 격차가 확대되고 있다. 그렇다면 우리는 파트타이머들에게 모순된 현실을 받아들이게 만드는 무언가의 동의 장치가 있을 가능성을 추정할 수 있다. 즉 파트타이머의 기간노동력화와 직무와 처우 간의 불균형 확대를 설명하기 위해서는 이 모순된 현실을 재생산할 수 있게 하는 동의 생산 장치와 행위 주체에 대한 분석이 필요하다.

파트타이머의 숙련 수준이 상승함에도 정규직과의 임금격차가 확대되는 현실은 다양한 고용형태 간의 균등 대우의 문제를 부각시켰다. 동일한 또는 유사한 업무를 담당하는 정규직과 파트타임 노동자 사이에 상당한 정도의 임금 격차가 존재하는 현실을 설명하는 여러 이론적 설명 중에서 가장 영향력을 행사했던 것은, 보상임금가설과 일본적 고용관행론을 이론적 배경으로 하는 미즈마찌 유이찌로(水町勇一郎, 1997)의 동일의무·동일임금설이었다. 미즈마찌에 따르면 일본에서 파트타이머의 임금을 규정하는 요인은 단시간성, 비정착성, 저구속성[10]으로 정리할 수 있다. 이 중에서도 특히 저구속성이야말로 경제적으로도 법적으로도 파트타이머의 저임금을 정당화하는 근거가 될 수 있다.

그러나 미즈마찌의 동일의무·동일임금론이 반드시 현실을 반영하고 있는 것은 아니다. 예를 들어 정규직의 구속성에서 중요한 내용 중 하나인 전근은 주로 체인스토어 기업의 문제로, 대다수의 제조업 노동자에게는 해당되지 않는다. 또 노동 현장에서 파트타이머의 처우는 노동시간이나 구속성보다 그 노동자가 주부임을 의미하는 '파트'라는 호칭에 더 많은 영향을 받는다. 나아가 미즈마찌와 같은 논의는 정규직과 동일한 방식으로 노동하는 파트타이머만이 균등대우를 받을 자격이 있다는 논의로 이어질 우려가 있을 뿐 아니라 정규직의 과도한 구속을 정당화할 가능성이 높은 점도 문제다(大沢真理, 1997). 파트타이머와 풀타이머 간의 임금 격차는 저구속성보다, 남성생계부양자에게 가족을 부양할 수 있는 연공형(年功型) 임금을 지급해야 한다는 젠더 규범에 근거한 고용관행 상의 합의에서 비롯된 결과이며, 현재의 사회보장제도 및 세금세노 등의 요인이 노동시장에서 여성차별을 부추기고 있다는 점에 주목할 필요가 있다(浅倉むつ子, 1996; 大沢真知子, 1998; 大沢真理, 2002). 특히 직무급이 아니라 직능급에 기초를 둔 내부노동시장의 임금체계는 두 집단의 임금을 비교할 수 없게 하는 핵심적인 요인이다(本多淳亮, 1996, 1997; 伊田広行, 1996, 1998).

1990년대의 불황을 통해 파트타이머의 양적, 질적 기간노동력화, 정규직과의 임금격차 확대가 한층 진행되는 가운데, 다양한 고용형태 간의 고용관리에 관한 연구도 활발히 진행되어 왔다. 사토 히로키 외(佐藤博樹 ほか, 2003)에 따르면, 고용의 비정규화가 진행되는 가운데 기업은 정규직과 비정규직을 구분할 뿐 아니라, 비정규직 내에서도 고용 구분을 다원화하고 있다. "업무의 내용과 책임의 차이" 등을 기준으로 정규직과 비정규직을, "노동시간과 근무일수" 등을 기준으로 비정규직 내부를 구분한다는 것이다. 또 기간노동력화의 진전이 균형처우에 대한 기업의 노력을 촉구한다.

그러나 사토 히로키 외의 연구가 지적하고 있는 것처럼, 정규직과 비정규직의 업무와 책임, 구속성이 반드시 다르지는 않음에도 불구하고 양자의 노동조건에 균형을 취하기 위해 노력하는 기업은 많지 않다. 더욱이 파트타이머의 기간노동력화가 진전된 체인스토어 기업에 관한 사례 연구는 파트타이머의 직무영

역이 지속적으로 확대되고 관리적 업무를 담당하는 파트타이머가 증가하고 있음에도 불구하고 그에 상응해 처우 제도가 정비되는 것은 아님을 밝히고 있다(本田一成, 2002; 禿あや美, 2003). 생협(生協)을 대상으로 정규직과 파트타임 노동자의 임금 격차를 실증한 연구(山縣宏寿, 2007)에 따르면 파트타이머의 기간노동력화가 한층 진전된 1995년 이후 격차가 더 벌어지고 있다.

이런 불합리한 상황은 처우에 대한 비정규직의 납득성을 저하시켜 사기를 떨어트리고 생산성 저하로 이어질 우려가 있고(木村琢磨, 2002; 篠崎武久 ほか, 2003), 균형 처우가 기업의 경영 실적에 긍정적인 변화를 초래한다는 연구 보고도 있다(西本万映子·今野浩一郎, 2003). 이 때문에 기업이 경쟁력을 강화하기 위해서는 정규직과 비정규직을 분리하여 관리하고 비정규직의 처우를 낮추는 '분리형' 인사관리가 아니라, 근무방식을 기준으로 정규직과 비정규직 처우를 일원화하는 '통합형' 인사관리 시스템을 구축할 필요성도 제안되었다. 선진적인 기업 중에는 통합형 인사관리 시스템을 향한 움직임도 보이고 있고(短時間労働者の活用と均衡處遇に関する研究会, 2003), 이런 움직임은 정규직의 처우 시스템에도 영향을 미치기 시작했다(武石恵美子, 2006). 그러나 통합형 인사관리 시스템을 도입한 슈퍼마켓 기업에 관한 사례 연구(金英, 2009)에 따르면, 통합형 인사관리 제도는 많은 여성 정규직을 파트타이머와 같은 사원구분으로 전환시키고, 동일한 직무를 더 낮은 처우를 받는 종업원에게 담당시키는 제도다. 즉, 2000년대의 새로운 인사관리제도는 〈노동방식의 젠더화〉를 더욱 진전시켜 고용형태의 배후에 있던 〈젠더 신분제〉를 강화하고 있다.

이상에서 검토한 파트타이머의 기간노동력화에 관한 선행연구는, 기업의 인건비 절감 추구, 작업장 구조, 그리고 작업장에서 요구되는 기술 수준 등이 파트타임 노동자의 기간노동력화를 진전시킨 요인임을 밝혔다. 그러나 선행 연구는 주로 질적 기간노동력화에 관심이 집중되고 있으며, 양적 기간노동력화에도, 양적 기간노동력화와 질적 기간노동력화의 관계에도 깊이 주목하지 않았다. 또 양적 기간노동력화에 관한 많지 않은 연구도 분석 사례의 수가 적고, 특정 점포의 매장 한 두 곳을 대상으로 현황을 분석하는 정도에 그치고 있다(三山雅子, 1991; 小野晶子, 2001). 그러나 이 책 1장에서 검토하는 바와 같이 식품 매장과 비식품 매장 간에 수익 구조와 숙련 구조에 차이가 있기 때문에, 슈퍼마켓 산업 내에서도 업태, 기업, 그리고 점포의 입지에 따라 파트타이머의 기간노동력화 수준에 상당한 차이가 있고, 동일한 기업 및 점포 내에서도 점포의 입지나 매장에 따라 파트타이머의 양적, 질적 기간노동력화에 상당한 차이가 있다. 때문에 점포의 전체 노동자를 매장 단위로 분류한 후 다른 점포나 매장과 비교하지 않는 한, 기업 및 점포별 기간노동력화의 차이와 그 차이를 낳는 요인을 밝히기 어렵다.

또 선행 연구는 균형 처우와 고용형태 및 노동방식의 젠더화 간의 관계에 충분히 주목하지 않았다. 세계적으로도 파트타임 노동은 가족책임을 지고 있는 기혼여성의 취업형태인 경향이 있지만 일본에서는 특히 그러하다(고용형태의 젠더화). 남성생계부양사형의 젠더 관계가, 가치관과 규범을 넘어 사회제도의 설계에 내장되어 있는 일본(大沢真理, 2007)에서는 노동시간의 길이에 상관없이 그 노동자가 주부임을 의미하는 '파트'라는 호칭이 노동자의 처우 결정에 큰 영향을 미친다(고용형태의 신분성). 또 파트라는 호칭으로 불리는 노동자는 가족책임 때문에 기업의 요구에 전면적으로 응할 수 없는 종업원이기 때문에 처우가 낮더라도 당연하거나 어쩔 수 없다고 생각되어 왔다(젠더의 신분성). 이처럼 남성생계부양자형 젠더 관계 하에서 기업의 요구에 전면적으로 응할 수 있는 남성적인 노동방식과 그렇지 않은 여성적인 노동방식이 선명하게 구분되고(노동방식의 젠더화), 남성의 노동방식만이 높은 처우를 받는 현실에서 파트타임 노동을 분석하는 데 젠더 관점은 필수적이다.

4. 연구대상과 자료

1) 연구 대상: 슈퍼마켓 산업의 주부 파트타임 노동

이 책의 연구 대상은 슈퍼마켓 산업 주부노동자의 파트타임 노동이다. 슈퍼마켓 산업을 연구 대상으로 선택한 이유는 다음과 같다.

첫째, 이 산업에 파트타임 노동자가 많기 때문이다. 2003년 현재 일본 슈퍼마켓 기업의 종업원 중 파트타이머의 비율은 노동시간을 기준으로 약 70%인데, 이는 일본에 국한되지 않는 전세계적인 현상이다. 슈퍼마켓 산업에서 파트타이머 비율이 높은 이유는 무엇보다 영업 시간 중에 바쁜 시간대와 한가한 시간대가 있어 그에 따라 노동력 투입을 면밀하게 조정할 수밖에 없는 특성 때문이다. 또 체인점 방식의 운영으로 인해 점포운영과 노동과정의 표준화가 진전되고 이에 따른 탈숙련화가 노동력 대체 가능성을 높인 것과 POS[11] 시스템과 온라인주문 등의 기술 변화도 파트타임 노동 증가에 박차를 가했다.

둘째, 일본의 슈퍼마켓 산업에는 파트타이머 중에서도 기혼여성 파트타이머의 비율이 매우 높다. 일본의 슈퍼마켓들은 그 지역의 주부들을 파트타이머로 고용하려는 경향이 있는데, 지역에 밀착된 영업전략을 구사하기 위해서다. 지역의 주부들을 파트타이머로 고용하는 것은 그 주부들의 주변사람들이 고객이 된다는 장점도 있지만, 기본적으로는 소비자의 감각으로 매장을 운영하여 시장을 공략하려는 전략에서 나온다. 반면 노동자 측에서도 슈퍼마켓은 주부노동자와 친화적이다. 많은 슈퍼마켓 점포가 주택지와 가까운 곳에 있기 때문에 주부가 파트타이머로 일하기 쉽다. 그 결과, 점포의 입지에 따라 차이는 있지만, 파트타이머 중 기혼여성의 비율은 50~80%다. 따라서 슈퍼마켓 산업은 기혼여성의 노동으로서의 파트타임 노동의 특성이 잘 드러나는, 기혼여성 파트타이머와의 선택적 친화성이 높은 업종이다.

셋째, 일본 슈퍼마켓 산업에서는 주부 파트타이머의 숙련수준이 높고, 고숙련·저임금 노동자가 많다. 슈퍼마켓 점포에서 파트타이머가 관리적인 업무를 담당하는 것은 일상적인 모습이다. 기업에 필수불가결한 존재임에도 불구하고 파트타이머의 임금과 기업 내 지위가 그 존재의 중요성을 반영하지 않는 것이 현실이다. 따라서 슈퍼마켓은 파트타임 노동자의 '직무-보상 격차'의 안정적 확대재생산 및 저임금 노동자의 숙련 상승이라는 일본 파트타임 노동의 특성을 젠더 관점에서 분석하는 데 가장 적합한 업종이다.

슈퍼마켓 업계에서는 관행적으로 비정규 직원을 촉탁, 계약사원, (다양한 명칭의) 파트타이머, 아르바이트로 나누고 있다[12]. 아르바이트는 학생 아르바이트와 주부 아르바이트로 나누는 경우도 있고 학생만을 의미하는 경우도 있지만, 중년여성 비정규 노동자는 파트, 학생 및 중장년 남성은 아르바이트로 분류되는 경우가 많다. 유배우자만 아니라 사별하거나 이혼한 여성도 때로는 중년의 미혼여성도 일선의 노동현장에서는 '주부 파트(적 존재)'로 칭해진다. 촉탁과 계약사원은 풀타이머, 아르바이트는 대부분 단시간 노동자이지만, 파트타이머로 분류되는 종업원의 근무 시간은 다양하며, 풀타이머도 포함된다. 즉 주부 파트로 불리는 사람들에게 공통되는 것은 상대적인 의미이든 절대적인 의미이든, 노동시간의 길이가 아니며, 시간급인가 월급인가하는 임금 형태도 아니다. 그 공통점은 이른바 '파트적 취급'이며, 파트적 취급의 토대는 성별과 혼인상태, 즉 젠더다. 그런데, 파트타이머는 인사제도 상의 명칭이 아니다. 회사마다 명칭은 다르지만, 노동현장에서 그녀들을 직접 부르는 경우, 인사 제도상의 호칭을 사용하여 파트너 사원이라든가 플렉스 사원이라고 부른다. 그러나 관리자나 노조 간부들이 여성 비정규직을 일괄해 지칭할 때는 파트(타이머) 또는 주부 파트라고 부른다.

그런데 노동 현장에서 주부 파트라고 칭해지는 사람의 혼인 여부를 자료로 확인할 수는 없다. 회사 자체가 그런 자료를 가지고 있지 않기 때문이다. 필자가 조사한 기업 중에서 본사 차원에서는 파트타이머에 관한 연령자료를 가지고 있지 않은 회사가 많았지만(파트타이머의 채용은 점포 권한) 여성 파트타이머의 연령 분포가 확인 가능한 사례기업이나 점포의 경우 30대 이상이 80% 이상이었다. 면접조사에 따르면, 20대도 학생을 제외하면 대부분이 기혼자였다. 이런 점에서 주부 파트로 불리는 노동자의 대부분이 유배우자라고 간주하는 것에는 큰 무리가 없다고 판단된다.

2) 조사와 자료

이 책에서 사용된 자료는 설문조사와 설문조사에 참여한 기업 중 일부 기업의 점포조사를 중심으로 수집되었다. 1998년에 시작된 필자의 슈퍼마켓 조사는 2008년까지 이어졌고 조사대상이 된 기업도 10개사지만, 이 책은 2000년 전후의 시점에 초점을 맞추어 분석한다. 때문에 이 책에서 사용하는 자료는 주로 1999년 2월부터 2003년 8월까지의 기간에 수집한 것이다. 점포조사는 심층면접이 중심이었지만, 면접 전후에 점포의 매장과 작업장의 상황을 관찰하고 일부 점포에서는 판매 및 매장정리작업 등에도 참여했다. 점포조사와 함께 사례기업의 노동조합 간부와 본사의 인사 책임자, 그리고 사례기업 노동조합의 상부단체인 ABC 유니온의 간부 등에 대한 심층면접조사를 진행했고, 사례기업 및 점포 관련 자료(노동력 구성, 종업원 교육 및 인사제도 관련 자료)도 수집했다. 조사는 ABC 유니온(가명)과 각 사례기업 노동조합의 협조를 얻어 진행했다.

이 책이 현재가 아니라 2000년 전후의 시점을 분석대상으로 하는 것은 일본 파트타임 노동시장의 현재의 특징이 형성된 과정을 분석하고 21세기에 일어나고 있는 변화에 대한 이해를 심화하기 위해서다. 요컨대, 다양한 고용형태 간의 균등 또는 균형 처우를 둘러싼 사회적 논란이 뜨거운 가운데 21세기 들어 일본 유통업계에서는 일종의 유행처럼, 파트타이머의 직무영역을 관리직까지 확대하고 동시에 처우도 향상(JILPT, 2005)시킨다는 인사제도 개정이 확산되고 있다. 이 책은 그 변화의 배경을 분석하고 왜 일본의 유통기업은 이러한 인사제도 개정을 필요로 하게 되었는지를, 젠더 관점에서, 그리고 행위자 전략이라는 접근 방식을 통해 밝히고자 한다.

이 연구의 사례기업은 모두 종업원 수가 1,000명이 넘는 대기업이다. 종합슈퍼 기업은 모두 전국기업이며, 식품슈퍼 기업은 지방기업 혹은 지역기업이다. 점포수는 1999년 현재 종합슈퍼 사례기업은 100~350개, 식품슈퍼 사례기업은 60~120개이다. 종합슈퍼는 "의·식·주 상품을 모두 취급하되, 각각이 10% 이상 70% 미만"인 슈퍼마켓이며, 식품슈퍼는 "취급하는 상품 중 식품의 비율이 70% 이상"인 슈퍼마켓이다(経済産業省, 2003, 『商業統計』). 업태 및 기업에 관한 상세한 내용은 제1장 제1절에서 소개한다.

필자가 실시한 설문조사[13)]와 면접조사의 개요는 다음과 같다.

(1) 설문조사

① 조사 대상 기업: 종합슈퍼 기업 8개사, 식품슈퍼 기업 6개사

② 조사 대상: 기혼여성 정규직과 기혼여성 비정규직

③ 조사 경로: 노동조합을 통한 배포와 회수

④ 조사 규모: 1,300부 배포, 822부 회수 (파트타이머 500명, 계약직 70명, 촉탁 5명, 정규직 247명)

⑤ 회수율: 전체 63.4% (비정규직 86.5%, 정규직 35.3%)

⑥ 조사 시기: 1999년 3~4월

설문조사에 대한 응답에서 나타난 특징은 전반적으로 무응답률이 낮은 것과 함께 설문지 맨 마지막에 있는 자유의견란에 일과 가정을 양립해야 하는 기혼여성으로서 또는 파트타임 노동자로 일하면서 느껴왔던 어려움이나 불만에 관해 기

입한 응답자가 많았던 것을 들 수 있다. 비정규직 응답자 575명 중 104명, 정규직 응답자 247명 중 64명이 다양한 경험과 의견을 상세하고도 정성스럽게 써주었다. 자유의견만을 정리한 것이 A4 용지 33페이지나 되고 2000자 이상을 쓴 응답자도, 조사 결과를 알고 싶다, 조사보고서를 받아보고 싶다고 쓴 응답자도 있었다. 이는 남성생계부양자형 젠더관계 하에서 가족책임을 짊어진 채 일하고 있는 기혼여성의 노동현실을 생생히 파악하려는 조사의 문제의식에 많은 응답자가 깊이 공감했음을 시사하는 것으로 해석할 수 있다.

(2) 점포조사와 면접조사

점포조사와 면접조사는 1999년 6월부터 2003년 8월에 걸쳐, 크게 나누면 4차례에 걸쳐 실시했다. 면접조사는 모두 반구조화된 조사지를 토대로 한 심층면접이었다[14].

1차 조사시에는 1999년 6월부터 8월에 걸쳐 설문조사에 참여한 기업 중 7개사(종합슈퍼 3개사, G1-G3, 식품슈퍼 4개사, S1-S4)의 점포를 하나씩 방문했다. 첫 번째 조사에서는 주로 점장, 기혼여성 정규직, 기혼여성 파트타이머, 그리고 노동조합 간부들에 대한 면접을 진행했고, 점포의 매장과 후방을 관찰하고, 판매 및 매장정리작업 등에도 참여했다. 기혼여성 노동자에 대한 심층면접이 주된 목적이었던 첫 번째 면접조사의 주요한 내용은, 점포 및 각 매장의 노동력구성, 파트타임 노동자의 담당 업무, 정사원과 파트타임 노동자의 업무분담, 정사원 및 파트타임 노동자의 취업력 및 가족생활경험, 직장생활과 가정생활에 대한 만족도 및 평가, 장래계획 등에 관한 것이었다. 그리고 점장과 노동조합 간부에게는 파트타임 노동자 활용정책에 관해 주로 질문하였다. 또 면접조사 과정에서 점포의 노동력구성 및 파트타이머 관리, 종업원교육 등에 대한 여러 가지 문서자료를 제공받았다. 또 이 책의 사례기업은 아니지만 종합슈퍼 대기업인 A사의 여성 노동자 3명(관리직 1명, 파트타이머 2명)을 인터뷰했고 면접 자료를 이 책의 참고 자료로 사용했다.

2000년 1월에 실시한 2차 조사시에는 1차 조사시에 방문한 7개 점포 중 4개 점포(G1, G2, G3, S3)를 재방문해, 주로 중하급관리직(매니저와 주임)을 대상으로 면접조사를 실시했다. 2차 조사에서 만난 사람들은 대부분 남성이었다. 파트타이머에 대한 일선관리자인 이들과의 면접의 초점은 파트타이머의 업무능력 및 업무태도에 대한 평가 및 OJT를 중심으로 한 파트타이머에 대한 교육훈련, 매장별 업무의 주요내용과 숙련형성구조 등에 대한 것이었다. 또 ABC유니온 활동가들에 대한 추가면접조사도 실시했다.

2001년 7월에 실시한 3차 조사 시에는 S3점을 다시 방문했고 이와 더불어 1,2차 조사 시에는 방문하지 않았던, 영화관까지 있는 초대형점포인 G2사의 신규점포[15]를 방문했다. G2사 신규점포조사는 개점에서 폐점까지 점장의 하루 업무가 어떻게 구성되는가에 대해 관찰하는 것을 중심으로 슈퍼마켓 점포의 하루 흐름을 관찰하고자 기획되었다. 더불어 일부 매장에 대한 관찰 및 몇 명의 중간관리자들에 대한 면접조사도 실시했다. 또 3차 조사시에는 1차 조사시에 누락되었던 S4의 노동조합 전임자에 대한 면접도 수행했다. 2001년 1월에는, 2박3일에 걸친 G2사의 주임승진후보자 연수를 참여관찰했다.

2003년 7월에서 8월에 걸친 4차 조사에서는 사례기업의 인사책임자들(인사부장 및 인사부 차장, S4사 제외)과 노동조합 간부 및 ABC유니온의 간부들과의 면접조사를 진행했다. 인사책임자 면접의 초점은 해당 기업의 파트타이머 노무관리 전반에 관한 것과 파트타이머 활용에 대한 기업의 정책, 그리고 종합슈퍼를 중심으로 급변하고 있는 파트타이머 및 종업원 인사제도의 변화에 관한 것 등이었다. 노동조합 간부들에 대한 면접 내용도 마찬가지였다. ABC유니온 활동가들에 대한 면접은, ABC유니온이 2002년부터 파트타이머 조직에 박차를 가하고 있는 이유와 내용에 관한 것이었다. 4차 조사 시에는 이 연구의 사례기업은 아니지만 1960년대 이후 일본 슈퍼마켓 업계를 선도해 온 B사[16]의 인사부장과 노동조합 간부에 대

〈표 서-4〉 기업, 직위, 성별 면접조사 참가자

	G1	G2	G3	S1	S2	S3	S4	A사	B사	C사	ABC 유니온	합계
파트타이머	6	7	8	5	1	4	7	2		5		45(0)
일반직사원	1	2	1(1)			3(1)						7(2)
주임	7(3)	4(1)	4(1)		1(1)	5(2)				1(1)		22(9)
매니저	1(1)	3(3)	2(2)	1				1		1(1)		9(7)
점장·부점장	2(2)	3(3)		1(1)	1(1)	1(1)	1(1)			1 (1)		10(10)
인사책임자	1(1)	3(3)	1(1)	1(1)	1(1)	1(1)			1(1)	1(1)		10(10)
노조상근자	4(2)	2	2(1)	2(2)	2(2)	2(2)	2(1)		3(3)	2(2)	9(7)	30(22)
합계	22(9)	24(10)	17(6)	10(4)	6(5)	16(7)	10(2)	3(0)	4(4)	11(6)	9(7)	133(60)

( ) 안은 남성

한 면접조사도 했다. 당시 B사는 인사제도를 개정해 파트타이머를 대거 노동조합원으로 조직화했기 때문에 그 배경을 조사하기 위한 것이었다.

또 2004년 12월에서 2005년 2월에 걸쳐 C사에 대한 조사(점포조사 및 노동조합, 기업 조사)를 실시했다.

지금까지 서술한 4차례에 걸친 조사에서 면접조사를 실시한 사람들을 기업별·직위별로 정리한 것이 〈표 서-4〉이다[17]. 많은 사람들은 한 번만 면접했지만 일부와는 인터뷰 후 회식, 전화, E 메일, 가정 방문 등을 통한 추가 조사를 여러 차례 실시했다. 심층면접조사를 한 ABC유니온 간부들의 직위는 정책국 유통담당 중앙집행위원, 조직국장, 유통·서비스부회 서기장, 유통부회 사무국장, 조직국장, 노동정책부장, 교육부장, 산업정책부장, 여성국장이다. 그리고 표에는 제시하지 않았으나 일본노동조합연합(렝고)의 여성국장 및 지역노조인 커뮤니티유니온전국네트워크의 활동가 및 조합원들 십여 명과도 면접조사를 실시했다.

마지막으로, 이 책에서 인용하는 면접조사 참가자의 이름은 모두 가명임을 밝혀둔다[18]. 면접 참가자 중 사례 점포의 기혼여성 파트타이머와 기혼여성 정규직의 인적 사항은 〈부표 1〉에서 〈부표 6〉에 제시했다.

5. 책의 구성과 특징

1) 책의 구성

이 책은 서장을 포함해 총 6개 장으로 구성된다. 각 장의 내용을 간단히 요약하면 다음과 같다.

서장에서는 이 책의 연구 과제와 분석시각, 그리고 자료에 관해 소개한다.

제1장에서는 연구대상인 슈퍼마켓 산업을 중심으로 파트타임 노동자의 양적, 질적 기간노동력화 현황을 분석하는 동시에 그것에 영향을 미치는 요인을 밝힌다. 또 7개 사례기업 및 점포의 현황을 비교 분석해, 파트타임 노동자의 기간노동력화의 유형화를 시도한다. 사례기업의 파트타이머 기간노동력화 유형은 〈보조 노동력형〉, 〈제한적 기간화형〉, 〈적극적 기간화형〉, 〈전면적 기간화형〉으로 나눌 수 있다. 기간노동력화 유형에 영향을 미치는 가장 기본적인 요인은 노동과정의 특성과 젠더다.

제2장에서 제4장까지는 파트타임 노동시장 행위자의 행위전략의 내용을 구체적으로 고찰한다. 이를 통해 행위자가 놓여 있는 가족 상황 및 노동시장 상황이 행위자의 행위전략에 어떤 영향을 미치는지, 또 행위자의 전략적 행위가 어떻게 파트타임 노동시장을 재생산하는지를 분석한다. 기업, 노동조합, 그리고 주부 파트타이머라는 파트타임 노동시장의 세 행위자는 각자, 파트타이머는 가족 책임의 전담자인 주부 노동자라는 것을 전제로, 파트타이머에게 일보다 가정을 우선시할 수 있도록 보장하면 처우는 낮아도 어쩔 수 없거나 괜찮다는 사고방식에 암묵적으로 동의하는 〈주부협정〉에 따라 행위 전략을 전개한다.

제2장에서는 비용 절감과 파트타임 노동자의 숙련 증가라는 모순된 요구를 해결하기 위한 기업의 파트타임 종업원 고용관리전략에 대해 분석한다. 기업의 목적은 파트타임 노동자의 기간노동력화에 따른 '직무-보상 격차'를 재생산하

면서도 그에 대한 동의를 얻는 것이다. 이를 위한 전략으로 〈제한적 내부화〉와 〈구별 짓기〉를 들 수 있다. 그러나 이런 기업의 전략으로는 '직무-보상 격차'의 확대재생산으로 인한 불평등 문제를 완전히 해결할 수 없기 때문에, 그 불균형이 파트타이머의 저항 전략의 토대가 된다.

제3장에서는 파트타임 노동자의 기간노동력화와 그에 따른 정규직 대체라는 현실에 정규직 중심의 노동조합은 어떻게 대응하고 있는가를 분석해 노동조합의 대응전략을 유형화한 후 그것에 영향을 미치는 요인을 규명한다. 노동조합의 대응전략은 파트타임 노동자의 증가에 따른 〈대표성의 위기〉를 해결하는 동시에 그것이 야기할 수 있는 〈정체성의 위기〉, 그리고 〈임금의 위기〉를 최소화하는 방안으로 구성된다. 노동조합의 대응전략은 〈배제〉, 〈선별적 조직화〉, 〈포괄적 조직화〉, 〈전면적 조직화〉로 나눌 수 있으며, 기본적으로 기업의 파트타임 종업원 기간노동력화 전략에 의해 크게 영향 받는다.

제4장에서는 주부 파트타이머의 삶의 경험과 가족 배경을 고찰하는 동시에 그녀들의 상황 해석과 대응 전략에 관해 분석한다. 대부분의 주부 파트타이머는 결혼이나 출산을 계기로 정규직 취업을 중단한 경험이 있으며, 현재는 가족 책임을 전담하고 있는 '주부 노동자'다. 그렇기 때문에 주부 파트타이머의 대응전략은 가족 책임 수행에 지장이 없도록 보장받는 동시에 점포와 매장에 대한 자신들의 기여도를 작업장의 일상적 관계 속에서 인정받고자 하는 것에서 출발한다. 주부 파트타이머의 행위 전략은 〈수용 전략〉과 〈저항 전략〉으로 나눌 수 있지만, 두 전략은 완전히 분리되어있다기보다는 연결되어 있다. 기업의 〈제한적 내부화〉 장치의 한계로 인하여 작업장에서 파트타이머의 〈비공식 권력〉이 발생하게 되고 이는 기업측이 노무관리 방식을 바꾸지 않을 수 없게 만드는 가장 중요한 요인이 된다.

결론인 5장에서는, 2000년대 들어 슈퍼마켓 업계 상위기업들이 잇달아 도입하고 있는 개정인사 제도에 관해 분석하여, 행위자들의 행위전략의 상호 작용이 어떻게 제도적 변화로 이어지는지에 관해 논한다.

2) 책의 특징

이 책의 특징으로 다음의 세 가지를 들 수 있다.

첫째, 젠더분석의 관점에 입각한 실증 연구다. 일본의 노동시장에서 이른바 '파트적 취급'을 당하는 호칭 파트타이머의 90%가 여성(기혼여성이 80% 이상)이지만, 젠더분석의 관점에서 파트타이머의 기간노동력화를 분석한 실증연구는 그리 많지 않다. 하지만 전술한 바와 같이 누가 파트타이머가 될지를 정하는 것은 해당 사회의 젠더 규범과 제도이며, 파트타임 노동시장이 주로 기혼여성으로 구성되는 것은 그 사회의 성별 분업이 강하다는 것을 의미한다. 파트타임 노동의 증가는 주로 고용주의 젠더화된 고용전략의 결과이며, 남성 생계부양자 이데올로기에 근거한 행위 전략을 취하는 것은 노동조합이나 국가도 마찬가지이다. 따라서 파트타임 노동에 대한 관찰과 분석을 통해 노동시장의 작동 규칙이 성별 규범 및 제도와 밀접하게 연결되어 있음을 드러낼 수 있다. 또 일본에서 파트타임 노동이란 노동시간의 길이가 아니라 기업의 호칭이 처우를 결정하는, 기혼여성의 비정규 노동을 의미한다. 즉, 일본의 파트타임 노동은 성별과 혼인 상태에 기초한 〈신분적 노동〉이다. 따라서 젠더 분석 없이 파트타임 노동을 연구한다면 핵심을 포착하기 어렵다.

다음은 행위자 전략이라는 접근이다. 제도와 구조는 인간의 행위와 그 행위의 상호 작용에 의해 만들어지고 유지·변화되는 것이며, 행위는 행위자의 이해관계로부터 도출되기도 하지만 신념과 규범으로부터도 도출된다[19]. 그러므로 사회 현상을 설명하기 위해서는 그 현상에 관련된 행위자의 행위에 주목할 필요가 있다. 그런데 일본의 파트타임 노동연구에서는 제도 분석은 풍부하지만 행위자와 행위에 대한 연구는 많지 않고 파트타임 노동자를 관리 및 정책 대상으로만 보는 경향이 있다. 이 때문에 직무와 처우의 격차가 확대되는 모순된 현실이 재생산되는 메커니즘을 충분히 설명할 수 없었다. 나아가 그러한 불평등에 의해 불이익을 받고 있는 주부 파트타이머들이 자신의 모순된 상황에 어떻게 대응하고 있는지도 분석할 수 없었다. 제도와 구조가 인간의 활동에 의해 만들어지고 변화하는 것임에 주목하지 않는다면 현실 변화의 징후를 포착하기도 어렵다. 이러한 문제의식에서 필자는 파트타임 노동시장의 주요 행위자들의 행위 전략을 분석함으로써 현실의 재생산뿐만 아니라 변화의 징후를 찾고자 한다.

마지막으로, 구체적이고 풍부한 자료이다. 이 책은 10년에 걸친 조사를 통해 수집한 다양한 형식의 자료에 기초해 집필되었다. 필자는 이 책의 사례기업 7개사를 포함해 합계12개사를 대상으로 본사와 노동조합 그리고 9개의 점포(에서 일하는 노동자들)를 조사했다. 10년간의 조사를 통해, 사례기업의 인사규정집, 점포운영기준서, 인사고과기준표, 고용형태별 취업규칙 및 노동협약, 고용형태별 모델임금일람표, 파트타이머 근무태도평가서, 고용계약서, 교육·훈련자료, 노동조합 기관지 및 조사보고서 등 다양한 1차 문헌을 수집해 분석했다. 뿐만 아니라 각 점포의 모든 매장과 전체 종업원 구성을 파악했고 그 과정에서 기업 조직의 각 층위에 있는 174명(+ABC유니온 11명)에 대한 심층 면접을 실시했다. 지금까지 일본에서 발표된 파트타임 노동에 관한 선행 연구의 대부분은 점포나 매장 등 노동현장 수준의 실증 연구를 하지 않든가, 했더라도 몇 개 매장만을 대상으로 분석해왔다. 그러나 슈퍼마켓 내에서도 업태와 기업, 그리고 입지에 따라, 같은 회사의 점포 중에서도 점포의 입지나 매장에 따라 종업원 구성 및 파트타임 노동의 구체적 내용에 상당한 차이가 있다.

| 註 |

1) 이 책에서 사용하는 파트타임 노동자의 정의는 "직장에서 파트(타이머)로 불리거나 칭해지는 사람"이다. 일본에서 주로 사용되는 파트타임 노동자의 정의는 주당노동시간이 35시간 미만인 노동자, 1일 또는 1주의 노동시간이 당해 사업장의 일반노동자의 소정노동시간보다 짧은 노동자, 그리고 직장에서 파트(타이머)로 호칭되는 노동자의 세 가지다. 이 중 '직장에서의 호칭'을 기준으로 하는 이유는 그것이 기업 내에서 노동자의 지위와 처우에 가장 큰 영향을 미치기 때문이다. 이 책의 연구 대상인 슈퍼마켓 산업의 경우, 풀타임 파트타이머라고 칭해지는, 소정근로시간이 정규직과 동일한 파트타

이머와 정규직의 처우 간에는 상당히 큰 차이가 있다. 호칭 파트타이머 중 풀타임 파트타이머의 비율은 1970년대 이후 지속적으로 감소하고 있지만, 여전히 적지 않다. 2001년 현재 호칭 파트나 아르바이트 중 30.5%(1992년 35.7%)가 주당 35시간 이상 노동하고 있고(総務省統計局, 『労働力調査特別調査』), 2010년 현재 비정규직 중 주당 35시간 이상 노동하는 사람의 비율은 40.0%(정규직 89.1%, 総務省統計局, 『労働力調査 詳細集計』)다.

2) 출판연도를 제시하지 않은 정부통계는 인터넷 홈페이지를 통해 조사한 숫자이다. 검색은 2014년에서 2016년에 걸쳐 행해졌다.

3) 일본어와 한국어 문헌은 저자의 '성명, 출판년', 영어 문헌은 '성, 출판년'을 제시한다.

4) 행위자의 행위를 이해함으로써 사회를 설명하려고 한 베버(Weber, 1905=2010)에 따르면 근대 서유럽에서 자본주의의 발달을 촉진한 중요한 요인 중 하나는 개신교도들의 종교적 신념이었다. 지옥에 대한 두려움과 구원을 향한 간절한 마음에서 형성된 금욕주의가 자본주의 정신과 선택적 친화력을 가지고 있었기 때문이다. 그런데 사회는 개별 행위자의 주관적 의미대로 형성되는 것은 아니다. 즉, 개신교도들이 추구한 것은 구원에 대한 확인/확신이었지 부의 축적이 아니었다. 그러나 구원 여부는 인간이 세상에 태어날 때 이미 정해져 있으며, 사후적으로 개인의 노력에 의해 바꿀 수 없다는 교리(구원예정설) 때문에, 개신교도들은 자신이 하나님이 만든 이 세상의 번영에 기여하고 있다고 믿음으로써 하나님이 자신을 당신의 뜻을 실현하기 위한 도구로 선택한 것이라고 간주하는 수밖에 없었다. 이런 식으로 개신교의 종교적 신념이 자본주의의 발달로 이어졌다.

5) 가사, 육아, 간병 등에 대한 책임을 나타내는 가족 책임(family responsibility)이라는 개념은, ILO 156호 협약(가족부양의무 노동자 협약, Workers with Family Responsibilities Convention)에 따라 널리 알려진 개념이다(남성의 가족생계부양책임을 가리키는 개념이 아님). 단, ILO 조약에서 이 개념은 "피부양 아동과 보호 및 부양의 필요성이 명백한 다른 직계가족에 대한 책임"을 가리키는 것이지만, 이 책에서는 가사 책임도 포함하는 개념으로 사용한다.

6) 노동력 공급 구조의 변화로 여성의 고학력화와 라이프 스타일의 변화가 주목되었다. 교육 증가가 여성의 노동시장에 대한 지향·애착을 강화하여 노동시장 참여를 촉진하고, 그 결과 풀타임과 파트타임 양자의 형태로 여성의 노동 공급도 증가했다는 것이다(Blossfeld, 1997). 또 가족주기와 라이프 스타일의 변화를 강조하는 연구는, 출생률 저하 때문에 여성의 생애단계에서 초기양육기가 단축됨으로써, 노동시장진출이 강화됨을 지적한다. 출생률 저하와 여성의 교육 수준 상승이 서로 맞물려 여성 자신이 예상하는 라이프 스타일이 변화하고, 그 때문에 출생률이 저하하기 이전 단계라면 노동시장을 이탈할 육아기 여성들도 노동시장에서 이탈하지 않기 위한 방안으로 파트타임 노동을 선택하는 경향이 있다는 것이다(三富紀敬, 1992).

그런데, 공급 요인에 관한 설명들은 여성의 파트타임 취업과 함께 풀타임 취업도 증가하는 것을 전제로 하고 있다. 그러나 1960년 이후 많은 선진공업국에서 여성의 취업은 대부분 파트타임 노동을 통해 실현되었다. 예를 들어 영국의 경우 여성의 풀타임 노동이 성장하기 시작한 것은 1980년대 후반에 이르러서다(Hakim, 1997). 가족 구조와 라이프 스타일의 변화에 따라 나타난 주된 변화는 초혼 연령과 초산 연령의 상승, 결혼율과 출생률 저하, 이혼율 증가로 인한 여성 가구주의 증가 등이며 여성의 풀타임 노동공급이 증가할 것으로 예상되는 것들이 많다. 그러나 실제로는 많은 국가에서 풀타임 노동이 크게 증가하지 않았고 파트타임 노동이 더 많이 증가한 점을 설명하기 위해서는 누가 어떤 이유로 파트타임 노동자가 되었는지를 설명할 필요가 있다.

7) Beechey와 Perkins(1987)는 영국 코벤트리 지역의 파트타임 노동에 관한 자신들의 연구가 여성 주체를 강조하는 이론적 가정에 입각하고 있다고 말하고, "노동시장에 대한 여성의 이해라는 프리즘"을 강조한다(1987; 144-9). 그러나 실제 분석 내용에는 고용주의 프리즘에 대한 분석은 있지만 파트타이머 여성들의 프리즘에 대한 분석을 찾기는 어렵다.

8) 이 세 개의 분석개념은 필자가 만든 개념이다.

9) 세금 제도와 사회보험제도의 주부제도로서의 기능에 관한 상세한 내용은 김순영(2007))을 참고하시오.

10) 미즈마찌에 따르면, 구속성이 낮다는 것은 잔업, 배치전환, 근무시간 외 활동의 제약, 근무시간대 결정, 전근, 휴가사용 등에서 노동자 측의 자유도가 높은 것이다.

11) POS란 Point of Sale의 이니셜인데 바코드를 읽어드리는 계산기이다. 1980년대 중반에 선진적인 기업에서 도입되기 시작하여 1990년대 초까지 거의 모든 유통업 기업에 도입된 포스시스템은 계산 부문에서 노동자의 숙련을 해체시킨 것뿐만 아니라 상품관리, 노동력관리, 고객관리, 점포관리에 이르기까지 유통업의 노동과정과 업무에 커다란 변화를 초래하였다.

12) 2000년대 초까지는 프리타(청년비정규노동자)가 예외적 존재였지만, 2000년대 이후 청년노동시장상황이 악화되어 프리타가 증가했다.

13) 조사에 사용한 설문지는 부록으로 제시했다. 설문조사 결과에 관한 상세한 내용은 金英(2001)을 참조할 것.

14) 일부의 면접은 생애사 면접이었으나 이 책에서는 구술생애사분석방법에 따라 구술내용을 분석하지 않기 때문에 생애사 면접여부는 특별히 밝히지 않는다.

15) 이 점포를 선택한 이유는 초대형점포를 관찰하기 위한 것이었다. 당시 G2사는 '생활백화점'이라는 슬로건을 내걸고 슈퍼마켓으로서는 다소 고급스럽고 화려한 점포를 다수 운영하고 있었다. 1999년에 신규출점한 이 점포는 동경에 있는 역전점포로 직영매장의 연간매상 150억 엔(2000년), 임대매장을 합친 점포전체 연간매상은 연간 220억 엔 이상이고, 매장면적 26,600㎡, 정사원 63명, 파트타이머를 포함한 직고용 비정규직 700여명, 업무위탁을 포함한 점포전체 노동자가 1,100명인 초대형점포다.

16) 2003년 이후에도 B사의 노동조합 및 인사책임자와 3회 면접조사를 실시했다.

17) 〈표 서-4〉에 제시한 G1-S4의 인원수는 1999~2003년간 면접한 인원수이며, 필자의 조사는 2008년까지 계속되었다. 2004년 이후 G1사, G2사, G3사에서 한 점포씩 추가 조사를 실시했고, G1사의 동북지역 파트타이머 및 기혼여성 정사원 8인과 면접조사 했다. S2사의 베테랑 파트타이머 4인과의 생애사 인터뷰도 2007년에 실시했다. 2004~2008년의 조사에서 인터뷰한 사람들은 여성 파트타이머 37명, 일반직사원 3명, 주임 5명, 매니저 2명, 점장 3명, 노조 전임자 24명이다. 이 책에서는 분석하지 않았지만 식품슈퍼 2개사의 노동조합을 방문하여 파트타이머의 인사 제도에 관해 조사했다. 그밖에 파트타임 노동에 관한 조사와는 별도로 2007년에서 2008년에 걸쳐 G1사, S1사, S3사의 여성관리직에 대한 조사도 실시했으나 이 책에서는 분석하지 않았다.

18) 가명은 특별한 규칙 없이 임의로 작성했다.

19) 베버에 따르면 "이념이 아니라 이해관계가 인간의 행위를 직접적으로 지배한다. 그러나 '이념'에 의해서 창출된 '세계관'이 빈번히 전철수(轉轍手)로서 인간의 이해관계라는 동력이 앞으로 나아가는 선로를 결정한다."(Weber, 1988a: 252; 김덕영, 2012: 526에서 재인용).

제1장

슈퍼마켓 산업과 파트타임 노동

1 슈퍼마켓 산업의 성장과 주부 파트타이머

2 사례점포 소개

3 주부 파트타이머의 양적 기간노동력화

4 주부 파트타이머의 질적 기간노동력화

5 주부 파트타이머의 기간노동력화와 여성정사원

6 기간노동력화와 젠더

제1장에서는 주부 규범을 공유하고 주부 제도 아래에서 행동하는 파트타임 노동시장 행위자들(파트타이머·기업·노동조합)의 행위전략이 전개되는 일상의 노동현장을 스케치한다. 구체적으로는 이 책의 사례기업 및 점포에서의 파트타임 노동자의 기간노동력화(基幹労働力化) 현황을 검토해 유형화한 후, 이 유형 분화에 영향을 미치는 요인을 찾는다. 일본의 슈퍼마켓 산업에서는 파트타이머가 종업원의 대다수를 차지(양적 기간노동력화)할 뿐 아니라, 파트타이머의 업무 영역이 확장(질적 기간노동력화)되어 정사원을 대체하고 있다. 실제로, 슈퍼마켓의 일선 점포는 정사원과 다를 바 없는 노동시간으로, 정사원과 다를 바 없는 업무를, 정사원 임금의 절반을 받으며 담당하고 있는 주부 파트타이머들에 의해 유지되고 있다. 지금부터 점포 및 기업의 구체적 자료에 기초해 슈퍼마켓 산업에서의 파트타임 노동 현황을 상세히 검토한다.

1. 슈퍼마켓 산업의 성장과 주부 파트타이머

1) 슈퍼마켓 산업의 성장

슈퍼마켓에 대한 일본 최초의 정의는, "단독 경영 하에서 셀프 서비스 방식을 채택하고 있는 종합식품소매점이면서, 연간 매출이 1억 엔(1일 매출은 약27만 엔) 이상인 점포"라는 1958년 일본셀프서비스협회의 정의다(建野堅誠, 2001: 53-4에서 재인용). 이 정의에서는 슈퍼마켓의 규정요소로서, 경영방식(단독 경영), 판매방식(셀프 서비스), 판매품목(종합식품소매점), 매출규모(연간 1억 엔 이상)를 들고 있다. 경제산업성(구 통상산업성)의 『상업 통계』에서는 슈퍼마켓을 "일정한 기준 이상의 매장을 확보하고 셀프 서비스 방식으로 제품을 판매

〈표 1-1〉 주요소매업태 정의

구분		셀프	취급상품	매장면적	영업시간	종업자
백화점	대형백화점	×	의식주 상품을 모두 취급하되 각각이 10% 이상 70% 미만	3,000㎡ 이상		50인 이상
	기타백화점			3,000㎡ 미만		
종합슈퍼	대형종합슈퍼	○		3,000㎡ 이상		
	중형종합슈퍼			3,000㎡ 미만		
전문슈퍼	의류품슈퍼	○	의류가 70% 이상	250㎡ 이상		
	식료품슈퍼		식품이 70% 이상			
	주관련슈퍼		주거관련이 70% 이상			
편의점	일반 편의점	○	식료품을 취급할 것	30㎡ 이상	14시간 이상	
	그중 종일영업점			250㎡ 미만	종일영업	

자료출처: 経済産業省(2003)『商業統計表』

하는 소매업태"로 정의하고, 취급하는 상품에 따라 종합슈퍼와 전문 슈퍼로 나눈다. 이 정의의 특징은 매장면적 및 취급상품의 비율, 영업시간 등에 대해 구체적으로 언급하는 점이다〈표 1-1〉.

또 슈퍼마켓은 매장을 운영하는 지역 범위에 따라, 지방 슈퍼, 지역 슈퍼, 전국 슈퍼로 분류되기도 한다. '지방 슈퍼'는 3개 도도부현* 이하에서, '지역 슈퍼'는 4개 도도부현 이상에서 점포를 운영하는 기업이고, '전국 슈퍼'는 4개 이상의 도도부현에서 점포를 운영하는 동시에 도쿄, 오사카, 나고야 중 두 개 이상의 도시에서 점포를 운영하고 있는 슈퍼마켓 기업을 가리킨다[1].

1953년 12월에 도쿄에서 일본 최초의 슈퍼마켓인 기노쿠니야(紀伊国屋)가 문을 연 이후 슈퍼마켓은 급성장해 1964년에는 3,600여 개의 점포가 생겼다. 슈퍼마켓 산업 탄생기에 업계를 이끌었던 기업은 대부분 비식품 슈퍼마켓이었는데, 이 점이 미국과는 달리, 식품부터 의류, 내구재까지를 총괄적으로 취급하는

* 행정지역구분상 일본에는 47개 도도부현(都道府県)(광역자치단체)이 있는데 東京都, 北海道, 京都府, 大阪府 및 43개 현(県)이다. 이 47개 도도부현은 다시 북해도, 동북지방, 관동지방, 동해지방, 근기(관서)지방, 중국지방, 사국지방, 구주지방(오끼나와 포함)으로 나뉘어지기도 하는데, 도도부현이 행정지역구분인 것에 비해 이 구분은 관행적인 구분이다. 행정지역구분에서 북해도는 13개 지청으로 나뉘어진다.

〈표 1-2〉 슈퍼마켓 산업의 성장추이 (1964~2007)

		1964년	1974년	1982년	1994년	2002년	2007년
실수	점포수(천점)	3.6	12.0	89.0	140.0	147.0	137.0
	종업자수(천인)	89.4	268.3	830.0	1,608.0	2,621.0	2,657.0
	판매액(10억엔)	392.4	4,239.5	18,518.0	38,825.0	46,070.0	44,423.0
	매장면적(천㎡)	1,341.9	7,596.6	21,740.0	39,626.0	62,272.0	70,319.0
소매업 내 비율	점포수(%)	0.3	0.8	5.2	9.3	11.3	12.1
	종업자수(%)	2.3	5.6	13.0	21.8	31.2	35.2
	판매액(%)	4.7	12.7	19.7	27.1	34.1	32.9
	매장면적(%)	3.4	11.3	22.8	32.6	44.4	46.3

자료출처: 1964~1982년 『セルフサービス店統計表』 각년판[2], 1994~2007년 『商業統計表』 각년판

일본식 종합슈퍼*(GMS, General Merchandising Store)가 탄생해 발전하는 기초가 되었다. 또 이 시기에는 대기업을 중심으로 체인점 경영방식에 대한 탐구와 준비가 본격화되었다.

〈표 1-2〉에 제시한 바와 같이, 1964~2007년 사이에 슈퍼마켓 산업은 매장수 38.1배, 종업원수 29.7배, 매출액 113.2배, 매장 면적 46.4배가 증가했다. 그 중 가장 빠른 속도로 증가한 것은 매출액과 매장 면적으로, 슈퍼마켓 산업의 급성장과 점포의 대형화 추세를 나타내고 있다. 그 결과 소매업 내에서 슈퍼마켓 산업의 점유율도 커져, 같은 기간 동안 매장 면적은 3.4%에서 46.3%로, 종업원수는 2.3%에서 35.2%로, 매출은 4.7%에서 32.9%로 증가했다.

〈표 1-3〉에서 알 수 있듯이 1990년대까지 일본에서 슈퍼마켓 산업의 성장을 이끈 것은 종합슈퍼였다. 종합슈퍼는 1964년에서 1994년 사이에 매출이 100배 가까이 성장했고 매장 면적도 43.8배 증가했다. 그러나 소매업의 업태 다각화와 다양화**가 본격적으로 시작된 1980년대부터 종합슈퍼의 성장세는 둔해

* 한국에서 대형마트라고 부르는 업태. 1993년 E마트 창동점 오픈으로 본격적으로 출범한 한국의 슈퍼마켓 산업은, 처음에는 미국식 모델을 도입했지만 1997년 경제위기를 전후로 일본식 모델로 전환했다.

** 다양화란 소매업태 내에서 슈퍼마켓 이외의 다른 업태로 진출하는 것을 말하는데 대표적인 것이 편의점이다. 다각화란 소매업 이외의 업종에 진출하는 것을 말하는데 한 때 슈퍼마켓 기업들은 대부분 패미리

〈표 1-3〉 종합슈퍼와 식품슈퍼의 성장추이

		1964년	1974년	1982년	1994년	2002년	2007년
종합슈퍼	점포수(천점)	292	1,046	1,436	1,804	1,672	1,583
	종업자수(천인)	19	102	179	272	384	378
	판매액(10억엔)	97	1,803	5,246	9,336	8,917	7,440
	매장면적(천㎡)	260	3,065	6,728	11,394	14,880	15,850
식품슈퍼	점포수(천점)	2,567	9,181	18,169	16,096	17,692	17,882
	종업자수(천인)	49	131	340	498	783	877
	판매액(10억엔)	201	1,910	8,180	13,198	15,903	17,054
	매장면적(천㎡)	791	3,642	8,033	10,410	16,397	19,333

자료출처: 〈표 1-2〉과 동일

지고 일본경제가 장기 불황에 시달리던 1990년대부터 쇠퇴의 조짐을 보이고 있다. 식품슈퍼는 2000년대까지 성장을 계속하고 있기는 하지만, 1990년대부터는 성장률이 낮아지고 있다. 그런데 종합슈퍼와 식품슈퍼 모두 판매액이 감소하는데도 불구하고, 매장 면적과 종업원 수는 지속적으로 증가하고 있어 매출감소를 매장대형화와 노동력의 파트타임화로 극복하려는 시도를 엿볼 수 있다.

2) 슈퍼마켓 노동자의 파트타이머화

〈표 1-4〉는 1978년에서 1999년간 사례기업 및 슈퍼마켓 업계 상위 6개사[3](매출 순위)의 전체 종업원 중 파트타이머의 비율(노동시간기준, 8시간 환산)을 정리한 것이다. S2사의 1978년 수치는 『유통업체연감』에서는 구할 수 없었지만, S2사 인사부에서 제공받은 자료에 따르면, 실인원수를 기준으로 하면 1984년 시점의 파트타이머 및 아르바이트의 비율은 80.2%였다. 또 인터뷰 조사에 따르면, 1970년대 후반에도 비슷했다. 앞으로 보듯이 다른 기업에 비해 S2사 파

레스토랑을 소유하고 있었다. 그 외에도 스포츠, 레저, 오락, 호텔, 금융업 등에도 진출했다.

〈표 1-4〉 사례기업의 파트타이머 비율 증가 추이(1978~1999년, 노동시간기준)

단위: %

	상위 6개사	G1	G2	G3	S1	S2	S3	S4
1978년	36.8	36.8	38.6	38.3	36.9	-	57.1	20.7
1989년	56.2	50.2	61.2	55.5	64.7	59.2	64.0	46.1
1994년	57.1	59.9	60.7	63.3	70.1	64.5	65.1	49.1
1999년	67.3	67.1	67.9	66.3	74.6	68.7	72.5	65.2

* 1984년 (실인원수 기준)

자료출처: 日本経済新聞社 『流通会社年鑑』 각년도판, G3와 S4의 1999년 수치는 1997년의 수치(商業界 『スーパー名鑑: 本部編 1998年版』)

트타이머의 평균노동시간이 짧은 것을 감안하더라도 노동시간을 기준으로 했을 때1970년대의 S2사에서 전체 종업원 중 파트타이머의 비율이 50%는 넘었던 것으로 추정된다.

업계 전체에서 보면 종합슈퍼보다 식품슈퍼 쪽이 더 일찍부터 종업원의 파트타임화를 도모했지만, 〈표 1-4〉를 보면, 사례기업의 경우 반드시 그렇지도 않다. 1978년 시점에서 S2사와 S3사의 직원 중 파트타이머 비율은 50%를 넘고 있었지만, S1사와 S4사의 경우 그렇지 않다. 그 이유는 S4사가 업태전환을 했기 때문이다. S4사는 1997년에 도산했는데 도산 전에는 종합슈퍼 점포가 많았지만 도산 후 워크아웃기간에 종합슈퍼 점포는 모두 매각하고 식품슈퍼 점포만 남겨 식품슈퍼 기업으로 업태를 전환했다. 또 S1사는 제품 구성 중에서 의류 비율이 높아, 식품슈퍼라고 보기 어려운 면도 있다. 그러나 S1사는 스스로 식품슈퍼 기업의 정체성을 가지고 있기 때문에 그것을 존중해 식품슈퍼 기업으로 분류했다[4].

면접조사에 따르면, 1970년대 초반까지 파트타이머는 주로 식품 부문에 배치되었고, 비식품 부문에서 파트타이머가 배치되기 시작한 것은 1970년대 중반부터다. 식품 부문에서 파트타이머를 일찍부터 사용한 중요한 이유는 수익구조에 의한 노동과정의 특성에 있다. 1970년대에 매출면에서 소매업계 매출1위 기업이었던 다이에의 1978년 부문별 매출이익률((매출액 - 상품구매 금액)/매출액)을 보면 의류 25.7%[5], 가정용품 23.1%, 식품 18.0%이며, 부문별 연간상품회전율은 의류 10.6회, 가정용품 10.5회, 식품 53.9회였다(『유통업체연감』 1979년판). 식품의 매출 이익률은 비식품 매출 이익률의 약 2/3인 반면 상품회전율은 5배 이상 높아, 식품 부문이 박리다매임을 단적으로 보여주고 있다. 또 식품은 단순히 매입한 상품을 매장에 진열하기만 하면 되는 것이 아니라, 제조 및 가공 작업이 중요하다. 때문에 박리다매를 위한 다량의 상품을 제조, 가공, 판매하는 저임금 노동자가 많이 필요했다. 이것이 식품 부문에서 파트타이머의 양적 기간 노동력화를 일찍부터 추진해온 이유였다.

또 식품 부문, 특히 육류와 생선 부문에서는 원재료를 구입하여 판매할 수 있는 상태로 가공하는 작업이 매우 중요하기 때문에 이 숙련 기술을 안정적으로 확보하고 통제하는 것이 기업이 해결해야 할 핵심 과제 중 하나였다. 직인(職人) 문제는 당시의 기업이 직면한 상황을 잘 보여준다. 1960년대 초반까지, 정육 및 생선 부문에서 가공 작업은 숙련도가 높은 직인만이 할 수 있는 작업이었다. 따라서 초기 슈퍼마켓의 정육 및 생선 매장에서는 직인을 고용해 일을 시켰지만, 곧바로 통제 문제가 심각한 문제로 떠올랐다. 직인들은 통제하기가 어려웠을 뿐 아니라 다른 직원들에게 기술을 전수하려고 하지 않았기 때문에 정육 및 생선 매장은 직인들에게 완전히 종속된 상태로 운영될 가능성이 컸다. 따라서 기업측은 직인 없이 정육과 생선 매장을 운영할 수 있는 방안을 고안해야만 했고, 그 해결책은 직무의 표준화를 통해 직인의 숙련을 해체시키고 단순화된 기술을 종업원에게 교육하는 것이었다. 이를 위해 슈퍼마켓 기업과 체인스토어협회는 식품 부문의 숙련노동을 제도화된 교육 체계에 흡수하기 위해 전문학교를 설립하는 한편, 각 작업을 가능한 한 표준화하여 작업 매뉴얼을 작성했다. 매장의 각 작업을 매뉴얼화하는 것은 짧은 Off-JT와 OJT를 통해서 노동자를 훈련시킬 수 있는 것, 누구라도 간단한 교육 훈련을 통해 그 작업을 할 수 있게 되는 것을 의미한다. 슈퍼마켓 기업은 정사원의 훈련을 위한 학교와 파트타이머의 훈련을 위한 매뉴얼화를 동시에 진행했다.

1980년대 이후 종합슈퍼 기업은 숙련된 기술을 점포 외부에 집중시킴으로써 파트타이머의 양적 기간노동력화를 도모했다. 즉, 식품 부문 상품의 점내가공 비율을 현저히 줄이고, 가공 센터를 설립해, 상품을 가공해서 포장까지 마친 상태로 자사의 각 점포에 배달했다. 불황 속에서 종합슈퍼의 성장이 한계에 달한 1990년대에는 이런 경향이 더욱 강해졌고 종합슈퍼 기업은 식품을 저렴한 가격으로 판매함으로써 고객을 확보하는 전략을 추구하며 식품 매장을 확대했다. 이러한 종합슈퍼 전략에 대해 종합슈퍼보다 기업이나 점포의 규모가 작은 식품슈퍼는 제품의 질을 높이는 것으로 맞섰다.

3) 파트타이머의 주부화

일본에서는 일반적으로 파트타이머라고 하면, 기혼여성인 비정규 노동자라는 이미지가 강하고, 슈퍼마켓 업계에서도 평소 파트타이머를 일반인과 학생으로 구분하고 일반인 중 여성을 '주부 파트'라고 한다. 그렇다면 슈퍼마켓에서 학생이 아닌 여성 파트타이머 중 '주부' 노동자, 즉 유배우자의 비율은 어느 정도일까? 슈퍼마켓 기업이 기업 내 정착과 기간노동력화를 기대하는 것은 주부 파트이므로 주부 파트타이머의 비율을 파악하는 것은 그 기업이나 점포 노동력의 안정성을 나타내는 지표라고도 할 수 있다. 그러나 이 연구의 모든 사례기업의 본사에서 파트타이머의 혼인 상태 데이터를 집계하지 않는다고 말했다. 그래서 실제로 얼마나 사람들이 단어 그 자체의 의미대로 '주부' 파트타이머, 즉 유배우자인지 확인할 수 없었다. 파트타이머는 기업복지에 해당하는 가족수당 등이 없어 부양 가족이 있는지 등에 따라 처우가 달라지지 않기 때문에 기업은 나이 외에는 파트타이머의 개인 정보가 필요 없다. 파트타임 고용 계약서에는 생년월일과 성별을 기입하게 되어있을 뿐, 그 이상의 개인 정보는 적는 난이 없다. 노동조합이 가지고 있는 조합원인 파트타이머 데이터에도 혼인 상태와 가족 관계에 대한 정보는 없다.

〈표 1-5〉 사례기업·점포 파트타이머의 성별분포(실인원)

단위: %

	기업전체				사례점포 (1999)			
	여성	남성	학생 등	계	여성	남성	학생 등	계
G1, 2003.02.	74.6	5.8	19.6	100.0	88.3	3.0	8.7	100.0
G2, 2003.08.	82.0	18.0		100.0	57.7	9.2	33.1	100.0
G3, 2001.03.	76.8	2.7	20.5	100.0	81.9	18.1		100.0
C, 2004.11.	73.1	10.1	16.7	100.0	-	-	-	-
S1, 2003.08.	76.0	4.7	19.3	100.0	-	-	-	-
S2, 2003.08.	71.7		28.3	100.0	64.8	4.2	31.0	100.0
S3, 2003.05	72.0	4.2	23.8	100.0	77.6	2.6	19.8	100.0
S4, 2003.08.	-	-	-	-	88.4	11.6		100.0

주: C사의 수치는 8시간 환산수치, G2사의 수치는 학생 등을 포함한 전체 파트타이머의 성별 수치.
자료출처: 기업내부자료

그러나 이 책의 참고 사례인 C사는 아르바이트를 제외한 일반인 파트타이머의 혼인상태에 대한 데이터를 집계하고 있었으므로, 여기에서는 그 데이터를 이용하여 여성 파트타이머 중 유배우자 비율을 추정한다. 2003년부터 슈퍼마켓 업계 선두 기업의 노동조합은 파트타이머 조직화를 본격화하고 있는데, C사 노동조합도 이 시기에 파트타이머 인사제도를 개정해 파트타이머 중 일부를 조직화할 예정이어서 본사 차원에서 파트타이머의 개인 정보를 집계했다[6].

먼저 〈표 1-5〉의 분류에 대해 설명하면, '여성'과 '남성'은 '학생 등'을 제외한 파트타이머를 성별로 구분한 것이다. 그리고 '학생 등'이란, 학생, 노인, 임시고용 등 기업이 일시적 취업자로 간주하여 기업 내 정착을 기대하지 않는 노동자인데, 학생이 압도적으로 많다. 특히, S2와 S3의 점포와 기업 전체의 수치는 모두 학생이다. 각사의 데이터를 같은 기준으로 정리할 수 없었기 때문에 다소간 보충설명이 필요하다. G2사의 파트타이머에 대해서는 학생 등을 포함한 모든 파트타이머의 성별 분포 밖에 파악하지 못했고 G3점의 일반인 남성 파트타이머와 학생 등은 점포의 데이터 자체가 구분되어 있지 않았다. S2사도 일반인 파트타이머는 남녀를 구분하지 않지만, 인사 부장과의 인터뷰에 따르면, 일반인 파트타이머 중 남성의 비율은 많아야 5% 미만이며, S2점의 그 비율은 4.2%다. 마지막으로, S4점의 수치에서는 '학생 등'의 여성이 '여성'에 포함되어 있는데, 점장에 따르면 점포 전체에서 학생이 거의 없다. 참고 사례의 C사의 수치는 실인원수의 비율이 아니라 8시간 환산 시의 비율이지만 실인원에서 일반인 파트 중 남성의 비율은 10.4%이라 8시간 환산에서의 비율과 그다지 차이가 없다.

〈표 1-5〉에서 알 수 있는 것은 슈퍼마켓의 파트타이머가 주로 여성과 학생으로 구성되어 있다는 점이다. 기업전체란에 나타낸 바와 같이, 각 사례기업에서 파트타이머의 남녀 비율을 보면, 대체로 여성 파트는 70~80%, 남성 파트는 5% 전후, 그리고 학생 등은 25% 전후라고 할 수 있다. 기업 전체보다 점포는 입지에 따른 차이가 크지만 그래도 남성 파트의 비율은 10% 이하이며, 점포 간의 차이도 크지 않다. 그리고 여성 파트 비율이 낮은 점포에서 높아지는 것은 남성 파트가 아닌 학생이다. 따라서 슈퍼마켓 기업 파트타이머의 70% 정도가 기업 내 정착이 기대되는 일반인 여성 파트타이머임을 알 수 있다. 사례 점포의 수치를 보면 여성 파트 비율이 G1점은 88.3%이지만, G2점은 57.7%로 차이가 큰데 앞으로 설명하는 바와 같이 점포의 입지 때문이다. S2사에서 학생 등의 비율이 가장 높은 것도 수도권 입지 및 표준화 전략의 결과이다. 남성 일반인 파트 중에는 풀타임 파트타이머*가 많은 편이다. G2점에서는 20명의 남성 일반인 파트 중 풀타임 파트타이머가 8명이나 된다. C사 일반인 남성 파트의 8시간 환산 인원수가 실인원수의 85%(여성 일반인 파트 중 그 비율은 71%)인 것에서도 알 수 있다.

또 남성 파트는 주부 파트타이머보다 시급이 높다. 2004년 11월 현재 C사에서 학생을 제외한 일반인 남성 파트의 평균 근속년수는 2년 11개월, 일반인 여성 파트의 평균근속년수는 4년 11개월이지만 평균 시간급(전국 평균)은 근속이 짧은 남성 파트가 더 높다. 사회보험 가입대상인, 노동시간이 주당 30시간 이

* 풀타임 파트타이머라는 말은 형용모순이지만 일본 파트타임 노동의 본질을 잘 드러내주는 말이기 때문에 일본에서는 일반적으로 사용되는 용어다.

〈표 1-6〉 사례기업·점포의 여성파트타이머 연령분포

단위: %

연령	기업전체			점 포		
	G1사	C사	S1사	G2점	S3점	S4점
10대	1.0	1.5	1.7	1.9	4.0	0.0
20대	13.0	13.0	14.0	13.8	16.0	8.1
30대	17.0	14.0	17.4	13.8	8.0	8.1
40대	35.6	31.1	38.5	38.8	36.0	45.9
50대	33.3	39.9	27.6	30.6	32.0	37.8
60대	0.0	0.5	0.8	1.3	4.0	0.0
계	100.0	100.0	100.0	100.0	100.0	100.0
평균연령	43.2	43.0	42.3	43.9	43.7	47.5

주1: 연도는 〈표 1-5〉와 동일
주2: G2점, S1사, C사- 학생을 제외한 전체 여성파트타이머 중 비율, S3점- 직영매장의 여성파트타이머(75명) 중 비율, S4점- 여성 파트타이머 중 S4사가 준사원이라고 명명하는 기간파트 중 비율
자료출처: 기업내부자료

상인 경우 남성 883엔 여성 860엔, 사회보험 가입대상이 아닌, 노동시간이 주당 30시간 미만의 경우 남성 875엔 여성 835엔이다. 월급액은 30시간 이상 남성 152,082엔 여성 134,0313엔, 30시간 미만 남성 92,322엔, 여성 82,219엔이다.

이어 여성 파트타이머의 연령 분포를 보자. 〈표 1-6〉에 제시한 사례기업 및 점포의 학생을 제외한 여성 파트타이머의 연령 분포를 보면, 40대와 50대의 비율이 기업 전체 및 점포 모두에서 70% 전후로, 일본 전체 파트타이머의 연령 분포보다 40대와 50대의 비율이 더 높다(2001년 파트타임노동자 종합실태조사에서는 55.7%). 인터뷰에 따르면, 이 수치도 장기 불황의 영향으로 20대와 30대가 증가한 결과이며, 1990년대 전반까지는 40대와 50대의 비율이 더 높았다. 사례기업이나 점포의 여성 파트타이머의 평균 연령은 모두 42~44세이지만, S4점 파트타이머의 나이는 '기간 파트'만을 집계했기 때문에 다른 사례 점포나 기업보다 높다. S4점에서 보조노동력으로 분류되는 아르바이트의 평균 연령은 35.8세로, 기간 파트와 보조 파트의 나이는 큰 차이가 있다. 그 이유는 기간 파트가 되기 위해서

〈표 1-7〉 C사 파트타이머의 성별연령별분포 및 연령별 유배우자 비율

단위: %

	일반인 파트타이머의 연령분포		일반인 파트타이머의 연령별 유배우자비율	
	남성	여성	남성	여성
10대	13.7	1.5	0.0	2.2
20대	59.0	13.0	1.7	18.2
30대	13.8	14.0	7.8	59.2
40대	7.4	31.1	35.9	82.9
50대	5.8	39.8	57.9	82.4
60대	0.4	0.5	76.9	73.7
계	100.0	100.0	-	-
평균연령	28.0	43.0	-	-
기혼자비율	-	-	8.4	69.7

자료출처: 기업내부자료

는 상당한 정도의 노동 경험이 필요한 것도 있지만, 두 집단의 생애단계가 다르기 때문이다. 즉, 기간 파트는 기본적으로 롱타이머인데, 장시간 노동이 가능하다는 것은 자녀가 성장하여 가사와 육아에 대한 책임이 어느 정도 감소되었음을 의미하며 그러려면 여성 파트타이머 본인 나이도 그만큼 높아진다. 이 책의 설문조사에서도 주당 노동시간이 30시간 이상인 파트타이머의 평균 연령은 47.8세, 주당 노동시간이 30시간 미만인 파트타이머의 평균 연령은 44.8세였다. 인터뷰에서도 아이의 성장에 따라 노동시간을 연장했다는 이야기를 많이 들었다.

〈표 1-7〉에 제시한 C사 파트타이머의 성별·연령 분포와 유배우자 비율을 보면 남성 파트의 70% 이상이 20대 이하고, 여성 파트의 70% 이상은 40대 이상이다. 평균 연령의 차이도 15살로 차이가 크다. 위에서 언급했듯이, 여성 파트의 평균 근속년수는 4년 11개월이지만, 남성 파트의 그것은 2년 11개월이다. 즉 남성은 불황의 영향으로 파트타이머로 일하는 사람이 늘었다고는 하지만 대부분이 노동시장 진입기의 청년이다. C사 일반인 파트타이머 중 유배우자의 비율은 여성 69.7%, 남성 8.4%이다. 〈표 1-7〉에서 주목할 것은 40대와 50대 여성 파트

타이머 중 20% 정도가 유배우자가 아니라는 점이다. 그런데 점포조사에 따르면, 장기 근속한 장시간 파트타이머의 대부분이 이 연령층이며, 기간 파트는 이 연령층에 집중되어 있다. C사의 데이터를 통해 여성 파트의 30%가, 이른바 가족의 주된 생계부양자일 수도 있는, 남편이 없는 사람들임에도 불구하고 주된 생계부양자가 아닌 '주부 파트'로 간주되고 있음을 알 수 있다. 또 여성의 평균 초혼 연령이 2000년 27.0세(남성 28.8세), 2005년 28.0세(남성 29.8세)인 것을 감안할 때, C사 30대 여성 파트 중 유배우자의 비율이 59.2%인 것도 특징적이다.

이상의 내용을 정리하면 슈퍼마켓에서 일하는 파트타이머 중 70~80%가 여성이며, 여성 파트타이머 중 70% 정도가 유배우자라고 추정할 수 있다. 또 슈퍼마켓 파트타이머 중 절반이 유배우자인 여성이다. 그러나 앞으로 살펴보는 바와 같이 배우자가 없는 30%의 여성 파트타이머도 '주부 파트'로 취급된다[7].

2. 사례점포 소개

사례 점포의 파트타이머 기간노동력화 상황을 검토하기 전에, 이 연구의 사례 점포에 대해 개관해 둔다(〈표 1-8〉).

관동지방의 교외 점포인 G1점은 밤이 되면 거의 손님이 없는 점포였다. 직원은 정사원* 61명(여성 27명, 남성 34명), 파트타이머 230명, 파트타이머 중 여성(주부 파트[8]) 204명, 남성 6명, 학생 아르바이트 20명(여성 9명, 남성 5명, 미확인 6명)이다. G1점의 매장 면적 중 직영 매장의 면적은 4.316㎡이다. G1점

---

* 우리말로는 정규직이라고 번역하는 것이 적절하겠지만 매장명 및 인사제도에 등장하는 용어는 뜻이 통할 수 있다고 판단될 경우 번역하지 않는다.

〈표 1-8〉 사례점포 개요 (1999.5.)

	월매출 (만엔)	매장 면접 (㎡)	정사원 (명)	(그중 여성)	파트 (명)	(그중 주부 파트)	주차장 (대)	출점 시기 (연월)	영업시간	건물소유	지역	입지
G1	38,016	7,740	61	27	230	204	1200	'86.5.	10:00-21:00	자사소유	관동	교외
G2*	101,825	11,640	56	29	295	174	247	'78.9.	10:00-21:00	임대	수도권	역전
G3*	20,120	5,745	27	14	160	133	0	'67.4.	10:00-21:00	임대	수도권	상점가
S1	15,267	1,250	11	0	80	-	250	'84.2.	10:00-20:00	자사소유	동북	주택가
S2	14,500	921	15	0	71	45	27	'73.4.	10:00-21:00	자사소유	수도권	주택가
S3*	19,746	4,784	25	10	106	80	900	'82.9.	10:00-21:00	자사소유	관동	주택가
S4	21,667	1,459	14	1	95	84	270	'75.8.	10:00-22:00	임대	중부	주택가

주1: *표시를 한 G2, G3, S3의 월매출은 1999년 10월 매출, 나머지는 1998년도의 연간매출을 12로 나눈 것
주2: 매장면적은 임대매장(테난트)을 포함한 것이고 매출은 직영매장의 것
주3: 파트타이머수는 실인원수(8시간 환산 수치 아님). S1의 파트인원수는 노동조합의 추정수치
주4: G3점에서 식품매장은 22시까지 영업
자료출처: 필자조사자료

은 다른 사례 점포에 비해 매장 면적과 월별 매출액에 비해 정사원 수가 많은 편인데, 매장 면적을 기존의 2배 이상으로 확대하는 전면 리모델링(改装)을 할 예정이었기 때문에, (1999년) 4월의 정기 인사이동시 정사원을 미리 배치해 둔 상태였다. 리모델링 후 G1점의 매장 면적은 2배, 파트타이머는 380명 정도(2002년)로 늘었는데, 그 중에서도 식품 부문의 파트타이머가 많이 늘었다. G1점의 정사원 수가 많은 또 다른 이유는 기업의 합병이다. G1사는 기업 합병으로 회사를 계속 확대해왔는데, 1996년에도 G1점이 있는 지역의 지방 백화점을 합병했다. 지방 기업을 합병하는 경우 고용 승계한 정사원의 다른 지역 발령은 매우 제한되기 때문에 합병 후 당분간은 정사원 비율이 높아진다. 2000년대 초반 무렵까지 G1사는 정사원 중 N사원[9]의 비율이 다른 기업에 비해 상당히 낮았는데, 그 이유도 지방 기업을 합병해 고용승계한 정사원들을 R사원이나 L사원으로 했기 때문이었다.

수도권의 대도시에 입지한 역전 점포인 G2점은 사례 점포 중에서 가장 규

모가 크고, 역전점포로는 넓은 편인 주차장도 보유하고 있었다. 직원은 정사원 56명(여성 29명, 남성 27명)과 파트타이머 295명, 파트타이머 중 여성 174명, 남성 27명, 학생 아르바이트는 94명(여성 58명, 남성 36명)이다. 그러나 실제로 G2점 파트타이머는 320명 정도이다. 1990년대 중반에 본사가 식품 부문 상품의 매장반입 및 진열만을 담당하는 자회사를 만들었고, 가공식품매장 및 일배식품(日配*) 매장에서는 이 자회사의 파트타이머(1일 2시간 근무) 20명 정도가 개점 전에 들어와 상품을 매장에 반입해 진열하고 있다. G2사는 거품 경제기에 생활백화점이라는 컨셉을 내세워 매장을 대형화, 고급화하고 종합슈퍼에서는 보통 취급하지 않는 루이뷔통 등 고가의 명품 판매도 시작했다. 나아가 일부 대형 점포에서는 주문 제작(order made) 정장 매장과 영화관까지 설치했다. 기모노점 출신인 G2사는 의류에 집중하고 있어, G2점은 4개층 중 의류 매장이 2개 층을 차지한다. 매장 면적당 매출액은 종합슈퍼 사례 점포 중에서 가장 높아 식품슈퍼 점포 수준이다. 점포 바로 뒤에 주택가가 있지만, 이 지역 주민들은 경제적으로 풍요로운 편이라 주부 파트타이머의 공급이 원활하지 않다. 그러나 근처에 대학이 있어서 학생 아르바이트가 많은 편이다.

G3점은 사례 점포 가운데 가장 오래된 수도권 점포로, 특급 전철 역사에서 5분도 걸리지 않는 상점가에 위치해있다. 매출 규모에 비해 정사원도 파트타이머도 많은 편이다. 종업원은 정사원 27명(여성 14명, 남성 13명)과 파트타이머 160명, 파트타이머 중 주부 파트타이머 133명, 학생·실버 등 27명(여성 13명, 남성 14명)이다. G3점은 5층짜리 빌딩의 지하 1층에서 지상 3층까지의 4개 층을 사용하고 있는데, 4층에는 G3사의 자회사가 운영하는 가전 매장이 들어와 있고 지하 1층 식품 매장에는 임대매장인 수산 매장이 있다. 오래된 점포가 흔히 그렇듯, 층당 면적이 상당히 좁고, 주차장도 없다. G3사는 1970년대 후반까지 의류 슈퍼였

---

* 매일 배달한다는 의미의 말로 두부, 우유 등이 대표적인 일배매장 상품이다. 데일리라고 하는 기업도 있다. 한국의 대형마트에서도 초기에는 일배라고 했지만 점차 데일리로 변경했다.

고[10], 조사 당시도 식품 직영 매장의 비율이 낮은 편이었다. G3점은 도보로 5분 거리에 종합슈퍼 상위권 기업의 점포가 두 개나 있고, 거기에 백화점도 두 개나 있는, 사례 점포 중 가장 경쟁이 치열한 지역에 입지하고 있는 점포다.

S1점은 1시간에 한번 완행열차가 서는 시골 주택가에 위치한 점포로 식품슈퍼의 사례 점포 중 유일하게 오후 8시에 폐점한다. 매출 규모에 비해 정사원 수가 적은데, 근처에 S1점보다 큰 교외점을 출점할 예정이어서, S1점 정사원 중 일부가 오픈 준비를 위해 신규 점포에 배치되어 있기 때문이다. 종업원은 정사원 11명(모두 남성)과 80여명의 파트타이머로 구성되어 있다. 파트타이머 중 학생은 거의 없고, 다른 사례 점포에 비해 파트타이머의 노동시간이 길다. 이 종업원들 외에도 자회사가 운영하는 반찬 매장에 속한 노동자들이 10명 정도 있다.

근처에 대학이 있는 수도권의 한적한 주택가에 위치한 S2점은 사례 점포 중 매장 면적이 가장 작고, 종업원 인원수도 적다. 인원당 매출과 매장 면적당 매출은 사례 점포 중에서 가장 높지만 식품슈퍼 사례 점포 중에서는 S2점만이 도쿄에 있기 때문에 단순 비교는 적절치 않다. 다른 식품슈퍼 매장에 비해 주차 공간도 매우 좁다. 그러나 이것은 도쿄의 주택가 식품슈퍼 점포의 일반적인 모습이다. 오래된 점포지만 조사전년인 1998년에 리모델링해서 깨끗해지고 매장 면적도 약간 넓어졌다. 종업원은 정사원 15명(모두 남성)과 파트타이머 71명, 파트타이머 중 여성 48명(주부 45명, 프리터 3명), 남성 1명, 학생 22명(여성 11명, 남성 11명)으로 구성되어 있다. S1점과 마찬가지로 S2점도 이 86명 외에 자회사가 운영하는 초밥 매장과 반찬 매장에서 일하는 노동자들이 20명 가까이 더 있다.

기차역에서 다소 떨어진 주택가에 위치한 S3점은 S3사 점포 중 매출 3위 점포다. 2층짜리 건물을 사용하고 있는데, 1층은 직영 식품매장, 의류매장인 2층은 모두 임대매장이다. 〈표 1-8〉에 제시한 면적 중 절반은 임대 매장의 면적이다. 종업원은 정사원 25명(여성 10명, 남성 15명), 파트타이머 106명, 파트타이머 중 여성 79명, 남성 3명, 학생 아르바이트 24명(남성 13명, 여성 11명)이다.

매장 면적당 매출액은 그리 높지 않은데도 정사원 수는 식품슈퍼로서는 매우 많은 편이다. 이것은 일시적인 것이 아니라, S3점이 출점했을 때부터 S3사 점포 중에서 가장 정사원이 많았다(S3사 점포당 평균 정사원 수는 15명). 그 이유는 쇼핑 센터 컨셉으로 다수의 의류 매장을 임대 매장으로 들였기 때문이다. 따라서 S3점은 식품슈퍼 점포로는 예외적으로 정사원 4명과 주부 파트타이머 6명으로 구성된 사무실을 두고 있으며, 부점장도 있다. 또 필자가 방문하기 직전에 본사에서 부서 개편이 이루어져, 장기 근속한 여성 정사원 2명이 본사에서 왔고, 남성 정사원 한 명도 승진을 위한 훈련기간으로 임시 근무 중이었다. 또 S3점에는 자회사가 운영하는 의류 매장과 여행사가 있다. 임대 매장과 달리 이 두 매장의 매출은 S3점의 매출에 포함되기 때문에 〈표 1-8〉에 제시한 S3점의 월간 매출에는 이 두 매장의 매출도 포함되어 있다. 여행사에는 남성 정사원 7명과 주부 파트타이머 6명, 의류 매장에는 여성 정사원 1명과 주부 파트타이머 4명이 일하고 있다.

S4점은 출점 시에서 야간 점포 면허를 취득한 점포로 사례 점포 속에서 영업시간이 가장 길다. 인근에 공장이 많아 2교대, 3교대를 하는 제조업 노동자를 고객으로 확보하기 위해 야간 점포를 개설했다고 한다. S4점 종업원은 정사원 14명(여성 1명, 남성 13명)과 여성 파트타이머 84명, 남성 파트타이머 11명으로 구성된다. 점장과의 인터뷰에서 학생 아르바이트는 적은 편이라고 들었지만 구체적인 숫자로 확인하지는 못했다. S4점은 S4사 점포 중에서 매출 실적이 가장 좋은 편이기 때문에 1997년의 도산 시에 정리되지 않고 남을 수 있었다. 그런 경험도 있고 해서, S4점 장기근속 파트타이머들은 점포에 대한 애착이 매우 강하다.

종합슈퍼와 식품슈퍼로 나누어 사례 점포의 특징을 살펴보면, 종합슈퍼 점포는 역전 및 상점가 점포 등 통행량이 많은 곳에 위치하고 있지만 식품슈퍼 점포는 모두 주택가에 입지하고 있다. 또 식품슈퍼 점포는 종합슈퍼 점포보다 상대적으로 나중에 출점한 점포이며, 매장 면적당 매출액은 식품슈퍼 점포가 더 높다.

3. 주부 파트타이머의 양적 기간노동력화

3절에서는 사례 점포 파트타이머의 양적 기간노동력화 상황을 비교하고, 양적 기간노동력화 수준에 차이를 발생시키는 요인을 밝힌다. 점포 및 매장별 양적 기간노동력화 수준을 비교하기 위해 양적 기간노동력화의 수준을 구분하여 분석하는데, 파트타이머의 노동시간 길이는 다양하기 때문에 실인원이 아닌 노동시간을 기준으로 양적 기간노동력화 단계를 나눈다. 점포와 매장의 전체 노동자의 노동시간에서 파트타이머의 노동시간이 차지하는 비율이 50%미만이면 〈양적 기간노동력화 단계 1〉, 50~60%미만은 〈양적 기간노동력화 단계 2〉, 60~70%미만은 〈양적 기간노동력화 단계 3〉, 70~80%미만은 〈양적 기간노동력화 단계 4〉, 80%이상인 경우는 〈양적 기간노동력화 단계 5〉로 한다.

1) 사례기업의 정사원 노동시간

양적 기간노동력화 상황을 검토하기 위해 먼저 사례기업 정사원의 노동시간을 살펴본다. 많은 슈퍼마켓 기업은 정사원의 노동시간을 일 년 단위로 관리하는 변형노동시간 제도를 채택하고 있다. 업종의 특성상 바쁠 때와 한가한 때의 차이(번한(繁閑)의 차이)가 커 영업흐름에 맞춰 인력을 배치하기 때문이다. 근무 시간표를 보면 정사원의 노동시간은 한 달 단위로도 일주일 단위로도 균일하지 않다. 노사는 연간 노동시간과 함께 1일 노동시간도 결정하고 있다. 〈표 1-9〉에 나타낸 수치 중 1년과 1일은 각 기업의 노사가 단체 교섭에서 정한 것이다. 1개월과 1주일의 수치는 필자가 연간 노동시간을 각각 12와 52로 나누어 산출한 것이며, 연간 근무일은 연간 노동시간을 1일 노동시간으로 나누어 산출한 것이다.

〈표 1-9〉 사례기업의 정사원 노동시간 (1999년)

	노동시간				근무일		연차유급휴가일수	
	1년	1개월	1주	1일	주간 근무일	연간 근무일	하한	상한
G1	1920.0	160.0	36.9	8.00	5	240	10	20
G2	1968.0	164.0	37.8	8.00	5	246	10	25
G3	1944.0	162.0	37.4	8.00	5	243	10	20
S1	1992.0	166.0	38.3	8.00	5	249	10	20
S2	2000.0	166.7	38.5	8.00	5	250	10	20
S3	1937.5	161.5	37.3	7.75	5	250	10	20
S4	1944.0	162.0	37.4	8.00	5	243	10	20

주: 최초로 연차유급휴가가 발생하는 것은 근속 6개월
자료출처: ABC유니온(1999), 『노동조건종합실태조사』

〈표 1-9〉를 보면 사례기업 정사원의 연간 노동시간은 2,000시간에서 1,920시간 사이고, 주당 평균노동시간이 40시간인 기업은 하나도 없다. 연간 근무일수는 240일에서 250일인데 이 노동시간에는 근속 6개월 후부터 발생하는 유급휴가도 포함되이있다. 즉, G1사의 근속 12년 정사원의 실제 연간 노동시간은 1920시간에서 유급 휴가 160시간(8시간×20일)을 제외한 1,760시간이며, 연간 근무일수는 220일이다. 종합슈퍼 기업 가운데 연간 노동시간이 가장 긴 G2사의 경우에도 근속 6개월째의 연차유급휴가일수는 10일이지만, 1년 6개월째부터는 15일이 되고, 휴가일수의 상한도 25일로 다른 기업보다 5일 더 많기 때문에 사실상의 근무 시간은 G1사에 이어 두 번째로 짧다.

2) 종합슈퍼 사례 점포의 양적 기간노동력화

종합슈퍼 사례 점포 파트타이머의 양적 기간노동력화 상황을 정리한 〈표 1-10〉에서 〈표 1-12〉를 보면 무엇보다 슈퍼마켓 일선 점포가 파트타이머 특히 주부 파트타이머에 의해 유지되고 있음을 잘 알 수 있다. 즉 파트타이머의 노동시간이 점포의 전체 노동시간에서 차지하는 비율은 70~80%, 주부 파트타이머의 그것은 45~78%에 이른다[11]. 그러나 점포에 따라 기간노동력화 수준이나 파트타이머의 평균 노동시간, 주부 파트타이머의 비율 등의 차이가 크다. 즉 G1점과 G2점은 파트타이머의 양적 기간노동력화 단계가 4단계이지만(70.1%와 73.4%), G3점은 5단계다(79.8%). 점포 전체 파트타이머의 평균 노동시간은 G1점 98.7시간, G2점 85.9시간, G3점 108시간이다. 그런데 점포 간의 이런 차이에도 불구하고 부문 및 매장[12]의 양적 기간노동력화 현상에 공통점이 있다. 즉 식품 부문의 기간노동력화 수준은 비식품 부문의 그것보다 높지만, 부문 내 매장 간의 차이가 크다는 점이다[13]. 더욱이 파트타이머의 평균 노동시간도 식품 부문이 가장 짧다.

우선 점포 간의 차이는 점포의 입지와 기업의 파트타임 정책에 의한 것이다. 즉. G2점은 경제적으로 부유한 지역에 입지하고 있어 주부 파트타이머의 풀이 작기 때문에 학생 아르바이트를 많이 고용하고 있고 주부 파트타이머의 비율이 낮다. 또 G1점과 G2점 파트타이머의 평균 노동시간이 G3점보다 짧은 것은 본사의 파트타임 정책 때문이다. 1990년대 중반부터 사례기업뿐만 아니라 종합슈퍼 기업의 대부분은 사회보험가입 비용을 절감하기 위해 연간소득이 130만 엔 이상이 되는 장시간 노동계약을 가능한 한 피하는 방침을 채택했다.

그러나 G3사는 이러한 업계의 흐름에 동참할 수 없었다. 정사원의 인건비 부담이 종합슈퍼 기업 중에서 가장 높기 때문이다. G3사는 1990년대 초부터 계속 영업실적이 나빴기 때문에 다른 사례기업에 비해 고용 확대가 어려워 정사원 신규 채용을 억제할 수밖에 없었다. 그 결과 정사원의 평균 연령이 점차 상승하고 정사원의 평균 임금도 상승했다. 예를 들어 종합슈퍼 사례 점포의 정사원 평균근속연수가 G1점은 9.2년(여성 7.6년, 남성 10.6년, 주임 이상은 11.9년), G2점은 7.0년(여성 2.7년, 남성 3.7년)이다. 그런데 G3점의 주임 이상 정사원(점장 제외)의 평균근속연수는 18.2년(여성 17.4년[14], 남성 18.8년)이며, 경영실적이 좋은 종합슈퍼라면 평균적으로 입사 후 4~5년차에 승진하는 직위인 주임의 평균

〈표 1-10〉 G1점 파트타이머의 양적 기간노동력화

부문	매장	실인원비율(명)				노동시간비율(%)				월간 노동 시간 합계	1인당평균 주당 노동시간(시간)	
		정사원		파트		정사원		파트			파트	
			그중 여성		그중 주부 파트		그중 여성		그중 주부 파트			그중 주부 파트
전체 (관리직 포함)		61	27	230	204	29.9	13.3	70.1	63.3	32,590	23.1	23.5
전체 (관리직 제외)		54	27	230	204	27.5	13.7	72.5	65.6	31,470	23.1	23.5
GM1	계(計)	18	12	68	59	29.5	19.6	70.5	63.4	9,773	23.6	24.4
	이너(속옷)	2	1	10	9	23.5	11.8	76.5	70.6	1,360	24.2	24.8
	캠퍼스	1	0	2	1	44.6	0.0	55.4	33.1	359	23.1	27.7
	판도라	1	1	5	5	25.4	25.4	74.6	74.6	629	21.8	21.8
	베이비	1	1	5	4	25.8	25.8	74.2	61.3	620	21.4	22.1
	취미	3	2	9	6	35.5	23.7	64.5	48.3	1,353	22.6	25.3
	루트80	0	0	4	3	0.0	0.0	100.0	82.1	448	26.0	28.5
	의류오퍼레이션	0	0	3	3	0.0	0.0	100.0	100.0	357	27.7	27.7
	구두	1	0	4	4	32.1	0.0	67.9	67.9	498	19.7	19.7
	아동	1	1	5	5	24.2	24.2	75.8	75.8	660	23.3	23.3
	신사	4	3	6	5	49.9	37.4	50.1	43.8	1,282	24.9	26.1
	부인	3	2	8	8	35.1	23.4	64.9	64.9	1,368	25.8	25.8
	복식	1	1	7	6	19.1	19.1	80.9	71.4	839	22.6	23.2
SS	계(計)	12	6	32	30	36.3	18.2	63.7	60.4	5,283	24.4	24.8
	AV	2	1	3	3	47.8	23.9	52.2	52.2	669	27.1	27.1
	스포츠	2	1	4	4	44.4	22.2	55.6	55.6	720	23.3	23.3
	약	1	1	5	5	25.1	25.1	74.9	74.9	638	22.2	22.2
	홈패션	3	1	6	5	42.1	14.0	57.9	48.2	1,140	25.6	25.6
	화장품	1	0	3	3	35.6	0.0	64.4	64.4	450	22.5	22.5
	가전	2	1	6	5	34.5	17.2	65.5	59.1	928	23.6	25.5
	시계·문구	1	1	5	5	21.7	21.7	78.3	78.3	738	26.9	26.9
SSM	계(計)	16	4	105	92	20.3	5.1	79.7	70.7	12,618	22.3	22.5
	데리카(반찬)	2	0	19	16	14.4	0.0	85.6	74.8	2,218	23.2	24.1
	넌후즈	0	0	3	3	0.0	0.0	100.0	100.0	300	23.3	23.3
	가공	4	1	15	12	31.6	7.9	68.4	55.5	2,024	21.5	21.8
	식품체커*	2	2	25	23	11.3	11.3	88.7	84.4	2,826	23.3	24.1
	수산	2	1	13	10	19.5	9.8	80.5	60.5	1,641	23.6	23.1
	축산	2	0	5	5	36.9	0.0	63.1	63.1	868	25.5	25.5
	일배	2	0	12	11	24.2	0.0	75.8	69.0	1,322	19.4	19.3
	농산	2	0	13	12	22.6	0.0	77.4	70.4	1,419	19.7	19.4
후방	계(計)	8	5	25	23	33.7	21.1	66.3	61.3	3,796	23.4	23.5
	SC	1	1	7	7	19.0	19.0	81.0	81.0	840	22.6	22.6
	시스템	1	1	5	4	23.2	23.2	76.8	58.0	690	24.7	23.3
	상품관리	2	0	5	4	41.7	0.0	58.3	50.5	768	20.8	22.6
	총무	2	1	4	4	41.7	20.8	58.3	58.3	768	26.0	26.0
	총무교육	2	2	1	1	76.2	76.2	23.8	23.8	420	23.3	23.3
	판촉	0	0	3	3	0.0	0.0	100.0	100.0	310	24.0	24.0

* 계산. 레지라고 하는 기업도 있다. 매장명은 고유명사로 취급해, 가능한 한 해당 기업에서 사용하는 용어를 그대로 제시한다.

자료출처: 사례점포내부자료

〈표 1-11〉 G2점 파트타이머의 양적 기간노동력화

부문	매장	실인원비율(명)				노동시간비율(%)				월간 노동 시간 합계	1인당평균 주당 노동시간 (시간)	
		정사원		파트		정사원		파트			파트	
			그중 여성		그중 주부 파트		그중 여성		그중 주부 파트			그중 주부 파트
전체 (관리직 포함)		56	29	295	174	26.6	13.8	73.4	47.6	34,497.1	20.0	22.0
전체 (관리직 제외)		49	29	295	174	24.1	14.3	75.9	49.2	33,349.1	20.0	22.0
의류	계(計)	15	12	50	35	34.2	27.4	65.8	50.7	7,182.5	22.0	24.2
	틴즈 잡화	0	0	1	1	0.0	0.0	100.0	100.0	80.0	18.6	18.6
	패밀리 체커	0	0	6	3	0.0	0.0	100.0	60.3	464.0	18.0	21.7
	아동의류	3	2	5	5	46.8	31.2	53.2	53.2	1,052.0	26.0	26.0
	침구	0	0	3	2	0.0	0.0	100.0	55.6	360.0	27.9	23.3
	침실	1	0	3	1	31.7	0.0	68.3	27.0	518.0	27.4	32.6
	신사 패밀리	1	1	1	1	71.9	71.9	28.1	28.1	228.0	14.9	14.9
	신사의류	2	1	4	3	44.8	22.4	55.2	46.4	732.0	23.5	26.4
	신사복식잡화	1	1	1	1	62.1	62.1	37.9	37.9	264.0	23.3	23.3
	미용	1	1	4	2	34.5	34.5	65.5	42.0	476.0	18.1	23.3
	부인가방	1	1	2	2	48.1	48.1	51.9	51.9	341.0	20.6	20.6
	부인 패밀리	1	1	1	1	64.6	64.6	35.4	35.4	254.0	20.9	20.9
	부인의류	1	1	5	3	26.0	26.0	74.0	56.3	631.0	21.7	27.5
	부인화	1	1	3	1	42.9	42.9	57.1	23.6	382.0	16.9	20.9
	부인복식잡화	1	1	6	4	24.1	24.1	75.9	60.1	681.5	20.1	23.8
	베베·베이비	1	1	5	5	22.8	22.8	77.2	77.2	719.0	25.8	25.8
주생활	계(計)	8	3	49	25	24.2	9.1	75.8	43.0	5,417.6	19.5	21.7
	취미문화체커	0	0	6	4	0.0	0.0	100.0	61.9	409.6	15.9	14.7
	주생활체커	0	0	11	5	0.0	0.0	100.0	57.4	867.0	18.3	23.2
	이마(가사잡화)	1	0	6	3	25.7	0.0	74.3	41.1	638.0	18.4	20.3
	완구	0	0	4	1	0.0	0.0	100.0	28.2	319.0	18.5	20.9
	핸드폰·AV·CD	3	1	5	4	46.3	15.4	53.7	49.2	1,063.0	26.6	30.4
	사진	1	0	3	1	35.3	0.0	64.7	21.6	464.0	23.3	23.3
	식탁 부엌	1	1	3	1	40.1	40.1	59.9	24.4	409.0	19.0	23.3
	일용잡화	1	0	7	4	20.9	0.0	79.1	41.3	784.0	20.6	18.8
	문구	1	1	4	2	35.3	35.3	64.7	38.8	464.0	17.4	20.9
식품	계(計)	20	8	171	99	18.6	7.4	81.4	52.3	17,644.0	19.5	21.7
	반찬	1	1	17	9	10.7	10.7	89.3	51.8	1,530.0	18.7	20.5
	그로서리	3	1	12	6	34.0	11.3	66.0	34.2	1,445.5	18.5	19.2
	데일리	3	1	9	7	39.2	13.1	60.8	49.3	1,255.5	19.7	20.6
	약	2	1	11	9	23.0	11.5	77.0	62.5	1,428.0	23.3	23.0
	식품MG	0	0	1	1	0.0	0.0	100.0	100.0	95.0	22.1	22.1
	식품체커	4	4	40	19	16.8	16.8	83.2	46.8	3,902.0	18.9	22.4
	수산	2	0	18	9	17.1	0.0	82.9	44.5	1,916.0	20.5	22.0
	축산	1	0	15	4	12.1	0.0	87.9	27.6	1,357.5	18.5	21.8
	축산대면판매	2	0	10	4	31.5	0.0	68.5	44.0	1,040.0	16.6	26.6
	덴뿌라	0	0	17	13	0.0	0.0	100.0	77.5	1,524.0	20.8	21.1
	농산	2	0	15	14	19.3	0.0	80.7	76.5	1,702.0	21.3	21.6
	명점가(名店街)	0	0	6	4	0.0	0.0	100.0	76.8	448.5	17.4	20.0
관리	계(計)	6	6	25	15	31.7	31.7	68.3	39.2	3,105.0	19.7	18.9
	BS	1	1	0	0	100.0	100.0	0.0	0.0	164.0	0.0	0.0
	서비스 코너	2	2	7	5	36.9	36.9	63.1	49.2	890.0	18.7	20.4
	POP	0	0	3	3	0.0	0.0	100.0	100.0	290.0	22.5	22.5
	상품관리	0	0	2	0	0.0	0.0	100.0	0.0	300.0	34.9	0.0
	인사주임	1	1	0	0	100.0	100.0	0.0	0.0	164.0	0.0	0.0
	직영 등	0	0	12	7	0.0	0.0	100.0	60.6	809.0	15.7	16.3
	점포사무	1	1	0	0	100.0	100.0	0.0	0.0	164.0	0.0	0.0
	판촉	1	1	0	0	100.0	100.0	0.0	0.0	164.0	0.0	0.0
	판촉MG	0	0	1	0	0.0	0.0	100.0	0.0	160.0	37.2	0.0

자료출처: 사례점포내부자료

〈표 1-12〉 G3점 파트타이머의 양적 기간노동력화

부문	매장	실인원비율(명) 정사원	실인원비율(명) 정사원 그중 여성	실인원비율(명) 파트	실인원비율(명) 파트 그중 주부파트	노동시간비율(%) 정사원	노동시간비율(%) 정사원 그중 여성	노동시간비율(%) 파트	노동시간비율(%) 파트 그중 주부파트	월간 노동시간 합계	1인당평균 주당 노동시간 (시간) 파트	1인당평균 주당 노동시간 (시간) 파트 그중 주부파트
전체 (관리직 포함)		27	14	160	133.0	20.2	10.5	79.8	70.9	21,655.0	25.1	26.8
전체 (관리직 제외)		22	14	160	133.0	17.1	10.9	82.9	73.7	20,845.0	25.1	26.8
의류	계(計)	14	12	65	58.0	23.0	19.7	77.0	72.2	9,865.0	27.2	28.6
	L/V4F	1	1	4	4.0	23.0	23.0	77.0	77.0	705.0	31.6	31.6
	L/VBF	1	1	7	5.0	18.7	18.7	81.3	70.3	868.0	23.5	28.4
	이레귤러*	1	1	3	3.0	31.0	31.0	69.0	69.0	523.0	28.0	28.0
	인테리어	0	0	2	2.0	0.0	0.0	100.0	100.0	255.0	29.7	29.7
	앞치마·잠옷	1	0	1	1.0	50.2	0.0	49.8	49.8	323.0	37.4	37.4
	스카트·슬랙스	0	0	2	2.0	0.0	0.0	100.0	100.0	308.0	35.8	35.8
	쉐타·블라우스	1	1	3	3.0	32.5	32.5	67.5	67.5	499.0	26.1	26.1
	화샤	0	0	2	2.0	0.0	0.0	100.0	100.0	294.0	34.2	34.2
	베이비	1	1	2	2.0	47.4	47.4	52.6	52.6	342.0	20.9	20.9
	화장품	1	1	3	2.0	34.5	34.5	65.5	52.7	469.0	23.8	28.7
	완구	0	0	4	3.0	0.0	0.0	100.0	85.9	425.0	24.7	28.3
	구두	1	1	5	5.0	20.9	20.9	79.1	79.1	776.0	28.6	28.6
	양말	1	1	3	3.0	32.7	32.7	67.3	67.3	496.0	25.9	25.9
	아동복·쁘티하우스	1	1	2	2.0	41.1	41.1	58.9	58.9	394.0	27.0	27.0
	침구	1	0	2	2.0	40.6	0.0	59.4	59.4	399.0	27.6	27.6
	신사복	2	2	3	2.0	47.2	47.2	52.8	35.3	686.0	28.1	28.1
	신사양품	0	0	5	4.0	0.0	0.0	100.0	88.0	501.0	23.3	25.6
	속옷	1	1	6	5.0	20.1	20.1	79.9	69.9	805.0	24.9	26.2
	부인복	0	0	4	4.0	0.0	0.0	100.0	100.0	503.0	29.2	29.2
	부인잡화	0	0	2	2.0	0.0	0.0	100.0	100.0	294.0	34.2	34.2
식품	계(計)	8	2	83	63.0	13.5	3.4	86.5	71.4	9,617.0	23.3	25.4
	기프트	0	0	1	1.0	0.0	0.0	100.0	100.0	147.0	34.2	34.2
	레지	0	0	22	15.0	0.0	0.0	100.0	81.2	2,235.0	23.6	28.1
	가공식품	2	1	5	5.0	36.3	18.1	63.7	63.7	893.0	26.5	26.5
	과자	1	1	4	4.0	27.7	27.7	72.3	72.3	584.0	24.5	24.5
	정육	1	0	5	4.0	22.9	0.0	77.1	68.6	706.0	25.3	28.1
	청과	2	0	14	7.0	20.1	0.0	79.9	40.9	1,610.0	21.4	21.9
	전매	0	0	1	1.0	0.0	0.0	100.0	100.0	95.0	22.1	22.1
	반찬	1	0	14	12.0	10.4	0.0	89.6	79.0	1,554.0	23.1	23.8
	일배	1	0	17	14.0	9.0	0.0	91.0	80.9	1,793.0	22.3	24.1
후방	계(計)	0	0	12	12.0	0.0	0.0	100.0	100.0	1,363.0	26.4	26.4
	서비스과	0	0	7	7.0	0.0	0.0	100.0	100.0	664.0	22.1	22.1
	사무실	0	0	5	5.0	0.0	0.0	100.0	100.0	699.0	32.5	32.5

* 초소형 또는 초대형 사이즈를 판매하는 여성복매장
자료출처: 사례점포내부자료

연령이 41세이다. 이것만 봐도 G3사의 정사원 인건비 부담이 다른 사례기업보다 얼마나 높은지를 알 수 있다[15]. 점포 단위로 인건비 부담을 줄이는 전형적인 방법은 중고령의 정사원을 젊은 정사원으로 바꾸는 것과 정사원을 파트타이머로 대체하는 것이다. 그렇지만 기업 전체 신규 채용이 곤란한 상태라 젊은 정사원이 충분하지 않은 경우 인건비의 억제를 위해 할 수 있는 것은 정사원을 파트타이머로 대체하는 것뿐이다.

이어서 3개 사례점포의 공통점에 대해 살펴보면, 식품 매장 파트타이머의 평균노동시간이 짧음에도 불구하고, 비식품보다 식품 부문의 양적 기간노동력화 수준이 높은 이유는, 1절에서 언급했듯이, 상품의 특징에서 나온다. 박리다매와 높은 상품 회전율, 낮은 이윤율 때문에 필요한 노동의 양이 많기 때문이다. 표에는 제시하지 않았지만 식품부문 파트타이머의 노동시간은 월 40시간에서 160시간까지로 편차가 큰[16] 반면, 의류 및 주생활 부문 매장에서 파트타이머의 노동시간 길이의 편차가 크지 않은 것도 같은 이유 때문이다. 즉, 식품부문에서는 비식품 부문과 달리 상품을 매입해 판매하는 작업뿐 아니라, 점내 가공 작업이 있기 때문에 어느 정도의 가공기술을 익힌 노동자가 필요하다. 하지만, 비용절감을 위해 그 노동력을 모두 정사원으로 할 수는 없기 때문에 장시간 파트타이머를 고용한다. 또 비식품 부문의 상품은 매장에 반입한 후 장시간 두고 판매해도 상관없지만, 식품의 경우 단시간에 판매를 완료하지 않으면 남은 제품을 모두 폐기 처분해야 한다. 식품 부문은 상품 판매와 노동력 투입이 가능한 한 일치(just in time)하지 않으면 기업에게는 손실이 발생할 수 있다. 따라서 식품 부문은 비식품 부문보다 노동력의 편성을 보다 세분화하면서 판매 전망에 따라 배치하려 하기 때문에 단시간 노동자가 많이 필요하고 다양한 시간대에 다양한 노동시간으로 일하는 노동자가 필요하다.

같은 부문에서의 양적 기간노동력화 수준의 차이는 매장 규모(전체노동의 양과 매출), 취급 상품의 단가와 매출총이익률(粗利率, 매출총이익=매출액-매출원가), 취급하는 상품 종류의 수, 노동과정의 표준화(점내가공률) 등에 의한다. 전체적으로 규모가 큰 매장은 양적 기간노동력화의 수준도 높다. 매장 규모는 매출과 총노동의 양으로 판단하는데, 매장 규모가 커져도 그에 비례하여 정사원을 늘리는 것이 아니기 때문에 매출 규모가 증가하면 파트타이머의 양적 기간노동력화의 수준이 높아진다. 즉, 매장의 대규모화 자체가 파트타이머의 양적 기간노동력화로 이어지는 것이다[17]. 매장 규모는 비식품매장보다 식품매장의 양적 기간노동력화 수준이 높은 이유의 하나이기도 하다.

AV, 침구, 스포츠, 남성의류, 여성 의류 등과 같이 상품의 가격과 매출총이익률이 높은 매장에서는 파트타이머의 양적 기간노동력화 수준이 낮고, 식품, 캐주얼웨어, 문구 등과 같이 제품 단가가 낮은 매장에서는 양적 기간노동력화의 수준이 높다. 단가가 높은 상품은 대면 판매 등의 접객이 요구되는 경우가 많으며, 제품에 관한 지식을 익힐 필요가 있기 때문에 양적 기간노동력화의 수준이 낮아진다. 식품의 매출총이익율은 15~20%이지만, 의류 및 주생활의 매출총이이률은 25~30%이기 때문에 고임금의 정사원을 배치하는 것이 가능하다. G2점 의류 매장의 양적 기간노동력화 수준이 낮은 이유도 단가가 높은 상품을 많이 취급하기 때문이다[18].

노동과정의 표준화 정도와 양적 기간노동력화의 수준은 비례하지만, 노동과정의 표준화는 점내 가공의 양과 취급하는 상품의 종류에 따라 달라진다. 취급하는 상품 중 아웃소싱 비율이 높고 점내가공 수준이 낮으면 양적 기간노동력화 수준이 높아진다. 식품 중 비신선식품 매장의 양적 기간노동력화의 수준이 신선*식품 매장보다 높은 이유가 이것이다. 예를 들어 G3점 정육 매장에 파트타이머가 5명밖에 없는 이유는 아웃소싱이다. 상품은 모두 가공 센터에서 포장

---

* 일본어에서는 fish를 선어, fresh를 생선이라고 한다. 〈표 1-10〉의 주에서 밝힌 바와 매장명은 고유명사로 취급하기 때문에 매장명은 일본식 표현을 그대로 선어(鮮魚, fish)라고 쓰고 생선(生鮮, fresh)을 신선으로 번역한다.

까지 마친 상태로 공급되기 때문에 노동력이 그렇게 많이 필요하지 않다[19]

취급하는 상품의 종류가 많으면 양적 기간노동력화 단계가 내려가는데, 가공식품 매장이 그 전형이다. 가공식품 매장에서는 점내가공 작업은 없지만, 취급하는 상품의 종류가 많아 관리해야하는 매장 면적[20]도 넓고 매출액도 크다[21]. 가공식품 매장에서 취급하는 상품 종류의 수는 식품 부문 전체에서 취급하는 상품 종류의 60~70%를 차지하며, 하나의 매장이지만 식품 부문 전체 매출에서 차지하는 비중이 가장 높다. 그리고 판촉용 전단지에 게재되는 특판 상품 취급 비율도 높기 때문에 빈번히 매장 진열을 변경할 것을 요구받기도 한다. 때문에 다른 식품매장에 비해 기간노동력화 단계가 낮아진다. S3사의 경우, 점장으로 승진하기 위해서는 가공식품을 경험하는 것이 바람직하다고 되어 있다.

3) 식품슈퍼 점포의 양적인 기간노동력화 상황

〈표 1-13〉는 S1점을 제외한 식품슈퍼 사례 점포의 양적 기간노동력화 현황을 정리한 것이다. S1점의 매장별 노동력 구성은 확인할 수 없었지만, 면접조사에 따르면, 선어, 정육, 청과, 반찬(자회사), 그로서리, 의류, 거주, 레지, 사무실로 구성되어 있는 S1점은 점포 수준에서도 매장 수준에서도 양적 기간노동력화 단계는 5단계다. 〈표 1-13〉을 보면, 종합슈퍼에서도 그랬던 것처럼 매장과 점포 사이에 파트타이머의 양적 기간노동력화 단계와 평균노동시간의 길이의 차이가 큼을 알 수 있다. 또 식품슈퍼의 양적 기간노동력화 단계는 종합슈퍼 식품 부문보다 낮다.

매장 간의 차이는 위에서 설명한 바와 같이, 노동과정의 표준화(점내가공률과 취급하는 상품 종류의 수)와 매장 규모에 따른 것이다. 점내가공률이 높고 취급하는 상품 종류의 수가 많으면 정사원 배치가 증가하고 매장 규모가 커지면 파트타이머의 배치가 늘어나기 때문이다. 이 요인들 중에서도 식품슈퍼에서 가

〈표 1-13〉 식품슈퍼 사례점포 파트타이머의 양적 기간노동력화

점포	매장	실인원비율(명)				노동시간비율(%)				월간 노동 시간 합계	1인당평균 주당 노동시간 (시간)	
		정사원		파트		정사원		파트			파트	
			그중 여성		그중 주부 파트		그중 여성		그중 주부 파트			그중 주부 파트
S2	전체 (관리직 포함)	15	0	71	45	31.1	0.0	68.9	43.6	8,036.3	18.1	18.1
	전체 (관리직 제외)	14	0	71	45	29.7	0.0	70.3	44.6	7,869.6	18.1	18.1
	레지	0	0	24	16	0.0	0.0	100.0	75.6	1,783.7	17.3	19.6
	그로서리	4	0	19	9	30.7	0.0	69.3	31.4	2,171.3	18.4	17.6
	베이커리	2	0	8	6	36.9	0.0	63.1	49.6	902.6	16.5	17.3
	정육	2	0	4	2	49.7	0.0	50.3	25.9	670.2	19.6	20.2
	청과	3	0	7	5	46.7	0.0	53.3	30.5	1,070.4	18.9	15.2
	선어	3	0	9	7	39.3	0.0	60.7	41.5	1,271.4	19.9	17.5
S3	전체 (관리직 포함)	25	10	106	80	25.0	10.0	75.0	61.1	16,660.4	27.4	29.6
	전체 (관리직 제외)	23	10	106	80	23.5	10.2	76.5	62.3	16,327.1	27.4	29.6
	레지	3	3	21	11	17.2	17.2	82.8	54.7	2,907.9	26.7	33.6
	베이커리	3	2	12	12	28.0	18.7	72.0	72.0	1,784.5	24.9	24.9
	일반식품	2	0	11	5	21.3	0.0	78.7	40.5	1,564.1	26.0	29.5
	과자	0	0	3	3	0.0	0.0	100.0	100.0	365.5	28.3	28.3
	잡화	0	0	3	3	0.0	0.0	100.0	100.0	376.3	29.2	29.2
	정육	0	0	4	4	0.0	0.0	100.0	100.0	580.5	33.8	33.8
	청과	3	0	9	4	34.1	0.0	65.9	35.9	1,467.4	25.0	30.6
	선어	5	0	7	6	48.0	0.0	52.0	47.1	1,736.1	30.0	31.7
	반찬	3	2	20	18	16.6	11.1	83.4	77.2	3,007.9	29.2	30.0
	양풍일배	0	0	6	5	0.0	0.0	100.0	84.2	610.6	23.7	23.9
	화풍일배	0	0	4	4	0.0	0.0	100.0	100.0	526.8	30.6	30.6
	사무국	4	3	6	5	47.6	35.7	52.4	45.6	1,399.6	28.4	29.7
S4	전체 (관리직 포함)	14	1	95	84	17.2	1.2	82.8	73.8	13,180.5	26.7	26.9
	전체 (관리직 제외)	13	1	95	84	16.2	1.2	83.8	74.7	13,018.5	26.7	26.9
	서비스	1	1	24	24	5.9	5.9	94.1	94.1	2,756.5	25.1	25.1
	데일리	2	0	9	8	26.4	0.0	73.6	62.8	1,226.3	23.3	22.4
	드라이	1	0	10	10	12.3	0.0	87.7	87.7	1,322.0	27.0	27.0
	의류	0	0	1	1	0.0	0.0	100.0	100.0	138.0	32.1	32.1
	가정	1	0	6	6	18.0	0.0	82.0	82.0	900.0	28.6	28.6
	사무소	0	0	3	3	0.0	0.0	100.0	100.0	430.0	33.3	33.3
	정육	2	0	7	3	26.5	0.0	73.5	38.3	1,223.0	29.9	36.4
	청과	2	0	6	5	31.2	0.0	68.8	54.7	1,037.0	27.6	26.4
	선어	2	0	4	4	35.0	0.0	65.0	65.0	925.5	35.0	35.0
	반찬	1	0	10	10	12.8	0.0	87.2	87.2	1,267.8	25.7	25.7
	조조관리	0	0	2	0	0.0	0.0	100.0	0.0	139.8	16.3	0.0
	스시	1	0	11	8	11.3	0.0	88.7	64.6	1,430.3	26.8	26.9
	일용	0	0	1	1	0.0	0.0	100.0	100.0	115.0	26.7	26.7
	약	0	0	1	1	0.0	0.0	100.0	100.0	107.5	25.0	25.0

주: S4 점의 경우 일반인 파트와 학생 파트를 나눈 데이터를 구할 수 없었지만, 학생 파트타이머가 거의 없기 때문에 여성 파트타이머를 전원 주부 파트타이머로 계산했다.
자료출처: 사례점포 내부자료

장 영향력이 큰 것은 점내가공률이다. 구체적으로 말하면, S2점의 경우 정육 상품은 70%, 선어는 30%, 청과는 20% 정도가 가공 센터에서 포장된 상태로 매장에 납품되기 때문에 정육은 정사원 2명과 파트타이머 4명만으로 운영할 수 있다. S3점 정육매장에 정사원이 없는 것도 일체 점내가공을 하지 않고 가공 센터에서 배달된 상품을 진열해 판매만 하기 때문이다. S3점의 선어매장에 정사원이 5명이나 배치되어 양적인 기간노동력화 단계가 2단계로 가장 낮은 이유도, 포장 상태로 납품되는 제품의 비율이 20%를 조금 넘는 정도에 지나지 않아 점내가공 작업의 양이 많기 때문이다. 가공식품 매장의 경우, 취급하는 상품 종류의 수가 많다는 점을 생각하면 양적 기간노동력화 수준이 낮아야 하겠지만, 실제로 사례 점포의 가공식품 매장의 양적 기간노동력화 수준이 높은 이유는 매장규모 요인에 의해 취급상품 종류의 수가 미치는 영향력이 상쇄되었기 때문이다.

종합슈퍼 식품 부문보다 식품슈퍼의 양적 기간노동력화 수준이 낮은 것도 점내가공률의 차이 때문이다. 1절에서 언급한 바와 같이, 파트타이머의 기간노동력화를 더 일찍 추진한 것은 식품슈퍼였지만, 불황 및 업태의 위기를 극복하기 위해 종합슈퍼는 식품 매장을 확대하는 동시에 아웃소싱에 의한 저가 전략을 취하고 있다. 종합슈퍼에 비해 기업이나 점포의 규모가 작은 식품슈퍼는 고품질 전략으로 대응하기 위해 1990년대 들어 다시 점내가공 비율을 올리고 있었다. 예를 들어 S1점의 신선식품 매장은 판매상품의 90% 이상을 매장에서 가공한다. 식품슈퍼 업계에서 가장 빨리, 가장 철저하게 표준화 전략을 추진해 1970년대부터 대부분의 제품을 가공 센터에서 제조해 온 S2사도 1990년에 들어서는 점내가공률을 빠르게 높이고 있다. 그 결과, 식품슈퍼 사례 점포의 신선매장에는 정사원이 평균 3명 정도 배치되어 있지만, G1점과 G2점의 신선식품 매장에는 평균 2명, G3점에는 평균 1.5명이 배치되어 있다.

주로 S2점과 다른 점포 간의 차이인 식품슈퍼 사례점포의 파트타이머 노동시간 길이의 차이는 지역에 따른 기업의 파트타임 정책의 차이에 의한 것이다.

S2사는 수도권, S1사는 X지방, S3사는 Y지방, S4사는 Z지방의 1개의 현을 중심으로 점포를 운영하고 있는 기업이다. 전국적으로 출점하는 종합슈퍼 기업과 달리 식품슈퍼 기업의 경우 본사가 있는 1개 현을 중심으로 3~4개 도도부현에 출점하는 지방 슈퍼가 일반적인데 이 책의 사례기업들도 마찬가지다. 때문에 식품슈퍼의 파트타임 정책과 파트 고용 현황은 출점하는 지역 노동시장의 조건에 크게 영향을 받는다. 즉 수도권의 기업이나 점포의 경우 지방의 기업이나 점포보다 단시간 파트를 고용하는 경향이 있는데 지역 노동시장의 조건 때문이다.

구체적으로 말하자면, S2점의 전체 파트타이머의 월평균노동시간은 78시간이고 주부 파트타이머는 80.8시간이다. S2점 파트타이머의 대부분은 주 20시간 미만 노동하며, 장시간 노동자는 계산(1일 7.5시간), 청과(1일 8시간), 선어(1일 8시간), 베이커리(1일 6시간), 그로서리(1일 6시간) 매장에 각각 한 사람씩 있는 것이 전부이다. 그러나 S3점의 전체 파트타이머의 월평균노동시간은 118.8시간, 주부 파트타이머의 그것은 128시간으로, S2점보다 50% 이상, 종합슈퍼 사례 점포의 식품 부문보다 약 20% 길다. S3점 여성 파트 92명 중 거의 절반에 가까운 42명(45.7%)이 주당 30시간 이상 노동하고 있으며, 그 중 18명의 근무 시간은 주당 35시간(정사원 37.5시간)이다. S4점 전체 파트타이머(노동시간이 확인할 수 없었던 8명 제외)의 한 달 평균노동시간은 115.5시간, 주부 파트타이머 그것 역시 115.5시간이다. 여성 파트타이머 중 35명이 주당 30시간 이상 노동하고 그 중 7명의 주당노동시간은 35시간이다. 구체적인 데이터는 입수하지 못했지만, 면접조사에 따르면, 사례 점포 중 파트타이머의 평균노동시간이 가장 긴 것은 S1점이다. S1점뿐만 아니라 S1사의 전체 파트타이머 속에서 주당 30시간 이상 일하는 사람이 절반에 가깝고 주당 20시간 미만 일하는 사람은 거의 없다. 또 S1점은 학생 아르바이트가 매우 적은 점포이기도하다.

S2점 이외의 사례점포에서 파트타이머의 노동시간이 이렇게 긴 이유는 지방에 위치하고 있기 때문이다. 수도권보다 지방은 농업을 포함한 자영업자가 많

고 임금 노동자도 고소득자가 적다. 즉 세금 및 사회보험의 혜택을 보기 위해 소득 조정을 할 필요가 별로 없는 주부 파트타이머가 많아 조금이라도 수익을 늘리기 위해 장시간 노동하려는 주부 노동자가 늘어나게 된다. 또 지방은 수도권보다 최저임금이 낮고, 최저임금과 연동하는 파트타이머 시급[22)]이 낮기 때문에 취업 조정을 한다고 해도 수도권 주부 파트타이머보다 노동시간이 길다. 같은 구조 때문에 G2점과 S2점 주부 파트타이머의 노동시간은 짧다. 또 각종상품소매업 최저임금[23)]의 적용 여부도 있기 때문에 식품슈퍼는 종합슈퍼보다 파트타이머의 임금이 낮다. 식품슈퍼 사례 점포를 보면, 파트타이머 채용 시간급은, S2, S3, S4, S1순이며, S1점의 채용시간급은 S2점보다 200엔 정도, S3점이나 S4점보다 100엔 정도 낮다. 이러한 지역노동시장의 영향 때문에 S2사는 사회보험 비용이 들지 않는 단시간 노동자를 중심으로 매장을 운영할 수 있도록 표준화 전략을 적극적으로 추진해 왔다.

또 S2사는 학생을 제외한 일반 파트타이머 전원이 노동조합 조합원이라 파트타이머의 임금이 매년 춘투를 통해 조금씩 상승하는 것도 단시간 중심의 파트타이머 활용 전략에 영향을 미친다. 파트타이머의 95%를 넘는 주부 파트타이머의 대부분이 '제도상의 피부양자'로 일하고 있기 때문에, 연간소득을 103만 엔 미만이 되도록 조정하는 경향이 있다. 따라서 시급이 상승하며 평균노동시간이 짧아진다. S2노조 간부에 따르면 노조가 설립된 1981년에는 1일 5시간~5시간 30분 일하던 파트타이머가 2000년경에는 하루 3시간 30분~4시간 일한다.

지방 파트타이머의 평균노동시간이 길다는 점을 확인했지만, 이것은 학생 아르바이트도 마찬가지다. 직영 매장 파트타이머 중 12.1%를 차지하는 S3점 학생 파트타이머의 월간노동시간은 85.6시간이며, G1점의 학생 아르바이트의 월 평균노동시간도 84.5시간이다. S4점은 전체 파트타이머 중 주당노동시간이 20시간 미만인 사람은 4명밖에 없기 때문에, 학생 아르바이트가 거의 없지만 있다고 해도 평균노동시간이 G1점이나 S3점보다 더 길다. 하지만 도쿄에 있는 S2점

학생 아르바이트의 월평균노동시간은 71.1시간이다. 따라서 학생 아르바이트의 노동시간까지도 입지에 영향받는 것은 기업이 주부 파트타이머의 노동시간을 기준으로 학생 아르바이트를 포함한 전체 파트타이머 사용전략을 정하기 때문이다.

S4점 파트타이머의 양적 기간노동력화 단계가 높은 것과 관련해 G3점과 마찬가지로 경영실적과 영업시간 길이의 영향력을 지적해둘 필요가 있다. 즉 도산 후 회사갱생 과정에 있는 S4사는 비용절감을 위해 파트타이머 비율을 극대화하고 있다. 또 S4점은 야간형 점포이기 때문에 영업시간이 길다. 영업시간이 길어지면 점포운영을 위해 요구되는 총노동시간이 길어지는데 그만큼 정사원 수를 늘일 수는 없기 때문에 영업시간 연장은 파트타이머 고용을 증가시키는 효과가 있다. G3점 식품부문의 파트타이머 비율이 86.5%로 높았던 것도 식품매장이 다른 종합슈퍼 점포의 식품매장에 비해 영업시간이 길다는 것과도 관련 있다.

S2점에서는 계산대를 제외하고는 파트타이머의 양적 기간노동력화 수준이 낮다. 그 이유는 단시간 노동자의 숙련이 높아지는 것은 한계가 있기 때문에 정사원의 배치를 늘릴 수밖에 없기 때문이다. 정사원의 비율이 높아지면 임금 비용을 줄일 수 없지만, 단시간 파트 중심의 파트타이머 활용전략을 가지고 있는 S2사로서는 다른 선택이 불가능했다. S2사는 그 대신 계산대를 장시간 주부 파트타이머에게 맡기기로 정하고, 고졸 여사원의 채용을 1980년대 후반부터 중단했다.

S3점 매장 중 5개 매장은 정사원이 배치되어 있지 않다. 정육, 일배, 과자, 잡화의 경우, 가공식품의 주임이 과자와 잡화를 관리하고, 부점장도 돕고는 있지만, 기본적으로는 베테랑 파트타이머가 책임을 지고 관리하고 있다. 정사원과 동일하거나 더 뛰어난 실력을 가진 장기근속의 장시간 주부 파트타이머가 많기 때문에 그녀들에게 리더라는 직함을 주고 주임 역할을 맡기고 있다. 그녀들은 판매 계획을 수립할 때는 점장이나 부점장과 상의하지만, 대개는 스스로 판단해

매장을 운영한다. S3점 파트타이머의 활약상은 근속 28년의 정사원이 있음에도 불구하고, 근속 24년의 파트타이머가 레지(계산) 주임인 것에서도 잘 드러난다[24].

그런데 조사 중에 S4점에서 놀라운 사실을 알게 되었는데 노동조합원인 파트타이머(준 사원) 37명이 계약노동시간을 초과하여 근무하고 있으며, 그것도 꽤 긴 시간 잔업하는 것이었다. 1999년 10월에 그녀들은 계약 시간보다 1인당 월평균 18.3시간 더 일했다. 즉 계약노동시간대로라면 S4점 준사원의 월평균노동시간은 131.9시간이지만, 실제 노동시간은 150.2시간이다. 식품 부문의 정사원 잔업은 일반적인 현상이며[25], 서비스 잔업 문제는 슈퍼마켓 노조의 중요 과제의 하나이기도하다. 또 파트타이머도 때에 따라서는 30분 정도의 잔업을 하기도 한다. 그러나 시간급 노동자인 파트타이머의 잔업은 일반적인 일은 아니다.

그런데 왜 S4점에서는 파트타이머가 매일 잔업하는 걸까? 그 이유는 점포에 애착을 가진 장기 근속자들에게 있다. S4점 파트타이머 중에는 15년 이상 근속자가 12명(20년 이상 3명) 있다. 그녀들은 자녀양육기가 끝난 50대 여성들로 S4사가 도산하여 상당수의 점포가 매각, 폐쇄된 것에 큰 위기감을 느끼고 있었다. 2~3년마다 점포를 이동하는 정사원과 달리, 파트타이머는 점포를 이동하지 않는다. 정사원이 회사에 애착을 가지고 있다고 하면, 파트타이머는 점포에 애착을 가지고 있다. 즉, 그녀들에게 있어서 점포는 '우리 가게(私のお店)[26]'인 것이다. 기업이 도산하고 '우리 가게'가 매각되거나 폐쇄될지도 모른다는 불안이 있었지만, 다행히 그녀들의 가게는 살아남았다. 점포가 다시 위기 상태에 빠지지 않게 하기 위해, 나아가서는 과거의 영광[27]을 되찾기 위해 그녀들은 스스로 필요하다고 판단하거나 관리직이 요청하면 어떤 일이라도 하고 있었다. 그 결과의 일부 베테랑 파트타이머의 장시간 노동은 상상을 초월한다. 1999년 10월에 S4점에서 가장 장시간 근무한 파트타이머의 노동시간은 198시간으로 정사원의 계약노동시간 162시간보다 36시간이 많다. 노동시간이 두 번째로 긴 사람의

노동시간은 196시간이다[28]. 점포에 대한 그녀들의 헌신에 점장도 그저 감탄하고 있었다.

매장에 헌신적인 베테랑 파트타이머의 존재 덕에 S4점은 각 매장에 정사원을 한 두 명만 배치해 매장을 운영할 수 있었다[29]. 정사원이 한 명도 없는데도 사무실을 운영할 수 있는 것도 월 200시간 가까이 일하는 근속 20년이 넘는 파트타이머 덕이며, 파트타이머가 24명이나 배치된 계산대에 근속 3년의 정사원 한 명밖에 배치되지 않는 것도 장기근속의 베테랑 파트타이머가 있기 때문이다. 사무실과 계산대 외에도 S4점 매장에는 대부분 베테랑 파트타이머가 있어서 정사원 인원을 줄일 수 있는 상황이라 베테랑 파트타이머의 존재가 정사원 배치에서 하나의 기준이 되고 있음을 알 수 있다. S3점과 S4점의 현황은 파트타이머의 질적 기간노동력화와 양적 기간노동력화가 어떻게 연결되어 있는지를 잘 보여주고 있다.

이상을 정리하면, 파트타이머의 양적 기간노동력화 수준에 영향을 미치는 요인은 크게 7가지로, 지역노동시장, 노동과정, 수익구조, 영업시간, 매장규모, 정사원 인건비 부담, 파트타이머의 질적 기간노동력화 수준이다. 기업이나 점포가 대기업 노동자의 비율과 소득 수준이 낮은 지방권에 위치할수록, 취급하는 상품의 점내가공률이 낮을수록, 이윤율이 낮고 상품 회전율이 높을수록, 영업시간이 길수록, 매장의 규모가 클수록, 정사원 인건비 부담이 높을수록, 파트타이머의 질적 기간노동력화 수준이 높을수록, 파트타이머의 양적인 기간노동력화 수준은 높아진다. 그런데 이 7가지 요인 중에서도 가장 영향력이 큰 것은 식품슈퍼 기업의 파트타임 정책 방향에 근본적인 영향을 미치는 지역노동시장인데, 파트타이머 고용에서 지역노동시장의 특성은 주부 파트타이머 공급의 문제이기 때문에 젠더 문제다.

4. 주부 파트타이머의 질적 기간노동력화

파트타이머가 종업원의 대다수를 차지하게 되면 기업은 파트타이머 활용 극대화에 박차를 가하게 되고, 그것은 파트타임 노동자의 숙련도 상승, 즉 질적 기간노동력화로 이어진다. 또 파트타이머의 질적 기간노동력화는 노동시장의 구조와 정사원의 업무 방식에도 큰 변화를 초래한다. 2000년대 들어 종합슈퍼 업계 선두 기업들은 잇달아 정사원과 파트타임 노동자의 인사노무관리를 하나의 제도로 통합하는 통합형 인사제도를 도입했는데, 그 제도 개정 배경에서 중요한 요인 중 하나가 파트타이머의 질적 기간노동력화이다(金英, 2009). 따라서 파트타이머의 질적 기간노동력화의 진전 정도와 유형, 그리고 이에 영향을 미치는 요인을 파악하는 것은 전체 노동시장의 변화를 설명하기 위해서도 필요하다.

선행 연구는 파트타임 노동자의 질적 기간노동력화를 진행시키는 요인으로 작업장의 구조와 요구되는 기능 수준(中村恵, 1989; 本田一成, 1993), 인건비 절감을 위한 기업전략(三山雅子, 1990,1991; 小野晶子, 2000), 그리고 노동조합(佐野嘉秀 2000) 등에 주목해 왔다. 또 선행 연구는 질적 기간노동력화의 진전 정도를 평가하기 위해 질적 기간노동력화의 정량 분석을 실시해왔다. 1990년대까지는 주로 산업 수준의 규모 추정(ゼンセン同盟 1991; 脇坂明 1996b; パートタイム労働に関する雇用管理研究会, 2000)이었지만, 2000년대에 들어서는 파트타이머 개인 차원의 숙련에 대한 분석도 이루어졌다(武石恵美子, 2002; JILPT, 2006).

그러나 3절에서 본 바와 같이 파트타이머의 노동 방식은 업태나 입지에 따라 상당히 차이가 있기 때문에 질적 기간노동력화의 정량 분석도 업태와 입지 등의 차이를 고려하여 행할 필요가 있다. 파트타이머의 질적 기간노동력화 상황을 구체적으로 파악하지 않으면 파트타임 노동자 내부의 다양성을 간과할 우려가 있다. 따라서 본 절에서는 사례 점포의 질적 기간노동력화 수준을 구체적으로 측정해 향후의 변화를 예측하는 기초로 활용하고자 한다. 선행 연구에서는 주부 파트타이머만이 질적 기간노동력화의 대상이라는 것을 인식하면서도, 젠더가 기간노동력화에 미치는 영향에 대해서는 그다지 주목하지 않는다. 하지만 젠더는 양적 기간노동력화에 큰 영향을 미치는 것처럼 질적 기간노동력화에도 큰 영향을 미치고 있다.

1) 질적 기간노동력화 수준 분류 기준

이 책에서는 노동시간과 근속을 기준으로 파트타이머의 질적 기간노동력화 수준을 나눈다. 즉, 파트타이머를 주당노동시간에 따라 20시간 미만, 20~30시간 미만, 30시간 이상의 세 집단으로 구분하고 각 집단을 〈숏타이머〉, 〈미들타이머〉, 〈롱타이머〉라고 명명한다. 파트타이머를 노동시간의 길이에 따라 구분하는 이유는 주당노동시간이 그 취업의 성격을 가장 잘 나타내기 때문이며[30], 노동시간에 따라 기업의 처우도 다르다. G1사 인사 책임자에 따르면, "지금은 점포의 영업 시간이 길어지고 있기 때문에, 기업 입장에서는 종업원이 하루 8시간 일하든지 7시간 일하든지 큰 차이 없다." "주 30시간 이상 일하면, 관리적인 일을 맡기는데도 무리가 없다." 또 노동시간은 소득의 대리 지표이기도 하다. 즉, 제도상의 피부양자로의 취업인지 아닌지의 여부가 주부 파트타이머 취업의 성격을 규정하는 결정적인 요인이다.

시간급이 지역별 최저임금 수준이라도 사례 점포에서 주당 30시간 이상 일하면 연간소득은 103만 엔을 초과하므로 롱타이머는 세금제도와 사회보장제도의 피부양자는 아니다. 〈롱타이머〉의 노동시간은 주당 35시간 전후가 가장 많고, 정사원의 노동시간과 별 차이가 없는 경우도 적지 않다. 세금이나 사회보장제도 상의 피부양자가 아닌 주부 파트타이머는 소득 증가를 위해 적극적으로 노동시간을 연장하려고 하고, 기업도 담당 업무면에서는 이들을 정사원과 같은 수준에서 취급하고 있다. 따라서 장기근속의 롱타이머는 주임 업무를 담당하는 경우도 적지 않다

〈미들타이머〉의 경우 취업기간이 길고 안정적이긴 하지만 그 취업의 성격은 단일하지 않다. 파트타이머의 시간급은 매장, 근속, 근무시간대, 직무자격 수준 등에 따라 달라진다. 즉 주당 25시간 노동하는 파트타이머라 하더라도 시간급이 700엔대의 경우 주부라는 사회적 지위에서, 즉 세제상의 부양 내에서 노동하게 되지만 시간급이 800엔대라면 보너스를 제외한 연간소득이 103만 엔을 넘는다. 따라서 노동시간을 대리지표로 사용하게 되는 한 미들타이머 내에는 세제상의 부양 내에서 노동하는 사람과 그렇지 않은 사람이 혼재하고 있다.

〈숏타이머〉의 대부분은 학생이지만, S2사와 같이 지역 특성 때문에 주부 파트타이머가 많은 기업도 있다.

여기서 주의해야 할 점은 세금 및 보험과 관련된 것은 어디까지나 배우자가 임금노동자일 때에 한정된다는 것이다. 배우자가 자영업자인 경우 이야기가 달라진다. 게다가 파트타이머의 노동시간이 파트타이머 본인들에 의해 정해지는 것만은 아니라는 점도 유의해야 한다. 기업은 대부분의 경우 파트타이머를 처음부터 롱타이머로 고용하지는 않는다. 특히 불황 속에서 기업의 보험료 부담 회피경향은 파트타이머의 노동시간길이에 큰 영향을 미치고 있다. 인터뷰 시에 일부 점장, 특히 종합슈퍼 점장들은 건강보험료 및 후생연금을 부담하지 않도록 롱타임 계약을 자제하라는 요구를 받고 있다고 응답했다. 그 결과 롱타이머가 되고 싶어 하는 미들타이머들이 다수 존재하고 있다. 또 파트타이머 본인들도 입사 시에는 아직 자녀가 어리고 손이 많이 가는 시기인 경우가 많아 일단은 미들타이머로 일해보고 결정하고자 하는 경향이 있다.

〈표 1-14〉에 제시한 바와 같이 노동시간과 근속년수를 기준으로 파트타이머의 질적 기간노동력화 단계를 〈보조노동력급〉, 〈신입사원급〉, 〈일반직사원

〈표 1-14〉 파트타이머의 질적 기간노동력화 단계 구분

	숏타이머	미들타이머	롱타이머
1년 미만	보조노동력급	보조노동력급	신입사원급
1년-3년 미만	보조노동력급	신입사원급	신입사원급
3년-5년 미만	신입사원급	신입사원급	일반직사원급
5년-10년 미만	신입사원급	일반직사원급	일반직사원급
10년 이상	신입사원급	일반직사원급	주임급

급〉, 〈주임급〉의 4단계로 분류한다. 기업은, 숏타이머는 학생 아르바이트, 미들타이머는 주부의 지위 내에서 일하는 파트타이머, 롱타이머는 주부의 지위를 넘어서 일하는 파트타이머라고 생각하고 있으며, 그렇게 사용할 수 있도록 제도적 장치를 설치한다. 그리고 기업은 롱타이머에 관한 한 일반직사원과 완전히 같은 수준으로 사용하고자 한다. 앞으로 검토하는 바와 같이 많은 매장이 주임+일반직사원+롱타이머 또는 주임+(신입사원)+롱타이머를 근간으로 운영되고 있다.

이 분류 방식의 한계는 파트타임 노동시간이 바뀔 가능성이다. 롱타이머에서 미들타이머로 바뀌는 사례는 많지 않지만, 미들타이머에서 롱타이머가 되는 경우는 적지 않다. 또 기업에 따라서는 롱타이머로 입사 할 수 없는 곳도 있다. 더욱이 파트타이머의 질적 기간노동력화는 기업의 파트타임 정책과도 밀접한 관련이 있기 때문에 동일한 노동시간으로 같은 기간 근무하더라도 기업에 따라 크게 달라질 수 있는 가능성은 있다. 그러나 이러한 한계는 노동시간의 길이가 일정하지 않은 파트타이머를 대상으로 하는 자료에서는 피할 수 없는 문제이다.

이 책에서 사용된 질적 기간노동력화의 각 단계에 대해 설명하면, 〈보조노동력급〉이란 어디까지나 정사원의 지시에 따라 정사원의 업무를 보조하는 파트타이머로 언제든지 대체가능한 존재이다. 다음의 〈신입사원급〉이란 근속 3년 미만의 고졸 정사원 또는 근속 1년 미만 대졸 정사원 수준의 업무능력을 갖춘 파트타이머로 아직 혼자서 상황을 판단하여 업무를 수행하기에는 미흡한 단계다. 수시로 상사의 판단을 요청하거나 작업 매뉴얼 등을 보면서 넓은 의미의 지

시에 따라서 업무를 수행한다. 〈일반직사원급〉이란 입사 후 신입사원 단계를 지나 주임이 되기 전까지의 정사원을 말하는 것으로 어느 정도는 혼자서 판단업무를 수행할 수 있는 단계다. 이 중 일부는 부주임 또는 주임대행이 되기 위한 훈련을 시작한 정사원과 같은 업무 수준의 파트타이머다. 주임은 매장의 영업활동 전반에 대해 책임지는 결정권자로 본사와 점포 관리직의 관리, 감독 하에서 영업활동에 관한 구체적인 판단을 하고 부하직원들의 업무를 지시, 감독하는 존재다. 각 단계는 해당 파트타이머가 현재 담당하고 있는 직무의 수준이 아니라 기업이 그 직무를 담당하게 하거나 필요한 최소한의 교육과 지원이 있으면 그 직무를 수행 할 수 있는 수준이라는 뜻으로, '직능' 개념에 의한 것이다.

정사원이 입사 후 주임이 되기까지의 기간은 학력과 성별, 그리고 소속 매장에 따라 다르다. 4년제 대졸의 비식품부문 정사원이라면 빠르면 근속 2년, 평균적으로는 근속 3년 정도에 주임이 된다. 하지만 고졸이라면 주임이 되기까지 10년은 걸린다. 예를 들어 1999년 현재 G1사의 사원등급은 11등급으로 나뉘어져 있는데 고졸사원은 최하위인 1등급으로 4년제 대졸사원은 4등급으로 입사하며 5, 6등급은 주임이다. 일반직사원이란 대체로 3등급과 4등급에 속하는 사원인데 고졸 4등급 사원의 평균근속년수는 13.1년(남 12.6년 여 13.2년), 대졸 4등급 사원의 평균근속년수는 3.1년(남 1.6년 여 4.3년)이다. 고졸 4등급 사원의 평균연령은 40.5세(남 42.6세, 여 39.9세)이다. 중도채용자가 다수 포함되어 있는 것은 사실이지만, 이 수치는 학력과 성별에 따라 주임이 될 때까지의 기간의 길이가 상당히 차이가 있음을 보여준다. 즉 대졸 정사원은 평균 3.2년에 주임이 되지만 고졸 정사원은 13.2년에 주임이 되며, 같은 4년제 대졸이라도 남성은 평균 1.7년 만에 주임이 되지만 여성은 4.4년에 주임이 된다.

〈표 1-15〉은 슈퍼마켓 매장의 주요 업무에 대한 이해를 위해 만든 것이다. 매장마다 구체적인 업무 내용은 약간 다르지만, 슈퍼마켓 매장에서 각 등급에 해당하는 노동자의 업무 영역을 정리하면 〈표 1-15〉과 같다.

〈표 1-15〉 숙련등급별 담당업무

	상품 보충	상품 조리 가공	상품 발주	진열, 디스 플레이	신입 파트 교육	고객 고충 대응	신입 정사원 교육	작업 할당	판매 계획 작성
주임	○	○	○	○	○	○	○	○	○
일반직사원	○	○	○	○	○	△	△	×	×
신입사원	○	○	△	△	×	×	×	×	×
보조노동력	○	△	×	×	×	×	×	×	×

○: 언제나 한다, △: 가끔 한다, ×: 하지 않는다
자료출처: 필자조사

2) 파트타이머의 노동시간과 근속

사례 매장의 파트타이머 질적 기간노동력화의 현황을 파악하기 위해 먼저 파트타이머의 노동시간과 근속 상황을 검토한다. 사례 점포 파트타이머의 노동시간분포〈표 1-16〉를 보면, 업태 및 점포에 따라 차이가 크다. 대체로 식품슈퍼 점포는 종합슈퍼 점포보다 롱타이머의 비율이 높아 40% 전후인데, 종합슈퍼 점포 간에도 식품슈퍼의 점포 간에도 차이가 크다. 즉, G3점의 롱타이머 비율은 34.4%이지만, G1점과 G2점은 10% 미만이다. 또 S2점은 숏타이머의 비율이 74.7%로 다른 사례 매장에 비해 매우 높다. 각 점포 롱타이머의 80~90% 정도가 주부 파트타이머이지만, 앞서 언급했듯이 롱타이머로의 취업은 제도상의 피부양자의 위치를 넘은 취업이기도 하고 기업은 이들을 정사원과 동일한 수준으로 활용하려 한다. 이런 롱타이머의 숫자가 G3, S1, S3, S4점에서는 정사원보다 훨씬 많다. 즉 G3, S1, S3, S4점은 주부이지만 사실상 주부로서의 노동 방식을 취하지 않는 여성 노동자에게 크게 의존하고 있는 것이다.

3절에서는 양적 기간노동력화에 영향을 미치는 요인으로 점내 가공을 들었었는데, 점내가공률과 롱타이머의 비율은 밀접한 상관관계에 있다. 점내 가공이 많을 경우 상품가공기술뿐만 아니라 판매 동향에 대한 정확한 판단에 입각한 발

〈표 1-16〉 사례점포 파트타이머의 노동시간길이 분포

단위: %, 명

점포	파트타이머 전체					주부 파트타이머				
	숏 타이머	미들 타이머	롱 타이머	합계	N	숏 타이머	미들 타이머	롱 타이머	합계	N
G1	22.6	72.2	5.2	100.0	230	17.7	76.5	5.9	100.0	204
G2	47.7	43.9	8.4	100.0	285	28.1	62.8	9.2	100.0	164
G3	25.0	40.0	35.0	100.0	160	12.8	46.6	40.6	100.0	133
S1	0.0	53.4	46.6	100.0	49	-	-	-	-	-
S2	74.7	21.1	4.2	100.0	71	77.8	20.0	2.2	100.0	45
S3	8.5	55.7	35.9	100.0	106	5.0	48.8	46.3	100.0	80
S4	5.3	53.7	41.1	100.0	95	2.4	56.0	41.7	100.0	84

주 1 : S1의 수치는 2003년 현재 본사를 포함한 S1사 전체 종업원의 수치를 점포수로 나눈 것이고, 점포당 평균 정사원수는 18명이다. 숏타이머는 미들타이머에 포함되어 있는데 S1사에는 숏타이머가 거의 없다.
주2: 종업원 중 근속년수를 확인할 수 있었던 사람들만의 수치이기 때문에 〈표 1-8〉의 수치와 일치하지 않는다.
자료출처: 사례점포내부자료

주(상품주문) 능력 등을 갖춘 고숙련 노동자가 더 많이 필요하기 때문이다. S2사가 1970년대부터 표준화 전략을 적극적으로 추구해온 이유는 입지 때문에 최저임금이 높고 롱타이머 공급이 풍부하지 않은 조건과도 관련 있다. S2사는 신선식품의 점내가공비율이 1999년 현재 50%도 안되는 기업으로 식품슈퍼기업으로서는 극단적으로 낮다. 절반 이상의 신선상품이 S2사의 가공 센터에서 포장된 상태로 1일 2회 배달된다. 이렇게 점포 내에서 상품가공작업량이 작기 때문에 숏타이머를 중심으로 점포를 운영할 수 있는 것이다. 그러나 S2사도 2004, 2005년 무렵부터는 타사와의 경쟁을 위해 점내가공비율을 높이는 동시에 정사원 비율을 낮추면서 롱타이머 채용을 적극적으로 확대하고 있다.

노동시간별 평균근속년수를 정리한 〈표 1-17〉에서는 다음과 같은 특징이 보인다.

첫째, S3사를 제외하면 롱타이머의 평균근속년수는 주임 이하의 정사원 평균근속년수보다 길다. 특히 S2사의 경우 주임 이하 정사원의 평균근속년수보다 2배 이상 길다.

〈표 1-17〉 사례점포 파트타이머의 노동시간별 평균근속년수

단위: 년, 명

		파트타이머 전체					주부 파트타이머				
		숏 타이머	미들 타이머	롱 타이머	계	N	숏 타이머	미들 타이머	롱 타이머	계	N
G1	의류	2.94	6.22	8.80	5.59	68	3.89	6.33	8.80	6.17	59
	주생활	3.50	5.46	9.50	5.47	32	4.00	5.60	9.50	5.70	30
	식품	3.50	4.25	11.75	4.35	105	3.90	4.40	11.75	4.61	92
	후방	3.20	6.16	5.00	5.52	25	3.50	6.39	5.00	5.83	23
	전체	3.29	5.20	9.58	5.00	230	3.86	5.38	9.58	5.36	204
G2	의류	0.82	5.60	6.76	4.14	50	0.72	5.60	5.56	5.04	35
	주생활	1.75	3.69	2.05	2.75	49	3.02	5.32	2.05	4.32	25
	식품	1.10	2.87	4.77	2.10	161	1.99	3.13	5.34	3.00	89
	후방	1.31	5.62	2.94	2.89	25	1.70	6.41	0.0	3.89	15
	전체	1.19	3.78	4.90	2.64	285	2.01	4.30	4.98	3.72	164
S2	전체	4.43	7.26	11.11	5.31	71	6.23	10.95	17.92	7.44	45
S3	전체	2.78	2.65	8.98	4.94	106	4.75	3.65	9.24	6.31	80
S4	전체	1.84	1.72	7.21	3.98	95	2.55	1.73	7.93	4.33	84

자료출처: 사례점포내부자료

둘째, 학생이 아닌 일반인 파트타이머의 경우 노동시간이 길수록 평균근속년수도 길고 롱타이머의 평균근속년수는 숏타이머의 2배 이상이다. 롱타이머가 될 수 있는 것은 입사 후 업무 능력을 인정받고 나서고, 기업도 롱타이머에 대해서는 장기 근속을 유도하는 방향으로 노무관리를 하기 때문이다. 또 기혼여성이 롱타이머가 되는 것은, 제도상의 피부양자의 위치를 벗어난 것이기 때문에 롱타이머는 취업 의식도 높고, 장기근속을 지향하는 경향이 있다. 그러나 S2점만은 예외적으로 미들타이머와 롱타이머의 평균 근속년수에 거의 차이가 없는데 이는 숏타이머를 중심으로 하는 S2사의 고용 정책 때문이다.

셋째, 전반적으로 주부 파트타이머의 평균근속년수는 점포의 역사와 비례한다. 〈표 1-8〉에 제시한 바와 같이, 사례 점포는 G3, S2, S4, G2, S3, S1, G1의 순으로 출점했다. 오래된 점포에는 근속년수 20년 이상의 파트타이머가 다수 존

재하고 이들이 매장 운영에서 중요한 역할을 한다. 그런데 G2점과 S4점은 점포의 역사에 비해 주부 파트타이머의 평균 근속년수가 길지 않다. S4점의 경우는 기업 도산 때문에 주부 파트타이머 중 상당 수가 퇴직한 영향이 있다고 보인다. 그러나 S4점은 10년 이상 장기 근속자의 비율이 사례 점포 가운데 가장 높아 도산하지 않았으면 점포의 역사에 비례하는 경향이 나타났을 것으로 추측할 수 있다. G2점 주부 파트타이머의 근속이 짧은 이유는 주부 파트타이머 모집이 어려운 지역노동시장 조건 및 다른 사례기업에 비해 파트타이머에 대한 처우제도가 제대로 정비되어 있지 않은 것이다[31].

넷째, 학생 파트의 평균 근속년수는 대체로 1년 미만인데 G1점만 2.1년으로 길다. 사례 점포 중 G1점만 교외점이라 경합점이 많지 않기 때문이다.

3) 파트타이머의 질적 기간노동력화 현황과 유형화

〈표 1-18〉은 사례 매장 파트타이머의 질적 기간노동력화 현황을 정리한 것이다. 기간노동력화 지수는 보조노동력에서 주임급까지에 0점에서 3점까지 부여해 평균을 산출한 것이다. 파트타이머의 질적 기간노동력화 현황은 근속과 노동시간 길이를 기준으로 정리했기 때문에 롱타이머와 학생 파트의 비율에 크게 영향을 받는다. 즉, 학생 파트가 많아 숏타이머가 많은 G2점과 S2점에서는 파트타이머의 과반수가 보조노동력이지만, 학생 파트가 매우 적고, 최근 1년간 파트타이머의 신규 채용이 없었던 G1점의 경우 그 비율은 12.2%에 불과하다.

파트타이머의 기간노동력화와 관련해 사례 점포는 크게 네 그룹으로 나눌 수 있다. G2점과 S2점은 질적 기간노동력화 지수가 낮고 보조노동력의 비율이 50% 이상으로 매우 높다. S1점은 질적 기간노동력화 지수도 주임급 파트타이머의 비율도 가장 높다. 또 G1, G4, S3, S4점은 질적 기간노동력화 지수는 유사하지만 G1점의 경우 보조노동력 및 주임급 파트타이머의 비율이 낮고 신입사원급

〈표 1-18〉 사례점포 파트타이머 질적 기간노동력화 현황

단위: %, 점, 명

		보조 노동력급	신입 사원급	일반직 사원급	주임급	질적기간 노동력화 지수	N
파트타이머 전체	G1	12.2	51.7	33.0	3.0	1.3	230
	G2	56.5	28.8	13.0	1.8	0.6	285
	G3	17.5	48.1	11.9	22.5	1.4	160
	G3*	16.9	47.1	26.5	9.5	1.3	-
	S1*	30.3	17.3	34.0	18.4	1.5	-
	S2	52.3	32.0	14.1	1.6	0.6	71
	S3	19.9	44.4	21.4	14.3	1.2	106
	S4	26.3	42.1	20.0	11.6	1.2	95
주부 파트타이머	G1	6.4	53.4	36.8	3.4	1.4	204
	G2	36.6	42.7	18.3	2.4	0.9	164
	G3	0.8	57.9	14.3	27.1	1.7	133
	S2	40.0	42.2	15.6	2.2	0.8	45
	S3	7.5	48.8	26.3	17.5	1.5	80
	S4	26.2	38.1	22.6	13.1	1.2	84

주: G3*과 S1*은 기업전체 수치. G3사의 G3점은 파트타이머 내 고용구분을 기준으로 계산.
자료출처: 사례점포내부자료

과 일반직사원급에 집중해있는 반면 나머지 점포는 주임급 파트타이머의 비율이 13% 전후로 유사하고 G1점보다 훨씬 높다. 이런 특징을 근거로 각 점포의 유형에 이름을 붙인다면, S1점은 〈전면적 기간노동력화형〉 G3, S3, S4점은 〈적극적 기간노동력화형〉 G1점은 〈제한적 기간노동력화형〉 G2점과 S2점은 〈보조노동력형〉이라 할 수 있다[32].

4가지로 유형화되는 기간노동력화의 유형을 결정하는 직접적인 요인은 기업의 정책이지만, 기업의 정책에 업태, 입지, 경영 상황 등이 영향을 미친다. 다음의 인터뷰를 통해서도 알 수 있듯이 종합슈퍼 기업과 식품슈퍼 기업 간에는 파트타이머, 특히 주부 파트타이머의 활용에 큰 차이가 있다. 물론 파트타이머를 정사원 수준으로 활용하고 싶다고 응답하지 않는 기업은 없다. 그러나 파트

타이머를 정사원의 어느 수준까지 활용하고자 하는가에 대한 응답은 아래의 인용문에서 알 수 있듯이 업태에 따라 일관된 차이가 있다. 즉 종합슈퍼 기업들은 일부의 보조노동력과 일반직사원 수준의 일을 할 파트타이머로 충분하다는 입장을 보이는 반면 식품슈퍼 기업들은 파트타이머를 일반직사원 수준으로 활용하는 것을 기본으로 하고 가능하다면 주임급으로까지 활용하고자 하는 입장이다. 실제로 사례점포들에서 식품슈퍼 점포에는 모두 파트타이머 주임이 있지만 종합슈퍼 점포에서 파트타이머 주임이 있는 곳은 G3점의 식품계산매장뿐이다.

> 어디까지나 정사원은 관리자를 키우는 거고요, 파트타이머들에게 기대하는 것은 정해진 자기 일을 잘 하는 거지요. (G1점장)

> 기본적으로 정사원하고 파트는 업무상에서는 차이가 없어요. 다만 차이가 있다면 정사원은 회사 편의대로 시간하고 장소를 옮길 수 있다는 거예요. (중략) 저는 파트에서 정사원으로 전환할 수 있는 제도가 있는 편이 좋다고 생각해요. 정말로 일할 사람은 제대로 대우받아야지요. (S3점장)

> 종합슈퍼 점포하고 식품슈퍼 점포의 파트타이머 활용에서의 차이는, 종합슈퍼 점포의 파트타이머는 지시받은 대로 하면 되는 파트타이머가 대부분이겠지만 식품슈퍼 점포의 파트타이머는 자기가 알아서 해야 하는 파트타이머가 많을 거예요. (S2노조전임)

위에서 언급한 바와 같이 주부 파트타이머의 공급 상황을 의미하는 입지 요인은 기업이 특정 지역을 중심으로 점포를 운영하는 식품슈퍼 기업 사이에서 선명하게 나타난다. 예를 들어, 수도권 기업인 S2사는 주부 파트타이머도 숏타이머를 중심으로 고용하고 있으며, 양적 기간노동력화에 적극적인 관심을 보이고 있지만, 질적 기간노동력화에는 적극적이지 않다. 숏타이머 중심의 고용 구조 아래에서는 질적 기간노동력화를 추진하기가 쉽지 않기 때문이다. 하지만 비수도권 기업인 S1, S3, S4사는 주부 파트타이머 중 일부를 숏타이머로 고용하고 싶어도 지원자가 없어 채용이 쉽지 않다. 때문에 미들타이머와 롱타이머를 중심으로 고용하여 적극적으로 질적 기간노동력화를 추진하고 있다.

4) 매장에서 주임 수준의 파트타이머 활용

이제 파트타이머의 질적 기간노동력화 현황에 대한 마지막 분석으로 주임 수준의 파트타이머를 중심으로 각 매장에서 파트타이머를 어떻게 활용하고 있는지를 검토하고자 한다. 검토대상을 주임급 파트타이머로 한 이유는 장기근속의 롱타이머를 어떻게 사용하는가가 파트타이머의 기간노동력화에 대한 기업의 태도를 가장 극명히 보여주기 때문이다. 매장에서 파트타이머가 담당하는 역할은 질적 기간노동력화 각 단계의 명칭 그대로 보조노동력에서 주임직까지다. 따라서 매장 단위의 파트타이머 활용유형은 질적 기간노동력화 단계의 명칭을 그대로 가져와 〈주임 대체형〉, 〈일반직사원 대체형〉, 〈신입사원 대체형〉, 〈보조노동력형〉으로 명명하겠다. 그리고 장기근속의 롱타이머인 주임급 파트타이머를 보조노동력으로 사용하는 기업이나 점포는 없다. 그러므로 유형검토에서는 보조형은 제외하겠다.

이 연구의 사례 중 파트타이머 활용에 가장 적극적인 사례는 질적 기간노동력화 〈전면적 추진형〉인 S1사로 각 점포의 부점장 역할을 파트타이머가 담당하고 있다. 그리고 신선매장을 제외한 나머지 매장의 주임도 대다수가 파트타이머이며 파트타이머 점장도 2명(2003년 8월 현재) 있다. 그러나 S1점에는 파트타이머 주임이 없었다. S1사의 파트타이머 활용에 대해서는 기업정책을 다루는 2장에서 상술하겠다.

〈표 1-19〉은 사례 점포의 주임 수준의 파트타이머가 있는 매장을 정리한 것인데, 주임 수준의 파트타이머는 전원 주부 파트타이머다.

〈표 1-19〉 사례점포 주임급 파트타이머의 매장분포

점포	인수	매 장
G1	7	데리카, 일배, 축산, 식품체커, 신사복, 부인복, 가전
G2	5	농산(2), 식품체커, 부인복, 잡화
G3	19	반찬(2), 화장품, 여성일상복(2), 부인복, 신사복, 신사양품, 구두, 잠옷, 속옷(3), 양말, 일상용품(3), 완구, 사무실
S2	1	레지
S3	13	청과, 선어, 정육(2), 과자, 일반식품, 레지(2), 반찬(3), 일배, 잡화
S4	11	청과, 선어, 계산(2), 반찬(3), 스시, 가정, 가공식품

( ) 속의 숫자는 인원수를 나타내며 숫자가 없는 매장은 1인
자료출처: 사례점포내부자료

(1) 주임 대체형

주임 직함을 가진 파트타이머가 있는 매장은 G3점, S2점, S3점의 계산부문과 S4점의 잡화, 그리고 G3점 의류매장이다. S3점의 정육, 화풍(和風 일식)일배, 양풍(洋風 양식)일배 매장과 G2점의 튀김, 잡화 매장 등은 정사원이 배치되어 있지 않고, 파트타이머가 리더라는 직함으로 사실상의 주임 역할을 하고 있다. S4사에도 파트타이머가 주임직을 수행하는 경우 리더라고 부른다. 또 정사원이 있어도 베테랑 파트타이머가 주임직을 수행하는 경우도 있다. 아래에서 검토하는 S3점의 계산 부문과 S4점의 서비스 카운터(계산 부문)가 그런 케이스이다.

주임 대체형 파트타이머의 사례로 S3점의 계산 부문에 대해 살펴본다. S3점은 파트타이머도 아르바이트도 주5일 근무가 원칙이기 때문에 〈표 1-20〉에 노동시간은 1일 노동시간만 제시했다. S3점의 계산부문은 모두 24명으로 구성되어 있는데 그 중 정사원은 3명, 주부 파트타이머 11명, 그리고 학생 아르바이트가 10명이다. 남성은 학생 아르바이트 2명뿐이다. 주부 파트타이머와 정사원의 연령구성은 10대에서 50대까지고 근속년수도 1년 미만에서 20년 이상까지로 다양하다.

S3점 계산 부문에서는 파트타이머의 노동시간이 매우 길다. 노동시간이 하

〈표 1-20〉 S3점 계산부문의 노동력 구성

고용형태	질적 기간노동력화 단계	근속년수	1일 노동시간	연령	근무개시	근무종료
파트타이머 주임 (사카구찌 씨)	3	23.8	7.50	57.0	10:30	19:00
정사원	일반직 사원	28.3	7.75	46.2	12:30	21:15
	신입사원	0.1	7.75	22.3	12:30	21:15
	일반직 사원	11.2	7.75	29.7	12:30	21:15
주부 파트타이머 (파트너 사원)	3	16.9	7.50	48.6	10:30	19:00
	1	2.8	7.00	23.9	13:15	21:15
	1	2	7.00	20.7	13:15	21:15
	1	0.8	7.00	19.2	09:30	17:30
	1	0.4	7.00	25.9	09:30	17:30
	2	8.3	7.00	38.7	11:00	19:00
	1	2.9	7.00	23.3	09:30	17:30
	2	6.7	6.50	42.9	09:30	17:00
	2	9.1	5.50	32.3	09:30	16:00
	1	4.9	5.00	43.4	10:00	16:00

주: 표에 제시하지 않았지만, 학생 아르바이트는 1일 4시간(17~21시) 근무가 8명, 3시간(18~21시) 근무가 2명 있다. 학생의 근속년수는 2.5년인 한 명 외에는 모두 1년 미만이다.
자료출처: S3점 내부자료

루 7시간 45분인 정사원과 거의 같은 시간인 7시간 30분 근무하는 파트타이머가 주임을 포함해 2명 있고 7시간 근무하는 주부 파트타이머도 6명이나 된다. S3사에서 정사원의 연간유급휴일일수는 115일이고 파트타이머의 연간유급휴일일수는 104일이기 때문에 연간노동시간으로 계산하면 사실상 1일 7시간 30분 노동하는 파트타이머의 노동시간이 정사원보다 20시간 더 길다.

S3점포 계산매장 파트타이머의 질적 기간노동력화 단계별 분포는 학생 아르바이트는 신입사원급인 1명을 제외한 전원이 보조노동력이고, 주부 파트타이머는 주임급이 2명, 일반직사원급이 3명, 신입사원급이 6명이다. 근무시간대는 대체로 정사원은 점심부터 영업종료까지, 파트타이머는 영업개시부터 오후까

지, 그리고 학생은 저녁시간대를 담당한다.

S3점 계산부문의 특징은 전술한 바와 같이 근속 10년 이상의 정사원이 2명이나 있는데도 파트타이머인 사카구찌(坂口)[33] 씨가 주임이라는 점이다. 그 이유에 대해 점장은 계산부문의 종업원 중 사카구찌 씨가 가장 유능한 사람이기 때문이라고 대뜸 응답했다. 그리고 사카구찌 씨는 정사원이었던 경력이 있는 것으로 알고 있다고 덧붙였지만 사카구찌 씨와의 인터뷰에 따르면 그런 경력은 없다. 계산부문 주임역할을 베테랑 파트타이머에게 담당시키는 것은 식품슈퍼 업계의 일반적인 경향이지만 정사원이 있는데도 파트타이머에게 주임업무를 담당시키는 것은 S3사가 파트타이머의 기간노동력화에 매우 적극적임을 보여준다.

사카구찌 씨가 담당하는 업무는 일반적인 주임의 그것과 전혀 다르지 않다. 30분쯤 일찍 출근하고 또 30분쯤 늦게 퇴근하며 물품관리, 부하직원관리, 작업할당과 옷차림 점검, 계산대흐름 체크 및 고충대응을 하며 바쁜 시간대에는 직접 계산대에 서서 계산업무도 한다. 그리고 근무시간 중에는 너무 바빠서 도저히 시간을 뺄 수 없으므로 본사에 보낼 보고서 등 서류작업은 집에 가지고 가서 한다.

사카구찌 씨의 고충사항 중 하나는 서류작업이 너무 많다는 것이다. 집에까지 가져가서 일을 하는 것이 문제가 아니라, 점포의 현실이라는 것이 특별한 캠페인이라도 하지 않으면 큰 변함이 없는데도 뭔가 변화를 포착해서 서면보고해야 하는 것이다. 사카구찌 씨가 말한 또 다른 고충사항은 아래의 인용문에 나타나있듯이 회사가 정사원을 교육시킬 시간을 충분히 주지 않는 것이었다. 슈퍼마켓에서 베테랑 파트타이머가 신입 정사원을 가르치는 것은 전혀 놀라운 일이 아니다. 필자가 만난 관리직들 중 초기 OJT를 파트타이머로부터 받았다는 사람은 적지 않았다. 그러나 사카구찌 씨처럼 교육자로서의 자기 정체성이 강한 파트타이머가 많지 않은 것도 사실인데 이는 사카구찌 씨의 주임경력과 교육경력이 길기 때문이라고 판단된다.

접객이라는 게 그렇게 하루 아침에 가르칠 수 있는 게 아니에요. 전에는 그래도 정사원이 많으니까 괜찮았는데 요즈음은 쪼끔 가르쳐서 일할만 하면 전근, 또 전근. 정사원이 와서 평균 1년 반 정도면 전근을 해요. 조금 더 가르치고 싶은데 회사에서 전근시켜버리니까 더 가르칠 수가 없잖아요. 참 안타까워요. (坂口 사카구찌, 57세, 근속 24년, 계산대, 주임)

이렇게 S3점 계산부문 파트타이머 주임의 일은 정사원 주임의 일과 조금도 다르지 않다. 그러나 임금은 매우 다르다. 24년 근속의 사카구찌 씨의 시간급은 1,235엔이고 세금을 포함한 월급은 201,459엔, 연간 2개월분의 보너스를 합해 연간소득은 280만 엔이다. 하지만 근속 20년의 정사원인 사무실 근무자 및 반찬 매장 부주임의 연간소득은 490만 엔으로 사카구찌 씨의 임금은 두 사람의 57%에 지나지 않는다. 그런데 사실은 S3점포의 파트타이머 주임 중 사카구찌 씨의 시간급이 가장 높다. 근속 16년의 정육매장 리더(주 37.5시간 근무)의 시간급은 950엔도 되지 않는다.

S4점이 사토(佐藤) 씨도 사카구찌 씨와 비슷한 사례다. 사토 씨가 근무하는 S4점 서비스 카운터(계산)에서는 형식적으로는 근속 3년의 여성 정사원과 사토 씨가 둘 다 팀 리더다. 그러나 실제 책임자는 노동조합의 중앙집행위원이기도 한 근속 21년의 사토 씨다. 사카구찌 씨처럼 사토 씨도 정해진 근무 시간을 넘어 일하고 있다. 사토 씨의 계약노동시간은 1일 7시간(월 21일 근무)이지만, 1999년 10월의 실 노동시간은 정사원의 소정노동시간 162시간보다 훨씬 긴 196시간이었다. 사토 씨의 시간급은 1,279엔이고, 거기에 시간대가급과 요일가급이 추가된다. 이에 더해 월 25,000엔의 리더 수당과 4,000엔의 개근 수당, 연간 30만 엔 정도의 보너스가 있기 때문에, 잔업을 하지 않는 경우, 연간소득은 300만 엔 정도다.

(2) 일반직사원 대체형

일반직사원 대체형은 정사원 주임이 있는 상태에서 리더라는 직함을 달고 부주임 역할을 하거나 또는 직함이 없더라도 실질적으로 주임을 보좌하는 일반직사원의 업무를 수행하고 있는 파트타이머를 가르킨다. G3점, S3점, S4점의 대부분의 매장, G1점의 일배, 정육과 G2점 식품계산과 침구, 청과 매장에 일반직사원 대체형의 파트타이머가 있으며, 이 유형은 셀 수 없이 많다. 정사원이 한 사람 밖에 없는 매장은 기본적으로 이 유형에 해당한다. 또 정사원이 두 명 있는 매장에서도 신선 매장이나 종업원 수가 많은 매장의 경우 정사원인 일반직사원 한 명과 베테랑 파트타이머가 같은 위치로 설정되어 있는 경우가 많다. S1점의 경우도 파트타이머 주임은 아니지만 모든 매장에 부주임 역의 주부 파트타이머(치프)가 있다.

일반직사원 대체형의 사례로 〈표 1-21〉에 제시된 G3점의 여성일상복매장을 보자. G3점의 여성일상복 매장은 치마·바지 매장과 쉐타·블라우스 매장으로 나뉘어져 있는데 이 두 매장은 서로 분리되어 있는 동시에 통합 운영된다. 통합 운영된다는 의미는 쉐타·브라우스 매장의 주임이 치마·바지매장까지 부분적으로는 같이 관리한다는 의미이다. 별도로 운영된다는 의미는 기본적으로는 매장이 분리되어 있고 교대근무(근무시간대 이동)도 따로 하며 업무도 분리되어 있기 때문이다. 〈표 1-21〉에 제시된 노동자 중 인터뷰한 사람은 쉐타·블라우스 매장의 정사원 주임 야마모토(山本) 씨와 치마·바지 매장의 근속 19년의 프렌드 사원 미와(三輪) 씨였다. 야마모토 씨는 자신을 쉐타·블라우스 매장의 주임이라고 소개했으며 옆 매장인 치마·바지 매장을 관리하느냐는 질문에 관리하기는 하지만 기본적으로 별도라고 응답했다. 치마·바지 매장의 프렌드 사원인 미와 씨의 응답도 마찬가지였다.

업무내용도 노동시간도 일반직사원과 다를 바 없는 미와 씨는 프렌드 사원 중에서도 2급 사원으로 G3사의 파트타이머 중 가장 높은 등급이다. 미와 씨는

〈표 1-21〉 G3점 여성일상복 매장의 노동력 구성

매장	고용형태	질적 기간노동력화 단계	1일 노동 시간	월간 출근 일수	근무시간대	근속년수
쉐타·브라우스	정사원 주임 (야마모토 씨)	-	8	21	09:45-18:45 11:15-20:15	13년
	파트타이머*	2	5	20	09:45-15:45	13년 이상
	파트타이머	2	5	18	10:15-16:15	13년 이상
	파트타이머	-	7	21	12:30-20:30	미상
치마·바지	프렌드 사원(미와 씨)	3	7	23	09:15-17:45	19년
	프렌드 사원	3	7	21	12:30-20:30	10년

* G3사 인사제도에서는 1일 5시간 이하 근무하는 주부노동자를 파트타이머라고 부른다.
자료출처: G3점 내부자료

발주(상품주문)에서부터 상품반입, 매장정리, 디스플레이, 전표처리 등의 일을 한다. 그리고 지금은 수리점에 보내지만, 본인이 양재학교에 다닌 경력 때문에 이전에는 사이즈 수리일까지 담당했다. 그녀는 필자와 인터뷰한 G3점 파트타이머들이 파트타이머의 업무영역이 얼마나 넓은지, 그리고 파트타이머가 얼마나 일을 잘 하는지를 강조하기 위해 거론하는 대표적 인물이었다.

미와 씨가 매장을 운영해 나가는데 겪는 가장 큰 어려움은 인원부족이었다. 각각 오전-오후근무와 오후-저녁근무*를 하는 두 사람의 프렌드 사원만으로 매장을 운영해야 하므로 두 사람이 함께 근무하는 날이 아닌 경우는 매장에 아무도 없는 시간이 발생하게 된다. 이는 결국 한 달이면 2, 3만 엔 정도의 상품이 절도당하는 결과로 이어지게 되고, 그것이 그녀의 가장 큰 고충이다. 그리고 인원부족은 결국 파트타이머인 그녀가 서비스 잔업을 하게도 한다. 옆 매장인 쉐타·블라우스 매장은 주임도 있고 파트타이머도 3명이나 되어 로테이션이 훨씬 원활하다는 점이 그녀의 심리적 고충을 더 강화시키는 경향도 있다. 게다가 아

* 슈퍼마켓은 영업시간이 길어 정사원은 교대근무를 한다. 근무일에 따라 개점 또는 개점준비시간부터 일하는 때가 있고 점심 무렵부터 폐점까지 일하는 때가 있다. 전자를 하야방(早番, 앞순서), 후자를 오소방(遲番, 뒷순서)이라 한다. 이 책에서는 이를 각각 오전-오후근무와 오후-저녁근무로 번역한다.

래의 인용문에서 알 수 있듯이 정사원과 업무가 다를 바가 없는데도 처우가 크게 다르다는 점도 역시 받아들이기 쉽지 않은 문제이다.

> 12년 전에 프렌드 사원이 됐는데 처음에는 저항감이 컸어요. 작년까지도 계속 그만둘까 생각을 하기도 하고 그랬지요. 지금은 포기했어요. 이미 정년이 가까운 나이니까 젊은 사람들이 돋보이게 해주는 것도 좋지 않을까, 그래도 일할 수 있는 것만으로도 다행이지 않나, 뭐 지금은 그렇게 생각해요. (三輪 미와, 58세, 근속 19년, 치마·바지 매장, 주임대행)

1999년 6월의 임금 명세서를 기초로 근속 13년의 고졸 여사원(A 사원)인 쉐터·블라우스 매장 주임인 야마모토(山本)씨와 미와 씨[34]의 임금을 비교한다. G3사 롱타이머의 임금은 월급제고 임금 구성 항목도 기본적으로는 정사원과 유사하다. 프렌드 사원 2급인 미와 씨의 1999년 6월 임금은 본인급 117,057엔, 직무직능급 40,143엔, 승격가급 13,895엔으로 총 171,095엔이다. 한편, 야마모토 씨의 1999년 6월 임금은 본인급 118,905엔, 직무직능급 102,700엔, 업적급 9,100엔, 직무 수당 5,500엔, 오후-저녁근무(遲番) 수당 15,400엔으로 총 252,675엔이다. G3사는 1990년부터 계속 영업실적이 좋지 않았기 때문에 보너스가 삭감되어 1999년 G3사의 상여는 정사원 1.8개월분, 프렌드 사원 0.7개월분이었다. 이 수치들로 계산하면 연간소득이, 미와 씨는 213만 엔, 야마모토 씨는 354만 엔 정도다. 미와 씨의 노동시간이 주당 161시간, 야마모토 씨의 노동시간이 주당 168시간이기 때문에 보너스를 포함한 미와 씨의 시간당 임금은 야마모토 씨의 66% 정도가 된다[35].

(3) 신입사원 대체형

마지막으로, 신입사원 대체형의 사례로는 G1점 부인복매장의 사례를 검토한다. G1점 부인복 매장은 정사원 3명과 파트타이머 8명 모두 11인으로 구성된

〈표 1-22〉 G1점 부인복 매장 노동력 구성

고용형태	질적 기간노동력화 단계	근속	월간노동시간	직무수준
정사원	주임	21	156.7	
	일반직사원	3	156.7	
	일반직사원	1	156.7	
주부 파트타이머 (플렉스 사원)	3 (우에노 씨)	13	149.0	3
	2	12	100.0	3
	2	8	105.0	2
	1	4	110.0	2
	2	8	100.0	1
	2	5	105.0	2
	1	2	119.0	2
	1	2	100.0	1

자료출처: G1점 내부자료

다. 주임은 근속 21년의 남성인데 주임을 제외하면 전원이 여성이다. 3명의 정사원의 사원구분은 모두 인접 현(縣) 내에서만 전근하는 R사원이다. 그리고 파트타이머 중 롱타이머는 1명뿐이고 나머지는 모두 미들타이머이다. 인터뷰에 따르면 저녁시간대까지 근무하는 파트타이머는 롱타이머 1명밖에 없다. 식품매장처럼 작업량이 판매동향과 밀접할 필요는 없기 때문이다.

G1점 부인복 매장 파트타이머 중에서 일반직사원 수준의 주부 파트타이머는 월 149시간 노동하는 우에노(上野) 씨이다. 우에노 씨가 담당하는 업무는 발주, 상품보충, 매장정리, 디스플레이, 상품관리, 계산, 접객이다. 본인의 말에 따르면, 부인 매장에서는 기본적으로 파트타이머들 사이에서 업무 범위는 큰 차이가 없다. 모든 파트타이머는 정장, 스커트, 블라우스, 바지, 스웨터 등의 담당 상품군이 있고 우에노 씨는 다른 파트타이머보다 디스플레이를 좀 더 할 뿐이다. 또 모든 파트타이머에게는 달성해야 할 판매 목표가 부여되지만, 달성 결과에 대한 평가가 임금에 반영되는 것은 아니기 때문에 목표 의식을 갖도록 유도하는

정도이다. 정사원과 파트타이머 간의 업무분담은 기본적인 선에서는 차이가 없지만 정사원은 특정한 상품군을 담당하지 않고 잘 돌아가지 않는 경우 지원하는 역할을 한다. 파트타이머는 담당상품군만 관리하고 정사원은 주임에서 일반직 사원까지 모두 부인복 매장 전체의 흐름을 봐가면서 일하는 훈련을 한다. 다시 말해 정사원은 처음부터 매장전체를 관리하는 훈련을 시키지만 파트타이머에게는 그렇게 하지 않는다는 것이다.

그렇다고 해서 부인복 매장의 유일한 롱타이머인 우에노 씨가 다른 파트타이머들과 완전히 같은 수준으로 일을 하는 것만은 아니다. 그녀는 월 149시간 노동하기 때문에 개점시간인 오전 10시부터 다른 파트타이머들이 모두 돌아간 오후 6시까지 근무한다. 따라서 다른 파트타이머들이 없는 시간에는 다른 파트타이머들이 담당하는 상품군에 대해서도 관리한다. 어쨌든 근속 13년의 롱타이머를 이런 수준으로밖에 활용하지 않는 것은 기본적으로는 파트타이머의 기간노동력화를 일정 한계 내에서 추진하며 동시에 파트타이머 내부를 균질하게 기간노동력화하고자 하는 G1사의 전략에 입각한 것이다.

G1점에서 파트타이머에게 리더라는 직책으로 부주임 역할을 담당시키고 있는 매장은 일배매장과 정육매장뿐이다. 일배매장의 리더(시간급 1,100엔)는 연간노동시간이 정사원보다 40시간이나 긴 커리어 사원이라는 호칭의 풀타임 파트타이머고 정육매장의 리더(시간급 870엔)는 우에노 씨와 마찬가지로 월 149시간 노동하는 플렉스 사원이라는 호칭의 파트타이머다. 두 매장에는 신입사원인 정사원이 1명밖에 없기 때문에 고참 파트타이머에게 부주임 업무를 담당시키는 것이다.

또 부인복 매장 파트타이머 내부의 시간급의 차이를 통해서도 부인복 매장의 파트타이머 활용전략의 일단을 볼 수 있다. G1사 파트타이머의 임금은 〈기본급 + 지역급 + 부문급 + 자격급 + 평가급 + 시간대가급 + 요일가급〉으로 구성되므로 부인복 매장 파트타이머 중 막 입사한 사람과 베테랑의 시간급 차이는 평가급 30엔과 자격급 90엔 정도밖에 없다. 즉 이 임금 체계에서는 여성 의류 매장에서 아무리 장기간 근무해도 시간대가급와 요일가급을 제외한 시간급 상한은 830엔이다(오후 5시 이후부터 시간대가급 200~300엔, 일요일과 공휴일은 요일가급 200엔). 그러므로 비식품 부문의 파트타이머는 시간급 830엔 수준 이상의 업무 능력을 습득할 필요가 없다. 그 결과, 근속이 길어질수록 정사원과 파트타이머의 임금 격차는 확대된다. 우에노 씨의 연간임금은 보너스 10만 엔을 합쳐 170만 엔 정도인데, 노동조합이 제시한 모델 임금에 따르면 근속 9년인 고졸 여사원의 1999년 8월 시점의 기준내임금은 222,539엔, 연간임금(보너스 연간 4.5개월)은 369만 엔으로 우에노 씨의 연간임금의 두 배를 넘는다.

이상에서 검토한 바와 같이, 파트타임 노동자의 양적 기간노동력화가 진행되고 있는 가운데 질적 기간노동력화도 진전되어왔다. 사례 점포와 기업의 파트타이머 중에서 주임의 업무가 가능한 파트타이머는 1.4~18.4%, 부주임 업무까지 가능한 일반지사원급 피드타이머는 14.1~47.2%에 이르고 있으며, 이 두 집단을 합치면 전체 정사원의 규모보다 훨씬 크다. 그러나 2장에서 검토할 임금 비교에서도 알 수 있듯이, 기간 파트의 임금은 비슷한 숙련 수준의 여성 정사원 임금의 50~60% 정도이다. 슈퍼마켓 산업 전체가 저임금·고숙련 노동력인 주부 파트타이머에 의해 유지되고 있는 것이다.

파트타이머의 질적 기간노동력화 유형에 영향을 미치는 기본적인 요인은 기업의 파트타임 정책이지만, 기업의 파트타임 정책에 영향을 주는 것은 노동과정(업태와 점내가공), 지역노동시장(입지), 경영 상황 등이다. 종합슈퍼보다 식품슈퍼, 또 수도권이나 대도시의 기업이나 점포보다 지방권이나 소도시의 기업이나 점포, 경영상황이 좋지 않은 기업이 파트타이머의 질적 기간노동력화에 적극적이며, 파트타이머의 질적 기간노동력화의 수준이 높아진다.

5. 주부 파트타이머의 기간노동력화와 여성정사원

파트타이머의 기간노동력화는 파트타이머에 의한 정사원 대체로 이어진다. 정사원 중에서도 주부 파트타이머에 의해 먼저 대체되는 것은 남성 정사원보다 여성 정사원이므로, 5절에서는 슈퍼마켓 기업의 여성 정사원의 상황을 검토한다.

1) 여성 정사원의 규모와 배치

〈표 1-23〉에 제시한 바와 같이 종합슈퍼 상위 6개사 종업원 중 정사원 비율(노동시간 기준)은 1978~1999년 사이에 63.3%에서 32.7%로 떨어졌다. 그러나 전체 종업원에서 차지하는 남성 정사원의 비율은 35.6%에서 22.5%로, 여성 정사원의 비율은 27.7%에서 10.2%로 떨어 남녀 간에 감소 속도의 차이가 크다. 게다가 같은 기간에 남성 정사원의 인원수는 32,582명에서 45,048명으로 증가했지만, 여성 정사원은 25,360명에서 20,486명으로 인원수 자체가 감소했다.

사례기업에서의 변화를 보면, 이 기간 동안 정사원 중 여성비율은 G1사는 54.3%에서 35.7%, G2사는 37.2%에서 30.5%, G3사는 57.9%에서 39.3%(2000년), S1사는 37.9%에서 10.3%, S2사는 12.4%에서 6.5%, S3사는 29.0%에서 25.1%, S4사는 52.0%에서 26.3%(2000년)로 감소했다. S1사와 S2사의 경우 여성 정사원은 기본적으로 본사에서 사무를 담당하고 점포에는 배치하지 않기 때문에 앞으로 사무자동화와 더불어 더욱 감소될 수 있다. 같은 기간 사례기업에서 여성 정사원 인원이 증가한 것은 G1사와 S3사뿐이다. 지난 20년간 급성장한 G1사는 1970년대에는 남성 정사원보다 여성 정사원이 더 많았던 기업이지만, 1999년에는 남성이 여성의 3.5배로 늘었다.

계속해서 감소하고 있는 여성 정사원이 어디에서 어떤 일을 하고 있는지를

〈표 1-23〉 사례기업의 여성정사원 감소추이

단위: 명, %

기업	남성 정사원	여성 정사원	종업원 중 정사원 비율	정사원 중 여성 비율	연도	기업	남성 정사원	여성 정사원	종업원 중 정사원 비율	정사원 중 여성 비율
상위 6개사*	32,582	25,360	63.2	43.8	1978년	S1	485	296	63.1	37.9
	45,048	20,486	32.7	31.3	1999년		1,493	171	25.4	10.3
G1	3,384	4,013	63.2	54.3	1978년	S2***	1,496	212	40.8	12.4
	10,757	5,976	32.9	35.7	1999년		1,853	128	31.3	6.5
G2	5,053	2,988	61.4	37.2	1978년	S3	531	217	42.9	29.0
	3,534	1,553	32.1	30.5	1999년		1,373	461	27.5	25.1
G3**	2,277	3,136	61.7	57.9	1978년	S4**	1,250	1,355	79.3	52.0
	1,738	1,676	36.7	39.3	1994년		1,121	399	51.0	26.3

* 1970년부터 30년간 매출순위의 변동은 있었지만 상위6개사에 들어가는 기업 자체는 변화가 없었기 때문에 상위 6개사를 정리했다.

** G3사는 2000년, S4사는 1997년에 도산했기 때문에 1994년 수치를 사용했다. 단 양사의 1994년 정사원 중 여성비율은 2000년 3월 수치(기업제공).

*** S2사의 1978년 수치는 1989년 수치. 단 인사책임자와의 인터뷰에 따르면, 1970년대 이후 정사원 중 여성비율이 10%를 넘은 적이 없다.

자료출처: 日本経済新聞社『流通会社年鑑』

보기 위해 〈표 1-24〉과 〈표 1-25〉에 사례 점포 정사원의 성별·직위별 매장 소속을 모두 기재했다. S1점의 11명의 정사원 중 여성은 한 명도 없다. 기업 전체에서 보면 여성 정사원은 대부분 매장에서 근무하고 있고, 여성 정사원 중 본사 근무자 비율은 약 5%인 반면, 남성 정사원 중 그 비율은 20~30%다.

〈표 1-24〉과 〈표 1-25〉에서 4가지 특징을 알 수 있다. 먼저 종합슈퍼 기업과 식품슈퍼 기업 간의 성비가 매우 다르다. S3점을 제외하면 식품슈퍼 점포에는 여성 정사원이 거의 없고 종합슈퍼 점포에서는 정사원의 절반이 여성이다. 식품슈퍼인 S3점에 여성 정사원이 10명이나 있는 것은 물론 예외적인 현상이다. S3점에 이렇게까지 여성 정사원이 많은 이유는 2절 사례 점포 소개에서 언급한 바와 같이, S3점의 구성이 일반적인 식품슈퍼는 다르기 때문이다. S3점은 자회사가 운영하는 의류 매장이나 여행사가 있을 뿐만 아니라 임대점포도 많다. 이 때문에 관리적인 업무가 많아 정사원 4명(그 중 여성 3명)과 파트타이머 6명

〈표 1-24〉 사례 점포 정사원의 성별·부문별 분포

		관리직		주임		담당자		합계	
		남성	여성	남성	여성	남성	여성	남성	여성
G1	의류	1	0	5	5	1	7	7	12
	주생활	1	0	6	1	0	5	7	6
	식품	1	0	7	1	5	3	13	4
	후방	4	0	1	3	2	2	7	5
	전체	7	0	19	10	8	17	34	27
G2	의류	1	0	3	6	0	6	4	12
	주생활	1	0	4	1	1	2	6	3
	식품	1	0	5	3	7	5	13	8
	후방	4	0	0	3	0	3	4	6
	전체	7	0	12	13	8	16	27	29
G3	의류	1	0	2	6	0	6	3	12
	주생활	1	0	0	0	0	0	1	0
	식품	1	0	5	1	1	1	7	2
	후방	2	0	0	0	0	0	2	0
	전체	5	0	7	7	1	7	13	14
S1	전체	-	-	-	-	-	-	11	0
S2	전체	1	0	5	0	9	0	15	0
S3	전체	3	0	3	1	9	9	15	10
S4	전체	1	0	8	1	4	0	13	1

자료출처: 사례점포 내부자료

으로 구성된 사무실을 설치하고 있으며, 관리직이 3명이나 있는 등 식품슈퍼로는 정사원 인원수가 매우 많은 점포다. 또 조사 직전에 본사 부서 개편 때문에 20년 근속의 여성 정사원 2명이 배치 된 것도 여성 정사원 수를 늘린 요인이다.

둘째, 여성 정사원은 주로 비식품 매장에 배치된다. 계산대를 제외하면 식품 매장에 배치되는 여성 정사원은 G1점 2명(가공식품과 수산 담당자), G2점 3명(데일리와 그로서리 주임, 반찬 담당자), G3점 2명(과자 주임과 가공식품 담당자), S3점 4명(반찬 주임과 베이커리와 반찬 담당자)이다. S3사 전체의 배치를 보

〈표 1-25〉 사례 점포 정사원의 성별·직위별 매장소속

		성별	인수	매장명
G1	관리직	남	7	점장, 부점장, 의류과장, 식품과장, 주생활과장, 총무과장, 판촉과장
	주임	남	19	상품관리, 수산, 농산, 축산, 데리카(반찬), 가공식품(2), 일배, 부인복, 신사복, 캠퍼스, 구두, 화장품, 인너(속옷), 가전, AV, 스포츠, 취미, 홈패션
		여	10	총무, 총무교육, 서비스코너, 식품체커, 복식, 아동복, 베이비, 잡화, 판도라, 약
	담당자	남	8	총무, 상품관리, 농산, 축산, 반찬, 일배, 가공식품, 취미
		여	17	총무, 시스템, 수산, 가공식품, 식품체커, 부인복(2), 신사복(3), 이너(속옷), 가전, AV, 스포츠, 홈패션, 아동복, 시계·문구
G2	관리직	남	7	점장, 부점장, 판촉MG, 관리MG, 의류MG, 식품MG, 생활MG
	주임	남	12	축산, 축산대면판매, 농산, 수산, 약국, 생활가전, 신사의류, 아동복, 가사잡화, 일용잡화, 장난감, 침구
		여	10	BS, 서비스코너, 식품레지, 데일리, 그로서리, 휴대전화, AV, 부인구두, 유아복, 미용, 인사주임
	담당자	남	9	축산대면판매, 농산, 수산, 데일리(2), 그로서리(2), 사진, AV
		여	19	판촉, 총무, 약국, 서비스코너, 식품레지(3), 반찬, 부인가방, 부인잡화, 신사잡화, 아동복(2), 부인의류, 신사의류, 신사캐주얼, 부인캐주얼, 식탁·부엌, 문구
G3	관리직	남	5	점장, 의류과장(2), 식품과장, 사무국장
	주임	남	7	정육, 청과, 반찬, 일배, 가공식품, 속옷, 침구
		여	7	신사복, 쉐타·브라우스, 이레큐러, 구두, 화장품, L/V4F, 과사
	담당자	남	1	청과
		여	7	가공식품, 신사복, 속옷, 양말, 아동복, 유아복, L/VBF
S2	관리직	남	1	점장
	주임	남	5	청과, 선어, 정육, 베이커리, 그로서리
	담당자	남	9	청과(2), 선어(2), 정육, 베이커리, 그로서리(3)
S3	관리직	남	3	점장, 점차장, 사무국장
	주임	남	4	선어, 청과, 베이커리, 그로서리
		여	1	반찬
	담당자	남	8	선어(4), 그로서리, 반찬, 청과(2)
		여	9	사무국(3), 베이커리(2), 레지(3), 반찬
S4	관리직	남	1	점장
	주임	남	8	청과, 선어, 정육, 데일리, 반찬, 스시, 드라이(그로서리), 가정용품
		여	1	서비스카운터(레지)
	담당자	남	4	청과, 선어, 정육, 데일리

주: ( ) 안은 인원수, 숫자가 없는 경우는 한 명
자료출처: 사례점포 내부자료

면, 2003년 6월 현재 매장에 배치된 여성 정사원의 67.6%(남성 정사원의 0.0%)가 계산대에 배치되어있다. 계산대 이외에는 반찬에 11.5%, 베이커리에 8.8%, 청과에 4.1%, 선어에 2.7% 배치되어 있다. 숫자는 얼마 되지 않지만 S3사에서 청과와 선어 매장에 여성 정사원이 배치된 것은 1990년대 초반부터의 일로, 창업자가 은퇴하고 2대 사장이 취임하면서 정책이 달라졌기 때문이다. 남성 정사원의 45.5%가 선어, 29.8%가 청과, 14.2%가 반찬에 배치되어 있으며, 매장 정사원 중 여성의 비율은 31.8%이다.

셋째, 업태를 불문하고 모든 점포에서 여성 정사원의 지위가 낮다. 과장급 이상 관리직에는 여성이 1명밖에 없고, 담당자는 여성이 남성의 2배가 넘는다. G2점과 G3점에서는 주임 중 남녀의 수가 거의 동일하지만, G1점의 경우는 남성이 여성의 2배다. S3점의 경우 13명의 여성 정사원 가운데 주임은 2명뿐이다. 특히 S3점의 반찬 매장을 제외하고[36], 식품 부문의 핵심 매장인 신선 매장(수산, 축산, 청과, 반찬)의 주임은 모두 남성이다. S3점의 반찬 매장 주임은 본사 바이어 경력이 있는 근속 23년의 여성 정사원인데, 그 정도 경력을 가지고 있는 남성 정사원이라면 적어도 부점장으로 점포에 부임하는 것이 보통이다.

넷째, 비식품에서도 매출이 크거나 수익이 높은 매장 이른바 핵심 매장의 주임은 대부분이 남성이다. G1점의 경우 의류 부문 가운데 신사복과 부인복, 주생활 중 가전 매장 등의 주임은 남성이다. G2점에서도 여성의류 매장은 신사의류 매니저가 직접 관할하고 신사의류, AV 매장의 주임은 남성이다. G3점 신사복 매장의 주임은 여성이지만, 의류 과장이 직접 관할하면서 여성 주임을 두고 있는 상황이다. 관리직인 매니저를 제외하고 기본적으로 의류 부문에 배치되어 있는 남성 정사원은 앞치마, 나이티(잠옷)와 침구 매장 주임 2명밖에 없다. 그리고 주임이 아닌 남성 정사원은 청과 매장 신입사원 1명밖에 없다[37].

2) 여성 정사원의 기업 내 지위

이어서 기업 전체에서의 여성 정사원의 지위에 대해 검토한다.

〈표 1-26〉에서 정사원의 성별·연령별 분포를 보면 모든 사례기업에서 남성 정사원은 각 연령 계층에 분포하고 있지만 여성 정사원은 약 60%가 20대다. 이 수치를 통해 많은 여성 정사원이 결혼이나 출산을 계기로 직장을 떠나고 있음을 짐작할 수 있다. 〈표 1-27〉에 제시한 사례 점포 정사원의 성별 근속분포 및 평균 근속년수를 보면, 남녀 정사원의 근속 상황에 그다지 차이가 없는 것은 S3점뿐이고, 다른 사례점포에서는 남녀 간의 근속 차이가 분명하다.

사례기업의 여성 정사원 중 기혼자의 비율은 G1사와 참고 사례인 B사만 파악할 수 있었는데 각각 27.2%(2003년 8월)와 17.0%(2003년 2월. 정사원 중 여성 비율 20.1%)다. 노동조합 임원 및 본사 인사 담당자와의 인터뷰에 따르면, 종합 슈퍼 기업의 정사원 중 여성의 비율은 평균적으로는 20%가 조금 넘는다. 즉 G1사는 업계 내에서 정사원 중 여성 직원의 비율이 높은 편이고, B사는 낮은 편이다[38]. 또 식품슈퍼 기업보다 종합슈퍼 기업이, 여성 정사원이 많은 기업이 여성 정사원 중 기혼자의 비율이 높다. 또 G1사에서 여성 정사원 중 기혼자가 27.2%이며, 30대 이상이 40.2%를 차지하는 것은 여성 정사원의 만혼화와 비혼화를 시사하고 있다. 설문조사에 응답한 기혼여성 정사원 중 20대는 38%였지만, 아이가 있는 사람은 절반(49.6%)에 불과했다.

사례기업 정사원 연령 분포의 남녀 간의 비대칭은 성별 자격등급 분포에서 더욱 선명하다. 〈표 1-28〉에 나타낸 직능자격등급은 해당 기업이 사용하는 고유의 명칭을 수치화하여 표현한 것이며, 기업마다 등급의 수는 조금씩 다르다. 기업별로 매장 책임자의 직능등급을 보면 G1사, S3사, S4사는 주로 4등급과 5등급, S2사는 주로 6등급, G3사는 주로 4등급과 3등급의 일부이다. 〈표 1-28〉를 보면 여성 정사원은 매장 주임 수준 이하에 집중하고 있으며, 매니저 등급은 거

〈표 1-26〉 사례기업 정사원의 성별·연령별분포와 평균연령·근속(1999년)

단위: 년, 세, %

기업		평균근속년수	평균연령	10대	20대	30대	40대	50대	합계
G1	남성	10.5	36.1	0.0	33.0	29.9	26.3	10.8	100.0
	여성	7.0	30.6	1.0	58.8	24.6	9.3	6.3	100.0
G2	남성	16.1	38.6	0.5	28.2	19.4	38.8	13.2	100.0
	여성	6.8	26.5	10.7	69.5	14.3	3.9	1.6	100.0
G3	남성	18.4	40.8	0.0	20.9	24.1	26.8	28.3	100.0
	여성	12.6	33.6	0.0	54.4	14.2	17.6	13.9	100.0
S1	남성	-	-	2.9	28.7	31.6	28.1	8.7	100.0
	여성	-	-	13.9	60.3	12.9	6.7	6.2	100.0
S2	남성	10.1	34.5	0.7	35.0	35.4	23.2	5.9	100.0
	여성	6.4	28.2	5.7	68.0	18.0	4.9	3.3	100.0
S3	남성	11.5	35.1	0.6	37.6	29.9	26	5.9	100.0
	여성	6.9	27.5	13.5	61.7	14.8	7.2	2.8	100.0
S4	남성	12.3	36.6	0.2	22.3	46.7	28.1	4.9	100.0
	여성	7.0	28.9	0.0	62.5	32.1	5.4	0.0	100.0

주: G3사는 2000년, S1사는 2003년 수치. G3사의 근속년수는 1998년 노조원 수치, S4사의 수치는 노조원 수치.
자료출처: 사례기업 내부자료

〈표 1-27〉 사례점포 정사원의 근속별·성별분포와 평균근속년수

		5년미만		5 - 10년 미만		10 - 15년 미만		15년이상		합계		평균근속년수	
		남성	여성	남성	여성	남성	여성	남성	여성	남성	여성	남성	여성
G1	의류	1	6	4	3	0	2	1	1	6	12	8.3	6.3
	주생활	0	3	3	2	2	1	1	0	6	6	10.0	5.7
	식품	3	2	7	1	0	0	2	1	12	4	7.8	7.0
	후방	1	0	2	2	0	2	0	1	3	5	4.3	13.4
	관리직	0	0	1	0	0	0	6	0	7	0	20.3	0.0
	계	5	11	17	8	2	5	10	3	34	27	10.6	7.6
G2	의류	0	10	2	2	1	0	1	0	4	12	10.0	2.3
	주생활	1	2	2	0	0	0	3	1	6	3	11.6	8.3
	식품	8	6	3	2	0	0	1	0	12	8	3.8	3.0
	후방	0	2	0	2	0	1	0	0	0	5	0.0	6.3
	관리직	0	0	0	0	0	1	5	0	5	1	23.1	11.3
	계	9	20	7	6	1	2	10	1	27	29	10.0	4.1
S2	계	6	0	5	0	4	0	0	0	15	0	5.8	-
S3	계	3	3	4	0	0	1	8	4	15	8	12.6	12.3
S4	계	4	1	2	0	2	0	5	0	13	1	11.1	3.0

자료출처: 사례점포 내부자료

〈표 1-28〉 사례기업 정사원의 성별·자격 등급별 분포 (1999년)

단위: %

	G1		G3		S2		S3		S4	
	남	여	남	여	남	여	남	여	남	여
1등급	0.1	0.2	2.0	15.1	0.0	0.0	0.6	14.4	3.3	21.4
2등급	0.5	2.0	7.2	27.4	1.9	6.6	2.1	25.3	8.8	26.8
3등급	1.1	5.1	14.0	36.1	2.5	20.5	19.4	36.2	18.1	35.7
4등급	19.4	49.7	24.6	19.3	21.9	39.3	21.5	17.2	30.7	12.5
5등급	32.1	38.6	8.3	1.3	21.5	26.2	21.9	6.1	17.4	0.0
6등급	17.6	3.2	10.1	0.5	25.3	7.4	20.8	0.7	21.6	3.6
7등급	15.7	0.9	8.3	0.2	11.0	0.0	11.8	0.0	-	-
8등급	4.1	0.2	5.7	0.0	10.2	0.0	1.8	0.0	-	-
9등급	6.1	0.1	3.8	0.0	3.5	0.0	0.1	0.0	-	-
10등급	2.6	0.0	4.9	0.1	1.9	0.0	-	-	-	-
11등급	0.6	0.0	9.3	0.0	0.4	0.0	-	-	-	-
12등급	-	-	1.8	0.0	-	-	-	-	-	-
계	100.0	100.0	100.0	100.0	100.0	100.0	100.0	100.0	100.0	100.0

* S4사의 자격등급은 9등급까지 있지만 관리직을 제외한 노조원만의 수치만을 확보할 수 있었기 때문에 6등급까지만 제시했다.
자료출처: 사례기업 내부자료

의 없다. 그러나 점포의 현황에서 그랬던 것처럼 업태에 따른 차이가 있다. 종합슈퍼 기업에는 주임급 여성 정사원이 많지만, 식품슈퍼 기업 여성 정사원 중에는 주임급조차 거의 없다. 즉, G1사에서는 여성 정사원의 40% 정도가 주임급인 4,5등급이고, G3사도 비슷하다. 그러나 S2사의 경우, 주임급인 6등급 이상이 전체 여성 정사원 중 7.4%(122명 중 9명)에 불과하며, S3사도 6.8%이다. S4사의 자격 등급은 9등급까지 있는데, 확보할 수 있었던 수치는 관리직을 제외한 조합원들만의 것이다. 6등급의 여성 정사원 2명 중 한 명은 노동조합 위원장이며, 1999년의 시점에서 여성 점장은 한 명도 없었다[39]. S4사 여성 정사원의 85%가 담당자다. G1사도 G3사도 관리직 등급에는 여성 정사원이 거의 없고 여성 정사원은 주로 하위 등급에 분포하고 있다는 점은 종합슈퍼 기업도 식품슈퍼 기업도 마찬가지이다.

여성 정사원의 지위에 관해 종합슈퍼 기업과 식품슈퍼 기업의 차이는 매장 구성이나 승진 경로와도 관련이 있다. 종합슈퍼 기업은 대졸여성 정사원을 상당수 채용하지만, 식품슈퍼 기업에서는 거의 채용하지 않는다. 식품슈퍼 기업의 승진 경로는 일반적으로 신선 매장의 주임을 거쳐 가공식품 매장을 거쳐 점장으로 승진하는 경로다. 신선 매장에 여성 정사원을 거의 배치하지 않는 식품슈퍼 기업[40]은 주임이 될 것으로 기대되는 대졸여성 정사원을 거의 채용하지 않는다. 식품슈퍼 기업은 전통적으로 여성 고졸자 정사원을 채용하여 계산 부문에 배치해 왔지만, 앞에서 본 바와 같이, 1990년대 중반부터 계산부문 주임을 장시간 노동하는 베테랑 파트타이머로 대체하고 여성 정사원 채용을 극도로 줄이거나 중단하고 있다.

그러나 비식품 매장 특히 의류 매장이 많은 종합슈퍼의 경우 대졸 여성 정사원을 채용해 의류 부문이나 총무, 교육 등의 부서에 배치하고 있다. 특히 남녀고용기회균등법(男女雇用機会均等法) 시행의 영향으로 1990년대 이후 4년제 대졸 여성 채용이 늘었다. 예를 들어 G1사에서 4등급 여성 정사원 2,649명 가운데 4년제 대졸은 2,146명, 단기대졸*과 고졸은 503명이다. 이처럼 4년제 대졸 여성이 다수 채용되어도 여성 정사원은 낮은 직능등급에 집중해있고 여성 정사원 중 6등급 이상은 4.4%에 불과하다.

---

* 일본에서 고등교육기관은 단기대학, 4년제 대학, 전수학교(전문과정) 등으로 나뉘어지는데, 일반적으로 대졸자라고 하면 4년제 대학 졸업자를 가리킨다. 전수학교가 직업교육중심인 것에 비해 2년제 또는 3년제인 단기대학은 교양, 가정학, 보육학 등의 학과를 중심으로 구성되어 있고 주로 여학생이 진학하는 교육기관인데 최근에는 진학자가 크게 줄었다. 고등학교를 졸업한 여학생 중 단기대에 진학하는 사람의 비율은 1970년 11.2% 1995년 24.6%, 2019년 7.9%다. 동기간 4년제 대학에 진학하는 여학생의 비율은 6.5%, 22.9%, 50.7%다(文部科学省『学校基本調査』). 최근에는 전수학교를 포함하면 물론이고 단기대와 4년제 대학만을 합해도 여학생의 진학률이 남학생의 진학률보다 더 높다. 일본에서는 흔히 단기대학에 진학하는 여학생은 생애취업지향이 강하지 않고 4년제 대학 진학자는 생애취업지향이 강하다고 생각된다.

3) 가족 책임과 유리 천정

(1) 사원구분제도와 여성 정사원

여성 정사원의 등급이 낮은 일차적 이유는 전근 범위에 따라 승진상한을 제한하는 사원구분제도에 있다. 모든 사례기업은 이사를 동반하는 전근을 하지 않는 사원인 A사원(또는 L사원 또는 H사원)에 속하는 종업원은 주임[41]까지, 3~5개 도도부현 내에서 전근하는 사원인 R사원(또는 Z사원)은 부문매니저(과장)까지만 승진할 수 있지만, 전국 어디로든 전근하는 사원인 N사원에게는 승진 제한이 없다. 또 직능등급이 동일하더라도 사원구분에 따라 임금이 다르다. 예를 들어 G1사의 경우 N사원의 임금을 100으로 했을 때, R사원의 임금은 95, A사원의 임금은 90이다. G2사의 경우 각각 100, 98, 95다.

이 제도 때문에 여성 정사원 중 대졸자가 아무리 많아도 이들이 결혼이나 출산 시에 가족 생활 때문에 A사원을 선택하면, 주임까지밖에 승진할 수 없다. 〈표 1-29〉를 보면, 1999년 현재 G1사 여성 정사원 중 41.1%는 A사원이고, N, R 사원들은 대부분이 20대에 집중되어 있다. N사원이 20% 정도 있지만 그것은 G1사가 1990년대 후반 이후 정기 채용시 A사원 선택을 허용하지 않았기 때문이다. 7명인 G1점 여성 N사원의 근속년수는 5년 1명, 3년 2명, 2년 2명, 1년 2명이다. 최근에 신입사원을 거의 채용하지 못했던 G3사의 경우 2000년 3월 현재 여성 정사원의 전근 범위별 분포는 N사원 8.7%, R사원 3.0%, A사원 88.3%이다. 2003년 8월 현재 S1사 여성 N사원의 82.7%가 10대와 20대다. 그러나 가족 책임을 전담하고 있는 여성에게 이사를 동반한 전근은 선택하기 어렵기 때문에 여성 정사원이 N사원이나 R 사원으로 입사하더라도 대부분이 결혼이나 출산을 계기로 A사원으로 전환하고 있다.

그런데 G1사 정사원의 직능자격 등급별 평균근속년수를 보면 성별과 학력에 따라 승격*에 상당한 차이가 있다. 예를 들어 1999년 현재 4등급의 성별학

〈표 1-29〉 G1사 여성정사원의 연령세대별·사원구분별 분포 (1999년)

단위: %

	N사원	R사원	A사원	합계
전체	21.8	37.1	41.1	100.0
10대·20대	18.5	28.1	15.8	62.4
30대	2.8	6.6	13.3	22.7
40대	0.4	2.1	6.4	8.8
50대	0.1	0.3	5.7	6.1

자료출처: G1사 내부자료

력별 평균근속년수를 보면 단기대졸 및 고졸 여성정사원의 평균근속년수는 13.2년이고 남성의 그것은 12.6년이다. 그러나 4년제 대졸자의 경우 여성은 4.3년, 남성은 1.2년이다. 또 5등급의 평균근속년수가 남성은 6.7년, 여성은 8.2년이다[42]. G1사의 인사제도에 따르면 고졸은 1등급으로 단기대졸은 2등급으로 대졸은 4등급으로 입사하게 되어있으므로 4등급 대졸은 그 자체로는 아직 승격하지 않은 것이다. 인사 책임자와 노동조합 임원과의 인터뷰에 따르면, 채용 단계에서는 남성보다 여성이 많다. 입사 시 여성이 성적이 좋기 때문이다. 즉 4등급인 대졸 여성의 근속년수가 대졸 남성의 근속년수보다 3.5배나 긴 것은 신규채용이 적어서가 아니다. 또 G1사의 제도에 따르면, A사원은 5등급 이상으로는 승격할 수 없기 때문에 5등급 여성 정사원의 평균근속년수는 가족 형성기에 퇴직하지 않은 기혼여성 정사원의 규모에 따라 규정된다[43].

사원구분제도가 초래한 결과의 하나인 성별임금격차는 어느 정도일까? 다소 오래된 자료이지만 G3사의 1991년 데이터로 검증해 보자. 〈표 1-30〉는 G3사 노동조합이 1992년 춘투를 위해 만든 자료로 작성한 것으로 조합원의 임금만 포함되고 점장과 본사 부장급 이상인 관리직의 임금은 포함되어 있지 않다. 연령별 임금액은 중위값이다. G3사는 1980년대까지 여성 정사원은 대부분 고졸자를 채

* 직능등급상승은 승격, 호봉상승은 승급, 직위상승은 승진이다. 각 직능등급 내에 수십개의 호봉 사다리가 있고 승격은 호봉상승의 결과이기도 하다.

〈표 1-30〉 G3사 대졸남성 표준노동자(N사원)의 연령별 기준내임금(1991년, 동경지구)

단위: 세, 명, 100엔

연령	부양가족	본인급	직무직능급	승격가급	기본급계	직무수당	가족수당	자녀교육수당	주택수당	월례기준임금
22	0	1,056.0	734	30	1,790.0	-	-	-	-	1,820.0
25	1	1,098.0	911	-	2,009.0	55	135	-	190	2,389.0
30	3	1,200.0	1,375	-	2,575.0	55	215	-	190	3,035.0
35	3	1,297.0	1,900	-	3,197.0	363	215	-	190	3,965.0
40	3	1,391.0	2,250	-	3,641.0	363	215	-	190	4,409.0
45	3	1,489.5	2,849	-	4,338.5	363	215	50	190	5,156.5
50	1	1,576.5	3,514	-	5,090.5	363	215	50	190	5,908.5

자료출처: G3사 노동조합 내부자료

용했기 때문에 노조도 여성 정사원에 관해서는 고졸자의 실태를 정리했다. 여성 표준 노동자*의 경우 35세 이상인 사람이 매우 소수이기 때문에 노동조합의 자료에는 35세까지의 임금만 표시되어 있다. 5세 간격으로 표를 작성했기 때문에 일부 연령의 승격 가급이 생략되었지만, 남성의 승격가급은 22세와 23세에 3천 엔씩, 여성의 승격가급은 20~22세 천 엔, 23세 3천 엔, 24세 6천 엔이다. 남성의 가족 수당은 25세 13,500엔, 27~29세 17,500엔이다. 〈표 1-30〉에는 부양가족수가 있지만, 〈표 1-31〉에는 없는 이유는 노동조합의 자료가 그렇게 되어 있기 때문이다. 즉 G3노조는 남성은 가족을 부양하는 존재이지만, 여성은 그렇지 않다고 생각하는 것이다. 그러나 3장에서 검토하는 바와 같이 그런 생각은 G3노조뿐만 아니라 사례기업 노조 모두가 그렇다[44]. 남성의 주택수당은 25세부터 19,000엔, 여성의 주택수당은 21세부터 7,000엔이다.

---

* 최종학교를 졸업한 후 처음으로 취업한 직장에서 조사시점까지 근무하고 있는 노동자. 1947년 전기산업의 파업투쟁을 통해 탄생하고 고도성장기를 통해 정착한 일본형 임금체계의 토대가 되는 개념이다. 전기산업의 노사는, 노동자는 17세에 첫 취업을 한 후 30세까지는 결혼하고 35세에는 두 아이의 아버지가 된다고 생애단계를 연령으로 표준화한 후 결혼 전에는 임금이 낮더라도 가족을 형성하고 난 후에는 가족부양이 가능한 수준의 생활보증급이 지급되어야 한다는 점에 대해서는 의견이 같았다. 그러나 임금액에 대한 의견이 달라 노조가 파업투쟁으로 돌입했고 이 파업의 결과 탄생한 임금체계인 전산형 임금체계는 전후 일본노동시장을 지배하는 하나의 이념으로 자리잡았다. 이에 대한 상세한 내용은 김순영(2006a) "가족주기형 임금제도와 제도로서의 주부"를 참조할 것.

〈표 1-31〉 G3사 고졸여성 표준노동자(A사원)의 연령별 기준내임금 (1991년, 동경지구)

단위: 세, 명, 100엔

연령	본인급	직무직증급	승격가급	기본급계	직무수당	주택수당	월례기준임금
18	959.0	486	-	1,445.0	-	-	1,445.0
20	965.0	542	10	1,507.0	-	-	1,517.0
25	1,047.5	959	60(24세)	2,006.5	55	70	2,131.5
30	1,143.5	959	-	2,102.5	55	70	2,227.5
35	1,136.0	1,023	-	2,159.0	55	70	2,284.0

자료출처: G3사 노동조합 내부자료

G3사 정사원의 임금체계는 〈표 1-30〉과 〈표 1-31〉에 제시한 임금 이외에 기준내임금으로 업적급과 직종수당[45]이, 기준외임금으로 시간외 수당, 오후-저녁근무(遅番)수당, 점심식사보조수당, 통근수당, 단신부임수당, 사택지원금, 난방수당, 신년(初売り)수당, 신선수당 등이 있다. 상여금의 대상이 되는 항목은 기준내임금인 본인급, 직능직무급, 업적급 및 직종수당이다. 1990년대 초반경에는 연간 5개월분의 상여금이 지급되었다. 인사고과에 따라 정해지는 직무수당은 JL층(담당자와 주임)이라면 C등급 3,500엔, B등급 5,500엔, A등급 25,500엔이고, S층(통괄매니저급)이라면 B등급 36,300엔, A등급 47,200엔, M층(점장급) 73,000엔, E층(본부 부장급 이상)은 C등급 73,000엔, B등급 99,000엔, A등급 134,000엔이다.

G3사 노동조합의 「단체협약집」에서 1999년 현재의 수당 금액을 보면, 단신부임수당은 S층 이하 25,000엔, M층 이상 35,000엔이며, 통근 수당은 15,900엔이 상한이다. 난방 수당은 동북 지방과 홋카이도에서 근무하는 종업원에게 지급하는 수당이며, 5개 지역구분과 가구구성에 따라(무부양자, 단신생활자, 유부양자의 3구분) 월 300엔에서 14,600엔을 연간 5개월분 지급한다. 업적급의 경우 JL직 종업원의 업적급은 1994년도에 폐지되었고 1994년 이전에 입사한 종업원에게는 조정 수당으로 지급하는데, 금액은 1997년 현재 등급에 따라 5,100~15,000엔이었다. 1997년 현재의 주임급 이상의 업적급이 연봉에서 차지하는 평균비율은 JL층 2급 7.5%, JL층 3~5급 11.5%, S층 15.0%, M층과 E층은 20%이다.

〈표 1-30〉과 〈표 1-31〉에는 몇 가지 수당이 포함되어 있지 않다는 점, 그리고 G3사에서는 본인급과 직무직능급은 N사원의 임금액을 100으로 했을 경우 A사원의 임금액은 95가 되도록 차이를 두고 있음을 염두에 두면서 G3사 정사원 표준 노동자의 임금을 보면 다음과 같은 특징을 알 수 있다.

먼저, 연령급이라고도 하는 본인급은 50세가 될 때까지 상승하지만, 월례기준임금에서 차지하는 비율은 입사 후 계속 내려간다.

둘째, 대졸 남성의 임금은 50세까지 빠른 속도로 상승해 50세가 되면 초임급의 3.25배나 되지만, 고졸 여성의 임금은 25세 이후 그다지 상승하지 않아 35세의 임금은 18세 임금의 1.58배 밖에 안된다. 22세의 임금과 35세의 임금을 비교하면 대졸 남성은 2.17배, 고졸 여성은 1.36배(고졸 여성의 22세때의 월급은 167,950엔)다.

셋째, 대졸 남성의 직무직능급은 50세까지 상승하지만 고졸 여성의 직무직능급은 25세 이후 거의 오르지 않는다. 또 고졸 여성의 직무수당은 25세 때 5,500엔이 되고 나서 그 이후는 상승하지 않지만, 대졸 남성의 직무수당은 35세 때 36,300엔에 달한다. 이는 학력에 의한 차가 아니라 N사원과 A사원의 차이, 즉 사원구분에 따른 차이이다. 전술한 바와 같이 A사원은 직능 자격에서 JL층, 직위로는 주임까지밖에 승격·승진할 수 없기 때문이다. 대졸 여성도 대부분이 가족 형성 후 A사원으로 전환하기 때문에 이 구조는 동일하다.

넷째, 대졸남성에게는 30세부터 월 21,500엔 지급되는 가족 수당이 고졸여성에게는 없다. 더욱이 대졸남성의 주택 수당은 월 19,000엔이지만, 고졸여성의 주택 수당은 7,000엔이다. 이것도 학력 때문이 아니라 성별에 의한 차이다. 가족수당은 세대주에게만 지급된다. 그런데 〈표 1-31〉에서는 고졸여성의 주택수당이 7,000엔으로 되어 있지만, 실은 이 금액은 그 여성 정사원이 독신일 때 지급되는 금액이다. G3사의 제도에서 독신주택수당은 "본인이 임대계약자인 주택 또는 본인소유 주택에 거주하는 독신자에게 지급하는 수당"이다. 그래서 평균적인 생애단계를 걷는 여성이라면 20대 중반에 결혼할 것이고 그때부터 주택수당을 받지 못한다.

결과적으로 25세 때 고졸여성 A사원의 월례기준임금은 대졸남성 N사원의 89.2%지만, 35세가 되면 그 비율은 57.6%로 하락한다. G3점에서 한 인터뷰에 따르면, 여성 정사원의 임금은, 통괄매니저급인 S층으로 승격하지 않는 한 30세 이후 거의 증가하지 않는다. 그래서 35세 이상에서는 임금 격차가 더욱 확대된다. 그런데 이런 임금 격차가 실은 학력보다 주로 젠더에 의한 것임을 다시 강조할 필요가 있다. 대졸남성과 고졸여성의 임금 격차를 낳는 원인은 전근 범위에 의한 사원 구분과 세대주 여부에 의해 발생하는데, 그 둘이 바로 젠더 요인이다.

(2) 가족 형성과 사원구분전환

결혼 및 가족책임으로 인해 N사원 또는 R사원에서 A사원으로 전환한 여성 정사원의 케이스는 특히 4년제 대졸 기혼여성 정사원이 있는 점포라면 어디에서나 쉽게 발견할 수 있다. G1점 총무교육 주임인 구보(久保) 씨는 결혼하면서 현재 근무하고 있는 지역으로 이사를 하게 되어 N사원에서 A사원으로 전환했다. 아래에 인용한 바와 같이 인터뷰할 때 구보 씨는 A사원으로 전환한 것을 매우 속상해했다. 입사 다음해에 5등급 주임이 되었기 때문에 A사원으로의 전환은 회사원으로서의 장래를 포기하는 것에 가까웠지만, 결혼생활을 포기하지 않는 한 어쩔 수 없다고 생각하며 결정했다. G1점의 점장도 사원구분제도 때문에 구보 씨가 주임 이상으로 승진할 수 없는 것에 대해 매우 안타까워했다. 유능한 사원이기 때문에 전근을 하지 않더라도 매니저(과장) 정도의 역할은 할 수 있기 때문에 사원구분제도가 반드시 합리적이라고 생각하지는 않는다고 말했다. 이러한 제도 하에서 여성 정사원들은 "남자 후배들에게 점점 밀려나게 되니까 자존심을 버리고 일을 해야 하는 딜레마에 빠져" "그만둘 수밖에 없게" 된다.

(결혼해서 A사원으로 전환했을 때 기분이 어땠어요?) 정말 억울하고 분했어요. 이

남자는 그냥 자기가 하던 대로 하는데 왜 나만 이렇게 포기해야 하나라는 생각이 들어서 너무 속이 상했어요. 지금 제가 5등급인데 A사원은 5등급까지밖에 승진을 못하니까 나는 이제 장래가 없는 거지요. 거기다가 이전 점포에서는 부인복 매장 주임이었는데 (결혼해서 이사하게 되어서-필자) 이 점포로 옮기면서 교육담당 주임으로 바뀌었잖아요. 그런데 나는 후방*보다 매장이 더 좋아요. 그리고 교육부문은 최근에 생겨서 업무영역도 명확하지 않은 데가 있고.... (久保 구보, G1점 정사원, 29세, 대졸, 근속 7년, 총무교육, 주임)

여성이 결혼하고 나서도 정사원으로 오래 근무하기 위해서는 가정 환경이 받쳐주어도 사회가 받아들여주지 않기 때문에 현재로서는 굉장히 어려운 것 같습니다. 예를 들어, 당연한 일이라고 생각하지만, 전근할 수 없는 종업원은 승진할 기회가 적어서 나중에 들어오는 남자 후배들에게 점점 밀려나게 되니까 자존심을 버리고 일을 해야 하는 딜레마에 빠져 그것을 이기지 못하고 그만둘 수밖에 없게 되죠. 기혼여성이 활약할 수 있는 포지션을(파트타이머, 정시 사원을 포함하여) 좀 더 만들어가지 않으면 여성의 자질을 사회가 짓뭉게 버리게 되고, 여성의 자립은 어렵다고 생각합니다. (설문조사 자유의견, 정사원, 35세, 대졸, 무자녀, 1998년 소득 330만 엔, 남편: 단기대졸, 1998년 가구 소득 350만 엔)

사회가 기혼여성의 취업지속을 지지해주지 않는 것은 제도만이 아니다. 아래에 인용한 것처럼, 주위의 사람들이 여성은 직장보다 가정을 우선해야 한다고 생각하기 때문에 "빨리 집에 가, 집에 가"라며 "이상하게 신경을 써주"어 "업무에 집중할 수 없"는 정도다. 제도는 사람들의 생각(관념)에 기반하는 것이지만, 사람들의 생각을 유지하는 것이기도 하다.

결혼했어도 본인이나 파트너는 특별히 의식하지 않는데, 주위(상사·동료 등)에서 이상하게 신경을 써주는 경우가 있다(여성의 잔업, 출장 등). 결혼했다면 여성이 직장을 다니고 있어도 먼저 귀가하는 편이 좋다, 식사 준비는 여자가 해야 한다고 생각하는 사람이 많은 듯하다. (설문조사 자유의견, 정사원, 27세, 대졸, 무자녀, 남편: 대졸)

* 사무실과 작업장 등 매장의 뒤에 있는 부서/공간.

결혼할 때까지는 잔업해도 주위 사람들에게 특별한 말을 듣지 않고 일을 할 수 있었다. 그런데 결혼하고 나서는 다른 부서 사람들이 "빨리 집에 가. 집에 가"라고 말한다. 나도 18시 정각에 귀가하고 싶지만, 일을 제대로 끝내고 귀가하지 않으면 안되는 부서이기 때문에 굉장히 민폐로 느껴지는 말이다. 그 사람들의 사고방식은, 여자는 남편보다 일찍 귀가해야 한다든가, 여자가 늦게까지 일하고 늦게 귀가하다니, 라고 생각하는 사람이 너무 많아서 일에 집중을 못하겠다. (설문조사 자유의견, 정사원, 27세, 단대졸, 무자녀, 남편: 고졸)

1999년에는 아주 드문 경우였지만, G2점 영업기획 담당자인 하기와라(萩原) 씨는 인터뷰 당시 육아단축근무 중이었다. 하기와라 씨는 입사 후 전근할 시기에 결혼을 하고 결혼 직후 임신하여 출산 후 육아휴직을 사용했다. 육아휴직 후 육아단축근무를 신청하여 근무 중인데 어린이집 등의 사정으로 이사하기는 곤란하기 때문에 A사원으로 전환하게 되었다. 하기와라 씨의 경험은 1990년대 중반에 육아 휴직 후 복귀하는 여성 정사원의 상황을 잘 보여주기 때문에 다소 긴 인터뷰 내용을 아래에 인용했다. 하기와라 씨의 이야기에서 알 수 있듯이 육아 휴직을 쓴 여성 정사원에게 회사는 그다지 너그럽지 않다. 회사가 설치하고 있는 일-가족 양립 제도에 대해 인사부 자체가 잘 모르고 있을 뿐만 아니라 복직하라는 연락도 하지 않는다. 심지어 부모와 남편의 협조를 받지 않으면 계속 근무하기 어려울 거라고까지 한다. 그런 분위기 속에서 정사원 신분을 유지하면서 단축 근무를 할 수 있는 것만으로 다행이라고 생각하며 사원구분을 전환하는 것에 대해서는 억울해할 여유도 없다. 하기와라 씨는 필자에게 육아단축근무기간이 끝나면 파트타이머가 될 수밖에 없을 거라고 생각하고 있다고까지 말했다.

(육아휴직 끝나고 복귀할 때쯤 불안하지 않았어요?) 불안했어요. 휴가기간이 끝나가는데도 회사에서는 아무런 연락도 없고 내가 어떻게 하면 좋을까 고민했어요. 좀 지난 이야기지만, 육아휴직 급부금이 나오잖아요? 그게 너무 늦어서.... 휴직 들어갈 때 서류를 전부 갖추어 제출하지 않았다는, 결과적으로는 그런 거였지만. 그

때 인사치프(주임-필자)에게 "이거면 되나요"고 물으면 잘 모르는 것 같았고, 지금도 그렇지만, 단축근무에 관해서 "그런 근무방식이 있구나"라고 윗사람들이 모두 그렇게 말하는 정도였으니까요.

(육아단축근무라는 제도가 있는 것을 어떻게 알았어요?) 노조에서 나온 자료집을 보고 알았어요. 오히려 인사담당자가 저한테, 거기 쓰여져 있으니까 찾아보세요, 라고 말하는 식이었지요. 출산할 때도 육아휴직 급부금을 신청하기 위한 서류도 전혀 받지 못했고, 돈이 들어와야할 시기에 들어오지 않았어요. 역시 내가 휴직하고 있는 상태니까 회사는 냉정하구나, 라고 생각했어요. 복직에 대해서도 제가 전화해서 물어보면, 아 그러세요, 이런 느낌이었어요. 지금은 좀 달라진 것 같지만. 양립지원해주는 쪽에 연락하면 제대로 이야기를 들어주는 것 같아요. 제 때는 그런 게 전혀 없어서 이쪽에서 일하고 싶다는 자세를 어필하지 않으면 안되는, 그런 느낌이라서 불안했어요. 회사에서는 아무런 연락도 없고, 제가 정말 계속 일할 수 있는지 없는지 모르는 상태로 이야기할 수밖에 없는 그런 면이 있어서.

(단축 근무를 신청하고 인사 부장과의 면담 때) 부모님이나 남편이 도와주지 않으면 하기 힘들거라는 식의... 오히려 그런 식으로 말해서, 이런 소리하는구나... 그런 생각했어요. 부모님에게 도와달라고 하라는 식으로 이야기해서... 물론 희생해주는 거라고 생각하지만. 금방 다녀올 수 있는 거리도 아니고. 휴직하고 나서 복직하겠다고 할 때 저는 꽤 걱정하면서 두근두근하면서 말했는데. 그 때는 크게 도움을 받을 수는 없다고 생각하고 있었고. 부모님 댁이 가깝지 않으니까 우리끼리 어떻게든 하지 않으면 안된다는 기분으로 갔던 건데. 제도 자체에 대해 뭐라고 하지는 않았지만 그런 소리를 들어서... 인사부장님은 이전의 다른 사례도 알고 있으니까 여러 가지 상황이 있었겠지만, 본심이 드러나는구나~, 라고 생각했어요. (萩原 하기와라, G2점, A사원, 대졸, 32세, 근속 10년, 영업기획, 담당자)

하기와라 씨가 육아단축근무를 시작한 것은 1996년이었는데, 인사부도 그 제도를 잘 몰랐던 것에서 알 수 있듯이, 대부분의 사례기업들은 1990년대초 무렵부터 자녀가 3세 또는 6세까지 1일 1시간에서 3시간까지 단축 근무를 할 수 있는 제도를 설치했지만 이용자가 거의 없었다[46]. G2사에서는 1997년까지 거의 없었지만, 1998년 36명, 1999년 41명이 단축 근무를 신청했다. G1사는 1999년

조사 때는 10명 정도였다. 1990년의 1.57쇼크* 이후 저출산 문제에 대한 정책적 노력이 진행된 결과, 2000년대부터 본격적으로 사용자가 늘었다. G1사의 육아 단축근무자는 2003년에는 83명으로 2007년에는 243명으로 증가했다[47]. 결론에서 언급하는 바와 같이, 양립지원제도의 사용 증가는 A사원과 주부 파트타이머를 하나의 사원구분으로 통합하는 인사제도개정의 배경이 된다.

그러나 다음에 인용한 설문조사 자유의견에서 알 수 있는 것처럼, 단축근무 중인데 실제로는 근무시간이 단축되지 않고 항상 서비스 잔업을 하거나 잔업수당도 못받는 경우도 있다. 또 근무시간대도 어린이집에 아이를 데리러 갈 시간과 맞지 않는 경우도 종종 있다. 이런 식이면 도대체, 무엇을 위해 단축근무제도가 있는지, 알 수가 없다.

> 저는 작년까지 출산휴가였습니다. 복직하면서 1년간 단축근무를 희망했습니다. 하지만 복직했더니, 매장 직원이 저와 파트타이머뿐이고, 상사가 여러 가지 다른 일을 하라고 시켜서 제 일도 제대로 할 수 없고, 항상 시간외로 일하게 되고 잔업수당도 받지 못하는 상태로 매일 일에 치이는 상태입니다. 집에 가서 아이와 접촉할 시간도 없고, 남편도 제가 몇 시에 귀가하는지 알 수가 없기 때문에 굉장히 고생하고 있습니다. 무엇을 위해 단축근무제도가 있는지 모르겠습니다. 정사원이니까 참아야만 하는 걸까요? 여성이 많은 직장에서는 어린이집을 만들었으면 좋겠습니다. 여러 가지 할 말이 많지만, 가정과 일과 육아의 양립은 무언가의 희생을 수반한다고 생각됩니다. (설문조사 자유의견, 정사원, 27세, 고졸, 막내자녀 0세, 남편: 고졸)
>
> 1. 회사에 육아근무지원제도 등이 있고, 저도 지금 그 제도를 이용하고 있지만, 매장에 따라서는 없는 거나 마찬가지인 곳도 있습니다. 잔업이 가끔 있고, 월급,

---

* 1989년의 특수합계출산율이 인구재생산 수준인 2.1명을 하회한 것은 1974년(2.05명)이지만 일본 사회가 저출산 문제를 사회적 문제가 심각하게 받아들이기 시작한 것은 1989년의 출산율이 1.57명이었다는 사실이 발표된 1990년부터다. 일본정부는 1.57 쇼크라고 명명하며 엔젤플랜을 출발점으로 하는 저출산대응정책을 본격적으로 시행하기 시작했다. 일본의 출산율은 2005년에 1.26명으로 최저를 기록한 후 반등하기 시작해 2015년에는 1.45명까지 증가했다. 2018년 현재 한국의 출산율은 0.98명, 일본은 1.42명이다.

보너스는 그만큼(노동시간단축분) 삭감되기 때문에, 그 제도를 사용하는 기간은 그다지 길지 않습니다. (정사원이라는 입장 때문에 정해진 시간대로 귀가할 수 없는 상황이나 영업시간연장에 의한 잔업 등) (단축근무기간 중에 받는 - 필자) 임금은 커리어 사원(풀타임 파트타이머- 필자)과 차이가 없는데 일은 정사원 쪽이 더 구속이 많습니다.

2. 출산 휴가가 끝나고 복귀 할 때 다른 분들은 보통 9:45~4:45에 일하는데 제 경우는 "그 시간대라면 필요 없어"라고 해서 어쩔 수 없이 10:30~5:30 시간대에 근무하게 되었습니다. 잔업을 하게 되면 6시 지나서 아이를 데리러가는 일도, 6:30 넘는 경우도 많고 가정생활에 부담이 갑니다. (설문조사 자유의견, 정사원, 27세, 고졸, 막내자녀 3세, 남편: 고졸)

남녀고용기회균등법(이후 균등법) 이후 입사한 대졸 여성들의 고민이 사원구분전환이라는 유리 천정이었다면, 아래에 인용한 쯔찌다(土田) 씨와 G1점의 점장의 말처럼, 균등법 이전에 입사한 고졸여성의 경우 결혼퇴직을 강요당하거나 육아휴직 후 복귀 자체가 어려웠다. 사내 결혼을 한 G1점 점장의 말처럼 여성이 가족책임을 전부 짊어져주기 때문에 남성의 입장에서는 "다행"인지도 모르겠지만.

나도 전에 같이 근무한 사람에게 들은 이야기인데요, 그 사람이 전에 근무하던 점포의 동료가 육아휴직 쓰고 나서 복귀하려고 점장하고 면담을 했더니, 점장이, 니 자리에 벌써 다른 사람 와서 일하고 있는데 지금 니가 돌아오면 배치할 데가 없다고 하면서 제발 그냥 퇴직하면 안 되겠냐고, 그래서 복귀를 못했다고 그러더라고요. (조용한 목소리로) 그런 경우가 가끔씩은 있는 것 같아요. (土田 쯔찌다, G1점, A사원, 고졸, 46세, 근속 26년, 총무, 주임)

집사람과는 사내결혼이었어요. 결혼하고도 근무했는데 아이를 낳으면서 아내는 직장을 그만두는 수밖에 없었어요. 지금처럼 육아휴직제도도 없었고 출산휴직제도도 없었고. 우리처럼 부모님과 멀리 떨어져 사는 부부로서는 아내가 아이를 직접 키울 수밖에 없었어요. 어린이집도, 지금은 길거리를 다니다 보면 어린이집 간

판이 참 많이 보이는데 그 때는 정말 어린이집도 너무 적어서 찾기도 어렵고… (필자: 사실 여성정사원들은 거의 같은 패턴 아니에요? 출산하면 퇴직하는 거) 역으로 말하면 그래서 우리로서는 다행인지도 몰라요. 여자들이 다 해주니까. (G1점 점장, 대졸 남성, 43세, 근속 21년)

그런데 여성 정사원의 사원구분전환이 반드시 가족 형성을 위해 본인이 선택하는 것만은 아니다. S3점 반찬 매장 하시모토(橋本) 씨의 이야기에서 알 수 있듯이 S3사는 어느 날 갑자기 많은 여성 정사원을 A사원으로 전환했다. 필자가 그 이유에 관해 노동조합에 확인했더니, 기혼여성의 경우 실질적으로는 전근이 어렵기 때문이라고 말했다. 또 설문조사의 자유의견에 쓰여진 것처럼, 기업에 따라서 여성은 결혼하면 승격 시험을 칠 기회조차 주지 않는 경우도 있다. 여성 정사원의 회사인으로서의 미래는 결혼과 함께 끝나버리는 것이다.

(결혼할 때 A사원으로 전환하셨어요?) 아뇨, 본사에 있을 때 어느 날 갑자기 여자들은 전부 A사원으로 전환하라고 강요받았어요. 원래는 R사원이었는데. 남자들은 그대로 있고 여자들은 전부 A사원이 됐어요. 그리고 나는 남편이 부장으로 승진하는 바람에 갑자기 본사에서 점포로 전근을 당했어요. 2년 전에. 처음에는 울며울며 다녔지요. 우리 회사에서는 여자는 승진가능성이 없어요. 그냥 이러고 사는 거지. 가능성이 없으니까 나도 희망도 없어졌어요. (橋本 하시모토, S3점, A사원, 고졸, 38세, 근속 20년, 반찬 매장, 부주임)

회사의, 결혼을 하면 승격 시험을 볼 수 없게 하는 현재의 제도를 납득할 수 없다(여성의 경우). 결혼한 여성은 업무에서 만족감, 성취감을 얻을 수 없게 되고 의욕도 저하해 소외감을 느낀다. 결혼이라는 틀에 얽매이지 않고 평등한 시험 제도의 실시를 희망. 목표를 가지고 직무를 수행 할 수 있는 회사에서 일할 수 있기를 희망한다. (설문조사 자유의견, 정사원, 24세, 대졸, 무자녀, 남편: 대졸)

아이를 갖고 싶지만 애를 낳게 되면 퇴직하게 되어 생활이 어려워질 것 같다. 불황이 당분간 계속될 것 같아서 아이를 낳을 수 없다. 정사원 신분을 유지한 채라도, 출산 후 몇 년 동안은 시간단축제도 같은 것이 없으면 어린이집에 맡길 수도 없다. (설문조사 자유의견, 정사원, 29세, 대졸, 1998년 소득 350만 엔, 남편: 대졸, 1998년 가구 소득 500만 엔)

(3) 관리직의 프리즘

결혼이나 출산을 계기로 회사인으로서의 미래를 포기해야 하는 여성 정사원에 대해 그녀들의 상사는 어떤 생각을 가지고 있을까? 육아휴직사용 후 복귀 문제에 대해 어떻게 생각하느냐는 질문을 4명의 점장에게 던졌더니 다음과 같은 답변이 나왔다. 점장들의 반응이 여성정사원의 비율에 따라 달라지는 점이 흥미롭다. 즉 점포 정사원 중 여성의 비율이 절반에 가까운 종합슈퍼의 점장들은 식품슈퍼의 점장들보다 양립지원제도 사용에 대해 상대적으로 관용적이다. 그리고 식품슈퍼 내에서도 여성정사원이 거의 없는 S2사의 점장과 여성정사원이 많은 S3점 점장의 태도가 크게 다르다. 여성정사원이 어느 정도 있는 조직의 관리자에게는 양립지원제도 사용이 관리자로서 대응해야 하는 일상적인 문세시만 여성정사원이 거의 없는 조직의 관리자는 양립지원제도의 존재 자체를 비정상으로 치부할 수 있기 때문이다. 이 점은 여성정사원이 양적으로 어느 정도 존재하는 상황에서 모성보호도 가능함을 시사한다. 또 현실에서 일과 가족의 양립이 남녀 모두의 과제가 아니라 어디까지나 여성만의 과제임을 알려준다.

요즈음은 그냥 평범하게 일하는 사람도 직장 계속 다니기 힘든 상황이에요. 그런 배부른 소리 하는 거 아니에요. (S2점장, 대졸 남성, 37세, 근속 15년, 선어 매장 출신)

제도로는 그렇게 되어 있는 거 아는데요, 그거 참 곤란해요. 1년이나 빈 자리를 그대로 둘 수도 없고 다른 사람 메워놓은 다음에 오면 골치 아프죠. 육아휴직도 쓰고 그랬으니까 그냥 그만 두면 안되겠냐고 이야기하게도 될 거예요. (S3점 점장, 대졸 남성, 42세, 근속 20년)

솔직히 말해 그런 빈 자리들이 생기면 참 곤란해요. 기껏 다른 사람을 배치해서 일에 좀 익숙해지려고 하면 돌아오는 거거든요. 그러면 원직복직은 좀 어렵죠. 그리고 한 두 명이면 어떻게 점포 내에서 조정을 할 수 있지만 더 넘어가면 점포 내에서 조정하기는 어렵고... 특히나 매장이나 부문 단위로 생각하면 절대로 해결책이 안나와요. 그런데도 매니저나 주임들은 그렇게 생각하는 경향이 있지요. (G1점 점장, 대졸 남성, 43세, 근속 21년, 신사복 매장 출신)

아니, 노조가 그렇게 하겠다고 정했는데 점장들이 뭐 지네가 된다 안된다 해요? 일개 점장이 된다 안된다 말할 사안이 아니죠. 그리고 그거 하나 점포 내에서 조정 못하면 관리자로서 지네가 능력이 없는 거지. 조정하면 돼요. (G2점 점장, 대졸 남성, 43세, 근속 21년, 노동조합 간부 경력)

이유가 가족형성이든 회사의 강요든 기혼여성정사원은 대부분이 이사를 동반하지 않는 범위 내에서 전근하는 A사원이 되어 주임이상으로는 승진할 수 없는 것이 현실이다. 하지만 G1점 점장도 말했듯이, A사원이라도 주임 이상의 업무가 불가능하다는 것은 아니다. 그런데 기업은 왜 이런 제도를 설치해 여성 정사원에 불이익을 주는 걸까? G2사 인사 매니저에 따르면, 그 이유는 기업은 다양한 계층의 직원이 필요하기 때문이다. 즉, 기업은 관리직 후보자는 아니지만, 파트타이머 관리를 포함하여 현장을 섬세하게 관리할 존재로서 여성 정사원을 필요로 한다. 그리고 결혼, 출산시에 퇴직하든가 또는 A사원으로 전환할 거라고 예측하면서도, 여성이 남성보다 일을 더 잘 하기 때문에 사원구분을 전환할 때까지는 분발해주기를 바라며 N사원으로 채용한다.

필자: 모든 정사원을 N사원으로 할 필요는 없지 않나요?

매니저: 필요 없어요, 정사원이 모두 점장이 되는 것도 아니고 사실상 회사 입장에서는 N사원의 범위를 좁힐수록 좋아요.

필자: 그런데 정사원은 기본적으로 N사원으로 하는 이유는 뭐예요?

매니저: 승진전망이 없으면 사기가 떨어져요. 나는 여기서, 주임에서 끝이다, 라고

생각하면 일을 열심히 하고 싶겠어요? 그냥 대충 다녀도 잘리지는 않을 거고 그러면 일 열심히 안하죠.

필자: 그러면 여성사원들이 결혼해서 A사원으로 전환하는 건 회사에는 도움이 되겠네요?

매니저: 그렇죠. 남자들은 점장까지, 뭐 경우에 따라서는 더 위까지 바라보고 열심히 뛰지만 여자들은 그렇지 못하지요.

필자: 그러면 왜 여자를 채용해요? 아예 채용을 안하면 되잖아요?

매니저: 그런데 사실은 슈퍼일은 여자들이 더 잘해요. 여자들이 더 세심하고 능력 있지요*. 그렇기는 하지만 여자들은 언제 결혼해서나 아이 낳아서 그만둘지 모르니까 회사로서도 여자들은 중용하기가 어려워요. 기껏 키워놨는데 그만두면 타격이 크잖아요. (G2사 인사관리직, N사원, 대졸 남성, 42세, 근속 20년)

4) 여성 정사원의 프리즘

질문지조사에 따르면 기혼여성 정사원이 직장생활에 대해 가장 불만스럽게 생각하는 점은 '승진·승격 가능성'이고 그 다음이 '업무량과 비한 임금수준'과 '직장의 장래성'이다. 그런데 사실 이 세 요인은 모두 하나로 연결된 것이다. '직장의 장래성'이 좋지 않은 것은 '승진·승격 가능성'이 낮기 때문이다. '업무량에 비한 임금 수준'에 대한 불만이 높은 것도 정사원의 임금 구성에서는 근속기간이 길어질수록 연령급과 근속급의 비율이 점점 낮아지는 반면, 직무급, 직능급, 업적급의 비중이 높아지는 구조이기 때문에, 승진, 승격을 못하면 임금도 오르지 않기 때문이다. 그렇다면 일과 가정을 양립하느라 본인도 힘들고 회사인으로서의 장래성도 없는 가운데 정사원 신분을 유지하려고 노력하고 있는 그녀들은 어떤 생각을 하고 있을까? 아래에 인용한 발언들에서 알 수 있는 것은 그녀들은

* 인사담당자과 노조간부들에 따르면 대졸의 경우 입사시험에서 여성이 더 많이 채용된다. 여성이 유능하기 때문이기도 하고 남성에게는 유통업이 그다지 인기가 없기 때문이기도 하다. 일본 소매업 1위 기업인 이온(2020년 6월 현재 정규직 22,825명)의 2019년 대졸신입사원 중 여성비는 58%였다.

본인의 경제적 자립, 사회와의 관계, 생활의 윤택함 등을 위해 일하고 있다는 점이다. 또 승진·승격 가능성, 임금 상승의 가능성이 매우 낮음에도 불구하고 정사원 신분을 유지하려고 하는 이유는 무엇보다 파트타이머의 저임금이다.

특별히 일하는 것을 싫어하지 않았고, 결혼을 해도 아이를 낳아도 직장 다니는 건 당연하다고 생각했어요. (중략) 아이가 어린이집 다닐 때 남편이, 직장 그만둬, 라고 하는 시기가 있었어요. 그 때 정말로 힘들었어요. (필자: 어떻게 설득하셨어요?) 설득했다기보다는 애는 크고 크면 부모를 떠나잖아요? 자기 수입이 있어야 돼요. 남편이 계속 월급을 가져온다는 보장도 없지 않아요? (新井 아라이[48], G2점, A사원, 대졸, 46세, 근속 23년, 휴대전화매장, 주임)

저는 일하는 것이 좋아요. 그게 무슨 일이든. 노는 거는 싫어요. 정신없이 바쁠 때 충족감을 느껴요. (武川 다케가와, G2점, A사원, 고졸, 25세, 근속 7년, 사무실, 담당자)

고등학교 졸업하고 자동차 정비공장에 다니다가 결혼해서 그만두고 5년간 집에 있었는데요, 집안에 들어앉으니까 너무 외로웠어요. 세상으로부터 멀어지는 기분이랄까, 나만 외톨이로 남겨지는 기분이었어요. (相馬 소마, G1점, A사원, 고졸, 50세, 근속 1년, 총무, 담당자, 파트타이머에서 정사원으로 전환, 파트타이머로 근속 12년)

그래도 애는 언젠가는 크고, 지금은 탁아비로 월급이 다 들어가지만 애가 크고 나면 그렇게 많이 들지는 않잖아요. 지금 그만두면 파트밖에는 할 수 없고 파트해서 받을 수 있는 게 몇 푼이나 되나요? 앞날을 생각해서 지금 힘들어도 참고 있는 거지요. (山本 야마모토, G3점, A사원, 고등학교, 31세, 근속 13년, 스웨터 블라우스 매장, 주임, 오후-저녁근무(遅番)가 많기 때문에 2살 된 아이를 24시간 어린이집에 맡기고 있다.)

신혼 때부터 남편한테 말했어요. 내가 그만두면 이게(손가락을 말아서 동그랗게 해보였다-필자) 없어진다. 당신 용돈도 줄어들고. 그러니까 찍소리 못하는 거지 뭐. 더군다나 지금은 애들한테 한참 돈 들어갈 땐데, 애들 교육이라도 제대로 시키겠다고 생각하면 나한데 그만두라고 할 수나 있나요, 뭐? (橋本 하시모토, S3점, A사원 고졸, 38세, 근속 20년, 반찬 매장, 부주임)

그러나 파트타이머에 비한 상대적인 고임금이 매력적이라 해도 파트타이머가 근무하지 않는 시간대를 메워야 하는 존재인 정사원 취업을 계속하는 것이 결코 만만한 일은 아니다. 정사원은 토요일과 일요일 모두를 근무해야 하고 또 교대근무(주로 오후-저녁근무)를 해야 하기 때문에 일-가족 양립이 어렵기 때문이다. 이 책의 질문지 조사에 따르면 기혼여성 정사원의 74.5%가 자신이 가사노동을 전담하고 있다고 응답했으며 56.3%가 자신이 주된 자녀양육자라고 응답했다. 주말, 휴일 근무에 오후-저녁 근무까지 하는 그녀들이 가정과 직장을 양립할 수 있었던 비결은 어디에 있을까? 세키구치(関口) 씨와 마에바라(前原) 씨의 말에서 알 수 있듯이 그 비결은 다른 여성의 지원이다. 필자는 1998년부터 2003년까지 사례기업이 아닌 기업의 종업원을 포함해 슈퍼마켓에서 정사원으로 일하고 있는 어머니인 여성을 20명 이상 인터뷰했는데, 주변의 다른 여성들의 지원 없이 어린이집만으로 아이를 키우고 있는 사람은, 1997년에 출산한 야마모토 씨와 1996년에 출산한 하기와라 씨뿐이었다. 또 그녀들이 들은 선배, 동료의 경험에서도 어린이집만으로 아이를 키운 사람은 없었다.

애가 셋이나 되는데 친정엄마가 애들을 봐줬어요. 친정엄마가 없었으면 직장 그만뒀겠죠. (関口 세키구치, S3점, A사원, 고졸, 38세, 근속 20년, 사무실, 담당자)

시누이가 애를 봐줬어요. 제가 임신하니까 시누이가 애 봐줄테니까 근처로 이사오라고 그래서 근처로 이사를 갔어요. 두 살 때까지는 시누이 집에서 봐주고 두 살부터는 어린이집에 넣었는데 어린이집에 데리러 가는 건 시누이가 해줬어요. 토요일 일요일도 시누이가 애를 봐주고요. 시누이가 없었으면 정사원은 그만뒀을 거예요. (前原 마에바라, G1점, A사원, 고졸, 41세, 근속 16년, 아동복 매장 주임)

질문지 조사에 따르면 20대가 38%, 30대가 39.6%를 차지하는 기혼의 여성정사원 중 자녀가 없는 사람이 절반(49.6%)이다. 어머니인 여성정사원들에게 출근 시의 육아담당자가 누구인가 질문했더니 43.2%가 가족(부모 41.4%, 남편 1.8%), 38.8%가 어린이집+유치원, 14.7%가 어린이집+유치원+가족이라고 응답했다. 막내자녀가 6세 미만인 정사원 중 출근시의 주된 육아담당자가 어린이집이라고 응답한 사람의 비율은 57%지만 막내자녀가 6세 이상인 사람 중 그 비율은 19%로 급감했다. 이런 결과는 1990년대에 조금씩 어린이집이 충실해진 것의 반증이기도 하다. 그러나 친족 여성의 지원을 얻기가 점점 어려워지고 있는 가족생활 상의 변화를 생각하면 남성의 적극적인 육아참여가 없는 한 결혼과 출산의 연기 또는 저출생은 피할 수 없음을 시사하고 있다. 특히 유통업 정사원에게는 교대근무 및 토요일, 일요일, 공휴일 근무가 당연한 일로 요구되기 때문에 가족이나 친척이 육아를 도와주지 않는 경우 정사원으로 계속 일하는 건 어렵다. 그런 만큼 남편의 협조가 중요하다, 그리고 설문조사의 자유의견에는 가족의 협력과 더불어 사내에 어린이집을 설치한다든가 지자체가 연장보육을 실시해달라고 요구하는 의견이 많았다.

유통업계에서 일하고 있는 이상, 일요일, 공휴일 근무는 당연합니다만, 현재의 인가보육원(마당 등 지자체가 정한 기준을 충족하고 있는 어린이집-필자)에서는 일요일, 공휴일에는 아이를 맡아주지 않습니다. 그런 때는 맡길 수 있는 시설이 없어 곤욕을 치르기 때문에 애가 생기면 회사를 그만두는 사람도 많습니다. (다행히 저는 친정이 가까워서 자주 맡기고 있습니다만) 그런 사람도 안심하고 일할 수 있는 보육 시설을 유통업계 차원에서 만들어준다면 양립이 상당히 편해질 겁니다. 큰 회사나 병원 같은 곳에서는 회사 내에 보육 시설을 설치하고 있는 곳도 있어 부럽습니다. (설문조사 자유의견, 정사원, 28세, 대졸, 1998년 소득 100만 엔, 막내자녀 1세, 남편: 대졸, 1998년 가구 소득 400만 엔)

어린이집에 관해서는 지자체 간의 격차가 크다고 생각합니다. 저희 집 아이가 다니는 어린이집은 7시 30분부터 18시까지 하는데 연장 보육은 하지 않습니다. 토(오전만), 일, 공휴일은 맡길 수 없어, 유통업에 종사하는 사람으로서는 상당히 불편합니다. 지금은 토요일과 일요일은 쉬는 남편(라고 해도 토요일에 일을 하는 경우가 가끔 있습니다)과 부모님에게 맡기며 (전철로 30분~40분 거리에 있습니다. 가까운가? 먼가?) 일하고 있는 상황입니다. 남자는 아이가 있어도 자기 일만 생각하기 때문에, 여자만 고생한다는 불공평감이 다소 있습니다. (설문조사 자유의견, 정사원, 30세, 대졸, 1998년 소득 284만 엔, 육아단축근무중, 막내 3세, 남편: 대졸, 1998년 가구 소득 350만 엔)

이런 상황 때문에, "일과 육아의 양립의 어려움 때문에 울면서 일을 그만 수밖에 없다"고 결단하는 사람들도 있다. 반면 같은 어려움에 직면하고도 "이 불황 속 여성이 정사원 일자리를 찾는 것은 어렵다고 생각"하기 때문에(설문조사 자유의견) 어쩔 수없이 계속 일할 수밖에 없다고 판단하고 있다고 응답한 사람도 있었다.

먼저 이런 상태에서 정사원으로 계속 근무하는 것은 어렵다는 것. 아이를 맡긴다 해도 어린이집 시간은 밤늦게까지는 무리이고, 일요일도 공휴일도 맡길 수 없다. 도와줄 부모가 근처에 없으면 여성이 일하는 것은 정말 무리에 가깝다. 그런 상태로 계속 살아온 결과 생각하게 되는 것은 자녀 교육을 어떻게 하면 좋을까라는 고민. 지금은 사설 어린이집에 맡기고 있는데, 또래 친구를 만들어줘야 한다는 조바심. 이렇게까지 아이를 희생해도 괜찮을까? 등등을 생각하면 책임이 무거운 정사원, 하물며 주임으로서 계속 일하는 건 정말 어렵다. 잘못하고 있다고 생각하지는 않지만, 사회의 시선도 그렇게까지 무리해서 일하지 않아도 된다거나, 아이가 불쌍하다든가 하는 소리를 듣는 경우도 많다. 요즈음 회사를 그만둘까 생각하고 있는데, 다음에 일하게 될 때는 아르바이트나 파트타이머같은 책임이 가벼운 일을 선택해야겠다고 생각한다. 회사에 어린이집이 있으면 계속 근무할 수 있을텐데, 아이가 유치원에서 회사 어린이집으로 돌아올 수 있으면 좋을텐데 라고 몇 번이나 생각했습니다. (설문조사 자유의견, 정사원, 36세, 고졸, 1998년 소득 400만 엔, 막내자녀 3세, 남편: 대졸, 1998년 가구 소득 600만 엔)

또 다카키(高木) 씨의 경험은 육아뿐만 아니라 집안일을 분담할 생각이 없는 남편의 존재도 여성이 정사원으로 계속 일하기 어렵게 하는 요인임을 시사한다[49]. 마흔이 넘도록 정사원으로 계속 일할 수 있도록 힘이 되어 준 것이 뭐냐는 필자의 질문이 끝나는 순간과 거의 동시에 이혼이라는 대답이 나오는 것이 다소 놀랍기는 했지만 잘 생각해보면, 그것이 여성의 현실이다[50]. 설문조사에서 이혼했다고 자신을 소개한 한 응답자도 일-가족 양립을 위해 가족의 협력이 중요하다고 강조했다. 육아단축근무를 하고 있는 하기와라 씨가 들었던, 정사원 신분을 유지하고 싶다면 부모와 남편의 협력이 필요하다, 는 인사부장의 발언도 그런 현실을 반영하는 발언이었던 것이다.

> (정사원으로 계속 일할 수 있도록 힘이 되어준 게 뭐예요?) 이혼했기 때문이죠. 전남편은 슈퍼마켓에서 근무하는 사람이었는데 서로 뻔히 사정을 알면서도 내가 오후-저녁근무하고 밤늦게 집에 올 때까지 손가락 하나 까딱하지 않는 남자였어요. 내가 밤늦게 집에 가서 그 때부터 저녁준비해서 상 차리고 부르면 와서 밥만 달랑 먹고 가는 그런 사람이었어요. 뭐 다행히 애도 없고 그래서 참다 참다 이혼했죠. 이혼하고 나니까 만고에 이렇게 마음 편할 데가 없어요. (高木 다카키, A사 정사원, 고졸, 42세, 근속 24년, 사무실, 주임)

지금 포기하면 파트 일자리 밖에는 없으니까, 파트로 일하면 수입이 너무 한심하니까, 다른 여성(주로 친정엄마)의 노동력을 동원해서 이쪽저쪽 눈치 보면서 하루하루를 간신히 지탱하면서 정사원 신분을 유지해 나가지만, 그녀들에게 약속되어 있는 것은 파트타이머보다는 높은 임금일 뿐, 함께 입사한 남성동료들이, 후배들이, 매니저로 점장으로 승진해가는 것을 보며, "나는 여자니까, 우리는 가정이 있으니까"(新井 아라이, G2점 A사원, 대졸, 46세, 휴대전화 매장, 주임)라고 자신을 다독이며 쓰린 속을 감추는 것 밖에 할 수 있는 것이 없다. 그러나 회사는 그녀들에게 그렇게까지 노력할 필요가 없다고, 가족 형성기에 일단 퇴직해 저임금·고숙련의 주부 파트타이머로 돌아오면 좋겠다고 생각한다.

> 본인들도 남편이 웬만큼 돈을 벌면 정사원으로 일하는 것보다 파트가 편해요.

주변 시선 때문이 아니라 본인들도 파트가 편하다고 그래요. 그래서 회사로서도 슈퍼나 유통업에서 일한 경력이 있는 우수한 파트타이머를 잘 골라 쓰는 게 도움이 되지요. (G2사 인사매니저, N사원, 남성, 대졸, 42세, 근속 20년)

그런 기업의 목표를 반영하고 있는 건지, 필자가 인터뷰한 주부 파트타이머의 20% 정도가 결혼 전에 슈퍼마켓이나 백화점 등의 소매업 정사원이었다. 제4장에서 검토하는 바와 같이 설문조사에 응답한 주부 파트타이머 중 83.4%가 결혼하기 전에 정사원이었다. 결혼 후 출산까지 정사원이었던 사람은 29.9%, 전업 주부였던 사람은 49.9%, 출산 후 아이가 초등학교에 들어갈 때까지 전업 주부였던 사람은 62.5%이다. 그리고 정사원 중 자녀가 있는 사람은 절반(슈퍼마켓 기업 여성정사원 중 기혼자의 비율은 대략 20%)이다. 즉, 여성 정사원과 주부 파트타이머는 다른 집단이 아니라 생애단계가 다른 동일한 집단이다.

6. 기간노동력화와 젠더

이 장에서는 슈퍼마켓의 일선 점포의 현황을 토대로 파트타이머의 기간노동력화 실태와 이에 영향을 미치는 요인을 분석하고, 파트타이머의 기간노동력화와 더불어 급감하고 있는 여성 정사원의 상황을 검토했다.

기간노동력화에 영향을 미치는 요인을 분석한 결과는, 노동시장에서 행위자 전략의 중요성과 행위전략에서 젠더 요인의 중요성을 시사한다. 즉, 파트타이머의 기간노동력화에 영향력이 가장 큰 요인은 기업의 파트타이머 활용 정책이지만, 기업의 정책은 지역노동시장 및 노동과정의 특성에 크게 영향을 받는다. 그런데 지역 노동시장이라는 요인은 젠더 요인과 동의어이다. 대부분의 파트타이머가 가족 책임에 묶여있는 주부 노동자이며, 지역의 산업구조와 임금노동자의 비율이 주부 노동력의 공급에 영향을 주기 때문이다.

중요한 점은 정사원과 거의 같은 노동시간에 거의 같은 업무를 담당하고 있는 주부 노동자의 수가 정사원 수보다 더 많다는 점이다. 주부 노동자의 기간노동력화의 현실은 파트타이머는 주된 생계부양자가 있는 피부양자이기 때문에 그녀들은 정사원과 같은 수준의 생활임금을 보장하지 않아도 괜찮다는 파트타임 노동에 관한 통념이 현실과 다른 것임을 잘 보여주고 있다. 노동자의 처우가 업무에 대한 책임과 능력이 아니라 가족 내 지위에 따라 결정되는 것은 합리성을 결여한 것이다. 또 제4장에서 상세히 검토하는 바와 같이, 노동방식이나 직무영역, 그리고 업무에 대한 책임의 측면에서 정사원과 거의 차이가 없는 기간파트 중에는 본인이 주된 생계부양자인 사람이 많고, 남편이 자영업자라서 주부제도와 무관한 사람들이 다수 존재하고 있다. 그럼에도 불구하고 여전히 강한 영향력을 미치고 있는, 파트타이머는 피부양자인 주부라는 생각은 피부양자 주부와는 거리가 먼 많은 파트타임 노동자의 저임금·고숙련 노동을 합리화하고 있다.

이와 같은 슈퍼마켓 산업 파트타임 노동자의 기간노동력화를 둘러싼 현실들은 젠더 정치를 분석하지 않고서는 노동시장 구조를 충분히 파악할 수 없음을 의미한다. 일본 파트타임 노동자의 대부분이 기혼여성이고 기간노동력화의 대상이 되는 파트타이머는 기본적으로 주부 파트타이머다. 주부제도는 기혼여성의 취업선택을 제한하는 것만이 아니라 주부제도와는 거리가 먼 상황에 있는 기혼여성을 기간(基幹) 파트로 사용할 수 있게 하는 이데올로기가 되고 있다. 때문에 주부 파트타이머의 기간노동력화는 젠더가 노동시장에서 어떻게 작동하고 있는지를 잘 보여준다.

더욱이 파트타임 노동자의 기간노동력화는 숙련 상승을 내부 노동시장에 속한 노동자의 것으로 전제하고, 외부 노동시장의 노동자를 미숙련 노동자로 간주해온 기존의 노동시장 분절론 논의에 대한 재검토를 요구한다. 또 파트타임 노동자의 기간노동력화는 파트타이머가 기업 내에 정착한 결과이기 때문에 무엇이 내부이고 또 외부인가에 대한 기준 자체를 수정할 필요성을 제기한다.

정도의 차이는 있어도 모든 슈퍼마켓 기업은 치열한 경쟁에서 살아남기 위해 파트타이머의 기간노동력화를 더욱 진전시키려 하고 있다. 그러나 파트타이머의 숙련 수준을 향상시키고, 또 기간적 노동력이 된 파트타이머에게 매장을 맡기려면 파트타이머 본인들의 동의가 필요하다. 기업이 요구하는 수준의 숙련을 습득하게 하는 동의와 자발성을 파트타이머에게 만들어내지 않는 한 기업의 목적은 실현되기 어렵다. 따라서 파트타이머를 적극적으로 활용하려는 기업의 의지는 파트타이머의 임금제도 및 고용 관리 제도를 통해 동의창출기제로서 구체화되어야 한다. 이어지는 제2장에서는 기업의 파트타임 노동 사용 전략에 대한 검토를 통해 기간노동력화로의 유인 장치에 대해 분석한다.

| 註 |

1) 이 분류법은 일본경제신문(日本経済新聞)이 매년 실시하고 있는 소매업 실태 조사의 분류법이지만 소매업계에서 일반적으로 사용되는 분류법이기도 하다.

2) 『セルフサービス店統計表(셀프서비스점 통계표)』는 경제산업성 조사통계부에서 제공되었다. 이 자리를 빌어 깊이 감사드린다.

3) 1990년대 중반부터 순위 변동은 있었지만, 1960년대부터 2000년대 초반 무렵까지 상위 6개사의 구성은 변하지 않았기 때문에, 상위 6개사(다이에, 마이칼(구 니찌이), 세이유, 유니, 이토요카도, 쟈스코(현 이온))의 수치를 정리했다.

4) S4사와 S1사의 판매상품 중 식품의 비율은 1989년 39.5%와 55.6%, 1994년 44.6%와 53.1%다. 또 1997년 S4는 58.6%, 1999년 S1사는 61.4%이기 때문에, 『상업통계표』의 정의에 따르면 식품 전문 슈퍼라고는 말할 수 없다.

5) 다이에의 의류 제품판매수익은 다른 기업에 비해 낮은 편이지만 연간 상품회전율이 높은 편이었다. 2위 기업의 매출 이익률은 28.1%, 연간 상품회전율은 6회였는데, 3위 기업은 각각 29.7%와 7.1회였다.

6) C사의 데이터에서 파트타이머의 연령 및 혼인상태에 관한 데이터의 합계 인원이 당시 일반인 파트타이머 전체 인원보다 9.4% 적어서 인사책임자에게 그 이유를 물었으나 잘 모르겠다고 답했다.

7) 후생노동성의 파트종합조사(パートタイム労働者総合実態調査)에 따르면, 2011년 현재 여성 파트타이머 중 유배우자의 비율은 73.1%(2006년 76.5%, 2001년 72.6%, 1995년 77.6%)며, 남성 파트타이머 중 그 비율은 각각 54.5%, 42.1%, 37.8%, 40.7%다(厚生労働省, 2003, 2013).

8) 파트타이머의 혼인상태를 확인할 수 있는 데이터가 없기 때문에, 학생이 아닌 일반인 여성 파트타이머를 주부파트로 간주했다. 면접조사에 따르면, 일반인 여성파트의 대부분이 기혼여성(이혼, 사별도 포함)이다.

9) 슈퍼마켓 기업 일반이 그러하듯, 사례기업에서 정사원은 전근 범위에 따라 분류되고 승진 상한도 정해져있다. 전근 범위로 보면 N사원은 전국, R사원은 인근 현, A사원 또는 L사원은 이사를 하지 않고 자택에서 통근할 수 있는 범위 내에서 전근한다. 승진 상한은 N사원은 없고, R사원은 부문 책임자(과장, 매니저 또는 통괄매니저)까지, A사원은 매장 책임자(주임, 매장장 또는 매니저)까지다. 식품슈퍼 기업의 경우 전국에 점포가 있는 것은 아니기 때문에, N사원이라 해도 전근 범위는 사실상 종합슈퍼 기업의 R사원과 동일하거나 더 좁다.

10) G3사는 1977년 가을 이후, 의류 판매 부진 때문에 고전하다가, 1980년경 S3사 등의 지원을 받아 고객 동원력이 큰 식품 매장을 설치했다.

11) 2절에서 언급한 바와 같이 G1점은 리모델링을 위해 정사원이 미리 배치된 것이며, 리모델링 후 식품 부문을 중심으로 파트타이머가 150명 정도 증가했다. 때문에 식품과 의류 매장에서 양적 기간노동력화 단계는 한 단계 상승했을 것으로 생각되지만, 사용할 수 있는 데이터가 리모델링 직전의 데이터이기 때문에 여기에서는 1999년 5월 시점의 현황에 대해 분석한다.

12) 부문은 식품, 의류, 주생활, 후방 등을, 매장은 부문 하에 있는 축산, 농산, 부인복, 신사복 등을 가리킨다.

13) 예외적으로 보이는 부서 및 매장인 G1점의 총무교육과 의류 오퍼레이션, G3점의 부인복 매장에 대해 설명하면 다음과 같다.

G1점 총무교육에는 정사원은 4명이나 배치되어 있지만, 파트타이머는 1명밖에 없다. 그 이유는 1990년대 후반에 직원 교육을 강화하기 위해 본사의 교육 기능을 점포로 옮겼기 때문이다. 총무교육의 업무는 새로 입사한 파트타이머에게 입사 초기의 기초 교육, 레지 기계와 발주 기계 사용방법 등을 가르치는 것이다. 실무 교육은 매장에 배치된 후 OJT로 행해진다.

G1점 의류 부문 중 정사원이 배치되지 않은 유일한 부서인 의류 오퍼레이션은 제품을 판매하는 부서가 아니라 의류 부문 전체의 계산, 사무, 고객안내, 상품 매장반입을 주요 업무로 하는 부서이다. G1사는 업무별로 부서 또는 매장을 통합해 나가는 새로운 운영 방법을 기획하고, 모델 케이스로 10개 점포에 오퍼레이션 부서를 설치했다. 1999년 여름경에는 이 부서가 아직 본격적으로 운영되고 있지 않았지만, 2003년 5월에는 전 점포의 모든 부문에 오퍼레이션 부서가 설치되었다. 그러나 이후 오퍼레이션 부서는 그다지 합리적이지 않다고 평가되어 없어졌다.

G3점 부인복매장에는 정사원이 한 명도 없고 파트타이머만 4명 있는데, 실은 제조업체에서 파견된 풀타이머인 파견 노동자가 2명(표 1-9 및 표 1-12에는 미포함)이 더 있다. 정사원과 완전히 같은 역할을 하는 두 명의 파견노동자와 장기근속의 장시간 파트타이머 2명(월161시간과 147시간)이 매장을 맡고 있기 때문에 사실상 노동력 구성은 다른 매장과 큰 차이가 없다.

14) 정사원 담당자의 구체적인 근속년수는 파악하지 못했지만, 사원등급은 1등급 6명(그 중 남성 1명)과

2등급 2명이므로, G3점 정사원 전체의 근속연수는 남성 20년, 여성 10년 정도로 추측할 수 있다.

15) 1999년 G1사 정사원의 평균 연령은 34.9세(남성 37.1세, 여성 31.1세), 평균 기준내임금은 314,143엔(남성 357,234엔, 여성 237,582엔)이며, G2사의 정사원은 각각 35.2세(39.0세, 26.8세), 309,474엔(352,068엔, 213,000엔)이다. 한편, G3사는 1995년 시점에서 이미 36.6세(41.0세, 32.0세), 316,951엔(426,059엔, 204,449엔)이다(日本経済新聞社, 『流通会社年鑑』)

16) 예를 들어, G1점 반찬 매장에서 일하는 19명의 파트타이머의 월간 노동시간은 160시간 1명, 119시간 2명, 110시간 1명, 100시간 9명, 90시간 4명, 70시간 1명, 60시간 1명이다. G2점 반찬 매장 파트타이머 17명의 월간 노동시간은 140시간 1명, 105시간 2명, 100시간 2명, 90시간 1명, 80시간 2명, 72시간 2명, 70시간 1명, 64시간 2명, 60시간 2명, 48시간 1명이다. 또 G3점 반찬 매장의 14명의 파트타이머의 월간 노동시간은 147시간 3명, 105시간 2명, 100시간 1명, 95시간 2명, 90시간 1명, 88시간 1명, 80시간 1명, 76시간 1명, 60시간 1명, 56시간 1명이다.

17) 매장 규모가 작아 정사원이 없는 매장은 옆 매장 정사원 주임이 함께 관리하기도 한다.

18) G2점 여성가방 매장에서는 루이비통 등의 명품도 판매하고 있으며, 필자가 방문한 G2사의 또 다른 점포에는 오더 메이드 신사복 매장도 있었다.

19) G3점 식품 매장에는 대부분 정사원이 한 명만 있는데 청과매장은 정사원이 2명인 것은 청과매장 주임이 장인적인 존재여서, 판매하는 상품의 절반 정도를 도매시장에서 직접 매입하기 때문이다.

20) 식품이나 주생활용품 등 다단 진열하는 상품에 대해서는 매장 면적을 쇼케이스의 페이스 단위(1페이스=30cm)로 계산한다.

21) 대부분의 슈퍼마켓의 식품부문에서는 가공식품매장과 일배매장이 매출비중이 가장 높다. S2점의 경우 점포 전체 매출에서 차지하는 내한 각 매장의 비중은 일배 30%, 가공식품 28%, 청과 18%, 정육 13%, 선어 11%, 베이커리 6.5%다.

22) 남성 파트타이머와 달리 여성 파트타이머의 시간급은 인적 자본으로 설명할 수 있는 부분이 작고, 지역의 최저임금과 매우 긴밀하게 연동하고 있다. 때문에 기업이 노동력 부족으로 비명을 지르고 있던 거품경제기인 1990년까지도 여성 파트타이머의 시간급은 지역의 최저임금보다 100엔 정도 높은 수준에 머물렀다(永瀬伸子, 1995: 111, 124).

23) 최저임금은 도도부현을 기본으로 하고 그에 더하여 업종별 최저임금을 적용한다. 각종상품소매업의 지역별 최저임금이 설정되는 도시에 위치한 종합슈퍼의 경우 그 기준이 적용되지만, 그렇지 않은 종합슈퍼와 식품슈퍼는 지역별 최저임금이 적용된다.

24) S3점 점장에 따르면, 그녀가 가장 능력이 있기 때문에 주임직을 맡겼다. 레지에서 파트타이머의 교육을 담당한다고는 해도 레지에 정사원이 3명이나 있는 것은 매우 예외적인 일인데, 정사원 중 한 사람은 기초 교육이 끝나면 이동할 예정인 조사 전달에 입사한 신입사원이라 사실상 정사원은 두 명이다.

25) 잔업하는 일이 많지 않은 비식품부문과 달리 식품부문의 정사원은 잔업이 매우 많다. S3사 정사원의 1999년 부문별·월별 잔업 데이터에 따르면 잔업이 가장 적은 7월의 정사원 1인당 평균잔업시간은 6.7시간, 가장 많은 8월의 평균잔업시간은 13.2시간이다. 그러나 부문별로 잔업시간은 상당히 차이가 난다. 1999년 8월의 경우 선어 18.5시간, 청과 18.3시간, 반찬 16.5시간, 잡화 11.4시간, 베이커리 6.4시간, 계산 5.0시간이다(그러나 어느 쪽도 S4점의 주부파트(준사원)의 평균잔업

시간보다는 짧다). 그러나 이 수치는 잔업수당이 지불된 잔업을 집계한 것이며 일선 점포에서 더 심각한 문제는 서비스잔업이다. 기업들은 인건비절감을 위해 잔업 0시간방침을 정해 잔업을 하지 말라고 일선점포들에 요구하고 있다. 이런 상황에서 잔업수당을 신청하는 것은 자신과 상사의 무능을 스스로 주장하는 것으로 취급될 우려가 있다. 그 결과 다량의 서비스잔업이 발생하고 있다. S2사 정사원의 잔업 데이터를 보면 평균잔업시간이 점점 늘어나고 있다. 1997년 50.2시간이던 것이 2002년에는 61.7시간(2001년 63.9시간)으로 늘어 5년 사이에 잔업시간은 20% 이상 늘었다. 또 슈퍼마켓이 가장 바쁜 달인 1월의 경우 70시간이 넘는 해도 있다(S2사 정사원의 잔업이 이렇게까지 많은 가장 큰 이유는 장시간 파트타이머 채용을 억제하는 것이다). 그러나 실제 잔업 중 잔업수당을 신청한 것은 절반도 되지 않는다. 신청율이 가장 낮았던 1999년은 42.3%, 가장 높았던 1997년은 49.6%였다

26) 이 표현은 인터뷰에서 그녀들이 사용한 것이다.

27) 도산하기 전에 S4사는 해외에서 초대형 매장을 다수 운영하고 있던, 해외시장 개척에 성공한 지방기업으로 전국적으로 주목받고 있었다. S4사는 파산 직전에는 중국 상하이에 본사를 이전할 계획을 가지고 있었으므로, S4사의 젊은 종업원 중에는 외국에서 일하고 싶어서 S4사에 취직한 사람도 많았다.

28) 이를 근무일수 21로 나누면 이 두 사람은 하루 9.4시간과 9.3시간 일한 것이 된다. 필자는 이 두 사람과 인터뷰 했는데, 이 장시간 노동은 분명히 자발적인 것이었다. 198시간 근무한 파트타이머인 사사키(佐々木) 씨는 집이 S4점 바로 옆에 있는 50대 후반의 독신 여성이었다(2년 전에 사별. 자녀들은 다 커서 자립). 사사키 씨는 귀가 후에도 항상 매장에 신경을 집중하고 저녁 식사 후 스스로 전화를 걸어 점포 상황을 확인하고, 필요하다고 판단되면 다시 출근했다. 196시간 근무한 사토(佐藤) 씨는 남편과 함께 살고 있었지만 마찬가지였다. S4점을 조사하면서 필자가 놀란 또 다른 것은 베테랑 파트타이머들이 조금이라도 더 많은 일을 해내기 위해 아무도 보지 않는 점포 후방에서 뛰면서 일을 하는 것이었다. 하지만 그런 그녀들의 임금은 2000년 4월부터 실시된 개정 임금제도에 의해 삭감되었다.

29) 주부 파트타이머의 헌신은 S4사만의 특별한 것은 아니다. 필자는 1999년 5월에 ABC 유니온 유통부회가 개최한 1박 2일의 파트타이머 교류회에 참가한 적이 있다. 가맹 노조별로 몇 명씩 파트타이머가 참가해 100명 이상(대부분 주부 파트타이머, 전원 여성)이 모인 교류회였다. 주부 파트타이머들의 발언을 듣고 필자가 놀란 것은 회사에 대한 자기 동일시였다. 왜 저 저임금 노동자들이 점포의 매출을 늘리기 위해 이렇게까지 심각하게 고민하지? 왜 회사의 이익을 자신의 이익으로 생각하지? 필자는 이틀 동안 계속 이 의문에서 떠날 수 없었다.

30) 선행연구(ゼンセン同盟 1991; 林大樹 1991; 1992; 国際産業·労働研究センター 1992)에 의하면 파트타이머의 취업의식에 대해 가장 큰 설명력을 갖는 변수는 노동시간인데, 그 점은 이 연구의 질문지조사에서도 마찬가지로 확인되었다.

31) 정확히 말하면 G2사는 제도가 정비되지 않다기 보다 제도 실시가 중단된 상태였다. 1990년 중반부터 G2사의 경영실적은 고전을 면치 못하고 있었고 파트타이머의 임금 인상이 거의 중단되어 있었다. 또 G2사는 표준화 전략보다 개점(個店)주의가 강해 점포별 차이가 큰 기업인데, G2사 내에서도 G2점은 파트타이머의 처우 제도의 운영이 원만하지 않은 점포라고 알려져 있다.

32) G1사는 학생 파트를 제외한 일반인 파트의 직무 능력을 평가해 4개의 직무등급으로 나눈다. G1점에서 근속년수가 1년 이상인 일반인 파트타이머 196명 중 직무등급4는 1.0%, 직무등급3은 7.2%, 직무등급2는 30.1%, 직무등급1은 61.7%이다. G1점에서 직무등급3인 주부 파트타이머들의 매장에서의 역할과 근속년수 등을 보면, 직무등급3은 주임등급 수준이라고 판단된다.

33) 면접 대상의 이름은 모두 가명이다. 면접 대상의 개인 사항은 〈부표 1〉~〈부표 6〉을 참고할 것.

34) 미와 씨의 노동시간은 현재는 하루 7시간(월 23일)이지만 5년 전까지는 하루 5시간이었다.

35) G3사의 실적 부진으로 정사원의 보너스가 적은 것도 원인이지만, G3사 롱타이머의 임금은 다른 기업에 비해 높은 편이다. 인사부 차장과의 인터뷰에 따르면, 노동조합이 강하기 때문이다. G3사의 롱타이머는 전원 조합원이다.

36) G2점의 반찬 매장은 자회사가 운영하고 있는데 주임은 남성이다.

37) 이 신입사원 본인과의 인터뷰에 따르면 그는 학생 시절 G3점 청과매장에서 아르바이트를 했는데, 장인적인 존재인 G3점 청과주임의 업무능력에 반해 그 사람에서 일을 배우고 싶어서 G3사에 입사했다.

38) 참고 사례인 C사 정사원 중 여성 비율은 28.7%(2004년).

39) 2003년 6월에 7등급인 여성 점장이 한 명 탄생했다. S4사의 2003년 6월 등급별·성별 사원 분포를 보면 여성 정사원 중 담당자의 비율(1~3등급)은 66.7%로 약간 떨어졌다.

40) 일반적으로 이 문제에 대해 신선 매장은 근력을 필요로 하는 노동이 많기 때문이라고 알려져 있다. 그러나 신선 매장에서 평균적인 여성의 근력으로 어려운 작업은 선어매장의 참치 자르기(マグロ下ろし 참치 한 마리를 통째로 도마 위에 올려놓고 뼈를 발라내고 사시미를 만들 수 있는 고기 덩어리로 잘라내는 것) 정도다. 현재 상태로도 참치 자르기를 제외한 모든 근력노동을 주부파트타이머들이 하고 있어서 근력 때문에 여성이 배치될 수 없는 것은 아니다. 실제로 S1사에서는 1990년대 들어서부터 20대의 여성정사원을 신선매장에 배치하고 있고 그것을 조건으로 채용한다. 그런데 많은 대졸 여성이 신선 매장을 기피하는 것도 사실이다. 정육이나 선어 매장은 냄새와 추위, 청과 매장은 근력작업 때문에 기피 대상이 된다. 결국 기업측도 젊은 여성들도 중년 여성은 3D노동도 할 수밖에 없지만, 젊은 여성이 할 일은 아니라는 인식을 공유하고 있는 것이다. 이것이 유통업만의 현실은 아니다.

41) 대졸이면 늦어도 입사 후 5년이 지나면 주임으로 승진할 것으로 기대된다.

42) 정사원 중 여성비율이 9.4%에 불과하지만, S4사에서도 같은 현상을 볼 수 있다. 등급별·성별 평균근속년수(2003년 6월)를 보면 1등급 남성 1.98년, 여성 3.74년, 2등급 남성 3.74년, 여성 5.46년, 3등급 남성 7.59년, 여성 8.14년, 4등급 남성 13.38년, 여성 12.43년으로 승격에 걸리는 기간이 남성보다 여성이 길다.

43) 대졸 여성정사원인 G1점 구보 씨는, 입사 2년째(근속 1년)에 5등급으로 승격하여 매장 주임이 되었다. 그러나 그 후 10년이 지난 2003년까지 5등급 주임으로 남아 있었다.

44) G3 노조가 설정한 남성 노동자의 연령별 부양가족수는, 25세 1명, 27세 2명, 30세 3명이다. 즉, 남성 노동자는 25세에 결혼해 27세에 첫 아이, 30세에 둘째 아이를 낳는다고 설정한 것이다. 또 부양가족의 수는 46세에 2명, 49세에 1명으로 줄어, 자녀는 고등학교를 졸업하면 부모로부터 자립하는 것으로 설정되어있다. 이러한 남성 노동자의 가족주기는 G3노조 자체의 설정은 아니다. 35세 표준 노동자가 제조업의 기준인 반면 유통업에서는 30세 표준 노동자를 기준으로 하고 있다.

45) 디자이너, 건축사, 약제사에게 지급되는 수당

46) G2사 관동 블럭의 단축근무자는 1991~1994년 3명, 1995년 6명, 1997년 7명, 1998년 3명이고, 중복자를 제외하고 9년간 18명이 이 제도를 이용했다.

47) 구보 씨는 2001년 11월에 출산하고 1년간 육아휴직을 한 후, 2002년 11월부터 2년간 육아단축근무를 했다. 2003년 8월 현재 G1점에서만 4명의 여성 정사원이 육아단축근무를 하고 있었다.

48) 근속 23년의 대졸자이며, 점장과 식품 매니저보다 판촉 매니저보다도 선배인 호리구치 씨가 주임이라는 점은 슈퍼마켓 기업에서 여성 정사원의 위치를 단적으로 보여준다. 연간소득이 그녀의 4배에 가까운 그녀의 남편은 그녀의 일을 용돈벌이라고 생각하기 때문에 "그렇게까지 일할 필요 있어?" 라며 그녀의 일을 "항상 바보 취급한다."

49) 나가세 노부꼬(永瀬伸子, 1997)의 연구에 따르면 기혼여성의 정사원 취업선택에 가장 설명력이 큰 변수는 '(자녀의) 조부모와의 동거'다.

50) 필자가 한국에서 수행한, 부당해고에 저항해 510을 넘는 장기투쟁을 진행한 기혼여성들과의 면접에서도 남편은 투쟁참여를 저해하는 요인 중 하나였다.

제2장

기업: 제한적 내부화와 구별 짓기

이 장에서는 기업이 어떻게 파트타이머의 숙련 향상과 '직무-보상 격차'의 재생산을 동시에 추구하고 있는지를 분석한다. 즉 저임금 노동자의 숙련 향상이라는 모순을 합리화하기 위해 필요불가결한, 차별적 처우에 대해 파트타이머의 동의를 어떻게 창출하고 있는지를 구체적으로 규명한다. 나아가 기업의 파트타이머 노무관리가 남성생계부양자형 젠더 시스템에 기반하고 있음을 밝히고, 질적 기간노동력화의 양극단에 있는 두 기업의 파트타임 노동 사용전략을 비교분석하여 기업의 노무관리 전략의 차이 자체가 젠더 시스템에 기초하고 있음을 재확인한다.

기업전략을 분석하기 위해 필자가 만든 〈구별 짓기(demarcation)〉와 〈제한적 내부화(limited assimilation)〉라는 개념을 사용한다. 〈구별 짓기〉는 대다수의 파트타이머가 가족 책임의 일차적 책임자라는 점을 인정하면서 가족책임을 수행할 수 있도록 정사원과 파트타이머의 노동방식에 차이를 두는 것을 가리킨다. '내부화'란 내부노동시장의 기준으로 거론되는 승진·승격, 외부노동시장에 비해 상대적으로 높은 임금, 안정된 고용 등이 파트타이머에도 적용되는 것을 의미한다. 그러나 그 내부화는 정사원의 내부화에 비해 매우 '제한적'이다. 제한적 내부화를 〈선별적 내부화(selective assimilation)〉와 〈의사 내부화(pseudo-assimilation)〉로 구분한다. 〈선별적 내부화〉는 전체 파트타이머가 아니라 일부를 선발해 내부화함을, 〈의사 내부화〉는 선발된 파트타이머에게 적용되는 내부화 규칙이 정사원의 내부화 규칙과 비슷해 보이지만 본질적으로 다른 것임을 나타내기 위한 개념이다.

1. 기업의 과제: 두 마리 토끼 쫓기

1970년대 오일 쇼크 이후 일본에서는 여성의 노동력화와 노동력의 여성화가 급진전되었는데, 그 중심에는 유배우 여성의 파트타임화가 있다. 파트타임 노동시장의 성장은 1990년대의 장기 불황과 함께 더욱 급속해져 2010년 현재의 단시간 노동자는 비농림업 전체 노동자의 26.6%, 여성 노동자의 43.0%에 이르고 있다[1]. 제1장에서 보았듯이, 슈퍼마켓 업계에서 파트타이머의 비율은 노동시간을 기준으로 해도 종업원의 70~80% 수준이다.

기업이 파트타이머를 늘이는 이유가 임금 비용 절감을 위해서라는 것이 어떤 의미에서는 상식일지도 모르지만, 〈표 2-1〉을 보면, 이런 경향은 1990년대 이후 본격적으로 증가했음을 알 수 있다. 즉, 전체 산업에서 "인건비가 저렴하기 때문에" 파트타이머를 고용하는 기업이 1990년에는 21.0%에 불과했지만 2001년에는 세 배 이상 늘었다. 2006년 조사에서는 "업무가 증가했기 때문"이라는 선택지 자체가 없어지는 한편, "일시적인 바쁨(繁忙)에 대처하기 위해" 나 "고용조정이 용이하니까"라고 답변하는 기업이 점점 늘고 있다. 1990년대 이후, 파트타이머는 비용 절감뿐만 아니라 고용 조정의 대상도 된다. 소매업의 답변 동향은 전체 산업과 큰 차이는 없지만, 인건비 절감과 함께 하루의 바쁜 시간대에 대응하기 위해 파트타이머를 채용한다는 응답이 많아 하루의 업무량이 시간대에 따라 크게 달라지는 소매업의 특징이 파트타이머의 양적인 기간노동력화의 중요한 요인 중 하나임을 알 수 있다.

임금 비용 절감을 위해 파트타이머를 고용한다는 것은, 파트타이머와 정사원의 임금 격차가 크다는 것을 의미하며, 실제로 임금 격차는 계속 확대되어 왔다. 2010년 현재 정사원보다 노동시간이 짧은 여성 단시간 노동자의 평균근속연수는 5.4년이다. 그럼에도 불구하고 상여금을 포함한 시간당 임금은 여성일반노

〈표 2-1〉 기업이 파트타이머를 고용하는 이유(중복 응답)

단위: %

	전산업				소매업		
	1990	1995	2001	2006	1995	2001	2006
인건비가 싸니까	21.0	38.3	65.3	71.0	48.8	68.9	75.8
하루의 바쁜 시간대에 대처하기 위해	36.4	37.3	39.3	39.5	54.5	45.4	43.8
간단한 업무내용이니까	33.9	35.7	31.4	36.8	35.2	34.0	44.7
일시적인 바쁨에 대처하기 위해	5.5	9.3	27.3	23.8	10.9	25.8	22.9
사람을 모으기 쉬우니까	25.7	19.9	17.8	29.5	29.7	25.3	42.8
업무가 증가했으므로	39.6	29.8	17.1	-	31.2	16.0	-
고용조정이 용이하니까	-	12.4	16.4	21.9	-	-	17.8

자료출처: 厚生労働省『パートタイム労働者総合実態調査』各年版

동자의 59.8%, 남성일반노동자의 41.1%에 불과하다(기준내임금은 각각 69.7%와 49.2%, 総務省『賃金構造基本統計調査』). 여기에 임금의 10% 전후인가 퇴직금과 12% 정도에 해당하는 사회보험 비용 및 그 외 여러 가지 기업복지비용을 합치면 파트타이머와 정사원의 임금 격차는 더욱 확대된다[2].

그러나 모든 파트타이머가 저숙련 노동자라면 일을 맡기기에는 한계가 있기 때문에, 아무리 값싼 노동력이라도 기업은 파트타이머를 무작정 늘릴 수 없다. 파트타이머가 종업원의 대다수를 차지하는 슈퍼마켓에서는 더더욱 그럴 것이다. 이미 살펴본 바와 같이, 슈퍼마켓 기업은 파트타이머의 양적 기간노동력화와 함께 질적 기간노동력화도 진행하고 있다. 2000년대에 들어서면서는 인사제도를 개정해 파트타이머에게 소규모 점포의 점장까지 맡기는 것을 목표로 하고 있다(金英, 2009). 그런데 직무와 처우간의 격차가 확대되는 것은 파트타이머의 입장에서 보면 더 낮은 임금으로 더 어렵고 책임 있는 일을 하는 것이기 때문에 많은 파트타이머는 이런 현실에 불만을 가질 가능성이 높다. 따라서 이런 일이 장기지속되기는 결코 쉽지 않다. 그러나 현실에서는 직무와 처우의 불균형이라는 모순된 현상이 안정적으로 확대재생산 되고 있다. 일본에서는 왜 이런 일이 일어나는가? 왜 모순은 폭발하지 않는가?

일본에서는 정사원은 내부노동시장에, 파트타이머는 외부노동시장에 속하기 때문에 임금결정의 원칙이 다르다는 말을 쉽게 들을 수 있다(パートタイム労働に係る調査研究会, 1997: 47-8). 다시 말해 적용되는 임금 제도가 다르기 때문에 임금 격차가 발생한다는 것이다. 또 노동시장분절에 관해 말할 때 외부노동시장의 노동자들은 미숙련 노동자라고 전제된다. 그러나 많은 조사가 밝히고 있는 것처럼 일본의 파트타이머를 미숙련 노동자로 규정할 수는 없다. 그렇다면 외부노동시장에 속하는 저임금 노동자의 숙련은 어떻게 해서 향상할 수 있는가?

저임금 노동자에게 발생할 수 있는 낮은 숙련과 정착성 문제에 대한 기업의 대책으로는 크게 두 가지를 생각할 수 있다.

하나는 업무를 고도로 표준화, 즉 탈숙련화하여 대체가능성을 높이는 것이다. 이 경우 해당 노동자의 기업 내 정착과 숙련도가 낮은 것은 그다지 문제가 되지 않을 것이다. 그러나 제조업과 달리 서비스 산업의 경우는 아무리 표준화하더라도 표준화되지 않는 부분이 남는다. 더구나 일본 기업처럼 조직 통합력을 중요시하는 경우, 표준화를 통한 탈숙련화는 일정 수준의 한계를 내포할 수밖에 없다.

다른 하나는 파트타이머의 숙련수준을 상승(질적 기간노동력화)시키는 것이다. 그런데 파트타이머의 질적 기간노동력화는 정사원과 마찬가지로 노동자의 이동으로 인해 발생하는 비용을 상승시킨다. 때문에 기간노동력화와 더불어 기업은 파트타이머를 기업내부에 정착시켜야 하는 과제를 안게 된다. 이 때 기간노동력화된 파트타이머를 정사원과 마찬가지의 방식으로 내부노동시장으로 흡수한다면 기업 내 정착성이 낮은 문제는 해결될 수 있지만 애초에 파트타임 고용이 목표로 하고 있던 비용절감을 달성할 수 없게 된다. 따라서 기업은 정사원과는 다른 방식으로, 즉 '돈이 덜 드는' 방식으로 고숙련의 파트타이머를 기업 내에 정착시킬 방안을 모색해야 한다.

돈이 덜 드는 방식으로 고숙련의 파트타이머를 기업 내에 정착시킨다는 것은 정사원과 파트타이머의 내부화 방식과 수준이 다르다는 것을 의미한다. 전부가 아닌 일부의 파트타이머에게만 숙련 고도화의 가능성을 제공(선별적 내부화)하는 동시에 근속이 길어질수록, 숙련이 높아질수록 정사원과 파트타이머의 임금 격차가 확대되는 구조(의사 내부화)다. 이를 통해 기업은 파트타이머의 숙련 향상과 비용 절감이라는 두 마리 토끼를 쫓을 수 있다. 그러나 이런 제도는 본질적으로 직무와 처우 간의 불균형을 전제하는 것이기 때문에 파트타이머는 이 제도에 전면적으로 동의하기 어렵다. 따라서 기업은 이 모순적 장치에 대한 동의를 얻기 위한 장치도 같이 설치할 수밖에 없다. 이 동의획득 장치에는 파트타이머들이 대부분 가족책임의 전담자인 주부라는 사실을 적절히 활용된다.

2. 선별적 내부화: 파트타이머 고용 구분

1) 파트타이머의 등급화, 서열화

파트타이머가 종업원의 대다수를 차지하는 슈퍼마켓 기업은 파트타이머를 하나의 집단으로 취급하는 동시에 하나의 집단으로 취급하지 않는다. 기업이 파트타이머를 하나의 집단으로 취급할 때는 정사원이 아님을 강조할 때다. 그러나 파트타이머의 양적·질적 기간노동력화 하에서 기업은 파트타이머를 여러 집단으로 구분하여 관리할 필요에 직면하게 되었고 1970년대 중반 이후, 이 구분은 제도로 정비되어 왔다.

일반적으로 슈퍼마켓 기업에서는 비정규 사원을 촉탁, 계약직, (다양한 호칭)의 파트타이머, 아르바이트로 나눈다. 촉탁과 계약직은 대부분 풀타이머이지만 반드시 모두가 풀타이머는 아니다[3]. 아르바이트는 단시간 노동자이다. 파트타이머의 노동시간은 다양하며, 풀타이머도 포함된다. 즉 소정근로시간이 주 40시간인 G1사의 커리어 사원도 파트타이머로 분류된다. 파트타이머에 공통되는 것은 상대적인 의미든 절대적인 의미든, 노동시간의 길이가 아니다. 임금형태가 시간급인가 월급인가도 아니다. 그 공통점은 이른바 '파트적 취급'이며, '파트적 취급'의 토대는 성별과 혼인상태, 즉 젠더다. 1장에서 보았듯이, 파트타이머라고 불리는 사원의 대부분은 주부 파트타이머다. 앞으로 검토하는 바와 같이 파트적 취급의 핵심은 주부협정에 기초한 노무관리, 즉 제한적 내부화와 구별 짓기다. 파트타이머는 인사 제도상의 명칭이 아니다. 인사 제도상에서의 명칭은 기업에 따라 다양하며, 예를 들어 플렉스 사원이나 파트너 사원 등이다. 그러나 관리직이나 노동조합의 임원들이 이들을 일괄해서 칭할 때는 '파트' 또는 '파트타이머'라고 부른다[4].

기업은 호칭과 처우를 가지고 파트타이머와 아르바이트를 반드시 구분한다. 아래에 인용한 발언에서 알 수 있듯이, 아르바이트는 지시한 일을 지시대로 수행하는 미숙련 노동력이며, 고용 조정이 필요한 경우 가장 먼저 대상이 되는 종업원이다. 그녀·그의 이동은 점포나 매장운영에 거의 영향을 주지 않는다. 그러나 이른바 파트(타이머)는 불안정 고용의 대상이 아니다. 파트타이머는 자신의 책임 하에 판단 업무를 수행할 것으로 기대되는 기간적 노동력이며, 그녀의 이동은 작업장의 원활한 운영에 지장을 초래한다. 학생들은 모두 아르바이트로 분류되는데, 주부인 단시간 노동자는 모두가 파트타이머로 분류되는 것도 아니다. 〈표 2-2〉에서 알 수 있듯이, 일부 주부 파트타이머는 노동자는 아르바이트로 분류된다.

> 학생은 오늘 출근했더라도 내일도 올지 안올지 모르는 놈들이고, 안와도 이쪽도 큰 지장이 없지만, 주부 파트는 달라요. (B사 노조 전임, 대졸 남성, 40대 후반)

〈표 2-2〉 사례기업의 파트타이머 고용구분별 정의

	고용구분	취업규칙상의 정의
G1	계약사원	1년 계약의 풀타임 종업원. 점포보안, 신선기술직, 약제사, 나이트 매니저, 스탭, 상품부 직무직, 또는 60세 정년 후의 재고용자
	커리어 사원(파)	1년 계약의 풀타임 종업원. 준사원적 위치.
	플렉스 사원(파)	계약기간 6개월 이내의 종업원으로 정해진 근무시간 중에 포괄적 지시 또는 구체적 지시에 기초해 업무를 수행하고 책임을 완수하는 자.
	아르바이트	정해진 근무시간 중에 상사의 지시에 기초하여 근무하는 자.
	스쿨 아르바이트	고등학교 및 대학교에 재학하는 학생으로 계약기간 3개월 이내.
	시니어 아르바이트	계약기간 6개월 이내, 원칙적으로 60세 이상.
	시즌 아르바이트	2개월 이내의 단기간으로 고용하는 자.
G2	전문사원	특정의 위탁업무를 수행하는 전문적, 특수지식기능기술을 보유한 자.
	계약사원	선고심사에 합격하여 소정의 절차를 거쳐 고용된 종업원.
	프렌드 사원(파)	1주 간의 소정노동시간이 통상의 노동자의 소정노동시간에 비해 짧은 자. (노동시간에 따라 프렌드A와 프렌드B로 나뉘어짐.)
	아르바이트	고등학교 이상 각급학교에 재학 중인 학생으로 개별계약에 의해 소정노동일 및 소정노동시간근무가 가능한 자.
G3	프렌드 사원(파)	장기에 걸쳐 근무가능한 메이트 사원 중, 본인이 희망하여 회사가 부문의 관리자가 될 수 있는 능력이 있다고 인정한 자.
	메이트 사원(파)	장기에 걸쳐 근무가능한 준사원 중 회사의 등용시험에 합격한 자.
	준사원(파)	1주 5일 이상, 4주간을 평균하여, 1일 6시간 이상 8시간 이하 근무가능한 자.
	파트타이머(파)	1주 5일 미만, 또는 4주간을 평균하여, 1일 6시간 미만 근무하는 자.
	아르바이트	1일 8시간 이하 근무하는 자.
S1	통칭: 스토어 사원	다음의 각 호에 해당하며, 소정의 절차에 따라 스토어 사원군으로서 고용계약을 체결한 자 1. 자신의 거주지에서 통근가능한 점포 내지 사업소에서 근무하는 자 2. 근무일수, 시간대 등의 노동조건에 대해 개인별로 계약하여 근무하는 자 3. 고용기간은 1년 이내.
	엑스퍼트(파)	통근가능한 범위 내에서의 점포간 이동에 응할 수 있음과 더불어 1주 33시간 이상의 근무계약을 행하고 동시에 교대 근무 등 회사가 필요로 하는 근무조건에 대응할 수 있는 자.
	파트너(파)	1일 6시간 30분 이상, 주 5일 이상 근무하는 자.
	헬파	1일 6시간 미만으로 특정의 기간, 요일, 시간대만 근무하는 자.
S2	통칭: 파트너 사원	소정의 절차에 따라 채용되어 파트너 사원으로서의 신분을 가진 자.
	프레쉬 파트너 1(파)	1주의 소정노동시간이 30시간 이상 35시간 이하, 동시에 1일의 소정노동시간이 8시간 이하, 사회보험, 고용보험가입자.
	프레쉬 파트너 2(파)	주 3일 이상의 근무계약자 중 1주의 소정노동시간이 30시간 미만인 자.
	나이스 파트너	대학 등에 재학 중인 고졸 이상의 근무계약자, 또는 주 2일 이상의 근무계약자.
	유스 파트너	나이스 파트너 이외로 고교에 재학 중인 근무계약자.
	헐리데이 파트너	일요일 및 휴일만 근무하며 또 1일 실노동시간 6시간 이상 8시간 미만인 자.
S3	파트너 사원(파)	원칙적으로 15세 이상, 1일의 실노동시간이 7시간 45분 미만인 자, 또는 특정일의 특정시간에 근무하는 자로서 다음의 각 호의 어딘가에 해당하는 자. 1일의 실노동시간이 4시간 미만인 자는 제외. 1. 2개월 이내의 기간을 정해 고용된 자 2. 6개월 이내의 기간을 정해 고용된 자 3. 앞의 두 항목 이외에 특정의 기간을 정해 고용된 자 4. 특정의 기간을 정하지 않고 고용된 자.
	아르바이트	실노동시간이 4시간 미만인 자 및 학생 아르바이트.
S4	플렉스 사원(파)	1년간의 계약으로 종사하는 것을 전제로 하여 고용된 자.
	아르바이트	취업규칙없음.

주: (파)는 사례기업의 노동현장에서 파트타이머로 분류/호칭되는 노동자.
자료출처: 사례기업「취업규칙」

△△씨는 아르바이트가 아니라 프렌드 사원이니까 아르바이트 업무지시도 해야 하고 우리도 기대가 더 높지요. (S3점 점장, 대졸남성, 42세, 근속 20년)

플렉스 사원이 되면 책임이 생기는 것이 싫다면서 굳이 아르바이트를 하겠다는 사람들도 있어요. (S4노조 전임간부, 고졸 남성, 39세, 근속 21년)

프렌드 사원은 기본적으로 매장의 관리자가 될 수 있는 능력을 가진 사람이라는 기준으로 만든 제도입니다. 중도입사한 사원하고 같다고 보는 거지요. 그래서 퇴직금도 만들고 계약기간도 무기계약으로 한 거고… (G3노조 전임간부, 대졸 남성, 43세, 근속 21년)

〈표 2-2〉은 사례기업의 취업 규칙에서 비정사원의 각 범주에 대한 정의를 정리한 것이고 〈표 2-3〉은 비정사원의 고용계약조건을 정리한 것이다. 취업 규칙이라는 회사의 공식 문서가 다양한 범주의 비정사원의 존재를 어떻게 규정하고 있는지를 보면 다음을 알 수 있다[5].

첫째, 노동시간의 길이에 관계없이 비정사원은 고용계약기간이 1년 이내인 종업원이다. 즉, 사례기업에서 정사원과 비정사원을 구분하는 일차 기준은 노동시간의 길이나 직무가 아니라 "기간의 정함이 있는" 고용인가 아닌가다. 다음의 대화에서 잘 알 수 있듯이, 기간제고용은 기업이 비정사원을 통제하는 가장 유력한 수단의 하나이다.

부장 (전 인사 부장): (조금 눈치를 보는 표정으로) 요즘 어때?
사원 (교육담당, 최근에 점포를 돌면서 파트타이머에 대한 교육을 실시하고 있다): 제일 힘든 거는 내가 해결할 수 없는 상담을 받을 때예요.
부장: 뭔데?
사원: 점장들이나 매니저들이 지네가 지시한 거를 지네는 안한다든가. 고객에게 인사하는 것도 그렇고. 관리자가 누구한테 심하게 굴었다든가 그런 거요.
부장: 직접 항의하라고 하지. 그런 놈들은 욕먹어야지.

사원: 그런 거 지적한 사람들은 다 다음 번 계약 때 계약중지당했기 때문에 자기는 말 못한다고 한다고요

부장: 그런 일은 없어. 정말이야. G2에서 그런 일은 없어.

사원: (짜증내면서 약간 목청을 높여) 그런 일이 실제로 있든 없든 파트타이머들이 그렇게 생각하게 만들었다는 게 문제 아니에요? 파트들은 정말로 그렇게 생각한단 말이에요. 그래서 불만 있어도 말도 못한다고요.

(2003년 9월, G2사 인사부 회식[6])

둘째, 비정사원 내에서 풀타이머와 파트타이머가 구분될 뿐 아니라 파트타이머 내부도 몇 개의 집단으로 구분된다. 비정사원 내부의 구분선은 노동시간 및 계약기간이다. 비정사원 내부의 사원 구분은, 각 집단의 노동자에게 기업이 부여하는 중요도를 반영하는 것으로 위계를 형성하는 것이기도 하다. 그리고 일선 점포에서 각각의 노동자들에게 어떤 수준의 책임을 맡길 것인가를 나누는 기준이기도 하다. 이런 기준은 G1사 및 G3사의 정의에서 잘 나타난다. G1사의 취업규칙에서는 플렉스 사원은 "포괄적 지시 또는 구체적 지시에 따라" 업무를 수행하는 종업원이며 아르바이트는 "상사의 지시에 기초하여 업무를 수행하는" 종업원이다. 또 G3사의 프렌드 사원은 "부문의 관리자(매장주임-필자)가 될 수 있다고"고 기업이 판단하는 종업원이며, 메이트 사원은 "준사원 중 등용시험에 합격한" 종업원이다.

또 이 구분선은 파트타이머들이 서로를 구별정립하고 위계화시키는 기준이기도 하다. 예를 들어 연구자가 인터뷰를 한 파트타이머들은 모두 주부 파트타이머로, 소위 아르바이트가 아닌 사람들이었는데, 그들에게 매장의 인원구성에 대해 질문하면 반드시 기업의 구분선에 따라 응답한다. 즉 연구참여자가 G3사의 주부파트인 경우, 그녀는 매장의 인원구성을 (정)사원 ○명, 프렌드 사원 ○명, 메이트 사원 ○명, 준사원 ○명, 파트타이머 ○명, 아르바이트 ○명으로 나누어 대답한다. 실제 파트타이머 내부의 여러 집단들은 임금을 필두로 제반 노

동조건 및 기업 내 지위 등에서 위계적 서열구조를 형성하고 있으므로 그녀들 자신에게는 본인이 프렌드 사원인가 파트타이머인가는 매우 중요한 구분선이다. 하지만 기업의 관리자들이나 노동조합 간부들은 특별히 고용관리제도에 대해 설명할 때가 아니면 이들을 모두 묶어서 "파트타이머"라고 통칭한다.

셋째, 파트타이머 활용에 적극적인 기업들은 그렇지 않은 기업들보다 파트타이머를 더 세분화하며, 파트타이머 내의 각 집단의 정의를 구체화하고 정의 그 자체에서 핵심노동조건을 명시하는 경향이 있다. 파트타이머의 활용에 소극적인 G2사의 프렌드 사원 정의는 정사원보다 노동시간이 짧다는 것 이외에는 내용이 없다. 또 제한적 기간노동력화형인 G1사의 플렉스 사원 정의노 매우 애매하다. 하지만 사례기업들 중 파트타이머 활용에 가장 적극적인 S1사의 경우 파트타이머 전체를 스토어 사원이라고 통칭하고 각 집단에 대해 전근, 배치전환 여부 및 교대근무제 여부에 대해서까지 상세히 규정하고 있다. 적극적 기간노동력화형인 G3사의 경우도 마찬가지로 등용기준, 기대역할 및 노동시간 등을 상세히 규정하고 있다.

넷째, 명칭 자체에서 파트타이머 내부의 집단들이 계층화되어 있음을 알 수 있다. 즉 아르바이트는 그냥 아르바이트이고 파트타이머는 어떤 이름이 붙었던 '사원'으로 명명되고 있다. 이런 호칭을 통해 파트타이머는 비정사원이지만 기업에 정착할 것이 기대되는 '사원'이지만 아르바이트는 그렇지 않음을 짐작할 수 있다. 또 아르바이트를 제외한 파트타이머 집단들의 이름에 친구, 동료라는 의미의 영어단어가 많이 사용되고 있는 것이 흥미로운데 결국 이들이 정사원의 동료라는 점을 강조하기 위한 것이다.

다섯째, 대부분의 기업에서 일반인 파트타이머7)와 학생 파트타이머를 구분관리하고 있으며 학생은 대부분 아르바이트로 분류되고 있다. 취업규칙에서 학생과 일반인을 구분하지 않는 기업들도 실제 기업 서류에서는 아르바이트 내부를 학생과 일반으로 나누고 있다. 그리고 학생의 경우 아르바이트로만 고용한

〈표 2-3〉 사례기업 비정사원의 고용구분별 계약조건

		고용 계약기간	시용 기간	노동시간	변형노동 시간제	이동. 배치전환	임금 형태
G1	계약사원	1년	×	1일 8시간	○	○	월급
	커리어 사원	1년	×	1일 8시간	○	○	시급
	플렉스 사원	6개월	×	월 150시간 미만, 개별계약.	○	○	시급
	아르바이트	2개월, 3개월, 6개월	×	개별계약, 시니어 아르바이트 월간 120시간 미만	18세 이상 ○	×	시급
G2	계약사원	1년	2개월	개별계약	○	○	월급
	전문사원	1년	2개월	개별계약	○	○	월급
	프렌드 사원	6개월	3개월	월 130시간 이하, 특별한 경우 월 164시간	○	×	시급
	아르바이트	2개월	×	개별계약	×	×	시급
G3	프렌드 사원	무기고용	2개월	1주 5-6일 이하, 1일 6-7시간	○	×	월급
	메이트 사원	1년	2개월	1주 5-6일, 1일 6시간	○	×	월급
	준사원	1년 이내 개별계약	2개월	1주 5일 이상, 4주간평균 1일 6- 8시간	○	×	시급
	파트타임	상동	2개월	1주 5일 미만 또는 4주간 평균 1일 6시간 미만	○	×	시급
	아르바이트	상동	2개월	1일 8시간 이하	○	×	시급
S1	엑스퍼트	1년 미만	3개월	1일 7.5시간, 주 5일	○	○	월급
	파트너	상동	일정기간	1일 6.5시간, 주 5일	○	×	시급
	헬파	상동	×	1일 6시간 미만	○	×	시급
S2	프레쉬파트너 1	12개월	최초 15일	1주 30-35시간	×	○	시급
	프레쉬파트너 2	6개월	상동	1주 30시간 미만	×	○	시급
	나이스 파트너	6개월	상동	주 2일 이상 근무	×	○	시급
	유스 파트너	6개월	상동	개별계약	×	○	시급
	헐리데이파트너	6개월	상동	일요일, 휴일 근무, 1일 6-8시간	×	○	시급
S3	파트너 사원	개별 계약*	무기고용 계약시 3개월	1일 7시간 45분 미만	8월, 12월 ○	○	시급
	아르바이트	6개월	×	1일 6시간 미만	상동	×	시급
S4	플렉스 사원	6개월		1일 노동시간 7시간 이상 플렉스A, 6-7시간 플렉스B, 4-6시간 플렉스C, 4시간 미만 플렉스D	○	○	시급
	아르바이트	3개월		1일 2시간	○	○	시급

* 취업규칙에는 개별계약으로 되어 있지만, 실제로는 기간을 정하지 않는 경우가 대부분이다.
자료출처: 사례기업 「취업규칙」

다. 학생에게는 기업정착성을 기대할 수 없기 때에 이들은 특별한 고용관리의 대상이 아니다.

마지막으로 S1사의 파트타이머 중 엑스퍼트는 파트타이머임에도 불구하고 점포이동과 교대근무가 가장 핵심적인 근무조건으로 명시되어 있는 점이 특징적이다. 뒤에서 살펴보겠지만 이 두 조건은 다른 사례기업들뿐만 아니라 유통업기업 일반에서 파트타이머와 정사원의 근무조건의 결정적인 차이이다.

위에서 파트타이머로 분류되는 종업원의 공통점이 '파트적 취급'이라고 말했지만, 파트타이머의 계약 조건을 정리한 〈표 2-3〉을 통해 소위 파트적 취급에 대해 상세히 검토한다. 파트타이머의 고용구분별 정의 자체에 계약기간과 노동시간이 명기되어있는 경우가 많은 것처럼, 고용구분별로 계약조건이 다르기 때문에 구용구분별로 정리했다. 〈표 2-3〉를 보면 다음과 같은 특징을 알 수 있다.

첫째, 노동시간의 길이가 파트라는 호칭의 기준이 아니다. 즉, G1사의 커리어 사원, G2사의 프렌드 사원의 일부, G3사의 프렌드 사원 및 준사원의 일부는 정사원과 근로 시산이 농일하다. 그러나 현장에서 그녀들의 통칭은 파트(타이머)다. 소정근로시간이 정사원보다 짧더라도, 연차까지 포함하면 연간 실노동시간이 정사원보다 길어지는 경우도 상당히 있다. 예를 들어, S1사 엑스퍼트의 절반 가까이가 초과근로 수당이 지급되지 않는 매니저 이상의 직책을 맡고 있기 때문에 1일 노동시간은 7시간 30분으로 되어 있지만, 그녀들의 실제 노동시간이 부하인 정사원보다 짧은 것은 아니다. S2사 프레쉬 파트너1의 1/3 정도의 실노동시간은 정사원의 소정근로 시간과 같거나 더 길다. S3사의 파트너 사원 중에는 1일 노동시간이 정사원보다 15분 짧은 7시간 30분인 노동자가 다수 있는데, 연차유급휴가 일수가 정사원보다 10일 적기 때문에 연간 실노동시간은 정사원과 차이가 없다.

둘째, 기업은 취업규칙에 파트타이머의 계약조건을 실제 운용보다 훨씬 엄격하게 정하고 있는데 혹여나 발생할 수도 있는 저항이나 공식적인 문제 제기를 방지하기 위해 미리 못박아 두는 것이다. 변형근로시간제, 근무지 이동 및 배치전환, 그리고 시용기간을 통해 그것을 볼 수 있다. S2사을 제외한 모든 사례기업이 파트타이머에게 변형근로시간제[8]가 있을 수 있다고 명시하고 있다. 파트타이머에게 적용되는 변형근로시간제 근무란 "회사의 사정에 따라 필요할 경우 하루 8시간, 1주 40시간을 넘어 근무시킬 수 있다"는 것인데, 연말, 세일 등 바쁜 시기에 기업의 필요에 따라 고용량을 조정하기 위한 것이다. S2사도 취업규칙에 명시하지 않았을 뿐 필요하면 요구한다. 하루 8시간 주 40시간을 넘게 근무하는 파트타이머가 일반적이지는 않지만 주임급의 파트타이머에게는 드물지도 않다. S3점 사카구찌 씨의 예처럼, 어떤 등급이든 직책을 부여받게 되면 업무를 집에까지 가지고 가는 일은 흔하다[9].

다음으로 취업규칙에서는 G2사와 G3사를 제외한 모든 사례기업들이 파트타이머에게도 이사를 동반하지 않는 점포이동 및 배치전환이 있을 수 있으며, 정당한 사유 없이 기업의 지시를 거부할 수 없다고 명시하고 있다. 하지만 실제로 파트타이머에게 점포이동을 명하는 것은 일반적으로는 불가능하다. 무엇보다 파트타이머의 고용주체는 본사가 아니고 점포기 때문에 점포이동이 성립하지 않는다[10]. 때문에 사례기업 파트타이머 중 점포이동을 하는 것은 본사에서 채용하는 S1사의 엑스퍼트뿐이다. 파트타이머에 적용할 수 있는 것은 부서간 배치 전환인데, 그것도 나중에 보는 것처럼 실제로는 매우 제한적이다.

시용기간도 현실적으로는 '미리 박아둔 못'이며, 고용 중단을 용이하게 하기 위한 안전장치다. 모든 파트타이머에 적용되는 유기고용계약 자체가 계약 종료시마다 기업의 필요에 따라 재계약 여부를 결정한다는 의미이며, 사례기업들 파트타이머의 취업 규칙에는 고용계약의 자동갱신을 금지하는 조항이 들어있는 경우도 있다. 그러나 기업 측은 주부 파트타이머에 대해서는 신뢰할 수 있는 노동력으로 평가하고 있기 때문에 실제로는 자동갱신이 많다. 일본의 고용관행이 해고에 대해 부정적인 측면도 있어서 "어차피 일단 고용하고 나면 본인이 그만두고 싶다고 할 때까지는 내쫓는 건 어렵고, 기간제고용을 해도 별 실효성이 없다"(S3사 인사책임자, 50대 중반). 따라서 시용기간을 설정해, 파트타이머에게 "당신은 시용기간 중"이라고 말해 두면 혹여나 일어날 수도 있는 고용 중지를 노동자가 순순히 받아들이게 만드는 역할을 한다.

셋째, 아르바이트는 기업의 노무관리에서 '잔여 범주'라고 할 수 있다. 파트타이머의 계약 조건은 나름대로 정해져 있지만, 아르바이트의 계약 조건은 완전히 점포에 맡겨져 있다. 이것은 노동시간과 시용기간을 통해서 알 수 있다. 아르바이트의 노동시간은 모든 사례기업에서 애매하지만, 종합슈퍼 기업은 특히 애매하다. 점포의 실제 계약을 보면 대부분의 아르바이트의 노동시간은 이른바 파트보다 짧지만 개인별 편차가 크고 간혹 1일 8시간 노동하는 사람도 있다. 또 절반 이상의 기업이 파트타이머에 대해서는 시용기간을 정하고 있지만, 아르바이트에게 시용기간이 없다. G3사 아르바이트에게 시용기간이 정해져있는 이유는 G3사에서는 이른바 파트와 아르바이트의 취업 규칙이 동일하기 때문이다. 아르바이트에게 시용 기간이 없는 것은 아르바이트로의 채용 자체가 시용적인 것이기 때문이다. 파트타이머가 아르바이트에서 선발되는 경우도 많고, 처음에는 아르바이트로 채용한 후 업무능력을 봐서 파트타이머로 전환하는 경우도 적지 않다. 예를 들어 S1사의 파트너 사원 취업규칙에서 시용기간에 관한 설명을 보면, 시용기간에는 다른 기업에서 아르바이트와 같은 고용구분인 헬퍼 계약을 하게되어 있다. S3점 점장의 설명에 따르면, 처음부터 파트너 계약을 하는 것이 아니라 처음에는 아르바이트로 일을 시켜본 후에 업무 능력을 보고 파트너 계약으로 이행한다.

이상에서 보았듯이 기업은 파트타이머의 내부를 여러 집단으로 나누고, 등급화·서열화한다. 그 목적은 파트타이머에게 임금 및 직무의 향상 가능성을 제시함으로써 숙련향상에 대해 동기를 부여하고 그 결과 숙련수준이 증가한 일부 파트타이머만 내부화하는 것이다.

2) 선별적 내부화 비율

이어서 파트타이머 중에서 어느 정도가 내부화 대상이 되고 있는지 검토한다. 〈표 2-4〉는 사례기업 비정사원의 고용구분별 규모 및 내부화 수준을 정리한 것이다. 내부화 수준은 필자가 회사의 제도를 기준으로 평가한 것이지만, 인사책임자와 노동조합 간부들과의 인터뷰를 통해 동일한 평가를 확인할 수 있었다. 내부화 수준을 판단하는 기준으로는 직능등급의 수, 승진가능성, 임금상승 폭, 노조가입자격을 사용했다. 노조가입자격을 기준으로 사용한 것은 그것이 고용안정 및 임금에 미치는 영향이 크기 때문이다.

조합원인 동시에 인사제도상 직무 및 임금의 상승 규칙이 있는 경우 ○로 했다. ○의 경우 매장 주임의 직무를 담당하는 수준까지 기대되고 정사원의 그것과는 다르지만 약간의 처우 향상 규칙이 있다. 또 조합에 가입하지 않았거나 가입했어도 직무 및 처우 상승 사다리의 높이가 그다지 높지 않은 경우 △로 했다. △의 경우 신입 사원 수준을 넘어선 일반직사원 수준의 직무를 원활하게 수행할 것으로 기대되는 층이며, 장기근속은 기대되지만 숙련 향상은 그다지 기대되지 않는다. ×는 상승 규칙이 적용되지 않는 파트타이머며, 관리직들은 이 층을 아르바이트라고 칭하는 경향이 있다. G2사의 경우 파트타이머와 아르바이트를 구분한 수치를 얻을 수 없었기 때문에 아르바이트까지를 모두 포함해 프렌드 사원·아르바이트로 했다. 전반적으로 G2사에서 프렌드 사원의 위치와 처우는 G1사의 플렉스 사원과 같은 위치의 주부 파트타이머로 고용관리의 제반 내용이 매우 유사하다

〈표 2-4〉을 보면, 먼저 기업은 모든 파트타이머를 내부화하는 것이 아니라 일부 파트타이머만 내부화하고 있음을 알 수 있다. 특히 학생들이 포함된 아르바이트는 전혀 내부화의 대상이 아니다[11]. 그리고 내부화 대상이 되는 파트타이머일수록, 내부화 수준이 높은 파트타이머 일수록 근속연수도 노동시간도 길다.

둘째, 대체로 종합슈퍼보다 식품슈퍼 쪽이 내부화 대상이 되는 비정사원 비

〈표 2-4〉 사례기업 비정사원 고용구분별 내부화 수준과 고용규모

단위: %, 세, 년

		내부화 수준	비율 (인원수)	비율 (노동시간)	평균연령	평균근속
G1	계약사원	○	0.4	-	-	-
2003.2.	커리어 사원	○	0.8	-	-	-
	플렉스 사원	△	79.3	-	-	-
	아르바이트	×	19.5	-	-	-
	합계		100.0	-	-	-
G2	계약사원	○	3.2	5.9	-	-
2003.2.	전문사원	○	3.0	5.6	-	-
	프렌드 사원·아르바이트	△·×	93.9	88.5	-	-
	합계		100.0	100.0	-	-
G3	프렌드 사원·메이트 사원	○	20.6	28.6	46.2	10.2
2001.3.	준사원	○	12.1	15.8	40.1	4.0
	실버 파트타이머	×	3.3	3.4	62.5	4.1
	파트타이머	×	47.1	41.7	43.6	3.3
	아르바이트	×	16.9	10.5	21.2	0.5
	합계		100.0	100.0	-	-
S1	엑스퍼트	○	8.8	12.6	-	11.1
2003.8.	파트너	○	37.7	48.6	-	-
	헬퍼	△	34.3	38.9	-	-
	학생헬퍼	×	19.2	0.0	-	-
	합계		100.0	100.0	-	-
S2	후레쉬 파트너 1	○	3.8	7.5	49.8	13.9
2003.8.	후레쉬 파트너 2	△	67.9	69.7	46.2	5.1
	나이스 파트너	×	11.5	10.1	20.7	1.1
	유스 파트너	×	16.7	12.7	16.8	0.3
	홀리데이 파트너	×	0.1	0.0	28.8	1.8
	합계		100.0	100.0		
S3	파트너 T	○	8.9	13.2	52.0	16.0
1999.1.	파트너 S	○	14.5	21.1	41.0	3.0
	주부 아르바이트	△	48.9	44.3	44.0	2.0
	학생 아르바이트	×	27.7	21.4	17.0	-
	합계		100.0	100.0		-
S4	플렉스 사원 A	○	19.2	-	42.9	5.6
2003.8.	플렉스 사원 B	○	21.1	-	44.2	5.0
	플렉스 사원 C	○	6.3	-	44.7	3.0
	플렉스 사원 D	△	4.4	-	49.0	3.0
	아르바이트	×	49.0	-	-	-
	합계		100.0	-	-	-

주: G1사의 수치는 종합슈퍼만의 수치가 아니라 G1그룹 전체의 비정사원 수치이다. G1그-에는 종합슈퍼와 식품슈퍼뿐만 아니라 디스카운트 스토어 등 유통업 내의 여러 업태가 포함되어 있다.
자료출처: 사례기업 내부자료

율과 내부화 수준이 높다. ○에 한정하면 G1사와 G2사 파트타이머 중에서 내부화되는 비율은 1%에도 미치지 못하고, 가장 높은 G3사의 경우에도 30%를 조금 웃도는 정도이다. 그러나 S1사와 S4사의 그것은 50%에 가깝다. 종합슈퍼 기업보다 식품슈퍼 기업 쪽이 파트타이머의 질적 기간노동력화에 더 적극적임을 여기서도 확인할 수 있다.

셋째, 동일 업태라도 기업 간의 차이가 크고, 파트타이머의 질적 기간노동력화 수준이 높은 기업은 파트타이머에 대한 내부화 수준도 높다. 사례기업의 파트타이머 중 매장 주임까지의 업무가 기대되는 사람들(○의 비율)은 질적 기간노동력화 수준이 낮은 G1사와 S2사에는 각각 0.8%, 3.8%이다. G2사의 경우 ○는 계약사원 및 전문사원뿐이고 이른바 파트 중에는 ○이 없다. 한편, 사례기업 속에서 파트타이머의 질적 기간노동력화 수준이 가장 높은 S1사의 ○비율은 46.5%에 달하고 있으며, S3사와 S4사도 각각 23.4%와 46.6%이다. 이 사실은 파트타이머의 질적 기간노동력화와 내부화 사이에는 높은 상관관계가 있다는 것, 즉 내부화라는 당근을 제공하지 않고 기업이 파트타이머를 질적 기간노동력으로 만드는 것이 어렵다는 것을 말해주고 있다.

종합적으로 보면, 사례기업의 주부 파트타이머의 내부화 범위와 수준은 질적 기간노동력화 유형과 연동한다. 〈전면적 기간노동력화형〉(S1사)에서는 ○의 비율도 △ 비율도 높고, 학생을 제외한 대부분의 주부 파트타이머를 넓고 깊게 내부화하고 있다. 〈보조 노동력형〉(S2사)과 〈제한적 기간노동력화형〉(G1사, G2사)에서는 △의 비율이 매우 높아, 대부분의 주부 파트타이머를 얇고 넓게 내부화하고 있다. 〈적극적 기간노동력화형〉(G3사, S3사, S4사)에서는 전반적으로 내부화의 대상이 되는 주부 파트타이머와 그렇지 않은 주부 파트타이머를 명확히 구분하고 있으며, ○의 비율이 23~46%로 상당히 높다.

3. 의사 내부화 1: 파트타이머의 교육 훈련 및 평가

파트타이머의 질적 기간노동력화를 도모하기 위해서는 적극적인 교육 훈련이 필요하지만 원래 교육 효과란 피교육자의 자발성과 적극성에 크게 영향을 받는다. 따라서 기업은 파트타이머가 더 높은 수준의 기능을 익히고자 하는 자발성을 가지게 만들어야 한다. 이를 위해 기업은 인사고과 및 자격제도를 설치한다. 인사고과에서 높은 점수를 받는 것 그리고 기업이 인정하는 바의 자격을 획득하는 것은 임금인상으로 연결된다. 또 자격등급은 직위 및 업무상 역할과 연결되기 때문에 자격제도는 파트타이머 내부의 승진사다리를 의미하며 파트타이머들에게 적극적이고 자발적인 피교육자가 되고자 하는 동기를 부여하는 역할을 한다.

본 절에서는 기업이 파트타이머를 어떤 방식으로 그리고 어떤 내용으로 교육하는지 그리고 교육과 자격제도가 어떻게 연결되어 있는지 살펴본다.

1) 파트타이머의 교육훈련체계

정사원 채용은 본사가 주관하지만, 파트타이머 채용은 특별한 경우를 제외하면 점포에서 채용하며, 면접을 통해 채용이 결정된다. 지원자가 이력서를 가지고 오면(가지고 오지 않는 경우도 있다), 종합슈퍼 점포에서는 관리 과장이, 식품슈퍼 점포의 경우 점장 또는 부점장이 면접을 한다. 신규점포 오픈을 위한 일괄 채용의 경우는, 식품슈퍼나 종합슈퍼 소형점포라면 100명 이상, 종합슈퍼 중대형 점포의 경우 300~500명 정도를 함께 채용하기 때문에 본사 인사부 및 인근 점포의 관리자들의 지원을 받아 면접을 실시한다. 면접은 대략 30분에서 1시간 정도에 걸쳐 실시되며, 길어도 1시간 30분을 넘지 않는다. 면접시 질문 내용은 지원 동기, 가족 상황 등 안정적으로 근무할 수 있는지 여부를 확인하기 위한 질문과 어느 매장에서 일을 원하는지 등이 중심이다.

S2사 파트타이머 면접표를 보면, 지원자 본인에게 확인해야 하는 사항은, 지원 동기, 직무 경험, S2사에서 일한 경험, 집에서 점포까지의 거리, 통근 방법, 현재 취업 여부, 연간소득 및 직종 희망, 근무가능일수, 휴일출근 가능 여부, 연말연시 근무가능 여부, 재고수량점검 및 재고정리작업 참가시간, 원하는 쉬는 요일, 근무 예정일. 향후 매장 변경 가능성으로 되어 있다. 또 면접표 뒷면에는 면접자의 의견을 기록하게 되어있다.

채용 후 교육 훈련은 Off-JT와 OJT로 나뉜다. 일본기업의 기업 내 교육이 전통적으로 OJT중심이었듯이 유통업 기업에서도 마찬가지고 파트타이머에 대해 특히 그 경향이 강하다[12]. 아래에서는 파트타이머에 대한 교육훈련을 먼저 Off-JT와 OJT로 나누어 살펴보고 이어서 평가제도인 인사고과제도에 대해 살펴보겠다.

(1) Off-JT

파트타이머의 Off-JT는 크게 세 가지로 나뉜다. 첫째는 채용 직후 점포 내에서의 근무 일반에 관해 교육받는 것이고 교육기간은 대체로 2~3시간 정도이다. 레지 또는 체커라고 불리는 식품매장의 계산대에 배치될 파트타이머에게는 POS 기계조작에 대한 교육을 반나절 정도 더 실시한다. 교육은 사무실에 소속된 교육을 담당하는 사원이나 계산부문의 주임인 여성정사원에 의해 실시된다. 그리고 계산매장에 여성정사원이 배치되지 않는 식품슈퍼 기업들[13]의 경우 점장이나 본사 인사부사원이 일시적으로 파견되어 교육을 실시하기도 한다. 일반적인 교육내용은 출퇴근시 타임카드 입력, 퇴근시의 가방검사, 옷차림, 화장, 헤어 스타일, 매장에서 고객에 대한 태도, 유통업에서 사용하는 기본 용어, 인사동작 등이 중심이다. "고객은 신"이라는 일본상업계의 풍토에 따라 고객에 대한 태도와 용어교육은 매우 중요한 사항이다. 그리고 이와 더불어 고객에게 지킬 수 없는 약속은 절대로 하지 말 것, 고객에게 거짓말하지 말 것 등이 강조된다.

다음으로 신선매장의 파트타이머에 대한 기능교육은 주로 선어 및 정육매장의 파트타이머가 대상이 된다. 대부분의 사례기업들은 파트타이머에게도 자격제도를 설치하고 있고 그 중 선어매장의 자격은 최종적으로 Off-JT를 통해 승인된다. 예를 들어 선어매장이 요구하는 기능 중 하나인 생선회를 만드는 기능은 기본적으로는 OJT를 통해 교육된다. 하지만 생선회 가공기술은 매장 주임의 OJT로 교육이 완성될 수 없기 때문에 일정 수준에 달한 파트타이머 중 몇 명을 본사가 실시하는 집합교육에 파견해 교육을 받게 한다. 본사 차원의 교육과 교육에 이은 테스트를 통해 1급 또는 2급 자격증을 부여한다. 반찬매장의 경우도 새로운 메뉴가 개발되었을 때 파트타이머들에게 Off-JT를 실시하기도 하는데 더 일반적인 방식은 정사원인 주임들에 대해 Off-JT를 수행하고 주임들이 파트타이머에 대해 OJT를 수행하는 방식이다. 점내가공비율이 점점 낮아지는 정육매장은 정사원의 경우도 Off-JT 시간이 급속히 감소하고 있으며 파트타이머들에 대한 Off-JT도 최근에는 거의 실시되지 않는다.

셋째는 리더 등의 이름으로 하급관리직 일을 수행하게 된 파트타이머에 대한 교육이다. 일반적으로 파트타이머에게는, 업계 내에서 수치교육이라고 하는, 보다 높은 이익을 내기 위한 수익구조에 대한 교육은 실시하지 않는 편이다. 그러나 파트타이머에게 매장 관리를 맡기는 이상은 수치교육을 실시하지 않을 수 없다. 교육 내용은 주임 업무를 맡게 된 정사원에 대한 교육과 거의 다를 바 없는데 차이가 있다면 정사원은 2~3일의 집합 교육을 실시하는 반면, 파트타이머의 교육 시간은 더 짧다는 것이다.

이상에서 살펴보았듯이 정사원에 비해 파트타이머에 대한 Off-JT는 매우 제한적이고 단시간이다. 그런데 신입정사원에 대한 Off-JT의 주요내용은 기업에 대한 종업원의 인격적 통합이다. 또 정사원이 승진을 전후하여 받게되는

Off-JT에서도 필요한 기능 및 지식교육뿐만 아니라 반드시 현재의 시장상황과 그 속에서 해당기업의 상황에 대한 강의 등을 통해 자사의 번영발전을 위해 몸 바쳐 노력할 것을 교육한다. 이는 종업원을 기업에 인격적으로 통합해, 소위 '○○맨'을 만들어가는 과정 그 자체이다. 그런데 파트타이머에게는 Off-JT를 최소한으로 억제한다는 것은, 정사원에 비해 파트타이머에 대해서는 기업에 대한 인격적 통합의 필요성이 낮다고 판단하고 있는 것으로 볼 수 있다.

(2) OJT

위에서 소개한 세 가지의 Off-JT를 제외하면 파트타이머에 대한 교육은 모두 OJT를 통해 실시된다. 그런데 OJT(on the job training)란 말 그대로 작업장에서 작업과정을 통해 교육한다는 것이므로 교육자에 따라 교육방식이나 내용이 크게 달라질 수 있다. 그런데 체인 스토어는 오퍼레이션의 표준화를 전제로 운영되는 것이기 때문에 기업은 OJT를 전적으로 교육자 개인에게 맡길 수 없으며 OJT의 각 단계와 내용까지 본사가 상세히 작성하여 누가 교육하더라도 같은 결과가 나올 수 있도록 준비한다. 이를 위해서는 OJT의 내용은 철저히 표준화된 언어로 문서화되는데 이것이 〈직무자격요건서〉 또는 〈자격별 작업항목표〉 같은 매뉴얼이다. 또 기업은 OJT가 제대로 실시되어 목적한 바의 기능 또는 숙련을 파트타이머가 습득했는지 여부를 점검하고 평가한다. 다시 말해 OJT에 대한 피교육자의 학습자세 및 교육결과는 인사고과 및 직무등급조정으로 이어진다.

OJT는 처음에는 정형업무(단순업무)를 담당시키다가 점차 판단업무로 그리고 관리적 업무로 업무수준을 높여가는 방식으로 진행된다. 가공식품 매장을 구체적으로 검토해보자. 먼저 매장에 배치되면 청소, 정리, 상품보충진열, 소비기한 체크 등의 업무를 담당시키고, 그 업무들에 익숙해지면 결품 체크, POP[14] 작성 및 체크, 상품별 진열면적설정 등의 업무로 넘어간다. 그리고 이어서 레귤러 상품의 발주를 맡기고 그 다음에 특정상품의 발주, 판매계획작성 등으로 업무영역을 확대해나간다. 또 파트타이머 내부의 고용구분을 승진사다리 식으로 설치하고 있는 기업들은 승진에 따라 업무수준이 높아지는 방식을 취하고 있다. 또 학생이 아닌 파트타이머 전원에게 판단업무의 대표적 업무인 발주업무를 담당시키는 기업정책을 가진 S1사의 경우 학생 아르바이트가 아닌 파트타이머의 경우, 매장에 배치되자마자 레귤러 상품 중 한 개 품목이라도 발주를 담당시키고 시간에 흐름에 따라, 또 상사의 판단에 따라 담당 상품군을 확대시키는 방식으로 진행한다.

2) 인사고과

(1) 정사원의 인사고과

사례기업의 정사원의 임금 체계는 직능급을 중심으로 속인급(연령급)과 직무급(업적급 또는 직위급)이 병존하는 체계이고 직급의 높낮이에 따라 임금항목 구성 및 구성 비율에 차이가 있다. 하위 등급 정사원의 임금은 직능급과 연령급이 중심이 되며 직급이 올라갈수록 직능급 또는 연령급이 없어지거나 업적급의 비중이 높아진다. 직위로 말하면, 매장 주임까지는 연령급과 직능급이 중심이며 부문의 책임자인 통괄매니저[15] 이상에서는 업적급의 비율이 높아진다. 불황이 장기화되면서 능력주의가 강조된 결과 사례기업들은 속인급은 폐지하거나 남겨두더라도 전체임금 중 속인급이 차지하는 비율을 낮추고, 상한연령을 제한하고 연령별 격차를 크게 줄였다[16]. 그런데 직능급 임금체계는 인사고과라는 평가 장치를 동반하는 것이다. 슈퍼마켓 기업들은 파트타이머에게도 내부화의 대상이 되는 한 인사고과를 한다. 그런데 파트타이머의 인사고과란 정사원의 인사고과를 다소 축약하여 적용하는 것이므로, 원형이 되는 정사원의 인사고과에 대해 먼저 살펴보겠다.

G2사의 『인사규정집』에 따르면 인사고과의 목적은 "직능자격제도를 기초로 하여 사원의 일정의 성적, 능력, 근무태도, 인물에 대해 자기평가를 포함한

다각적 각도에서 평정(評定)하고, 이것을 기초로 급여, 상여, 승격 및 배치 등에서 공정한 처우를 추구하는 동시에, 능력개발을 일층 촉진하고, 사원 능력의 완전발휘와 사기앙양에 이바지하는 것"이다. 모든 사례기업에서 인사고과는 1년에 2회 실시한다.

일본 기업이 일반적으로 그런 것처럼 사례기업 정사원의 인사고과는 업적고과, 능력고과, 정의고과로 구성되며 기업에 따라 그리고 직능등급에 따라, 직위에 따라 구성비는 달라진다. 슈퍼마켓 업계에서는 일반적으로 업적고과는 전년대비 판매실적, 능력고과는 자신의 해당 직능등급에 따른 직능요건서에 명시된 기준에 따라 평가된다. 정의고과는 근무태도에 대한 평가다.

〈표 2-5〉에 제시한 G2사의 경우 정사원 인사고과의 내용은, 업적달성도, 직무수행도, 경영이념실천, 집무태도, 부하 또는 후진의 육성의 다섯 가지 항목으로 구성되어 있다. 이중 업적달성도는 업적고과, 직무수행도 및 부하 또는 후진지도 육성은 능력고과, 경영이념실천은 정의고과, 직무수행도·직무태도는 능력고과와 정의고과의 종합으로 볼 수 있다. 직계(職階) 및 직무에 제시된 A직은 경영직군으로 해당 직위는 본부장, 부장, 실장, 차장 대형점장이며, M직은 관리전문직군으로 중형급점장, 수퍼바이저, 바이어, 디스트리뷰터, 매니저, 영업·관리전문 스탭이 이에 해당한다. 그리고 상급전임직군으로 명명된 S직은 소형점장, 매니저, 수퍼바이저, 바이어, 디스트리뷰터, 매장주임, 전문 스탭이, 초급전임직군 및 상급일반직군으로 명명된 D직은 매장주임, 전문 스탭, 판매·사무 스탭이 이에 해당한다. 마지막으로 초급일반직군으로 명명된 J직은 매장의 담당자급이다. 괄호 안에 있는 것이 직능자격등급이므로 직위와 직능등급간의 관계를 볼 수 있다.

인사고과 항목별 구성비를 살펴보면, 업적고과의 비율이 J직에서는 40%이지만 점차 높아져 A직에서는 80%에 이르러, 직급이 높을수록 수치결과로 평가하는 경향이 있다. 반대로 정의고과 및 능력고과의 비율은 하급직일수록 높아, 하급직일수록 결과보다 상사의 지시에 따라 성실하게 노력하고 있는가를 중시

〈표 2-5〉 G2사의 정사원 인사고과 평가 항목 및 구성비

단위: %

적용직계, 직무	평가요소					합계
	업적 달성도	직무 수행도	경영 이념실천	직무수행도, 직무태도	부하 및 후진 지도육성	
A직 1, 2 (10-11급)	80	10	10	-	-	100
M직 1, 2 (8-9급)	70	20	10	-	-	100
S직 1, 2 (6-7급)	60	-	-	30	10	100
D직 1, 2 (4-5급)	50	-	-	40	10	100
J직(1-3급)	40	-	-	60		100

자료출처: G2사 『인사규정집』 p.108.

함을 시사한다. 그리고 경영직군과 관리전문직군에서는 경영이념실천이라는 정의고과 항목이 있는 점이 특징적이다.

기업에 따라 구체적인 내용은 다르지만 정사원에 대한 인사고과가 실시되는 과정은 다음과 같다. 먼저 본사가 정한 각 부문별 직무내용을 정리한 표가 있다. 피고과자는 이 표에 의거하여 상사와 면담을 하면서 해당 기간의 자신의 달성목표를 스스로 정해 상사에게 구두로 보고한다. 그리고 반년 후 피교육자가 자신의 목표달성결과를 스스로 평가하여 상사와 다시 면담하며, 면담을 통해 평가는 수정되거나 인정되어 점장 또는 본사인사부로 전달된다. 이런 과정은 파트타이머의 인사고과에서도 동일하다.

G2사의 사례로 자세히 검토하면, 먼저 인사고과를 위해서는 도전 목표를 정하고 그것을 기준으로 고과를 실시한다. “반기(半期)별로 목표 설정. 목표 진척 상황 파악을 위해 이용하는 것으로, 각 시기 초반에 만들고, 기입 내용은 해당 기간의 성적 평가의 기준 자료가 된다. 1차 평정자는 도전 목표의 기입 내용을 검토하고 피드백해야 한다. 목표 설정 및 피드백은 1차 사정자와 피고과자와의 면접에서 행한다.” 피고과자도 자기 평가를 하게 되고, “도전 목표에 대한 해당 기의 중점 목표의 달성 정도, 혹은 특히 고과에 반영해주었으면 하는 점, 노력한 점에 대해 구체적이고 간결하게 기입한다.”

〈표 2-6〉 G2사의 인사고과 평가 기준과 평어(評語)

평어	등급	평가기준
S	특히 우수	뛰어난 능력을 발휘하여, 담당직무에 기대되는 수준을 크게 상회하는 성과를 올려, 상위등급으로의 승격가능성이 보임
A	우수	뛰어난 능력을 발휘해 담당직무에서 기대되는 수준을 상회하는 성과를 올렸다
B1	표준	자격에 합당한 능력을 발휘해 담당직무에서 기대되는 성과를 올렸다
B2	표준	자격에 요구되는 능력 및 담당직무에서 다소가 기대에 어긋나는 결과였다
C	노력 필요	자격 및 직무에 요구되는 수준의 성과를 올리지 못했다. 향후의 노력을 기대한다
D	특히 노력 필요	자격 및 직무에 요구외는 수준을 거의 충족시키지 못했다. 향후 일층 노력해야 한다. 하위등급으로의 강격을 검토한다.

자료출처: G2사 『인사규정집』 p.109.

또 "본인 평가로 성과 달성도에 대한 도전도(A~C), 달성도(S~D) 및 기타 항목에 대한 달성도(S~D) 평가점수를 기입한다." "평정자는 다음의 기본 사항에 의거하여 평가한다. ① 피고과자의 자체 평가 내용을 검토한다. ② 도전 목표의 당기 중간 목표의 달성 상황에 따라 평가한다. ③ 성적 평가에 있어서는, 해당 기의 목표달성을 위한 노력도, 즉 목표 달성에 이르는 과정에서의 노력도 함께 평가한다. ④ 라인의 수치 책임자(담당자)에 대해서는 경영 수치 지표 중 각각에 부여된 수치 목표의 달성도에 대해 평가한다. ⑤ 보직자에 대해서는 인재육성(부하육성) 면을 평가한다. ⑥ 스태프 평가에 대해서는 정책수행정도, 정책침투정도, 문제개선정도, 문제해결정도 등을 중심으로 평가한다." (G2사 「인사규정집」)

〈표 2-6〉과 〈표 2-7〉에 제시한 바와 같이, G2사 정사원의 인사고과는 6등급으로 행해지는데, 그 중 S와 D는 절대 평가이며, A~C까지는 상대 평가다. 인터뷰에 따르면 강등의 대상이 될 수 있는 D등급 평가는 엄청난 일이 없는 한 주지 않는다. S평가의 경우도 항상 있는 것은 아니다.

(2) 파트타이머의 인사고과

사례기업들에서 파트타이머의 평가는 능력 고과를 기초로 하는 직능등급평

〈표 2-7〉 G2사의 인사고과 평가 구분 비율

직급		절대평가	상대평가				절대평가
		특히 우수	우수	표준	표준	노력 필요	특히 노력 필요
A직	평어	S	A	B1	B2	C	D
	평가구분 비율	A 중 특히 우수한 자 (전체의 5%이내)	20%	30%	30%	20%	C 중 특히 노력이 필요한 자 (전체의 5%이내)
M·S직	평어	S	A	B1	B2	C	
	평가구분 비율	A 중 특히 우수한 자 (전체의 5%이내)	20%	30%	30%	20%	C 중 특히 노력이 필요한 자 (전체의 5%이내)
D직	평어	S	A	B		C	
	평가구분 비율	A 중 특히 우수한 자 (전체의 5%이내)	20%	60%		20%	C 중 특히 노력이 필요한 자 (전체의 5%이내)
J직	평어	S	A	B		C	
	평가구분 비율	A 중 특히 우수한 자 (전체의 5%이내)	15%	70%		15%	C 중 특히 노력이 필요한 자 (전체의 5%이내)

자료출처: G2사 『인사규정집』 p.109.

가와 직무태도평가 및 업적 평가의 3항목으로 나누어져있는 것이 일반적이다. 관리직 및 노동조합의 간부들은 피드타이머에 관해서는 직능등급평가를 자격제도, 직무태도평가와 업적평가를 인사고과라고 하기 때문에 이 책에서도 그 구분에 따라 먼저 직무태도평가와 업적평가에 대해 검토한다. 4절에서 파트타이머 임금제도에 관해 검토하는데, 직능등급평가 결과에 따라 자격급이, 직무태도평가와 업적평가 결과에 따라 평가급이 정해진다.

파트타이머의 인사고과의 예로 S2사와 S4사의 사례를 검토한다. 우선 S2사 인사고과는 성적고과와 집무(執務)태도고과로 구성되는데 구성 비율은 자격 등급에 따라 다르다. 즉, 프레쉬와 시니어 자격의 파트타이머의 경우, 성적고과가 40%, 집무태도고과가 60%이지만, 일반직사원 또는 주임수준의 업무를 기대받는 리더와 커리어 자격의 파트타이머는 반대이다. 집무태도고과는 〈표 2-8〉에 제시한 기준에 따라 행하는데, 지시한대로 업무를 성실하고 진지하게 수행하고 있는지를 평가하는 것이다. 인사고과 결과는 근속급과 상여금, 그리고 승격요건에 반영된다.

〈표 2-8〉 S2사 파트너 사원 집무태도 고과표

고과요소	No	고 과 요 소
규율성	1	회사의 규정·규칙을 잘 따르고 있는가
	2	옷차림새는 정돈되어 있는가
	3	공사를 혼동하는 일은 없었는가
	4	종업원 쇼핑은 규정대로 하고 있는가
	5	누구와도 인사하고 지낼 수 있고 문제를 일으키지 않았는가
	6	적극적으로 업무를 수행하고 있는가
협조성	7	사원·동료들과 협력하여 원만하게 일을 하고 있는가
	8	이기적인 태도를 보이지는 않았는가
	9	공통과제를 위해 노력하고 있는가
책임성	10	부여된 업무를 마지막까지 해내려고 했는가
	11	자기 책임을 회피하지는 않았는가
	12	잘못을 솔직히 인정하고 고치려는 자세가 있는가

자료출처: S2사 노동조합「조합원수첩 별책 평성11년도판」(1999), p.15.

S4사의 파트타이머 인사고과표를 보면 크게 목표관리와 근무태도평가의 두 항목으로 구성되어 있다. 목표관리는 피고과자 본인이 매장업무를 보다 원활하게 하기 위해 향후 반년간 자신이 달성한 목표 3가지를 정해, 이에 대해 평가하는 것이다. 목표관리 평가표에는 피고과자 본인이 정하는 업무목표, 달성수준을 기입하는 난이 있고 그에 이어 "달성을 위해 어떤 노력을 했는가(경과)"를 적는 난과 실시결과, 본인평가, 상사평가 난이 있다. 그 오른쪽에는 세 가지의 목표에 대해 각각 5등급으로 20점 만점의 평가를 해서 합산점을 기입하는 난이 있다. 목표관리 평가표의 하단에는 근무태도평가표가 있는데 그것이 아래의 〈표 2-9〉이다.

모두 20개 항목으로 구성되는 S4사의 파트타이머 근무태도 평가표는, 인사·옷차림·기본대응, 근무태도, 팀워크·커뮤니케이션, 조직운영에의 협력도·기획도의 큰 4항목으로 분류되어 있다. 이 중 앞의 세 항목은 유통업 파트타이머에 대한 정의고과의 전형적인 내용들로, 지시된 것을 성실히 따르고 직장동료들과

〈표 2-9〉 S4사 플렉스 사원 근무태도평가표

	항 목	본인	소속장	평정
인사, 옷차림, 기본 대응	1. 고객에게, 그리고 직장에서 언제나 웃는 얼굴로 인사하고 있는가			
	2. 고객에 대해 항상 친절한 태도로 응대하고 있는가			
	3. 항상 손님의 의견에 귀를 기울이며 요망 등을 받아들이고 있는가			
	4. 올바른 옷차림을 하고 있는가			
근무 태도	5. 직장에서의 질서, 규율, 점내 규칙을 이해하고 잘 지키고 있는가			
	6. 멋대로 근무지를 이탈한다든지 쓸데없는 말을 하는 일은 없는가			
	7. 지각, 조퇴, 결근은 없었는가			
	8. 근태규칙은 잘 지키고 있는가			
팀워크, 소통	9. 상사, 동료, 부하, 다른 직장 사람들과 협조해서 일하고 있는가			
	10. 상사, 동료, 부하 및 다른 직장사람들과의 인간관계를 원만히 하기 위해 노력하고 있는가			
	11. 정보교환, 보고 등 적극적으로 커뮤니케이션하려고 노력하고 있는가			
조직 운영에 내한 협력도, 기획도	12. 개선활동에 적극적으로 참여하고 있는가			
	13. 경비 절약 등 코스트 의식을 가지고 행동하고 있는가			
	14. 점포의 방침 및 부문에서 정한 약속을 착실히 실행하고 있는가			
	15. 다른 부문에 대한 응원에 대해서 귀찮아하지 않고 행하고 있는가			
	16. 업무는 표준 이상의 속노도, 그리고 정확하게 수행하고 있는가			
	17. 지역의 생활정보를 적극적으로 제공하고 있는가			
	18. 월별 번한(繁閑)에 대응한 유연한 계약을 하고 있는가			
	19. 조조 및 저녁시간 이후, (파트타이머를-연구자) 모으기 힘든 시간대에 근무했는가			
	20. 언제나 계획대로 근무하고, 긴급시에도 적극적으로 협력했는가			

자료출처: S4사 내부자료

원만한 인간관계를 맺고 있는가를 평가하는 것이다. 그런데 마지막 항목(조직 운영에의 협력정도 및 기획도)의 내용은 S4사 파트타이머의 호칭이 플렉스 사원인 이유를 잘 보여준다. 파트타이머는 항상 코스트 의식을 가지고 있어야 하며, 월 단위(月度)의 번한(繁閑)에 대응하는 유연한 계약을 해야 한다. 뿐만 아니라 정해진 시간대에만 일해서는 안되며 기업이 파트타이머를 모으기 어려운 아침(개점전) 시간대와 저녁시간대에 근무하는 것, 점포에 긴급 상황이 있을 때 자진해서 협력하는 것이 인사고과의 내용에 들어간다. 그야말로 '유연한(flex)' 근무태도를 실천하는 파트타이머만이 고득점을 할 수 있다. 이 20개의 항목은 각각 2점 만점으로 채점되는데 "완벽하게 하고 있다"가 2점, "잘 하고 있다"가 1점, "부족하다"가 0점이다.

이렇게 총점 100점(목표관리 60점+근무태도 40점으로 채점해, 93~100점은 S, 80~92점은 A, 56~79점은 B, 40~55점은 C, 30점 이하는 D의 등급판정을 한다. 그리고 평가등급에 따라 다음 인사고과까지의 반년간 시간급에 200, 100, 10, 4, 0엔(1999년 현재)이 가산된다. 환언하면 S나 A등급을 받지 못하면 평가급을 거의 받을 수 없으므로 평가급을 받고 싶은 파트타이머는 기업이 요구하는 기준을 충족시키기 위해 몸과 마음을 바쳐 헌신할 것이 요구된다. 그런데 2003년 6월 현재 인사고과의 각 등급 비율이 0.5%, 15.2%, 48.4%, 17.3%, 18.3%인 것에서 알 수 있듯이 대다수의 파트타이머가 평가급을 거의 받지 못하는 상황으로 시간당 100엔, 200엔이라는 매력적인 평가급은 그야말로 '그림의 떡'이다[17].

S2사와 S4사의 태도평가표의 내용을 비교해보면, S4사는 S2사보다 항목의 수가 많을 뿐만 아니라 파트타이머에게 요구하는 태도의 내용에 상당한 차이가 있다. 즉 S2사는 회사에서 지시한 것을 잘 수행할 것을 요구하고 있지만, S4사는 파트타이머에게 비용 의식을 가지고 개선 활동에 참여할 뿐만 아니라, 바쁜 시간대나 파트타이머를 모으기 힘든 시간대의 근무에 더해, 다른 부서가 바쁠 때는 지원할 것도 요구한다. 이러한 차이는 두 기업의 파트타이머 질적 기간노동력화 정책의 차이를 보여주고 있다. 제1장에서 보았듯이, 파트타이머의 질적 기간노동력화의 유형이 S2사는 보조노동력형, S4사는 적극적 기간노동력화형이다. 즉, 파트타이머의 질적 기간노동력화를 적극적으로 추진하고 있는 기업일수록 파트타이머에 대한 인사고과 내용도 엄격하다. 또 질적 기간노동력화를 적극적으로 추진하고 있는 기업은 파트타이머에 대한 업적 고과도 부과하고 있다. S1사와 S3사의 경우 파트타이머의 인사고과 항목에 소속 매장의 매출실적 평가도 들어

가 있다. S3사는 파트타이머의 질적 기간노동력화 수준을 높이기 위해 1999년 5월 파트타이머 인사관리제도를 개정할 때 파트타이머의 인사고과에 업적평가를 도입했다. 그러나 당시 S3사의 주임급 정사원의 인사고과에는 업적평가가 없었다. 또 파트타이머의 질적 기간노동력화 수준이 높은 기업일수록 평가급의 금액 폭도 크다. 즉, S1사 평가급의 폭은 0~300엔, S4사는 0~200엔이지만, S2사는 근속년수가 같은 경우는 10엔이다(근속 1년 이상 2년 미만은 5엔~15엔, 근속 6년 이상은 55~65엔).

이상에서 살펴보았듯이 파트타이머에 대한 인사고과는 평가급을 매개로 파트타이머를 기업의 의도대로 일하게 만드는, 다시 말해 기업에 대한 충성도를 확보하는 가장 핵심적인 장치 중 하나이다. 물론 이 점은 정사원에게도 마찬가지이다. 하지만 파트타이머의 인사고과와 정사원의 인사고과의 결정적인 차이는 다음의 점이다.

먼저 사정을 통해 올라갈 수 있는 계단의 수가 크게 다르다(정사원이 전체 120~150개인 반면 파트타이머는 5개). 또 정사원의 인사고과는 적립 방식이지만, 파트타이머는 능력평가만 적립 방식이며, 업적평가와 정의(情意)평가는 반년 단위로 새로 설정되는 방식이기 때문에 5등급 평가를 받은 후에는 반년 후에도 그 자리를 유지하도록 최선을 다하거나 평가등급의 계단을 내려오는 수밖에 없다. 상술하면 정사원의 경우, 업적평가, 능력평가, 정의평가 점수를 합산한 결과에 따라 해당 직능등급 내에서 호봉이 올라가는 구조로 되어있다. 4등급 10호봉인 정사원은 인사고과로 5호봉이 상승하면, 4등급 15호봉이 된다. 그리고 4등급의 최고호봉에 도달하면 간단한 필기시험을 거쳐 5등급으로 승격한다. 그러나 파트타이머의 평가급은 반년마다 바뀐다. 즉 S4사의 플렉스 사원이라면 S평가를 받은 후 반년만 시간급이 200엔 가산되고, 다음 평가에서 C등급을 받으면 시간당 임금은 190엔이 감액되는 구조로 되어 있다. 이러한 방식은 파트타이머의 임금 상승을 억제 구조이며, 정사원 인사고과보다 파트타이머의 인사고과가 더 냉혹한 시스템이라 할 수 있다. S4사가 1999년 파트타이머 인사제도를 변경할 때 만든 제도 설명서에 현제도의 문제점으로 "1. 연공적인 색채가 강한 임금 제도. 준사원의 시간급은 평가 적립식 급여라서 근속이 길어질수록 상위 자격으로 승급하기 때문에 업무 내용과 임금이 연동하지 않는다."고 되어 있는 것으로부터도 알 수 있다[18].

필자가 인사고과에 의한 파트타이머의 승급·승격을 '진정한' 내부화가 아니라 〈의사 내부화〉라고 명명한 이유는 이러한 특징 때문이다.

3) 자격제도: 숙련을 기준으로 한 파트타이머의 등급화

(1) 자격제도와 고용 구분

파트타이머의 자격제도는 정사원의 직능자격제도를 변형하여 파트타이머에 적용한 것으로 숙련 수준을 몇 단계로 나누어 매장 내 지위와 역할, 임금수준, 그리고 노동조건을 차별화하는 것이다. 이미 사례기업이 파트타이머를 몇 개의 집단으로 나누어 있음을 보았다. 노동시간 및 계약기간의 길이를 달리하는 이러한 파트타이머 내부의 고용구분은 사실은 숙련수준에 의한 구분이며 승진, 승격의 구조로 되어있다. 예를 들어 G3사에서 주부 파트타이머는 파트타이머로 입사해 능력평가와 본인의 희망에 따라 준사원 → 메이트 사원 → 프렌드 사원으로 승진한다. S1사의 주부 파트타이머도 헬퍼로 입사해 파트너 → 엑스퍼트로 승진한다. 즉 파트타이머의 고용구분은 숙련(자격제도)과 노동시간 및 계약기간에 따른 구분이며, 넓은 의미에서는 직능등급제도라고도 할 수 있다. 그런데 슈퍼마켓 업계에서 파트타이머의 자격제도라고 하는 경우, 파트타이머의 고용구분과는 다른 것으로, 특정의 기능 습득 또는 업무 습득 수준에 관한 것만을 가리키는 때문에 이 책에서도 그 용법에 따른다.

모든 사례기업이 자격제도를 운영하고 있으며, 파트타이머를 몇 개의 직무등급으로 나누고 있지만, 표준화된 자격제도의 전형인 S2사의 제도를 보면 〈표

〈표 2-10〉 S2사 파트타이머 자격제도 (1999년)

업무수준	호칭	내 용
제1단계 (단순정형업무)	프레쉬 파트너 ⬇	프레쉬 파트너는 전원 여기에서 출발. 요구되는 업무내용은 6개월 이상이라면 충분히 숙달 가능. 정해진 일을 정해진대로 확실하게 할 수 있는 것. **작업숙달도확인표**의 항목 모두를 습득하면 시니어에 도전 가능
제2단계 (습숙업무)	시니어 파트너 ⬇	부문습숙업무로서 **각부문의 4-5개의 시니어 자격을 설정**. 부문의 어떤 업무에 숙달되어, 그 자격업무를 할 수 있다고 인정된 프레쉬 파트너에게 시니어 인정. 자격을 하나라도 가지면 프레쉬 파트너 시니어라고 불림. 자격업무를 책임을 지고 수행할 것이 요구됨.
제3단계 (담당자 대행업무)	리더 파트너 ⬇	부문의 하루 흐름을 숙지하고 담당자 부재시에도 담당자의 지시에 기초하여 업무를 수행할 수 있는 파트너. 프레쉬 파트너들을 통합하는 역할을 하기 때문에 동료들의 인망을 모을 수 있는 사람이 바람직. 부문에 한 사람으로 한정하는 것은 아님. 시니어 자격을 모두 획득한 사람이 도전 자격 있음. **사원3등급수준**의 업무를 설정
제4단계 (주임 또는 부주임 업무)	커리어 파트너	**사원 4등급 수준**을 설정. 담당부문에서 계획에서 판매까지의 일련의 관리작업을 안심하고 맡길 수 있는 사람. 파트너로서는 최고수준의 자격으로 부문의 담당자 혹은 부주임 역할.

자료출처: S2사 노동조합 「조합원수첩 별책 평성11년도판」(1999), p.13. 강조는 S2사

2-10〉과 같다. S2사의 자격제도는 크게 4단계로 구성된다. 앞 장에서 설정한 질적 기간노동력화 수준으로 표현한다면, 제1단계의 프레쉬는 보조 노동력, 2단계 시니어는 신입사원 대체형, 3단계인 리더는 일반직사원 대체형, 4단계인 커리어는 (부)주임 대체형으로 이 책의 질적 기간노동력화 단계와 S2사 인사제도의 구분은 완전히 일치한다.

S2사의 파트타이머 노무관리가 지금과 같은 형태를 취한 것은 1992년에 현재의 파트너 제도를 도입했을 때부터다. 파트너 제도는 1997년에 일부 변경이 있었고, 2003년 10월에는 파트타이머의 질적 기간노동력화를 한층 진전시키기 위해 "의욕과 능력에 따른 처우의 취지 하에" 파트너 자격제도를 개정했다. 2003년의 자격제도 개정에 의한 변경은 〈표 2-11〉과 같은데, 프레쉬와 시니어를 하나로 통합해 파트타이머의 숙련 향상을 촉진하고자 하고 있다. 즉 이전에는 부문에 따라 4~5개의 시니어 자격을 모두 취득해야 리더가 될 수 있었지만, 개정 후에는 자격 3개를 취득하면 리더 시험에 응시할 자격이 생기고, 리더 자

〈표 2-11〉 S2사 파트타이머 자격제도 (2003년)

필수자격항목	그 자격에서 반드시 필요한 작업항목(프레쉬에서는 최저한)으로, 다음 단계로 가기 위해서 전체 취득이 필요한 항목
자격항목	상위자격으로 가기 위해 필요한 항목으로 부문상황 및 본인의 능력에 맞추어 점장, 치프의 확인 하에 선택할 수 있는 항목

개정후		
프레쉬	필수자격항목	항목수는 부문별로 다름. 전부를 일괄취득하는 것이 조건. 6개월간 취득가능한 기본작업(단순정형업무)
	자격항목 5항목	3개 취득하면 리더 수험자격. 정형업무+부문 내에서의 역할에 응해 비정형업무를 수행 (사원대행업무)
리더	필수자격항목 3항목	단계적으로 전부 취득. 기본적으로는 구(旧) 리더에 준하는 사원업무를 확대(사원대행업무)
	자격항목 3항목	한 개 취득하면 커리어 수험자격 취득. 부문내에서의 역할에 응해 판단업무를 포함한 사원업무(서프 치프업무)
커리어	필수자격항목 3항목	단계적으로 전부 취득. 기본적으로는 구(旧) 커리어에 준하지만, 치프 업무도 포함(서브 치프·치프 업무)
		부문책임자, 부문의 관리운영 (치프업무)

* 매장 주임을 S2사에서는 치프라고 한다.
자료출처: S2사 노동조합 「조합원수첩 별책 평성19년도판」(2007) p.17.

격을 하나라도 취득하면 커리어 시험 응시 자격이 생긴다. 노동조합 간부 및 회사 간부와의 인터뷰에 의하면, 롱 타이머를 늘리고 정사원 비율을 낮추는 것이 인사제도 개정의 주요 목적이었다. 6절에서 상세히 설명하지만, 그 목적의 달성을 위해 2006년에는 파트타이머 임금제도를 일부 개정하여 자격급의 폭을 넓혔다. 이 개정을 통해 S2사는 최대한 제한하고 있었던 리더 파트너 및 커리어 파트너의 비율을 적극적으로 증가시키고, 파트타이머의 질적 기간노동력화의 유형을 '적극적 기간노동력화형'으로 전환하려 하고 있다[19].

(2) S2사의 〈파트너 자격제도 작업항목〉

이렇게 구분된 자격등급에 따라 습득해야할 숙련수준은 매장별 작업항목으로 정리되어 있다. 이 작업항목들은 〈파트너 자격제도 작업항목〉이라는 타이

〈표 2-12〉 S2사 파트너 자격제도 작업 항목 (그로서리용)

	프레쉬	시니어	리더	커리어
작업 항목	1. 각부문의 보충, 전진*(데일리)	1. 발주	1. 판매계획	1. 판매계획
	2. 각부문의 보충, 전진 (드라이/비식품)	a. 일시판매상품 및 특가상품 등의 계획수량수정	· 판매계획입안, 검증 (담당분류)	· 판매계획입안, 검증 (담당분류)
	3. 품질 점검	b. 전일 판매실적확인	· 일시판매상품 및 특가상품 등의 계획수량수정	· 각종 데이터 분석 및 가설 설정
	4.청소작업	2. 매장 만들기	2. 매장 만들기	· 계획, 발주회의에서의 정보수집 및 정보제공
	5. 페이싱 설정**	a. 작업할당표에 따른 조정	· 작업할당표에 따른 인원조정	2. 매장만들기
	6. 매장 점검(데일리)	b. 매장전개도에 따라 매장 만들기	· 매장전개도작성 (다음날분)	· 작업할당표 작성 (매일)
	7. 개점전준비(정리)	c. 상품분류	· 온도점검	· 매장전개도 작성
	8. 백야드 정리 정돈	d. 구성변경	· 셋팅	· 발주건수 확인 및 인원산출
	9. 각분류별 정규발주	3. 판매가 관리	· 판매촉진	· 판매촉진
	10. 발주입력, 송신 (단말기조작)	a. 판매가 점검	· 상품수령	· 상품수령, 분류
	11. 검품 및 전표처리	b. 판매가 변경리스트에 따라 판매가변경	· 분류	3. 조정, 변경
	12. WIT를 이용한 발주	4. 선도관리	3. 조정, 변경	· 작업지시서 발행
	13. 구성변경	a. 선도기준에 따라 판매가변경	· 작업지시	· 작업진전에 응한 작업지시
	14. 결품점검	5. 변화진열	· 매장상황점검 및 작업지시	· 처분상품판단 및 판매수량파악
	15. 가격표씰 관리	a. 드라이, 넌후드편	· 처분상품판단	4. 기타 업무
	16. 긴급 판매가변경	b. 데일리편	4. 변화진열	· 트레이너 업무
	17. POP 작성, 부착		· 드라이, 넌후드편	· 재고조사
	18. 정위치 관리		· 데일리편	
	19. 폐기 스캔			
	20. 접객서비스			
	21. 커팅품 처리			
	22. 재고관리			
	23. 재고확인			
	24. 상품매장반입			
	25. 비품 관리			

* 상품선반에서 앞의 상품이 팔려 빈 자리가 생기면 뒤에 있는 상품을 앞으로 배치하는 것
** 상품진열면적 설정, 1페이스=30cm

틀의 작은 수첩으로 만들어져 파트타이머 개개인에게 전달되는데 이 수첩의 제작자는 회사가 아니라 노동조합이다. 이 수첩은 모두 7권으로 구성되는데, 체커용(30쪽), 그로서리용(15쪽), 정육용(16쪽), 베이커리용(9쪽), 선어용(13쪽) 청과용(10쪽), 의류용(10쪽)이 각각 한 권씩으로 되어 있다[20].

수첩을 열면 첫 페이지에 자격 등급별로 학습 할 작업 항목이 〈표 2-12〉과 같이 정리되어있다. 그러나 그 작업항목은 제목에 해당하는 것으로, 2페이지부터는 〈표 2-13〉과 〈표 2-14〉와 같이 각 작업에 대한 숙련 정도를 점검하기 위한 구체적인 기준이 여러 가지 제시되어 있고, 오른쪽의 마지막 칸에는 학습 상황을 점검할 수 있도록 되어 있다.

각 자격등급 내에 각각 4, 5개씩으로 나뉘어져 있는 대작업항목(그로서리 시니어라면 발주, 매장 만들기, 판매가관리, 신선도관리, 변화진열. 선어매장의 시니어라면 상품화, 매장 만들기, 상품화 준비, 발주)이 다시 하나의 소자격이 되는데 이 대작업항목을 하나씩 습득한 것으로 인정되면 자격취득이 인정되어 시간급이 상승한다. S2사의 자격제도는 다른 사례기업의 자격제도에 비해 좀 더 세분화되어 있는데 주당 20시간 미만 일하는 파트타이머들에게 숙련향상을 위한 동기를 부여하기 위한 방안이다.

동시에 습득할 수 있는 최대 자격수는 3개이고 자격등급이 상승하면 보너스도 상승한다. 상술하면 1999년 현재 프레쉬 단계에서는 자격급이 없지만 시니어 단계에서는 부문별로 5개의 소자격을 하나씩 취득할 때마다 시간급이 10엔씩 증가한다(상한 40엔). 그리고 리더 단계에서는 4개의 소자격에 대해 개당 20엔씩, 커리어는 4개의 소자격에 대해 개당 30엔씩의 자격급을 부과한다. 이와 더불어 리더와 커리어에게는 시간당 158엔, 366엔인 역할급이 추가된다. 그리고 보너스는 프레쉬와 시니어는 월급 2개월분, 리더는 3개월분, 커리어는 4개월분(정사원 4.5개월분)이 지급된다. 자격습득판정은 년 2회, 3월과 9월에 직속상사(5등급 이상의 치프(주임))와의 면담을 통해 확인하고 결정한다.

〈표 2-13〉 S2사 파트너 자격제도 작업 항목 (그로서리 데일리의 프레쉬 파트너 부분)

작업항목	체크 포인트	체크표
1. 보충 전진진열 (데일리) 1-2 진열예	· 청소용구(플라워 클린, 카운터 크로스 흰색)를 준비하는가	
	· 플라스틱 컨테이너에 붙어있는 점포 씰을 깨끗하게 벗겨서 진열하는가	
	· 운반용 카트를 사용해 진열하는가	
	· 상품을 모두 꺼낸 플라스틱 컨테이너는 색, 크기별로 운반용 카트에 적재하는가(청22개, 황16개)	
	· 양손으로 진열하고 있는가	
	· 소비기간을 고려해 진열하는가	
	· 진열전에 케이스, 칸막이(두부, 야채절임)를 청소하는가	
	· 매장 케이스의 오염을 수시로 청소하는가	
	· 물방울이 묻은 상품은 닦아서 진열하는가	
	· 날짜점검, 품질점검을 하면서 진열하는가	
	· 진열하면서 전진도 하는가	
	· POP는 상품의 하단 중앙에 맞추는가	
	· 가격 카드의 좌단에 맞추어 상품을 진열하는가	
	· 칸막이판의 방향을 맞추고 있는가 (→ ㄴ ㄱ ←)	
	· 상히리인을 유시하고 있는가	

자격등급의 각 단계로의 승격요건은 다음과 같다. 프레쉬에서 시니어로의 승격은 연 2회(3월, 9월) 실시되는데 프레쉬 단계의 각 작업항목을 모두 습득하고 최근 2회의 인사고과결과가 평균 B 이상인 자가 소속장(점장)의 추천을 받아 신청하면 승인된다. 원칙적으로 시니어까지는 주당 35시간 미만 계약한다. 다음으로 시니어에서 리더로의 승격은 시니어 항목을 모두 습득하고, 최근 인사고과결과가 평균 A인 자가 점장의 추천과 판매본부장의 승인을 받아 시험에 응시한다. 시험은 연 1회 11월에 있으며 필기시험과 면접시험을 실시한다. 상품지식과 업무지식을 테스트하는 필기시험은 80점을 넘으면 합격이다.

리더에서 커리어로의 승격은 시니어에서 리더로의 승격과 같으나 면접주체가 점장에서 판매본부장으로 바뀐다는 것만 다르다. 또 리더와 커리어가 되면

〈표 2-14〉 S2사 파트너 자격제도 작업 항목 (그로서리 드라이의 프레쉬 파트너 부분)

작업항목	체크 포인트	체크표
2. 보충 전진진열 (드라이)	· 손님에게 '어서 오세요'를 잊지 않고 말하는가	
	· 청소용구(플라워 클린, 카운터 크로스 흰색)를 준비하는가	
	· 운반용 카트를 사용해 진열하는가	
	· 품절상품부터 진열할 수 있는가	
	· 양손으로 진열하고 있는가	
	· 소비기한을 고려해 진열하는가	
	· 매대의 먼지나 오염을 청소한 후 진열하는가	
	· 날짜점검, 품질점검을 하면서 진열하는가	
	· 가격 카드의 좌단에 맞추어 상품을 진열하는가	
	· 가격 카드의 페이스(수)를 지켜 진열하는가	
	· 진열할 때 상품의 전면이 보이도록 진열하는가	
	· 손님에게 방해가 되지 않도록 운반용 카트의 위치에 신경을 쓰면서 작업하는가	
	· 진열대에 빈틈이 없도록 하고 있는가	
	· 운반용 카트에 상품을 적재할 때는 눈높이를 넘지않도록 적재하는가	
	· 전진은 좌상에서 우하로 역S자 모양을 그리는 순서로 하는가	

주당 35시간 이상 노동하는 계약을 하는 것을 원칙으로 한다.

다른 사례기업들도 등급을 나누고 등급별로 습득해야 할 업무항목을 설정하고는 있지만 이렇게 수첩을 만들어 파트타이머 본인들에게 배포하는 것은 G1사와 S2사뿐이고 그 중에서도 S2사의 것이 가장 상세하고 구체적이며 결과적으로 분량이 많다. 다른 사례기업들의 체크리스트는 각 등급별로 〈표 2-12〉에 제시한 정도의 분량이 전부이고 내용도 S2사보다는 추상적이다. 그런데 G1사나 G2사는 파트타이머의 질적 기간노동력화 단계가 낮은 기업이다. 그렇다면 파트타이머 업무의 표준화와 질적 기간노동력화는 역비례관계에 있을 가능성이 있다.

실제 파트타이머의 숙련향상에 적극적인 기업의 관계자들은 이렇게 파트타이머의 작업항목을 세분화, 구체화하는 것이 오히려 비효율적임을 지적한다.

파트타이머의 1인당 노동시간이 가장 긴 사례기업인 S1노조간부는 파트타이머가 보다 포괄적으로 업무를 수행하기를 원하므로 지나치게 구체화하여 업무를 지정하는 것이 역효과를 낳는다고 주장하였다. 또 G3사의 노조간부도 업무가 지나치게 구체화되어 제시될 때 파트타이머들은 그 일만 하면 된다고 생각하게 되므로 파트타이머의 기간노동력화에 오히려 장애가 된다고 평가하였다.

S2사가 다른 기업보다 작업 항목을 표준화하는 이유는 이미 보았듯이 S2사 파트타이머의 75%(2003년)가 숏타이머여서 그만큼 관리해야할 인원이 많기 때문이다. 대부분의 파트타이머가 5시간 이상, 절반 정도가 7시간 이상 노동하는 장시간 파트타이머인 S1사과 비교한다면 S2사는 관리해야할 종업원 수가 거의 두 배에 가깝다. 그런데 1일 노동시간이 4시간도 안되는 파트타이머의 질적 기간노동력화는 누가 생각해도 한계가 있다. 때문에 S2사는 어떤 사례기업들보다도 파트타이머의 업무를 표준화하고자 한다.

S2노조 설립멤버 중 한 명인 A씨(40대 후반, 대졸 남성)에 따르면 노조결성 당시 회사측은 파트타이머에게는 주변적인 업무만 담당시키면 된다는 입장이었다고 한다. 그러나 노조측은 일에 대해 보람이라는 측면에서 생각했을 때 주변적인 업무만 담당하는 노동자가 직장생활에 보람을 느끼기 어렵고 그렇게 되면 장기간 근무하기 어렵다는 점을 지적하고 사측과 협의한 결과 파트타이머의 숙련수준을 향상시키기 위한 방안인 직능자격제도에 대해 합의했다. 환언하면 정사원 노동시간의 절반에도 미치지 못하는 단시간 노동자들의 기업 내 정착을 위해 S2노조는 직무의 표준화, 매뉴얼화를 추진하고 이 매뉴얼을 파트타이머 개개인의 가방 속에 넣었다는 것이다.

(3) 사례기업 자격 등급별 파트타이머의 인원 규모

사례기업에서 파트타이머의 자격 등급별 규모가 실제로 얼마나 되는지를 살펴보자. 사례기업 중 파트타이머의 고용 구분을 나누지 않은 기업은 자격등급

〈표 2-15〉 사례기업 파트타이머의 자격 등급별 분포(1999)

<table>
<tr><th>자격등급</th><th>G1</th><th>G3</th><th>S1</th><th>S2</th><th>S4</th></tr>
<tr><td>보조노동력</td><td>12.5</td><td>59.0</td><td rowspan="2">42.5</td><td>45.0</td><td rowspan="2">62.0</td></tr>
<tr><td>신입사원급</td><td>79.6</td><td>15.2</td><td>52.9</td></tr>
<tr><td>일반직사원급</td><td>7.4</td><td rowspan="2">25.8</td><td>46.7</td><td>1.7</td><td>30.1</td></tr>
<tr><td>주임급 이상</td><td>0.4</td><td>10.9</td><td>0.3</td><td>7.9</td></tr>
<tr><td>계</td><td>100.0</td><td>100.0</td><td>100.0</td><td>100.0</td><td>100.0</td></tr>
<tr><td>N</td><td>70,354</td><td>8,434</td><td>8,445</td><td>6,904</td><td>1,666</td></tr>
</table>

자료출처: 사례기업 내부자료

제도를 별도로 마련하고 있고, 파트타이머를 몇 개의 고용구분으로 나누는 기업은 고용구분자체가 자격제도이다. 즉, 〈표 2-15〉에 제시한 사례기업 중에서 G1사, S2사, S4사는 파트타이머에게 자격등급이 있고, G3사, S1사는 없다.

〈표 2-15〉의 숫자를 정확히 이해하기 위해 몇 가지 설명이 필요하다.

먼저 사용한 수치는 8시간 환산 인원이 아니라 실제 인원으로 비율을 산출했다. 전술한 바와 같이, 자격 등급이 높은 파트타이머일수록 노동시간이 길어지므로 8시간 환산 인원수로 계산하면 일반직사원급과 주임급의 비율이 더 높아진다[21]. 예를 들어, S2사의 리더 파트너 및 커리어 파트너의 수는 2003년 8월 현재 199명과 20명이지만, 8시간 환산하면 각각 121.8명과 23.9명이 된다.

G1사 주임급의 비율은 실제로 매장에서 주임직을 부여받은 사람들[22]의 비율이며, 그 이하는 파트타이머의 자격등급별 비율이다. G1사의 수치는 약사 등 전문적인 직무에 종사하는 비정사원(546명)을 제외하고 비율을 산출했고 앞에서도 그렇게 했듯이 G1그룹 전체의 수치를 사용했다. 구체적으로 말하면, 커리어 사원과 플렉스 사원, 아르바이트 중 주임직을 부여받은 OJT3과 OJT4를 주임급에, 직무3은 일반직사원급, 직무 2와 직무 1은 신입사원급, 프레쉬는 보조노동력급으로 분류했다. S2사는 커리어 파트너는 주임급, 리더 파트너는 일반직사원급, 시니어 파트너는 신입사원급, 프레쉬 파트너는 보조노동력급으로 분류했

다. S4사는 플렉스 사원의 자격등급 중 1급은 보조노동력급과 신입사원급, 2급은 일반직사원급, 3급은 주임급으로 분류했다.

또 G3사와 S1사는 파트타이머의 자격 등급이 별도로 설정되어 있지 않고, 고용구분 자체가 자격제도이기 때문에 고용구분별 인원수를 사용했다. S1사의 기준에 따르면, 엑스퍼트는 주임급, 파트너는 일반직사원급, 일반인 헬퍼는 신입사원급(학생 헬퍼는 보조노동력급)이다. G3사의 기준에 따르면, 프렌드 사원은 주임급, 메이트 사원은 일반직사원급, 준사원은 신입사원급, 파트타이머는 신입사원급과 보조노동력급이 혼재하고 있다. 그런데 G3사의 데이터는 메이트 사원과 프렌드 사원을 나눈 숫자를 얻을 수 없기 때문에 합산해 표기했다.

당연한 일이지만, 기업마다 자격 등급의 호칭이 다를 뿐 아니라 그 등급의 의미가 정확히 일치하는 것은 아니고, 이 책에서 설정한 유형과도 완전히 일치하는 것은 아니다. 예를 들어, 실제 작업장에서의 업무 내용과 3.3년이나 되는 평균근속연수를 생각하면, G3사에서 보조노동력급으로 분류된 '파트타이머'를 모두 보조노동력으로 간주하기는 어렵다. 그 중 절반 정도는 신입사원급으로 분류하는 것이 타당하다고 생각한다. 그러나 기업이 한 집단으로 묶어서 분류하고 있는 이상 분리하여 확인할 방도가 없다. 조합간부와의 인터뷰에 따르면, 현재 필자가 S2사에서 일반직사원급으로 분류한 리더 파트너 중 실제로 주임직을 수행하고 있는 사람들도 많다. S2점에서도, 주임급인 커리어 파트너는 한 명도 없고 리더 파트너 두 사람이 레지 주임과 부주임을 하고 있었다.

그러나 사례기업의 분류가 이 책의 질적 기간노동력화 수준의 정의와 대체로는 일치하기 때문에, 〈표 2-15〉은 이 책의 질적 기간노동력화 수준의 정의에 따라 정리했다.

〈표 2-15〉에 따르면, 파트타이머의 질적 기간노동력화의 수준은 기본적으로 업태(종합슈퍼인지 식품슈퍼인지)에 따라 차이가 있지만, 같은 업태 내에서도 차이가 크다. 즉, 종합슈퍼 기업 중에서도 G1사와 G3사 사이에 차이가 있으

며, 식품슈퍼 기업 중에서도 S2사는 다른 사례기업과 달리 종합슈퍼 기업보다도 파트타이머의 질적 기간노동력화 수준이 낮다.

구체적으로 말하면, 파트타이머 중 일반직사원급과 주임급을 합친 비율이 G1사 7.8%, G3사 25.8%, S1사 57.6%, S2사 2.0%, S4사 38.0%로, S1사가 가장 높고, S2사가 가장 낮다. S2사 파트타이머의 평균근속연수가 5년을 넘는다는 점에서 S2사에서 신입사원급으로 분류된 시니어 파트너 중에서 일반직사원급으로 분류되어야 할 사람들이 꽤 많다고 생각한다. 그러나 이를 고려하더라도 S2사가 식품슈퍼 기업 중에서 파트타이머의 질적 기간노동력화의 수준이 가장 낮은 것에는 변함이 없다. G2사와 S3사의 수치는 구할 수 없었지만, 면접조사 및 기업의 제도 분석에 따르면, G2사 파트타이머의 질적 기간노동력화 수준은 사례기업 중에서 가장 낮고, S3사는 S4사와 거의 같은 수준이다. 요컨대 기업의 기준(자격등급 및 고용구분)으로 보더라도, 사례기업의 파트타이머의 질적 기간노동력화의 유형은 필자가 근무 시간과 근속을 기준으로 유형화한 것과 일치한다.

4. 의사 내부화 2: 임금 제도

3절에서 파트타이머의 교육 훈련 및 평가에 관한 제도를 검토했는데, 이는 모두 임금에 연결된다. 앞으로 검토할 임금 제도[23]는 기업이 파트타이머를 정사원과는 다른 시스템으로 기업에 정착시키려 하고 있음(의사 내부화)을 잘 보여 준다. 파트타이머 임금 제도의 실태를 보기 위해 G1사 파트타이머의 임금 체계를 제시했다[24]. 이 임금 체계가 적용되는 것은 이른바 파트타이머인 플렉스 사원이고, 아르바이트는 채용 시에 정해진 기본 시간급 외에는 없다.

자료출처: G1사 플렉스사원 취업규칙

〈그림 2-1〉 G1사 플렉스 사원의 임금체계(1999년)

〈그림 2-1〉을 보면, 파트타이머의 임금은 기준내임금과 기준외임금 그리고 상여금으로 구성된다. 임금의 대부분을 차지하는 기준내임금은 직무급, 평가급, 지역급, 직위급, 요일・시간대가급, 그리고 조정급으로 구성된다. 기준외임금은 초과근무수당, 대입(大入)수당 및 통근수당으로 구성된다. 각각에 대해 차례로 검토한다. G1사 파트타이머의 임금항목을 기준으로 설명하지만 다른 사례기업에서도 파트타이머의 임금항목은 동일 또는 유사하므로 함께 설명한다.

1) 기준내급여

(1) 직무급

〈직무급〉은 소속 매장을 기준으로 정해지는 직무급에 직무등급 평가를 추가해 지급되는 임금이다. 예를 들어 사무실의 파트타이머로 입사한 사람의 직무급은 500엔, 직무등급이 하나 올라가면 510엔이다. G1사의 직무급에는 타사에서 말하는 기본급, 부문급(또는 직종급), 자격급이 하나로 되어 있기 때문에 이 세 가지 항목에 대해 설명한다[25].

우선 〈기본급〉은 기업이 점포에 상관없이 동일액으로 결정한 임금으로, 해당 기업이 출점하는 지역 중 법정 최저임금이 가장 낮은 지역을 기준으로 결정한다. 이 금액을 시작으로 다른 임금 항목이 가산된다. G1사의 제도에는 기본급이라는 항목이 없지만, 타사의 기준으로 말하면 G1사의 기본급은 500엔이다.

〈부문급〉은 식품 매장 특히 신선식품 매장에서 일하는 파트타이머에게 지불되는 임금이다. 식품매장 일은 비식품 매장 일보다 힘들기 때문에, 시간당 요금이 같으면 파트타이머는 당연히 식품 매장보다 비식품 매장 일을 원한다. 파트타이머에 대한 기업의 배치 전환권은 매우 제한되어 있기 때문에 기업으로서는 다른 유인 수단을 강구하기가 어렵다. 그래서 부문급이라는 임금항목을 설치하는 것이다. S3사를 제외한 모든 사례기업에 부문급 제도가 있고, S3사에서는 선어 매장과 정육 가공센터만 부문급이 있다. G1사에서는 비식품을 기준으로 식품 체커 80엔, 수산 70엔, 축산, 농산, 데리카(반찬) 50엔, 일배 30엔, 가공식품 10엔이 가산된다. 다른 사례기업의 부문급을 보면 G2사는 수산과 식품 체커(계산) 70엔, 축산 50엔, 데일리, 그로서리, 패밀리 체커와 리빙 체커 20엔이다. S2사는 선어, 정육, 레지가 30엔이다. S4사는 자격 등급에 따라 부문급이 달라지는 특이한 방식을 채택하고 있는데, 가장 낮은 등급인 3등급은 선어, 정육, 반찬, 베이커리, 대길(초밥)이 50엔, 청과 및 서비스(레지)가 30엔이고 1등급은 각각 100엔과 60엔이다.

이처럼 비식품 매장에서 식품 매장이, 식품 중에서도 신선식품 매장과 계산부문의 부문급 금액이 높고, 식품슈퍼보다 종합슈퍼의 부문급이 더 높다. 신선식품 매장의 부문급이 높은 것은 일이 힘들어 인기가 없기 때문이지만 그 중에서도 선어는 비린내에 둘러싸여 찬물을 만지는 일이기 때문에 몸이 냉해지는 일이다. 계산대는 현금을 취급하는 일이기도 하지만 쇼핑의 마지막 코스인 계산대에서의 경험은 점포에 대한 고객의 만족도에 직접적인 영향을 주므로 높은 집중도가 요구되기 때문이다. 또 식품슈퍼 기업보다 종합슈퍼 기업의 식품 부문 및 신선 매장의 부문급이 높은 것은 종합슈퍼는 비식품 매장이 있기 때문이다. 즉, 하나의 점포에서 화이트 칼라(사무실), 핑크 칼라(비식품 매장), 블루 칼라(식품 매장)가 혼재하는 종합슈퍼의 경우, 각 매장의 노동이 비교되기 쉽기 때문에 부문급으로 시급에 격차를 만들어 3D 업무를 견딜 수 있게 한다.

타사에서는 〈자격급〉이라고도 하는 G1사의 〈직무 수준〉은 시험과 면접을 통해 파트타이머의 직무 수준을 평가하여 결정하는데 2절에서 본 S2사의 자격 등급과 같은 것이다. G1사 플렉스 사원의 직무 수준은 F, 1, 2, 3의 네 등급이 있다. 채용할 때는 모두 프레쉬로 채용되어 특별한 일이 없으면 상사의 평가를 통해 2개월 후 직무 수준 1이 된다. 직무 수준 2와 직무 수준 3이 되기 위해서는 필기시험과 면접시험을 통과해야 한다. 프레쉬에서 직무 수준 1이 되면 10엔, 1에서 2가 되면 40엔, 2에서 3이 되면 90엔이 가산된다[26]. 전술한 바와 같이 G1사 플렉스 사원의 임금 체계에서 자격급은 직무급에 포함되어 있어 임금 항목으로 따로 적혀 있지는 않지만, 임금대장에는 직무 등급이라는 명목으로 자격급이 기입되어 있다.

S2사의 경우 1999년 현재 시니어 파트너에게는 4, 5개의 자격에 대해 40엔을 상한으로 각각 10원씩, 리더 파트너는 시간당 154엔, 커리어 파트너에게는 시간당 358엔이 가산된다. 그런데 S2사는 2003년과 2006년의 제도 개정에 따라 기존의 자격 수당을 〈자격 수당〉과 〈역할급〉으로 나누어 자격급에 해당하는 임금을 인상했다. 먼저 자격급은 프레쉬 파트너는 100엔을 상한으로 취득한 자격 하나당 15엔, 리더 파트너는 180엔을 상한으로 자격 하나당 30엔, 커리어 파트너는 150엔을 상한으로 자격 하나 당 50엔이 가산된다. 자격급에 더해 리더 158엔, 커리어 366엔의 '역할급'도 가산된다. 이것은 S2사의 파트제도 개정 목적이 파트타이머의 질적 기간노동력화 수준을 제고하고자 하는 것을 시사하며, 2008년 현재 파트타이머 중 리더 및 커리어 자격자의 비율이 전체 파트타이머의 9.7%로까지 증가했다.

(2) 평가급

〈평가급〉은 인사고과에 따라 지급되는 임금이고 습숙급이라고 하는 회사도 있다. 대부분의 사례기업은 인사고과를 5등급(S2사는 3등급)으로 나누고 인사고과 결과는 다음 반년 간의 시간급에 반영하는 동시에 상여금에 반영한다. 파트타이머의 질적 기간노동력화에 적극적인 기업일수록 평가급의 폭이 넓다. 예를 들어 G1사의 경우 인사고과 순위별로 30, 20, 10, 5, 0엔, S4사는 200, 100, 10, 4, 0엔이다. 또 S1사 평가급의 최고액은 300엔이다. 전술한 바와 같이, 파트타이머의 평가급은 누적되지 않고 반년간만 유지되는 비적립(洗い流し)방식이다.

(3) 지역급

〈지역급〉은 각 지역별 최저임금과 입지 조건에 따라 결정된다. G1점의 지역급은 시간당 210엔이다. 종합슈퍼 기업은 물론, 식품슈퍼 기업도 대기업이라면 하나의 현에서만 점포를 운영하지는 않는다. 때문에 기업은 최저임금이 가장 낮은 지역을 기준으로 자사의 기본급을 결정한 후, 도도부현별로 지역급 금액을 설정한다. 수도권에서만 점포를 운영하는 S2사의 경우 지역급은 0~130엔 사이이지만, 전국에 점포를 전개하는 종합슈퍼 기업의 경우 지역급의 폭은 300엔을 넘는다. 2006년 현재 G1사에서 지역급이 가장 높은 곳 도쿄의 한 점포는 500엔이고, 도쿄 지역의 지역급은 전체적으로 300엔을 넘는다. 지역과 더불어 입지를 고려한다. 파트타이머는 대부분 점포 주변에 거주하는 주부이므로, 지역노동시장에서의 지역의 범위가 매우 좁다. 교외 점포인지 역전 점포인지, 상점가 점포인지에 따라 노동시장상황이 크게 다르다. 경합점이 많은 지역에 있는 점포의 경우 경합점보다 시급이 낮으면 파트타이머 모집이 어렵다. 때문에 지역급은 입지까지 고려하여 매우 세밀하게 설정된다. S2사의 경우 2006년 파트타이머의 임금항목(부도 6)에 특히 경합점이 많은 지역을 위해 '제2직종급'을 신설했다. 즉 "기본급·직종급·지역급을 합해도 표시(表示) 시급이 경합 타사보다 낮아 채용이 어려운 경우, 점포의 선어 부문에 한정해, 인사부·점포운영부장·점장과 협의하여 제2직종급을 설정하여 기본급에 가산할 수 있도록"(S2노동조합 「조합원수첩 별책(2007년판)」 4쪽)하기 위한 임금 항목이다.

(4) 직위급

〈직위급〉은 주임 등의 하급 관리직 업무를 담당하는 파트타이머에게 지급하는 임금이며, 수당으로 지급하는 기업도 있다. G1사는 주임이 없는 매장에서 주임 역할을 하거나 주임이 있는 매장에서 부주임 역할을 하는 파트타이머를 리더라고 칭하고 리더에게 직위급을 시간당 50엔 지급한다. G1사에서는 2003년부터 파트타이머의 주임 제도가 도입되었는데, 파트타이머 주임의 직위급은 시간당 250엔이다. S1사의 주임 수당은 월 7,000엔, S3사의 리더 수당은 월 5,000엔, S4사의 리더[27] 수당은 월 25,000엔이다.

(5) 요일가급

〈요일가급〉은 파트타이머의 노동 공급이 많지 않은 일요일 및 공휴일에 근무하는 경우에 지급되는 할증 임금인데, 토요일은 해당하지 않는 경우가 일반적이다. 구체적으로는 G1점과 G3점은 200엔, G2점은 100엔, S1사는 100엔, S2사는 125엔이다. S1사만 예외적으로 토요일에도 휴일급을 50엔 지급한다.

(6) 시간대가급

〈시간대가급〉은 주부 파트타이머가 근무하고 싶어하지 않는 아침 시간과 저녁시간, 그리고 연말연시에 근무하는 경우에 지급되는 임금이다. 주부 파트타이머들은 가족생활의 리듬에 큰 영향을 주지 않는 선에서 근무하고자 하기 때문에 가족들이 집에서 나가기 전 시간이나 귀가한 이후의 시간대에는 근무를 피한다. 하지만 점포의 개점준비나 저녁시간 이후의 시간대를 정사원만으로 감당할 수 없으므로 기업은 이 시간대에 일하는 파트타이머에서 할증임금을 지급하여 노동력을 확보하고자 한다. 기업에 따라 오전 8시 또는 9시부터 17시 또는 18시까지를 기본시간대로 정하고 이 시간대 이외의 시간대에 근무하는 경우 시간대가급을 지급한다. 시간대가급과 요일가급의 존재는 기업이 파트타이머가 주부노동자임을 전제로 노무관리를 하고 있음을 의미한다. 정사원의 임금 체계가 그 임금을 받는 노동자가 가족의 생계부양자임을 전제로 하고 있는 것(山田和代, 1997, 2001; 김순영, 2006a)처럼 일본 노동시장의 임금체계는 젠더에 기초하고 있다.

시간대가급 액수는 기업마다 다르기도 하지만 같은 기업 내에서도 점포의 위치에 따라 달라진다. 주로 지방 기업인 식품슈퍼 기업보다 전국적으로 점포를 전개하는 종합슈퍼 기업 쪽이 금액의 차이가 크다. 사례 점포들의 시간대가급을 살펴보면 G1점은 5~7시 220엔, 7~8시, 17~20시는 200엔, 20~22시는 300엔이다. G1사의 풀타임 파트타이머인 커리어사원의 경우 시간급이 플렉스 사원보다 높은 대신 시간대가급과 요일가급이 없다. G2점은 노동시간과 임금 등에서 개별계약이 매우 많아서 일률적으로 말하기는 어렵지만 대체로 9시 이전은 100엔, 17시 이후는 200엔이다. 8~18시가 기본시간대인 G3점은 7~8시 480엔, 18~19시 240엔, 19~20시 360엔, 20~21시 480엔으로 사례 점포 중에서 가장 높을 뿐만 아니라 G3사 점포 중에서도 가장 높은 수준이다. 종합슈퍼보다 출점 범위가 좁은 식품슈퍼 기업은 시간대가급을 점포마다 정하지 않고 본사가 정하는 금액을 일률적으로 적용하는 경우가 많다. S1사의 경우 아침 시간대에는 시간대가급이 없고, 17~19시 100엔, 19시 이후 200엔이며, S2사는 7~8시와 17~22시는 200엔, 22~7시는 250엔이다. S3사의 시간대가급은 5~8시와 17~22시에 50엔이다.

점포의 위치에 따라 같은 회사 안에서도 점포에 따라 시간대가급이나 요일가급이 달라지는데, 24시간 영업하는 수도권 역전 점포로 출점한 G1사의 T점의 경우 2003년 현재 기본시간대는 같은 8~17시이지만, 시간대가급은 5~7시가

150엔, 7~8시가 100엔, 17~20시가 100엔, 20~5시가 150엔이다. 또 요일가급은 토요일을 포함해 80엔이다. 점포에 따라 이런 차이가 나는 이유로 두 가지를 들 수 있다. 먼저 입지한 지역의 노동시장 상황, 즉 주부 파트타이머에 대한 의존도의 문제이다. G1점은 지방의 교외 점포이기 때문에 학생 아르바이트가 많지 않아 이른 아침도 저녁도 주부 파트타이머에 의지할 수밖에 없다. 그러나 T점은 걸어서 10분도 안되는 거리에 대학이 있고, 번화가에 위치하기 때문에 밤 시간대에 일하려는 노동력을 모으기 쉽다. 다음은 경쟁의 문제이다. T점은 대형 상권이 형성되어 있고 종합슈퍼 업계의 선두 기업 점포가 2개, 백화점도 2개나 있는 수도권의 역전 점포다. T점은 기존 점포들과의 경쟁을 위해 부문급을 높게 설정할 수밖에 없었기 때문에(식품체커 130엔, 선어 120엔, 반찬 100엔, 정육 및 청과 80엔 등), 시간대가급이나 요일가급을 그리 높게 설정하지 못한 것이다.

더욱이 장기불황이 지속되는 가운데 2000년대에 들어서는 슈퍼마켓 업계 전반에서 파트타이머에게도 점포의 사정에 따라 계약시간대 전후 1~2시간 정도의 범위에서 근무시간대 변경을 요구하는 경향이 생겼고, 시간대가급이나 요일가급이 상당히 낮아졌다. 2007년에 실시한 G1점 종업원들과의 인터뷰에 따르면, G1점도 2002년에 10엔, 2006년에 20엔 지역급을 올리면서 시간대가급과 요일가급을 낮추었다. S2사도 2006년 파트타이머 임금 제도를 개정하면서 시간대가급을 5~8시 200엔, 17~18시 100엔, 18~22시 200엔으로 낮추었다.

(7) 조정급

〈조정급〉은 잠정급이라고도 하는, 임금을 조정할 필요가 생겼을 때 일시적으로 적용하는 것이며, 항상 적용되는 것은 아니다. 조정급이 적용되는 전형적인 사례로는 점포 이동이 있는 경우나 기업 차원에서 파트타이머 인사관리제도 또는 규정이 개정되어 임금의 변화가 큰 경우다. G1사의 직무등급 제도는 1990년대 중반에도 한번 개정되어 이전에 취득한 직무등급이 모두 없어지고 모든 파트타이머는 프레쉬 등급이 되었다. 이 때문에 주부 파트타이머들은 등급을 높이기 위해 다시 시험을 쳐야했다[28]. 따라서 새로운 제도에 맞추어 직무 수준을 빨리 이전과 같은 등급으로 올리지 못해 시급이 크게 떨어진 파트타이머에게 1999년 현재 20~30엔의 조정 수당이 지급되고 있었다. G2사도 2003년 5월에 파트타이머 인사관리제도를 개정했는데, 그 때문에 일부 파트타이머의 임금이 저하됐다. 인사관리제도의 변경 때문에 갑자기 임금이 저하하면 불만이 생기기 때문에 3년 한정으로 조정급을 적용했다.

(8) 기술·자격수당

G1사의 파트타이머 임금 항목은 아니지만, 일부 식품슈퍼 기업의 파트타이머 임금 체계에는 〈기술·자격수당〉이라는 임금 항목이 있다. 기술·자격수당은 특정 기능과 기술을 가진 노동자에게 지불하며, 자격제도에 근거한 자격 수당과는 다르다. 식품위생관리자자격 등의 국가 자격증도 포함되지만, 일반적으로는 해당 회사가 인정하는, 신선 매장의 기능, 기술을 말한다. S3사와 S4사에 이 제도가 있는데 S3사에서는 선어 매장에만, S4사에서는 선어, 정육, 반찬, 초밥 등 4개 부문의 매장에서 기술을 인정하고 있다. 두 기업 모두 정사원과 마찬가지로 본사가 실시하는 '기술인증시험'에 합격한 파트타이머에게 지급하며 S3사에서는 1급과 2급으로 나누어 시간당 100엔과 50엔을 지불한다. S4사는 1~3급으로 나누어 시간당 120엔, 50엔, 30엔을 지급하고 있다. 2003년 현재 S4사 전체 파트타이머 중 기술인증시험에 합격해 자격을 가진 파트타이머의 비율은 1급 0.6%, 2급 4.4%, 3급 12.7%다.

(9) 근속급

마지막으로 1990년대 중반에 폐지되어 지금은 존재하지 않는 임금항목인 〈근속급〉이 있다. 거품경제시기에는 기업들이 구인난에 시달리고 있었으므로 파트타이머를 기업 내에 정착시키기 위해 정사원에 비해 증가폭은 작지만 대부분의 기업들이 근속급(근속 수당)을 설치하고 있었다. 그러나 불황이 시작되면서 1990년대 중반 이후 일률적으로 증가하는 근속급도 평가급 누적도 모두 폐지되었다. 사례기업들 중 현재 근속급이 남아있는 기업은 S2사만인데 그것도 근속 6년까지만 증가하도록 되어 있다. 상술하면 파트타이머에 대한 인사고과를 3등급으로 하는 S2사[29]는 근속 1년째의 평가급은 5, 10, 15엔이고 근속 2년째는 15, 20, 25엔이다. 이렇게 하여 근속 6년 이상인 파트타이머의 평가급은 55, 60. 65엔이 된다. 즉 6년까지는 아무리 인사고과 성적이 나쁘더라도 근속이 길어지면 임금이 상승하게 되어 있다. 그런데 사례기업들 중 유일하게 S2사만 6년이라는 제한이 있다 하더라도 근속급이 존재하는 일차적 이유는 역시 기업의 입지에 있다. 파트타이머의 유동성이 높은 수도권에서 점포를 전개하는 S2사으로서는 파트타이머를 기업 내에 정착시키기 위해 다른 기업들은 지불하지 않는 임금비용을 불황 속에서도 지불한 것이다. 또 S2사에 제한적이나마 근속급이 남아있는 것은 S2사의 파트타이머가 전원 노동조합원이라는 사실과 무관하지는 않다.

2) 기준외급여

〈초과근무수당〉은 소정 시간을 초과하여 근무하는 경우 지급되는 수당이다. 1일 실제 노동시간이 8간을 초과하는 경우에 시간당 25%의 할증 임금이 지급된다.

큰 돈이 들어왔다는 의미의 〈대입(大入) 수당〉은 지금까지 중 가장 매출이 높았던 날에 사원 모두에게 주는 특별수당 같은 것이다. 그러나 1990년대부터 2000년대 초반 무렵까지 장기화된 불황 때문에 전년도 대비 매출이 100%를 넘는 일은 어느 점포에서도 거의 없었기 때문에 실제로 대입 수당이 지급된 적은 거의 없다.

〈통근 수당〉은 통근을 위해 소요되는 교통 요금이다. 모든 사례기업들이 파트타이머에게 통근수당을 지급하지만 통근수당의 상한은 정사원보다 낮고 아르바이트에게는 지급하지 않는 기업도 많다. 통근수당의 구체적인 상한액수는 G1사 2만 엔, G2사 1만5천 엔, G3사 준사원 이상 2만6천 엔, 파트, 아르바이트 1만 엔 등이다.

마지막으로 S3사에만 있는 특이한 수당이 〈가족수당〉과 〈복지수당〉이다. 물론 정사원의 경우 가족수당은 기준내임금으로 부양가족이 있는 세대주 전원에게 지급되지만 파트타이머의 경우 18세 미만의 자녀가 있는 한부모 가정에 대해서만 지급된다. 파트타이머에게 가족수당이 있는 것은 매우 특이한 경우이며 자녀에 대한 수당액수는 정사원과 차이가 없다. 가족수당 금액은 18세 미만의 자녀에 대해 첫째, 둘째 자녀 5000엔, 셋째자녀 3000엔이다. 복지수당의 수급자격은 이혼이 아니라 사망으로 한부모 가정이 된, 만18세 미만의 자녀가 있는, 1일 실노동시간이 6시간 이상인 자로 금액은 월 7,000엔이다.

그 외의 수당으로는 〈개근수당〉이 있는데 거품경제기에는 대부분의 기업이 설치했었으나 불경기 속에서 모두 폐지하여 1999년 현재 남아있는 기업은 S4사 만으로 4,000엔이었다. 그러나 S4사도 2004년에 개근수당을 없앴다.

3) 상여

이른바 파트타이머에게만 지급되고 아르바이트에게는 지급되지 않는 상여금은 정사원과 마찬가지로 인사고과에 따라 금액이 산정된다. 정사원의 경우 매장주임 수준에서부터는 인사고과의 항목에 매출달성도가 포함되는 것이 일반적이며 매장주임 이하에서는 매출달성도가 포함되지 않는다. 그러나 S3사와 같이 기업에 따라서는 매장주임에 대해서도 매출달성도가 인사고과항목에 포함되지 않는 경우도 있다. 정사원의 상여금은 여름과 겨울에 각각 월급의 몇 개월분이라는 식으로 지급되는데 사례기업들의 경우 기업경영상황이 특별히 나쁘지 않은 경우 연간 월급의 4~5개월분을 지급된다.

사례기업별로 파트타이머의 상여금 산정방식과 금액을 보면 아래와 같다[30].

G1사 플렉스 사원의 상여금은 인사고과에 따라 결정된다. 1999년 현재 인사고과 평가가 좋은 사람은 1회에 5~6만원, 1년에 11만원 전후다. 호황기에는 플렉스 사원의 상여금도 1999년 당시보다 두 배 이상으로 높았지만 경기가 나빠지면서 점점 상여금 액수가 줄어든 결과이다[31]. 풀타임 파트타이머인 커리어 사원의 경우 3.3개월 분(여름 1.3개월분, 겨울 2개월분)이 지급된다. 하지만 이것은 평균이고 개개인의 상여금은 인사고과에 따라 달라진다. 같은 파트타이머임에도 불구하고 커리어 사원과 플렉스 사원의 상여금이 이렇게 차이가 나는 이유는 커리어 사원은 조합원이기 때문이다. 모든 사례기업들에서 조합원인 비정사원의 경우 정사원보다 상여금의 개월수는 적지만, 어쨌든 월급의 몇 개월분이라는 식으로 상여금이 지급된다.

G3사 프렌드, 메이트 사원의 상여금은 정사원보다는 개월 수가 적지만 기업실적, 노동시장동향, 본인의 근무실적에 따라 상여가 산정된다. 하지만 1990년대 중반부터 G3사의 매출실적이 매우 저조해 정사원의 상여금은 연간 1.8개월, 프렌드, 메이트 사원의 상여금은 연간 0.7개월로 삭감되었다. 급여규정에 따르면 준사원은 회사의 업적에 따라 상여금이 결정되며 파트타이머와 아르바이트는 상여금은 없는 것으로 되어 있는데, 1999년 시점에서 준사원에게는 상여금이 지급되지 않는 상태였다. 그런 가운데 그나마 프렌드 사원과 메이트 사원에게 상여금이 지불되는 이유는 그들은 조합원이기 때문이다.

S1사의 경우 조합원인 엑스퍼트는 연간 2개월분, 비조합원인 파트너와 헬퍼(학생 헬퍼 제외)는 연간 1개월분의 상여금이 지급되는데 금액은 사정상여에 업적평가가 더해져서 결정된다.

S2사는 학생 및 휴일에만 일하는 파트타이머를 제외한 파트타이머(프레쉬 파트너)에 대해서 자격등급에 따라 상여금의 개월 수가 결정된다. 프레쉬와 시

니어는 2개월분, 리더는 3개월분, 커리어는 4개월분이 지급된다. 입사 직후의 프레쉬 파트너도 상여금이 지급되는 것이다. 그러나 2006년 제도를 개정할 때 기본 시급을 올리면서 상여금은 낮추었고, 프레쉬는 0.73개월분 리더는 2개월분, 커리어는 1.8개월분으로 저하되었다. 또 상여금을 받을 자격을 필수 자격을 취득한 자(점포), 최근 인사고과에서 B등급 이상을 받은 자(센터 및 본사)로 제한했다.

S3사도 조합원인 플렉스 사원에 국한하여 인사고과에 따라, 그리고 자격등급에 따라 상여금이 지급된다. 전술한 바와 같이 S3사의 파트타이머 자격등급은 2개, 인사고과 등급은 5개 등급이다. 따라서 파트너I은 인사고과 등급에 따라 3, 2, 1, 0.5, 0.2개월분, 파트너II는 각각 5.6, 2.85, 1.85, 0.6, 0.3개월분을 여름과 겨울에 받는다. 학생 아르바이트는 물론, 주부 아르바이트도 상여금은 없다.

S4사는 조합원인 플렉스 사원에 국한하여 개인의 인사고과와 소속매장의 매출실적을 반반씩 반영하여 상여금을 결정한다. 매장이 아닌 사무실이나 본사에서 근무하는 경우 개인평가만으로 결정된다. 두 항목을 합산하여 평균적으로 1.8개월분의 상여가 여름과 겨울에 지급된다.

이상에서 살펴본 파트타이머의 상여금을 보면 세 가지 특징이 나타난다.

첫째, 이른바 파트타이머에게는 상여금이 지급되지만 아르바이트에게는 지급되지 않는다. 이는 기업이 아르바이트를 숙련상승과 기업 내 정착의 대상으로 간주하지 않음을 의미한다.

둘째, 파트타이머 내에서도 노동조합원과 비조합원 간에 상여금 액수의 차이가 크거나 비조합원에는 지급되지 않는다. 노동조합원인 이상은 개월 수에서 차이가 있더라도 정사원과 같은 방식으로 상여금을 지급해야 한다는 기준을 노동조합도 기업도 가지고 있다. 사례기업들 중 파트타이머의 상여금 금액이 가장 높은 기업은 S2사다. S2사에서는 노동시간이나 고용구분에 관계없이 모든 종업원이 노동조합원이며 노동조합이 제명한 종업원은 즉각 해고한다는 노사협정을 채결하고 있다. 필자의 면접조사에 따르면, 조합원이 아닌 파트타이머가 조합에 가입하고 싶은 첫 번째 이유가 상여금이었다.

셋째, 비조합원인 파트타이머의 상여금은 경기에 따라 민감히 조정된다. 당연한 이야기지만 조합원의 임금은 매년 춘투를 통해 인상률이 정해지므로 기업의 경영상황에 따라 조정하기는 하지만 기업이 일방적으로 임금을 조정할 수는 없다. 하지만 비조합원인 파트타이머에 대해서는 조합과 협의할 필요가 없으므로 경기가 나빠지면 어느새 상여금은 없어지거나, 없는 것과 마찬가지의 상황이 될 수 있다.

4) 퇴직금

후생노동성의 2001년 『파트타임 노동자 종합실태조사』에 따르면 파트타이머를 고용하고 있는 기업체 중 파트타이머에게 퇴직금을 지급하고 있는 기업체의 비율은 전산업에서 8.3%, 소매업은 11.6%이다. 그러나 사례기업들은 S1사와 G2사를 제외한 5개 기업이 일부 또는 전부의 파트타이머에게 퇴직금을 지급하고 있다. 하지만 그 실태는 일부 회사가 사용하는 표현인 '퇴직위로금'에 지나지 않는다. 그러므로 파트타이머의 기업복지제도로서 퇴직금제도가 있다/없다는 사실만을 조사하는 것은, 퇴직금에 대한 사회일반의 이해를 생각할 때 오해를 불러일으키기 쉽다. 아래의 〈표 2-16〉에는 사례기업 중 파트타이머에 대한 '퇴직위로금'이 있는 기업만을 제시했다. 즉 G2사와 S1사는 파트타이머에 대한 퇴직위로금조차 없다.

아래의 표에 제시된 사례기업들 중 퇴직위로금의 금액이 가장 작은 것은 G1사이며 가장 많은 것은 S2사다. 예를 들어 S2사에서는 5년 이상 근속한 파트타이머는 퇴직금 지급대상이고 20년 근속하면 최소한 퇴직 시의 자신의 월급의 2배를 받을 수 있다. S2사의 경우 근속급 및 상여금 등에서도 알 수 있었듯이 파

〈표 2-16〉 사례기업의 파트타이머 퇴직 위로금 (1999년)

기업	지급 대상	퇴직금규정
G1	커리어 사원	1-3년 3천엔, 3-5년 5천엔, 5년 이상 1만엔
	플렉스 사원	1-3년 2천엔, 3-5년 3천엔, 5-10년 5천엔, 10년 이상 1만엔
G3	프렌드 사원, 메이트 사원, 준사원	1년 3만엔에서 출발, 5년, 10년, 15년 20년째는 각각 1만엔씩 그 외에는 매년 5천엔씩 상승. 근속 20년 퇴직시 14만 5천엔
S2	파트너 사원	5년 이상 근속자, 퇴직시의 월급×근속년수별 지급률 (5년 0.5개월, 이후 매년 0.1개월씩 상승)
S3	파트너 사원	근속 3-6년 3만엔, 6-10년 5만엔, 10년 이상 10만엔
S4	플렉스 사원	3천엔

자료출처: 사례기업 사내자료

트타이머를 기업 내에 정착시키기 위한 제도들을 많이 설치하고 있는 편인데, 기업의 정책이라기보다는 노동조합의 정책이다.

S4의 경우 현재의 파트타이머 인사관리제도 이전의 제도에서는 근속 1년에 1만 엔씩 그리고 그 액수에 직능등급별 지수(1등급 2.2, 2등급 1.7, 3등급 1.0)를 곱한 퇴직금이 있었다. 즉 1등급으로 20년 근속한 후 퇴직하면 퇴직금을 44만 엔 받을 수 있었다. 하지만 1999년말에 파트타이머 인사관리제도를 개정하면서 그 시점까지의 퇴직금을 지급하고 퇴직금 제도를 전면 폐지했다. 그리고 근속년수에 관계없이 일률적으로 3,000엔의 퇴직위로금을 지급하는 것으로 했다.

그런데 퇴직금과 관련하여 가장 놀라운 것은, S1사에 파트타이머에 대한 '퇴직위로금'이 없다는 것이다. 지금까지 살펴본 바와 같이 S1사는 사례기업 중에서 뿐만 아니라 일본의 유통업 기업 전체에서도 파트타이머의 질적 기간노동력화가 가장 진전된 기업이다. 신선식품 매장 이외의 매장은 모두 파트타이머에 의해 운영되고 있고 심지어 부점장까지도 절반 이상이 파트타이머다. 사례기업 중 유일하게 파트타이머 점장도 있다. 그럼에도 불구하고 그녀들에게는 퇴직위로금조차 없다.

5) 파트타이머와 정사원의 임금 비교

필자가 파트타이머의 임금 제도가 〈의사 내부화〉 장치라고 명명한 것은 근속과 숙련이 축적됨에 따라 정사원과의 임금 격차가 확산되게 설계되어 있기 때문이다. 그 점을 명확히 하기 위해 실제로 정사원과 장기근속 파트타이머 간에 임금이 얼마나 차이가 나는지를 구체적으로 검토하고자 한다.

〈표 2-17〉과 〈표 2-18〉는 G1점에서 일하고 있는 근속 10년 이상의 파트타이머과 정사원의 임금을 정리한 것이다. 정사원은 파트타이머와의 비교를 위해 성별, 사원구분, 혼인상태, 근속, 매장, 업무 수준 등의 측면에서 다양한 조건의 사람들을 선택했다. 파트타이머는 3명 모두 필자가 인터뷰한 사람들이고 임금 관련 내용은 G1점의 자료를 통해 다시 한번 확인했다. 〈표 2-18〉에 제시한 정사원 중 필자가 인터뷰한 사람은 구보(久保) 씨다. 다른 정사원의 개인 사항은 학력과 혼인 상태는 같은 매장 파트타이머에게 확인했고, 다른 항목은 점포에서 제공받은 자료를 통해 구성했다. 정사원의 임금항목별 금액은, 연령급, 습숙급, 자격급은 G1노조의 「1999년도 활동보고」에서, 수당과 상여금은 노조 내부자료에서 파악했다. G1사에서 정사원은, 고졸은 1등급, 단대졸은 3등급, 대졸은 4등급으로 입사한다.

기준내임금에서 언급한 바와 같이, G1점 파트타이머의 채용시급은 비식품이라면 710엔이고, 거기에 식품체커 80엔, 수산 70엔, 축산, 농산, 반찬 50엔, 일배 30엔, 가공식품 10엔이 추가된다. 특별한 일이 없으면 채용 2개월 후 직무수준이 프레쉬에서 직무수준1로 오른다. 또 7~8시와 17~20시, 그리고 일요일이나 공휴일에 근무하는 경우 시간당 200엔의 시간대가급 및 요일가급이 추가된다. 즉 G1점 부인복 매장에서 근무하는 근속 1년인 파트타이머가 정사원과 마찬가지로 1일 8시간, 월 160시간 일한다면, 월급은 115,200엔(720엔×160시간)에 시간대가급과 요일가급이 추가된 12만 엔이다.

〈표 2-17〉 G1점 파트타이머의 임금 (1999년)

	우에노(上野)		오사와(大沢)		다나카(田中)	
매장	부인복		축산		일배	
고용구분	플렉스		플렉스		커리어	
성별	여성		여성		여성	
연령	40세		49세		59세	
혼인상태	유배우		유배우		유배우	
학력	고졸		고졸		고졸	
근속년수	13년		11년		13년	
자격등급	직무3등급		직무3등급		마스터	
직위·역할	담당자		리더(주임보좌)		리더(주임보좌)	
노조가입	×		×		○	
노동시간	1일7시간, 월149시간		1일7시간, 월149시간		1일8시간, 월160시간	
기준내임금	시간급합계	830엔	시간급합계	920엔	시간급합계	1,100엔
	직무급	590엔	직무급	640엔	-	
	평가급	30엔	평가급	20엔	-	
	지역급	210엔	지역급	210엔	-	
			직위급	50엔	직위급	51엔
	시간대가급, 월4,200엔 (시간당200엔)		시간대가급, 월4,200엔 (시간당200엔)		-	
	요일가급, 월4,200엔 (시간당200엔, 월3일)		요일가급, 월4,200엔 (시간당200엔, 월3일)		-	
월급총액 (월160시간)	132,070엔 (141,200엔)		145,480엔 (155,600엔)		176,000엔	
상여	110,000엔		110,000엔		580,800엔	
연간소득 (월160시간)	1.694,840엔 (1,804,400엔)		1,855,760엔 (1,977,200엔)		2,692,800엔	

주: ( ) 안은 플렉스사원이 정사원과 마찬가지로 월 160시간 일했을 때의 금액
일본은 주 1일 이상의 연차휴가 규정만 있고 주휴수당이 없다.
자료출처: 필자의 면접조사

1999년 현재 G1사 정사원의 임금 체계에서는 기준내임금은 기본급과 수당으로 구성되는데, 기본급은 연령급 + 습숙급(직능급) + 자격급 + 업적급으로 구성된다. 그러나 4등급까지는 업적급이 없기 때문에 〈표 2-18〉에 업적급은 없다. 기준내임금에 속하는 수당으로 지역급, 주택 수당, 가족 수당(배우자 수당과 자

〈표 2-18〉 G1점 정사원의 임금 (1999년)

	히가시야마(東山)	니즈마(新妻)	구보(久保)	다께우찌(竹内)	다카쿠(高久)
매장	부인복	신사복	사무실	일배	축산
고용구분	R사원	A사원	A사원	R사원	N사원
성별	여성	여성	여성	남성	남성
연령	21세	31세	30세	28세	34세
혼인상태	미혼	기혼	기혼	미혼	기혼
학력	단대졸	고졸	대졸	대졸	고졸
근속	1년	13년	8년	6년	16년
자격등급	2등급	3등급	4등급	4등급	4등급
직위·역할	담당자	담당자	주임	주임	주임
노조가입	○	○	○	○	○
노동시간	1일8시간, 월160시간	1일8시간, 월160시간	1일8시간, 월160시간	1일8시간, 월160시간	1일8시간, 월160시간
기준내임금	연령급 94,000엔	연령급 109,770엔	연령급 108,770엔	연령급 106,360엔	연령급 117,000엔
	습숙급 54,497엔 (R사원2급2호봉)	습숙급 73,411엔 (A사원4급10호봉)	습숙급 84,386엔 (A사원4급30호봉)	습숙급 94,265엔 (R사원4급25호봉)	습숙급 93,945엔 (N사원4급25호봉)
	자격급 980엔	자격급 7,080엔	자격급 7,080엔	자격급 7,630엔	자격급 8,000엔
			직위수당 30,000엔	직위수당 30,000엔	직위수당 30,000엔
	지역급 7,000엔	지역급 7,000엔	지역급 7,000엔	지역급 7,000엔	지역급 7,000엔
	주택수당 26,300엔	-	-	주택수당 26,300엔	주택수당 35,000엔
	-	-	-	-	가족·세대수당 13,000엔
	-	-	-	-	자녀교육수당 (2인) 10,000엔
월급총액 (월160시간)	182,777엔	197,261	237236엔	271,555엔	313,945엔
상여	747,385엔	951,305엔	1,001,180엔	1,041,275엔	1,094,725엔
연간소득 (월160시간)	2,940,709엔	3,318,437엔	3,848,012엔	4,299,935엔	4,862,065엔

자료출처: G1사 노동조합 「1999년도 활동보고」, G1점 내부자료, 필자의 면접조사

녀 수당), 자녀교육 수당이 있다. 기준외임금으로는 통근 수당, 전근 수당, 단신부임수당, 식사 수당 등 다양한 수당이 있지만 이러한 항목에 관해서는 본인에게 확인하지 못했기 때문에 표에 넣지 않았다. 또 습숙급은 인사고과에 의해 정해지는 것인데, 그것도 본인에게 확인하지 못했기 때문에 근속을 고려하여 임금테이블에서 필자가 시산했다. 습숙급(習熟給)의 등급별 호봉은 1등급과 2등급은 11개(0~10), 3등급은 21개(0~20), 4등급은 46개(0~45)인데, 사원 구분에 따라 다소 금액이 다르다. G1사의 기본급은 N사원의 임금을 100으로 했을 때, R사원은 95, A사원은 90이 되도록 설정되어 있다. 1999년 정사원의 상여금은 기본급의 5개월분, 커리어 사원의 상여금은 월급 3.3개월분이 지급되었다.

업무 수준을 고려하여 선택한 것이기는 하지만, 파트타이머의 직무 범위가 정사원과 완전히 같은 것은, 부인복 매장의 우에노(上野) 씨와 히가시야마(東山) 씨, 그리고 신사복 매장의 니즈마(新妻) 씨다. 그러나 직무 범위가 동일하다고 해도 우에노 씨는 근속이 길고 경험이 풍부하기 때문에 히가시야마 씨를 가르치는 입장이다. 매출에 대한 책임은 주임에게 있기 때문에 다나카(田中) 씨와 오사와(大沢) 씨는 타케우치(竹内) 씨와 타카쿠(高久) 씨와 직무 범위는 같지만, 책임의 범위까지 같지는 않다. 하지만 사원 4등급에서는 매출이 인사고과의 대상이 되지만, 아직 업적급은 없기 때문에(업적급은 5등급부터), 타케우치 씨와 타카쿠 씨의 매출에 대한 책임이 크다고는 할 수 없다. 또 일배 매장과 축산 매장에는 각각 근속 2년의 남성 정사원이 있음에도 불구하고, 타나카 씨와 오사와 씨에게 주임 대리인 리더역을 부여하고 있는 것을 보더라도 이 두 사람의 업무 수준이 주임 수준이라고 판단하는 것은 무리가 없다

정사원은 교대 근무가 기본이고 오후-저녁(遅番) 근무가 많지만, 파트타이머의 근무 시간대는 기본적으로 고정되어있다. 우에노 씨는 10~18시, 오사와 씨와 타나카 씨는 9~18시 근무가 기본이다. 그러나 오사와 씨의 근무 시간대는 상당히 유연하다. 아침 시장(朝市)이 열리는 화요일에는 아침 8시 전에 출근해

야하고 평소에도 매장 상황에 따라 9시에 출근하는 날도 10시에 출근하는 날도 있다. 면접 때 3명 모두, 일요일 및 공휴일은 월 2회 정도 쉰다고 말했기 때문에 요일가급을 월 4,200엔으로 했다. 커리어 사원인 다나카 씨는 시급이 높은 대신 시간대가급과 요일가급은 없다[32].

〈표 2-17〉과 〈표 2-18〉을 보면 다음과 같은 특징을 알 수 있다.

첫째, 정사원과 파트타이머의 임금격차가 크다. 우에노 씨의 연간임금은 자신이 일을 가르치는 경우가 많은 히가시야마 씨의 연간임금의 61.4%, 업무수준이 같은 니즈마 씨의 54.5%에 불과하다. 주임급으로 가면 고용형태에 따른 임금격차는 더욱 커져 오사와 씨의 연간임금은 타카쿠 씨의 연간임금의 40.7%에 불과하다. 파트타이머 중 예외적으로 시간급이 높은 커리어 사원인 다나카 씨의 연간임금도 타케우치 씨의 연간임금의 62.6%에 불과하다

둘째, 근속년수가 길어짐에 따라 파트타이머와 정사원 간의 임금 격차가 커진다. 근속과 더불어 정사원의 임금은 높아지지만, 파트타이머의 임금은 큰 변화가 없기 때문이다. 우에노 씨와 오오사와 씨의 시간급은 이미 플렉스 사원으로는 오를 수 있는 최고점에 도달해있는 상태이다. 그러나 최고점에 도달했다고 하지만 신입 파트타이머와의 차이는 직무수준으로 정하는 90엔과 평가급 30엔이 전부다. G1사 플렉스 사원의 시간당 임금은 채용 후 5년 정도에 최고점에 도달한다. 즉 G1사 임금제도의 주장은, 파트타이머의 직무능력은 5년 근속자 수준 이상으로 향상할 필요가 없다는 것이다. 때문에 장기근속 파트타이머의 임금은 업무가 같은 정사원의 절반 정도밖에 되지 않는다.

셋째, 파트타이머와 정사원의 연간소득의 차이를 더 확대시키는 것은 상여금의 존재다. 노동시간이 동일하다고 가정하고 월급만을 비교하면 우에노 씨의 월급은 니즈마 씨의 월급의 71.6%이지만, 연간소득으로 비교하면 54.5%로 격차가 크게 확대한다. 파트타이머 중에서 커리어 사원과 플렉스 사원의 연간소득에 차이가 생기는 것도 주로 상여 때문이다.

그런데 〈표 2-18〉이 보여주는 또 하나의 큰 특징은 정사원 사이에서도 임금 격차가 큰 것이다. 우선 눈에 띄는 것은 가족수당, 자녀교육수당 및 주택수당이다. 가족수당 및 자녀교육수당은 세대주에게만 지급되는 수당이다. 가족수당은 부양가족이 3명이면 13,000엔이고 자녀교육수당은 자녀의 나이에 따라 다르다(유치원 3,000엔, 초등학교 5,000엔, 중학교 8,000엔, 고등학교 10,000엔, 대학교 20,000엔). 주택 수당은 지역에 따라, 그리고 세대주인가 독신자인가에 따라 금액이 결정되는데, 세대주가 아닌 기혼자에게는 지급되지 않는다. 둘 다 같은 주임임에도 구보 씨와 타카쿠 씨의 월급에 58,000엔의 차이가 발생하는 이유다. 근속 13년인 니즈마 씨의 임금이 근속 1년인 히가시야마 씨의 임금에 비해 크게 높지 않은 것도 주택수당 때문이다.

정사원 간의 임금 격차를 낳는 또 다른 요인은 전근 범위이다. 구보 씨의 습숙급은, 같은 4등급이고 근속이 2년 짧은 타케우치 씨의 습숙급에 비해 1만 엔이나 낮다. 사원구분 때문이다. 4등급 25호봉의 습숙급은 N사원 97,559엔, R사원 94,265엔, A사원 82,851엔으로 N사원과 R사원의 차이는 R사원과 A사원 사이의 차이만큼 크지는 않다. 5등급이 되면 이 차이는 더욱 커진다. 5등급 50호봉이라면 각각 137,715엔, 130,317엔, 115,207엔이다. 그런데 많은 여성 정사원이 결혼과 출산을 계기로 A사원으로 전환한다. A사원의 승격은 5등급까지만 가능하기 때문에 근속이 길어질수록 성별에 따른 임금 격차는 커진다.

또 파트타이머와 정사원의 임금 격차가 클 뿐만 아니라, 파트타이머들 사이에서도 임금형태가 월급인 고용구분과 시간급인 고용구분 사이에 임금 격차가 상당하다. 즉 같은 리더인데도 플렉스 사원인 오사와 씨의 연간임금은 커리어 사원인 다나카 씨의 연간임금의 73.4%에 불과하다. 하지만 같은 플렉스 사원 간에는 리더인 오사와 씨와 담당자인 우에노 씨의 임금은 시간급 90엔밖에 차이가 없다.

풀타임 파트타이머인 커리어 사원은 기업이 일손 부족으로 고통받고 있었던 거품경제기에 많이 채용했기 때문에 시간당 임금이 높고, 처음부터 정사원 수준으로 일할 것을 요구받았다. 때문에 시간대가급도 요일가급도 없다. 거품경제기에는 G1사뿐만 아니라 대부분의 슈퍼마켓 기업이 풀타임 파트타이머를 채용했다. 1990년경 G1사의 커리어 사원은 2,500명 정도(같은 해에 정사원은 1만 명이 조금 넘는 규모)였다. 그러나 경기 침체가 시작된 이후 비용절감을 위해 커리어 사원의 채용을 중단해, 2004년에는 650명 정도로 감소했다. 그녀들 대부분의 자격등급은 커리어 사원의 3개의 자격등급 중 가장 높은 마스터(1999년 90%)였다(G1노조 제공자료). 2000년대에는 임금 제도를 바꾸어 커리어 사원의 임금을 낮췄다. 1999년 G1점에 커리어 사원은 두 명 밖에 없었다. G2사도 마찬가지였는데, 1990년대 중반에 주부 파트타이머를 모두 프렌드 사원으로 통합시킨 것뿐이었다. 2003년에는 전문사원, 계약사원까지도 모두 통합해 엑스퍼트라고 이름 붙였다.

G1사의 데이터에서 확인할 수 있었던 이런 특징은 G3사의 데이터에서도 확인할 수 있다. G3점의 의류 부문에서 일하는 정사원[33]과 파트타이머의 임금명세서로 만든 〈표 2-19〉[34]에 따르면, 공식적으로 주임 직함을 달고 있는 것은 아니지만 실질적으로는 주임 역할을 하고 있는 근속 19년의 파트타이머인 미와(三輪) 씨의 연간임금은, 노동시간을 정사원과 같은 월 162시간으로 설정하면, 정사원 주임 야마모토(山本) 씨의 연간임금의 65.9%(3,445,050엔과 2,269,107엔)에 불과하다.

또 근속 19년인 미와 씨의 연간임금은 근속 1년인 나카무라(中村) 씨의 연간임금보다 18%(2,269,107엔과 1,922,969엔) 높을 뿐이다. 회사는 "프렌드, 메이트 사원은 정사원과 같은 수준으로 일하는 월급사원"이라고 하지만 정사원 수준인 것은 업무만이고 처우는 아니다. 더불어 근속 10년인 단시간 파트타이머 호리구치(堀口) 씨의 연간임금[35]은 근속 1년의 장시간 파트타이머인 나카무라(中村) 씨의 연간임금의 78.2%로, 기업이 파트타이머를 여러 등급으로 나눠 선별적으로 내부화하고 있음을 잘 보여준다.

〈표 2-19〉 G3점 파트타이머와 정사원의 임금 (1999년 7월)

	야마모토(山本)	미와(三輪)	나카무라(中村)	호리구찌(堀口)
매장	쉐타·브라우스	치마·바지	속옷	신사용품
고용구분	정사원	프렌드 사원	메이트 사원	파트타이머
연령	30	58	53	44
학력	고졸	고졸	중졸	고졸
근속	13	19	1	10
자격등급	JL2	2급	1급	-
직위·역할	주임	리더	담당자	담당자
노조가입	○	○	○	×
계약노동시간	월164시간	1일 7.5시간	1일 7시간	월95시간
근무일	21일	22일	21일	17일
본인급(기준시급)	118,950엔	117,057엔	112,665엔	75,960엔(740엔)
직무직능급	102,700엔	40,143엔	7,004엔	-
승격가급	-	13,895엔	15,660엔	-
업적급	9,100엔	-	-	-
조정급	-	(-3,592엔)	(-2,841엔)	-
직무수당	5,500엔	-	-	-
오후-야간근무수당	15,400엔	-	-	-
변동수당	-	-	9,120엔	-
통근수당	-	-	-	7,650엔
요일가급	-	-	-	5,500엔(27.5시간)
전월수정시간금액	-	-	-	2,095엔
지급통액	251,650엔	167,503엔 (178,670엔)	141,608엔 (151,415엔)	89,110엔 (125,380엔)
상여	425,250엔	117,252엔 (125,069엔)	92,742엔 (105,990엔)	0엔
연간임금	3,445,050엔	2,127,288엔 (2,269,107엔)	1,792,038엔 (1,922,969엔)	1,069,320엔 (1,504,560엔)

주: ( ) 안에는 파트타이머가 정사원과 마찬가지로 월162시간 일했을 경우의 임금액. 1999년의 상여금은 정사원은 1.8개월분, 프렌드, 메이트 사원은 0.7개월분

자료출처: 각 개인의 임금명세서 (본인 제공)

5. 구별 짓기: 가정 우선성 인정

"파트 아줌마들이 그 돈 받고 그렇게 열심히 일하는 거 보면 정말 감탄할 수밖에 없어요"라는 G2사 인사매니저의 말을 굳이 인용하지 않더라도, 파트타이머의 임금이 낮다는 것을 인정하지 않는 사람은 없다. 제한적 내부화 장치가 있지만 앞서 살펴본 것처럼 직무와 처우의 불균형이 확대하도록 되어 있다. 그렇다면 파트타이머들이 이에 저항할 것으로 예상할 수 있지만 현실은 다르다. 파트타이머의 질적 기간노동력화와 정규직과의 임금격차가 점점 더 확대되고 있다. 파트타이머들은 이러한 불균형을 받아들이고 있는 것으로 보인다. 파트타이머가 이 모순된 현실을 수용하도록 유도하는 무언가의 동의획득장치가 있다고 생각할 수밖에 없다.

기업은 파트타이머는 가족책임(family responsibility)에 대한 1차적인 책임을 가진 존재인 '주부'로, 가족의 생계 유지자는 아니라고 가정/규정한다. 그녀들에게는 정사원 임금 체계의 기본축인 생계비 개념을 적용하지 않아도 괜찮다고 간주함으로써 파트타이머의 저임금에 대한 정당성을 획득하고자 한다. 그런데 이를 위해서는, 파트타이머에게는 직장보다 가정이 더 소중한 영역임을, 즉 가정 우선성을 인정하고 실제로 노동조건 및 근무환경 속에서 이를 보장할 수밖에 없다. 기업은 파트타이머의 노동방식을 정사원의 노동방식과 구별 지음(demarcation)으로써 직무와 처우의 격차에 대한 파트타이머의 동의를 획득하고자 한다.

슈퍼마켓 기업이 사용하는 〈구별 짓기(demarcation)〉 전략의 주요한 내용은 점포이동을 축으로 하는 배치전환과 교대 근무(근무시간대 이동), 그리고 근무일정조정이다. 이에 대해 상세히 살펴보자.

1) 배치전환의 제한 1: 근무지 이동 제한

일본의 내부노동시장은 직능급 임금체계를 토대로 기업이 배치전환권을 전면적으로 장악해왔고, 이것이 노동의 유연성, 또는 다능공의 원천이 되기도 했다. 그런데 전국 또는 몇 개 현에 걸쳐 점포를 운영하는 슈퍼마켓 기업에서 배치전환권은 직무상의 배치전환보다 근무지 이동이 핵심적인 내용이 된다. 하지만 가족책임의 전담자인 파트타이머에게 근무지 이동은 불가능하다. 아무리 이사를 동반하지 않는 범위의 전포이동이라 하더라도 출퇴근에 한 시간 이상 걸리는 점포로 출근해야 한다면, "가족들이 나간 뒤에 뒷정리하고 문단속해놓고 저녁식사 준비시간에 맞추어 귀가"(A사 파트타이머, 45세, 주 30시간, 사무실) 할 수는 없다. 때문에 저임금에 대해 기업이 파트타이머들을 설득하는 논리와 마찬가지로 파트타이머들이 자신을 설득하는 논리도 "우리는 오후-저녁근무도 안하고 전근도 안하니까, 하라고 해도 못하니까"(岩本 이와모토, G3점 파트타이머, 속옷 매장, 담당자, 주20시간 근무, 고졸, 근속 13년)이다.

슈퍼마켓의 주부 파트타이머에게 직장과 주거지의 거리문제, 즉 출퇴근 시간의 문제는 매우 중요하다. 대부분의 파트타이머의 통근시간은 편도 30분 이내다. 주거지와 직장의 거리가 중요한 이유는 시간상의 이유, 심리적인 이유, 저임금의 3가지이다. 시간상의 이유는 가족책임 때문에 장시간의 출퇴근은 어렵고 무슨 일이 있을 때는 휴식시간을 이용해 잠시 집에 들를 수도 있다는 것이다. 심리적인 이유는 자신의 일차적 책임소재지인 집 근처라는 사실이 주는 안도감이다. 그리고 저임금의 문제는 "멀리 왔다 갔다 할 만큼 받는 일자리가 아니"라는 것이다(A사 파트타이머, 45세, 고졸, 근속 12년, 주 30시간, 사무실, 담당자)[36].

그런데 이런 점을 보면 점포이동이 채용조건인 S1사의 엑스퍼트는 매우 특이한 존재이다. S1사의 엑스퍼트는 기업이 파트타이머의 가정 우선성을 인정하는 여러 타협책의 어느 것에도 해당하지 않는다. 사례기업들의 정사원 중 A사원은 이사를 동반하는 점포이동은 하지 않는다. S1사의 엑스퍼트는 1일 노동시간이 30분 짧을 뿐 다른 사례기업의 A사원의 근무양태와 어느 하나 다른 것이 없다. 뿐만 아니라, S1사에서는 엑스퍼트에게 기본적으로 매장주임수준의 하급관리자가 될 것을 요구한다. 2003년 현재 S1사의 전체 엑스퍼트(대부분 여성)의 66.9%가 점장에서 치프(매장의 시간대 책임자, 매장주임대행)에 걸친 하급관리자이다. S1사가 파트타이머를 이렇게까지 활용할 수 있는 것은 기혼여성의 가족책임을 이용하는 것[37]인데 이 점에 관해서는 6절에서 상세히 분석한다.

2) 배치전환권 제한 2: 부문간 이동 제한

파트타이머의 부문간 배치전환은 점포의 위치에 따라 그리고 부문에 따라 차이가 크지만 기본적으로 파트타이머에 대한 기업의 배치전환권은 제한된다. 그 중에서도 식품 매장의 파트타이머들은 배치전환하지 않는 것이 일반적이다. 특히 신선식품 매장의 경우 매장특수적 기능이 필요하기 때문에 쉽게 배치전환을 할 수 없다. 하지만 비식품매장의 경우 매장특수적 기능이 필요하지 않기 때문에 점포의 필요에 따라 배치전환하기도 하며 파트타이머로부터의 저항도 크지 않다.

기업의 배치전환권이 제한받는 가장 큰 이유는 한 마디로 말해 파트타이머가 저임금 노동자이기 때문이다. 기업은 배치전환과 교환할 것이 없기 때문에 일방적으로 배치전환을 명할 수 없고 '눈치를 봐가면서' 파트타이머 본인이 받아들일 수 있는 범위 내에서 배치전환을 하게 된다. 예를 들어 비식품매장의 파트타이머를 식품매장이나 검품일에 배치전환하겠다고 생각할 때는 그만둘 것을 각오하지 않으면 안된다. "실제로 그만두게 하기 위해 비식품 매장의 파트타이머를 식품 매장이나 검품일에 배치"(G2사 인사부장)하기도 한다. 식품매장은 비식품매장보다 시간당임금이 높은 것이 일반적이어서 식품매장에서 일하는 파트타이머들은 상대적으로 높은 시간급을 보고 선택한다. 또 비식품매장의 파트타이머들은 시간급이 조금 낮더라도 거친 일을 하고 싶지 않은 사람들이 많다. 그러므로 비식품 매장의 파트타이머를 식품매장에 배치전환한다면 "내가 이 돈 받으면서 냄새나는 선어매장에서 일하게 생겼어? 이 꼴난 파트 일자리 어디가면 없겠어?"라는 반응이 나올 가능성은 매우 높다. 물론 "꼴난 파트 일자리"조차 흔하지 않은 지역의 파트타이머라면 저항하기 어렵겠지만 "수도권 파트들은 식품매장에서 쬐끔 더 주는 거가지고는 별로 매력을 못느껴요"(G3점 청과주임, 40대 후반, 남성)라는 발언에 잘 나타나있듯이 파트타임 일자리가 많은 대도시권의 점포라면, 또는 경합점이 많은 지역에 위치한 점포라면 더욱 그렇다.

물론 정사원도 비식품 매장에서 식품 매장으로 배치전환된다면 불만이 크다. 그러나 정사원에 대한 기업의 배치전환권은 전면적인 것이다. G1점의 식품체커 주임인 모리타(森田) 씨는 원래 속옷 매장의 주임이었는데, 이전 점장에 의해 배치전환되었다. 그녀는 인터뷰 동안 어떤 질문에 대한 답변도 "지난해 식품에 배치할 때 점장이 일시적인 거라고 말했거든요. 그런데 아직도 원래 자리에 돌려보내주질 않아요, 점장은 금방 다른 점포로 전근가니까 점장이 전근가기 전에 나를 속옷 매장으로 돌려보내주지 않으면 다음에 온 점장은 내가 원래 식품 소속이라고 생각하게 되는 거거든요. 그러면 나는 속옷매장으로 돌아갈 수가 없고 이런 힘든 일을 계속해야 되는 거예요" 라며 식품 매장에 배치전환된 것에 대한 불만으로 연결되었다[38].

S3점에서 인터뷰한 여성 정사원 중 두 사람은 본사에서 점포로 배치전환된 사람들이었다. 그 중 한 명인 하시모토 씨(S3점, A사원, 고졸, 38세, 근속 20년, 반찬 매장, 부주임)는 "처음에는 울며불며 다녔어요. 그만두는 거는 쉽지만 그만두고 나면 다시 취직하기 어렵고 파트로 나갈 수밖에 없잖아요? 여기 파트들이 얼마나 버는지를 생각하면" 라고 말했다. 파트타이머보다 훨씬 높은 임금을 받고 있음을 잘 알고 있는 정사원들은 본인으로서는 참기 어려운 배치전환을 당해도 참고 받아들일 수밖에 없는 것이다.

3) 근무시간대 이동 제한

파트타이머에 대해 가정 우선성을 인정하는 기업의 노무관리의 또 다른 내용은 근무시간대를 이동시키지 않는 것이다. 파트타이머는 정해진 시간대에 근무하며, 가족이 집을 나간 후 귀가할 때까지의 시간대에 근무한다. 반면 정사원은 근무시간대가 고정되지 않고 교대 근무를 하는데 매장의 작업 일정에 따라 아침 일찍 출근하거나 밤늦게까지 일한다. 예를 들어, 오후 9시에 폐점하는 점포의 신선 매장의 경우 오전-오후근무(早番)는 늦어도 오전 8시에 일을 시작하고, 오후-저녁근무(遅番)는 오후에 출근해 오후 9시 30분까지 일한다. 요일에 따라 오전-오후근무일과 오후-저녁근무일이 정해지는 기본 패턴이 없고 매일 달라지며, 매월 월말에 다음달 근무일정이 결정된다*. 교대 근무를 하면 가정생활의 리듬에 맞추어 근무할 수 없다. 따라서 파트타이머들에게 교대 근무를 적용하지 않는 것은 파트타이머 노무관리의 상식이다.

그러나 파트타이머의 기간노동력화와 장기 불황의 영향으로 자신이 원하는 시간대에서만 일을 하는 근무 규칙은 2000년대 들어 점차 위협받고 있다. 불황의 영향으로 파트타임 일자리도 예전만큼 풍부하지 않은 사정도 있고, 중년 남성의 실업이 늘어나고 임금도 하락했기 때문에 본인의 소득을 증가시켜야 할 필요에 직면한 주부 노동자들이 많아진 사정도 있어 기업측의 입장이 강해질 수 있었기 때문이다[39]. S4사는 1999년, G1사는 2004년에 파트타이머의 인사관리 제도를 개정하고 파트타이머의 근무 시간대를 변경할 수 있도록 했다. 필자가 2007~2008년에 걸쳐 조사한 G1사의 한 수도권 점포에서는 2007년 12월 현재 1일 4시간 근무하는 파트타이머의 근무 시간대가 요일에 따라 오전과 오후로 나

---

* 한국의 대형마트에 대한 필자의 조사에 따르면, 한국에서는 정규직과 파트타이머 모두가 전면적인 교대근무를 한다. 그런데 정사원의 근무요일은 고정된 반면, 파트타이머는 매달 근무요일과 근무시간대가 바뀌며 교대근무시간표도 더 세분화되어 있어 한국에서는 정규직보다 비정규직에게 더 유연한 근무방식을 요구한다(김순영, 2006b: 109).

누어져있는 경우도 있었다. 이런 경우는 그 점포에서도 일반적이지는 않았지만, 그녀의 케이스에 대해 점장은 파트타이머도 작업장의 사정에 따라야만 한다는 입장이었다. 기업측은 가능한 한 파트타이머의 근무 시간대도 유연하게 하려는 것이다.

물론, 근무 시간대를 유연하게 이동시킨다고 해도 파트타이머에게 정사원처럼 오전-오후 근무와 오후-저녁 근무를 교대로 하게 하는 것은 아니고 계약시간대를 기준으로 1~2시간 전후로 이동하는 것이다. 파트타이머에게 본격적으로 교대 근무를 요구하기 위해서는 정사원 수준의 임금 수준까지 가지는 않더라도, 현재의 임금 수준에 비해 훨씬 높은 임금을 지불하지 않는다면 수용되기 어렵기 때문이다. 예를 들면 근무시간대 이동 및 매장이동이 채용 조건인 S1사의 엑스퍼트의 임금은 근속년수가 같은 고졸 A사원의 임금 수준과 거의 차이가 없다. 후술하는 바와 같이, S1사의 엑스퍼트는 절반 이상이 보직이 있다. 정사원에게는 임금 이외에 여러 가지의 기업 복지 및 퇴직금이 있다는 것을 감안할 때, 그녀들의 인건비는 고졸 A사원의 인건비보다 훨씬 낮지만 사례기업 파트타이머 중 가장 높은 편인 것은 틀림없다.

4) 근무일정 조정

일반적으로 파트타이머들은, 파트타이머로 일하는 것의 장점은 점포 및 매장 이동이나 근무시간대 변경이 없다는 것과 더불어 개인 사정이 있을 때 쉴 수 있는 것이라고 말한다. 물론 급작스러운 사고가 발생했을 때는 정사원도 쉴 수밖에 없지만, 예를 들어 정사원이라면 자녀의 운동회라든가 학부모회 등을 이유로 근무일정을 조정하겠다고 이야기하기 어렵지만 파트타이머라면 큰 부담 없이 이야기할 수 있다는 것이다. 실제 질문지조사에서나 인터뷰에서 많은 파트타이머들이 파트타이머로 일하는 것에 만족하고 있는 이유로, 자기사정을 이유로 쉴 수 있다든가, 그런 것에 대해 주변사람들이 잘 이해해준다는 것을 거론했다.

물론 이것은 상대적인 것이다. 특히 불황이 장기화되고 있는 상황에서는 파트타이머로의 취업도 어려워지고 있기 때문에 파트타이머라고 해서 기업의 요구를 무시하고 자기 사정대로만 근무일정을 조정할 수 있는 것은 아니다. 때문에 유급 휴가를 자유롭게 취득할 수 없는 상황도 종종 발생하고 있었고 그것이 큰 불만이 되고 있었다. 정사원보다 부담감이 적은 것은 틀림없지만, 1장에서 본 G3점의 프렌드 사원 미와 씨의 경우처럼, 주임 대행 등의 보직이 있는 베테랑 파트타이머의 경우 주변 시선에 대한 부담감이 아니라 업무상의 사정 때문에 근무 일정 조정이 쉽지 않다. 하지만 보직이 없는 많은 파트타이머에게는 자기 사정에 따른 근무 일정 조정은 직무와 처우의 불균형 속에서 일하는 파트타이머의 관행적인 권리였다. 이런 점은 파트타이머만이 아니라 정사원도 공유하고 있는 것이었다. 기업도 업무에 비해 임금이 낮은 종업원에게 무언가의 편의를 제공할 수밖에 없는 것이다. 배치전환 문제와 마찬가지로, 파트타이머는 임금이 낮으므로 기업은 파트타이머에 대해 완전한 통제권을 행사할 수 없다. 하지만 주임 수준의 책임을 지고 있는 파트타이머의 경우는 근무일정 조정권한이 제한될 수밖에 없으므로 불만의 씨앗이 되고, 동의획득에 한계가 발생한다.

이상에서 살펴본 바와 같이 기업은 파트타이머가 주부로서 가정을 일보다 우선시할 수 있도록 하는, 정사원에게는 적용하지 않는 노무관리제도와 관행을 만들어, 정사원과 파트타이머는 다른 존재라고 구별 지음으로써 임금불평등이라는 현실을 수용하게 만들고 있다. 다시 말해 주부협정에 입각한 〈구별 짓기〉 전략은 주부 파트타이머의 동의를 창출하는 결정적인 장치다.

6. 주부 파트타이머 활용 모델

6절에서는 사례기업들 중 가장 대조적인 S1사와 S2사의 파트타이머 활용모델을 비교하고자 한다. 1장에서부터 살펴보았듯이 사례기업의 파트타이머 활용 모델, 즉 질적 기간노동력화 모델은 〈보조노동력형〉, 〈제한적 기간노동력화형〉, 〈적극적 기간노동력화형〉, 그리고 〈전면적 기간노동력화형〉으로 나누어진다. 그 중에서도 S2사는 주부 파트타이머의 질적 기간노동력화에 적극적이어야 할 식품슈퍼 기업이면서도 〈보조노동력형〉을 기업의 전략으로 추구해왔으며, S1사는 주부 파트타이머를 정예 부대로 활용하고 있는 예이다. 대조적인 두 회사의 사례를 통해, 동일한 업태이면서 이렇게까지 기업전략이 달라지는 이유를 검토한다. 특히 S1사의 파트타이머 활용 전략은 일본의 유통업계 전체에서 주목받고 있는 모델이며, 종합슈퍼 기업들이 2000년대 들어 도입한 새로운 인사 제도의 원형이기도하다.

1) S1사의 활용 모델

〈그림 2-2〉은 S1사 표준 점포의 조직도이며, ( ) 안은 주임의 고용형태다. 반찬 매장은 자회사가 운영하고 있기 때문에 S1사의 조직도에서 제외되어 있다. 평균적인 식품슈퍼 매장과 비교했을 때 이 조직도의 특징은 통괄매니저가 3명이나 있는 것이다. 매장 위에 매장을 관리하는 매니저라는 직위가 있는 것은 보통 종합슈퍼 점포의 조직도이며, 일반적인 식품슈퍼 점포의 경우 각 매장은 점장이 직접 관리하는 것으로 되어있다. S1사에 점장과 각 매장 사이에 통괄매니저라는 직책이 존재하는 것은 파트타이머의 전면적 기간노동력화와 관련이 있다. 파트타이머인 주임이 많고 매장의 운영 자체가 파트타이머에 맡겨져 있기

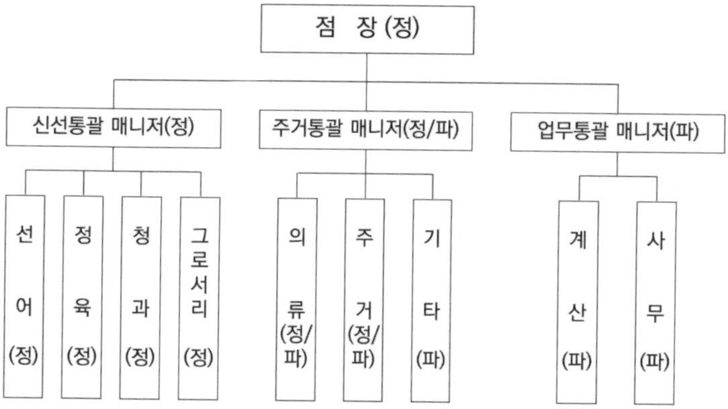

자료출처: 면담시 필자의 요청에 따라 S1노조간부가 그린 그림

〈그림 2-2〉 S1사 표준 점포의 조직도 및 매장 책임자

때문에, 추가적인 관리노동을 투입하고 있다. 이 외에 S1사의 경우는 점포의 규모가 다른 식품슈퍼 기업보다 100~200평정도 더 넓고, 비식품의 비중이 큰 것도 관련이 있다. S1사는 1970년대까지는 종합슈퍼였다. 1999년에도 매출의 약 40%가 비식품이고 의류 매출만으로도 30%에 가깝다[40].

S1사의 표준적 매장운영 방침은 신선매장 이외에는 모두 파트타이머에게 맡긴다는 것, 즉 선어, 청과, 정육의 세 매장 이외에는 매장관리자(S1사에서는 부문매니저라고 부른다)를 엑스퍼트에게 담당시킨다는 것이다. 먼저 점장은 정사원으로 하고 점포 내 매장을 세 부분으로 묶어 관리하는데 신선통괄매니저는 정사원, 부점장 역할인 업무통괄매니저는 엑스퍼트, 의류통괄매니저는 엑스퍼트와 정사원을 반반으로 한다. 의류통괄매니저 및 의류와 주거 매장의 주임을 모두 파트타이머로 하지 않는 이유는 "구성원이나 책임자가 고정되어 버리면, 매장 운영이 관성화되는 경향이 생기기 때문에 부문 책임자의 활발한 이동을 통해 매장 운영의 유연성을 극대화하기 위해"(S1사 인사 책임자)서다.

각 매장단위로 가면 신선매장에는 정사원 부문매니저 아래 정사원 담당자가 1~2명 배치되고 나머지는 시간대 책임자인 치프직을 수행하는 엑스퍼트 1~2명 정도와 파트너 및 헬퍼로 구성된다. 의류 또는 주거 매장 중 1개 정도를 제외하고 나머지 매장은 모두 엑스퍼트를 부문매니저로 하고 엑스퍼트인 치프 및 정사원 또는 파트너 또는 헬퍼인 담당자로 배치한다. S1사에만 있는 특이한 직위가 치프라는 보직이다. 이 보직은 주로 엑스퍼트에게 담당시키는 것인데 특정의 시간대, 그러니까 낮시간대 혹은 저녁시간대 등의 시간대 단위로 매장운영을 책임지면서 부문매니저가 되는 훈련기간에 있는 파트타이머이다. 또 S1사의 파트타이머 중 정해진 일, 즉 정형업무만 하면 되는 것은 헬퍼만이다. 파트너부터는 판매계획작성에서부터 발주, 조리, 가공, 진열, 판매, 평가에 이르는 일련의 판단업무를 담당하게 된다. 노동시간은 파트너 1일 6.5~7시간(7시간 중심), 일반인 헬퍼 5~6시간(6시간 중심), 학생 헬퍼는 5시간 이하다.

S1사에서 엑스퍼트는 일정의 근속 후에는 최소한 부문매니저가 될 것이 요구되며, 그 중 유능한 사람들은 통괄매니저가 될 것이 기대된다. 그 결과 2003년 8월 현재 919명의 엑스퍼트(대부분이 여성, 전체 정사원의 절반 규모, 여성 정사원의 4.5배) 중 치프에서 점장까지(점장 1인)의 직위를 수행하고 있는 사람은 615명, 66.9%에 달한다. 내역은 통괄매니저 이상 7.2%, 부문매니저 34.9%, 치프 24.8%이다. 점포 평균으로 보면 엑스퍼트인 통괄매니저는 0.7명, 주임은 3.2명이다. 〈그림 2-2〉와는 아직 격차가 있지만, S1사는 2013년, 2014년까지 모든 점포에서 통괄매니저 및 부문매니저의 고용 형태를 〈그림 2-2〉대로 할 예정이다.

그렇다면 S1사가 이렇게까지 파트타이머를 정예화하게 된 배경은 무엇이며, 또 그렇게 할 수 있었던 요인은 무엇일까?

S1사가 파트타이머의 〈전면적 기간노동력화〉를 결정한 배경에는 점내가공률 문제가 있다. S1사가 현재의 파트타이머 인사관리제도의 기본틀을 만든 것은 1994년인데, 그 직전에 신선식품 매장은 철저한 점내가공을 통해 선도 높은 식

품으로 고객을 유치한다는 방침을 결정했다. 이후 불황이 더욱 심화하는 가운데, 점내가공전략은 더욱 강화되었다. 그런데 신선매장 상품의 점내 가공률을 높이기 위해서는 신선식품 매장에 숙련 수준이 높은 종업원을 다수 배치해야 한다. 그러나 1990년대 초 무렵에 고숙련 종업원이라고 하면 정사원, 그것도 남성 정사원이었다. 1980년대까지 여성 정사원은 대부분 고졸자를 채용해 계산대 또는 사무실에 배치하고 있었기 때문이다. 더욱이 여성 정사원은 결혼 퇴직이 일반적이었다(2003년 현재 여성 정사원 중 10~20대 74.2%). 그런데 위에서 보았듯이 남성 정사원은 가족수당에 주택수당까지 지급해야 하는 종업원이기 때문에 임금 비용이 매우 높다. 그 때문에 파트타이머의 신분이면서 정사원처럼 매장과 점포 운영을 맡길 수 있는 노동력을 확보하는 것을 목표로 결정했다. 그 결과가 후에 많은 슈퍼마켓 기업이 모방하게 되는, S1사에만 존재하는 특이한 근무 형태를 가진 파트타이머인 엑스퍼트다.

이미 언급했지만, 엑스퍼트는 하루 노동시간이 정사원보다 30분밖에 짧지 않고 점포 이동도 교대 근무도 하는 이름뿐인 파트타임 노동자이다. 더욱이 S1사는 매장 주임을 매니저라고 부르며, "매니저는 재량 노동을 하는 관리직"(S1노조 간부, 대졸, 남성, 30대 중반)이라고 위치설정을 하고 정사원이든 파트타이머이든 매니저는 잔업 수당을 지불하지 않는다. 부언하면 엑스퍼트의 절반 정도는 실노동시간이 1일 8시간을 초과한다. S1사는 이런 '이름만 파트타이머'인 여성 노동자를 대량으로 확보함으로써 정사원의 비율을 1994년 29.9%에서 2003년에는 12.7%까지 낮추는 데 성공했다.

그런데 S1사는 어떻게 해서 엑스퍼트를 이렇게까지 정예 부대로 만들 수 있었는가? 그것은 엑스퍼트로의 신규 채용은 거의하지 않는 데 있다[41]. 즉 그들의 60% 이상은 정사원에서 전환한 사람들이고, 또 나머지는 장시간 파트타이머인 파트너 중에서 다시 선발(S1노조간부)되기 때문이다. 다시 말해 엑스퍼트는 엑스퍼트로 채용되는 시점에서 이미 S1사 내에서 몇 년간에 걸쳐 담당자로서의 훈련을 받은 중견사원이다.

S1사는 어떻게 이런 '이름만 파트타이머'인 여성 노동자를 다수 확보할 수 있었던 걸까? 엑스퍼트의 60%가 원래 정사원이라는 것은 결혼과 출산 후에도 계속 일하고자 하는 여성이 많다는 것인데 공급측 요인은 S1사가 소재한 동북지방의 특성과 관련되어 있다. 동북지방은 일본에서도 여성의 노동력률이 가장 높은 지역으로 수도권이나 오사카권보다 약 10% 포인트 정도 높다(2000년 『국세조사』). 또 소득수준은 대도시권보다 낮기 때문에 이 지방의 여성들은 취업을 한다면 장시간 취업할 것을 원한다[42]. 동북지방에서 이렇게 여성의 노동시장 참가가 적극적일 수 있는 이유 중 하나가 3세대 동거가족이 많고 동거하지 않더라도 조부모세대가 아동양육을 담당하거나 보조하는 것이 자연스러운 분위기라는 점이다. 이런 점에서 이 지방의 여성들은 어린이집과 자신만으로 아동양육을 완전히 책임져야 하는 대도시권의 여성들에 비해 결혼 및 출산 후 취업을 지속할 수 있는 여지가 크다. 하지만 아무리 부모가 아이를 봐준다 하더라도 자녀와 남편을 완전히 부모에게 맡기고 먼 지역으로 전근을 가는 것은 그리 쉬운 일이 아니다. 따라서 S1사의 엑스퍼트는 자기 집에서 통근할 수 있는 범위 내에서만 점포를 이동한다는 조건으로 교대 근무도 잔업도 그리고 점포의 관리직도 담당한다. 또 S1사는 다른 사례기업들과 달리 전근범위에 따라 승진상한을 제한하지 않는다. 그렇기 때문에 엑스퍼트 점장이 출현할 수 있었다.

하지만 아무리 노동자가 파트타이머라는 이름으로 정사원과 같은 조건의 근무를 할 태세가 되어 있다 하더라도 최소한의 수준에서 자신의 업무수준에 걸맞는 임금보상이 없다고 할 때 자발성과 적극성을 발휘하기는 어렵다. 특히 관리직 노동자가 자발성과 적극성이 없이 업무를 수행하는 것은 기업으로서도 결코 바람직한 상황이 아니다. 이 문제에 대응하는 S1사의 슬로건은 "수준의 차이는 있어도 방식의 차이는 없다"(S1 노조 전임간부)이다. 즉 엑스퍼트의 임금구조를 정사원의 임금구조와 같게 하고 그 대신 임금액에 격차를 둔다.

S1사의 정사원임금은 직무급 80%, 연령급 20%로 구성되고, 직무급은 만35세까지는 연령에 따라 상승한다. 정사원의 임금은 직위와 관계없이 연령과 더불어 기본급이 상승하는 구조로 되어 있다. 그러나 엑스퍼트의 임금도 근속과 함께 상승하게 되어 있기는 하지만, 임금이 직위별로 정해져 있다. 즉, 담당자로서의 근무년수에 관계없이 매니저가 되면 매니저 초임급에서, 통괄매니저가 되면 통괄매니저의 초임급에서 시작하여 임금액이 증가한다.

임금제도에서는 고졸정사원의 초임급은 149,000엔, 엑스퍼트의 초임급은 147,500엔이다. 담당직의 경우 근속이 증가함에 따라 엑스퍼트의 임금이 정사원의 임금보다 약간 더 높아지지만 담당직은 정사원이라면 1년 정도에 엑스퍼트라도 3년 이내에 졸업해야 한다. 다음으로 부문매니저가 되면 엑스퍼트의 초임급은 183,000엔에 직위수당이 43,000엔 지급된다. 통괄매니저의 경우 초임급이 227,100엔이고 직위수당은 52,000엔이다. 정사원 매니저의 임금은 연령에 따라 달라지며 직위수당은 엑스퍼트와 같다. 그 후 근속년수와 직급이 상승함에 따라 임금격차는 확대된다. 정사원의 연령별 임금테이블을 확보하지 못해 엄밀한 비교는 불가능하지만 노조 간부와의 인터뷰에 따르면 직위가 동일한 경우 퇴직금을 제외하더라도 엑스퍼트의 급여 총액은 "정사원의 60~65%"다. 예를 들어, S1사의 어떤 엑스퍼트 점장(정사원에서 전환, 50대 여성, 점장으로 3점포째)의 연봉은 550만 엔으로, 정사원 점장의 연봉 중 최하인 750만 엔과 200만 엔의 차이가 있다. 그런데 그 엑스퍼트 점장이 운영하는 점포는 S1사의 점포 중에서도 중상 정도의 규모이기 때문에 같은 규모의 점포를 운영하는 점장과 그녀의 임금을 비교한다면 적어도 350만 엔 이상 차이가 난다(임금액 노조 제공). 이 임금 격차에 대해 S1사의 노조 간부는 "전근하는 것에 대한 부담분이라고 평가하고 있다"고 답했다.

전근부담을 이렇게 크게 평가하는 것이 타당한가에 대한 평가를 차치한다면, 일단 엑스퍼트의 임금체계는 같은 업무를 수행하는 정사원과의 균형을 고려한 나름대로의 합리성을 확보하고 있는 것으로 보인다. 하지만 이 평가를 내리기 전에 상기해야할 것은 이들의 과반수가 정사원에서 전환했다는 점이다. 정사원이 엑스퍼트로 전환하면 먼저 퇴직금을 지급하면서 정사원으로서의 근속기간을 소멸시킨다. 전환 시 임금은 상사(점장)의 평가에 따라 개별적으로 재조정되며 파트타이머가 되는 것인 만큼 절대금액에서는 하향조정된다. 같은 매니저라도 정사원은 상여금을 연간 4.5개월분 받지만 엑스퍼트는 2개월분 밖에 받지 못한다. 금액으로 따지면 연간 50~100만 엔 정도는 차이가 난다[43]. 게다가 엑스퍼트에게는 퇴직금이 없다. 다시 말해 S1사는 여성 정사원의 결혼 또는 출산을 계기로 상당한 정도의 임금비용을 절감하게 된다. S1사는 여성이 가정을 꾸리게 되면 가정=주거지역에 긴박된 존재가 되며, 자신의 지역에서는 기혼여성이라도 장시간 노동하고자 하는 경향이 있다는 점을 기업의 이윤창출을 위해 적극 활용하는 모델을 만들어낸 것이다[44]. 그리고 S1사의 점포운영전략, 즉 신선식품 매장의 100% 점내가공전략도 이런 '이름만 파트타이머'인 노동자들이 없다면 유지될 수 없는 전략이다.

S1사의 사례는 기혼여성들이 가족책임에 묶이는 제약을 기업의 이윤을 위해 어디까지 이용할 수 있을지를 잘 보여주고 있다. 여성 정사원이 결혼, 출산하는 것을 계기로 가족책임이 무거워지는 점을 이용하여 정사원에서 '이름만 파트타이머'로 전환하고, 그때까지의 근속을 제로로 해 임금을 하향 조정한다. 임금은 직무급이지만 정사원과 파트타이머 간에 임금 수준과 기업 복지면에서 근본적인 차이가 있는 것은 점포이동범위의 차이에 대한 보상이라는 논리로 그녀들을 설득한다. "생활 태도로서의 능력"(熊沢誠, 1997)을 가진 자와 그렇지 않은 자, 즉 가정을 중심으로 생각하는 사람과 그렇지 않은 사람을 구분해 처우한다는 원칙을 선명하게 하고 있다. 다른 기업에서는 가족생활 때문에 기업의 요청에 충분히 응하지 못한다고 평가해도 정사원이기 때문에 어쩔 수없이 기혼여성 정사원에게 지급하는 임금 부분(상여금, 퇴직금, 기타 기업 복지)을 S1사는 지불

하지 않는다. 이러한 S1사의 인사 제도는 유통업계 내에서 주목을 받아 2000년대 들어 대형 종합슈퍼 기업들의 인사제도 개정의 모델이 되고 있다. 이사를 동반하는 전근을 하지 않는 종업원은 정사원으로 인정하지 않고 소위 파트타이머와 같은 고용구분으로 전환하는 것이 21세기 유통업 인사 제도의 흐름이 되고 있는 것이다.

2) S2사의 활용 모델

이어 S1사와 정반대의 유형인 S2사 사례를 검토한다. 〈그림 2-3〉은 S2사 표준 점포의 조직도이다. 매장에서는 초밥 매장과 반찬 매장이 있지만 자회사가 운영하기 때문에, S2사 표준 점포도에는 표시되지 않는다. 〈그림 2-3〉이 〈그림 2-2〉와 다른 점은 매장의 수가 적다는 점과 통괄매니저가 없다는 것이다. 그만큼 S2사의 점포는 식품부문에 집중하게 되는 구조이다. S2사도 S1사와 마찬가지로 반찬매장은 자회사가 운영한다. S2사는 계산대를 제외한 모든 매장을 정사원에게 운영책임을 맡긴다. 그리고 각 매장은 점장이 직접 관리한다. 여러 번 서술했지만 S2사는 S1사와 달리 파트타이머가 주로 20시간 이하의 단시간 노동자이다.

S2사는 1970년대부터 미국식 슈퍼마켓 운영기법을 도입하면서 철저한 표준화 전략을 추구해왔다. 대규모 가공센터를 두 개 설립하여 청과나 정육은 물론이고 선어까지도 가공센터에서 포장된 상태로 점포에 배달하는 것을 기본으로 하였다. 표준화전략을 강하게 추구했던 1970년대 초중반에는 점포는 발주도 하지 않고 본사가 각 점포에 필요한 상품을 결정해 배달하면 그저 받아서 판매하기만 했던 시기도 있었다. 따라서 S2사의 점포운영전략에서 점포는 배달된 상품을 진열하여 판매하기만 하면 되므로 전반적으로 점포 차원에서는 숙련노동자를 보유할 필요가 별로 없었다[45].

파트타이머도 장시간 일하면서 점차 기능과 숙련을 쌓아가는 사람이 필요

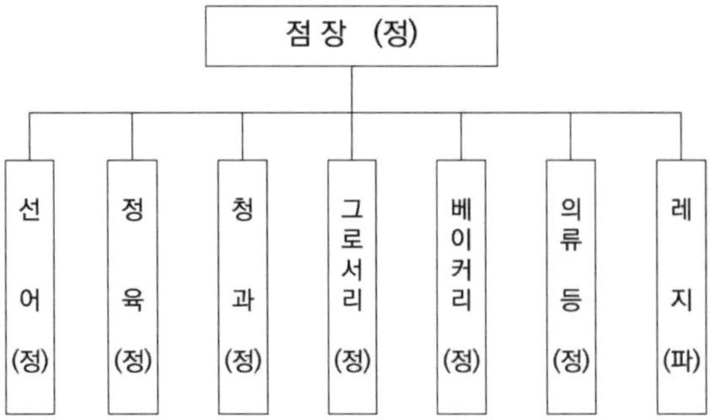

자료출처: S2점장 및 노동조합간부와의 면담자료

〈그림 2-3〉 S2사 표준 점포의 조직도 및 매장 책임자

한 것이 아니라 단시간 근무자를 여러 명 고용하여 판매 곡선과 인력투입 곡선을 정확히 일치시키는 것이 더 중요한 과제였다. 장시간 노동하는 고숙련의 파트타이머는 파트타이머 중에서도 상대적으로 임금비용이 높기 때문에 선호되지 않았다. 또 정사원에게도 숙련이 별로 요구되지 않았다. 즉 S2사가 오랫동안 추구해왔던 표준화 전략 하에서는 정사원도 파트타이머도 "싸게 해결되는"(S2사 노조간부) 것, 즉 비용절감 외의 다른 것은 크게 중요하지 않았다.

게다가 S2사는 수도권에 점포를 전개하고 있기 때문에 파트타이머의 임금부담이 다른 기업들보다 높다. 예를 들어 S2점의 파트타이머의 채용 시간급은 기본급과 지역급만으로 814엔이다. 대학생도 800엔에서 출발한다. 그러나 S1점의 채용 시간급은 620엔으로 200엔 가까이 낮다. 환언하면 같은 비용으로 S1사에서는 4시간 노동시킬 수 있지만 S2사에서는 3시간 밖에 노동시킬 수 없다. 따라서 S2사는 판매 곡선과 인력투입 곡선을 정확히 일치시켜 인시(人時)생산성을 높이는 것이 더욱 더 중요해지며 파트타이머의 숙련상승은 덜 긴요했다.

S2사가 파트타이머의 평균노동시간을 더욱 짧게 하는 것은 또 다른 요인은 사회보험제도다. 연간소득이 130만 엔을 넘게 되면 연금 및 건강보험에 가입해야 하는데, 리더 파트너가 2명밖에 없는 S2점의 파트타이머 전체(학생 포함)의

평균시간급은 906엔(채용시급 평균 814엔)이다. 이 시간급으로 주 25시간 일하면 연간 2개월분의 상여금을 포함하여 연간소득이 130만 엔이 된다. 즉 S2사는 주당 25시간 일하는 파트타이머에 대해서는 사회보험료로 임금의 13% 정도[46]를 추가로 부담해야 한다. 게다가 S2사 파트타이머는 전원이 노동조합원이기 때문에 소액이기는 하지만 매년 조금씩 임금이 인상된다. S2사는 고용 보험의 가입조차도 피하기 위해 하루 4시간 이하로 일하는 파트타이머가 대부분을 차지하게 되었다[47].

파트타이머의 기간노동력화에 소극적인 S2사이지만, 계산대(레지)만은 파트타이머에 맡기고 있다. S2사가 레지를 파트타이머에게 맡기게 된 것은 POS시스템 도입이 계기였다. 1980년대 후반부터 도입되기 시작한 POS 시스템이 1990년대에 완전히 정착했고 계산 부문에서의 숙련은 급속히 해체되었다. 이윤율 압박에 시달리는 식품슈퍼 기업들은 계산 부문에 정사원을 두지 않으려는 움직임을 시작했다. 사례기업들 중 S3사를 제외한 모든 식품슈퍼 기업들이 계산대에서 정사원을 철수시켰다. S2사도 계산대를 파트타이머에게 맡기기로 하고 1993년에 여사원 기숙사를 없애면서 지방의 고등학교를 통한 여성 정사원 집단채용도 중지했다.

S2사가 이와 같은 점포운영전략 및 그에 기초한 파트타이머 활용전략을 채택하고 유지시킬 수 있었던 이유도 S1사와 마찬가지로 입지 요인이 가장 큰 설명력을 가진다. 수도권이라는 인구밀집지역에 위치해 있으므로 상대적으로 지역노동시장이 크고 노동력 공급풀이 넓다. 또 수도권은 대기업이 밀집한 지역이기도 하므로 대기업 샐러리맨의 아내인, 즉 세제상으로 남편의 피부양자인 주부 파트타이머가 다수 존재한다[48]. S2사 관리직(인사부, 40대 후반. 대졸 남성)은 "파트타이머는 지역에 거주하는 중요한 고객이니까 장시간 파트타이머를 1명 고용하는 것보다 단시간 파트타이머를 2명 고용하는 것이 고객층을 더 넓히는 효과를 가진다"고 설명했다.

그러나 S2사의 입지는 파트타이머 노동력 공급풀이 넓은 동시에 이동도 활발한 특성을 가진다. 따라서 S2사로서는 비용절감과 더불어 파트타이머를 기업 내에 정착시키는 것도 중요한 과제이며 특히 극소수이긴 하지만 숙련노동자인 파트타이머의 이동을 막는 것도 중요한 과제이다. 이 때문에 S2사는 사례기업들 중 유일하게 근속급을 설치하고 있으며, 파트타이머의 상여금 개월 수가 가장 높고 5년 이상 근속자에 한해 지급하는 퇴직위로금도 사례기업들 중 가장 높다.

그런데 철저한 표준화전략에 기초하여 파트타이머를 단순미숙련 노동력으로 활용하는 활용모델을 가지고 있었던 S2사가 파트타이머에게 자격제도를 도입하고 높은 자격등급의 파트타이머에게는 상당한 수준의 임금을 지급하는 인사관리제도를 도입한 이유는 점포운영전략을 바꾸기 시작했기 때문이다. 1장에서 언급한 바와 같이 1990년대 초부터 불황이 시작되면서 슈퍼마켓 기업들의 점포운영전략은 크게 보아 가격경쟁력을 선택하는가 품질경쟁력을 선택하는가로 나뉘어지는데 대체로 식품슈퍼 기업들은 품질경쟁력을 선택했다. 자본규모에서 비교가 되지 않기 때문에 종합슈퍼 기업들과 가격으로 경쟁하기는 어렵기 때문이다. S2사도 점내가공률을 높이기로 하고, 1999년 말에는 정육 30%, 생선 70%, 청과 80%, 베이커리 60%까지 높였다.

점내가공률을 높이게 되어 점포에서는 지금까지보다 더 많은 숙련 노동자가 필요해졌지만, 그 모두를 정사원으로 배치하기에는 비용면에서 부담이 컸다. 그 때문에 숙련 파트타이머의 처우를 개선함으로써 높은 고숙련의 파트타이머를 확보하려는 방향으로 정책 전환이 이루어졌다. 그러나 이 같은 정책 전환에도 불구하고, 전술한 바와 같이 S2사 파트타이머 중 리더 파트너와 커리어 파트너의 비율이 2008년 현재 9.7%에 지나지 않는다.

2000년 전후에 S2사의 일반직사원급 파트타이머(리더 파트너)의 시간당 임금은 1,100엔 전후이므로 하루 8시간 일한다고 가정하면 월수입은 20만 엔 정도가 된다. 이에 연간 3개월 분의 상여금을 합치면 연봉은 300만 엔 전후가 된다. 주임 수준의 파트타이머(커리어 파트너)의 시간당 요금은 더 높아 1,300엔 전후고, 상여금은 연간 4개월분이기 때문에 하루 8시간 일하는 경우 연간소득은 400만엔 정도가 되어, 교대 근무 및 매장 이동이 있는 S1사 엑스퍼트의 임금보다 약간 높다. S2사 파트타이머의 임금이 상대적으로 높은 것은 수도권 입지라는 요인과 더불어 소수의 기간 노동력이 된 파트타이머에 대해, 정사원 임금과 같을 수는 없겠지만 적어도 균형은 고려해야 한다는 노동조합 측의 요구도 작용했다. 그 때문에 2001년에는 리더와 커리어 자격급이 각각 80엔과 90엔씩 인상됐다.

그러나 장시간 파트타이머는 기대만큼 증가하지 않았고 기간노동력화도 기대대로 진행되지 않았다. S2사에 장시간 파트가 쉽게 늘지 않는 데는 두 가지 이유가 있다.

먼저 S2사가 처음부터 장시간 파트타이머를 채용하지 않고 단시간 파트타이머로 채용해 장기근속의 고숙련 파트타이머에게 장시간 파트타이머로의 전환을 권하는 방식을 취했기 때문이다. S2사는 제도적 피부양자의 범위 내에서 일하는 것을 전제로 파드타이너를 채용하면서 그 중 일부의 사람에게 그 틀에서 나오지 않겠냐고 제안하고 있는 것이다. 그러나 이미 제도적 피부양자로 일하기로 선택한 사람들은 가족의 상황에 변화가 일어나지 않는 한 지금까지의 틀을 벗어날 가능성은 그리 높지 않다. 때문에 S2사의 질적 기간노동력화는 매력적인 임금에도 불구하고 기대대로의 진전을 보이지 않는 것이다.

다음으로 고용 조정이 쉽지 않은 것이다. 기업이 확장하지 않는 한, 장시간 파트타이머의 비율을 높이는 것은 기존의 단시간 파트타이머를 줄이는 것이다. 그러나 S2사에서는 파트타이머가 전원 노동조합원이기 때문에 기업 마음대로 고용 조정을 할 수 없다. 그래서, 노동시간이 짧은 파트타이머일수록 통근 거리에 민감하므로, 오래된 점포를 폐쇄하고 다른 지역에 새로운 점포를 열 때 스스로 그만두는 사람이 많기 때문에 이를 이용하여 장시간 파트타이머를 늘릴 수밖에 없다.

앞에서도 말한 것처럼 극단적인 표준화 전략이라고 할 수 있는 S2사의 파트타이머 활용 모델은 수도권이라는 입지를 제외하고는 설명할 수 없다. 최저임금이 높을 뿐 아니라 임금노동자의 아내가 많이 있는 수도권이 아니라면, 이 전략을 장기적으로 유지할 수 없다는 건 말할 것도 없다.

이상에서 본 두 사례기업의 파트타이머 기간노동력화 모델이 시사하고 있는 것은, 파트타이머의 기간노동력화 모델은 기업의 점포 운영 전략과 밀접하게 연결되어 있지만, 기업의 점포 운영 전략 자체가 주부 제도에 의해 만들어지는 지역 특성이라는 요인에 입각해 전개된다는 점이다. 정도의 차이는 있지만, S1사와 마찬가지로 지방 기업인 S3사와 S4사에서도 S1사처럼 파트타이머 기간노동력화에 적극적인 것을 보아도 이 점은 확인할 수 있다. 나아가 파트타이머가 노동조합에 조직되어있는 경우, 그 노조가 정사원 중심의 것이라 하더라도 노조의 고용안정기능을 통해 기업의 전략에 영향을 미칠 수 있음을 알 수 있다.

7. 기간노동력화와 주부협정의 충돌

제2장에서는 파트타임 노동자의 직무-보상 격차를 확대 재생산하는 동시에 숙련도가 상승하고 기업 내에 정착하는, 즉 비용 절감과 파트타임 노동자의 질적 기간노동력화라는 두 마리 토끼를 쫓기 위해, 기업이 사용하는 고용관리전략을 구체적으로 분석했다.

우선 기업은 파트타임 노동자를 기업 내에 정착시키는 동시에 숙련도를 상승시키기 위해 〈선별적 내부화〉와 〈의사 내부화〉로 구성된 〈제한적 내부화〉를 시도한다. 즉 기업은 노동시간과 숙련도를 기준으로 파트타이머를 몇 개의 고용

구분으로 나누고, 그 중 일부만을 선별적으로 내부화한다. 그러나 내부화의 대상이 되는 파트타이머에게 적용되는 내부화 규칙은 정사원의 내부화 규칙을 형태만 모방한 것이며, 근속과 숙련이 증가할수록 정사원과의 처우 격차가 확대되는 의사 내부화이다. 따라서 이 제한적 내부화는 직무와 처우의 격차를 확대 재생산한다. 그러나 이것만으로는 동일한 수준의 업무를 담당하는 정사원보다 낮은 처우에 대한 동의를 충분히 얻을 수 없기 때문에, 기업은 추가적인 동의획득 장치가 필요하다. 그 때문에 주부 파트타이머의 가정 우선성을 보장하는 것을 주요 내용으로 하는 〈주부협정〉 체결이라고도 할 수 있는 노무관리를 한다. 즉, 기업은 근무지 이동과 업무내용 변경, 근대시간대 변경을 주축으로 정사원과 파트타이머의 노동방식에 〈구별 짓기〉를 행한다.

파트타이머 활용 모델도 업종, 업태, 기업에 따라 차이가 있다. 크게 나누어 종합슈퍼와 식품슈퍼라는 업태 간에 차이가 있지만, 이것은 노동과정 및 수익구조의 차이에서 생긴다. 식품슈퍼 기업 간에도 차이가 있다. 그 차이는 직접적으로는 기업의 점포 운영 전략과 관련이 있지만, 실은 점포 운영 전략 자체가 해당 기업이 입지하는 지역 특성에 따라 크게 영향을 받는다. 이 점은 기업이 기혼여성이 주부 이데올로기와 주부 제도에 의해 가정=주거지에 묶여있는 존재인 점을 이용하여 기혼여성을 저임금 노동자로 사용하지만, 그 사용 방식은 파트타이머가 묶여있는 주거지=지역의 특성에 적응하고 타협하지 않을 수 없음을 의미한다. 즉 노동시장에서 행위자 전략의 중요한 토대 중 하나가 젠더라는 본 연구의 주장을 뒷받침한다.

그런데 파트타이머의 질적 기간노동력화는 가정 우선성 보장을 주요 내용으로 하는 〈주부협정〉과 모순되는 측면이 있다. 즉 기업은 베테랑 파트타이머에게 더 많은 업무와 책임을 맡기고 싶어할 수밖에 없는데, 일에 대한 책임이 무겁고, 노동시간이 긴 노동자가 일보다 가정을 우선하는 것에는 한계가 있다. 실제로 베테랑 파트타이머의 노동시간 및 업무와 책임은 정사원의 그것과 큰 차이가 없다. 이 같은 사실은 기업이 설치한 〈제한적 내부화〉 장치가 직무-보상 격차에 대해 고숙련 주부 파트타이머의 동의를 얻는 데 한계가 있음을 시사한다. 즉 파트타이머의 기업 내 통합에 균열이 발생하게 된다. 동의할 수 없는 현실의 모순과 균열에 대해 파트타이머들은 어떻게 대응하고 있는가? 이에 관해서는 제4장에서 분석한다.

| 註 |

1) 2018년 현재 각각 31.6%와 48.3%. 전체 노동자 중 비정규노동자의 비율은 37.8%(여성 56.0%, 남성 22.2%) (厚生労働省『女性労働白書』)

2) 2006년『파트타임노동자종합실태조사(パートタイム労働者総合実態調査)』에 따르면, 기업이 파트타이머의 인건비에서 비용이 절감된다고 생각하는 것은(복수 응답), 임금 70.5%, 상여금 63.5%, 퇴직금 47.9% 법정복리비 47.9%이다(2001년은 임금 78.5%, 상여금 72.8%, 퇴직금 51.0%, 법정복리비 32.4%).

3) 이 책의 설문조사에 따르면, 촉탁인 응답자 5명의 노동시간은 주 20, 32, 40, 40, 40시간이고, 계약직 응답자 71명 중 27명은 주당노동시간이 35시간 미만이다. 사례 점포에도 주당 30시간 일하는 촉탁이 있다.

4) 미혼여성 및 남성파트타이머에 대해서는 "파트적 존재"라는 표현처럼 형용사를 붙인다.

5) 사례기업은 〈표 2-2〉에 제시한 종업원의 고용구분별로 취업 규칙을 가지고 있다. 그러나 정사원 취업 규칙과는 달리 비정사원 취업 규칙은 매우 간단하다. 예를 들어, G2사의 〈프렌드 사원 취업규칙〉은 8페이지(정사원 16페이지), 6개장 45개조로 구성되어 있다. 6개 장의 구성은 총칙, 복무 규율, 근무, 인사, 급여, 기타로 되고 있다.

6) 반년 전에 정년퇴직이 1년 반 남아있던 인사부장이 G2사를 그만두고 퇴직했기 때문에 (G2사는 2001년 초에 도산했다), 반년 만에 모두 모였다. G2사 인사부는 사원이 부장 집에 놀러가기도 하고, 술자리에서 20대 여성 사원이 부장을, 어~이! 아재! 라고 부르는 정도로 친밀한 관계이다. 인사부장의 퇴직은 부하들에게 큰 쇼크였고 모두 착잡한 심경이었기 때문에 모이기가 힘들었다. 인사부 모두와 친한 필자의 방일을 핑계로 함께 모였다.

7) 이 용어는 필자가 만든 용어가 아니라, 관리자 및 노동조합 임원들이 평소 사용하는 용어이다. 학생이나 고령자가 아니라는 의미다.

8) 모든 사례기업에서 정사원은 1개월 또는 1년을 기준으로 한 변형근로시간제 근무

9) 필자가 2007년에 실시한 G1사의 수도권 점포조사에서도 리더 직함을 가지고 있는 주부 파트타이머가 가장 힘든 일로 거론한 것이 매일 같이 집으로 일을 들고 가는 것이었다.

10) 노동조합 간부 및 본사 간부와의 인터뷰에 따르면, 파트타이머의 취업규칙에 근무지 이동 항목이 있는 것은 정사원의 배치전환이 언제나 근무지 이동과 세트로 되어 있기 때문에, 파트타이머의 취

업규칙에도 "습관적으로" 같이 명기한 것이다.

11) 그러나 내부화 대상 여부와 관계없이 주부 파트타이머는 학생 파트타이머보다 기업 내 정착성이 더 높다. 대부분의 사례기업으로 학생 아르바이트의 평균근속연수는 1년 미만이지만, 내부화의 대상이 아닌 주부 파트타이머의 근속은 G3사 3.3년, S3사 2년, S4사 3년이다.

12) 정사원은 채용이 결정되면 기업의 연수시설에 모여 한 달 정도에 걸쳐 교육을 받은 후 일선 매장으로 배치된다. 정사원 신입사원에게 실시되는 집합교육은 기능교육은 아니고 해당 기업의 사원이 되기 위한 자세교육, 정신교육같은 것이다. 정사원의 경우도 기능교육은 점포에 배치된 이후 OJT를 통해 받게 되며 많은 경우 초기 OJT에서 교육자는 베테랑 파트타이머이다. 정사원 채용과 배치에는 많은 시간과 비용이 소요된다. 도쿄도의 조사에 따르면 서비스업 정사원 한 사람을 채용하는 데 드는 비용은 소기업은 25만 엔, 중기업은 75만 엔, 대기업 835만 엔이며, 제조업은 각각 18만 엔 111만 엔, 2,410만 엔이 든다(大沢真知子, 1993: 169에서 재인용).

13) 계산대에 배치되는 정사원은 고졸 여사원이지만, 식품슈퍼 기업은 1990년경부터 고졸 여성사원 채용을 중단했기 때문에 레지 주임을 파트타이머에게 맡기는 경향이 있다.

14) Point of Purchase. 주로 종이에 상품명과 가격, 또는 캐치프레이즈 및 상품설명, 일러스트 등을 기입해 손으로 작성한 것.

15) S1사를 제외한 사례기업에서는 2000년대 초반 무렵까지 매장 책임자의 직위를 주임, 부문 책임자의 직위를 매니저(기업에 따라서는 과장)이라고 부르는 것이 일반적이었지만, 점점 주임이라는 직위명이 매니저로 바뀌었다. 혼란을 피하기 위해 이 장에서는 매장(선어, 부인복 등) 책임자는 주임, 부문(식품, 의류, 주생활 등) 책임자는 총괄 매니저로 한다. 일부 기업의 경우, 주임이라는 직함이 매니저로 바뀌면서 매장 책임자를 관리직으로 취급해 잔업 수당을 지불하지 않게 되었다. S1사는 1990년대에 이미 매장 책임자를 매니저라고 칭하고, 잔업수당지급 대상에서 제외했다.

16) S4사는 1999년의 인사제도개정을 통해 60% 수준이었던 속인급(연령급)을 40% 수준으로 낮추었고 G1사와 G2사는 2000년대 들어 연령급을 폐지했다. G3사는 2003년에 임금 체계를 전면적인 직무급으로 변경했다.

17) S4사는 1999년에 파트타이머 인사제도를 개정하고 호칭을 준사원에서 플렉스 사원으로 바꿨다. 인사고과와 평가급 금액은 그 때 신설된 부분이며, *"파트타이머를 본격적으로 활용하기 위해 파트타이머에게도 능력에 따라 처우를 달리하겠다는 방침 하에 만들어진 것"*(S4노조 상근간부, 40대 후반, 고졸 여성)이다. 그러나 B등급의 점수 폭이 너무 넓고, 그 결과 대부분의 파트타이머는 평가급이 없는 것과 마찬가지가 되어 버렸다. 이런 결과는 처음 의도와는 반대로 파트타이머의 사기를 저하시키는 역할을 하기 때문에 2003년 여름 방문시에 노조도 문제라고 생각하고 B등급을 세분화할 계획이라고 했다. 그런데 그 후 S4사는 다른 기업에 흡수, 합병되었기 때문에 인사제도 자체가 크게 바뀌었다.

18) 문제점 2는 "근무시간수·근무시간대의 고정화. 현재 준사원의 노동방식은 일부 요일의 근무 시간 연장을 제외하고 근무시간 및 근무시간대가 월간·주간 업무의 번한과는 관계없이 고정되어 있다." 이다.

19) 마지막 장에서 언급하지만 2000년대 들어 〈보조노동력형〉과 〈제한적 기간노동력화형〉인 사례기업의 파트타임 정책이 크게 바뀌었다. G1사도 2004년부터 S1사와 같은 내용의 제도를 도입했다.

20) 2006년부터 그로서리의 작업항목수첩이 데일리와 드라이로 나뉘어져 8권이 되었다.

21) 기업이 일반직사원의 수준이라고 평가하는 파트타이머의 노동시간은 대부분 정사원과 비슷하다.

22) 2003년 2월까지 G1사는 종합슈퍼 점포를 제외하고 식품슈퍼 점포의 파트타이머에게만 주임 직책을 부여했다. G1사가 파트타이머 주임 제도를 도입한 것은 1999년이었는데, 도입 당시 이미 파트타이머 주임은 100명 정도, 부주임인 리더는 500명 정도였다. 제도도입 후 파트타이머 주임과 리더는 급속히 증가해 2003년에는 파트타이머 주임이 약 300명으로 증가했다. 1990년대까지 기업은 파트타이머의 숙련 향상에 그다지 적극적이지 않았음에도 이렇게 파트타이머의 기간노동력화가 진행되었기 때문에 G1사는 2003년부터 종합슈퍼 점포에서도 파트타이머가 주임 직책을 부여받을 수 있도록 했다. 2004년부터는 식품슈퍼 점포에서는 파트타이머가 점장까지 승진할 수 있도록 인사제도를 개정했다.

23) 2000년대 들어 대부분의 사례기업에서 파트타이머의 인사 제도에 변화가 있었기 때문에, 여기에서 검토하는 임금 체계와 항목별 임금액은 기본적으로 1999년의 것이다.

24) 부도(付図) 1~8에 걸쳐 다른 사례기업의 파트타이머 임금 체계를 제시했다. S2사는 파트타이머의 질적 기간노동력화를 한층 추진하기 위해 2006년에 파트타이머 임금 체계를 변경했기 때문에 1999년의 임금 체계와 2006년의 임금 체계를 둘 다 제시했다.

25) G1사 자료 중에도 직종급, 부문급이라는 단어가 사용되는 경우도 있다.

26) 그러나 이 금액은 2003년에는 0, 10, 30, 50엔으로 저하했다.

27) S4사는 파트타이머가 주임직을 맡는 경우 리더라고 부른다.

28) 이와 관련하여 노동조합 간부에게 물었더니 "이전 제도에서 자격이 높았던 파트타이머들은 쉽게 다시 상승할 수 있기 때문"이라고 대답했다. S4사도 비슷한 제도 변화가 있었다.

29) 평가는 상대평가고 A평가 15%, B평가 70%, C평가 15%다.

30) G2사의 프렌드 사원은 1990년대 중반 이후 상여금이 실질적으로 없어졌으므로 생략한다.

31) 일본 전체 여성단시간 노동자의 연간 상여금은 1992년의 98,800엔이 최고였고, 2010년에는 32,100엔까지 떨어졌다(厚生労働省『賃金構造基本統計調査』).

32) 파트타이머는 처음부터 장시간 계약으로 채용되는 것은 아니다. 다나카 씨는 단시간 파트로 입사했지만, 상사의 추천에 의해 근속 2년째인 1987년에 커리어 사원 시험을 통과했다. 우에노 씨는 월 110시간 근무하는 파트타이머로 1986년에 입사했지만 회사의 요청으로 1996년에 월 149시간 계약으로 변경했다. 오사와 씨 역시 110시간에서 149시간으로 근무 시간을 늘렸다.

33) G3사 정사원 임금에 관한 자세한 내용은 〈표 1-30〉과 〈표 1-31〉을 참고할 것. 〈부도 2〉에 제시한 바와 같이 프렌드 사원의 월급은 기초급, 직능급, 고정급, 월액시간대가급, 직무수당, 신선수당(+ 통근수당과 잔업수당)으로 구성된다(G3사 〈프렌드 사원 급여 규정〉). 고정급은 조정 수당을 의미한다. 메이트 사원의 월급에는 직무수당이 없고, 다른 점은 프렌드 사원과 같다 (G3사 〈메이트 사원 급여 규정〉). 정사원의 본인급은 나이와 사원 구분에 따라 정해진다. 〈급여 규정〉에 따르면, 프렌드, 메이트 사원의 기초급(본인급)은 "지역별 급여 수준을 기준으로 정한다"라고 되어 있다. 프렌드 사원과 메이트 사원의 임금은 지역노동시장의 파트타이머 임금 시세(相場)에 맞추어 정한다는 의미이다.

34) 미와 씨와 나카무라 씨의 임금에 마이너스 조정급이 붙어있는 것에 관해 *"근무 시간이 계약 시간보다 약간 짧았기 때문인 것 같다"*라고 본인에게 들었고 회사를 통해 확인한 것은 아니다. 나카무라 씨의 변동 수당도 본인에게서 *"요일가급이나 시간대가급 같다"*고 들었을 뿐 회사에 확인은 못했다. 미와 씨와 나카무라 씨의 임금 명세서에 승격 가급이 있지만, 미와 씨가 프렌드 사원이 된 것은 1994년, 프렌드 사원 2급이 된 것은 그 이듬해고, 나카무라 씨가 메이트 사원이 된 것도 1년 이상 이전의 일로 최근에 승격한 것은 아니다.

35) 호리구찌 씨의 임금액에서 알 수 있듯이, 파트타이머의 실노동시간이 계약시간과 일치하지 않는 경우가 종종 있다(호리구찌 씨는 1999년 7월에 102시간 근무했다). 나카무라 씨도 *"이건 잔업이 없었던 7월의 임금 명세서이지만, 8월이나 12월에는 잔업이 많아서 주말에도 모두 근무하기 때문에 임금이 그만큼 높아져요"*라고 말했다. 즉 G3점에서는 바쁜 시기라면 파트타이머도 계약시간을 넘어 일하는 것이 보통이다.

36) 시간급이 높은 파트타이머 중에서는 근무하던 점포가 폐쇄되면 다른 점포로 전근을 희망하는 케이스가 종종 있다. 필자는 2007년에 매장을 이동하여 근무하고 있는 파트타이머를 3명 면접했는데, 이 세 사람은 모두 시간급이 1,200엔을 넘었다.

37) S1사는 사원구분제도를 성별로 나누어 표현한다. S1노조 전임간부와의 인터뷰에 따르면 *"S1사가 설정하는 목표가설은 남성=정사원=전국사원으로 통괄매니저 이상, 여성=파트=스토어 사원, 각 매장담당"*이다.

38) 필자가 이 면접조사는 필자 자신의 학문적인 연구를 위한 조사라고 몇 번이나 말했지만, 모리타 씨는 노동조합을 통해 조사하러 왔으니 노동조합과 긴밀한 관계가 있을 거라고 생각하면서, 필자가 노동조합에 자신의 불만을 전해 줄 것으로 기대했다.

39) 노동시장의 이런 변화 때문에 남성 파트타이머뿐 아니라 저녁시간대와 밤시간대에 일하려는 주부 파트타이머도 늘었다. 시간대가급이나 요일가급을 낮춘 배경이기도 하다.

40) 2000년부터는 식품 중심의 점포로 바꾸기로 하고 신규 점포에는 처음부터 의류 매장을 두지 않는다. 그 결과 2000. 3.~2003. 2. 사이의 월매출에서 식품의 비율이 76.9%로 상승했지만, 다른 식품 슈퍼 기업에 비해 여전히 낮다.

41) 불황이 장기화하면서 청년들의 취업 상황이 악화되어 신규 졸업자도 정사원 취업이 어려워졌다. 이런 상황을 활용해 S1사는 2003년부터 고등학교 신규졸업자를 엑스퍼트로 채용하기 시작했다.

42) *우리 회사에서 그쪽(동북 지방 – 필자) 점포에서 파트타이머를 모집하면 모두 장시간을 좋아하기 때문에 단시간 모집에는 사람이 모이지 않아요. 그래서 꼭 장시간이 필요치 않더라도 파트타이머를 쓰기 위해서는 장시간으로 할 수밖에 없는 경우도 있어요.* (G2사 인사부, 30대 초반, 대졸, 여성, 일반직사원)

43) S1사의 정사원 모델 임금에 따르면 고졸인 경우 근속 10년의 기본급은 월 216,500엔, 근속 22년의 기본급은 310,400엔이다. 또 보직수당은 주임 1급 4.1만 엔, 주임 5급 7만 엔, 가족 수당은 배우자 1만 엔(소득제한 103만 엔), 첫 아이 4,500엔, 둘째 아이 3,000엔, 주택 수당 집세의 50%(상한 없음, 주택 소유자의 경우 이에 준하여 지급)이다.

44) 이 제도를 만든 S1사의 인사책임자와 면접할 때 그는, 유통업 전문인 한 저널리스트로부터, 당신 엄청 교활한 거 생각했네~, 라는 말을 들은 적이 있다고 불쾌한 태도로 말한 후, 그런 것이 아니라

여성에게 가정이 생긴 후에도 계속 일할 수 있는 제도를 만든 것, 이라고 강하게 말했다.

45) *아무튼, 그 당시는 점포에서 일하는 사람은 손발이 붙어 있으면 된다는 느낌이었어요.* (S2사 임원, 50대 초반, 대졸, 남성)

46) 사회보험 사업주 부담분. 고용보험 0.75%(노동자 부담분 0.4%, 제조업은 각각 0.5%와 0.85%), 건강보험 4.2%, 연금보험 8.675%

47) 1999년 현재 고용보험 가입자격. 1. 주당 노동시간이 20시간 이상 30시간 미만(30시간 이상은 일반피보험자) 2. 연간소득 90만 엔 이상 3. 고용기간 1년 이상.

48) S2노조가 제작하는 〈파트너 조합원 수첩〉에는 리더, 커리어로 자격등급이 오르면 200만 엔, 280만 엔 정도의 연봉이 보장된다는 소개와 함께, 연간소득이 103만 엔을 초과하는 경우에도 150만 엔 정도가 되면 감소했던 실수령 소득을 만회할 수 있다고 적혀 있다.

제3장

노동조합: 배제와 포섭

파트타이머의 급증에도 불구하고 일본의 노동운동은 2000년대에 들어서까지 파트타이머의 조직화에 별로 관심을 쏟아 않았다. 1970년에서 2000년 사이에 단시간 노동자가 837만 명 증가하여 전체 노동자의 20.0%를 차지하게 되었지만, 2000년 시점에서 단시간 노동자의 조직률은 2.6%에 불과했다. 파트타이머의 균등대우 문제가 사회적 주목을 받게 된 2000년대 들어 기업 내 노동조합도 내셔널 센터도 파트타이머의 조직화에 관심을 기울이기 시작했지만, 2010년 현재 전체 노동자의 26.6%, 여성 노동자의 43.0%를 차지하고 있는 파트타이머의 조직률은 5.6%에 지나지 않는다(厚生労働省, 『労働組合基礎調査』).

1970년에 35.4%였던 일본 노동자의 조직률은 1980년 30.8%, 1990년 25.5%, 2000년 21.5%, 2010년 18.5%로 급락해왔다. 파트타이머가 급증함에도 불구하고 파트타이머 조직에 관심을 갖지 않았던 것이 이 추락의 중요한 원인 중 하나다. 조직률의 감소가 기업과 사회에 대한 노동조합의 발언권을 저하시킨 것은 말할 것도 없다. 왜 노동조합은 파트타이머의 급증, 그리고 조직률의 급감에도 불구하고, 파트타이머의 조직화에 관심을 쏟지 않았을까?

일본의 노동조합이 파트타이머 조직화에 무관심했던 중요한 요인은 파트타이머의 대다수가 기혼여성이라는 점에 있었다. 전자기기 제조업의 상위(大手)기업에 관한 한 연구(禿あや美, 2000)에 따르면, 노동조합은 남성이 대다수였던 임시공에 관해서는 본공화를 요구했지만, 대다수가 기혼여성인 파트타이머에 관해서는 본공화를 회피하고 파트타이머의 직무영역을 단순보조 작업에 국한할 것을 요구했다. 노동조합은 남성 노동자는 가족의 생계부양자이기 때문에, 가족을 부양할 수 있도록 안정된 일자리와 고임금의 대상이 되어야하지만, 기혼여성은 피부양자이므로 남성 생계부양자로부터 보호받으면 된다고 합리화한 것이다.

일본의 노동조합은 대부분이 기업별 노조이기 때문에 조합원의 대다수가 남성 생계부양자인 노동조합은 더욱 이 논리에 의존할 수 있을지도 모른다. 그러나 슈퍼마켓 산업처럼, 파트타이머가 기간노동력으로 성장하고 파트타이머를 제외하고는 기업 운영이 성립하지 않는, 정사원이 소수의 특수한 종업원이 되어 버린 기업의 노동조합이 직면한 상황은 그렇게 간단하지 않다. 2000년대에 들어서면서 "그들은 주부라서 노동조합에 관심이 없고 가입하고 싶어하지 않는다"고 주장해온 대형 슈퍼마켓 기업의 노동조합들이 잇따라 파트타이머 조직을 선언하고 있는 것도 일본노동조합총연합회(이후 렝고)가 2001년 춘투에서 처음으로 파트타이머의 임금 인상을 요구한 것도 이 같은 배경에 의한 것이었다.

3장에서는 파트타이머의 기간노동력화가 점점 진행되어 정사원의 존재감이 희미해져가는 가운데, 슈퍼마켓 기업의 노동조합이 이 상황을 어떻게 극복하려고 하는지에 관해 파트타이머 조직화 전략을 중심으로 분석한다. 더불어 노동조합의 조직화 전략에 영향을 미치는 요인이 무엇인지도 규명한다.

1. 노동조합의 과제 – 3개의 위기 극복

파트타임 노동에 대한 노동조합의 대응을 분석하기 전에 먼저 파트타이머의 양적, 질적 기간노동력화로 노동조합이 어떤 상황에 직면하게 되는지 살펴보자.

1) 대표성 위기

대부분의 일본 노동조합은 정사원 중심의 기업별 노조이며, 슈퍼마켓 기업 노동조합도 마찬가지이다. 그렇다면 종업원의 대다수가 파트타이머로 바뀌어가는 상황은 정사원 중심 노동조합에게 무엇을 의미하는가? 우선 거론할 수 있는 것은 대표성 위기다. 일반적으로 대표성이란 조직률을 말하지만, 이 책에서는 이것을 〈양적 대표성〉으로 명명하고, 종업원 중 기간적 노동력의 조직률을 〈질적 대표성〉으로 명명하고자 한다.

노동조합의 일차적 목적은 조합원의 고용 유지와 임금을 필두로 하는 제반 노동조건을 향상시키는 것이다. 이 목표 달성의 기초는 무엇보다 조직률에 있다. 조직률이 노동조합의 교섭력을 모두 설명하는 것은 아니지만, 노동조합의 대(対)기업 협상력을 지지하는 중요한 토대 중 하나임은 말할 것도 없다. 일반적으로 파트타이머의 증가는 정사원 중심의 노동조합에 조직률 저하라는 결과를 가져와 양적인 대표성 위기를 고조시키고 협상력을 저하시킨다.

물론, 파트타이머 증가가 조직률 저하로, 조직률 저하가 대표성 위기와 협상력 저하로 이어지는 사이클이 모든 노사 관계에 항상 같은 결과를 가져오는 것은 아니다. 질적 대표성의 수준도 큰 영향력을 가지고 있으며 특히 기업별 노동조합의 경우에는 노사 관계의 성격도 큰 영향력을 가진다. 그러나 이것도 정도의 문제이며, 슈퍼마켓 산업처럼 파트타이머가 전체 종업원의 80%를 초과하는 경우에는 파트타이머를 전혀 대표하지 못하는 노동조합의 발언권과 교섭력은 저하될 수밖에 없다.

조직률의 저하로 인한 양적 대표성 위기라는 일반적인 상황뿐만 아니라 슈퍼마켓 산업 노동조합을 곤혹스럽게 하는 또 다른 상황은, 사업주가 종업원에게 시간외 노동 및 휴일 노동을 시키기 위해 종업원의 과반수의 대표자와 체결해야 하는 '36 협정(노동기준법 36조)'다. 36 협정을 체결하지 않은 사업주는 종업원에게 법률이 정하는 소정노동시간(주 40시간) 이상 노동시킬 수 없다. 물론 노동기준법이 최근에 생긴 법이 아니니, 36 협정이 최근에 생긴 것은 아니다. 하지만 1990년대 후반에 36 협정이 노동조합을 압박하게 된 것은, 노동기준감독서(労働基準監督署)가 1990년대 후반부터 36 협정 체결의 당사자가 실제로 당해 기업 종업원의 과반수를 대표하고 있는지를 점검하기 시작했기 때문이다. 그 결과 2000년 무렵

노동조합 위원장이 서명한 36 협정이 무효라고 반려되는 일이 여러 건 발생했다. 해당기업의 노동조합이 종업원의 과반수를 대표하지 못했기 때문이다.

36 협정이 체결되지 않으면 곤란한 것은 기업이 아니라 노동조합이다. 회사는 노동조합이 아니더라도 회사의 조직을 동원해 종업원 과반수의 대표자를 만들어 36 협정을 맺을 수 있다. 그렇기 때문에 노동조합이 36 협정조차 체결할 수 없다면 기업의 파트너로서 노동조합의 위상은 저하될 수밖에 없다. 이 때문에 비조합원인 파트타이머가 종업원의 과반을 점하는 기업의 노동조합은 종업원회 등을 따로 만들어 그 명의를 사용하거나 파트타이머 개개인에게 위임받는 형식으로라도 36 협정의 당사자가 되고자한다[1].

파트타이머가 양적으로 증가하더라도 파트타이머의 업무 영역이 단순 업무에 한정되는 경우, 파트타이머에 의한 정사원 대체에는 한계가 있다. 따라서 양적 대표성 위기는 발생하지만 심각한 수준으로까지는 가지 않는다. 기간 노동력이 된 종업원에 대해서는 대표성이 높기 때문에 질적 대표성 위기는 발생하지 않는다. 그러나 슈퍼마켓 노동조합의 현실은 "정사원이 없어도 점포가 돌아가는 데는 아무런 문제가 없"(S1노조 간부, 남성, 30대 중반)는 상황에 이르러 있다. 각 기업들이 앞다투어 진전시키고 있는 파트타이머의 질적 기간노동력화의 결과 질적인 면에서도 기간노동력이 된 파트타이머의 인원수는 정사원의 인원수보다 더 많다. 이런 상황에서 정사원 노동조합은 해당 기업의 기간적 노동력에 대해서조차 대표성을 확보하지 못하는 〈질적 대표성 위기〉에 직면하게 된다.

2) 정체성 위기

후생노동성의 『파트타임노동자종합실태조사』에 따르면 2001년 현재, "회사에 파트타이머가 가입할 수 있는 조합이 있다"고 응답한 파트타이머는 29.3%(1995년 3.9%)이고 그 중 실제로 가입한 파트타이머는 17.9%다. 또 필자가 노동조합을 통해 1999년에 실시한 설문조사에 응한 비조합원의 43.9%(30시간 이상 52.1%, 30시간 미만 37.1%)가 미가입 이유로 "가입 자격이 없다"를, 16%가 "권유받은 적이 없다"를 들었다. 설문조사에 협력해준 노조는 모두, 특정 기준(근무 시간과 근속년수)을 충족한 모든 종업원을 조직하는 유니온 숍이기 때문에 "권유받은 적이 없다"는 것은 가입 자격이 없다는 의미다. 가입자격은 없지만, 파트타이머의 노동조합 가입 의사가 낮은 것은 아니다. 비조합원인 파트타이머 중 "권유받으면 가입하겠다(기꺼이 가입 + 불이익이 없으면 가입)"는 응답은 44.4%(30시간 이상 54.9%, 30시간 미만 34.3%)에 이른다. 또 렝고종합연구소의 1991년 조사에 따르면, "노조의 의미를 인정하기 때문에 가입했다"는 응답이 정사원보다 파트타이머에게서 더 많다(連合総合生活開発研究所, 1992).

노동조합은 조직률 향상을 위해 파트타이머가 필요하고, 조직 대상인 파트타이머의 절반 이상은 노동조합에 가입할 의사가 있다. 조직화를 둘러싼 수요와 공급이 일치하고 있으니 문제는 쉽게 해결될 수 있을 것 같다. 그러나 파트타이머 조직률에서 알 수 있듯이, 노동조합은 간단하고 자명한 해결책을 취하고 있지 않다. 왜 노동조합은 간단한 해결책을 선택하지 않는 걸까?

현대 일본 사회는 남성을 가족의 경제적 부양자로, 여성을 피부양자로 간주하는 남성생계부양자형의 젠더 시스템에 따라 작동하는 사회(大沢真理, 2007)이며, 노동조합도 그런 사회를 만들어 온 주체 중 하나다(山田和代, 1997, 2001). 필자와의 인터뷰에서 상부단체는 물론이고 사례기업의 노동조합도 조직의 이념으로 노동자 내부의 평등을 강조했지만, 현실의 제도를 보면 그것은 '일가(一家)의 대들보'인 남성 정사원 내부의 평등인 것으로 보인다. 따라서 남성생계부양자에게 부양되는 피부양자, 즉 주부 파트타이머의 급증과 그에 따른 조직의 필요성은 남성생계부양자의 조직인 노동조합에게 〈정체성 위기〉를 초래한다.

3) 파이 위기

정사원 조합원에게 파트타이머의 조직화는 자신들의 임금 상승에 부정적인 영향을 미칠 수도 있다는 위기감을 높인다. 제2장 제4절에서 검토 한 바와 같이 정사원의 임금은 같은 업무를 담당하는 주부 파트타이머의 임금보다 30~50% 높다. 임금 협상에서 핵심적인 기준은 기업의 경영 실적인데, 1990년대 전반부터의 불황으로 정사원의 임금은 제자리 걸음을 하는 정도에 그치지 않고 저하하는 경우도 적지 않았다. 이러한 상황에서 노동조합은 파트타이머를 받아들임으로써 분배의 분모를 확대하지 않으려한다. 즉 노동조합은 파트타이머를 노동조합 밖에 둠으로써 그래서 고용안정과 분배의 대상에서 배제함으로써 현재의 노동조합과 조합원의 이익을 지키려 하는 것이다.

기업이 비용절감을 위해 파트타이머를 사용한다는 것은 가능한 한 파트타이머에게 돈을 들이지 않겠다는 의지이기도 하다. 또 기업이 파트타이머에게서 고용의 조정변 역할을 완전히 제거하고 있는 것도 아니다. 그렇기 때문에 제2장에서 살펴본 바와 같이 기업은 파트타이머를 계층화시켜 선별된 일부의 파트타이머에게만 고용안정과 제한적 내부화를 약속하고 있다. 이와 같은 기업의 파트타임 정책은 노동조합의 파트타이머 조직화에 대한 의지를 억제하는 역할을 한다. 특히 기업의 이윤율을 높임으로써 자신들의 파이도 키운다는 전략을 취하고 있는 협조적 노사관계 하의 기업 내 노동조합에게, 기업의 의지는 경우에 따라 노동조합 자신의 의지보다도 더 큰 영향력을 행사한다.

4) 위기 해결 전략의 유형화

파트타이머의 증가로 인해 슈퍼마켓 노동조합은 대표성 위기를 해결하기 위해서는 파트타이머를 조직해야 하지만 그것은 자신들의 정체성을 위협하는 동시에 파이를 축소시킬 위험까지 동반하는 딜레마에 빠지게 된다. 게다가 기업의 의지도 노동조합을 압박하고 있다. 노동조합은 이 위기상황을 어떻게 해결해 나가는가? 일반적으로 추론하면 파트타이머의 증가로 인해 발생하는 위기에 대한 대처로 노동조합이 선택할 수 있는 전략은 크게 다섯 가지다.

첫 번째는 〈기간노동력화 억제 전략〉이다. 파트타이머의 업무영역을 제한해 단순미숙련업무에만 배치하여 파트타이머가 정사원을 대체할 수 있는 가능성을 제한하는 것이다. 이 경우 파트타이머의 조직화는 중요하지 않다. 선행연구에 따르면 제조업, 호텔업, 그리고 백화점이 이 전략을 선택해왔다(ABC ユニオン, 1973; 禿あや美, 2000; 佐野嘉秀, 2000). 그런데 이 산업들은 산업의 특성 및 장기간에 걸친 노사관계의 역사 등의 이유로 노동조합의 지위와 정사원의 지위가 상당히 공고하다. 하지만 주로 1970년대에 설립된 슈퍼마켓 산업의 노동조합들은 그런 역사도 힘도 가지고 있지 않다. 실제로 이 연구의 사례노조들은 이 전략을 시도해본 적이 없다.

두 번째는 풀타임 비정사원만 조직하고 파트타이머는 조직하지 않는 〈배제 전략〉이다. 이 전략은 정사원 노조의 정체성을 일층 강화하고, 질적 대표성과 기업과의 유대관계에 의지하여 정사원과 노동조합의 지위를 기업으로부터 보장받는 것이다.

장기적인 관점에서 보면 이 전략은 노동조합으로서는 '제 목 조르기'가 될 수 있다. 파트타이머의 증가를 억제할 수 없는 한 결국은 대표성 위기가 더욱 심화될 것이기 때문이다. 그런데 현재와 같이 격렬한 업계재편이 일어나고 있는 슈퍼마켓 산업에서 파트타이머의 양적, 질적 기간노동력화를 억제할 수 있는 방법이란 없다. 노동조합은 현재의 조합원의 고용과 임금을 보장받을 수는 있을지도 모르겠지만 대표성 위기는 더욱 고조될 것이며 결국 노조의 위상은 현재 이상으로 저하될 것이다. 또 위상이 저하된 노동조합은 기업이 정사원의 노동 강도를 강화시키는 것을 저지할 수 없어진다. 결국 노동조합은 정사원 조합원들로부터도 노동조건을 개선시키지 못한다는 비난에 직면할 것이다. 이렇게 서술하면 이 선택지는 별로 현실성이 없어 보이지만 사실 이 전략을 선택하는 노동조합이 없는 것은 아니다. 특히 파트타이머의 질적 기간노동력화의 수준이 낮은 종합슈퍼 기업의 노동조합은 정사원의 질적 대표성에 기대어 이 전략을 선택할 수 있는 여지가 있다. 배제 전략을 선택하는 노동조합은 파트타이머를 노동조합에 받아들이지 않기 때문에 정체성 위기와 파이 축소의 위기에서는 안전하다.

셋째는 파트타이머 중 일부를 선발해 조직하는 〈선별적 조직화 전략〉이다. 파트타이머 중에서 양적으로는 소규모인, 정사원에 가까운 상층의 장시간 파트타이머만을 조직화함으로써 세 가지 위기를 모두 해결하고자 하는 것이다. 이때 선별되는 파트타이머는 대체로 사회보험 가입자, 즉 "제도상의 피부양자가 아닌 사람들"이다. 이 전략은 특히 파트타이머의 질적 기간노동력화가 진전된 식품슈퍼 기업의 노조들이 선택할 가능성이 높다. 이 전략은 "그녀들은 주부"라는 인식/규정에서 파생되는 것으로 기업의 〈선별적 내부화〉 노선과 궤를 같이하는 선별적 통합전략이다.

선별적 조직화를 통해 노동조합은 세 가지 위기를 모두 부분적으로 해결할 수 있다. 즉 일부의 파트타이머를 조직하기 때문에 대표성 위기는 다소 해결되며, 남는 대표성 위기는 기업 측과의 유대관계로 해결한다. 또 정체성 위기는 양적, 질적으로 정사원 중심의 조합운영을 통해 봉합한다. 즉 선별된 일부의 '주부노동자'를 조합으로 흡수하지만 그녀들은 여전히 예외적인, 또는 주변적인 노동자, 조합원으로 취급되기 때문에 그것은 형식적 통합이며 실질적 통합이 아니다. 파이축소의 위기는 다수의 파트타이머에게 파이를 분배하지 않음으로써 그리고 조직된 파트타이머에 대해서는 정사원과 파이분배규칙에 차이를 둠으로써 해결한다. 물론 파트타이머에게 일체 파이를 분배하지 않고 독차지하는 것이 정사원에게는 가장 바람직할 것이다. 그러나 기간 노동력이 된 파트타이머의 기업 내 정착은 기업운영 상 필수불가결한 것이므로 기업의 한 부분으로 통합되어 기업번영을 위해 노력하는 유통업 노동조합으로서는 어쩔 수 없는 비용지출로 해석한다.

넷째는 〈표괄적 조직화 전략〉이다. 노동조합 자체가 파트타이머의 양적, 질적 기간노동력화를 적극 추진해가면서 또 조직범위도 일정시간 이상 노동하는 파트타이머면 제도상의 피부양자까지로 확대하는 것이다. 이 전략도 파트타이머의 기간노동력화가 진전된 식품슈퍼 기업 노동조합이 할 수 있는 선택 중 하나다.

그런데 이 전략은 대표성 위기는 해결해주지만 정체성 위기와 파이 위기는 해결할 수 없다. 이 지점에서 노동조합은 "남성생계부양자의 대표"라는 정체성을 수정할 수도 있고 선별적 조직화 전략을 선택한 노동조합들처럼 파트타이머를 예외적, 주변적인 조합원으로 취급함으로써 형식적 통합을 하는 것으로 그칠 수도 있다. 그런데 조합원의 대다수가 파트타이머인 노동조합이 만일 후자의 선택을 한다면 다수파를 설득할 수 있는 헤게모니 장악이 중요해지므로 주부협정을 능숙하게 사용할 필요가 있다. 임금 위기도 정체성 위기를 어떤 방식으로 해결하는가에 따라 달라질 것이다. 즉 노동조합이 기존의 정체성을 전면 수정한다면 "노동자 내부의 평등"의 원칙에 따라 파이는 공평하게 분배될 것이다. 그리고 정체성을 수정하지 않는다면 (남성)생계부양자와 피부양자의 파이의 크기는 다를 수밖에 없다/달라야 한다는 논리에 따라 파이분배규칙에 차이를 둠으로써 제한적인 해결을 할 것이다.

마지막 선택지는 노동시간의 길이에 관계없이 일시적 근무자를 제외한 모든 파트타이머를 조직하는 〈전면적 조직화 전략〉이다. 이 전략은 대표성 위기를 전면적으로 해결한다. 특히 〈포괄적 조직화 전략〉이 기업의 비용절감추구 때문에 조직률 하락에 직면할 가능성을 항상 안고 있는 것에 비해 이 전략은 일체 그런 우려가 없다. 정체성 위기와 파이 위기에 대한 문제는 큰 틀에서 포괄적 조직화 전략을 채택하고 있는 노동조합과 동일하다.

그런데 조직화를 포함하여 파트타이머에 대한 노동조합의 대응전체에 대해 유의할 점은, "회사의 상황이 좋지 않았기 때문에, 파트타이머도 넣어서 관리해 나가가기 위해" 파트타이머의 조직 범위를 넓혔다는 G3노조 상근간부(40대 초반, 대졸 남성)의 발언에서 알 수 있듯이, 그것이 넓은 의미의 노무관리로 파악될 수 있다는 점이다. 많은 기업내 노조가 그러하듯이, 사례기업 노동조합의 노사관계도 매우 협조적이다. 특히 불황 하에서 업계 선두 기업들의 도산이 줄을 잇는 상황에서 노조와 기업의 이해관계는 더욱 일치하게 된다. 정사원 인사 관리 제도의 경우도 마찬가지이지만, 파트타이머의 인사관리제도를 제정 또는 대폭 개정할 때 인사부와 노동조합을 중심으로 하여 상품부나 영업부, 일선 매장 등의 인원을 빈아들여 단기 프로젝트팀이 만들어진다. 소폭의 개정은 인사부와 노동조합이 협의하여 결정한다. 그리고 많은 경우 파트타이머에 대한 인사관리제도의 개정은 파트타이머의 조직화에 대한 협의와 함께 이루어진다. 그러므로 노동조합의 파트타이머 조직화와 파트타이머에 대한 노무관리는 밀접한 상관관계가 있다.

2. 사례 노동조합의 파트타이머 조직 현황

이 절에서는 각 사례 노조의 위기 해결 전략이 전술한 유형 어디에 해당하는지를 검토하기 위한 토대로, 사례 노조가 설립된 경위를 살펴보고 사례 노조의 파트타이머의 조직 범위 및 파트타임 조합원의 권리와 의무에 대해 검토한다. 동시에 사례 노조의 조직 노선에 큰 영향을 미칠 수밖에 없는 상부단체 ABC 유니온이 파트타이머의 조직화에 대해 어떤 노선을 취해왔는지를 검토한다. 사례노조는 모든 직가맹 방식[2]으로 파트타이머를 조직하고 있으며 유니온 숍이다.

1) 사례기업 노조의 설립 경위

사례노조들의 설립과정은 위로부터의 조직화와 아래로부터의 조직화로 나누어지는데 G1노조, S3노조, S4노조는 위로부터, G2노조, G3노조, S2노조는 아래로부터 조직된 경우고, S1노조는 중간형이다.

G1노조는 1972년, S3노조는 1976년에 설립되었는데 두 노조의 설립경위는 동일하다. 즉 좌파노조가 생겼거나 생기려는 움직임이 있자 경영진이 그것을 저지하기 위해 ABC 유니온에 노조설립을 의뢰해서 노조가 생긴 것이다. 차이가 있다면 G1사는 처음부터 ABC 유니온에 의뢰했다는 것이고, S3사는 처음에는 동경전력노조에 의뢰했다는 정도이다. 동경전력은 유통업이 아니므로 S3노조는 설립 반년 후 ABC 유니온에 가맹했다. 1977년에 설립된 S4노조도 마찬가지로 기업이 만든 것이지만 목적은 다소 다르다. S4사는 1960년대 후반부터 종합슈퍼 점포를 중심으로 회사가 급팽창하여 상장기업이 되기로 결정했는데, 그 때 주식시장에서 신뢰 받으려면 안정된 노사관계라는 요소가 중요하다고 판단해 노조를 만들어야겠다고 결정한 것이다*. 그래서 회사측이 조합설립과 운영에 대한 지도를 ABC 유니온에 의뢰하였다

아래로부터 설립된 노조인 G2노조와 G3노조는 1969년에 설립되었다. 종합슈퍼 기업에서 제일 먼저 노조가 설립된 것은 종합슈퍼업계 최초의 상장기업이었던 G3사였다. 1960년대에 종합슈퍼기업들이 급팽창했는데 당시 종합슈퍼 업계 상위 기업이었던 G3사의 경우 1960년대 후반에는 신규채용을 1년에 500명씩 하는 정도였다. 점포가 급속히 늘어났기 때문에 종업원들은 심하면 1년도 되기 전에 전국 여기저기로 전근을 해야 하는 상황이었다. 뿐만 아니라 영업규모가 급팽창하는 만큼 노동시간도 고무줄처럼 늘어나고 있었다. 그러나 기업은 영

---

* 우리의 노사관계에서는 낯선 이야기이지만 1970년대, 80년대의 일본에서는 상식이었던 것 같다. 심지어 노동조합이 주식상장의 조건이라고도 말한다. 생산성향상에 협조할 노동조합과 '건전한' 노사관계를 맺고 있는 기업이 발전할 기업이라고 주식시장이 평가하기 때문이다.

업실적 확장에만 몰두하여 노동조건을 정비하는 것에는 관심이 없었고 노동자 내부에 불만이 축적되고 있었다. 이런 상황 속에서 당시 본사 영업부의 직원(비관리직)이었던 G3노조의 초대 위원장이 노조를 만들어야겠다고 생각해 뜻을 같이 할 사람들을 모았다. 노조설립 모색을 하던 중에 자신들만으로는 힘들겠다고 판단해 ABC 유니온에 지원요청을 했다. 기업측도 상장회사인 만큼 노조가 필요하다고 판단하여 선뜻 받아들였다.

직후에 생긴 G2노조도 기업 내적 배경은 동일하다. 기업이 급팽창하면서 종업원에게 부담이 가중되고 있었지만 노동조건은 그만큼 개선되고 있지 않았다. 때문에 중간관리직을 중심으로 노조를 만들려는 움직임이 생겼고 이 집단이 ABC 유니온에 지원요청을 했다. 그런데 G2사에는 이 움직임을 급진전시켜줄 또 하나의 움직임이 있었는데 그것은 공산당계 노동조합이 설립된 것이었다. 기업 측은 공산당계 노조를 원하지 않았기 때문에 ABC 유니온과 손을 잡기로 했다. 공산당계 노조를 저지해야 한다는 상황적 요인이 작용하면서 G2노조의 설립은 단기간에 이루어졌다

1981에 설립된 S2노조는 사례기업 노조 중 유일하게 회사와의 대립 속에서 설립된 노동조합이다. 평소 회사의 편의만을 우선하는 일방적인 노무관리관행이 만연해 있었기 때문에 불만이 쌓여 있었다. 1970년대 후반, 사측이 경영성과가 좋지 않다며 약속한 보너스를 지급하지 않는 사건이 일어났다. 그것을 계기로 젊은 점장들이 중심이 되어 노동조합을 설립했다. 그러나 사측은 “점장이 중심인 조직을 노동조합으로 볼 수 없다”, “경영진에 대한 반란이다”라고 말하며 단체 교섭을 거부했다. 이에 돌파구를 모색하던 과정에서 ABC 유니온의 조직국과 연결되었다. 그 후 전체 종업원에게서 노동조합 가입 신청서를 받을 수 있었고, 단체 교섭을 체결하는 데 성공했다.

아래로부터의 설립과 위로부터의 설립의 중간적 형태인 S1노조는 1976년에 설립되었다. 기업 내부에서 각 점포에서 매장 주임들을 중심으로 하여 노동조건

개선을 위해 노조를 설립하고자 하는 움직임이 생기자 경영측이 ABC 유니온에 의뢰해 노조가 설립되었다. 조합결성 움직임을 감지한 S1사는 이미 노동조합결성 움직임이 생겼으므로 어쩔 수 없다는 판단과 더불어 당시에 슈퍼마켓 업계에서는 좌파 노조가 생기려는 움직임이 여러 곳에서 일어났기 때문에 자사 내의 노조설립 시도가 좌파 조직과 결합하는 것을 사전에 막으려는 의도도 있었다.

사례노조들이 설립된 시점은 ABC 유니온이 유통업을 본격적으로 조직하기 시작한 시점과 일치한다. 섬유 노조의 상부단체로 출발한 ABC 유니온은 섬유산업의 향후 전망이 어두우므로 신생산업인 유통업을 조직하기로 결정했고, 1960년대 후반부터 종합슈퍼기업에 노조를 만들기 위해 노력하고 있었다. 그 결과 전술한 바와 같이 업계 선두 기업들에서 노조를 만들었고 그 성과를 바탕으로 1970년에 유통부회가 신설되었다. 1970년대 이후 섬유산업의 사양화로 조합원이 급감하면서 유통부회는 1980년대 이후 ABC 유니온 내의 최대부회가 되었다.

2) 조직 범위와 조직률

〈표 3-1〉에서 알 수 있듯이, 사례기업 노동조합들의 파트타이머 조직화 범위는 매우 다양하며 파트타이머 중 조합원의 비율은 0.0%에서 77.2%에 걸쳐 분포하고 있다. 표에는 제시하지 않았지만, 사례기업노조는 계약직 등의 풀타임 비정사원은 모두 조직하고 학생 아르바이트는 조직하지 않는다. 정사원의 경우 본사에서는 차장급 이상, 점포에서는 식품슈퍼라면 점장, 종합슈퍼라면 점장과 인사 매니저 및 관리 매니저를 제외한 모두가 조합원이기 때문에 각 노조의 정사원 조직률은 85%를 넘는다[3].

G1노조, S1노조는 노동시간의 길이가 정사원과 (거의) 같은 파트타이머만을 조직대상으로 하고 있다. 이 노조들과 대극을 이루는 것은 S2노조로, 학생을 제외하고는 노동시간에 관계없이 모든 파트타이머를 조직하고 있다. G3노조,

〈표 3-1〉 사례기업 노조의 파트타이머 조직률

기업	조직대상 파트타이머의 고용구분	파트타이머 중 조합원 비율(실인원)	파트타이머 중 조합원 비율(8시간 환산인원)	정사원 중 조합원비율	조합원 중 파트타이머 비율	전체 종업원 중 조합원 비율(실인원)
G1, 2003.02.	커리어 사원	0.8*	-	88.7	5.0	14.0
G2, 1999.07.	없음	0.0	0.0	88.0	0.0	18.7
G3, 1999.10.	프렌드·메이트 사원	25.4	44.4	86.4	47.0	40.4
S1, 2003.08.	엑스퍼트	8.8	12.6	86.9	36.7	21.5
S2, 2003	프레쉬 파트너	71.7	77.2	84.7	81.3	73.8
S3, 1999	파트너 사원	23.4	34.3	-	55.1	34.4
S4, 2003	파트너 사원(1일 4시간 이상)	46.6	-	93.5	75.0	53.3

* G1의 수치는 그룹 전체의 것, 커리어 사원은 G1사에만 있으므로 G1사만으로 비율을 산출하면 파트타이머 중 조합원 비율은 조금 더 높을 것이다.
자료출처: 사례노조 내부자료

S3노조는 1998년까지의 ABC 유니온의 방침인 1일 6시간 이상 노동하는 파트타이머를 조직하고, S4노조는 1일 노동시간이 4시간 이상인 파트타이머를 모두 조직하고 있다. 그 결과 조합원 중 파트타이머의 비율은 G1노조, G2노조 5% 이하, G3노조, G1노조 40% 전후, S2노조, S3노조, S4노조는 55~80% 정도다. 또 파트타이머의 조직 범위는 종업원 중 조합원 비율에도 영향을 준다. 파트타이머의 조직률이 높은 S2노조, S4노조의 경우 종업원의 절반 이상이 조합원이지만, G1노조, G2노조의 경우 그 비율은 20%도 되지 않는다.

조직범위를 기준으로 사례기업 노동조합들의 파트타임 노동 대응전략을 제1절에서 설명한 위기해결유형에 따라 분류하면 노동시간의 길이가 정사원과 같은 파트타이머만을 조직하는 G1노조, G2노조, S1노조 그리고 정사원과 노동시간이 거의 동일한 파트타이머만을 조직하는 S1노조는 〈배제전략〉에 해당한다. 1일 6시간 이상 노동하는 파트타이머만을 조직하는 G3노조, S3노조는, 파트타이머 중에서도 정사원의 영역에 근접하고, '제도상의 피부양자'가 아닌 파트타이머만을 선별해서 조직하는 〈선별적 조직화 전략〉에 해당한다. 1일 4시간 이상 노동하는 파트타이머는 모두 조직하는 S4노조는, 제도상의 피부양자인 일부 파트타이머까지 포괄해서 조직하는 〈포괄적 조직화 전략〉에, 학생이 아닌 모든 파트타이머를 조직하는 S2노조는 〈전면적 조직화 전략〉에 해당한다.

1990년대의 장기 불황 속에서 슈퍼마켓 기업 각사는 사회보험료의 회사 부담을 절약하기 위해 장시간 파트타이머를 줄이고 단시간 파트타이머를 늘렸기 때문에 일부 노동조합은 파트타이머의 조직 비율이 저하했다. 1990년 시점에서 G1사의 파트타이머 중 조합원 비율은 12.2%, G2사는 8.4%, S3사는 79.1%였다. S4노조가 파트타이머를 조직하기 시작한 1991년에는 1일 4시간 이상 일하는 파트타이머 전원을 조직화 대상으로 했기 때문에 조직화 시작과 함께 파트타이머의 조직률은 96%(전체 파트타이머 1,777명 중 1,700명)였다.

G1사와 G2사에서는 조직대상인 커리어 사원의 신규 채용이 중지되었다. 앞서 언급했듯이, 커리어 사원이라는 호칭의 파트타이머는 주로 종합슈퍼 기업들이 거품경제기에 구인난을 해결하기 위해 1일 8시간 노동을 조건으로 단시간 파트타이머보다 상당히 높은 임금을 제시하며 채용한 의사(疑似) 파트타이머다. 그러나 불황으로 접어들면서 종합슈퍼 기업들은 파트타이머로서는 고임금인 커리어 사원이 부담스러워지기 시작했고 1990년대 중반부터는 채용을 중지했다. 그 결과 G1사의 커리어 사원의 수는 1990년에는 2,524명이었으나 1999년에 1,950명, 2003년에 738명으로 줄어들었다. S3노조와 S4노조에서 파트타이머 조직률이 하락하게 된 것은 조직대상이 아닌 아르바이트라는 호칭의 파트타이머 채용을 증가시켰기 때문이다. 노동조합 출범 시부터 파트타이머를 조직했던 S3노조의 파트타이머 조직률은 1980년대에는 80%를 넘었다. S4노조도, 1991년에는 96%였던 조직률이 2003년에는 46.6%까지 떨어졌다.

그런데 ABC 유니온 가맹 노조 중 종합슈퍼 기업 노조는 대부분 배제 전략을 취하고 있었는데, 그 종합슈퍼 노조들이 2003년 이후 경쟁적으로 파트타이머의 조직화에 나서면서 조직률은 다시 변화하고 있다. 즉, 2002년까지 20% 정도였던 ABC 유니온 유통부회의 조합원 중 파트타이머 비율이 2004년 25%, 2005년 41%, 2008년 57%, 2011년 61.6%로 증가했다.

3) 파트타임 조합원의 권리와 의무: 조합비를 중심으로

사례기업 노동조합들은 직가맹 방식을 선택하고 있기 때문에 조합원으로서의 권리와 의무는 정사원이나 파트타이머나 마찬가지고, 조합비 산정 방식에 있어서도 큰 차이가 없다*. 〈표 3-2〉에 제시한 바와 같이, G1노조, S1노조, S3노조, S4노조는 동일하며, G3노조는 파트타이머에게는 보너스에서 조합비를 징수하지 않고 상부단체 조합비를 정사원만 내는 정도의 차이 밖에 없다. 파트타이머와 정사원의 조합비 산정방식이 크게 다른 것은 학생을 제외한 파트타이머를 전원 조직하는 S2사 노동조합뿐인데 S2노조의 파트타이머의 조합비는 정사원의 절반 수준이다. S2사의 파트타이머는 단시간 피드다이머 위주이므로 실세 금액으로 보면 파트타이머의 평균조합비는 1999년 현재 월 658엔(정사원 월 4,081엔)이다.

조합비 산정비율이 같더라도 파트타이머의 임금이 낮으므로 조합비 액수는 정사원의 절반에도 미치지 못한다. 하지만 노동조합 활동량은 조합원의 노동시간에 비례하는 것이 아니라 인원수에 비례이므로 한마디로 말해 "채산성"(S2노조 간부)이 맞지 않는다는 것이 현재의 노동조합 간부들이 파트타이머 조직화를 꺼려하는 이유 중 하나이다. 작업장 모임을 하더라도 파트타이머의 경우 근무시간대가 다르니까 2, 3회로 나누어해야 하는 등 파트타이머에게는 정사원보다 시간을 더 많이 들여야 하는 면도 있다. 그런데도 S2노조가 다른 사례 노조들과 달리 파트타

* ABC 유니온 산하 노동조합들의 조합비징수방식은 회사가 임금에서 조합비를 일괄징수하여 노동조합에 직접 건네는 방식인 체크 오프제다.

〈표 3-2〉 사례 기업 노조의 고용구분별 조합비 산정방식(1999)

	파트타이머	정사원
G1	급여×1.8%, 상여×1.0%	급여×1.8%, 상여×1.0%
G2	미조직	급여×1.8%+100엔, 상여×1.8%×100엔
G3	급여×1.8%, 상여×0%	급여×1.8%+상부단체비, 상여×1.8%
S1	급여×1.5%+500엔, 상여×1.0%	급여×1.5%+500엔, 상여×1.0%
S2	급여×0.85%, 상여×0.85%	급여×1.5%, 상여×1.5%
S3	급여×1.7%, 상여×1.0%	급여×1.7%, 상여×1.0%
S4	급여×1.8%, 상여×1.0%	급여×1.8%, 상여×1.0%

자료출처: 사례 노조 내부자료

이머의 조합비 산정기준을 정사원의 절반으로 하게 된 가장 큰 이유는 회사와의 대립 속에서 조합이 설립된 것이다. 회사는 노조를 인정하지 않으려 했고 게다가 파트타이머 조직화에 대해서는 어떻게 해서라도 막으려고 했기 때문에 힘 대결로 가지 않을 수 없었다. 때문에 노조측에서는 아래의 인용문에 나타난 것처럼 가능한 한 많은 파트타이머를 조직하기 위해 조합비 산정기준을 낮게 설정했다.

> 그 때 우리는 정말 조합비 없이 라도 가입 받을 수만 있다면 다 받고 싶었지. 회사하고 싸워야 하니까. (그 때는 그렇다 해도 그 후에 조정하지 않은 이유는 뭐예요? 다른 노조들은 그렇게도 하던데- 필자) 우리는 숫자가 많으니까 그렇겠지만 파트타이머 조합비를 높이지 않아도 뭐, 돈 없어서 우리 활동 못하는 거 하나도 없어요. 그리고 임금이 워낙 작으니까 정사원보다 파트 쪽이 돈 문제에 더 민감한 것도 사실이고. 또 그렇잖아요, 사실 정사원하고 파트타이머하고 임금이 완전히 다르잖아요. 노조가 형평을 맞추자 이런 소리를 조금은 하지만, 정사원하고 파트임금을 완전히 같이 하라고 요구하는 것도 아니면서, 조합비는 같이 내라고 할 수는 없잖아요. 돈 모으자고 파트 조직하는 것도 아니고. (S2노조 간부, 40대 후반, 대졸 남성)

즉, 파트타이머의 경우 임금총액이 적으므로 소액이라 하더라도 조합비를 부담으로 느낀다는 점, 한 사람 한 사람의 조합비는 적더라도 조합원수가 많으므로 전체로서의 조합비는 그리 적지 않다는 것이다. 그리고 무엇보다도 임금수준의 차이가 큰데 같은 비율이라는 것이 형평성에 맞지 않는다는 것이다. S2노조가 고용형태별 임금격차를 인정하면서 조합비 산정 방식을 달리한 것은, 파트타이머가 노동조합 탄생에 결정적으로 중요한 존재였기 때문이다.

4) 상부단체의 파트타임 노동 대책과 조직화 방침

ABC 유니온은 1946년에 섬유산업 노동조합의 상부단체로 출발했지만, 산업구조 변화에 따라 1990년대부터 유통업과 더불어 서비스 산업으로 조직을 확대했다. 2010년 시점에서는 유통부회의 조합원이 ABC 유니온의 전체 조합원의 43.7%(섬유 4.6%, 후드·서비스 부회 12.4%)을 점한다. 중심 산업이 파트타이머에 의해 유지되는 슈퍼마켓이기 때문에, ABC 유니온은 파트타이머의 조직화에 적극적이며, 2010년 시점에서 일본 전국에서 조직된 파트타이머 726,113명(厚生労働省,『労働組合基礎調査』) 중 70%가 ABC 유니온에 소속되어 있다. ABC 유니온의 전체 조합원의 46.4%(2011년 47.8%), 유통부회 조합원의 60.1%(2011년 61.1%)가 파트타이머다. 그러나 ABC 유니온의 파트타이머 조직화는 2003년 이후 급속하게 진행된 것이며, 2002년까지 파트타임 조합원의 규모는 2011년의 20%도 되지 않았다.

어떻게 해서 ABC 유니온의 파트타이머 조직화는 이렇게 급진전된 것일까? 지금부터 ABC유니온이 정기대회에서 결의한 파트타이머 조직화 방침을 통해 파트타임 노동에 대한 ABC 유니온의 인식과 대응 전략을 분석한다.

(1) 1973년 〈임시고용 노동자 조직화 방침〉

ABC 유니온은 1970년대부터 2000년대 초까지 세 차례에 걸쳐 비정규직 노동자의 조직화 방침을 대회에서 채택했다. 그 중 첫 번째가 1973년의 제28회 정기대회에서 채택한 〈임시고용 노동자 조직화 방침〉(이하 〈73년 방침〉)이다.

〈73년 방침〉에서는 아직 파트타이머라는 단어가 제목에서는 등장하지 않는 점에서 알 수 있듯이 파트타이머보다 임시공 문제가 당면과제였다. 그리고 염두에 두고 있는 산업도 섬유산업이다. 그러나 "구래의 생애고용형태가 변화하고 고용형태가 다양화"되고 있다고 상황정리를 하는 것을 보면 파트타임 노동에 대한 인식이 완전히 없었던 것은 아님을 알 수 있다. 임시공의 본공화(本工化, 정규직화)와 조합원화가 필요한 이유를 "사회정의 추구와 모든 노동자의 단결" 그리고 "노동조합이 가진 노동시장 콘트롤 기능의 저하"에 의해 초래될 "노동조합의 약체화"를 막기 위해서라고 밝힌다. 〈73년 방침〉이 결의되게 된 조직 내적 배경은 "1965년 대회에서부터 임시공의 본공화와 조합원화를 결의하고. 실행을 촉구"하였지만 아직 성과가 미미한 것이었기 때문이었다.

그런데 모든 노동자의 단결을 추구한다는 〈73년 방침〉은 상용적 임시공은 준조합원, 계절적 임시공은 특별조합원A, 파트타이머는 특별조합원B로 조직한다고 규정하였다. 그리고 임금, 일시금, 퇴직금은 복수체계로 한다고 규정하여 정사원과 비정사원 간의 차별적 처우를 인정하고 있다. 그럼에도 불구하고 조합원의 권리와 의무에 대해서는 제한조항을 두지 않으며 상부단체회비는 현조합원과 동일하다고 규정한다. 또 임금 이외의 복리후생시설, 일반휴가, 생리휴가, 경조휴가, 산재부가급부 등에 대해서는 조합원과 같이 취급한다.

이후의 조직화 방침과 〈73년 방침〉의 중요한 차이 중 하나는 직무영역 한정에 관한 것이다. 즉 〈73년 방침〉은 "조합원 자격을 가지지 않은 임시고용노동자를 본체작업부문에 취로시켜서는 안된다"고 규정하고 있다. "조합원이 아닌 임시고용노동자의 비율은 중앙집행위원회에서 설정"하는 것이다. 또 특별한 사정이 없는 한 "조합원 자격을 얻은 후 2개월 이상 근무하고 또 계속근로 의사가 강한" 임시공에 대해서는 본공으로 등용하는 협정을 노사 간에 체결하도록 지도하고 있다.

이상의 내용들로 볼 때 〈73년 방침〉은 임시공의 존재 자체를 완전히 부정하는 것은 아니고, 다만 임시공의 증대로 노동조합의 대(對)기업 및 대(對)노동시장 통제력이 약화되지 않도록 하기 위해 임시공을 조직하고자 하는 것이다. 또 조합원 자격 취득 2개월 후 본공 등용을 추천하고 있지만, 조합원이 된 임시공·파트타이머와 본공의 임금(체계) 차이를 인정하는 것에서 알 수 있듯이, 고용형태에 따른 차별을 인정하고 있다. 게다가 비조합원의 직무영역을 한정하고 있는 점 등으로 볼 때, 〈73년 방침〉은 〈배제전략〉과 〈증가억제전략〉을 동시에 채택하고 있는 셈이다. 그러나 이 시기까지 슈퍼마켓 산업에서 파트타이머 비율은 전체 종업원의 30% 정도였고[4], 슈퍼마켓 산업 노동조합은 아직 전술한 바와 같은 위기에는 직면하지 않은 상태였다.

(2) 1989년 〈임시·파트타이머 등의 대책방침〉

〈73년 방침〉 이후 ABC 유니온은 1981년 중앙위원회에서 〈임시·파트타이머의 조직화 방침〉을 결정하였고 1983년에는 조직한 이후의 대책으로서 〈고용대책지침〉과 〈노동조건지침〉을 채택하였다. 이 지침들은 일본의 노동조합 상부단체로서는 최초로 파트타이머 조직을 공식적으로 선언한 것이었다. 그리고 ABC 유니온은 이 지침들을 발전시켜 1989년의 제45회 정기대회에서 〈임시·파트타이머 등 대책 방침〉(이하 〈89년 방침〉)을 채택하였다. 〈89년 방침〉은 〈73년 방침〉에 비해 내용이 상세해지고 구성도 조직화대책방침, 고용대책방침, 노동조건대책방침으로 세분화되었다*.

〈89년 방침〉에서는 먼저 방침채택이 필요한 이유로 "수요·공급구조의 변화에 따라 파트타임 노동이 양적으로 급증하고 있을 뿐 아니라 질적으로도 변화하여 노동력의 기간노동력화가 진행"되고 있고, 또 풀타임형 파트타이머의 증가가

* 방침은 운동노선이고 지침은 방침의 실행지침이다. 방침은 정기대회 및 중앙위원회에서 결정되며 지침은 특별히 중요하다고 판단되는 것만이 정기대회 및 중앙위원회에 상정된다.

두드러진다는 점이 지적되었다. 그리고 이런 상황에서 "붕괴되어 가는 노조의 조직기반을 회복하고 노조의 사회적 영향력 저하를 저지하기 위해 임시·파트타이머의 조직화가 필요"함이 강조되었다.

〈73년 방침〉과 달리 〈89년 방침〉에서는 임시직 노동자의 중요성은 현저히 약화되고 주로 파트타이머에 초점이 맞춰진다. 그래서 〈89년 방침〉은 세 가지의 구체적인 대책방침으로 들어가기 전에 먼저 노동시간의 길이에 따라 파트타이머를 구분한다. 이 구분에 따르면 "1일, 1주, 또는 1개월의 소정노동시간이 당해 사업장의 동종의 업무에 종사하는 통상노동자의 소정노동시간의 80% 이상 또는 1일의 노동시간이 6시간 이상인 노동자"가 풀타임형, "50% 이상, 또는 4~6시간인 노동자"가 레귤러 타임형, "50% 미만, 또는 4시간 미만인 노동자"가 숏 타임형 노동자이다. 이 구분이 필요했던 것은 일단 노동시간이 긴 파트타이머부터 조직하겠다는 조직방침을 정하기 위해서였다. 즉 다음해인 1990년에 ABC 유니온의 중앙위원회는 최소한 1일 6시간 이상 노동하는 파트타이머는 모두 조직해야 한다는 조직방침을 결정하였다.

〈89년 방침〉은 균등처우의 이슈를 본격적으로 거론하기 시작했다는 점에서 큰 의미가 있다. 유니언 숍 협정에 따라 조직화 대상자는 전원조직하며 정조합원, 준조합원, 특별조합원 등의 구별의 선을 없앴다. 그리고 파트타이머 고용관리의 각 조항에 관해 노동조합과 사전 협의할 것을 노동협약에 포함시키도록 하여 노동조합이 파트타이머의 노동조건과 취업환경을 적극 보호하도록 하였다. 임금보상을 필두로 한 제반 노동조건은 능력에 대응한 임금(전체 종업원의 직능자격제도)과 근무시간에 대응한 임금(시간비례)의 두 가지 원칙에 따라 결정되어야 함을 명시했다. 특히 "통상의 노동자와 임시·파트 등과의 사이에 복수체계를 채용하는 경우에도 시간비례를 원칙으로 하여 통상노동자와 이유 없는 차별을 하지 않을 것"이 명시되었다.

그러나 〈89년 방침〉은 많은 파트타이머가 주된 생계부양자가 있는 피부양자 즉 '주부노동자'임을 강조한다. 예를 들어 〈89년 방침〉에는 "고용계약서(雇入通知書)에 정해진 노동일, 노동시간을 변경하는 경우에는 노동계약 시에 그 점을 명확히 할 것" 또는 "노동일, 노동시간을 변경하는 경우는 당해 노동자의 사정을 충분히 고려할 것" 등이 명시되어 있다. 그런데 〈89년 방침 해설서〉에 따르면, 이런 규정이 필요한 것은 파트타이머는 가사와 일의 병행을 추구하는 노동자가 많기 때문이다. 또 파트타임 노동이 증가하는 공급측 요인으로도 "가사의 합리화에 의한 여유시간 확대, 주택비, 교육비 등 가계보조가 필요… '가사와 일의 병행'을 추구… 과세한도액의 범위에서 적당한 수입" 등을 지적하고 있다.

전반적으로 〈89년 방침〉은 파트타이머를 단순미숙련 노동력에 국한시키지 않으며 균등처우의 이슈를 수용하는 등의 점에서 〈73년 방침〉에 비해 크게 진전했다고 평가할 수 있다. 그러나 노동시간의 길이에 따라 정사원에 가까운 형태로 노동하는 파트타이머와 그렇지 않은 파트타이머를 구분하며, 후자의 파트타이머를 피부양자로 규정하면서 분리 취급하는 남성생계부양자의 시각을 드러내고 있다. 예를 들어 상여금 지급기준이 통상의 노동자에 순해야 한다는 규정 바로 아래에 "레귤러형 또는 숏타임형 노동자에게는 일시금 상당분을 시간급에 넣어 월례임금의 비중을 높여 지급하는 것을 인정한다"는 예외조항이 있다. 이것은 시간비례 원칙을 말하면서도 사실상 레귤러형 혹은 숏타임형의 파트타이머에게는 일시금(상여금)이 없어도 된다는 것이고 정사원에 가까운 노동형태만이 제대로 보상받을 수 있다는 시각을 드러내는 대목이다. 결과적으로 이것은 거품 경제기에 인력 부족으로 어려움을 겪고 있던 기업이 실제로는 시간당 임금을 올리지 않고 파트타이머를 고용할 수 있도록 하는 것이다. 제2장에서 보았듯이 노동자의 연간임금에서 상여금이 차지하는 비중은 매우 높지만, 풀타임이든가 풀타임에 가까운 시간 노동하는 노동자가 아니면 상여금을 거의 받을 수 없었다. 1990년대의 장기불황 속에서 파트타이머의 보너스는 점점 감소해 90년대 후반에는 90년대 초반의 절반 이하로 감소했다.

조직범위와 파트타이머에 대한 인식에서 볼 때 〈89년 방침〉은 〈선별적 조직화 전략〉이다. 이 시기는 파트타이머의 비율이 급증했지만 아직은 정사원의 비율(8시간 환산인원)이 절반에 가까운 상태였고 단시간 파트타이머도 많지 않았다. 때문에 노동조합은 정사원에 가까운 파트타이머만을 선별적으로 조직하는 것으로 충분히 대표성 위기를 해결할 수 있었다. 또 정사원이 아직 조합원의 다수를 점했기 때문에 정체성 위기, 임금 위기도 심각하지 않았고, 또 이 문제를 해결하기 위해 〈89년 방침〉은 파트타이머가 주부임을 강조한 것이다. "80년대에도 파트를 조직해야 하는데, 라는 말을 노조 내에서 하고 그랬는데, 그렇게 진지한 이야기는 아니었어요. 그냥 파트가 늘어나니까 뭔가 하긴 해야될텐데, 뭐 그런 거였어요." (ABC 유니온 유통부회 간부, 대졸남성, 50대 초반)라는 발언은 당시 ABC 유니온의 인식을 응축해 전달한다.

(3) 1998년 〈임시·파트타이머 및 중간 관리직 조직화 방침〉

〈89년 방침〉 등에 입각해 풀타임형 파트타이머에 대한 조직화가 다소 진행되었지만 1990년대에 들어 날로 증가하는 파트타이머로 인해 노동조합은 노조와 기업의 협상결과가 조합원뿐 아니라 기업 내의 모든 종업원에게 적용되는 것을 의미하는 '일반적 구속력'은 커녕 과반수 대표조차도 지킬 수 없는 상황이 되었다. 특히 노동시간이 1일 6시간 미만인 단시간 노동자가 급증하고 있는 도소매음식점업 노동조합의 대다수는 이미 과반수 대표를 상실한 상태였다. 그럼에도 불구하고 종합슈퍼 업계 선두기업의 노조들은 상부단체의 방침을 무시하고 풀타이머만을 조직하고 있었기 때문에 전반적으로 대표성 위기는 더욱 고조되고 있었다. 1997년 7월 시점에서 ABC 유니온 가맹노조 사업장의 관리직을 포함한 정사원 조직률은 79.4%이나, 파트타이머 조직률은 15.9%에 지나지 않게 되었다. 슈퍼마켓 노조들이 속해있는 유통·서비스부회 소속 사업장의 파트타이머 조직률은 20%가 조금 넘는 수준이었지만 이 업종에서는 이미 인원수 기준으로 정사원 비율이 25% 이하로 떨어졌기 때문에 전체 종업원에 대한 평균조직률은 30% 정도에 지나지 않았다.

이런 상황을 타개하고 ABC 유니온의 오랜 목표인 100만 명 조직달성을 위해 ABC 유니온은 〈임시·파트타이머 및 중간관리직 조직화검토 프로젝트팀〉을 구성했다. 그리고 1998년 제 54회 정기대회에서 프로젝트팀의 제안을 운동방침으로 채택하고(이하 〈98년 방침〉), 다음 해인 99년 중앙위원회에서 구체적인 진행방식을 결정하였다. 파트타이머의 조직화에 대한 프로젝트팀의 제안은 시간제한을 없애고 6개월 이상 계속 근무한 노동자(단 노동일수가 현저히 짧은 사람과 학생 아르바이트는 제외)는 모두 조합원으로 하는 것과 6시간 이하 단시간 조합원의 상부단체비 인하가 주된 골자였다.

〈98년 방침〉은 두 가지 점에서 새로운 인식을 보여준다. 그 중 하나가 파트타이머를 노동조합과 지역사회를 연결시켜줄 매개자로 인지하는 것인데 그 논리는 다음과 같다. 학교를 졸업하고 곧바로 입사한 정사원은 자기 기업에 대해서는 잘 알지 몰라도 세상에 대해 즉 일본사회에 대해서는 잘 모른다. 때문에 정사원은 심지어 점포가 영업을 전개해야 하는 지역에 대해서도 잘 모르는 경우도 있다. 하지만 가족생활을 매개로 지역사회와 밀착해 있으면서 직장생활을 하는 파트타이머는 지역사회와 일본사회에서의 삶의 방식에 대해서도 잘 알고 있다. 점포에서 지금 무엇을 얼마나 팔아야 하는가 뿐만 아니라 노동조합의 사회적 역할에 대해서도 정사원보다 훨씬 잘 알고 있다. 따라서 사회적 영향력이 급감하고 있는 노동조합은 지역사회와 전체일본사회에 밀착해있는 파트타이머를 '영입'함으로써 개별 노조와 전체 노동운동의 사회적 감각과 영향력을 증가시킬 수 있다. 이 논리는 한편으로는 개별 노조가 조직을 확대할 때, 점포의 영업력 향상에 도움이 된다는 논리로도 사용되지만 다른 한편으로는 정치활동에 대한 필요성*과 연결되어 있다.

두 번째는 중간관리직 조직에 눈을 돌리고 있는 것이다. 이 시기에 이미 기업외 노조로 관리직 유니온이 조직되었는데 ABC 유니온은 지금까지 관리직 노동자를 "사용자의 이익을 대표하는 자"라고 규정하고 조직 대상에서 제외했었다. 그런데 노동자의 고령화와 직책 부족 대책 등으로 관리직 및 전문직의 비율이 점점 증가하는 가운데, 사용자의 이익을 대표한다고는 할 수 없는 관리직이 증가하고 노동조합의 조직 대상 자체가 감소했다. 장기화하는 불황 속에서 중년의 관리직은 가장 먼저 고용 조정의 대상이 되고 있었고, 관리직도 조직적인 보호를 필요로 하고 있었다. 이러한 상황을 지적하면서 〈98년 방침〉은 인사·노무 담당을 제외한 과장 및 차장 등 "사용자의 이익을 대표하지 않는 관리직층을 조직화함으로써 기업 내 조직률의 저하경향을 중단시키"기로 했다.

〈98년 방침〉에 따른 조직범위확대는 ABC 유니온의 조직화노선이 〈선별적 조직화 전략〉에서 〈포괄적 조직화 전략〉으로 이동했음을 시사한다. 〈98년 방침〉에는 파트타이머의 노동조건 및 처우에 관한 내용이 일체 없는데 이런 경우 파트타이머의 노동조건 및 처우에 관해서는 〈89년 방침〉을 그대로 따른다. 그 결과 조직화 범위는 확대했지만 파트타임 노동에 대한 인식과 노동조건 등에 관한 방침은 여전히 정사원에 가까운 파트타이머와 그렇지 않은 파트타이머를 나누는 낡은 방침을 따르는 모순 상태에 놓여있었다.

(4) 2002년 〈종합노동정책〉

균등처우에 대한 ABC 유니온의 입장은 89년 이후 처음으로 발간된 〈2002년 ABC 유니온 종합노동정책(이하 〈2002년 정책〉)에서 진전을 보인다. 〈2002년 정책〉은 파트타이머의 시간급이 정사원의 월간 기준내임금을 월간 소정노동시간으로 나누어 산출한 시간당 임금과 같아야 하며, 담당업무의 수준과 경험에

* ABC 유니온과 ABC 유니온이 속해있는 렝고는 공식적으로 민주당을 지지한다. ABC 유니온, 특히 유통부회는 가맹 노조 또는 기업 출신의 국회의원을 지속적으로 배출하고 있고 선거철이 되면 선거운동에도 참여한다.

따라 비교대상이 되는 정사원도 바뀌어야 한다고 주장한다. 나아가 파트타이머와 풀타이머가 모두 정사원으로서 노동자의 라이프 사이클과 가치관에 따라 양자를 자유롭게 이동할 수 있는 새로운 고용관리기법을 도입할 것을 요구한다.

그런데 이러한 인식은 ABC 유니온 안에서 이미 1990년대 중반부터 제출되기 시작했다. 예를 들어 유통·서비스부회와 가맹노조의 간부들이 진행한 1996년의 〈파트문제 리뷰 프로젝트 보고서(이하 〈96년 보고〉)〉에서는 지역한정사원과 파트타이머 간의 처우격차를 정당화할 수 없다고 지적한다. 그리고 노동시간에 비례한 처우원칙을 다시 강조한다. 이렇게 보면 ABC 유니온은 전면적인 균등처우를 주장하는 듯이 보인다. ABC 유니온은 정사원 노조의 상부단체이길 포기했는가? 문제가 그리 간단하지는 않다.

〈96년 보고〉는 내부노동시장과 외부노동시장의 분절이 나름의 경제적 합리성에 기초하고 있다고 평가한다. 뿐만 아니라 "노동시간의 장단, 잔업유무, 시프트 근무로 상징되는 노동시간 선택의 자유도를 측정하여 고용구분을 새로 정리해 갈 필요가 있다"고 주장한다. 즉 〈96년 보고〉는 '기업에 대한 구속도'라는 새로운 기준으로 노동자 내부에 분리의 선을 긋자고 주장하는 것이다. 이 논리는 "생활태도로서의 능력"이 있는 노동자와 없는 노동자를 구분해온 기존의 일본형 고용관리와 본질적으로 다를 바 없다. 다만 이 논리가 한 걸음 더 나아간 지점이 있다면, 기존의 관행과 제도가 고용형태를 분리의 기준으로 한 것에 비해, 기업에 대한 구속성을 분리의 기준으로 하자는 것이다.

〈2002년 정책〉에서는 "균등처우원칙 확립에 대한 기업의 대응으로 우려되는 것은....풀타임 노동자의 처우를 저하시켜 균등을 기하려 하는 것이다. 그러나 풀타임 노동자의 노동조건은 공적 질서(강조-연구자)이며.....파트타이머와의 균등처우확립을 이유로 처우를 저하시킨다면 풀타이머의 일하는 보람과 의욕을 감퇴시키는 것뿐 아니라 공적 질서를 혼란시켜 노동자 전체에게 심대한 사기저하와 생활불안을 초래"할 것이라고 경고하고 있다. 다시 말해 노동시간의 차이

일 뿐임을 강조하기 위해 정사원이라는 용어사용을 자제하고 풀타이머라는 용어를 사용하는 〈2002년 정책〉은 (남성)생계부양자로서 정사원이 받아온 처우가 노사 어느 한 쪽이 부정할 수 없는 '공적 질서'라고 주장한다.

그런데 〈96년 보고〉가 지적하고 있듯이 공적 질서라는 말로 ABC 유니온이 주장하고자 하는 핵심은 "정사원=내부노동시장… 임금수준결정에 있어서 가족을 부양할 수 있는 임금이라는 생활보장요소"이다. 다시 말해 정사원은 가족의 생계부양자라고 전제하고 생계부양자이기 때문에 생계비 임금을 받아야 한다고 주장하는 것이다. 이런 주장과 더불어 파트타이머에 대해 균등처우를 주장하는 것은 현실성에 의문이 있다. 결과적으로 양 손에 떡을 쥐려는 ABC 유니온의 전략은 균등처우의 실현과 노동자 내부의 평등을 진지하게 추구한다기보다 조직확대를 위해 듣기 좋고 말하기 좋은 근사한 논리를 추구하는 것으로 평가될 수 있다.

물론 근거가 되는 논리가 무엇이든 ABC 유니온이 파트타이머의 조직화에 적극적인 것은 틀림이 없다. 기업내 노조와는 달리 파트타이머의 조직화에 대한 상부단체의 이해 관계는 상대적으로 단순하다. 즉 ABC 유니온에게는 파이 축소의 위기가 없다. 가맹 노조의 조직이 확대되면 상부단체비가 증가할 뿐만 아니라 전체 노동운동에서의 위상과 영향력도 증가하기 때문에 오히려 파이를 확대할 절호의 기회이다. 일본에서 ABC 유니온은 불황 속에서도 조직을 확대해 온 유일한 산별노조이며, 일본 최대의 조직이 되는 것을 목표로 해왔다. 정사원이 증가하지 않는 가운데, 엄청난 규모의 미조직 파트타이머가 있기 때문에 이를 조직하는 것은 새로운 노동조합을 만드는 것보다 훨씬 빠르다[5]. 2003년부터 파트타임 조합원이 급증해 2011년 현재 파트타임 조합원은 2003년의 10배 정도가 되어 ABC 유니온의 전체 조합원의 절반(48%)에 이르고 있다.

3. 파트타이머 조직화 전략과 결정 요인

지금까지 봐온 바와 같이, ABC 유니온의 파트타이머 조직화 전략은 이 책이 설정한 유형을 모두 거쳐 왔다. 파트타이머의 기간노동력화라는 노동시장의 변화에 대한 대응에만 초점을 맞추면, ABC 유니온의 노선 변화는 자연스러운 일이라고 할 수 있다. 그렇다면 사례 노조의 파트타이머 조직화 전략도 같은 흐름으로 변화하고 있다고 말할 수 있을까? 사례 노조의 파트타이머 조직 범위에서 본 바와 같이 반드시 그렇지는 않다. 제3절에서는 각 사례 노조의 파트타이머 조직화 전략을 유형별로 검토하고 노동조합의 파트타이머 조직화 전략에 영향을 미치는 요인에 관해 분석한다.

1) 배제 전략

배제 전략에 해당하는 G1노조, G2노조, S1노조의 회사인 G1사, G2사, S1사는 파트타이머의 질적 기간노동력화 전략에서는 모두 다른 유형에 속한다. 즉 G1사는 〈제한적 기간노동력화형〉, G2사는 〈보조노동력형〉, S1사는 〈전면적 기간노동력화형〉이다. 그런데 이 3개 노조가 파트타이머의 조직화에 대해 동일한 배제 전략을 취하는 이유는 무엇인지 살펴보자.

(1) 기업의 반대: 비용 절감과 고용 조정

이 3개 노동조합이 파트타이머를 조직하지 않는 이유로 드는 것은 "무엇보다 회사가 반대"하는 것이다. 3개의 노동조합 중 G1노조와 S1노조는 다른 사례에 비해 노사관계에서 기업측의 영향력이 상대적으로 강하다. G1사와 S1사는 영업 성적이 좋고, 슈퍼마켓 업계를 선도하는 기업으로 간주되고 있기 때문에 노동조합 간부들도 자기 회사에 대한 자부심이 강하다. 그리고 '일류 기업'인 자사 경영진의 선택을 신뢰하고 존중하고 있다. "회사와의 관계에서 노동조합의 발언력은 노사 간의 신뢰 관계에 있는 거예요. 노동조합이 파트를 조직 않는다고 해서 발언권이 약화된다고는 생각하지 않아요."(S1노조 상근간부, 40대 초반, 대졸 남성)라는 발언에서 알 수 있듯이 회사와의 신뢰 관계가 두터우므로 대표성 위기가 노사의 역관계를 변화시키지 않을 거라고 판단하고 있다[6].

사측이 조직화에 반대하는 이유는 임금 비용 상승과 고용 조정이 어려워진다는 것이다. 파트타이머가 조합원이 되면 정사원의 임금 인상과는 차이가 있다고 하더라도 매년 얼마라도 시급을 올리는 시늉을 하지 않을 수 없다. 그런데 사실 기본급 인상보다 기업에 더 부담이 되는 것이 조합원인 파트타이머에게는 보너스를 지급해야 하는 것이다. 앞서 언급했듯이, 비조합원인 파트타이머의 보너스는 연간 몇 만 엔 정도인 반면, 조합원인 파트타이머의 보너스는 월급의 몇 개월분이기 때문에 차이가 크다. 따라서 기업의 입장에서 보면 파트타이머의 조직화는 즉시 인건비의 상승으로 이어진다.

고용 조정의 문제는 일상적인 고용 조정과 점포 폐쇄 시의 대처로 나뉜다. 일상적인 고용 조정은 계약 갱신과 노동시간 조정이 포함되는데, 주부 파트타이머에 대해 일방적으로 계약을 중단하는 일은 거의 없지만, 점포 관리자에게 조합원의 고용 조정은 비조합원의 경우보다 더 부담이 된다[7]. 그러나 일상적인 고용 조정보다 큰 문제는 점포를 폐쇄할 때다. 수백 개나 되는 점포 중, 점포가 낡아서, 지역 상권의 변화에 따라 적자 점포가 되어서, 폐쇄에 이르는 점포는 적지 않다. 체인 스토어 기업에서 경쟁력이 없는 점포를 폐쇄하고 신규출점을 하는 일(scrap and build)은 일상이다. 점포를 폐쇄하는 경우, 파트타이머는 구조 조정되는데, 조합원에 대한 구조 조정은 조합원이 아닌 파트타이머의 구조 조정보다 기업에 부담이 된다. 정사원과는 비교할 수없는 금액이지만, 비조합원보다 높은 퇴직위로금을 지불하라고 요구[8]하는 경우도 있고, 조합원들은 쉽게 해고

할 수 없기 때문이다. 비조합원이라면 "점포가 없어지기 때문에 어쩔 수 없어요. 죄송합니다"라고 하면 끝나겠지만 조합원이라면 본인이 요구한다면 근처의 다른 점포에 배치할 수밖에 없다.

(2) 노조의 부담: 위화감과 불신

파트타이머의 조직화에 부담을 느끼는 것은 회사만이 아니다. 노동조합 자신도 파트타이머 조직에 부담을 느끼고 있다. 기업이 파트타이머의 조직화를 꺼려하는 두 가지 이유는 사실 노동조합에도 해당된다. 파트타이머의 조직화는 파이의 축소로 이어질 가능성이 크며 또 정리해고(계약중지)에 대응해야 하는 부담도 크다. 노동조합은 정사원의 구조 조정은 어떻게 해서든 해결해야 한다고 생각하지만, 회사와 마찬가지로 파트타이머를 고용 조정용 밸브로 생각하면서, 유감이지만 구조 조정이 불가피한 경우도 있다, 고 마음속으로 생각하는 경우도 있다. 그러나 점포폐쇄에 신속하게 대응하지 않으면 "지금까지 내가 낸 조합비만 받아먹고 내가 이렇게 해고당했는데 노동조합이 해주는 것이 뭐야! 당장 어떻게 해줘야 할 것 아냐"라는 항의가 들어올 가능성이 크다. 그리고 다른 조합원들로부터 "노동조합이 고용도 지켜주지 못하면 하는 일이 뭐야?"라고 불신당하게 될 것이다. 따라서 노동조합은 계약중지당한 파트타이머나 주변 사람들이 납득할 수 있는 무언가의 대응을 하는 동시에 노조의 체면유지비를 지불해줄 것을 기업에 요구할 수밖에 없다.

〈배제전략〉을 선택하는 이유가 비용과 고용조정 문제에만 국한되는 것은 아니다. 기업과의 관계를 떠나 S1노조 간부는 정체성의 차이에서 오는 문화적 거리감을 거론한다. 아래에 인용한 인터뷰에서 알 수 있듯이, 노동조합은 가족의 생계부양자로 설정되는 남성정사원을 대상으로 한 활동모델만을 가지고 있기 때문에 주부노동자인 파트타이머에 대해서는 거리감을 느낀다. 그런데 문제는 이런 거리감이 있는 것 자체보다, 극복되어야 할 문제라는 의식이 없는 것이다.

사실 노동조합으로서도 파트를 조직해서 뭐를 해줄 수 있느냐가 참 난감해요. 정사원들에게는 연령세대에 따라 라이프 플랜을 어떻게 세워갈 것인가에 대한 교육이라든가 그런 프로그램들을 정기적으로 굴리는데 파트타이머들은 주부여서 그런 게 필요 없거든요. 라이프 플랜이 다르니까요. 그리고 우리 회사 같은 경우에는 N, A 사원과 엑스퍼트는 거의 일하는 게 비슷하잖아요. 그렇지만 파트너부터는 일하는 게 달라지니까. (S1노조 상근간부, 30대 중반, 대졸 남성)

아래의 인용문은 파트타이머의 조직화에 관한 G1노조의 자료집에 파트타이머를 조직화했을 때 노동조합에게 발생할 수 있는 문제점으로 정리되어 있는 것이다[9]. 정리된 문제점들은 파이의 문제와 고용조정의 문제, 채산성의 문제 등이 모두 거론되어 있다. 그리고 조합원이 되면 노동조합 소식지 등을 통해 정사원과 파트타이머의 임금체계가 보다 명확하게 비교될 것이고 그것 때문에 항의가 속출할 것이라는 불안이 상당히 크다는 것을 알 수 있다.

그런데 아래에 지적된 문제점들 중 매우 독특한 문제점이 "주의·사상이 다르다"는 지적과 "기밀누설에 대한 우려"이다. 인터뷰 시 확인한 바에 따르면 아래에서 말하는 주의·사상이 다르다는 것은 가정을 우선시하는 주부노동자라는 것을 가리킨다. 파트타이머를 노동조합에 가입시키면 노조의 기존 정체성이 변질될까봐 두려워하는 것이다. 그리고 노동조합과 회사의 기밀이 새나갈 우려란 파트타이머는 정사원보다 기업에 대한 충성심이 약하기 때문에 기밀을 누설할 가능성이 정사원보다 높다는 의미다. 또 파트타이머는 누군가의 아내이기 때문에 경쟁사 종업원의 아내일 수도 있다는 의미라고 했다. 이쯤 되면 파트타이머에 대한 노동조합의 정서는 이질감 수준이 아니라 맹렬한 불신감 수준이다[10].

○ 사원, 커리어 사원, 플렉스 사원이라는 고용형태별의 과제에 대응하는 운영을 할 수 있는가
○ 주의·사상이 다른 플렉스 사원 집행부가 증가해, 주의·사상이 다른 조직

으로 변모할 가능성

○ 임금인상교섭의 복잡화

○ 압도적인 인원수(人數)에 대응하지 못함(다양한 조합원의 요구에 대한 대응)

○ 분회장(分会長) 육성이 급선무(분회완결, 창구기능의 충실)

○ 전문사업부 등 개별적으로 대응할 수 있는 조직체제(조직체제전체의 수정이 필요)

○ 조합원 간(정사원·커리어 사원·플렉스 사원)의 트러블에 대한 대응

○ 장래의 재정 시뮬레이션이 필요(어떤 상황을 초래할 것인가를 포함하여 검토)

○ 노동조합·회사의 기밀정보가 새나갈 우려가 있다

○ 인건비의 조정변적인 측면에 대한 대응을 어떻게 할 것인가

○ 처우격차에 정합성·납득성을 높이지 않으면, 정사원의 처우를 낮출 수밖에 없다. (정사원의 맹반발)

자료출처: G1노조 활동보고

그런데 파트타이머를 조합에 가입시키지 않는다고 해서 조합이 파트타이머에 대해 전혀 신경을 쓰지 않는 것은 아니다. 파트타이머의 임금이 너무 낮아져 정사원과의 임금격차가 너무 커지면 역으로 정사원의 파이를 압박하게 되기 때문이다. S1노조 간부는 임금협상 때 비조합원인 파트타이머의 임금에 대해서도 같이 협의한다고 하면서 "춘투 때 파트에 대해서 완전히 이야기하지 않는 거는 아니에요. 파트에 대해서 이야기하지 않고 내버려두면 결국 정사원 목조르는 꼴이 나거든요"라고 말했다. 즉 노동조합은 파트타이머를 조합 외부에 두면서도 파트타이머의 저임금이 정사원의 임금을 끌어내리지 않을 정도의 선에서 협의하고자 한다.

(3) 기업의 업적 부진

1990년대 초반부터 수익구조가 악화되기 시작해 결국 2001년에 도산하고만 G2노조의 상황은 조금 다르다. 아래의 인용문의 내용은 G2노조의 경우 기업의 영업부진이 이어지는 속에서 노조가 기업 살리기에 매진했다는 것이다. 사실 이런 모습은 도산을 향해 달려가고 있는, 영업실적이 부진한 모든 기업의 노조에서 공통적으로 나타나는 모습이다. 기업의 영업부진은 곧바로 종업원의 임금 삭감(주로 보너스)으로 이어지며 사태가 더 심각해지면 정리해고, 더 심각해지면 도산이 된다. 큰 영향을 받는 것은 정사원이기 때문에 기업의 영업실적은 정사원의 대표인 노동조합의 문제가 된다. 노동조합은 영업실적을 향상시키기 위해 지금 무엇이 필요한가에 관한 논의에 골몰하며 그 목표에 장애가 되는 행동을 하는 사람들, 잘 협조하지 않는 사람들에 대한 설득, 지도에 매진한다. 기업별 노조가 기업의 이윤구조에 포섭, 통합되는 메카니즘이 이런 것이지만 1990년대 중반부터 일부 유통업 노조의 활동은 기업 살리기로 일관하여 조합원의 고충처리활동까지 중단하기도 했다.

> 88년에서 89년에 걸쳐서 사회보험 가입자인 파트타이머를 조직하고자 하는 움직임이 있었어요. 노사 간에 합의가 거의 완성되어 가는 시점에서 파탄 났지요. 회사가 경영상황이 어렵다고 못하겠다고 그랬어요. 그리고 노조도 정사원이 대량 채용돼서 조직 자체가 확대되었기 때문에 적극적이지 않았던 것도 사실이고요. (G2노조 전임 간부, 40대 중반, 대졸 남성)

> 노동조합이 파트타이머 조직에 대해 소극적이었던 거는 사실인데 90년대 중반부터는 회사가 영 상태가 안좋아서 노조는 회사에 여러 가지 문제제기할 여유가 없었어요. 어떻게 해서라도 회사상태를 좋게 하지 않으면 다 같이 망하는 거잖아요. 도산하기 전에 경영진은 매출지상주의로 치달리고 있었기 때문에 종업원들을 들들볶고 있었고 일선 매장에서는 불만이 많았죠. 거기다가 경영상으로도 무능력했고. 물론 경영이 부진할 때 파트문제를 확실하게 해야 했다는 지적도 가능하지만 거기까지는 능력이 안됐어요. (G2노조 전임간부, 20대 후반, 대졸여성)

그러나 G1노조, S1노조와는 다른 G2노조의 특수한 상황이 있었다 하더라도, 더 나쁜 상황이었던 G3노조가 파트타이머를 선별적으로나마 조직하고 있었다는 점은 G2노조가 파트타이머 조직에 소극적이었음을 방증하는 것이기도 하다. G2노조는 조직대상을 줄곧 풀타임 비정사원에게 국한하고 있었고 조합원이었던 풀타임 비정사원이 노동시간을 줄여 파트타이머가 되었을 때 그 사람들을 계속 조합원으로 있게 하는 정도였다[11].

그런데 더 중요한 것은 G2사가 파트타이머의 질적 기간노동력화에 소극적이었던 바로 그 이유가 G2노조가 파트타이머의 조직화에 소극적이었던 이유이기도 하다는 점이다. 즉 G2사는 1990년대 초반에 앞으로도 영업실적이 계속 좋으리라는 전제 하에 경영계획을 세우고 그것에 맞추어 신점출점계획을 세웠다. '생활백화점'이라는 새로운 영업 컨셉을 제시하면서 젊은 사람들의 참신한 감각으로 매장을 운영하겠다고 결정하고 대졸 신입사원을 다수 채용했다. 하지만 1990년대 중반에 들어서면서부터 영업실적이 저조해 예상대로 신규점포 출점을 할 수 없게 되자 정사원 과잉상태로 빠져들었다. 정사원이 과잉상태인 상황에서 기업이 파트타이머의 질적 기간노동력화를 적극 추진할 이유는 없다. 마찬가지로 종업원 중 정사원의 비율이 높고 파트타이머가 보조노동력으로 활용되고 있는 상황에서 노동조합은 양적인 측면에서도 질적인 측면에서도 대표성 위기를 실감하지 않게 된다. 때문에 G2노조는 파트타이머의 조직화에 적극적이지 않았던 것이다.

배제전략을 선택하는 노조들은 파트타이머를 조합 속으로 받아들이지 않기 때문에 정체성 위기와 파이 축소의 위기는 발생하지 않는다.

2) 선별적 조직화 전략

〈선별적 조직화 전략〉에 해당하는 것은 G3노조와 S3노조인데, G3노조는 1980년부터 S3노조는 노조 설립 때부터 파트타이머를 조직하기 시작했다. 그리고 G3사와 S3사의 파트타임 노동 전략은 〈적극적 기간노동력화형〉이다.

(1) 노조 주도의 통합과 질적 기간노동력화

의류슈퍼 출신인 G3사의 노조는 종합슈퍼 노조들 가운데 제일 먼저 파트타이머를 조직한 노조였다. 그런데 그 계기는 공산당계 노조의 설립이었다. 즉 1980년에 홋카이도(北海道)에 있는 G3사의 한 점포에 공산당계의 노조가 생겼고 이 노조를 없애고자 하는 과정에서 파트타이머의 기업 통합성을 높여야 한다는 문제의식이 생기게 되었다. 그래서 노동시간이 1일 6시간 또는 7시간인 정시사원 제도를 만들면서 이들에게 정년퇴직 시까지의 고용을 보장하는 동시에 조합원으로 받아들였다. 정시사원이라는 이름의 파트타이머에게 정년을 보장하는 것이 회사로서는 부담스럽지 않았느냐는 질문에 G3사의 인사부장은 "우리 회사 노조가 워낙 세잖아요. 노조가 우기니까 회사가 눌린 거지요 뭐" 라고 응답했다. 그러나 정시사원제도를 만들게 된 계기를 생각하면 회사로서도 현 노조가 세력을 확대하여 좌파노조가 생기지 않도록 해주기를 바라는 의도가 있었을 것으로 짐작된다.

다음 해인 1981년에 자회사인 식품슈퍼기업에 노조를 설립하면서 노동시간에 관계없이 파트타이머를 전원 조직하였다. 그 후 G3노조는 2000년대 초까지 종합슈퍼노조 중에서는 파트타이머 노동자의 조직률이 가장 높은 노조다. ABC 유니온에서 노조 활동을 가장 열심히 하는 노조로 평가되는 G3노조[12)]조차 겨우 1980년에야 파트타이머를 조직하기 시작한 것이다. 불경기로 접어든 1994년에 G3사는 파트타이머 고용관리제도를 개정하면서 기존의 정시사원을 프렌드 사원과 메이트 사원으로 나누었는데 그 배경에는 기업실적의 급추락이 있었다. 거품경제 종료와 더불어 G3사는 영업실적이 추락하기 시작해 정사원의 규모도 1991년 5,900명을 정점으로 하락일로에 들어갔다. 이런 상황에서 노동조합은 회사를 살리기 위해 정사원의 규모를 더욱 줄이고 파트타이머의 질적 기간노동력화를 제고하여 영업력을 확보하고자 하는 제안을 했고 기업은 이에 동의했다. 1990년대 들어 신규채용은 전면 억제되었고 1994년 1월에서 3월에 걸쳐서는 희망퇴직까지 실시했다. 뿐만 아니라 노조는 종업원의 임금삭감과 퇴직금 50% 인하까지도 받아들였다[13]. 신규채용이 억제되자 종업원의 평균연령은 점차 상승했고 기업의 인건비부담은 더 가속화되었기 때문에 파트타이머의 질적 기간노동력화를 진전시켜 적극적으로 정사원을 대체해나갈 필요성은 더 증가했다.

다른 종합슈퍼기업들이 거품붕괴와 더불어 풀타임 파트타이머의 채용을 중단하고 장시간 계약조차 극도로 억제하는 것과 반대로 G3사는 풀타임 파트타이머는 아니지만 1일 6시간 이상 노동하는 파트타이머를 적극 양성하고자 했다. 새로운 제도 하에서 프렌드, 메이트 사원 등용이 늘어났기 때문에 결과적으로 조직률은 늘어났다.

(2) 기업 주도의 통합과 질적 기간노동력화

S3노조의 설립자이기도 한 S3사의 창업자는 파트타이머의 기간노동력화에 높은 관심을 가지고 있었다. 이미 1970년대에 그는 파트타이머에게 정사원과 같은 수준의 업무를 담당시키겠다는 방침 하에 업무를 맡기는 만큼의 대우를 하겠다는 나름의 기준을 가지고 파트타이머 처우제도를 만들었다[14]. 그 결과 1970년대에 S3사의 종업원 중 파트타이머 비율은 슈퍼마켓 업계 최고였다. 노동조합을 설립하게 되었을 때 그는 파트타이머를 노동조합에 포함시키는 것을 당연하다고 생각했고 거의 전원의 파트타이머가 조합원이 되었다.

전술한 바와 같이 S3노조는 노조설립 당시부터 지금까지 '제도상의 피부양자'가 아닌 장시간 파트타이머를 조직대상으로 하고 있다. 그러나 S3사는 1990년대를 통해 아르바이트(주부 아르바이트, 학생 아르바이트)라고 부르는 1일 노동시간 5시간 이하의 단시간 파트타이머를 급증시켰다. 기업이 조직대상인 파트너 사원을 증가시키지 않고 아르바이트를 증가시킨 이유는 인건비가 싸기 때문이다. 그리고 파트타이머의 질적 기간노동력화가 예상처럼 순조롭게 진행되지 않았던 점도 아르바이트가 급증한 이유 중 하나이다. 그 결과 90%를 넘었던 파트타이머의 조직률은 점차 하락했다. 1999년에는 파트타이머 중 조합원 비율은 23.4%, 전체 종업원 중 조합원 비율은 34.4%로 하락했다. 그리고 2003년 10월 현재 파트타이머 내에서 조합원의 비율은 22.3% 종업원 내에서 조합원의 비율은 31.3%로 하락했다.

이렇게 조직률이 하락하고 있지만 회사에 부담이 될 거라고 판단하기 때문에 S3노조는 2008년까지 조직확대에 대한 구체적인 계획은 가지고 있지 않았다. S3사의 경우 파트타이머의 대부분과 "기간의 정함이 없는" 고용계약을 맺고 있기 때문에 다른 노조들과 달리 고용조정의 문제는 S3노조에는 해당하지 않는다. 이유는 오로지 비용문제이다. 2001년에 취임한 S3사의 신임사장은 다른 회사에 비해 인건비 비율이 너무 높다는 판단 하에 정사원 비율을 낮추는 정책을 실시하고 정사원의 신규채용도 극도로 억제하고 있다[15]. 그런 상황에서 아르바이트를 조합원으로 가입시키겠다는 요구를 기업이 수용하지 않을 거라는 것이 조합의 판단이다. 조합원인 파트너 사원보다 임금이 훨씬 싼 아르바이트를 조합에 가입시키게 되면 아르바이트도 임금을 인상하지 않을 수 없기 때문이다.

(3) 위기의 해결책

선별적 조직화 전략을 채택하더라도 G3노조와 S3노조는 조합원 중 파트타이머가 절반 정도(G3노조 47.0%, S3노조 55.1%)에 달하기 때문에 조합원 내에서의 형평성 문제에 직면하지 않을 수 없다. 두 노조는 이 문제를 어떻게 해결하고 있을까? 두 노조가 공히 채택하고 있는 정체성 위기 해결방안은 조합의 의사결정체계에서의 배제이고, 임금 위기의 해결방안은 주부협정에 기초한 처우격차의 합리화다.

조합의 의사결정에서의 배제란 정사원 출신의 남성 간부들로만 조합을 운영하는 것이다. 즉 두 노조의 중앙집행위원회에 파트타이머는 한 사람도 없다.

뿐만 아니라 지부에서도 파트타이머 간부가 없다. 노동조합은 "그녀들은 주부여서 일 끝나면 빨리 집에 돌아가야 하기 때문에 노조활동에 관심이 없다"(S3노조 상근간부, 40대 중반, 대졸 남성)고 단정하고 조합 활동을 함께 하고자 노력조차 하지 않는다. 파트타이머가 조합의 일상 활동과 의사결정 과정에서 배제되어 있기 때문에 두 노조는 정체성 위기에 크게 직면하지 않는다.

파트타이머에 대한 노동조합의 일상 활동은 노조소식지 배포와 작업장 집회가 중심이고 다른 프로그램들은 매우 빈약하다. 하지만 전반적으로 정사원 노조의 정체성이 헤게모니를 장악하고 있는 노조의 작업장 집회에서 파트타이머들은 옵저버 같은 존재이다. 그리고 작업장 집회이라는 것 자체가 노조간부가 회사의 방침을 전달하는 파이프와 같은 것이기 때문에 이 모임을 통해서 파트타이머가 고충사항을 말할 여지는 거의 없다. 게다가 G3노조와 S3노조는 조합간부 중 여성간부조차 거의 없는 노조이기 때문에 파트타이머와 조합 사이의 연결 파이프는 더욱 차단되어 있다[16].

처우격차의 합리화란 조합원인 파트타이머들은 업무면에서 정사원과 큰 차이가 없는 경우에도 전근이나 교대 근무, 잔업이 없다는 점에서 정사원과는 다른 고용형태이므로 보상체계가 다른 것은 당연하다고 설득하는 것이다. 두 노조의 처우격차 합리화는 비조합원인 파트타이머가 다수 존재하기 때문에 더 용이하다. 즉 보너스 시기가 되면 보너스를 받는 파트타이머는 정사원이 아니라 비조합원 파트타이머와 자신을 비교하면서 상대적인 우월감과 안도감을 느낀다.

3) 포괄적 조직화 전략

〈포괄적 조직화 전략〉에 해당하는 노조는 S4노조이고 S4사의 파트타이머 기간노동력화 전략은 〈적극적 기간노동력화형〉이다. 그리고 S4노조가 파트타이머를 조직하기 시작한 것은 1991년이며 그 이후 조직범위의 변화는 없다.

(1) 상부단체의 압력

S4노조는 사례 노조들 중 가장 늦게 파트타이머를 조직한 노조이다. 1990년대 중반까지 S4사는 종업원 중 파트타이머의 비율이 절반수준(8시간 환산비율, 1994년 49.1%)으로 사례기업 중 가장 낮았던 기업이기도 하다. S4노조가 파트타이머 조직에 소극적이었던 중요한 배경은 정사원의 비율이 높다는 것, 그리고 기업이 파트타이머의 질적 기간노동력화에 적극적이지 않았던 것이었다. 따라서 양적 대표성 위기도 질적 대표성 위기도 아직 크게 문제가 없다고 판단하고 있었다.

1980년대를 거치면서 다른 기업들보다는 수준이 낮지만 S4사도 파트타이머의 비율이 급속히 증가했고(1978년 20.7%, 1989년 46.1%) 상부단체의 압력도 거세졌기 때문에 S4노조도 파트타이머를 조직할 필요를 느끼게 되었다. 즉 1990년 시점에서 S4노조는 ABC 유니온에 가맹한 슈퍼마켓 노조들 중에서 비정사원을 전혀 조직하지 않는 유일한 노조였다. 그러나 1일 6시간 이상 노동하는 파트타이머를 전원조직하기로 결정한 〈89년 방침〉이 대회에서 채택된 후 상부단체의 압력은 더 거세지고 있었다. 그리고 아래의 인용문에 나타나 있듯이 S4노조 자신도 파트타이머를 조직하지 않는 것은 노조로서 좀 문제가 있다고 생각하기 시작했다. 그래서 어차피 파트타이머를 조직하는 김에 상부단체의 기준을 넘어서는 보다 포괄적인 범위의 조직을 하기로 결정했다.

> 파트가 점점 늘어나서 정사원보다 더 많아졌잖아요. 그런데 파트를 하나도 조직하지 않고 있으면, 글쎄요, 뭐라고 할까요.. 그래도 노동조건을 좀 좋게 하자고 노조가 있는 거잖아요. 그런데 종업원의 과반수인 파트를 모른척하고는 그런 게 제대로 될 수가 없고. 파트 조직한지 올해로 13년째인데 지금 와서 보면 그 때 조직하길 정말 잘했다는 생각을 해요. 회사사정이 어려워지면 조직하기도 어렵거든요. 지금은 정말 조합이 해주는 게 아무 것도 없는 상황이지만(도산 후에는 점포폐쇄시 고용을 지켜주지도 못하고, 요구는 하지만 퇴직위로금 지불조차 하게 할 수

없다는 의미-필자) 그래도 처음 조직했을 때는 임금도 좀 올랐고 쬐끔이기는 하지만 퇴직금제도도 마련했고 파트들도 좋아했었어요. (S4노조 상근간부, 40대 후반, 고졸 여성)

(2) 기업체제의 안정화를 위한 파트타이머 조직화

S4노조의 파트타이머 조직화는 매우 급속히 진행되었는데 기업측이 파트타이머 조직화를 경영체제 전환에 활용하려고 생각했기 때문이다. 즉 S4노조가 파트타이머 조직화를 제안한 시점은 창업자가 아들에게 경영을 이양하고자 하는 시점이었다. 경영진은 2세 경영체제로 전환되는 시점에서 파트타이머를 대거 조직함으로써 새로운 경영체제에 대한 기업내부의 지지를 강고히 할 수 있다고 판단한 것이다. 게다가 그것은 새 경영체제가 매우 선진적인 경영체제임을 홍보하는 훌륭한 이벤트가 되기도 하는 일이었다. S4사 창업자는 주식시장 상장을 위해 노동조합을 만들었듯이 이번에는 2세 경영체제를 위해 조직범위를 확대한 것이다.

"한 번 이야기했더니 오너가 그대로 OK하는 바람에 우리도 놀랐어요. 우리 회사 전(前) 오너가 이벤트를 좀 좋아했거든요" 라는 S4노조 간부(40대 초반, 고졸 남성)의 말처럼 단 한 차례의 협상으로 S4노조는 1일 4시간 이상 일하는 파트타이머 전원을 조직할 수 있었다. 1991년 당시에 S4노조는 1일 4시간 이상이라는 조건이 '모든' 파트타이머를 의미한다고 생각했지만 1990년대를 거치면서 그 기준은 노조의 파트타이머 조직률을 점차 낮추는 역할을 하고 있다. 즉 1991년 최초 조직 시에는 전체 파트타이머 중 96%(1,777명 중 1,700명)를 조직할 수 있었지만 2003년 현재 조직률은 절반 이하로 떨어졌다.

(3) 위기의 해결책

포괄적 조직화의 결과 조합원의 75%가 파트타이머인 S4노조는 정체성 위기와 임금 위기를 어떻게 해결하고 있을까? 두 위기에 대한 S4노조의 대처를 설명하는 키워드는 '도산'이다. 이 연구를 위한 조사가 시작되기 이전인 1997년에 이미 S4사은 도산했고 1999년에는 갱생절차를 밟고 있었다. 기업의 도산은 도산 이전의 시스템과 정책의 모든 정당성을 일시에 붕괴시킨다. 그런 의미에서 기업의 도산은 노동조합이 자기 체질을 변화시킬 결정적 계기점이기도 하다.

S4노조는 1991년 파트타이머를 조직하기 시작하면서 파트타이머 조합원의 수가 많으므로 파트타이머의 대표를 조합의 의사결정과정에 참여시키겠다고 결정하고 중앙집행위원회에 파트타이머를 포함시키기 시작했다. 그러나 사실 이 시점에서의 참여는 상당히 형식적인 것이었다. 게다가 기업이 파트타이머의 질적 기간노동력화를 적극적으로 추진하고 있지 않았기 때문에 정사원은 여전히 질적 대표성을 획득하고 있었고 파트타이머 대표의 발언권은 크지 않았다. 하지만 도산과 더불어 S4노조는 남성정사원 노조로서의 정체성에 대해서 거리를 둘 수밖에 없게 되었다. 즉 남성 정사원에게 가족의 생계비를 지불해야 한다는 주장은 안이한 것이며 노동조합이 기업을 망하게 하는 그런 주장을 해서는 안된다는 인식으로 선회하게 된 것이다. 동시에 S4노조는 저임금·고숙련 노동자인 파트타이머를 더욱 적극적으로 노조로 통합해야 한다고 생각하게 되었다.

S4노조는 파트타이머의 참여도를 높이기 위해 중앙집행위원 중 파트타이머의 비율을 1/3까지 높였다. 그리고 작업장 모임과 지역 모임에서도 베테랑 파트타이머와의 교류를 적극적으로 하기 시작했다. 특히 질적 기간노동력이 된 파트타이머야말로 황금알을 낳는 거위이기 때문에 노조가 실질적으로 이들을 대표하는가 아닌가는 기업과의 관계에서도 매우 중요한 요소였다.

이렇게 보면 S4노조는 정사원 노조 정체성을 탈각한 듯이 보인다. 과연 S4노조는 도산을 계기로 정사원 노조 정체성을 완전히 버린 것인가? S4사는

1999년에 파트타이머 인사관리제도를 개정했는데(2000년부터 실시) 그 개정의 핵심은 파트타이머의 임금 중 평가급의 비중을 높이고, 평가급의 근거인 인사고과에 기업의 요구에 얼마나 유연하게 대응할 수 있는가를 중요한 기준으로 포함시킨 것이다. 그 결과 파트타이머 내부의 임금격차가 커졌다.

그렇다면 상층의 파트타이머의 처우는 정사원의 처우에 완전히 근접했는가 하면 그렇지는 않다. 이전보다 격차가 축소되었을 뿐이다. 즉 지금까지의 방식이 파트타이머는 모두 주부라는 등식을 세우고 이에 따라 정사원과 파트타이머를 나누었던 것에 비해 이제는 고용형태보다 기업의 요구에 얼마나 응할 수 있는가 라는 기준을 새롭게 제시한 것이다. 정사원과 파트타이머의 임금보상체계는 여전히 다르지만 그것은 정사원에게는 전근과 교대근무라는 부담이 있기 때문이라고 설명된다. 즉 도산을 계기로 S4노조는 파트타이머에 대한 실질적 통합도를 높이고자 하게 되었으며 그 결과 정사원 노조라는 정체성을 전면에 부각시키기는 어렵게 되었다. 하지만 정사원 노조 정체성이 없어졌다기보다는 기업이윤에 대한 공헌도라는 기준이 전면에 부각되면서 가려진 것뿐이다.

4) 전면 조직화 전략

〈전면적 조직화 전략〉에 해당하는 사례는 S2노조이고 S2사의 파트타이머 질적 기간노동력화 전략은 〈보조노동력형〉이다.

(1) 대립적인 노사 관계의 결실

아래로부터의 설립노력이 중심이 되어 ABC 유니온의 지원을 받아 만들어진 S2노조는 노조가 설립된 1981년부터 파트타이머를 전원 조직했다. 1981년 당시 ABC 유니온은 조직범위를 6시간 이상 파트타이머(풀타임형 종업원)로 하고 있었는데 1일 5시간 이하 노동하는 파트타이머가 대부분이었던 S2사의 노조가 노동시간에 관계없이 파트타이머를 전원 조직한 것은 회사 안팎의 사정이 겹쳤기 때문이다.

S2사는 1970년대 후반에 일시적으로 영업실적이 좋지 않았던 시기가 있었다. 특히 주식시장에 상장한 상태에서 영업실적이 나빠지자 S2사는 주식시장에서의 평가를 좋게 하기 위해 종업원에게 약속한 상여금을 지급하지 않는 등 여러 가지 부당한 노무관리를 자행했다. 뿐만 아니라 평소에도 기업의 편의에 따른 일방적 고용관리와 기업경영행태 때문에 종업원의 불만이 높아져있었다. 이런 상황에서 임금까지 멋대로 삭감하자 일부 젊은 점장들이 모여서 성토모임을 여러 차례 갖게 되었고 개선요구를 경영진에 전달하였다. 그러나 경영진이 이를 받아들이지 않아 고민하던 중에, 한 점장이 발상전환을 제안하였다. 즉 관리자인 점장의 위치에서 건의하는 것이 받아들여지지 않는다면 노동조합을 만들어서 건의하면 회사도 어쩔 수 없으리라는 것이었다. 이 발상전환 제안을 받아들인 점장들은 노동조합을 만들기로 하고 정사원을 중심으로 조합가입원서를 받아 노동조합을 설립했다[17]. 그러자 경영진은, 관리자인 점장들이 노조를 만든다는 것은 순수한 의미의 조합이 아니라 현(現)경영진에 대한 쿠데타라고 비난하면서 노동협약(단체협약) 체결을 거부했다.

한편으로 ABC 유니온 조직국은 수도권에 있는 대기업이면서도 노동조합이 없는 S2사에 노조를 설립하기 위해 노력하고 있었다. ABC 유니온 조직국의 S2사 담당자는 사측과 계속 접촉하면서 설득하고 있었다. 그러나 사실 노조설립을 원치 않았던 S2사 사장은 그에게 노조설립을 약속해 놓고 몇 년에 걸쳐서 이런 저런 이유를 대면서 노조설립을 계속 미루고 있었다. 그러던 어느 날 ABC 유니온 조직국의 S2사 담당자가 뇌졸중으로 사망하게 된다. 그가 남긴 일기에는 몇 년에 걸쳐서 S2사 사장에게서 일방적으로 약속을 파기당하는 과정에서 겪은 심리적 고통이 상세하게 기록되어 있었다. 물론 S2사 사장의 약속파기가 직접적인 사인(死因)은 아니지만 젊은 나이에 급사한 부하에 대한 연민이 S2사 사장에 대한 분노로 전환되면서, ABC 유니온 조직국은 종업원 전원을 조직한 노동조합을 그의 제단에 바치겠다고 결정했다. 이처럼 ABC 유니온과 점장 회의는 서로의 요구가 일치했기 때문에, 점장 회의는 ABC 유니온의 조직력을 활용하여 전체 종업원의 노조 가입서를 확보했다. 그리고 경영진과 노동 협약을 체결하고 2년 후 유니언 숍 협정도 체결했다.

학생을 제외한 파트타이머 전원을 조직하는 S2사의 사례는 슈퍼마켓 업계에서도 매우 드문 경우이며, 대기업 중에서는 유일했다. 파트타이머의 조직률은 파트타이머의 노동조건에 직접적인 영향을 미친다. S2사는 정사원과의 차이가 크긴 하지만 1일 3.5시간 노동하는 파트타이머에게 연간 월급 2개월분의 상여금과 연속휴가, 특별휴가 및 정사원과 같은 비율의 사원할인제도가 있는 유일한 케이스이다. 뿐만 아니라 조직화는 고용을 보호한다. S2노조 간부의 말에 따르면 전원조직으로 인해 기업이 겪는 가장 곤란한 점은 고용조정을 할 수 없는 점이다. "사실 채용해 사용하다 보면 업무능력이 현저히 떨어지거나 태도에 문제가 있기도 하고 그만두게 하고 싶은 파트타이머가 있"(S2노조 간부, 40대 후반, 대졸 남성)기 마련인데 그런 파트타이머에 대해서도 조합원이기 때문에 본인이 그만두겠다고 하지 않는 한 어쩔 수 없다는 것이다. 다음에 인용한 발언에서 알 수 있듯이, 일상적인 노무관리에서도 조합원 자격은 파트타임 고용을 지켜 준다.

> 특히 젊은 점장들 중에서는 파트타이머가 하라는 대로 순순히 따르지 않으면, "내일부터 안나와도 돼요" 이런 소리 하는 경우가 있어요. 그런데 조합원한테는 함부로 그렇게는 못하지요. 그러니까, 점포를 폐쇄할 경우에는 사실 노조가 별로 해줄 수 있는 게 없지만, 그런 의미로는 고용이 보장되는 측면이 있어요. (S4노조 상근간부, 40대 후반, 고졸 여성)

(2) 위기의 해결책

다른 전략에 비해 전면적 조직화 전략은 대표성 위기는 근본적으로 해결하지만 정체성 위기와 임금 위기를 고조시킬 가능성이 높다. 앞서 언급했듯이 S2사의 베테랑 파트타이머의 임금은 다른 기업에 비해 높다. 정사원의 임금도 타사보다 높다. 파트타이머를 전면적으로 조직화하고도 정사원의 임금 위기가 발생하지 않았던 것에는 두 가지 이유가 있다. 첫째, 다행히 2000년대 초반 무렵까지 S2사의 영업 실적은 양호했다. 때문에 S2노조는 정사원의 임금 상승분을 깎아 않아도 핵심 파트의 처우를 약간 올릴 수 있었다.

두 번째가 더 근본적인 이유인데, S2사 파트타이머의 대다수가 초단시간 노동자이며, 질적 기간노동력화 수준이 낮은 것이다. S2사 파트타이머의 처우 제도는 정사원과 거의 동일한 수준의 장시간 고숙련 파트타이머에게만 정사원에 가까운 처우를 하고 있는데 그런 파트타이머는 매우 소수이기 때문에 큰 비용부담이 필요 없었다. 또 숙련 수준이 낮거나 노동시간이 짧은 파트타이머는 정사원과 자신의 임금을 처음부터 비교하지 않는 경향이 있기 때문에, S2노조는 정사원과 파트타이머의 처우 격차를 합리화할 필요가 별로 없었다.

S2노조는 파트타이머를 노동조합의 의사결정과정에서 배제함으로써 정체성 위기의 문제를 해결하고 있다. S2노조는 조합원의 80% 이상이 파트타이머이므로 얼핏 생각하기에는 조합의 의사결정 과정에서 파트타이머를 배제하는 것이 쉽지 않을 것 같다. 하지만 27인이나 되는 S2노조의 중앙집행위원은 모두 정사원이다. 정사원 노조간부들이 회사와의 협상을 통해 모든 것을 정하고 파트타이머는 그 결과를 수용할 뿐이다.

S2노조에게 있어 파트타이머는 기업과의 대립 속에서 노조를 설립하고 유니온 샵 협정까지 맺을 수 있게 해준 결정적인 조력자이다. 다시 말해 파트타이머는 S2노조의 주체가 아니라 '협력자'로서 배려 받고 있는 것이다. S2노조가 파트타이머의 처우개선을 위해 노력한 것은 틀림없지만 조합활동에서 파트타이머를 주체로 간주하지 않는다는 점은 다른 사례노조들과 근본적으로 다르지 않다.

4. 2000년대의 파트타이머 조직화 전략 변화

2000년대에 들어서면서 슈퍼마켓 노조의 파트타이머의 조직화 전략은 크게 바뀌었다. 조직 범위가 크게 확대되었고, 제한적이지만 파트타이머를 노동조합의 의사결정과정에 통합하는 움직임도 시작되었다. 이 변화의 배경에 있는 인사제도의 개정에 대해 간단하게 검토한 후, 전략변화의 내용과 배경에 대해 상세히 논한다.

1) 파트타이머 인사관리제도 개정

G3사처럼 특별한 기업사정이 있는 경우가 아니면 1990년대까지 종합슈퍼기업들은 정사원 노동력에 의지하면서 파트타이머의 질적 기간노동력화에 적극적이지 않았다. 그러나 불경기 속에 노산과 업계 순위재편이 격렬하게 전개되는 상황에서 더 이상 파트타이머의 질적 기간노동력화를 무시할 수 없게 되었다. 때문에 2000년 들어 종합슈퍼 대기업은 연이어 파트타임 고용 관리 제도를 개정했다.

종합슈퍼 업계에서 인사제도개정의 시작을 이끈 것은 이 책의 참고사례인 B사였다. B사는 2003년 6월에 기존의 정사원과 비정사원의 고용 구분을 없애고 전근 범위(이사를 수반하는 전근 여부)와 노동시간(풀타임인가 파트타임인가)을 기준으로 종업원을 4개의 그룹으로 나누어, 본인의 의사와 회사의 평가를 바탕으로 그룹 간 이동도 할 수 있는 통합형 인사제도를 도입했다. G1사도 2004년 2월에 유사한 인사제도를 도입했고, G2사도 2005년과 2006년에 걸쳐 같은 제도 개정을 시행했다.

이러한 종합슈퍼 기업의 개정인사제도는 S1사의 인사 제도를 모델로 한 것이다. 그 핵심은 무엇보다도 파트타이머의 질적 기간노동력화를 적극적으로 추진해, 파트타이머에게 적어도 매장 주임직, 가능하면 소형 점포의 점장직까지 담당시키는 것이다. 파트타이머에게 지금까지와는 달리 관리적인 업무를 담당시키면서 지금까지의 노무관리와 처우 제도를 적용한다면 자발성과 성실성을 이끌어내기 어렵다. 그래서 종합슈퍼 기업이 도입한 새로운 인사관리 제도의 본질은 이사를 수반하는 전근을 하지 않는 정사원인 A사원(또는 L사원)과 질적 기간노동력이 된 파트타이머를 하나로 묶어, 이 그룹의 승진가능직위를 상향조정하는 데 있다. 종전의 제도에서 A사원은 매장 주임까지만 승진 할 수 있었고, 파트타이머는 주임이 되는 것조차 어려웠다. 그러나 새 제도에서는 이런 종업원들이 통괄매니저 및 소형 점포의 점장으로까지 승진할 수 있게 되었다. 개정인사제도에 관해서는 제5장에서 상세히 분석한다.

2) 조직 범위 확대

종합슈퍼 노조에서 파트타이머 조직화 움직임이 시작된 근본적인 요인은 인사제도 개정에 따른 파트타이머의 기간노동력화다. 파트타이머를 핵심 인력으로 기업에 정착시키기 위해 조직화가 필요해졌다. 이 외에도, 경기 회복에 따른 구인난, 회사의 도산(위기)에 따른 노동조합의 발언력 강화, 그리고 상부단체의 압력 등의 요인이 조직 확대에 작용했다. 인사제도 개정에 관해서는 앞서 언급했기 때문에 다른 요인에 대해 검토한다.

G1노조의 경우 상부단체의 압력으로 2004년 상반기까지 사회보험 가입자 전원을 조합에 가입시키는 협상을 진행했지만 회사가 동의한 조직 범위는 사회보험 가입자 중 직능 등급이 3등급 이상인 파트타이머뿐이었다. G1노조의 상근간부(40대 후반, 대졸, 남성)에 따르면, 사회보험 가입자 전원이라는 노조의 정책에 대해 회사가 반대한 이유는 "신규 출점 점포의 경우 처음부터 장시간 계약을 하는 플렉스 사원도 있기 때문에 회사에 대한 충성심(강조- 필자)이 확인되지

않은 플렉스 사원을 노동조합에 가입시킬 수는 없다"는 것이었다. 이 때문에 G1 노조는 2004년 8월 현재 플렉스 사원 중 4.9%만을 조직할 수 있었다.

이러한 경과를 거쳐온 G1노조였지만 2006년부터 파트타이머의 조직 확대를 본격적으로 시작해 2007년에는 학생을 제외하고 주당 20시간 이상 일하는 파트타이머 전원을 조직했다. 보통 학생이 아닌 파트타이머의 노동시간은 대부분 주 20시간을 초과하므로 이 조직 범위는 학생 아르바이트를 제외한 파트타이머 전원을 조직하는 것을 의미한다. 배제 전략에서 전면적 조직화 전략으로 급선회한 것이다. G1노조가 회사에 대한 충성심이 확인되지 않은 파트타이머를 조직하게 된 이유는 어디에 있는가?

3) 경기회복에 따른 구인난과 정부정책

G1사가 조직 확대에 동의하게 된 이유는 파트타임 노동시장의 상황 변화와 더불어 정부 정책 및 여론의 변화가 있었다. 2000년대 들어 일본 경제가 장기 불황에서 탈출하기 시작하자*, 2004년, 2005년 무렵에는 파트타임 노동시장의 인력 부족이 시작되었다. 많은 슈퍼마켓 기업들은 파트타이머 채용에 어려움을 겪기 시작했으며, 높은 이직률에 고통받고 있었다. 수도권의 일부 슈퍼마켓에서는 파트타이머를 채용하지 못해, 인력파견회사를 통해 시간당 1,500엔 이상을 지불하고 파트타이머를 공급받는 지경에 이르렀다[18]. 노동력 부족에 직면한 G1사는 노동조합이 파트타이머를 조합원으로 관리하면 고충 상담 등을 통해 기업 내 정착성을 높일 수 있다고 판단했다. 또 1990년대부터 파트타이머의 처우에 관한 사회적, 학문적 관심이 높아지면서 정부도 파트타이머의 처우에서 정사원

* 일본에서는 1990년대의 10년간 불황이 이어졌으나 2001년 1월을 기점으로 경기가 회복되기 시작해 2007년 11월까지 경기확대가 이어졌다. 2008년말 전세계 경제를 강타한 미국발 금융위기로 다시 경기가 침체했으나 곧바로 회복했다.

과의 "균형을 고려"할 필요성을 강조했다. 2003년 8월에는 파트타임 노동 지침이, 2007년 4월에는 파트타임 노동법이 개정되었다. 이런 상황에서 사측이 파트타이머의 전면적인 조직화에 동의함으로써 G1노조는 2006년 1년에 걸쳐 파트타이머들을 대상으로 한 노동조합 설명회를 개최하면서 가입을 권유하고 2007년 2월부터 본격적으로 조직했다.

G1노조의 조직 확대에 영향을 준 또 다른 요인은 B사 노조의 조직 확대이다. 1990년대 후반 이후 파트타이머의 균등 처우가 사회적인 관심이 비등하는 속에서 B사 노조는 2003년 6월부터 인사제도개정과 함께 파트타이머의 조직화를 본격적으로 시작했고 파트타이머에 대한 균등처우의 사례로 전사회적인 주목을 끌었다. B사 노조의 조직 확대는 G1노조에 대한 압박으로 작용하게 된다. 같은 상부단체에 속한 노동조합으로 G1노조는 심리적 압박뿐만 아니라 상부단체의 노골적인 압력에 직면하게 되었고 G1사도 G1노조도 파트타이머의 조직화를 확대하지 않을 수 없었던 것이다.

4) 경영부진과 기간노동력화

이제 2000년대의 파트타이머의 조직 확대에 앞장섰던 B노조의 경험을 검토해보자. B노조가 파트타이머를 조직하기 시작한 것은 1982년이었다. ABC 유니온 유통부회는 1980년 중앙위원회에서 주 30시간 이상 일하는 파트타이머를 모두 조직하겠다는 방침을 결정했고 당시 일본 유통산업 최대의 노동조합이며, ABC 유니온 유통부회에서 리더적인 존재였던 B노조가 그 정책을 실행했다. 여기에는 G3노조가 1980년부터 유통부회의 정책에 따라 파트타이머를 조직하고 있던 것도 자극이 되었다. 1982년 이후 1990년대 초반에 걸쳐 장시간 파트타이머가 계속 증가해 B노조의 조직률도 상승했다. 그러나 장기 불황 속에서 다른 종합슈퍼 기업과 마찬가지로 B사도 사회보험료 부담이 있는 주 30시간 이상 일하는 파트타이머의 고용을 억제했기 때문에 B노조의 조직률은 매년 감소했다. 2002년 7월에는 전체 종업원에서 차지하는 조합원의 비율이 23.5%에 불과했다.

그 후 B노조는 2003년 6월부터 주 20시간 이상 일하는 A2등급 이상의 파트타이머 전원을 조직하기로 회사와 합의했다. 일거에 1만 2천명의 노동조합원을 증가시켰을 뿐 아니라 향후 조직 대상을 더 확대한다고 발표해 사회적 주목을 끌었다. 수 만 명의 파트타이머가 일하고 있는 종합슈퍼 기업의 노동조합이 모두 파트타이머의 조직화에 소극적인 상황에서 B노조의 이 같은 결정은 1990년대 후반 이후 사회적 관심사로 부상한 파트타이머의 균형 처우를 향한 적극적인 움직임의 일환으로 높이 평가되었다. 이 결과, B노조 조직률은 일거에 50% 정도로 증가했고 2006년부터는 학생, 주 2일 이하, 1일 2시간 미만 노동하는 파트타이머를 제외한 전체 종업원으로 조직대상을 확대했다. 2007년 11월 시점에서는 파트타이머의 89.4%(실인원수 기준), 전체 종업원의 88.3%가 조합원이 되었다.

B노조가 파트타이머를 조직할 수 있었던 근본적인 요인은 통합형 인사제도로 인사 제도가 개정되어, 파트타이머의 기간노동력화가 한층 진행된 것이다[19]. 또 장기간에 걸쳐 기업의 경영실적이 매우 저조했기 때문에, 경영측의 발언권이 약화되고 노조측의 발언권이 상대적으로 강화된 것도 중요한 요인이다. 노동조합은 파트타이머를 조직할 필요성을 느끼고 있었지만, 1972년부터 소매업 매출 1위를 지켜온 자사가 1990년대 후반 이후 도산 직전의 상황에서 벗어나지 못하는 상황에서 조직 확대를 주장할 수 없었다. 그러나 더 이상 기업의 상황이 개선될 가능성이 없다고 판단하여, 파트타이머의 전면적인 기간노동력화를 제안하는 동시에 조직화를 추진했다. G3노조가 1994년에 회사의 실적 부진에 대응하기 위해 파트타이머 인사 제도를 개정하여 조직 확대를 단행한 것과 같은 구조이지만, B노조는 더 대담하게 제도를 변경하고 조직한 것이다.

5) 주부 파트타이머 조직화의 장점

B노조의 상근간부에 따르면, 파트타이머를 본격적으로 조직한 결과 조직의 규모가 확대되고 기업에 대한 협상력이 강화되었을 뿐 아니라 대외적인 영향력도 확대되었다. 또 아래에 인용한 발언처럼, 무엇보다 일선 점포의 현실을 보다 구체적으로 파악할 수 있게 되어 기업에 대한 발언권이 더욱 강화되었다. 조합원인 파트타이머의 고용이 안정됨으로써 점포에서 고용형태를 넘어 종업원 내부의 결속력이 강화된 측면도 있다.

> 여성을 조합 간부로 하면 뭐가 좋냐하면요, 싸게 해결돼요. (싸게?-연구자) 회사 욕을 잘 해주거든요. 남자사원들은 술을 먹이고 그래도 입을 잘 안 여는데 여성사원들은 커피하고 케익만 있으면 다 이야기해줘요. 노조는 일선 현장에서 일어나는 문제가 뭔지를 제대로 파악해야 활동을 제대로 할 수 있어요. 그런데 파트타이머들은 커피하고 케익도 필요 없어요. 이번에 파트타이머 볼링대회를 했는데, 와~, 저는 정말 오랜만에 공포를 느꼈어요. 이쪽 저쪽에서 땡기면서 "○○상, 이리 좀 와 봐요. 우리 점장 그거 순 바보야. 무슨 짓 하는 줄 알어요?" 하고 쏟아놓는데 정말 정신이 없더라고요. 그렇게 이야기해주면 우리야 좋지요. (웃음) (B노조 상근간부, 40대 후반, 대졸 남성)

식품슈퍼 노조의 상근간부였던 ABC 유니온의 한 간부는 다음과 같이 말한다.

> 점포회식 같은데 가면 사원들은 죽은 듯이 가만히 있고 파트 아줌마들이 무서워요. 잃을 게 없잖아요. "점장, 이리로 좀 와봐요. 지난 번에 있었던 그 일 말이에요..." 이러면서 할 이야기는 다 하지요. 거기다가 식품슈퍼 점장 같으면 나이도 어리잖아요. 그러니까 점장들이 그런 회식에 가기 싫어하죠. 저도 점포방문 가면 제일 먼저 파트 아줌마들한테 그간 무슨 일 없었냐고 물어서 대충 상황파악을 하고 점장을 만났어요. 사원들한테는 물어도 말을 잘 안해요. 승진할 생각하니까 상사한테 밉보일까봐 그러는 거죠. 그런데 파트 아줌마들은, 사실 그 때는 제가

20대였으니까 엄마같은 분들도 많았죠. 그러니까 어떤 때는 묻지 않아도 점포에 들어서면, "○○야 너 이리 좀 와 봐라" 하고는 불러서 이야기해주고 그랬어요. (40대 중반, 대졸 남성, 정육 매장 출신)

G2노조는 2003년 5월에 회사와 사회보험 가입자인 파트타이머를 전원 노동조합에 조직하기로 합의하고 2004년 6월까지 사회보험 가입자가 아닌 파트타이머 중에서 업무 능력이 일정 수준에 도달한 파트타이머까지 조직하기로 합의했다. 그 결과, G2사의 파트타이머 조직률은 2003년 5월 6.3%, 2004년 6월 18.3%로 상승했다. 또 2008년에는 학생 아르바이트를 제외하고 계약을 갱신하는 파트타이머는 모두 조직하기로 했다. G2노조의 파트타이머 조직화 전략은 2003년에 배제 전략에서 선별적 조직화 전략으로, 2004년 이후에는 포괄적 조직화 전략을 거쳐 전면적 조직화 전략으로 진전되었다.

전술한 바와 같이, G2노조의 파트타이머의 조직률이 낮은 곳은 파트타이머의 기간노동력화가 진행되지 않은 것과 더불어 회사의 실적 부진 때문이었다. 그러나 2001년에 G2사는 결국 도산했기 때문에 더 많은 종업원을 조직해 단결을 강화하는 것이 회사의 재생에 도움이 될 거라는 노조의 주장이 힘을 가질 수 있었다. 또 G2노조가 포괄적 조직화에 머물지 않고, 전면적 조직화로 전환할 수 있었던 것은, ABC 유니온에 소속된 소매업 대기업 노조 대부분이 전면적 조직화로 전환하는 흐름이었던 것과 더불어 도산 후 G2사를 합병한 회사 노조의 조직화 전략도 작용했다. 모회사의 노사가 주당 20시간 이상 일하는 파트타이머를 모든 조직하기로 결정했기 때문에, G2사 내에서도 쉽게 합의할 수 있었다.

다음에 인용한 것처럼, G2노조 상근간부는 파트타이머를 조직하는 이점으로 노사간의 역균형 회복, 지역밀착 및 단결에 의한 영업실적 개선, 점포상황 파악, 그리고 노동조합의 사회적 영향력 증가 등을 들고 있는데, 이것은 G2노조뿐만 아니라 2000년대 슈퍼마켓 노동조합 전반의 인식이라고 할 수 있다.

파트타이머를 조직하면요, 점포가 있는 지역의 정보가 잘 들어와요. 파트타이머는 지역에 사는 사람들이잖아요, 그러니까 지역에 밀착해서 인정받는 점포가 될 수 있어요. 사실 지금까지 같으면 노조가 조합원들을 통해서 이야기를 듣는다 해도, 정사원이라는 게 다 이리저리 떠돌아다니는 사람들이잖아요. 그러니까 지역 이야기를 들을 수가 없어요. 그리고 점포 내에서의 단결력이 높아지니까 점포가 더 잘 굴러갈 수 있지요.

그리고 회사에 대한 노조의 영향력도 세져요. 조합원이 많아진다는 것도 있지만 더 정확한 이야기를 듣고 회사하고 이야기할 수 있고. 사실 점포가 다 파트로 굴러가는 건데 파트 이야기를 안 듣고 점포가 어쩌고 하는 게 한계가 있어요. 점포 상황을 정확히 알아야 영업활동 감시도 제대로 될 수 있잖아요.

거기다가 저는 파트가 들어오면 노조가 세상의 상식을 알게 될 거라고 생각해요. 정사원 노조는 자기 기업은 잘 알지 몰라도 다른 회사 이야기도 모르고 세상 돌아가는 것도 잘 몰라요. 아침부터 밤까지 회사에 있는 인간들이 세상 돌아가는 걸 뭘 알겠어요? 그래서 저는 파트타이머들이 조합원이 되고 우리가 커뮤니케이션을 원활하게 하게 되면 조합의 논의수준이 어른의 논의가 되리라고 기대해요, 그러니까 "들어오셔서 우리를 가르쳐주세요"라는 기분이에요.

그래서 저는 앞으로는 제도개정을 다시 해서 정사원이라는 말 자체를 없애고 싶어요. 전근범위하고 노동시간으로 A사원 B사원 C사원 이런 식으로 구분하고 싶어요. 그리고 우리 회사는 지금 쫄딱 망해서 정사원도 별로 받는 것도 없으니까 제도개정하기 더 좋을 것 같아요. 아예 처음부터 시작하기에는 더 좋지요 뭐. (G2노조 상근간부, 40대 후반, 대졸 남성)

G3사도 2002년에 도산했기 때문에 회사를 다시 살려보려는 노력의 일환으로 인사제도를 대폭 개정해[20], 파트타이머의 질적 기간노동력화에 더욱 전념하기로 노사가 합의했다. 이와 더불어 파트타이머의 조직 범위를 대폭 확대했다. 즉, 2002년 11월부터 월간 노동시간이 75시간 미만인 단시간 파트타이머 및 학생 아르바이트를 제외하고, 파트타이머 전원을 노조에 가입시키기로 했다. 그 결과 2003년 2월 시점에서는 학생 아르바이트를 제외한 파트타이머 전체의 81.3%를 조직했고 정사원을 포함한 전체 종업원에 대한 조직률은 64.3%로 증가했다.

G3노조의 조직 확대도 G2노조와 마찬가지로 회사가 파산했기 때문에 노동조합의 발언권이 강해진 것, 그리고 회사 재생을 위해 노동조합까지 나서서 더 많은 종업원을 관리하기로 했기 때문이었다. 이런 목적은 다음에 인용한 G3노조 상근간부의 발언에서도 읽을 수 있다.

> 종업원 관리를 철저히 하기 위해서 대폭 조직하기로 했어요. 도산 후 정리하면서 우리는 기업규모가 절반으로 줄었어요. 지금 점포가 겨우 50개를 좀 넘는 수준인데 점포수가 200개, 300개가 넘는 기업들과 경쟁해서 살아남아야 하는 상황이에요. 그런 상황에서 우리가 할 수 있는 선택은 무엇보다도 비용절감이죠. 인건비를 절감하기 위해서는 정사원 비율을 최대한 억제해야 하고 그만큼 파트타이머들이 많은 역할을 해줘야 해요. 그렇려면 지금까지처럼 정사원 중심으로 종업원을 관리해서는 안되죠. *파트타이머까지 다 노조에 넣어서 기업과 함께 관리*(강조-연구자)하기 위해 조직을 대폭 확대했어요. 노조의 작업장 집회 같은 것을 통해서도 기업의 방침이 전달되고 또 현재 본사 방침이 제대로 실시되고 있는지에 대한 점검도 되고 그렇거든요. (G3노조 상근간부, 40대 후반, 대졸 남성)

6) 의사결정과정에의 통합: 배제적 통합

2000년대 들어 종합슈퍼를 중심으로 파트타이머의 조직화 범위가 확대되는 것과 더불어, 여전히 매우 제한적이고 형식적인 수준이지만, 파트타이머를 노동조합의 의사결정과정에 통합하려는 움직임도 확산되고 있었다. S2노조는 파트타이머를 조직한 지 22년만인 2003년 정기대회에서 파트타이머를 중앙집행위원회에 받아들이기로 하고 5명의 특별중앙집행위원을 선출했다. G2노조와 G3노조도 비슷한 결정을 했다. 또 세 노조는 지역과 점포의 집행부에 반드시 한 명 이상의 파트타이머 대표를 포함시키기로 했다. G1노조는 2007년부터 풀타임 파트타이머 2명을 노동조합 본부의 상근자로 임명하고, 파트타이머의 노조 활동 참여를 장려하고 있다.

또 S2노조는 점포 차원의 조합 활동에 대한 파트타이머의 참여를 강화하기로 했다. 모든 파트타이머가 조합원인 S2노조의 경우, 영업시간 중에 파트타이머를 작업장 집회에 참여하게 하기 위해서는 점장의 동의가 필요하다. S2노조는 이 점에 관해 점장들을 교육하는 것이 중요하다고 판단하여 2002년부터 지역별 노사 간담회를 이용하여 점장 교육을 실시해왔다. 노사 간담회를 이용하는 이유는 해당 지역의 점장이 모두 참석하는 자리이기 때문이다. 교육은 노동조합측이 강의하는 것이 아니라, 몇 몇 점장이 사례발표를 하는 방식을 취하고 있다. 즉, 노동조합에 우호적인 점장의 매장을 몇 군데 선택해 미리 파트타이머를 포함한 작업장 간담회를 상설화하도록 설득하고 그 간담회에서 파트타이머가 점포 운영에 관한 문제 지적과 개선 제안 등을 적극적으로 하게 한다. 그리고 해당 점포의 점장이 지역별 노사 간담회에서 파트타이머의 의견을 적극적으로 청취한 결과, 구체적으로 무엇이 어떻게 좋아졌는지에 관해 발표해 다른 점장들이 호감을 갖게 하는 방식을 취하고 있다.

그러나 1990년대부터 파트타이머의 노동조합으로의 통합이 진행되긴 했지만 그 실체는 매우 빈약하다. 파트타이머 간부는 대부분 지부(점포) 수준의 간부고, 본부 및 블럭의 간부나 중앙집행위원은 거의 없다. 사례 노조 중에서 파트타이머 중앙집행위원이 있는 노동조합은 S4노조뿐이다. S2노조, G2노조와 G3노조의 특별중앙집행위원은 실제로 의사결정과정에 참여한다기보다는 상징적 존재다. G1노조의 파트타이머 상근자도 마찬가지다. 또 2006년에 S2노조는 2003년에 결정한 파트타이머 특별중앙집행위원 제도를 종료하기로 결정했다. 파트타이머와 정사원의 처우 격차가 여전히 큰 상황에서 "정사원 노조간부나 상근자들에게 이들이 거북한 존재"(S2노조 상근간부, 50대 초반, 대졸 남성)로 여겨졌기 때문이다. 파트타이머는 노동조합에게 배제적 통합의 대상이 되고 있는 것이다.

파트타이머는 집 가까운 곳에서 일하는 존재이기 때문에 블럭 및 본부 간부가 되어, 집이나 점포에서 먼 지역에서 개최되는 회의에 출석하기가 어려운가

하면 반드시 그렇다고는 할 수는 없다. 1장과 2장에서 검토한 바와 같이, 많은 파트타이머는 주부라는 제도적 틀 속에서 일하고 있지만, 기간노동력이 된 파트타이머 중에는 주 30시간 이상 노동하는 롱타이머가 많고 제도상의 피부양자의 틀을 넘어서 일하는 사람들이 많다. 또 노조간부가 될 정도의 파트타이머라면, 장기근속의 중고령 파트타이머가 대부분이다. 풀타임으로 일하는 것 자체가 말하듯이, 그 사람들은 자녀가 다 성장해서 가족 돌봄에서 상당히 자유로워진 경우가 많다. 또 식품슈퍼라면 회사가 점포를 전개하는 지역 자체가 그리 넓지 않다. 더욱이 모든 파트타이머가 가족 보살핌노동의 전담자도 아니다. 나아가 파트타이머 조합간부의 조합활동에 대한 의식이 낮은가 하면, 반드시 그렇다고는 할 수 없다. S1노조에는 노조 활동을 열심히 하고 있는 엑스퍼트 간부 한 사람 있는데(업무통괄매니저, 30대 중반, 기혼여성), 그녀와의 인터뷰에 따르면, 그녀는 아이가 없고 본인이 가족의 주된 생계부양자다. 그녀는 블럭 차원의 회의뿐만 아니라 ABC 유니온의 회의에 참석하기 위해 근무지/주거지에서 200키로나 떨어진 도쿄로 출장을 가는 경우도 많았다. S4노조 중앙집행위원인 파트타이머도 면접했는데, 즐겁게 노조 활동을 하고 있었다. 필자는 2007년과 2008년에 걸쳐 S2사 지부(점포)에서 노조 활동을 하고 있는 파트타이머 5명을 면접했는데(모두 50대), 노조 활동을 즐겁게 생각하고 있었다.

노동조합이 의사결정과정에 파트타이머를 참여시키기로 결정한 이유는 기업 운영에서 파트타이머의 중요성을 인정하지 않을 수 없기 때문이었다. 파트타이머를 통해 점포와 매장 모니터링, 파트타이머 자체에 대한 모니터링이 중요하다고 판단하게 된 것이다. 아이러니하게도 업계 선두 기업들의 줄도산이 파트타이머의 중요성을 부각하고 기업과 노동조합 내에서의 지위를 향상시켰다. 파트타이머의 기간노동력화가 진행되는 한 파트타이머를 노동조합의 의사 결정 과정에 포함시키는 형식적인 흐름은 당분간 더 확대될 것으로 보인다.

그러나 이것이 파트타이머를 노동조합에 실질적으로 참여시키는 계기가 될

지 아닐지 아직은 분명하지 않다. 처음 참가할 때는 형식적인 것이었더라도, 파트타이머 간부 수가 증가함에 따라 참여의 성격이 바뀔 가능성도 배제할 수 없다. 파트타이머에 대해 조직 범위를 확대한 모든 노동조합은 파트타이머의 노조활동 참여를 확대하기 위해 노력하고 있다고 말하고 있다. 그러나 지금처럼 파트타이머가 노동조합의 의사결정과정에서 실질적으로 배제되는 한 정사원 노조가 조직 유지를 위해 파트타이머를 조직하고 있다는 비난에서 자유로울 수 없다. 파트타이머가 배제된 의사결정구조 속에서 파트타이머의 노동조건 향상을 위한 성실한 노력이 경주될 가능성은 낮기 때문이다.

노동조건개선을 위해 조직화가 우선이라는 주장을 받아들이더라도 그 목적을 달성하기 위해서는 주부 파트타이머를 '관리'해야 하는 존재로, '배제적 통합'의 대상으로 간주할 것이 아니라 노동조합의 진정한 일원으로 받아들여야 할 것이다.

5. 조직화와 기간노동력화의 상관관계

이상에서 살펴본 바와 같이, 파트타이머의 양적, 질적 기간노동력화의 결과, 슈퍼마켓 기업에서 정사원은 소수 종업원이 되었고 정사원 위주로 조직해온 노동조합은 〈대표성 위기〉에 직면하게 되었다. 파트타이머를 전면적으로 조직하면 대표성 위기는 해결할 수 있지만, 그것은 정사원 노조에 〈정체성 위기〉와 〈임금 위기〉를 초래한다는 문제가 있다. 2000년대 초반까지 사례 노조는 기본적으로 질적 기간노동력이 된 파트타이머를 중심으로 조직의 범위를 확대하고 위기해결을 모색해왔다. 정사원과 같은 수준으로 기업에 공헌하고 있는 파트타이머인 경우 주부 노동자도 조합원으로 받아들인 것이다. 이를 통해 노동조합은 양적, 질적 대표성 위기를 해결하고 회사와 함께 대다수의 종업원을 관리하면서 고충처리를 함으로써 기업의 생산성 향상에 기여하는 파트너의 지위를 유지할 수 있게 되었다.

사례 노조의 파트타이머 조직화 전략은 조직 범위를 기준으로 〈배제 전략〉, 〈선별적 조직화 전략〉, 〈포괄적 조직화 전략〉, 〈전면적 조직화 전략〉으로 유형화할 수 있다. 사례 노조의 파트타이머의 조직화 전략은 기본적으로 기업의 파트타이머 기간노동력화 전략에 의해 규정된다. 그러나 상부단체의 조직 노선과 노사 관계의 성격, 그리고 해당 기업의 영업실적이, 기업의 기간노동력화 전략이 노조의 조직화 전략에 미치는 영향을 굴절시키는 역할을 하고 있다. 이것은 1999년, 2003년, 2007년 세 시점의, 사례 노조의 파트타이머 조직화 전략과 사례기업의 파트타이머 기간노동력화 전략을 정리한 〈그림 3-1〉에서 〈그림 3-3〉을 통해서도 확인할 수 있다. 세 시점 모두에서 많은 사례 노조와 기업은 기간노동력화와 조직화가 일치하는 선인 중간 사선을 중심으로 위치하면서 점점 우상향 방향으로 움직이고 있다. 특히 1999년 시점에서는 파트타이머의 기간노동력화에 소극적이었던 종합슈퍼 기업이 빠른 속도로 오른쪽으로 이동했다. 슈퍼마켓 기업은 모두 파트타이머의 기간노동력화를 어느 정도 진행하려고 하지만, 기업의 경영실적이 나쁘면 기간노동력화나 파트타이머 조직화가 더욱 진전된다. 또 G1노조의 조직 확대에서 알 수 있듯이, 상부단체의 조직노선도 영향을 미쳤다. 세 시점 모두에서 여전히 사선에서 벗어나있는 것은 S1과 S2인데, 본론에서 검토한 바와 같이 그것은 노사 관계의 영향 때문이다.

파트타이머의 조직화는 유통업 노동조합만의 문제가 아니라 조직률 하락에 제동이 걸리지 않는 전체 일본노동운동의 과제이기도 하다. 내셔널 센터인 렝고가 2001년 춘투에서 처음으로 파트타이머의 임금인상을 요구한 것도 이런 배경에서였다. 슈퍼마켓 산업을 중심으로 한 파트타이머 조직 확대의 결과, 2000년 2.6%였던 일본의 파트타이머 조직률은 2011년에는 5.8%로 상승했지만, 아직

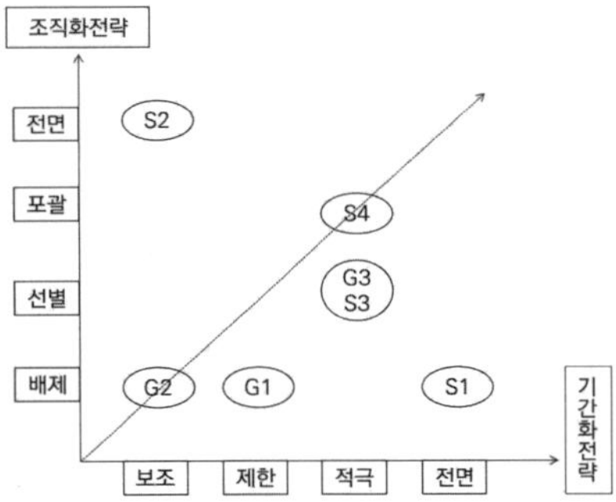

〈그림 3 - 1〉 조직화 전략과 기간노동력화 전략 (1999년)

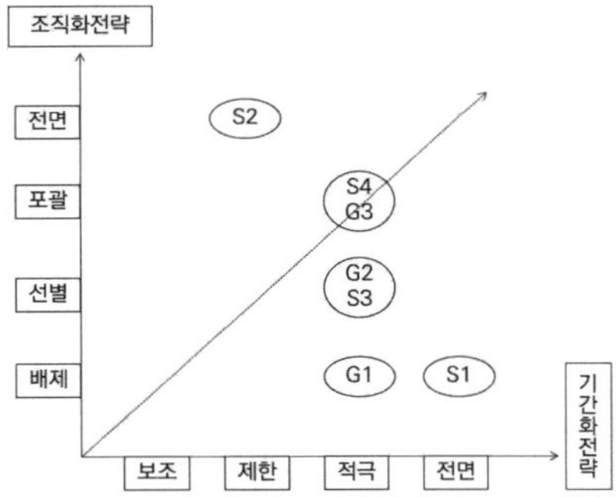

〈그림 3 - 2〉 조직화 전략과 기간노동력화 전략 (2003년)

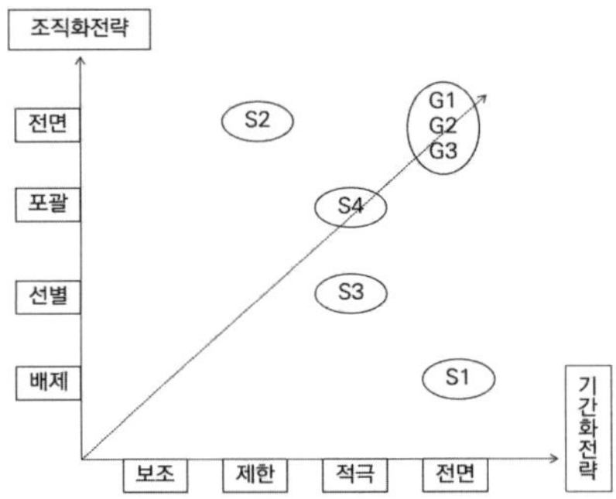

〈그림 3 - 3〉 조직화 전략과 기간노동력화 전략 (2007년)

6%도 안 되는 상태다. 또 조직된 파트타이머는 노동조합의 의사결정과정에서 실질적으로 배제되는 배제적 통합의 상태다.

제3장에서는 정사원 조합원의 입장에서 파트타이머 조직화 문제에 대해 고찰했다. 그런데 입장을 바꾸어 주부 파트타이머의 입장에서 보면 이런 조직화 전략은 무엇을 의미하는가? 주부 파트타이머의 입장에서 봐도, 슈퍼마켓 노동조합의 조직 확대 전략은 정사원과 파트타이머라는 신분적인 구분의 축으로 조직/배제하는 것보다는 확실히 발전한 것이다. 적어도 정사원과 동일한 수준에서 '기업에 공헌'하는 파트타이머는 조합원이 됨으로써 고용안정이 확보되고,

정사원과의 차이는 크지만 보너스도 조금은 지급된다. 매년 춘투를 통해 소액이지만 시급도 조금씩 오를 것이다. 그렇다면 적어도 노동조합 차원에서는 고용형태에 따른 차별은 해소되었다고 할 수 있을까. 지금 당장은 아니라도 해소될 전망은 있는가.

주부 파트타이머의 입장에서 보면 노동조합이 파트타이머에 대해 가지고 있는 태도의 근본적인 문제는 2000년대의 새로운 인사제도가 그러하듯이 그 준거 기준이 '정사원의 노동방식과의 유사성'에 있다는 것이다. 즉, 노동조합은 '남성적 노동방식'을 노동자로서의 '정상적 노동방식'으로 간주하고, 거기에 얼마나 근접하고 있는지에 대한 척도로 파트타이머를 평가하고 노동조합 내부에 포섭/배제하고 있다. 일본에서 대기업 내부노동시장에 속하는 남성 정사원은 노동력 사용에 관한 권한을 전면적으로 회사에 양도한 노동자이고, 가사, 육아, 간병 등 가족돌봄 노동을 면제받은 노동자다. 그것이 고임금과 장기고용을 보장받는 자격 기준이다. 노동조합은 기업과 함께 이런 내부노동시장의 제도를 만들고 유지해온 주체이다(김순영, 2006a).

그런데 대다수의 주부 노동자가 파트타이머가 된 이유는 가족 책임의 전담자이기 때문이다. 따라서 주부 노동자는 노동력 사용에 관한 전권(全權)을 회사에 양도하는 '남성적 노동방식'으로 노동할 수 없다. 주부 파트타이머가 가족 책임에서 자유로운 노동방식을 취하지 않는 한 노동조합의 보호를 받을 수 없거나 보호받는다 해도 정사원과는 다른 차별적이고 형식적인 보호에 불과한 것이 사례 노조의 조직 확대의 문제다. 오늘날은 성별과 혼인 여부를 기준으로 처우가 결정되는 내부노동시장의 제도와 관행이 엄혹한 시장 경쟁에서 살아남아야 하는 기업에 걸림돌이 되고 있다. 따라서 성별과 혼인 여부라는 외형적인 조건이 아니라 기업의 요구에 자신을 얼마나 종속시킬 수 있는가, 즉 남성적 노동방식을 취하는가의 여부가 사례 노조의 조직확대 전략의 핵심이다. 다시 말해 〈외형으로서의 젠더〉가 이제 〈내용으로서의 젠더〉로 전환되고 강화된 것이다.

2000년 이후 본격화되고 있는 파트타이머에 대한 균등처우 논의에서 국가, 기업, 그리고 노동조합은, 업무, 책임, 구속성이 정사원과 완전히 같은 파트타이머에게는 "정사원과 같은 대우"를, 업무와 책임만 같은 파트타이머에 대해서는 정사원과의 "균형을 고려한 대우"를, 세 항목이 모두 정사원과 다른 파트타이머는 '방치'하는 것에 합의하고 있다. 21세기의 일본 사회에서는 '남자의 몸'을 가지고 있다는 것만으로 고용 안정과 고임금이 보장되는 시대는 확실히 지난 것 같다. 하지만 그 대신에 가족 책임에서 자유로운 정사원과 동일한 노동방식으로 노동하는 파트타이머만이 균등 처우를 받을 자격이 있다는 논리가 파트타이머의 저임금을 합리화하는 역할을 하고 있다[21]. 그러므로 일본의 노동조합이 남성생계부양자 정체성에서 벗어나지 않는 한, 정사원 노조가 살아남기 위한 파트타이머 조직화, 라는 논리를 넘어 모든 노동자의 평등한 권리를 지키기 위한 파트타이머 조직화로 나아가기는 쉽지 않을 것이다.

| 註 |

1) 과반수를 조직함으로써 발생하는 법적 권한은, 노동시간 및 휴가에 관한 협정(36 협정, 플렉스 타임, 1년 단위의 변형노동시간제 도입, 연차유급휴가계획 부여 등), 노동안전위생위원회 참가, 취업규칙에 대한 의견 표명, 임금·저축금의 관리·퇴직금 등에 관한 협정, 고령자고용안정법에 관한 협정, 회사갱생계획에 대한 법원의 의견 청취, 육아휴직협정 등을 체결할 대표자로서 자격이다. 또 3/4 이상을 조직하게 되면 "일반적 구속력"을 얻게 되어 해당 노동조합과 회사 간의 노동협약이 동일 사업소 내의 모든 노동자에게 적용된다(노동조합법 제 17조).

2) 파트타이머가 기존 노동조합에 가입하는 방식. 직가맹방식 이외에 파트타이머를 조직하는 방식은 특별조합원방식, 협의회방식, 완전독립조합방식 등이 있다(橋詰洋三, 1985).

3) S3점 점장은 *"S3점은 일반적인 식품슈퍼 매장보다 규모가 커서, 점장과 점차장(부점장)이 함께 점포관리를 해야 되는데, 점차장은 노조원이라서 시간 외 근무시간이 제한되어 있어서 초과 근무는 모두 점장에게 집중됩니다. 그래서 점장의 노동시간이 너무 길어요"*라고 호소했다.

4) *내가 입사했을 때는(1차 오일 쇼크 직전) 파트가 한 사람도 없었어요. 식품매장에는 좀 있었지만 나는 의류였으니까. 파트가 의류매장에 들어오기 시작한 거는 오일쇼크 끝나고 나서지 그 전에는 없었어요.* (ABC 유니온 유통부회 간부, 대졸남성, 50대 전반, 종합슈퍼 기업 출신)

5) ABC 유니온의 이같은 조직확대방침에 대해 파트타이머를 다수 조직하고 있는 노조들에서도 무조건적인 조직확대방식이라고 비판하기도 한다. S2노조의 한 상근간부는 2003년 여름, ABC 유니온

의 기관지에 최근의 파트타이머 조직확대추진 흐름에 대해, 파트타이머를 조직해서 조합이 해줄 수 있는 것이 무엇인지에 대한 고민이 선행해야 한다는 취지의 글을 기고했다. 조직이기주의를 위한 조직확대 정책을 경계하면서 문제제기를 한 것이다. 그의 표현을 빌리자면 *"파트타이머의 노동조건개선을 위해 조직해야지 조직확대만을 위해 조직해서는 안되는 것"*이다. S4노조의 간부도 인터뷰에서 같은 지적을 했다. 그러나 당시의 ABC 유니온 조직국장의 입장은, 일단 조직해놓고 나서 노동조건 개선을 요구해야 한다는 것이다. 그는 *"노동조건인상부터 이야기하면 기업이 노조에 넣어주겠어요? 일단 넣어놓고 나서 그 다음에 요구 해야지요"*라고 말했다.

6) S1사의 모기업의 노조 임원(40대 후반, 대졸남성)도 같은 질문에 대해 *"우리 ○○○(회사 명)는 노조와 기업이 굉장히 관계가 좋고 의사소통도 잘되고 있어서, 파트타이머를 조직하지 않아도 아무런 문제 없어요. 파트 문제에 관해서도 회사와 노조가 항상 함께 상의해서 결정하고요"*라고 대답했다.

7) 기업은 종업원이 노무관리에 대해 외부에 문제제기할 가능성에 대해 면밀히 준비하고 있다. 2003년에 G1사는 파트타이머의 작업 방식을 크게 변화시켰다. 상품의 매장 반입과 진열 등의 업무를 주로 담당하는 오퍼레이션 부문을 만들어 전반적 업무 분업을 추진한 것이다. 그 때, 본사는 점장들에게 새로운 작업 방식으로 전환하기 위한 파트타이머와의 인터뷰 지침을 작성해 배포했다. 필자도 그 지침을 봤는데, 그 지침에는 몇 가지 상황을 상정해 점장이 해야 할 말과 해서는 안될 말이 자세히 정리되어 있었다. 그런데 이 지침이 가장 강조하고 있는 것은 회사의 방침을 따르지 않으면 계약이 중단될 수도 있다는 인상을 줘서는 안된다는 것이었다. 그리고 유사한 상황에 관해 어떤 판례가 있는지도 소개했다.

8) 파트타이머를 해고할 때 지불해야 위로금으로 ABC 유니온은 월급 한 달 분을 제시하고 있다.

9) 회사와 파트타이머에게 발생할 문제도 별도로 정리하고 있다.

10) 물론 모든 노조가 이 같은 인식을 갖고 있는 것은 아니다. 파트타이머를 조직하면 회사의 기밀이 노출될 거라는 우려에 대해 어떻게 생각하는가에 대한 필자의 질문에 다른 노조간부들은 웃었다. *"우리 그렇게 엄청난 비밀 없어요. 노조회보에 싣는 거는 비밀이 아니야."*라든가 *"정사원은 뭐가 다른데? 남자 정사원 형제 중에 경쟁사 종업원 있으면 어떡해?" "노조들이 사실 파트조직하기 싫어하는 거는 알지만 그래도 고민의 수준이 그 정도는 아니에요" "그런 소리 할래면 노조 관두라고 그래요. 관둬야지 왜 해?"* 등의 발언을 하며.

11) 기모노점 출신인 G2사는 1960년대부터 준사원이라는 고용형태를 두었는데 이들은 정시채용이 아닌 임시채용 시에 입사한 비정사원들로 일종의 (의류)판매전문 사원이었다. 그런데 준사원 중에는 주부노동자가 많았다. 노조는 이들을 조합원으로 받아들이고 정사원과 거의 차이가 없는 퇴직금 제도 등 여러 가지로 높은 수준의 보상체계를 마련했다. 그런데 기업측은 점차로 이들의 처우수준을 감당할 수 없다고 판단하게 되었고 1980년대에 들어 퇴직금도 없고 임금수준도 낮은 1년 계약의 계약사원제도를 만들어 이들을 모두 전환시켰다.

12) 노동협약집(단체협약집)은 노조의 역사와 역량을 보여 지표이다. ABC 유니온은 외부에 단체 협약을 소개할 때 634페이지나 되는 G3노조의 것을 소개한다.

13) G3사는 파산 직전에는 인사부와 노동조합이 단기 프로젝트팀을 만들어 종업원 관리를 함께 할 정도로 노조는 전력을 다해 기업 살리기 프로젝트에 돌입했다. 조합원의 고용을 지켜야한다는 일념에서였다. 그러나 결과적으로 G3사는 도산해 기업규모는 절반 이하로 줄었고 많은 종업원은 희망퇴직과 정리해고로 회사를 떠났다. G3노조의 진정성은 충분히 이해하지만 일정한 한계를 넘어선 임금삭감은 능력 있는

종업원을 떠나게 만들기 때문에 기업을 구하기보다는 망하게 만드는 잘못된 전술이라는 지적도 있다.

14) 파트타이머의 퇴직금 제도를 확립하고, 모자 가정의 경우 가족수당과 복지수당을 지급하는 등 1970년대로는 파격적이라고도 할 수 있는 복리후생제도를 만든 것도 이런 배경 때문이었다.

15) 신임사장은 모든 종업원을 우선 파트타이머로 채용해 사용해 보고 나서 풀타이머로 등용하는 방식이 좋다는 생각을 가지고 있어서, 2003년 조사 때 인사부장은 일본의 현실에서 그건 좀 무리라고 사장을 설득하고 있다고 했다. 또 노동조합은 인건비 비율이 높은 것은 점포의 평균 규모가 작아서지, 정사원의 임금이 높기 때문이 아니라고 주장하고 있었다.

16) 남성인 조합간부들은 여성이 조합에 전혀 관심을 가지지 않는다고 쉽게 말하는 경향이 있다. S3노조 상근간부는 노조 임원 중 여성 비율이 너무 낮다고 비판하는 필자에게 *"여자들은 왜 그렇게 노조에 관심이 없어요? 우리도 정말 알고 싶어요."*라고 답했다. 그러나 *"남성 사원들은 달라요? 노조 간부하겠다고 자발적으로 오는 사람 있어요?"*라고 반문하자 이야기는 달라졌다. 이 책의 설문조사에 따르면 절반에 가까운 파트타이머가 "권유"받거나 "불이익이 없으면" 노조에 가입하겠다고 응답했다.

17) 본사 부장의 일부가, 지금 사장처럼 경영하면 안된다, 라고 말하면서 자신들도 조합에 가입하겠다고, 조합 가입 서류를 작성해온 것을 보면 당시 경영진에 대한 불만은 조직의 고하를 막론하고 매우 높았던 것으로 보인다.

18) 2장에서 언급한 S2사 파트타이머 임금제도 개정의 배경이기도 하다.

19) B노사는 도산의 위기를 극복하기 위해 파트타이머의 전면적 기간노동력화와 균형 처우가 중요하다고 합의하고 인사제도를 발본적으로 개정하기로 했다. 노사 공동으로 프로젝트 팀을 만들고 1년 반에 걸친 조사와 토론을 거쳐 새로운 인사제도를 구축했다.

20) 이 시기에 G3사 정사원 임금 체계는 완전한 직무급이 되었고 정사원과 파트타이머의 임금 격차도 크게 줄었다.

21) 1999년에 면접한 S2점의 점장은 파트타이머와 정사원의 임금격차에 관한 필자의 질문에 상당히 적대적인 태도로 *"요즘은 평범하게 일하는 사람들도 일이 없는 시대예요"*라는 말로 이야기를 시작했다. 그 후에 이어진 이야기의 내용으로 보면 그에게 "평범하게 일한다"는 것은 회사인간이 되는 것인 것 같았다.

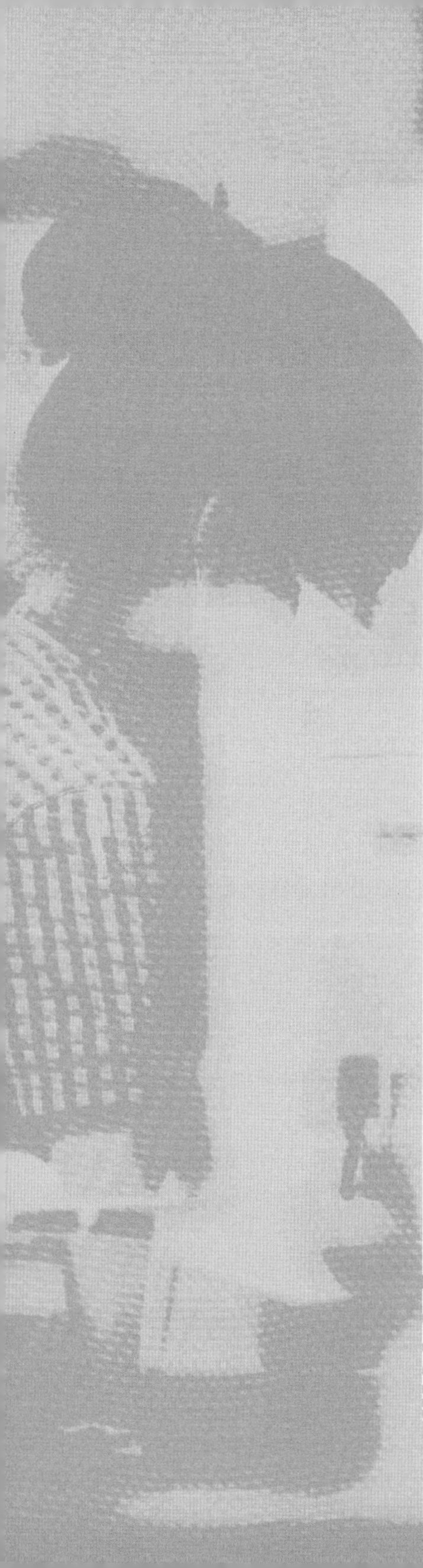

제4장

주부 파트타이머: 수용과 저항

1. 생애 경험과 취업경험

대부분이 중년 여성인 주부 파트타이머가 자신이 처한 상황을 어떻게 받아들이고 대응하고 있는지를 분석하기 위해서는, 그녀들의 다양한 생애 경험과 가족 상황, 그리고 살아온 시대의 젠더 규범 등을 알아야한다. 4장 1절에서는 필자의 설문조사 결과[1]를 바탕으로 주부 파트타이머의 생애 경험과 취업경험을 검토한다. 그 중에서도 제도가 만들어낸 '주부의 틀' 안에서 일하고 있는 사람들과 그렇지 않은 사람들의 차이에 주목한다. 기혼여성 정사원도 함께 조사했으므로, 주부 파트타이머와 기혼여성 정사원의 경험과 생각을 비교하면서 검토한다.

파트타이머의 노동시간은 그 취업의 성격이나 취업 의식, 가족 상황, 나아가 기업 내의 위치를 나타내는 것이기도 하다. 파트타이머의 내부를 구분하는 가장 중요한 기준이기 때문에 제1장에서와 마찬가지로 노동시간의 길이에 따라 숏타이머, 미들타이머, 롱타이머로 구분한다.

응답자는 모두 822명이었으나 이 가운데 노동시간을 정확히 답변하지 않은 14명을 제외한 808명(파트타이머 561명 정사원 247명)의 응답을 분석한다. 노동시간 길이별 인원은 숏타이머 57명, 미들타이머 157명, 롱타이머 347명(주당 35시간 이상 236명)인데, 〈표 1-16〉에 제시한 사례기업이나 점포에서의 분포와는 상당히 다르다. 노동조합을 통해 설문지를 배포했기 때문에 노조원(응답자 중 62.9%), 비노조원을 불문하고 노동조합 간부와 친숙한 관계에 있을 가능성이 높은 롱타이머 및 장기 근속자가 많이 포함되었다고 판단된다.

설문조사 응답자 중 계약직 70명 촉탁 5명이 포함되어 있었는데[2], 그 사람들도 주부 파트타이머에 포함시켰다. 일반적으로는 파트타이머는 임금 형태가 시간급인 단시간 노동자고, 계약직 및 촉탁은 임금형태가 월급인 풀타임 노동자다. 그러나 이 책의 설문조사에 응답한 계약직 및 촉탁 중에 풀타임 노동자가 아닌 사람이 26명이나 된다. 그 가운데 11명은 주 30시간, 1명은 주 20시간 일하고 있었다. 설문조사에 응답한 파트타이머 중에서 주 35시간 이상 일하고 있는 사람들이 236명이다. 제2장에서 보았듯이, 파트타임 노동자 중에서도 임금 형태가 월급인 고용구분도 있고 계약노동시간이 정사원과 동일한 고용구분도 있다. 1990년대 초반에서 중반에 걸쳐 슈퍼마켓 기업들은 엑스퍼트라든지 커리어 사원 등의 명칭으로 주 40시간 노동하는 풀타임 파트타이머를 수 천 명이나 고용했다. G1사의 경우 커리어 사원이 가장 많았던 1990년 초에는 2,500명이나 있었는데, 풀타임 파트타이머인 커리어 사원의 급여 형태는 월급이다. 따라서 노동시간으로도 급여 형태로도 기업 내 지위와 처우에서 파트타이머와 계약 직원이나 촉탁이 완전히 다른 집단이라고 보기는 어렵기 때문에 그들을 분석에 포함시켰다[3].

주부 파트타이머 응답자 561명 중 500명이 응답한 1998년 연간소득 분포를 보면 숏타이머와 미들타이머 중 83.2%가 103만 엔 미만이며, 130만 엔 이상은 6.5%다. 롱타이머 중 130만 엔 이상인 사람의 비율은 85%다. 이 때문에 숏타이머와 미들타이머는 이른바 주부의 틀 안에서 일하고 있고, 롱타이머는 그렇지 않다고 할 수 있다. 숏타이머와 미들타이머의 평균연간소득은 96만 엔(20만 엔 이하 제외), 롱타이머는 185만 엔, 정사원은 372만 엔이다.

1) 주부 파트타이머의 생애 경험

(1) 가족 형성과 고용형태

응답자의 연령과 학력의 분포를 〈표 4-1〉에 정리했다. 연령 분포를 보면 40대와 50대가 76.8%, 평균 연령은 46.5세다. 후생노동성의 『2001년 파트타임노동자종합실태조사(平成13年 パートタイム労働者総合実態調査)』에 따르면 여성 파트타이머 중 40대와 50대의 비율은 55.7%(1995년 57.1%), 평균 연령은 42.5세(1995년 41.7세)다. 이와 비교하면 응답자의 연령은 일본 전체 파트타이머의

〈표 4-1〉 고용형태별 연령 계층과 학력 분포

단위: %, 명, 세, 년

		숏타이머	미들타이머	롱타이머	주부파트계	정사원
연령 sig=.000	20대	5.4	8.2	2.3	4.2	38.0
	30대	8.9	17.7	10.8	12.4	39.6
	40대	53.6	44.2	40.7	43.0	16.3
	50대	23.2	29.9	45.3	38.9	5.7
	60대	8.9	0.0	0.9	1.5	0.0
	합계	100.0	100.0	100.0	100.0	100.0
	N	56	147	344	547	245
	평균연령	46.3	44.1	47.8	46.7	33.6
본인학력 sig=.020	중졸이하	5.3	4.7	8.6	7.2	0.8
	고졸	71.9	69.6	75.2	73.3	67.5
	단대졸	17.6	23.0	13.6	16.6	14.2
	대졸	5.3	2.7	2.7	2.9	17.5
	합계	100.0	100.0	100.0	100.0	100.0
	N	57	148	339	544	246
	평균취학년수	12.4	12.4	12.1	12.2	13.0
배우자학력 sig=.031	중졸	3.6	4.1	9.9	7.6	1.7
	고졸	58.9	53.1	58.9	57.3	43.2
	전문학교졸	5.4	8.8	9.3	8.8	9.5
	대졸	32.1	34.0	21.9	26.3	45.6
	합계	100.0	100.0	100.0	100.0	100.0
	N	56	147	333	536	241
	평균취학년수	13.3	13.4	12.8	13.0	14.0

연령보다 다소 높다. 이 책의 조사는 기혼자만을 조사대상으로 했기 때문으로 보인다. 정사원은 기혼여성에 한정했음에도 불구하고 20대와 30대가 80% 가까이로, 파트타이머와 정사원 두 집단은 생애단계도 세대 경험도 크게 다른 것으로 나타났다. 주로 1940년대와 1950년대에 태어난 파트타이머 응답자들의 청년기에는 결혼 퇴직이 규범이자 제도였고, 여성의 취업은 결혼 전의 일시적인 것으로 간주되던 시대였다. 1960년대와 1970년대에 태어난 정사원 응답자의 학창 시절

과 노동시장 진입 시기는 전후 최대의 풍요를 구가하던 시기이며, 1985년에 남녀고용기회균등법이 실시되면서 결혼 퇴직의 제도도 관행도 폐지된 시기다. 즉 두 집단은 여성의 계속 취업에 대한 사회적 제도나 관행이 상당히 다른 시대를 살아왔기 때문에 성별 분업에 대해 상당히 다른 태도를 가지고 있을 가능성이 높다.

본인의 학력은 대졸 비율에서 파트타이머와 정사원 간에 차이가 크다. 1955년에서 1999년 사이에 일본 여성의 고등학교 진학률이 47.4%에서 96.9%로, 단기대학 진학률이 2.6%에서 20.2%로 4년제 대학 진학률이 2.4%에서 29.4%로 상승한 것을 생각한다면, 파트타이머의 학력은 동세대의 평균 학력보다 다소 높지만 정사원은 반드시 그렇다고는 할 수 없다[4]. 파트타이머 중에서는 롱타이머의 학력이 가장 낮지만 노동시간 그룹 간에 큰 차이는 없다. 오히려 파트타이머 본인보다 배우자의 학력에서 그룹 사이에 약간의 차이가 보인다. 배우자의 학력에서 대졸 비율은 롱타이머와 숏타이머 및 미들타이머 사이에 10% 포인트 이상 차이가 있고, 평균 취학 연수도 0.5년 정도의 차이가 있어 롱타이머는 상대적으로 경제적 상황이 윤택하지 못할 가능성을 시사한다.

〈표 4-2〉에서 파트타이머 응답자의 가족 구성과 막내자녀 나이를 보면, 고용형태와 노동시간의 길이에 따라 가족 구성에 차이가 드러난다. 즉, 숏타이머 중 부부와 자녀만으로 구성되는 이른바 핵가족의 비율은 71.9%이지만, 롱타이머는 46.5%에 지나지 않는다[5]. 롱타이머는 3세대 동거와 기타의 비율이 높다. 숏타이머 중 핵가족이 많은 것은 최종출산연령이 높은 것과 관련이 있다고 생각된다. 숏타이머의 평균 연령은 미들타이머보다 2.2세 높고 롱타이머보다 1.5세 낮지만, 마지막 출산이 30대였던 비율이 다른 그룹에 비해 2배 정도 된다. 그 결과 롱타이머와 숏타이머의 막내자녀의 평균 연령은 4살 차이가 난다.

롱타이머 중 부모와 동거하고 있는 사람의 비율이 높은 것은 나이나 가족주기보다 장시간 노동과 관계가 있다. 즉, 롱타이머 중에서도 주 35시간 이상 노동하는 사람들이 부모와의 동거 비율이 높은데, 50대의 동거율은 10%에 불과하고

〈표 4-2〉 고용형태별 가족구성과 막내자녀 연령분포

단위: %, 명, 세

		숏타이머	미들타이머	롱타이머	주부파트계	정사원
가족구성 sig=.000	부부	15.8	16.7	18.3	17.6	46.7
	부부+자녀	71.9	68.6	46.5	55.3	27.2
	부부+자녀+부모	10.5	10.9	20.9	17.1	16.3
	기타	1.8	3.9	14.2	10.0	9.8
	합계	100.0	100.0	100.0	100.0	100.0
	N	57	156	344	557	246
최종출산연령 sig=.001	20대전반	4.1	13.5	8.8	9.6	15.6
	20대후반	28.6	45.9	53.0	48.7	54.1
	30대전반	53.1	37.6	32.6	35.9	27.9
	30대후반이후	14.2	3.0	5.0	5.4	2.5
	합계	100.0	100.0	100.0	100.0	100.0
	N	49	133	319	501	122
	평균연령	31.6	28.9	29.2	29.4	29.1
	무자녀자비율	9.3	9.1	6.4	7.4	49.6
막내자녀연령 sig=.000	6세 미만	4.1	7.9	4.0	5.1	47.6
	6-14세미만	24.5	15.0	5.9	10.2	23.4
	12-18세 미만	32.7	30.0	23.0	25.8	8.9
	18-22세미만	16.3	16.4	24.8	21.7	8.1
	22세 이상	22.4	30.7	42.2	37.2	12.1
	합계	100.0	100.0	100.0	100.0	100.0
	N	49	140	322	511	124
	평균연령	15.8	16.9	19.8	18.6	8.9

주: 막내자녀 연령에 대한 응답자가 최종출산연령에 대한 응답자보다 많은 것은, 자녀 중 응답자 본인이 출산하지 않은 자녀가 있기 때문이라고 생각된다.

40대의 동거율은 40%(sig= .000)다. 장시간 일하는 파트타이머가 부모와 동거하는 경향은 가족책임의 분담 때문인 것으로 생각된다. 또 주 35시간 이상 일하는 파트타이머는 생애기간 중 취업기간도 가장 길고, 자녀가 어릴 때 취업하고 있던 사람의 비율이 다른 집단에 비해 높다. 노동시간 길이에 따라 주부 파트타이머의 가족주기에 차이가 있기는 하지만, 95%의 파트타이머의 막내자녀가 6세 이상이며, 85%가 12세 이상이라는 것은 일본의 파트타임 노동이 가사와는 양립할 수 있을지 모르지만 육아와 양립하기는 어려운 노동임을 시사하고 있다.

가족 구성 및 출산 경험에서 주목할 만한 또 한 가지는 정사원의 절반이 자녀가 없는 것이다. 30대 정사원의 절반(99명 중 49명)도 자녀가 없다(20대는 94명 중 64명이 무자녀)는 것을 생각하면 파트타이머에 비해 정사원의 출산이 늦은 것은 틀림없다. 결혼 후 정사원 취업을 지속하는 것이 출산을 연기하는 효과가 있을 수 있음을 짐작할 수 있다. 정사원은 파트타이머보다 평균 연령이 13.1세나 낮지만, 3세대 동거가족의 비율은 거의 동일하다. 여성이 출산 후에도 정사원으로 계속 일하는 것에 큰 영향을 미치는 변수는 (자녀)할머니와의 동거라고 나가세(永瀬, 1997: 298)가 밝힌 것처럼, 자녀가 있는 정사원의 40% 정도가 부모와 동거하고 있다. 1장에서 소개한 바와 같이, 인터뷰에 응한 정사원의 다수가 출산 후에도 정사원 취업을 지속할 수 있었던 것은 어머니나 다른 여성의 육아 지원이 있었기 때문이라고 대답했다. 정사원의 가족구성을 세대별로 나누어 보면, 3세대 동거 가족의 비율은 40대에서 가장 높아 45.0%고, 30대와 50대는 각각 15.5%와 15.4%(sig= .000)다. 6세 미만의 자녀가 있는 정사원 59명(20대 30명, 30대 27명) 중 45명이 핵가족(부부 + 자녀)으로 살고 있다. 더불어 6세 미만의 자녀가 있는 정사원은 친족 여성에 의한 육아 지원이 〈표 4-2〉의 3세대 비율보다 높다는 점을 지적 해두고 싶다. 면접조사에 따르면 지방의 경우 부모나 형제의 이웃에 살면서 육아에 도움을 받는 사람들이 많았다.

(2) 가족의 경제적 상황과 노동시간

위에서 노동시간의 길이에 따라 파트타이머 본인이나 배우자의 학력, 그리고 생애단계 등에서 차이가 있고, 롱타이머는 경제적 사정 때문에 장시간 일하고 있을 가능성을 보았다. 이제 가구 소득(본인 소득 제외)을 일본 평균과 비교하면서 검토한다.

1998년 일본 전국의 연령계층별 가구주 소득(전체 가구)은 20대 421.6만 엔

(20~24세 349.6만 엔, 25~29세 433.7만 엔), 30대 542.0만 엔(30~34세 497.8만 엔, 35~39세 571.0만 엔), 40대 630.9만 엔(40~44세 602.5만 엔 45~49세 655.3만 엔), 50대 668.3만 엔(50~54세 681.0만 엔, 55~59세 655.8만 엔), 60대 이상 394.6만 엔(60~64세 408만 엔)이다(総務庁統計局 『家計調査』). 이것을 〈표 4-3〉의 수치와 비교해 보면, 응답자의 가구 소득은 일본 전체보다 약간 높지만, 큰 차이는 없다. 그러나 30대 파트타이머의 가구 소득은 일본 전체보다 약간 낮아(33만 엔 정도), 아직 자녀가 충분히 성장했다고 보기 힘든 시기에 파트타임 취업을 하고 있는 이유에 경제적 사정이 있을 가능성을 추측할 수 있다.

그룹별로 보면, 롱타이머의 가구 소득이 미들타이머의 그것보다 140만 엔 이상 낮다. 롱타이머의 평균 연령이 47.8세라는 점을 감안할 때, 배우자의 평균 연령은 50~54세 연령층에 속하는 것으로 생각된다. 그렇다면 롱타이머의 가구 소득은 일본 전체보다 약 80만 엔 정도 낮은 것이고, 파트타이머라는 호칭 하에 정사원과 다름없는 장시간 노동을 하는 이유를 시사한다. 표에는 제시하지 않았지만, 롱타이머의 가구 소득이 낮은 것은, 롱타이머의 절반을 차지하는 50대의 가구 소득이 상당히 낮은 것과 더불어 이혼자의 비율이 높기 때문이다. 숏타이머의 가구 소득도 미들타이머의 가구 소득보다는 낮지만, 여기에는 남편이 퇴직했을 가능성이 높은 60대가 13.2% 포함되어 있는 점이 주로 영향을 주고 있다.

이런 결과로 보면, 기혼여성의 파트타임 노동을 남성생계부양자의 안정적인 수입을 전제로 한 용돈벌기나 생계보조활동으로 간주해 저임금을 합리화하는 것은 롱타이머 현실과는 상당한 거리가 있음을 알 수 있다. 또 대부분의 숙련 파트타이머가 롱타이머임을 감안할 때, 롱타이머의 노동 현실은 다양한 모순과 갈등이 잠재되어 있을 가능성을 시사한다.

〈표 4-3〉이 보여주는 또 하나의 특징은 정사원과 파트타이머의 가구 소득 간의 격차가 연령이 증가함에 따라 커진다는 점이다. 즉, 20대에서는 정사원보다는 파트타이머의 가구 소득이 약간 높았지만, 30대가 되면 역전되고, 50대에서는

〈표 4-3〉 고용형태·연령세대·노동시간별 가구 소득분포 (1998년, 본인소득 제외)

단위: %, 만엔, 명

		400만 미만	400-600만 미만	600-800만 미만	800-1,000만 미만	1,000만 이상	합계	평균	N
고용형태계 sig=.000	주부파트계	17.7	28.0	25.5	16.4	12.4	100.0	645.6	396
	정사원계	24.4	38.4	17.4	12.8	7.0	100.0	570.0	172
주부파트 sig=.000	숏타이머	18.4	31.6	13.2	15.8	21.1	100.0	653.4	38
	미들타이머	10.9	22.7	31.8	20.9	13.6	100.0	742.8	110
	롱타이머	20.6	29.8	24.6	14.5	10.5	100.0	601.3	248
주부파트 sig=.000	20대	50.0	28.6	14.3	0.0	7.1	100.0	440.0	14
	30대	21.6	43.1	27.5	3.9	3.9	100.0	509.3	51
	40대	10.1	29.1	30.7	17.3	12.8	100.0	666.6	179
	50대	19.0	22.5	20.4	20.4	17.6	100.0	710.7	142
정사원 sig=.000	20대	38.2	43.6	16.4	1.8	0.0	100.0	428.5	55
	30대	23.1	39.7	17.9	15.4	3.8	100.0	554.6	78
	40대	10.3	31.0	13.8	24.1	20.7	100.0	721.0	29
	50대	0.0	20.0	30.0	20.0	30.0	100.0	1,031.0	10

300만 엔 이상 차이가 난다. 정사원과 주부 파트타이머의 가구 소득의 격차가 연령과 함께 커지는 이유는 두 집단의 배우자의 학력 차이와 관련되어 있는 것으로 보인다. 이 결과는 1995년 SSM 조사 데이터에 따라 아내의 소득별로 남편의 수입을 집계한 세찌야마(瀬地山角, 1997)의 연구 결과와도 유사하다. 즉, 여성 본인의 소득이 150만 엔 미만인 소득계층의 남편의 소득이 가장 낮고, 450만 엔 이상인 소득계층의 남편의 소득이 가장 높다. 그리고 무소득자(전업주부) 여성의 남편의 소득이 두 번째로 높다. 여성 본인의 소득을 합친 가구 소득이 가장 낮은 집단이 150만 엔 미만인 집단인데, 이런 경향은 전체 유배우 여성에서도, 35~60세 여성에서도 마찬가지다. 그리고 전체 여성 가운데 연간소득이 450만 엔 이상인 여성의 비율은 6%에 불과하다(46-49). 즉, 주부 파트타이머의 가구는 전업주부 가구나 정사원 가구보다 경제적으로 빈곤하다는 점에서 주부 파트타이머는, 가족의 생계유지를 위해 또 한 사람의 생계부양자로서 일하고 있을 가능성이 있다.

2) 주부 파트타이머의 취업경험

(1) 정사원은 파트타이머의 과거, 파트타이머는 정사원의 미래

고용형태별 생애단계별 취업경험을 정리한 〈표 4-4〉의 내용을 한마디로 압축하면 "정사원은 파트타이머의 과거이고, 파트타이머는 정사원의 미래"라는 것이다. 즉 파트타이머의 83.4%는 최종 학교 졸업 후 결혼까지는 정사원으로 일했지만, 절반 이상이 결혼 전후에 일을 그만두고 전업주부가 됐다. 출산 후 일을 그만 두는 사람이 더욱 늘어나 막내가 초등학교에 입학할 때까지의 기간 동안 62.5%가 전업주부였지만, 막내의 초등학교 입학과 함께 파트타이머로 노동시장에 복귀하기 시작한다. 자녀의 성장에 따라 노동시장 복귀가 늘어나 현재에 이르고 있다. 제1장에서 본 바와 같이 여성 정사원 중 기혼자의 비율은 20% 정도인데, 그 20%에 해당하는 응답자인 정사원 중 결혼 후 초기 육아기까지 정사원 취업을 그만둔 사람은 10%에 불과하고 80% 이상이 최종 학교 졸업 후 지금까지 정사원 취업을 지속해온 사람들인 것이다.

파트타이머의 생애단계별 취업경험에서 주목해야 할 또 다른 점은 생애단계의 진행에 따라 정사원 취업은 감소하기만 하고 증가하지는 않는다는 점이다. 정사원 응답자의 취업경험도 마찬가지라서 내부노동시장을 한 번 이탈하면 복귀하기가 매우 어려움을 시사한다. 이런 노동시장 구조 때문에 여성의 생애단계가 진행함에 따라 비정규 취업이 증가한다. 결혼과 함께 정사원 취업을 중단한 파트타이머 중 일부는 출산 전에 이미 비정규직 노동자로 재취업한다. 즉 27.5%의 파트타이머는 초기 육아기에 비정규직 노동자로 일하고 있었다. 주부 파트타이머의 생애단계에서 전업주부 비율이 가장 높은 시기가 초기 육아기인데, 그 시기에 전업주부였던 응답자의 비율이 62.5%라는 것은, 파트타이머의 37.5%가 고용형태나 직장을 바꾸면서도 지속적으로 일해 왔다는 것이다.

표에는 제시하지 않았지만, 파트타이머 중에서도 노동시간의 길이에 따라

〈표 4-4〉 고용형태별 생애단계별 취업 경력

단위: %, 명

sig=.000	주부파트				정사원			
	미혼기	결혼후 출산전	초기 육아기*	초기 육아기후	미혼기	결혼후 출산전	초기 육아기	초기 육아기후
정규직	83.4	29.9	5.4	5.7	96.4	92.3	82.4	81.8
비정규직	6.3	16.6	27.5	61.3	0.4	1.6	4.0	9.1
무직	6.1	49.9	62.5	25.3	1.2	4.1	8.0	1.5
기타**	4.2	3.6	4.6	7.6	2.0	2.0	5.6	7.6
합계	100.0	100.0	100.0	100.0	100.0	100.0	100.0	100.0
N	574	561	538	525	245	244	123	64

* 막내가 초등학교에 입학할 때까지의 기간
** 자영업, 가족종사, 가내부업

생애단계별 취업경험에 차이가 있다. 롱타이머는 전업주부였던 비율이 결혼~출산의 기간에 47.6%이며, 초기 육아기에 그 비율은 56.7%이지만, 미들타이머 경우는 각각 56.5%와 73.8%이다. 그리고 초기 육아기 이후 전업주부였던 비율은 롱타이머 22.8%, 숏타이머 37.7%이다. 전술한 바와 같이 롱타이머는 본인 및 배우자의 학력과 가구 소득이 가장 낮고 3세대 동거의 비율이 가장 높은 집단이다. 이런 사실들로 미루어 보면 다른 집단에 비해 롱타이머는 가족의 경제적 상황이 그녀에게 취업을 필요로 하는 경향이 강했고, 그 때문에 부모세대에게 육아 지원을 요청하게 된 것으로 보인다.

주부 파트타이머를 연령대로 나누어 보면6), 미혼기에 정사원이었던 비율(50대 84.4%, 20대 82.6%)은 연령대에 따라 큰 차이가 없지만, 그 후의 생애단계에서는 꽤 차이가 있다. 전업주부였던 비율이 결혼 후 출산까지 50대 55.2%, 40대 48.8%, 30대 45.5%, 20대 21.4%이며, 초기 육아기는 각각 70.2%, 67.0%, 34.6%, 22.2%다. 비정규 노동자였던 비율은 결혼 후 출산까지 각각 14.3%, 13.3%, 25.8%, 50.0%이며, 초기 육아기에는 각각 22.4%, 25.4%, 56.4%, 77.8%이다. 그러므로 젊은 세대는 결혼과 출산에도 불구하고, 취업을 지속하려는 의지가 강하거나 계속 일할 수밖에 없었지만 정사원 취업을 지속하기 어려운 상황이었다고 판단할 수 있다.

〈표 4-5〉 고용형태별 가족 형성에 의한 취업 중단

단위: %, 명

		취업중단		계속취업		당시 무직		전체	
		비율	N	비율	N	비율	N	비율	N
결혼시 sig=.000	주부파트	49.6	264	43.8	233	6.6	35	100.0	532
	정사원	5.0	12	93.0	225	2.1	5	100.0	242
출산시 sig=.001	숏타이머	62.5	25	7.5	3	30.0	12	100.0	40
	미들타이머	69.0	80	4.3	5	26.7	31	100.0	116
	롱타이머	61.3	160	19.2	50	19.5	51	100.0	261
	주부파트계	63.5	265	13.9	58	22.5	94	100.0	417
	정사원	10.2	13	84.4	108	5.5	7	100.0	128

이어서 가족 형성기의 노동시장 이동에 대해 자세히 살펴본다. 〈표 4-5〉은 결혼시와 임신·출산시의 퇴직여부를 정리했다. 〈표 4-5〉를 보면, 정사원은 결혼 시에 퇴직했던 사람이 5%에 불과하지만, 주부 파트타이머는 절반이 결혼 시에 직장을 그만두었다. 통계적으로 유의하지 않았기 때문에 표에는 제시하지 않았지만, 숏타이머에서 롱타이머까지 결혼 시에 퇴직한 사람들의 비율은 48.1%, 54.1%, 48.6%이며, 퇴직하지 않은 사람의 비율은 42.3%, 40.4%, 44.5%였다. 임신·출산 시에 일을 그만 둔 사람의 비율은 정사원은 10.2%이지만, 주부 파트타이머는 63.9%였다. 임신·출산 시에는 이미 전업주부였던 파트타이머는 22.2%이다. 출산 이직률은 미들타이머가 가장 높고 롱타이머가 가장 낮다.

〈표 4-4〉과 〈표 4-5〉의 수치를 연결해 주부 파트타이머의 생애단계별 취업경력을 재구성하면 다음과 같다[7]. 주부 파트타이머의 절반(264명)은 결혼 시에 직장을 그만두었고, 그 대부분(95명+115명)이 전업주부가 되었지만, 일부(54명)는 비정규직으로 다시 취직했다. 그리고 주부 파트타이머의 60%(323명)가 출산 직전에는 일하고 있었지만, 그 중 82.1%(265명)가 임신이나 출산을 계기로 직장을 그만두었고, 출산 시점에서 일하던 파트타이머는 58명에 불과했다. 출산 후 파트타이머의 약 20%(119명)는 파트타이머로 재취업했다. 그리고 초기 육아기

에는 5.4%(29명)가 정사원으로, 27.5%(148명)가 비정규직으로 일했다. 막내자녀가 초등학교에 입학한 후, 주부 파트타이머의 취업이 크게 증가해 80% 가까이 취업했고, 그 후 취업이 더욱 증가해 현재에 이른다.

(2) 양립 곤란과 정사원 취업 중단

주부 파트타이머들이 결혼이나 출산을 계기로 취업을 중단 또는 계속하게 된 이유는 무엇일까[8]. 우선순위를 부여한 3개의 응답을 요구했고 우선순위가 높은 순으로 가중치(2, 1.5, 1)를 부여하여 계산해 제시했다. 괄호 안은 첫 번째 이유의 응답률이다. 결혼 시에 일을 그만 둔 이유로는 "가정에 전념하기 위해"가 가장 많은 32.3%(39.6%), "일과 가정의 양립이 어려워서" 20.1%(18.8%), "남편의 요청" 14.2%(10.0%)다. "기타"의 응답률도 15.0%(20.0%)로 높았으나 구체적인 내용으로 기록된 것은 "결혼으로 인한 주거 이전", "남편의 전근", "입덧" 등이었다. 노동시간 그룹별로는 롱타이머보다 미들타이머와 숏타이머 쪽이 "가정에 전념하기 위해"와 "양립 곤란"이라는 응답이 많았다. 결혼 시 취업을 지속할 수 있었던 이유로 거론된 것은 "맞벌이가 경제적으로 빨리 안정되니까"가 36.6%(56.3%)로 가장 많았고, "출산 시까지는 괜찮다고 생각하여"가 19.2%(22.9%) "양립이 어렵지 않았기 때문"이 10.4%이며, 노동시간 그룹 간에 별 차이가 없었다. 정사원이 결혼 시에 퇴직하지 않은 이유도 "경제적 안정"을 위해서라는 응답이 가장 높은 37.7%(62.6%)였다.

주부 파트타이머가 출산 시에 일을 그만둔 이유로 거론한 것은 "육아에 전념하기 위해"가 38.0%(58.4%)로 가장 많았고, 그 다음으로 "양립이 어려웠다" 24.5%(11.6%), "남편이 원해서" 11.4% 등이었다. 그리고 출산 시에 일을 계속했던 이유는 "경제적 사정" 19.9%(26.1%), "가족의 육아 분담" 18.8%[9], "일하는 것은 당연한 일이라고 생각했다" 13.8%(24.3%), "양립에 어려움이 없었다" 13.6%(10.1%) 등이었다. 정사원 출산 시 취업을 지속한 이유도 같은 이유들이 거론되었으며 응답 비율은 각각 35.5%, 16.3%, 23.6%, 7.3%이다.

이상에서 주부 파트타이머들이 결혼이나 출산 시에 일을 그만 둔 이유는 내면화된 젠더 규범과 양립의 어려움임을 알 수 있다. 주부 파트타이머 본인의 젠더 규범에 관하여는 제4절에서 자세히 검토하기로 하고 여기에서는 주부 파트타이머와 정사원 간의 차이에 주목하여 양립의 어려움을 덜어주는 가족의 가사·육아 지원에 관해서 검토한다.

가정에서 주된 가사 담당자가 누구냐는 질문에 주부 파트타이머의 94.1%, 정사원의 74.5%는 "본인"이라고 응답했다. "본인 + 가족"이라는 응답은 각각 3.6%와 11.9%고, 정사원의 10.3%는 본인이 주된 가사 담당자가 아니라고 응답했다. 주부 파트타이머 중에서는 풀타임 파트타이머의 일부가 가족이 가사를 분담 해주고 있다고 응답했다. 주부 파트타이머와 비교하면 임금이 높고 교대 근무를 하는 정사원의 가사 전담 비율이 낮지만, 그래도 정사원도 4명 중 3명은 응답자 본인이 주로 집안일을 담당하고 있어 고용형태와 관계없이 '가사는 여성의 일'임을 보여준다. 이러한 성별 분업 때문에 정사원은 물론, 주부 파트타이머라도 노동시간이 긴 롱타이머가 일과 가정의 양립에서 어려움에 직면하는 경우가 적지 않다. 특히 다음에 인용한 것처럼, 밤 시간대에 근무하는 경우, 주부 노동자의 노동방식이라고 말하기 어렵고 주부협정을 넘어 일하게 된다.

1. 일과 육아(가사) 양립하기가 힘들어, 가족(특히 어머니)에게 부담을 주고 있어서 미안하기만 한 나날입니다.
2. 밤에 귀가가 늦어 아이에게 엄마 역할을 충분히 해줄 수 없고, 쉬는 날도 피곤해서, 하여튼 힘들지만 생활비를 벌기 위해서는 어쩔 수 없습니다. 파트라서 앞으로가 걱정입니다. (설문조사 자유의견. 파트타이머, 주38시간, 36세, 대졸, 이혼, 동거가족: 부모+자녀, 막내 5세, 전남편: 대졸)

가정과 일을 양립하는 데 가장 어려운 점은 시간적인 것입니다. 밤늦게 귀가해서 식사준비를 하니까 가족들이 불만입니다. 점포에서 파트 인원배치를 할 때 가정이

〈표 4-6〉 고용형태별 주요 초기 육아 담당자

단위: %, 명

		주부파트	정사원
주된 육아담당자 sig=.000	본인	88.4	56.3
	배우자	1.0	0.0
	부모	4.7	20.2
	본인+부모	2.9	11.8
	기타	2.9	11.8
	합계	100.0	100.0
	N	516	119
출근시 양육자 sig=.000	본인	30.7	3.4
	어린이집/유치원	43.8	38.8
	어린이집/유치원+부모	7.2	14.7
	부모	14.8	41.4
	배우자	3.5	1.8
	합계	100.0	100.0
	N	486	116

> 있는 사람이 빨리 돌아갈 수 있는 구조로 해 주었으면 합니다. 정사원과 동일한 업무를 하는 것이 어렵다고는 결코 생각하지 않습니다만, 아무래도 밤 9시 넘어까지 일을 하는 건 주부로서는 무리라고 생각합니다. (설문조사 자유의견, 파트타이머, 주 37.5시간, 41세, 고졸, 1998년 소득 260만 엔, 근무시간대 10:00~18:30, 막내 21세, 동거가족: 남편+자녀, 남편: 고졸, 1998년 가구 소득[10] 700만 엔)

그러나 〈표 4-6〉에서 볼 수 있듯이, 육아에서는 정사원과 주부 파트타이머의 상황이 크게 다르다. 성별 분업이 보편적인 사회에서 여성이 결혼과 출산기에 정사원 취업을 지속할 가능성에 큰 영향을 미치는 요인 중 하나가 육아를 도와주는 다른 여성(주로 어머니)의 존재다. 초기 육아기의 주된 육아 담당자가 본인이다/이었다는 응답은 정사원 56.3%, 주부 파트타이머 88.4%였다. 그리고 정사원의 32.0%는 부모 또는 부모+본인이라고 답했다. 전체 주부 파트타이머 응답자의 30.7%가 초기 육아기에 취업하지 않았다고 답했다. 그러나 노동시간 그룹에 따라 응답률에 차이가 있다. 주 35시간 미만에서는 35.0%, 주 35시간 이상에서는 24.3%가 초기 육아기에 취업하지 않았다고 응답해, 생애 전단계에 걸쳐 취업을 지속하는 롱타이머의 모습은 여기에서도 엿볼 수 있다.

정사원의 절반 이상이 본인 출근시 주된 육아 담당자로서 가족을 거론한 것에서도 성별 분업이 보편적인 사회에서 여성이 정사원 취업을 지속하기 위해서는, 가족 즉 친족 여성의 육아 지원이 매우 큰 영향을 미치는 요인임을 알 수 있다. 그래서 다음에 인용한 것처럼, 지원해주는 친족 여성이 없는 경우, 자녀가 병이라도 걸리면 어린이집만으로는 대응할 수 없기 때문에 일을 그만두는 수밖에 없다.

> 아이가 어렸을 때는(0~2세) 어린이집에 일시적으로 맡기고 일했는데, 애가 3살 때 아프고 다치고 해서 장기간 병원에 다녀야 해서 회사를 그만둘 수밖에 없었던 것[11].
>
> 육아기간 노동은 대부분 여자가 책임지고 할 수밖에 없었다. 앞으로 여성이 일하기 좋도록 노동조건이 바뀌었으면 좋겠다.
>
> 육아기간 노동조건 완화.
>
> 채용시기의 연령 제한(남성·여성)의 완화.
>
> 파트에서 정사원, 정사원에서 파트 등의 노동조건의 완화. (설문조사 자유의견, 파트타이머, 주 33.8시간, 49세, 고졸, 1998년 소득 173만 엔, 막내 20세, 동거가족: 남편+자녀, 남편: 고졸, 1998년 가구 소득 500만 엔)

그런데 정사원 중에서도 출근시의 주된 육아 담당자로 탁아소와 유치원만을 응답한 비율이, 막내가 6세 미만인 응답자 중에서는 56.9%, 막내가 6세 이상인 응답자 중에서는 19.0%였다. 인터뷰 조사에 따르면 그 응답은 이전보다 보육시설이 확대된 것과 더불어 만혼(晩婚)과 만산(晩産) 때문에 출산 시에는 이미 부모가 연로해 손자를 돌봐주기가 어려워지는 경향이 있는 것, 그리고 노후가 길어지면서 손자를 돌보기보다는 자신들의 인생을 즐기려는 경향이 강해지고 있는 것, 그리고 도시화와 전근 때문에 부모와 근처에 사는 것이 점점 어려워지고 있는 현실 등이 반영된 결과다.

〈표 4-7〉 고용형태별 결혼·출산 이외의 퇴직경험과 이유 (복수 응답)

단위: %

퇴직사유		주부파트	정사원
가족사정	가족간호, 개호	5.5	0.0
	남편, 가족의 요청	4.7	0.0
	남편의 전근 및 이사	10.7	0.4
직장사정	견디기 어려운 직장 분위기	9.2	3.6
	노동조건 열악	10.0	2.2
	업무 내용에 불만	9.7	4.0
	도산, 경영악화 등	7.7	2.2
	성희롱	1.7	0.9
	해고	0.5	0.0
본인사정	본인의 질병	5.5	1.3
	자기 시간이 필요해서	3.5	1.8
	학업 등 능력개발	2.7	1.8
	자영업 개업	1.1	0.0
기타		4.0	2.2
합계		76.5	20.4
결혼, 출산 이외의 퇴직경험자비율		55.8	13.5

표에는 제시하지 않았지만 주부 파트타이머 중에서도 출근 시 주된 육아 담당자를 부모라고 대답한 사람은 숏타이머 10%, 롱타이머는 25%(주 35시간 이상 30%)다. 정사원뿐만 아니라 롱타이머도 미들타이머와 숏타이머에 비해 부모세대의 육아 지원을 많이 받고 있다. 가족 구성과 생애단계별 취업경험 등에서도 보았듯이, 부모세대의 육아 지원이 기혼여성의 취업 형태뿐만 아니라 노동시간 길이에도 영향을 미치는 것이다.

계속해서 〈표 4-7〉을 통해 가족 형성 이외의 이유로 일을 그만둔 경험에 대해 살펴보면, 결혼이나 출산 이외의 이유로 퇴직한 경험이 있는 사람의 비율은 주부 파트타이머가 55.8%, 정사원이 13.5%이다. 퇴직 이유는 복수 응답하도록 했는데 응답을 단순 집계하면 주부 파트타이머의 응답률은 76.5%이다. 퇴직 이유는 직장 사정이 압도적으로 많았고, 그 다음으로 가족 사정이 많다. 주부 파트타이머의

38.8%가 직장 사정을 이유로 들었고 "견디기 힘든 직장 분위기", "노동조건이 열악해서", "업무 내용에 불만이 있어서", "도산, 경영 악화 등", "성희롱", "해고" 등의 이유로 퇴직했다고 답했다. 그리고 20.9%가 "가족 간호, 개호", "남편과 가족의 요청", "남편의 전근이나 이사" 등의 가족 사정으로 퇴직한 경험이 있다.

파트타이머와 달리 정사원은 가족 사정에 의한 퇴직 경험자가 거의 없고(0.4%), 직장 사정에 의한 퇴직 경험자가 12.9%다. 결혼이나 출산시의 퇴직에서도 주부 파트타이머와 정사원의 퇴직경험 비율은 큰 차이가 있었지만, 그 외의 이유에 의한 퇴직 경험에서도 두 집단의 차이가 커, 정사원에 비해 주부 파트타이머는 가족생활의 리듬에 구속되어 있다고 할 수 있다.

취업경험에 관해 마지막으로, 주부 파트타이머들이 현직에 종사하기 전에 무엇을 하고 있었는지 살펴보자. 전직(前職)을 설명하는 큰 요인이 자녀이기 때문에 주부 파트타이머와 정사원 쌍방에 대하여 자녀 유무로 나누어 〈표 4-8〉을 작성했다. 〈표 4-8〉에 따르면, 파트타이머의 전직은 전체의 40.7%가 전업주부, 40.9%가 파트타이머(지금 다니는 회사의 다른 점포의 파트타이머 3.5% 포함), 그리고 9.2%가 정사원(지금 다니는 회사의 정사원 1.4% 포함)이였다. 그러나 자녀 유무에 따라 전직은 크게 다르다. 총 인원이 41명밖에 없지만, 자녀가 없는 주부 파트타이머의 26.8%는 현직에 취업하기 전에 정사원이었지만 자녀가 있는 주부 파트타이머의 경우 그 비율이 7.8%로 상당히 차이가 난다. 노동시간별 그룹으로 보면 롱타이머는 미들타이머와 숏타이머보다 전업주부였던 비율이 10% 정도 적고, 정사원이었던 비율이 10% 정도 많다. 지금까지 봐온 것처럼, 롱타이머의 노동시장 체류경향이 전직에서도 확인된다. 정사원의 전직은 77.6%가 학생이지만, 자녀 유무에 따른 차이는 파트타이머보다 크다. 자녀가 있는 사람들의 전직은 학생이 70.0%, 전업주부가 7.5%, 다른 기업의 정사원이 13.3%이지만, 자녀가 없는 사람의 전직은 각각 85.7%, 0.9%, 8.0%이다.

지금까지 슈퍼마켓에서 일하는 주부 파트타이머의 생애 경험을 기혼여성

〈표 4-8〉 고용형태별 노동시간그룹별·자녀유무별 전직

단위: %, 명

	주부파트 sig=.001			주부파트 sig=.026			정사원 sig=.032		
	유자녀	무자녀	전체	숏	미들	롱	유자녀	무자녀	전체
전업주부	41.6	29.3	40.7	46.4	47.7	37.4	7.5	0.9	4.3
가족종사/자영	4.5	4.9	4.5	0.0	4.5	5.0	0.8	0.0	0.4
학생	0.4	0.0	0.4	0.0	0.0	0.6	70.0	85.7	77.6
파트타이머	41.8	29.3	40.9	46.4	39.4	40.1	6.7	5.4	6.0
정사원	7.8	26.8	9.2	3.6	3.2	12.6	13.3	8.0	10.8
기타	3.9	9.8	4.3	3.6	5.2	4.4	1.7	0.0	0.9
합계	100.0	100.0	100.0	100.0	100.0	100.0	100.0	100.0	100.0
N	514	41	555	56	155	342	120	112	232

정사원과 비교하면서 검토했다. 지금까지의 고찰 내용을 정리하면 다음과 같다.

40대와 50대가 중심인 주부 파트타이머는 최종 학교를 졸업한 후 정사원으로 취직했지만, 가족 형성기에 내부노동시장을 이탈했고 그 후 재취업한 사람들이다. 여성 정사원은 20대와 30대의 미혼여성이 중심이지만, 약 20%로 추산되는 기혼여성 정사원도 20대와 30대가 중심이다. 기혼여성 정사원 중 자녀가 있는 사람은 절반에 불과해, 파트타이머 및 정사원은 나이도 생애단계도 완전히 다른 집단이다. 생애단계를 중심으로 파트타이머와 정사원을 배치한다면 "정사원은 파트타이머의 과거이고, 파트타이머는 정사원의 미래다." 그리고 가족 형성기에 정사원 취업을 중단한 사람들(주부 파트타이머)과 그만두지 않은 사람들(정사원)의 차이를 설명하는 주요 요인은 여성 노동자 자신의 사고방식과 경제적 요인, 그리고 가족(어머니)에 의한 육아 지원 등이다. 특히 가족에 의한 육아 지원은 여성 노동자가 가족 형성기에 정사원 취업을 지속할 수 있는지 여부에 영향을 미치는 중요한 요인이다.

주부 파트타이머 사이에서도 노동시간의 길이에 따라 가족의 상황이나 취업경험에 상당한 차이가 있다. 숏타이머와 미들타이머에 비해 소위 주부의 틀을 넘어 일하고 있는 롱타이머는 배우자의 학력과 가족의 경제적 계층이 낮고,

생애단계의 모든 시기에 노동시장에 체류하는 기간이 길다. 장시간 일하기 위해서는 부모세대의 육아 지원이 필요하기 때문에 롱타이머는 부모세대와 동거하는 사람이 많다. 롱타이머 중에서도 정사원과 노동시간의 차이가 거의 없는 주 35시간 이상 노동하는 사람들이 특히 그러하다.

2. 주부 파트타이머의 프리즘

제1절에서 검토한 바와 같이, 주부 파트타이머는 가족 책임을 전담하고 있는 주부 노동자들이며, 그 대부분은 가족 형성을 위해 정사원 취업을 그만두고 파트타이머가 되었다. 이런 현실을 가리켜, 파트타임 노동자는 주된 생계부양자가 있는 피부양자인 동시에 사회보장의 무임승차자(仁田道夫, 1993a, 1993b)이며, 성별분업규범을 내면화한 여성이 가족 지향적 의식 때문에 자발적으로 파트타임 노동을 선택한다(佐藤博樹, 1998)고 해석하는 연구도 있다. 그러나 성별분업을 제도화해 주부를 가족 내 지위에 국한하지 않고 사회제도적 지위로 만들고 구축하고 있는 사회에서, 성별 분업에 대한 여성의 대응을 단순히 개인의 노동 지향성과 사고방식에 입각한 선택의 문제로만 볼 수 없다. 그런 상황에서 성별 분업을 유지하는 것은 가족의 결합 소득을 극대화하고 가사나 육아의 질을 높여 삶의 질을 높이려는, 어떤 의미에서는 '합리적인 선택'이라고 할 수도 있을 것이다. 또 개인적인 선택의 문제가 아니라 주어진 구조 속에서 가족의 삶의 질을 극대화하기 위한 가족 수준의 전략적 선택이기도 하다.

이런 의미에서 일본의 파트타임 노동은 노동시간이 아니라 호칭에 따라 기업 내 지위와 처우가 결정되는 신분적 노동이며, 사회제도와 가족 책임이 여성의 파트타임 취업 선택을 강제한다(大沢真理, 1993, 1997; 永瀬伸子, 1994,

1995a)는 지적은 옳다. 그러나 그런 주장은 성별 규범과 제도의 영향을 받는 행위자가 취하는 일상의 노동 현장에서의 전략적 행동의 분석을 통해 보완될 필요가 있다. 그러한 분석을 통해서만 남성생계부양자형 사회제도와 규범에 대한 여성의 동의가 어디까지 재생산될 수 있거나 없는지, 그리고 어디에서 균열이 일어나고 있는지를 규명할 수 있기 때문이다.

제2절에서는 주부 파트타이머들이 가족과 일의 관계에 대해 어떤 지향성을 가지고 있는지, 그리고 현재의 직업에 대해 어떻게 평가하고 있는지를 검토한다. 이 책은 일본의 파트타임 노동이 노동시간의 길이가 아니라 젠더 관계에 기초한 고용형태의 문제이며, 파트타이머는 한 덩어리의 바위처럼 균일한 집단이 아니라 다양성을 가진 집단이라는 이론적인 주장에 입각하고 있다. 파트타이머 내부의 다양성을 밝히기 위해 지금까지 노동시간의 길이에 따라 파트타이머를 세 그룹으로 구분하고 이들의 생애 경험을 비교 고찰했다. 그 결과 숏타이머와 미들타이머 사이에는 높은 유사성이 있지만, 롱타이머는 이 두 그룹과는 구별되는 특징을 가지고 있음이 드러났다. 때문에 여기서는 숏타이머를 미들타이머에 포함시켜, 파트타이머를 롱타이머와 미들타이머의 두 그룹으로 나누어 분석한다.

1) 가족 돌봄에 무리가 없는 노동방식이란

기혼여성의 취업일반에 관한 생각은, 일하는 기혼여성이 자신의 현재 노동방식을 어떻게 생각하고 있는지 알 수 있는 하나의 지표라고 할 수 있다. 〈표 4-9〉를 보면 정사원의 71.6%, 롱타이머의 80.7%, 미들타이머의 84.1%가 기혼여성은 "가사나 육아에 무리가 없는 범위 내에서 일하는 것이 좋다"고 생각하고 있다. 고용형태와 노동시간에 따른 약간의 차이는 있지만 전반적으로 응답자들은 가정이 있는 여성은 일보다 가족을 우선해야 한다고 생각하는 것이다. 표에는 제시하지 않았지만, 연령에 따른 차이도 별로 없었다. 그런데 학력은 큰 영향을 미친다[12]. 〈표

4-9〉를 보면 대졸은 52.5%가 "가족 돌봄에 무리가 생기지 않는 범위 내에서" 하는 것이 좋다고 답했으나, 중졸은 86.0%가 그렇게 응답했다. 마찬가지로 대졸은 28.8%가 "생애취업으로 경제적으로 자립해야 한다"고 생각하지만, 중졸은 9.3%만 그렇게 생각하고 있어 학력이 정사원과 파트타이머 간의 의견 차이 중 많은 부분을 설명함을 시사한다.

만약 학생 시절로 돌아가 다시 한 번 인생을 선택할 수 있다면 생애 전단계에 걸쳐 어떤 방식으로 일하고 싶은지에 대한 응답을 정리한 〈표 4-10〉을 보면 정사원, 롱타이머, 미들타이머 순으로 '정사원 취업지속형'(결혼·육아기에도 정사원으로 계속 일하고 싶다)에 대한 선호가 강하다. 주부 파트타이머는 정사원보다 '정사원 재취업형'(결혼·육아기에는 퇴직하고 그후 다시 정사원으로 계속 일하고 싶다)에 대한 답변이 많다. 표에는 제시하지 않았지만, 연령의 영향을 보면, 주부 파트타이머 중에서는 30대, 40대, 50대 순으로 정사원 취업지속형에 대한 응답률이 높았지만 정사원은 나이에 따른 차이가 거의 없고 연령에 따른 분포는 통계적으로 유의하지 않았다.

여성 일반의 노동방식에 대한 생각과 마찬가지로 본인의 노동방식에 대한 생각에서도 학력의 영향이 크다. "결혼·육아기에는 일을 그만두었다가 그 후 파트 등으로 일을 계속하고 싶다"(파트 재취업형)고 생각하는 사람이 중졸은 52.4%나 되지만, 대졸은 8.6%밖에 없다. 또 정사원 취업지속형에 대한 지향도 각각 21.4%와 44.8%로 차이가 크다. 참고로 정사원의 절반이 자녀가 없으므로, 자녀 유무를 통제해 보면 정사원 취업지속형, 정사원 재취업형, 파트 재취업형에 대한 응답이 자녀가 없는 사람들은 각각 35.2%, 18.0%, 23.0%(sig= .047), 자녀가 있는 사람들은 각각 44.9%, 28.8%, 11.9%(sig= .000)로, 자녀가 있는 쪽이 정사원 취업지속형에 대한 지향이 강하다.

주부 파트타이머와 정사원, 그리고 정사원 중 자녀가 있는 사람들과 없는 사람들 간의 이러한 차이는 당연히 정사원 취업지향이 강한 여성이 가족 형성기

〈표 4-9〉 고용형태별 노동시간별, 학력별 기혼여성의 취업에 대한 의견

단위: %, 명

	고용형태 sig=.000			학력 sig=.000			
	미들 타이머	롱 타이머	정사원	중졸	고졸	단대졸	대졸
취업하지 않는 것이 좋다*	8.2	4.2	7.4	4.7	7.0	2.4	8.5
가사, 육아에 무리없는 범위에서	84.1	80.7	71.6	86.0	81.9	74.4	52.5
평생 취업으로 경제적 자립해야	7.2	13.9	16.0	9.3	9.4	20.8	28.8
기타	0.5	1.2	4.9	0.0	1.6	2.4	10.2
합계	100.0	100.0	100.0	100.0	100.0	100.0	100.0
N	208	337	243	43	554	125	59

* 여성은 일하지 않는 편이 좋다 + 결혼하면 일하지 않는 편이 좋다 + 아이를 낳으면 일하지 않는 편이 좋다

〈표 4-10〉 지향하는 생애 취업유형(고용형태·노동시간그룹별, 학력별)

단위: %, 명

	고용형태 sig=.000			학력 sig=.000			
	미들타이머	롱타이머	정사원	중졸	고졸	단대졸	대졸
정사원 취업지속형	11.1	24.5	40.2	21.4	24.1	30.1	44.8
정사원 재취업형	30.4	34.9	23.2	26.2	30.7	30.9	20.7
파트 재취업형	42.5	31.9	17.4	52.4	31.8	24.4	8.6
노동시장 은퇴형	5.8	4.5	8.7	0.0	7.8	4.9	0.0
기타	10.1	4.2	10.4	0.0	5.6	9.8	25.9*
합계	100.0	100.0	100.0	100.0	100.0	100.0	100.0
N	207	335	241	42	553	123	58

* 자신의 사업을 하고 싶다는 의견이 많았다.

에 취업을 중단하지 않고 정사원 취업을 계속했음을 시사한다. 그런데 양립의 어려움 속에서 살아남은 사람들이 더 의욕적으로 되었다고도 해석할 수 있다. 더불어 파트타이머가 된 이전 정사원보다 자녀가 있는 현재의 정사원들이 가족의 육아 지원을 더 많이 받은 것을 상기할 필요가 있다. 필자가 인터뷰한 어머니인 여성 정사원 13명 가운데 현재 어린이집에 자녀를 맡기고 있는 2명을 제외한 11명 모두 출산 및 초기육아기에 본인의 어머니와 언니가 자녀를 돌봐주지 않았다면 아마 정규직 일을 그만 두었을 거라고 말했다. 그리고 어린이집에 자녀

를 맡기고 있는 두 사람은 자녀가 성장하여 학교에 입학한 후 또는 현재하고 있는 육아단축근무가 끝나면 정사원으로 일하고 계속할 수 있을지에 대해 강한 불안을 표명했다.

미국의 파트타임 노동에 관한 틸리의 연구(Tilly, 1996)에 따르면, 인지적 불일치의 심리적 현상 때문에 비자발적 파트타임 노동도 비자발적 풀타임 노동도 저보고되는(underreported) 경향이 있다. 자신이 원래 원하지 않는 상황에 처해 있는 자신을 발견하는 경우 많은 사람들은 자신의 선호를 바꾸어 자신의 상황을 합리화한다. 예를 들어 몇몇 비자발적 파트타이머는 자신이 실제 파트타임 노동을 원한다고 자신을 설득한다. 위험한 직종에서 일하는 노동자들의 위험에 대한 인식 및 대처에 관한 에이커로프와 디킨슨의 연구(Akerlof & Dickens, 1992)도 노동자들의 자긍심이 현재의 자기 상황을 합리화하는 요인으로 작용함을 지적한다. 노동자들은 자기같이 똑똑한(smart) 사람이 그렇게 위험한 일에 종사할 리가 없다고, 그러니까 현재의 일은 위험한 일이 아니고 그런대로 괜찮은 일이라고 생각한다. 그리고 이런 합리화 때문에 안전장비를 구입하지 않는다. 안전장비를 구입한다는 것은 자신의 일이 위험한 일임을 인정하는 것이기 때문이다.

다음에 인용한 한 솟타이머의 이야기를 들어보자. 그녀는 "진짜 나 자신은 정사원이 되어 열심히 일하고 싶다"라고 말하고 있다. 그러나 그녀는 여성 일반의 취업에 대해서도 본인의 취업 지향에 대한 응답으로도 "가족 돌봄에 무리가 생기지 않는 범위 내에서 하는 것이 좋다", "결혼·육아기에는 일을 그만 두었다 그 후 파트 등으로 일을 계속 하고 싶다"라고 답변했다[13]. 아래에 인용한 문장의 2배나 되는 긴 분량으로 그녀가 자신의 간절한 마음을 말해주지 않았다면 필자는 그녀가 본인의 생각과 상당히 거리가 있는 답변을 했다는 것을 몰랐을 것이다. 왜 그녀는 익명의 설문조사에조차 자신의 진정한 마음을 말할 수 없었을까? 필자는 그것이 규범의 힘이고 익명적인 상황에서도 자신을 다치게 하고 싶지 않은 인간의 마음이라고 생각한다.

진짜 나 자신은 정사원이 되어 열심히 일하고 싶은 마음이 있다. 그러나 현재는 나이·부양문제(사회보험 및 세금제도의 문제-필자), 소득에 대한 아파트 문제 등 내가 일을 너무 많이 하면 부정적인 측면이 많이 나오니까(강조-필자), 감수하고 파트타이머라는 체제를 선택했다. 지금까지 여러 가지 파트 일을 해왔지만, 나름대로 얻은 것도 크다(인간 관계, 직종). 젊은 나이에 결혼했기 때문에 OL 시대가 짧았고, 자기 목소리를 내지 못한 채 살아온 것에 대한 후회, 그것도 내가 선택한 길이니 어쩔 수 없겠지. 일해서 돈을 번다. 당연한 일인데 그로 인해 소득문제같은 게 발생하고, 번거로운 일이 가득하다. 나는 돈도 돈이지만 일을 하고 싶은 마음이 더 강하다. (제도상 피부양자가 될 수 있는- 필자) 범위 내의 돈만 받아도 괜찮으니까 일 자체는 그 이상을 해도 상관없다고 생각하며 지금까지 일해 왔다. 앞으로도 그래도 괜찮다. 이런 소리하면 친구들은 바보라고 하지만 나는 그래도 좋다. (어떤 일에도 열심히 항상 노력·향상되도록 해야. 아무것도 하지 않으면 뇌가 썩는다고 생각하기 때문에) (후략) (설문조사 자유의견, 파트타이머, 주 14시간, 46세, 고졸, 1998년 소득 103만 엔, 동거가족: 남편+자녀, 막내: 20세, 남편: 고졸)

이 같은 현상은 면접조사에서도 확인할 수 있었다. 제3절에서 소개하겠지만, 필자가 만난 딸이 있는 주부 파트타이머 중에서 딸이 자신과 같은 노동방식을 선택하기를 원하는 사람은 거의 없었다. 딸을 둔 어머니들은 "세상이 바뀌었다"라며 자신의 딸은 전문적인 능력과 기술을 익혀 평생 계속 일을 했으면 좋겠다는 의견이었다. 그래서 딸의 학비를 벌기 위해 파트타이머로 일하는 사람도 있었다. 그런데 딸에 대해 그렇게 생각하는 사람들도 자신에 관해서는 "이대로가 좋아요"라든지 "우리는 가정이 있으니까"라고 대답하는 경우가 많다. 이제 와서 자신의 삶을 후회해도 마음만 다치지 현실이 바뀌는 것은 아니기 때문이다. 필요한 것은 "나는 이게 좋아"라며 자신을 설득하고 현재의 상황을 합리화하는 것이다.

〈표 4-10〉을 통해 알 수 있는 또 한 가지는 파트타이머도 정사원도 비자발적 취업이 많다는 것이다. 파트타이머 중에서 현재의 취업 형태가 바람직하다고 생각하는 사람(파트 재취업형)은 미들타이머의 42.5%, 롱타이머의 31.9%에 불과하다. 정사원 중에서도 63.4%(정사원 취업지속형 + 정사원 재취업형)만이 현

재 취업 형태가 바람직하다고 생각하고 있고, 파트타이머의 60% 이상, 정사원의 약 40%가 비자발적으로 현재의 취업형태를 선택했다.

고용형태를 통제해 〈표 4-9〉과 〈표 4-10〉의 답변을 연결해보면, 가정이 있는 여성은 "가족을 돌보는 데 무리가 생기지 않는 범위 내에서 하는 것이 좋다"는 응답이 반드시 가족 형성기의 취업 중단이나 파트타이머로의 재취업을 희망하는 것은 아님을 알 수 있다. 실제로, "가족을 돌보는 데 무리가 없는 범위 내에서"라고 대답한 정사원의 62.4%, 롱타이머의 55.7%, 미들타이머의 38.3%가 계속취업이든 재취업이든 정사원 취업을 희망하고 있다[14].

이상의 내용으로 보면 일보다 가정을 우선하는 여성의 답변이 의미하는 것은 파트타이머로의 취업보다는 '양립'을 희망하는 것으로 해석되어야 할 것이다. 여성들은 일과 가족을 원만하게 양립하기 위해 "가사나 육아를 분담하려는 남성 자신의 노력"(주부 파트타이머 39.3%, 정사원 39.9%), "육아나 개호휴업 제도의 정비 등 법적 지원조치"(각각 23.3%, 22.6%), "가족 전체의 협력"(각각 19.6%, 12.8%), "가정을 가진 여성 직원에 대한 기업의 지원책"(각각 7.9%, 9.5%)을 기대하고 있다.

다음으로 주부 파트타이머의 노동 지향성에 대한 심화분석을 위해, 성별 분업에 대한 태도를 검토한다. 성별분업수용도는 각 항목에 대해 "전혀 그렇게 생각하지 않는다"에서 "전적으로 그렇게 생각한다"까지의 응답을 7점 척도로 측정했고 항목별 평균점을 정리한 것이 〈표 4-11〉다. 〈표 4-11〉을 보면 주부 파트타이머는 정사원보다, 그리고 롱타이머는 미들타이머보다 여성에게는 일이 있어도 가정이 더 중요하다고 생각하지만 가사, 육아, 자녀교육이 일차적으로 여성의 책임이라고 생각하는 경향은 약하다. 또 "남성만이 가족의 경제적 부양을 책임지는 것은 불평등이다"라는 질문에 대한 답변은 집단 간에 차이가 없다고 해도 좋을 정도다. 즉 고용형태를 불문하고 응답자들은, 기혼여성노동자는 일보다 가정을 우선시하는 주부노동자가 되어야 한다고 생각하지만 동시에 여성이 가사와 육아를 전담하는 현실에 대해 완전히 동의하지도 부정하지도 못하는 갈

〈표 4-11〉 고용형태별 노동시간그룹별, 연령별 자녀유무별 성별분업수용도

단위: 점, 명

			1	2	3	4	5	N
고용형태 sig=.000		미들타이머	4.68	4.53	3.75	5.45	3.51	213
		롱타이머	4.89	4.91	4.03	5.54	4.01	333
		정사원	4.14	4.22	3.48	5.06	4.40	242
연령*고용형태 sig=.003	20대	주부파트	4.35	4.22	3.17	4.43	3.50	23
		정사원	4.04	4.00	3.34	5.17	4.20	92
	30대	주부파트	4.57	4.70	4.00	5.50	3.99	69
		정사원	4.15	4.29	3.39	4.86	4.76	95
	40대	주부파트	4.82	4.71	3.85	5.40	3.71	241
		정사원	4.49	4.67	4.08	5.54	4.05	39
	50대	주부파트	4.93	4.91	4.05	5.72	3.90	204
		정사원	4.54	4.46	3.92	4.77	4.38	13
자녀유무*고용형태 sig=.002	무자녀	미들타이머	4.53	4.00	2.95	5.00	3.56	19
		롱타이머	4.76	4.70	3.25	4.90	4.24	21
		정사원	3.96	3.99	3.07	4.76	4.48	119
		전체	4.13	4.08	3.08	4.81	4.34	159
	유자녀	미들타이머	4.69	4.59	3.81	5.49	3.46	188
		롱타이머	4.90	4.92	4.06	5.57	3.99	309
		정사원	4.35	4.48	3.90	5.38	4.33	122
		전체	4.73	4.73	3.96	5.51	3.90	619

1. 직장이 있어도 가사는 일차적으로 여성의 책임이다.
2. 직장이 있어도 육아는 일차적으로 여성의 책임이다.
3. 직장이 있어도 자녀교육은 일차적으로 여성의 책임이다.
4. 직장이 있어도 여성에게는 가정이 가장 중요하다.
5. 남성만이 가족을 경제적으로 부양하는 것은 불평등이다.

등상태에 있다고 할 수 있다.

지금까지 살펴본 바와 같이 파트타이머와 정사원은 연령도 생애주기의 단계도 매우 다른 집단이다. 그러므로 사실 고용형태에 따른 응답은 인적, 가족적 속성의 차이로부터 영향을 받은 결과일 가능성이 높다. 그래서 나이와 자녀를 통제해 다시 집계해 보았다[15]. 그 결과를 보면, 유자녀와 무자녀 간에 큰 차이가 있을 뿐, 고용형태 간 점수 차이는 매우 줄어든다. 또 "일이 있어도 여성에게는

가정이 가장 중요하다”에는 자녀가 없는 20대 정사원이 같은 나이의 파트타이머보다 더 강하게 동의하고 있어 고용형태와 성별분업수용도 간의 상관관계에 관한 통념과는 다르다.

고용형태에 따른 성별 분업 수용도에 큰 차이가 없는 것은 무엇을 의미하는 것일까. 그것은 강한 남성생계부양자형 젠더 시스템이 제도적 수준에서 주부노동자를 안정적으로 재생산하고 있기 때문에 개인의 의식이 고용형태에 큰 영향을 미칠 수 없다는 것을 시사한다[16]. 전술한 바와 같이, 슈퍼마켓 여성 정사원 중 기혼자의 비율은 종합슈퍼에서 20% 정도이다. 그리고 설문조사에 응답한 기혼여성 정사원 속에서 자녀가 있는 사람은 절반에 불과해 초기 육아기를 지난 사람들, 즉 생애단계의 모든 단계에 걸쳐 정사원 취업을 유지한 사람은 17.0%(42명)에 불과하다. 생애단계의 모든 단계에 걸쳐 정사원 취업을 유지한 여성은 소수 집단이며, 정사원과 주부 파트타이머는 인적 특성이나 사고방식이 다른 집단이 아니라 생애단계가 다른 집단인 것이다. 사회의 규범과 제도가, 개인의 생각에 따라 취업 형태를 선택할 수 있도록 평등하게 바뀌지 않는 한, 여성의 의식은 취업 형태를 설명하는 주요 변수가 될 수 없고 역으로 취업 형태도 여성의 의식을 설명할 수 있는 주요 요인이 될 수 없다.

2) 주부 파트타이머가 된 이유

〈표 4-12〉는 응답자들이 일하는 이유에 대한 답변을 정리한 것이다. 이 질문에 대한 응답은 본인에게 중요한 순서대로 3개까지 선택하는 것으로 요청했지만, 〈표 4-12〉에는 첫 번째 이유만을 제시했다. 이 응답을 보면 가족의 생활비를 벌기 위해 일하고 있다는 응답이 가장 많다. 그녀의 수입이 없으면 가족이 현재의 생활을 유지할 수 없음을 의미하는 “주된 생계비를 벌기 위해”, “생활비를 보조하기 위해”, “자녀교육비 및 주택대출상환이 남편의 수입만으로는 부족해서”

등의 답변이 미들타이머는 50.5%, 롱타이머는 66.3%, 정사원은 55.8%로 롱타이머가 가장 많다. 가구 소득이 가장 낮았던 롱타이머는 본인이 가족의 주된 생계부양자라는 응답(주된 생계비)이 17.4%(이혼 및 사별 10.2%, 유배우자 7.2%)다. 취업 이유에서는 경제적 이유가 아닌, 일을 통해서 삶의 독립성을 높이고 자신을 향상시킬 뿐 아니라 사회적 연결망을 유지하기 위해서라는 응답이 각 집단에서 약 25% 정도 나왔다. 그리고 미들타이머에게서 "쇼핑이나 여행, 취미 등에 쓰는 돈을 벌기 위해" 일하고 있다는 응답이 18.5% (롱타이머 6.8%), 정사원에게서 "일하는 것은 당연"하다라는 응답이 10.7% 나온 것이 특징적이다.

다음에 인용한 우에노(上野) 씨와 마츠모토(松本) 씨의 이야기에서 알 수 있듯이, 인터뷰 조사를 통해 설문조사에서는 파악되지 않은 이야기를 들을 수 있었다. 즉, 일하기 시작한 이유가 시부모와 하루 종일 함께 있는 것을 피하기 위해서라는 것이었다. 또 필자가 2007년에 만난 50대 중반의 한 롱타이머는 그녀가 어렸을 때 가출했던 친정 어머니가 10여 년 전에 돌아와 그녀의 집에서 기거하게 되었기 때문에 친정어머니와 하루 종일 얼굴을 맞대고 있지 않기 위해 취직했다고 말했다[17].

남편이 외동아들이고 대를 이어야 해서 결혼해서 6년째쯤에 시부모님과 함께 살기 시작했어요. 아이가 유치원에 다니기 시작할 때쯤이었어요. 그런데 아이도 좀 크고 시간적인 여유도 생겼는데 시부모하고 같이 사니까 매일 놀러나갈 수도 없고 참 답답했어요. 일하러 나간다고 하면 매일 나가도 괜찮지만. 시어머니는 그래도 괜찮은데 시아버지는 남자니까 하루 종일 얼굴 맞대고 있기가 불편하죠. 그래서 같이 살고 좀 있다가 여기(G1점)가 생겼을 때 지원했죠. 그리고 시아버지가 정년퇴직하게 되어서 근무시간을 늘렸어요. 역시 시부모하고는 얼굴을 마주치는 시간이 짧아야 사이가 좋아지는 것 같아요. (上野 우에노, G1점 플렉스 사원, 부인복 매장, 담당자, 월 149시간, 40세, 고졸, 근속 13년, 남편: 회사원, 연간소득 500만 엔).

(그녀는 시부모와 한 집에서 동거하는 것은 아니고 한 울타리 안에 두 채의 집을 지어서 살고 있고 식사도 따로 한다. 시부모가 경제적으로 윤택해서 주거와 관련된 모든 비용을 부담한다)

〈표 4-12〉 고용형태·노동시간그룹별 취업 이유 (첫 번째 이유, sig=.000)

단위: %, 명

	미들타이머	롱타이머	정사원	계
주된 생계비	7.0	17.4	24.4	16.9
생활비 보조	30.5	35.5	22.7	30.1
자녀교육비 및 주택융자 등	13.0	13.4	8.7	11.8
일하는 것은 당연하다고 생각	5.0	3.7	10.7	6.3
인생의 독립성	5.0	5.9	5.0	5.4
자기 향상	10.5	10.9	14.0	11.8
사회와의 연결	10.0	6.2	5.8	7.1
쇼핑, 여행 등의 여유자금	13.0	6.2	6.6	8.1
취미생활 등의 자금	5.5	0.6	0.8	2.0
기타	0.1	0.0	1.2	0.4
합계	100.0	100.0	100.0	100.0
N	200	321	242	763

저는 남편이 장남인데 3년 전까지 시할머니까지 같이 살았어요. 여기 취직하기 전에는 케익점에서 아르바이트를 했는데 집에 있는 것보다 직장에 다니는 게 훨씬 마음 편해요. 젊었을 때는 아직 시어머니에게 부림을 당하는 나이잖아요. 부엌일도 전부 해야 하고. 우리집은 아직도 세탁기가 2조식이에요. 농가에 시집오면 좋은 건 애 낳으면 봐주는 거 잖아요. (松本 마츠모토, S3점 파트너 사원, 양풍 일배 매장, 리더, 주 35시간, 45세, 고졸. 근속 17년, 남편: 자영업, 인테리어 하청, 연간소득 600만 엔)

그리고 인터뷰를 통해 알게 된 또 다른 이유가 자녀들과 거리를 두기 위해 파트타이머로 일하기 시작했다는 것이었는데 대졸 여성들이 이런 응답을 하는 경향이 있었다.

일단은 돈이 필요했던 사정도 있었고요, 아이와 떨어져 있어보고 싶었어요. 애 낳고 집에 들어앉고 나니까 사회와의 접점이 없어졌다는 생각이 들고, 나만 남겨지는 것 같고. 그래도 여기서 일하니까 사회 속에서 움직이고 있다는 기분이 들어요. 그리고 아이와 계속 같이 있는다고 아이에게 잘해주는 건 아니에요. 아이하고 하루 종일 함께 있으면 야단치는 시간만 늘어나요, 조금 떨어져 있다가 만나면 신선

〈표 4-13〉 노동시간그룹별 파트타임 노동 선택 이유 (첫 번째 이유, sig=.000)

단위: %, 명

	숏타이머	미들타이머	롱타이머	풀타이머	계
근무시간 및 근무일이 선택가능하니까	44.6	38.1	26.1	18.3	29.1
다른 일과 병행하기 위해서	1.8	0.0	1.1	1.1	0.8
자유시간이 필요해서	8.9	11.0	3.4	1.1	5.6
근무지가 자택에서 가깝기 때문에	21.4	17.4	21.6	29.6	23.3
가사·육아 때문에 정사원 근무 불가	12.5	21.3	15.9	10.2	15.1
세금 및 사회보험금 부담이 싫어서	1.8	1.9	1.1	1.1	1.4
연령제한으로 정사원 취업 불가	7.1	3.2	17.0	24.7	14.4
정사원 일자리 발견 못해서	0.0	2.6	9.1	11.3	6.8
노동시간이 길고 부담 무거운 일은 싫어서	1.8	3.9	2.3	1.6	2.5
기타	0.0	0.6	2.3	1.1	1.0
합계	100.0	100.0	100.0	100.0	100.0
N	56	155	88	186	485

하죠. 그리고 아이에게도 엄마가 일하는 편이 좋아요. 엄마가 집에 있으면 뭐든지 해달라고 어리광을 부리게 되지만 엄마가 없으면 자기가 하거든요. (山河 야마카와, G2점 파트너 사원, 여성 가방 매장, 담당자, 월 105시간, 33세, 대졸, 근속 1년 6개월, 남편이 편의점 점장이었는데 1년 반 전에 트럭 운전사로 전직해 연간소득이 600만 엔에서 450만 엔으로 줄었다. 출산 퇴직했고 아이가 좀 더 크면 정사원으로 일하고 싶어 한다)

집에 있으면 아이들에게 너무 집중하게 되잖아요. 그게 아이에게 좋은 일이 아니라고 생각해요. 그래서 일본으로 돌아오면서 곧바로 집 근처에 파트로 일할 자리를 찾았어요. (山田 야마다, G2점 프렌드 사원, 신사복 매장, 담당자, 월 90시간, 45세, 단기대졸, 근속 4년 반, 자녀: 딸과 아들, 막내 17세. 남편: 대졸, 연간소득 1,000만 엔, 남편의 전근으로 뉴욕에서 8년간 생활했다.)

계속해서 파트타임 노동을 선택한 이유를 살펴보자. 〈표 4-13〉은 〈표 4-12〉와 마찬가지로 본인에게 중요한 순서대로 3개까지 선택해달라고 요청했지만, 그 중에서 첫 번째 이유만을 정리한 것이다. 파트타임 노동을 선택한 이유에 관해서는 노동시간의 길이에 따른 차이를 좀 더 상세히 검토하기 위해 지금까지의 롱타이머를 주당 30시간 이상 35시간 미만 일하는 롱타이머와 주당 35시간 이상 일하는 풀타이머로 나누어 주부 파트타이머 내부를 네 그룹으로 구분했다. 풀타이머의 실제 노동시간은 정사원과 거의 차이가 없다.

주부 파트타이머 응답자 전체로 보면 파트타임 노동을 선택한 이유는 "근무시간과 근무일을 선택할 수 있어서"와 "직장이 집에서 가깝기 때문에"가 각각 29.1%와 23.3%로 가장 많다. 이어 "가사와 육아 부담 때문에 정사원으로 일하는 것은 무리이기 때문에"가 15.1%, "정사원으로 일하고 싶었지만 나이 제한으로 어쩔 수없이"와 "정사원 일을 찾지 못해서"가 각각 14.4%와 6.8%이다. 그런데 기혼여성에게 1번과 4번 선택은 가족 책임 때문에 파트타임 노동을 선택했다는 것을 의미한다. 즉, 파트타이머의 53.9%는 가족 책임을 위해, 그리고 21.2%는 정사원으로 취직할 수가 없어서 파트타임 노동을 선택했다.

그룹별로 보면, 가족 책임을 거론한(1+4+5) 사람은 숏타이머에서 풀타이머까지 각각 78.5%, 76.8%, 63.8%, 58.1%이다. 그 중 "근무시간과 근무일을 선택할 수 있어서"에서 차이가 크다. 숏타이머의 44.6%와 미들타이머의 38.1%가 이 응답을 했지만 롱타이머와 풀타이머의 응답은 각각 26.1%와 18.3%에 불과하다. 이와 더불어 그룹 간의 응답률에 차이가 큰 것은 정사원으로 취업하고 싶었지만 일자리를 못 찾아서 비자발적으로 파트타임 노동에 종사한다(7+8)는 응답이다. 숏타이머의 응답률은 7.1%이지만, 풀타이머의 응답률은 36.0%이며, 가족 책임 요인보다 그룹 간의 응답률 차이가 더 크다.

이상에서 본 주부 파트타이머의 취업 목적 및 파트타임 노동 선택 이유에 의하면, 주 30시간 이상 일하는 주부 파트타이머의 17%는 본인이 주된 생계부양자이고, 롱타이머의 26.1%, 풀타이머의 36.0%는 정사원으로 취직하고 싶었지만 내부 노동시장에서 거절당한 사람들이다. 성별 분업이 보편적인 사회에서 기혼여성이 가족 책임에 결박당한 주부 노동자라는 것이 이들이 피부양자임을 의미하는 것은 아니다. 그녀들의 다수가 가족 책임을 전담하고 있는 것은 피부양자여서가 아니라 그렇게 할 수밖에 없기 때문이다. 그러나 기업은 모든 주부 노동자는 피부양자라고 전제하고 주부협정에 입각한 노무관리를 통해 저임금을 합리화한다. 동시에 기업은 피부양자가 아닌 사람들이 다수 있는 장시간 파트타이머에 대해 얼마 되지도 않는 할증 임금을 제안하며 정사원의 업무를 맡도록 유도하여 비용 절감을 한층 더 추구하고 있다. 이것이야말로 주부협정이 실체이면서 허구임을, 그리고 다양한 수준에서 주부협정이 조정될 수밖에 없는 이유를 보여준다.

3) 주부 파트타이머의 목소리를 통해 듣는 노동현장

제1장과 제2장에서 본 바와 같이, 주부 파트타이머는 슈퍼마켓의 기간적 노동력이며, 이들이 없다면 점포는 운영될 수 없다. 그러나 그녀들에 대한 처우는 그 공헌과는 거리가 멀다. 근속이 길어지고 숙련이 높아질수록, 같은 일을 하는 정사원과의 임금 격차는 커진다. 때문에 위에서 본 바와 같이, 주부 파트타이머의 60%가 인생을 되돌아가 다시 선택할 수 있다면, 파트타이머가 되고 싶지 않다고 생각한다. 이것만 봐도 주부 파트타이머가 자신의 노동 환경에 대해 만족하고 있을 가능성이 낮음을 알 수 있다. 이런 불평등한 현실에 대해 주부 파트타이머들은 어떻게 생각하고 있는지에 대해 좀 더 구체적으로 살펴보자.

7점 척도로 측정한 직장 생활 전반에 대한 만족도를 정리한 〈표 4-14〉을 보면 고용형태와 노동시간을 불문하고 만족도가 낮은 것이 특징이다. 즉, 만족하고 있다고 해석할 수 있는 5점을 넘는 것은 미들타이머의 "가정과의 양립 가능성" 및 "동료와의 인간관계" 밖에 없다. 임금이나 승진·승격 가능성에 대한 불만은 세 그룹 모두에서 매우 높지만, 그 중에서도 롱타이머의 불만이 가장 높다. 이 점수가 나타내는 현실은 어떤 것일까?

아래에서는 설문조사의 자유의견에 기입된, 파트타이머로 일하면서 느껴왔던 어려움이나 불만의 내용을 중심으로 주부 파트타이머들의 시선으로 슈퍼마켓

〈표 4-14〉 고용형태별 노동시간별 직장생활만족도 (평균 점수)

단위: 점, 명

항목	미들타이머	롱타이머	정사원	전체	sig	N
장기근속 가능성	4.95	4.90	4.55	4.80	0.004	740
근무시간	4.99	4.80	4.00	4.60	0.000	779
직장환경	4.72	4.63	4.41	4.59	0.048	782
업무량	4.16	4.04	4.13	4.10	0.566	777
업무량과 비교한 임금수준	3.75	3.33	3.63	3.54	0.003	780
적성을 고려한 매장배치	4.57	4.36	4.10	4.33	0.002	763
담당업무에서의 권한	4.35	4.49	4.33	4.40	0.258	768
상사와의 인간관계	4.71	4.54	4.50	4.57	0.314	785
동료와의 인간관계	5.08	4.91	4.95	4.97	0.406	783
승진, 승급 가능성	3.60	3.36	3.53	3.48	0.136	775
교육 기회	3.88	3.65	3.83	3.77	0.101	760
복리후생	3.88	4.04	4.09	4.02	0.274	765
직장의 장래성	4.34	4.04	3.69	4.01	0.000	770
성취감, 보람	4.60	4.49	4.05	4.38	0.000	766
가정과의 양립성	5.09	4.86	3.93	4.63	0.000	779
합계	66.67	64.44	61.72	64.19	0.001	760

매우 불만 1점 ~ 매우 만족 7점

노동 현장을 그려본다. 설문조사의 자유의견에 적혀 있던 내용을 분류하면, 임금 및 임금 격차에 대한 불만, 소통하려 하지 않는 상사에 대한 불만, 승진·승격 및 업무교육에 대한 요구, 세금·사회 보험 제도의 문제, 과중한 업무 부담(빠듯한 인력 배치, 연차유급휴가 취득 불가, 서비스 잔업, 야간 근무시간대 배치 등)과 그에 따른 양립 곤란, 알선 할당(노르마), 일방적 계약변경 및 제도 개정에 의한 노동조건 악화, 파트타이머에 대한 교육 요구, 채용시 연령 제한 문제 등 일선의 노동현장에서 주부 파트타이머들은 다양한 장면에서 모순을 체감하고 있음을 알 수 있다.

(1) 저임금과 임금격차

주부 파트타이머의 임금 불만이 높기 때문에, 같은 업무를 담당하는 정사원과 비교했을 때 파트타이머의 시간당 임금 수준이 어떻다고 생각하는지를 물었다. 그 결과는 “근무시간대의 차이 등을 감안하면 적당한 수준”이라는 응답이 미들타이머 29.7%, 롱타이머 19.4%, 정사원 40.2%였다. “근무시간의 차이를 생각해도 낮다”라는 응답은 각각 52.4%, 64.5%, 34.9%였다(“잘 모르겠다” 각각 19.2%, 14.1%, 20.7%). 정사원과 동일한 업무를 담당하는 사람의 비율이 높은 롱타이머는 근무시간대의 차이가 있다고 하더라도, 파트타이머의 임금이 낮다고 평가하는 한편, 정사원의 평가는 다소 다르다. “낮다”를 “약간 낮다와 ”너무 낮다“로 나누어 보면, ”너무 낮다“는 응답은 정사원 4.6%, 미들타이머 23.1%, 롱타이머 33.7%로, 임금에 대한 롱타이머의 불만이 상당히 심각한 수준인 것으로 생각된다.

이 불만은 자유의견에서도 확인되었다. 자유의견 중 가장 의견이 많았던 것이 임금 불만에 관한 것이었다. 아래의 인용문에서 알 수 있듯이, 특히 장기 근속자 중에서 정사원과의 임금 격차 문제에 대한 지적이 많았다. “20년 경력은 인정되어야” 하지만, 현실은 그렇지 않다. 20년을 근무해도, 갓 대학을 졸업한, 어쩌면 그녀가 OJT를 담당했을지도 모르는 신입 사원보다 임금이 낮다.

> 파트타이머의 임금이 사원에 비해 낮다. 유통업계는 사원과 파트 간에 격차가 있고, 임금은 1/2, 일은 사원과 같고, 불공평이 생긴다. 파트 중에서 사원 수준의 업무능력이 있는 사람에게는 임금이 올라가는 제도를 만들면 좋겠다고 생각합니다. (설문조사 자유의견, 주 37.5시간, 52세, 고졸, 1998년 소득 200만 엔, 동거가족: 남편+자녀, 막내자녀 17세, 남편: 대졸, 1998년 가구 소득 900만 엔)
>
> 1. 우리 회사의 경우, 파트 사원에게 호의적이기는 하지만, 20년 근무한 파트 아줌마와 대학을 갓 졸업한 사람의 월급 차이가 너무 벌어진다고 생각합니다. 어차피 파트는 파트고 계약 체제가 다른 것은 당연하다고 생각하는 것처럼 느껴집니다. (20년 경력은 인정해야만 합니다)
> 2. 올 봄 임금 협상 때 정사원은 3% 인상된다고 하는데, 파트 사원 시급도 3% 인상되면 좋겠습니다.
> 3. 아르바이트(주부)의 경우 노조의 임금인상과 관계없이 사람별로 한 번에 100엔 인상되는 사람도 있고 3년이 지나도 채용 시급과 다르지 않은 사람도 있는 것 같습니다.

4. 일 년에 몇 번은 현장에 와서 노동환경이나 노동조건 등을 점검하고, 일하는 사람들과의 소통을 심화해 현장의 생생한 목소릴 모았으면 좋겠습니다.
5. 제 주변 사람들은 파트로 일해서 가족의 생활비에 보태고 있는 사람이 많기 때문에 오랫동안 한 곳에서 근무하고 싶은 사람들뿐입니다. 파트이기 때문에 이 불황 속에서, 어쩔 수 없이 고용 불안을 누구나 느끼고 있습니다. 모두가 열심히 일해 성과를 내면 한 사람도 구조 조정되지 않고 불황을 극복할 수 있다는 자세를 회사가 보여주었으면 합니다. (설문조사 자유의견, 주 35시간, 56세, 고졸, 1998년 소득 180만 엔, 동거가족: 자녀+남편, 막내 21세, 남편: 고졸, 1998년 가구 소득 270만 원)

(2) 불충분한 커뮤니케이션

임금 문제 다음으로 많았던 의견은 파트타이머에 대한 상사의 태도 문제다. 아래에 인용한 것처럼, 업무개선 의견을 말해도 들어주지 않는다, 관리직들이 기본적인 인사나 접객조차 못한다 등의 의견이 많았다. 또 정사원 상사들은 지시만 하면 본인들의 업무는 끝이라고 생각하는 건지, 하루 종일 컴퓨터만 만지고 점포가 바쁜 저녁시간대에 파트타이머들에게 일 시켜놓고 자기들은 회의를 한다는 지적도 있었다.

아이들이 좀 커서 현재의 일을 시작한지도 벌써 10년 가까이 되어가는 데 한 번도 훌륭한 매니저를 만난 적이 없습니다(점장을 포함하여 상사 전체). 정말 그 사람에게 있는 업무능력 등을 알고 배치하는 건지 항상 불안합니다. 무조건 화내는 사람, 누구에게든 네네 하는 사람, 사적인 장면과 회사에서 전혀 다른 사람, 우리도 그런 사람에게 맞추어 일하기 피곤합니다. 회사가 잘 되기 위해서, 이런 상황 괜찮은 걸까요? (누군가 제대로 하고 있는 겁니까?)

여성은 나이가 들어가면 점점 회사에서 입지가 좁아지고 살아남기 어려워지는 것은 어쩔 수 없는 일이라고 포기하고 싶지 않습니다. 가지고 있는 능력을 모두 발휘하며 자신에게 맞는 일을 하면서 활기차게 일할 수 있는 사회가 되도록 저 자신도 계속 일하고 싶습니다. 전국의 일하는 엄마들, 힘냅시다!! (설문조사 자유의견, 계약사원, 46세, 단기대졸, 1998년 소득 140만 엔, 이혼·별거, 동거가족: 자녀, 막내 11세, 전남편: 고졸, 1998년 가구 소득 650만 엔)

파트타이머라고 상사가 의견을 진지하게 들어주지 않는 경우도 있고, 저 이외의 사람들도 불만이 있는 듯합니다. 업무 개선에 관해 기껏 의견을 말해도 들어주지도 않고 채택해주지도 않습니다. 사원은 평가를 받기 때문에 진지하게 가르쳐주는 것 같습니다. 상사 스스로 파트너 사원은 정사원 스태프를 보조하는 사람들이라고 말하는 것을 들은 사람들도 있습니다. 조금만 불만을 덜 말하는 회사(점포)였으면 합니다. 그 전에 점포에서 제대로 대화를 나누었으면 좋겠습니다. 영업시간 중에 점장, 각 매장 주임, 차장이 바쁜 시간대임에도 불구하고 회의를 합니다. 게다가 술을 마시면서 안주를 먹고 있습니다. 18:30~19:00 사이에요. 우리는 바쁘게 일하고 있습니다. 이런 일도 누군가 주의를 줘야하지만, 주의를 줄 도리가 없습니다. 전부 직위에 장(長) 자가 붙는 사람들입니다. 우리 회사에도 여성들(파트너)이 의견을 나누고 회사에 전달하는 사람들이 있었으면 좋겠습니다. 파트너(여성) 조합과 같은 겁니다. (설문조사 자유의견, 주 30시간, 49세, 고졸, 1998년 소득 200만 엔, 이혼, 동거가족: 없음, 막내 21세, 전남편: 고졸)

느껴온 불만

1. 정사원, 주로 점장, 차장에 대한 사원 교육을 정기적으로 실시했으면 좋겠다. 기본적인 인사, 파트타이머의 의견을 듣는 법, 접객 등이 안됩니다. 하루 종일 컴퓨터 앞에 앉아 있을 뿐.
2. 인원배치를 매일 체크하고 손이 모자라는 부문에 응원을 나와 주었으면 좋겠다. (매출액은 낮은데 사람만 많은 부문이 있다)
3. 갑작스러운 질병이나 불행한 일 등으로 쉬게 되었을 때 담당자가 한 둘뿐인 부문에서는 하루 휴가를 낼 수가 없다. 한 사람이 2~3부문의 일을 할 수 있도록 정기적으로 몇 년에 한 번은 부문 이동을 하면, 정년퇴직으로 담당자가 빠진다든지 하는 만일의 경우에도 대응할 수 있다.
4. 파트에게도 사원 교육을 일 년에 한 번은 해주었으면 한다. 5년, 10년 일한 사람도 한 적이 없는 사람(일)은 아무것도 모른다. 기억하려고 하지 않는다. POP 만들기, 2050(상품대장관련 컴퓨터 프로그램-필자). 발주기 등 모두가 레벨업 했으면 좋겠다. (설문조사 자유의견, 주 37시간, 39세, 고졸, 1998년 소득 197만 엔, 이혼, 동거가족: 자녀)

(3) 과중한 업무와 받을 수 없는 연차유급휴가

장시간 파트타이머들만이 업무가 과중하다고 호소하는 것은 아니다. 다음에 인용한 것처럼, 불황 속에서 인원을 줄여, 주당 20시간 일하는 파트타이머에게도 두 개 부문을 맡기기도 한다. 그 때문에 일을 제대로 해낼 수 없는 것뿐만 아니라 업무시간에 일이 끝나지 않는 것이 당연한 것처럼 되고 있다. 인간관계에서의 배려도 점점 얇아져 일하기 어려워지고 있다. 인용은 하지 않았지만 주당 29시간 일하는 한 주부 파트타이머는 불만 사항으로 파트타이머와 사원의 일이 같다고 말한 후 "노동시간이(정사원보다) 짧은 파트 쪽이 업무 양이 더 많다"고 썼다. 이처럼 업무 부담이 무거워지고 있기 때문에, 고용형태를 불문하고 노동자의 기본 권리인 연차유급휴가조차 받지 못하는 경우가 많아져 연차를 받을 수 없다는 불만을 쓴 주부 파트타이머가 많았다.

1. 당사(當社)에 입사해 *○(판독 불가-필자)년입니다. 옛날에는 자녀의 성장과 더불어 근무시간대를 변경해주어 일하기 쉬웠지만 현재는 일하기가 매우 힘들어졌습니다. 일하는 사람들도 변했지만 회사쪽이 변했습니다. 시대가 변했으니 변하는 바뀌는 것이 당연하겠지만 인간다움이 없어지고 너무 차가워졌다고 생각합니다. (특히 서로에 대한 배려와 협력, 자기 사정뿐 아니라 모두의 사정을 생각하는 태도가 없어짐) 파트는 뭐든 할 수 있어야 한다고 해서 현재 두 부문의 업무를 모두 담당하고 있습니다. 정말이지 충실하게 일하는 셈입니다.
2. 불경기 때문에 우리 회사도 인원을 감축하고 있는데, 지나친 감축은 재고해야 한다고 생각합니다. 남은 사람들에게 그만둔 사람들의 일이 맡겨져 큰 부담이 되고 있고, 지금까지 해왔던 업무도 어중간한 상태로 끝내게 됩니다. (후략) (설문조사 자유의견, 주 20시간, 51세, 고졸, 1998년 소득 100만 엔, 동거 가족: 남편+자녀, 막내 24세, 남편: 고졸, 1998년 가구 소득 820만 엔)

1. 연차를 사용할 수 없는 이유는 뭡니까? 뭐든 사원보다 파트 쪽이 불리합니다.
2. 근무시간 내에 일이 끝나지 않아서 연장근무를 하고 있어도 회사는 그걸 당연시하는 듯한 느낌입니다. 누구나 정해진 시간에 귀가하고 싶으니까, 좀 더 생각해주세요.

3. 상사들은, 어떻게 일하고 있는지 한 사람 한 사람을 좀 제대로 봐.
4. 사무실에서 상사, 동료, 파트 욕하지 마세요. 다른 사람 욕하는 걸 듣고 내 욕도 하겠구나, 싶었습니다.
5. 정사원이 되고 싶어도 가정을 생각하면, 좀처럼 결심하기가 어렵습니다. 저 자신은 나이 문제도 있어서 기분이 반반입니다.
6. 마음 같아서는 좀 더 여유 있는 일을 하고 싶습니다. 업무 개선밖에 없겠지요.
7. 나는 일을 좋아하니까 할 수 있을 때까지는 일하고 싶습니다. (설문조사 자유의견, 주 35시간, 56세, 중졸, 1998년 소득 259만 엔, 동거가족: 남편+자녀, 막내 26세, 남편: 고졸, 1998년 가구 소득 507만 엔)

(4) 부당한 노무관리

주부 파트타이머들의 고충은 정사원과의 임금 격차와 커뮤니케이션의 부족, 그리고 과중한 업무 부담만으로 끝나지 않는다. 다음에 인용한 사람의 경험처럼, 회사의 일방적인 계약 변경 및 제도 개정으로 임금이 갑자기 저하하는 경우가 적지 않다. 전술한 바와 같이 사례기업에서도 마찬가지인데, 그러한 제도 개정의 목적 중 하나가 장기근속 장시간 파트타이머의 임금 삭감이다. 제2장에서 언급한 바와 같이 1999년의 S2사 제도 개정도 2006년 S4사의 제도 개정도 그런 것이었다. 또 G1사도 2004년에 인사 제도를 개정했는데, 그 결과 풀타임 파트타이머인 커리어 사원의 임금이 25%나 저하되었다. 임금 삭감 이외에도 점장이 일방적으로 계약시간을 30분씩 줄였다거나 부문급이 다르다는 안내도 없이 부문이 전환되어 시간급이 줄어든 사례도 있었다.

**(기업명)에 근무한 지 16년. 작년에는 교육도 받았고, 차례차례 책임이 무거운 직책을 맡게 되었다. 의욕을 가지고 적극적으로 일해 왔습니다. 이번에, 갑자기, 지금까지 열심히 회사를 위해, 고객을 위해, 힘써 온 모든 것을 물에 떠내려 보내고 처음부터 다시 시작하는 것으로 시스템이 변한다. 그동안의 노력은 뭐였나? **라는 회사는 이런 꼼수 기업이었나? 책임 있는 업무를 맡아서 정사원과 같은 수준으로 일을 해온 것이 이렇게 물거품이 되는 건, 아무리 불황이라지만, 처음부터 다시 시작하게

하다니. 조합비도 내기만 내고 아무것도 돌아오는 건 없는 건가. 이런 식이라면 노조에 가입시키지 말아야했다. 애사심까지 허무하게 사라지고 있습니다. 매일, 자, 고객을 위해! 라며 노력해 왔는데, 상품매입을 위해 몇 년이나 열심히 오사카, 나고야, 도쿄로, 수많은 회사를 돌면서도, 조금이라도 싸고 좋은 물건을 매입해, 회사를 위해 고객을 위해, 라며 기쁨에 들떠 있었습니다. 일에 대한 의욕을 잃은 때만큼 외로운 때는 없는 것 같습니다. (설문조사 자유의견, 주 40시간, 60세, 단기대졸, 1998년 소득 250만 엔, 사별, 동거가족: 자녀, 남편: 대졸, 1998년 가구 소득 357만 엔)

인터뷰 조사에서는 파악되지 않았지만 설문조사에 따르면 세일 시기의 판매액 할당이나 제품 구매를 강제하는 경우도 있다. 구체적으로 할당 금액을 쓴 사람은 다음에 인용한 한 사람뿐이었지만, 그 밖에도 *"반강제적으로 업무와 관계없는, 그다지 필요하지도 않은 물건을 구입해야만 하거나, 사용하지 않는 카드를 만든다거나"* *"회사의 간행물 등을 강제로 사게 한다"*라고 불만을 호소하는 사람들도 있었다.

이번 알선 세일의 1인당 노르마는 무거웠다. 25만 엔은 결코 쉬운 금액이 아니다. 가전 제품은 다른 가게에서 언제든지 더 싸게 구입할 수 있는 상품이라서 아는 사람들에게 소개하는 것이 굉장히 마음이 불편했다. 대형 상품인데 배달료, 물품수령 수수료까지 부담하게 한다. 다른 가게에서는 배달 요금은 무료다. 그런 부분까지 세심하게 배려해 주었으면 좋았을 텐데. 특별히 필요한 상품도 아닌데, 무리해가며 협력은 했지만 이런 일이 여러 차례 계속하게 되면 곤란합니다. **운동에 협력하고 있는 것만으로 최선입니다. (설문조사 자유의견, 주 30시간, 52세, 고졸, 1998년 소득 165만 엔, 동거가족: 남편+자녀, 막내 20세, 남편: 고졸, 1998년 가구 소득 704만 엔)

4) 멀기만 한 노동조합

지금까지 검토한 바와 같이 다양한 측면에서 모순과 불만을 느끼는 주부 파트타이머들에게 노동조합은 어떤 존재일까?

우선 주부 파트타이머 응답자의 노동조합 가입률과 가입/미가입 이유부터 검토하자. 주부 파트타이머 응답자 중 노동조합원 비율은 62.3%(롱타이머

72.4%, 미들타이머 45.6%)이고 정사원 응답자에서는 97.1%다. ABC 유니온의 가맹 조직은 모두 유니온 숍이라 정사원은 시용 기간이 끝나면 모두 노조원이 된다. 그리고 파트타이머는 제3장에서 본 바와 같이 노동시간의 길이로 가입 자격이 결정된다. 모집단의 평균에 비해 주부 파트타이머 응답자의 노조 가입률이 많이 높은데, 그 이유는 설문조사지가 노동조합을 통해 배포되었기 때문이다.

주부 파트타이머들이 노동조합에 가입한 이유에 대해 우선순위를 정해 두 개의 응답을 요청했다. 그 중 첫번째 응답을 보면, "노동자의 연대를 강화하기 위해 노동자라면 노동조합에 가입하는 것이 당연하다고 생각하기 때문"이라는 응답이 가장 많은 46.4%였다. 특히 롱타이머 중 그 응답률은 46.4%로, 37%인 정사원보다 높다. 다음으로 주부 파트타이머의 응답률이 높은 선택지는 "특별한 이유는 없다"와 "노동조합에 가입하면 임금과 다양한 노동조건이 좋아지기 때문"으로, 각각 20.4%와 18.3%이다(정사원은 34.2%와 8.3%). 또 노동조합에 가입하지 않은 이유로는 응답자의 절반 이상이 "파트타임 노동자는 가입 자격이 없기 때문"이라고 답변했다. 그리고 롱타이머의 54.4%와 미들타이머의 36.4%가 "가입을 권유받으면" 또는 "특별한 불이익이 없으면 가입할 것"이라고 응답했다(정사원 57.0%). 전체 주부 파트타이머의 9%는 "기꺼이 가입한다"고 답했다.

만약 선택할 수 있다면, "어떤 노동조합에도 가입하고 싶지 않다"고 생각하는 주부 파트타이머는 16.3%(노조원 7.7%, 비노조원 28.9%, 롱타이머 11.2%, 미들타이머 22.2%) 밖에 없어, 노동조합 자체에 대한 주부 파트타이머들의 기대와 친근감은 높다고 할 수 있다. 면접조사에서도 노동조합에 가입하고 싶은지를 물었는데 전반적으로는 가입을 희망하는 사람이 많았지만, 롱타이머에 비해서 미들타이머는 상대적으로 관심이 낮았다.

조합에 가입하려는 이유는 다음에 인용한 혼다(本田) 씨와 야마다(山田) 씨의 의견처럼, 불만 사항이 말할 수 있는 곳이 생겨 임금 및 근무환경이 개선될 거라는 기대였다.

불만을 들어주는 곳이 없어요. 계약 갱신 때 하고 싶은 말을 말했어요. 지금도 뭔가 의견이나 불만이 있으면 말씀해주세요, 라고는 하지만 상대는 경영자잖아요. 어쩔 수 없어요. (현재의 조합에 가입하실 생각이세요, 아니면 파트타이머만으로 구성되는 조합에 가입하시고 싶으세요? -필자) 거기까지는 생각을 안했는데요, 노조가 있으면 좋겠어요. (本田 혼다, G2점 프렌드 사원, 주 37.5시간, 52세, 단기대졸, 청과 매장, 담당자, 근속 17년)

노조가 있으면 노동조건이 좋아질 거라고 생각해요. 여러모로. 나도 여기서 4년간 근무했는데요, 시급도 전혀 오르지 않았고, 복리 후생의 관점에서도 그렇고. 같은 일을 하고 있으니까 프렌드 사원도 노동조합이 있으면 좋잖아요? 인사면에서도. 저는 변함이 없지만 갑자기 매장이 바뀌는 사람도 있어요. 갑자기라고 해도 일주일이나 한 달 전에 말씀하십니다만, 가라고 하면 갈 수밖에 없지요. 노조도 없고. 아주 가끔 뭐 그런 케이스가 있어요. (山田 야마다, G2점 프렌드 사원, 주 22시간, 단대졸, 신사복 매장 담당자, 근속 4년)

더불어 다음에 인용한 우에노(上野) 씨의 말처럼 노조원이 되면 지금보다 보너스가 오를 거라는 기대가 가장 많았다. 노조원이 아닌 파트타이머의 보너스가 너무 낮기 때문이다. 이처럼 노조가 여러 가지 면에서 노동조건을 개선해주리라는 기대가 있기 때문에, 사카이(酒井) 씨는 그런 걸 할 수 있는 강한 노동조합이라면 가입하고 싶지만 그렇지 않으면 가입하고 싶지 않다[18].

노조원은 보너스가 월급 한 달 분 또는 1.5개월 분 이렇게 나오더라고요. 지금 우리 보너스는 보너스도 아니에요. (上野 우에노, G1점, 플렉스 사원, 부인복 매장, 담당자, 월 149시간, 40세, 고졸, 근속 13년)

G1 노조는 힘이 있는 강한 노조에요? 어때요? 강한 노조라면 가입하고 싶지만, 약한 노조라면 가입하고 싶지 않아요. (酒井 사카이, G1점 플렉스 사원, 가전 매장, 담당자, 월 119시간, 42세, 고졸, 근속 12년)

주부 파트타이머들이 가입하고자하는 노동조합은 "회사 안의 현재의 노동조합"이 44.7%(노조원 57.9% 비노조원 25.5%, 롱타이머 52.3%, 미들타이머 34.9%)로 가장 많다. 그러나 "회사 안의 파트타임 노동자만의 노동조합"을 선택한 사람들도 33.0%(노조원 29.2% 비노조원 38.7%, 롱타이머 29.5%, 미들타이머 37.6%)로, 정사원 중심의 노동조합이 파트타이머의 이익을 대변하기 어렵다고 생각하는 파트타이머가 적지 않음을 보여주고 있다. 그 외에 "회사 밖의 파트타임 노동자만의 노동조합"과 "회사 밖의 현재 존재하고 있는 다른 노동조합"을 선택한 사람들은 각각 4.2%와 1.2%이다(노조원은 각각 0.9%와 3.0%, 비노조원은 각각 1.5%와 5.7%).

설문조사의 자유 의견에서도 *"회사의 조합은 정사원을 위한 것이라서, 파트는 결국 파트에 지나지 않는다"*라든가 *"노동조합이 무엇인가에 대해서는 들은 적이 없어요. 파트니까 라는 이유는 이상하다고 생각합니다" "노동조합이 무얼 하고 있는지 구체적으로 알고 싶다"*는 등 노동조합을 멀게 느낀다는 의견이 여섯 석혀 있었나. 인터뷰에서도 *"노동조합이 뭐를 하고 있는지 모르기 때문에, 최근에는 500엔인 조합비도 아깝다고 생각"*(坂□ 사카구찌, S3점, 파트너 사원, 레지, 주임)한다는 의견도 들었다. 위에서 인용한 사람의 경우처럼 회사가 갑자기 제도를 개정해 임금을 인하했는데, 노동조합이 그 부당한 현실에 아무런 도움을 주지 않을 때, *"조합비도 내기만 내고 아무것도 돌아오는 건 없는 건가. 이런 식으로 된다면 노조에 가입시키지 말아야했다"*라고 생각하는 것이 당연할 것이다. 이런 사정 때문에 파트타이머들은 불만 사항을 전달하기 위해 *"우리 회사에도 여성들(파트너)이 의견을 나누고 회사에 전달하는 사람들이 있었으면 좋겠습니다. 파트너(여성) 조합과 같은 겁니다."*라고 말한다.

주부 파트타이머들은 어떤 상황에서 노동조합이 의지가 되어줄 거라고 기대하고 있을까. 우선 순위를 정해 3개의 응답을 받은 가운데 첫 번째 응답은 다음과 같다. 도움이 되는 측면으로 79.1%의 주부 파트타이머 응답자가 "임금과

〈표 4-15〉 어려움에 처했을 때의 대응 (고용형태별)

단위: %, 명

대응	비인격적 처우 sig=.633		부당한 업무전환 및 전근명령 sig=.258		부당한 노동시간단축 및 근무시간대변경 sig=.002		부당한 해고 sig=.040	
	주부파트	정사원	주부파트	정사원	주부파트	정사원	주부파트	정사원
1	8.3	9.9	10.5	13.1	10.3	13.0	2.4	1.3
2	13.0	12.8	18.1	12.3	29.6	16.5	9.5	6.1
3	59.0	57.2	19.4	21.2	16.2	22.2	7.9	8.2
4	4.4	7.0	26.0	28.4	28.4	37.0	33.5	43.7
5	1.4	0.8	1.8	2.5	3.9	3.0	15.8	13.6
6	1.9	2.1	2.0	0.9	3.0	1.7	13.8	15.6
7	12.0	10.3	22.2	21.6	8.7	6.5	17.2	11.3
합계	100.0	100.0	100.0	100.0	100.0	100.0	100.0	100.0
N	517	243	504	236	507	230	507	231

대응: 1. 참고 견딘다. 2. 개인적으로 항의한다. 3. 동료나 주변 사람들과 상의한다. 4. 노동조합에 가서 상의한다. 5. 노동청에 가서 상담한다. 6. 민간상담기구 및 시민단체에 가서 상담한다. 7. 회사를 그만둔다.

노동조건이 개선되는 것", 7.6%가 "회사가 노동자에게 멋대로 하지 못하게 할 것", 4.1%가 "노동자의 연대를 위해" 라고 대답했다. 이 질문에 대한 응답에서 노동조합이 "해고되었을 때 도와준다"고 답한 주부 파트가 1% 밖에 되지 않는다는 것을 눈여겨 봐둘 필요가 있다.

주부 파트타이머들은 어려운 상황에 처했을 때 도와줄 곳은 어디라고 생각하는 것일까? 〈표 4-15〉과 〈표 4-16〉은 "왕따 등 비인격적인 처우를 받았을 때", "부당한 업무 전환이나 전근 등의 명령을 받았을 때", "부당하게 노동시간단축이나 근무시간을 변경당했을 때", "부당하게 해고되었을 때" 어떻게 대응할 것인가에 대한 응답을 고용형태별, 노조원/비노조원별로 정리한 것이다. 정사원은 거의 모두가 노조원이므로 정사원의 응답은 노조원의 응답이라고 생각해도 좋다.

〈표 4-15〉과 〈표 4-16〉에서 보이는 특징은 다음과 같다. 첫째, 노조원에 한

〈표 4-16〉 어려움에 처했을 때의 대응 (주부 파트타이머 중 조합원/비조합원별)

단위: %, 명

대응	비인격적 처우 sig=.042		부당한 업무전환 및 전근명령 sig=.000		부당한 노동시간단축 및 근무시간대변경 sig=.001		부당한 해고 sig=.000	
	조합원	비조합원	조합원	비조합원	조합원	비조합원	조합원	비조합원
1	9.6	6.8	10.2	11.0	13.0	9.7	1.7	3.2
2	12.6	13.6	15.9	21.4	25.1	33.3	7.1	14.1
3	58.5	60.7	20.3	19.2	13.7	21.0	5.1	13.5
4	5.6	1.6	33.2	15.4	34.2	17.7	43.7	15.1
5	1.0	1.6	1.4	2.2	4.6	2.7	14.6	17.3
6	0.7	4.2	0.3	4.9	2.0	4.8	11.9	18.4
7	12.0	11.5	18.6	25.8	7.5	10.8	15.9	18.4
합계	100.0	100.0	100.0	100.0	100.0	100.0	100.0	100.0
N	301	191	295	182	307	186	295	185

정하면 노동조합은 부당한 노무관리 문제를 해결해주는 주체로서 상대적으로 신뢰받고 있지만 그 신뢰감이 내난히 높다고는 할 수 없다. 즉, "왕따 등 비인격적인 처우를 받았을 때"를 제외하면 정사원이든 파트타이머든 노조원은 납득할 수 없는 노무관리가 있었을 경우의 상담 상대로서 노동조합을 선택하는 사람들이 가장 많다. 그러나 그 비율은 해고의 경우에도 40%를 좀 넘는 정도에 불과하다. 주부 파트타이머뿐만 아니라 정사원도 그렇다. 노동조합을 의지할 수 있는 곳이라고 생각하지 않는 만큼 다른 곳을 의지처로 생각하고 있다. 노조원의 경우에도 부당한 업무 전환이나 전근명령, 부당한 노동시간 단축과 근무시간대 변경의 경우는 개인적으로 항의하거나 동료나 주변 사람들과 상담하겠다는 사람들이 노동조합에 상담하겠다는 사람들보다 많다. 부당하게 해고된 경우도 주부 파트타이머 노조원의 26.5% 정사원의 29.2%가 노동청, 민간상담기관, 시민단체 등에 갈 생각이다.

주부 파트타이머의 대다수를 차지하는 비노조원에게 노동조합은 먼 존재이다. 노조원이 아닌 주부 파트타이머들은 "부당한 업무 전환이나 전근명령"과 "부당한 노동시간 단축과 근무시간대 변경"이 있었을 경우, 조합에 상담하는 것보다 개인적으로 항의하거나 주변 사람들과 상의할 생각이다. 또 "부당 해고"가 있을 경우 회사의 노동조합(15.1%)보다 노동청이나 민간상담기관, 시민단체(35.7%)가 더 의지가 된다고 생각한다.

마지막으로, 부당한 업무 전환이나 전근 명령을 받은 경우 회사를 그만두겠다는 응답이 파트타이머도 정사원도 20%를 넘고 있다. 면접조사를 통해 확인한 바에 따르면, 이것은 업무 전환보다 전근의 경우에 대한 응답으로 보인다. '사직'이라는 선택이 이렇게까지 많은 이유는 응답자를 기혼여성에 국한했기 때문이라고 생각된다. 성별 분업이 강하고 여성에게는 직장인으로서의 전망이 없는 사회에서 가족돌봄 담당자인 기혼여성에게 전근은 정사원이라도 직장을 포기할 수밖에 없는 일인 것이다.

3. 수용: 현실 끌어안기

제2절에서 본 것처럼 주부 파트타이머들은 자신이 처한 상황에 대해 그다지 만족하지 않는다. 다시 말해 주부 파트타이머들은 자신이 처한 상황에서 지배적인 권력 관계의 정당성에 의구심을 품고 있다. 그러나 근속년수의 측면에서 봐도 직무영역의 측면에서 봐도 주부 파트타이머들의 기업 내 정착이 증가한 것이 현실이다. 이것이 의미하는 것은 지배적인 권력 관계에 많은 균열이 생겨 있을 가능성이고, 기업과 노동조합뿐만 아니라 주부 파트타이머들도 어떻게든 자신의 상황에 적응하기 위한 행위전략을 구사하고 있다는 것을 의미한다.

주부 파트타이머들은 자신의 상황을 어떻게 해석해, 불만은 있지만 견딜만한 것으로 만들고 있는 것일까? 그녀들의 행위전략은 기업과 노동조합의 행위전략과 어떻게 상호 작용하고 있는가? 그것은 지배적인 권력 관계의 정당성의 균열을 더욱 확대시키는 것, 즉 구조와 제도의 변화로까지 이어질 것인가?

먼저 제3절과 제4절에서 사용할 개념을 간단히 정의하고자 한다. 〈수용전략〉은 "자신이 처해있는 상황의 지배적인 규범과 규칙을 받아들이고 그것에 따르는 행위전략"이다. 어떤 식으로든 자신이 처한 현실을 끌어안으려 하는 것이다. 〈저항전략〉은 "자신의 이익과 자립성을 높이기 위해, 지배적인 규범이나 규칙을 무시하고 따르지 않거나 그것에 맞서는 행위전략"으로 정의한다. 저항 전략은 행위자가 자신이 처한 상황의 지배적인 규범과 규칙에 동의할 수 없을 때 취하는 행위전략이다.

그런데 파트타임 노동자의 상황대응전략에서 유의할 점은 수용 전략과 저항 전략이 분리된 것이 아니며 연결되어 있다는 점이다. 주부 파트타이머들의 불만이 높음에도 불구하고 동시에 기업 내 정착이 진행되고 있는 현실 사체가 수용과 저항의 공존을 시사하고 있지만, 많은 경우 저항 전략은 수용 전략이라는 토대 위에서 사용된다. 파트타임 노동자의 저항은 대규모의 조직적인 저항이 아니라 개인이나 소집단 수준의 저항이며, 일상과 완전히 분리된 것이 아니라 견디기 어려운 현실을 견딜 수 있는 현실로 바꾸려는 저항이다. 그래서 그녀들의 저항은 수용과 결합하는 면이 있다. 그러나 그 저항이 현실을 결정적으로 또는 구조적으로 바꾸는 건 아닐지라도 그것이 그녀들의 의지를 관리직들에게 전달하고, 기업의 일방적 요구로부터 그녀들을 보호하는 것인 한, 그것은 저항이다. 시간이 걸리고 더딜지라도 그런 저항이 현실에 서서히 균열을 내며 구조 변화로 이어질 가능성이 있다.

그러나 주부 파트타이머처럼 조직되어 있지 않은 개인 주체의 저항 전략은 표면화되지 않거나 명료하게 눈에 보이는 형태를 취하지 않은 경우가 많다. 개별 행위자는 상황적 요구가 자신의 이해와 갈등하거나 대립하는 경우, 직접적으로 또는 정면승부를 하기 보다는 우선은 상황에 적응한다. 그러나 동시에 그 상황이 초래하는 희생과 억압에 저항하기 위해 공식 규범과 권력을 무시하고 따르지 않거나 비공식적인 규범을 만들려고 한다. 그리고 그 상황과 구조가 주체의 희생으로 유지됨에도 불구하고 주체가 그것을 변화시킬 가능성이 찾을 수 없는 경우, 즉 불평등에 대한 정당성을 인정할 수 없지만, 현실을 빠른 시간 내에 바꿀 수 없는 경우, 틈새 권력이라고도 할 수 있는 비공식 권력이 탄생하게 된다. 비공식 권력과 규범은 공식 권력과 규범과 공존하는 동시에 공식 권력과 규범의 지배에 균열을 초래한다. 개인 주체의 저항 행위는 단기간에 급격한 변화를 가져오기는 어렵지만, 비공식적 규범과 권력을 만들어냄으로써 장기간에 걸쳐 공식 권력과 규범을 부식하고 변화시켜나가는 힘을 가진다. 이런 의미에서 주부 파트타이머들의 저항 전략은 공식적 통제 체제로부터 자기 자신을 보호하고 자율적인 공간을 열며 기존의 구조와 위계에 균열을 일으켜 변화를 가져올 수 있다.

기간노동력화와 처우격차확대의 동시 진행이라는 모순된 상황을 가장 첨예하게 체험하는 집단이 롱타이머이기 때문에, 주부 파트타이머의 행위전략은 롱타이머를 보다 중심적으로 분석하고자 한다.

1) 체념

수용 전략은 현재의 상황을 받아들이는 정도에 따라 크게 〈체념〉, 〈합리화〉, 〈체제편입〉으로 구분할 수 있다. 〈체념〉은 현재의 상황이 만족스러운 것은 아니지만 개인이 바꿀 수 있는 것은 아니므로 어쩔 수 없는 것이라고 받아들이는 태도다. 체념은 구체적으로 〈시대와 나이를 탓하기〉, 〈시장상황 직시하기〉, 〈여우의 신포도 전략〉, 〈어머니의 심성 갖기〉, 〈딸들에게 희망 걸기〉 등으로 나타난다.

(1) 시대와 나이를 탓하기

먼저 그녀들의 현재 상황은 결혼 퇴직 또는 출산 퇴직에서 출발한 것이다. 따라서 야마다(山田) 씨와 혼다(本田) 씨의 말처럼, 그녀들의 이야기는 체념의 태도로, 결혼/출산 퇴직에 대해 말하는 것으로 시작한다. 그 이야기는 "그 때는 시대가 그랬다"라는 말로 요약될 수 있다.

결혼하고 나서 전업주부로, 단기대 졸업하고 25세까지 한 5년 정도 일류 기업에서 정사원으로 일했어요. 미쓰비시 중공업이라는 회사인데요, 결혼하면서 그만두었어요. 당시에는 결혼하면 퇴직해야만 했거든요. 퇴직금도 결혼할 때 퇴직하면 축하금을 포함해서 상당한 정도의 금액을 받을 수 있었는데, 그 이후에 퇴직하면, 정년퇴직이 아니면 자기사정으로 인한 퇴직이라고 하면서 퇴직금을 일체 받을 수가 없었어요. 그래서 돈 받고 퇴직했어요. 그 돈 아직도 가지고 있어요. (山田 야마다, G2점 프렌드 사원, 신사복 매장, 담당자, 주 22시간, 45세, 단대졸, 근속 4년 반, 남편: 대졸 직장인, 연봉 1,000만 엔, 자녀: 딸과 아들, 막내 17세)

태어난 것은 후쿠시마현 아이즈(会津)인데요, 고등학교 졸업하고 동경에 가서 단기대 나오고, 고향으로 돌아가서 학교에서 사무직으로 잠깐 일했어요. 그러다가 결혼해서 그만두었죠. 우리 때는 시대가 그랬어요. 지금 같으면 뭐 그렇게 그만두지는 않겠지만 우리 때는 결혼하면 그만둬야하는 뭐 그런 시대였어요. (本田 혼다, G2점 프렌드 사원, 청과 매장, 담당자, 주 37.5시간, 52세, 단기대졸, 근속 17년, 남편: 대졸, 인력파견 회사 임원, 연봉 800만 엔, 자녀: 아들 3명, 막내 25세)

사실 시대에 대한 원망은 남편에 대한 원망도 포함되어 있다. 다음에 인용한 설문조사 응답자의 말처럼 회사가 결혼 퇴직, 출산 퇴직을 강요할 뿐만 아니라, 남편이 집안일도 육아도 아무것도 도와주지 않았기 때문에 혼자서 일과 가정을 양립하기가 어려워 일을 그만둘 수밖에 없다. 설문조사에서 여성이 일과 가정을 양립하기 위해 필요한 지원 조치를 물었더니 39.2%의 주부 파트타이머(정사원 39.9%)가 가장 중요한 것으로 "가사와 육아를 분담하려는 남성 자신의 노력"을 들었다. 그리고 주부 파트타이머 응답자의 19.5%(정사원 12.8%)가 "가족 전반의 협력"을 23.5%(정사원 22.6%)가 "보육시설 확충과 육아휴직 및 개호휴업 제도의 정비 등 법률적인 지원 조치"라고 대답했다.

> 10년, 20년 더 늦게 태어났다면 좋았을텐데~ 라고 생각합니다. 지금은 "아버지가 육아에 참여하는 것이 당연"하지만[19] 20년 전에는 어머니가 육아하는 것이 당연했고 아버지는 '육아'도 '집안일'도 아무것도 도와주지 않았기 때문에요. 지금 내가 20살 정도고 일하고 있다면 남편에게서 가사도 육아도 도움을 받으면서 계속 일할 수 있을지도 있을 텐데.(결혼하거나 출산하면 퇴직하는 것이 당연한 시대였기 때문에! 좀 아쉽습니다.) (설문조사 자유의견, 주 20시간, 40세, 고졸, 1998년 소득 80만 엔, 동거가족: 남편+자녀, 막내 11세, 남편: 대졸, 1998년 가구 소득 1,000만 엔)

시대의 문제로 시작된 이야기는 이미 나이를 먹어버린 자신과 주부로서의 책임 문제로 이어진다. 다나카(田中) 씨는 자신은 이미 나이를 먹어 정사원으로 일하는 것은 무리라며, 파트타이머의 일에 만족할 수밖에 없다고 한다. 그녀는 정사원으로 등용될 기회가 있었지만, 통근 거리가 먼 점포로 전근하는 것은 힘들기 때문에 포기한 경험이 있다. 다나카 씨도 그렇지만 니시카와 씨는 리더라는 직함의 매장 주임이다. 파트타이머이기 때문에 회사가 정식 주임 직책은 주지 않는다. 그녀는 정사원 주임과 똑같은 일을 담당하고 똑같은 노동시간 일하지만, 오후-저녁(遅番) 근무를 하지 않는 파트타이머이기 때문에 그녀의 임금은 정사원 주임의 절반도 되지 않는다. 본인도 자신의 업무 능력이 정사원 못지않다고 생각하지만 자신은 가족의 생활 리듬에 맞춰 일할 수밖에 없는 주부 노동자이기 때문에 저임금을 감수할 수밖에 없다고 생각한다.

> 글쎄요, 내가 조금만 더 젊다면, 한 10년 20년 더 젊다면 정사원으로 의욕 있게 일해보고 싶어요. 그렇지만 지금 이 나이가 되면 그냥 이대로 가야죠 뭐. (田中 다나카, G1점 커리어 사원, 일배 매장, 리더, 주 40시간, 59세, 고졸, 근속 13년, 남편: 석유

회사의 회사원으로 정년, 자녀: 아들 1명, 30대)

정사원은 점포이동을 하잖아요. 오후-저녁근무도 하고. 우리는 가정이 있어서 저녁시간에는 집에 가야하니까 오후-저녁근무를 할 수가 없어요. 전근하는 건, 정사원들도 40키로 내에서 전근하는 사원구분이 있으니까 어떻게 해볼 수도 있지만, 오전-오후근무만 할 수 있는 정사원이라면 좋겠지만... 지금은 아이들도 컸고 그리고 지금도 매장을 책임지고 있으니까 오후-저녁근무만 아니라면... 지금은 일인당 생산성이 나오니까 평가받을 자신도 있고... (西川 니시카와, S3점 파트너 사원, 양풍일배 매장, 리더, 주 37.5시간, 45세, 고졸, 근속 17년, 남편: 인테리어 자영업, 연간소득 600만 엔, 자녀: 2명, 15세, 17세)

지난간 시대뿐 아니라 현재의 시대도 주부 노동자들의 취업을 제한하고 있다. 제1장 2절에서 소개한 바와 같이, 세금 제도, 사회 보험 제도 및 임금 제도(배우자 수당)로 구성된 주부 제도가 많은 기혼여성 노동자를 103만 엔의 벽에 가두고 있다. 다음에 인용한 것처럼, 주부 파트타이머들은 주부 제도에 의한 제한 때문에 파트타이머가 될 수밖에 없을 뿐 아니라 파트타이머로시의 일조치 본인이 만족할 정도로 할 수 없다. 또 그 제한은 "시간당 임금이 낮아도 어쩔 수 없다고 생각할 수밖에 없다"고 포기하게 만들어 파트타이머에게 저임금을 받아들이게 하고 임금인상을 요구할 수 없게 한다. 면접조사에서도 취업 조정을 위해 파트타이머들이 연말에 일시적으로 쉬는 문제는 물론, 심지어 월급을 받지 않고 일하는 경우도 들었다.

남편의 부양 내에서 일을 하는 건 항상 시간이 부족하고, 그렇다고 일을 하다말고 중간에 귀가하는 건 성격상 싫고, 그래서 결국은 무임금 노동을 하게 됩니다. 피부양자로 간주되는 소득이 현재의 (연간) 103만 엔에서 120만 엔 정도 되면 일도 충실하게 할 수 있지 않을까 생각합니다. 파트라고 해도 일을 하는 이상 책임이 있다고 생각하니까요. (설문조사 자유의견, 주 20시간, 45세, 단대졸, 1998년 소득 82만 엔, 동거가족: 남편+자녀, 막내 15세, 남편: 대졸, 1998년 가구 소득 800만 엔)

파트타이머로 남편의 부양 아래 일할 수 있는 연간소득은 정해져 있는데 그 기준이 낮아서 시간당 임금이 낮아도 어쩔 수 없다고 생각할 수밖에 없다. 현재의 노동 형태에 불만을 느낀다. (설문조사 자유의견, 주 20시간, 50세, 단대졸, 1998년 소득 85만 엔, 동거가족: 남편+자녀, 막내 23세, 남편: 대졸, 1998년 가구 소득 1,400만 엔)

(2) 노동시장의 엄혹함 직시하기

파트타임 노동자이면서 주임 일까지 맡고 있는 상황에 대해 시대를 탓하는 것만으로 스스로를 납득시키기는 어렵다. 오사와(大沢) 씨의 발언에서 알 수 있듯이, 순순히 납득하기에는 현재의 상황이 너무 가혹하다. 때문에 노동시장의 엄혹함으로 자신을 설득한다. 나쁜 것은 지금의 직장이 아니다, 일본의 노동시장이 다른 가능성을 제공하지 않는다는 점을 그녀들은 잘 알고 있다. 그리고 기업이 제공하는 의사 내부화 제도도 위력을 발휘한다. 현재의 직장에서는 장기간 근무한 결과 소액이기는 하지만 시급도 오르고 승격도 했다. 그것을 생각하면서 그녀들은 다시 눈을 질끈 감고, 부당한 현실을 생각하지 않기로 한다.

다른 데 가봐야 다 마찬가지예요. 그래도 여기서는 그 동안 시간급 오른 게 있으니까 지금 와서 그만두고 다른 데 가서 새로 시작하는 것보다야 여기 그냥 있는 게 나아요. (중략) 정사원하고의 임금차에 대해서는 생각하지 않기로 했어요. 생각하면 괴로우니까. 주임하고는 담당직무가 꽤 차이가 있지만 일반직사원하고 우리는 일이 별로 차이가 없어요. 그리고 발주(상품주문-필자)같은 일은 여자들이 꼼꼼해서 오히려 더 잘 한다고요. 그런데 임금 차이가 너무 크잖아요. 정사원들이 보너스 받을 때는 정말 크지요. 그리고 우리는 퇴직금도 없잖아요. (大沢 오사와, G1점 플렉스 사원, 축산 매장, 리더, 주 35시간, 49세, 고졸, 근속 11년, 남편: 회사원, 자녀: 23세)

(1994년부터 주임 일을 시작했다 - 필자) 처음에는 거부감이 굉장히 컸어요. 사실 작년까지 계속 그랬어요. 그만둘까 하는 생각을 몇 번 했는지 모르겠어요. (중략) 하지만 여기가 특별히 나쁜 것도 아니고 사람들도 친절하고, 일할 수 있는 동안에는 일하고 싶고... (三輪 미와, G3점 프렌드 사원, 치마·바지 매장, 주임, 주 37.5시간, 58세, 고졸, 근속 19년)

G3사는 1994년의 제도 개정에 따라 일부 프렌드 사원에게 주임 업무를 맡기고 있다. 미와(三輪) 씨는 G3점 파트타이머의 유능함을 대표하는 사람으로 다른 파트타이머들과의 인터뷰에서도 파트타이머의 업무영역이 얼마나 넓은지 혹은 파트타이머와 정사원의 일에 차이가 없다는 이야기를 하기 위한 사례로 거론되곤 했다. 그런 미와 씨를 고민스럽게 했던 것은 정사원과는 비교되지 않는 임금을 받으면서 주임으로서의 책임과 구속은 동일한 것이었다. 미와 씨가 주임 업무를 맡고 나서 얼마 후에 친정 아버지가 중병을 얻으셨다. 친정은 나고야에 있기 때문에 도쿄에 사는 미와씨가 아버지를 만나러 가기 위해서는 하루 휴가를 내야만 했다. 그러나 그녀는 주임이기 때문에 유급휴가조차도 거의 쓸 수 없었다. 결국 친정 아버지 간병을 거의 못한 채 면접 1년 전에 아버지는 돌아가셨다. 일하는 건 좋아하지만, 파트타이머가 된 것은 다소간은 가정의 사정을 고려해준다는 것 때문이었는데, 친정아버지를 그렇게 쓸쓸히 가시게 한 것이 직장생활과 관련하여 그녀에게 가장 고통스러운 경험이었다.

(3) 여우의 신 포도와 어머니의 마음 갖기

체념과 회피만으로 저항감이 완전히 달래지지는 않는다. 특히 장기근속의, 주임과 다를 바 없는 업무를 수행하는 주부 파트타이머들은 더욱 그렇다. 그래서 다시 한 번 자기를 달래기 위해 사용되는 것은, 30대 40대 주부 파트타이머들의 경우 정사원 임금도 얼마 안된다고 자신을 속이는, "여우의 신포도" 전략이다. 그런데 정사원도 월급이 얼마 되지 않는다고 말할 때 근속 10년이 넘는 주부 파트타이머들이 비교대상으로 하는 건 언제나 신입사원이나 일반직사원이라는 점에 주목할 필요가 있다. 그렇기 때문에 "여우의 신포도 전략"이다. 만일 다카마츠(高松) 씨가 자신과 근속이 비슷한 계산 부문 주임의 임금과 자신의 임금을 보너스를 포함한 금액으로 비교한다면 "개네도 얼마 못받아요" 라는 말이 나올 수 없을 것이다. 우에노(上野) 씨는 신입사원의 월급이 주35시간 근무하는 근속 13년인 자신의 월급과 별 차이가 없다고 말하는데 보너스를 포함한 연간 소득으로 가면 이야기가 완전히 달라진다는 것을 잘 알고 있다. 그러나 그녀는 굳이 월급만을 비교대상으로 하고자 한다.

정사원들도 월급에서 떼이는 게 많아서 실수령액은 얼마 안돼요. (高松 다카마쓰, G2점 프렌드 사원, 식품레지, 리더, 주당 37.5시간, 49세, 중졸, 근속 17년, 자녀: 28세, 25세)

걔네들도 보너스를 받을 때는 많을지 몰라도 월급은 얼마 안돼요. 신입사원 월급은 나하고 비슷할 걸요? (上野 우에노, G1점 플렉스 사원, 부인복 매장, 담당자, 월 149시간, 40세, 고졸, 근속 13년)

한편, 50대 파트타이머의 경우 정사원이 대부분 자신의 자녀 정도의 나이기 때문에 어머니의 심성을 가지려고 노력하거나, 나이 든 자의 관용으로 현실을 받아들이려고 한다. 다나카(田中) 씨의 이야기는 정사원과의 임금 비교를 넘어, 정사원 교육자로서의 고생담이기도하다[20].

갈등을 많이 했지만, 나도 나이도 많이 먹었고 젊은 사람들은 앞으로 꽃 피어야 할 사람들이니까 세워주는 것도 좋지 않나 생각하면서 마음을 달랬어요. (三輪 미와, G3점 프렌드 사원, 치마·바지 매장, 주임, 주 37.5시간, 58세, 고졸, 근속 19년)

(정사원은-연구자) 우리 애보다도 더 어려요. 우리 애도 밖에 나가서 일하느라고 얼마나 어렵겠어요? 처음부터 일을 잘 아는 사람은 없잖아요? 조금 시간이 지나면 다 알게 되지요. 일을 어떻게 해야 하는 건지 반년쯤 지나면 조금씩 알지 않겠어요? 그래도 대학에서 4년씩이나 공부하고 온 거잖아요. 고등학교 나온 애들 가르치는 것보다는 편해요. 이해도 빨리하고. 우리 애는 밖에 나가서 어떻게 하고 있는지 모르겠지만. (田中 다나카, G1점, 커리어 사원, 일배 매장, 리더, 주 40시간, 59세, 고졸, 근속 13년)

(4) 딸에게 희망을!

그녀들이 포기를 통해 현재의 상황을 완전히 받아들이고 있는 것이 아니라는 점은 딸에 대한 기대를 통해 표출된다. 보육시설이 제대로 구비되어 있었다면 정사원으로 계속 일하고 싶었다고 강하게 피력한 야마다(山田) 씨는, 자기는 그런 시대, 어쩔 수 없는 시대였지만 딸은 다르게 살아야 한다고 생각한다. 그래서 결혼하지 않아도 괜찮은데 남자에게 평생 취업을 하는 일은 없도록 하라고 딸에게 충고한다. 또 요코다(横田) 씨는 자신은 차 한 잔 자기 손으로 끓여먹을 줄 모르는 남자와 평생 살아왔지만 딸은 다른 인생을 살아갈 수 있도록 지원하기 위해 남편을 설득해 시급이 높은 오후-저녁근무 전문 파트타이머가 되었다[21].

> 나는 우리 딸(대학생-연구자)에게 언제나 말해요. 혼자서라도 살아갈 수 있도록, 결혼하지 않아도 먹고살 수 있도록 해야 한다고 말이에요. 본인도 지금은 일하겠다고 그래요. (山田 야마다, G2점 프렌드 사원, 신사복 매장 담당자, 월 90시간, 45세, 단기대졸, 근속 4년 반)

> 여기서 처음 일할 때는 하루 6시간 30분 일했고 제가 원해서 오후-저녁근무로 폐점까지 일했어요. 저녁 5시가 넘으면 시간대가급이 많이 붙잖아요. 우리 큰 애가 전문학교(미용학교-연구자)에 들어가게 돼서 학비가 필요해서 여기 취직했거든요. 그래서 많이 받을 수 있는 시간대로 일부러 자원을 했어요. 애 학비 때문이니까 우리 집 양반도 그러라고 했어요. 요즈음은 여자라도 자기 일이 있어야 하잖아요. 우리 때하고는 시대가 다르니까 애들을 지원해줘야죠. 지금은 애 둘이 다 학교를 마쳐서 시간을 줄였어요. (横田 요코타, G1점 플렉스 사원, 반찬매장 담당자, 주 23시간, 45세, 근속 2.3년, 남편: 인테리어 관계의 자영업, 자녀: 딸 2명, 25세와 20세)

딸을 응원하기 위해 주부 파트타이머로 일하는 엄마가 있는 반면, 딸을 도와주기 위해 파트 일을 그만두는 엄마들도 있다. 딸이 정사원으로 계속 일할 수 있도록 하기 위해서다.

우리 점포는 오픈 때부터 일하던 50대 파트들이 작년부터 잇달아 몇 명이 일을 그만두었어요. 딸이 계속 일할 수 있도록 지원하기 위해 자기 일을 그만 둔 겁니다. 50대 파트는 경험도 쌓이고 업무능력이 최고조인 때지요. 점포로서는 그런 사람들이 그만두면 손해가 커요. 나도 그만 둘까 생각했던 적이 있었어요. (중략) 점장과 싸운 적이 있어요. 우리 딸이 애를 낳아서 딸을 돌봐주려고 주말에 쉬고 싶다고 말했기 때문이었어요. 점장들은, 제대로 일하는 사람들도 있지 않냐, 고 하는데요, 제대로 일하는, 제대로 사는, 제대로 하는 건, 남자들의 제대로지 여자들의 제대로가 아니에요! 제대로 하고 있는 사람들은 누구의 도움 때문에 제대로 하고 있는지 알아? 그건 어머니의 도움이 있기 때문이야! 라고 점장에게 말했어요. 남자 상사가, 가정과 일, 어느 쪽이 우선이냐고 하길래, 바보 아냐? 그런 것을 우문이라고 하는 거야. 가정이 우선인 게 당연하지 않아? 정해져 있잖아? 가정을 위해 일하는 거야. 너도 앞으로 승진하고 출세할테니, 앞으로 여자한테 이런 바보 같은 소리 하지 마. 왜 내가 내 딸을 돌보면서 일할 수 없어? 일-생활의 균형은 도대체 뭐야? 라고 말한 적이 있어요[22]. (G1사 플렉스 사원, 주 40시간, 56세, 근속 10년, 총무교육 리더(주임대리), G1노조가 2007년 12월 14일에 개최한 「뭐든 말하자, 육아좌담회 ○○(지역 이름)」에서의 발언. 노조의 협조로 필자도 참석했다.)

2) 합리화

〈합리화〉는 현재의 상황이 바람직한 상태라고, 자신은 현재에 만족하고 있다고 생각하며 받아들이는 태도를 가리킨다. 체념의 서술이 주로 롱타이머에게서 나오는데 비해 합리화의 서술은 주로 '자발적 미들타이머'에게서 나온다. 그녀들은 주부 정체성을 강조하고 주부로서의 자신의 역할을 적극적으로 평가한다. 동시에 자신은 반드시 돈이 필요하기 때문에 일을 하는 것은 아니라고 강조하는 경향이 있다. 물론 그녀들도 시급이 낮은 것, 불경기 때문에 시급이 몇 년이나 오르지 않는 것에 대해 올랐으면 좋겠다고 생각하지만 불만의 정도는 롱타이머보다 훨씬 낮다. 그녀들의 남편은 대부분 대기업 정사원 등으로 안정적인 수입이 있기 때문에, 그녀들이 "부양 범위 내에서" 일하는 것이 가계 경제상으로는 득이 되기 때문이다.

(1) 주부 역할 평가

주부 파트타이머와의 인터뷰 시에 가장 많이 듣는 말인 "우리는 주부니까"라는 말[23]은 그녀들이 자신의 상황을 수용하는 출발점이다. 자신이 주부의 일을 제대로 해왔기 때문에 자녀도 반듯하게 자라주고, 가정이 현재의 행복을 누리고 있다고 말한다.

> 우리는 주부잖아요, 우리는 가정이 있으니까 정사원들처럼은 할 수 없죠. (정사원의 임금과 비교하면 갈등을 느끼지는 않으세요? – 필자) 그거 생각하면 그렇기도 하지만 내가 주부로서 할 일을 제대로 해왔기 때문에 우리 가정의 현재가 있다고 생각해요. 우리 애도 반듯하게 잘 자라주었고요. (板垣 이타가키, G1점 플렉스 사원, 홈패션 매장, 담당자, 주 20시간, 47세, 고졸, 근속 8년, 남편: 회사원, 연간소득 1,000만 엔, 자녀: 딸 하나)

> (다시 인생을 선택할 수 있다면 어떻게 하시겠어요?) 결과적으로 아이가 있다면 커리어 우먼은 절대로 무리라고 생각해요. 아마 지금하고 같은 결과일거예요. 파트로 일하는 거요. 저는 아이를 좋아하거든요. 그리고 가정이 무엇보다도 소중하다고 생각해요. 역시 여자들은 가정과 양립하려면 파트가 제일 좋을지도 모르겠어요. (宮元 미야모토, G2점 프렌드 사원, 서비스 코너, 담당자, 주 23시간, 46세, 고졸, 근속 9년, 남편: 회사원, 연간소득 1,000만 엔, 자녀 3명, 23세, 20세, 15세)

이처럼 자신이 주부 역할에 충실함으로써 가정이 행복하다고 생각하는 주부 파트타이머들은 현재의 노동시간이 가정과 일의 균형에 '딱' 맞는 지점이라고 생각한다. 따라서 노동시간을 늘일 생각은 없다. 너무 부담이 되지 않는 범위 내에서, 가정생활에 무리를 초래하지 않는 취업방식에 만족하고 있다고 강조한다. 이 만족감의 기초가 남편의 안정적인 소득에 있음은 물론이다. 특히 수도권의 오래된 점포인 G3점 미들타이머들은 모두가 "지금이 딱 좋다"고 말했는데, 그녀들의 남편은 모두 대기업 정사원이었다. 그리고 G3사에서 미들타이머는 제한적 내부화의 대상이 아니다.

일하는 시간 늘릴 생각 없어요. 지금이 딱 좋아요. 부양 내에서 일하는 것도 있고, 시간을 더 늘리면 놀 시간하고 집에 신경 쓸 시간이 줄어들잖아요. 5시간 정도 일해 가지고 받은 돈으로 나 사고 싶은 거 사고, 애들이 뭐 원하는 거 있을 때 좀 사주고, 애들하고 맛있는 거 사먹고 여행도 가고 그러면 끝이에요. 그걸로 나는 만족해요. 더 일하고 싶지 않아요. (堀口 호리구찌, G3점 파트타이머, 신사양품 매장, 담당자, 주 22시간, 44세, 고졸, 근속 10년, 사내결혼, 남편: 회사원, 자녀 딸 2명, 20세, 18세)

그냥 지금처럼 5시간 하는 게 딱 좋은 것 같아요. 너무 피곤하지도 않고, 하루 종일 집에 있으면 심심하고 그렇잖아요. 그리고 내가 꼭 돈을 벌어야 하는 것도 아니고. (岩本 이와모토, G3점 파트타이머, 속옷 매장, 담당자, 주 20시간, 근속 13년, 45세, 남편: 전기 관계 회사의 회사원, 남편의 소득은 모름, 자녀 딸 2명, 20세, 18세)

(2) 질투와 비난

주부 역할 미화가 지나치면 가정을 우선시하지 않는 여성은 문제가 있다는 태도로 이어지기도 하고, 아이가 있는 정사원을 비난하는 것으로도 이어질 수 있다. 이런 시선은 초기 육아기에 있는 정사원 어머니들을 고통스럽게 하는 것 중 하나다.

저는 우리 애 다 크고 나서 일나왔어요. 애를 남의 손에 맡기는 건.... (중략) 우리 애가 초등학교 4학년 때 구청에서 하는 어린이집에서 보조 보모로 처음 일하기 시작했어요. 어린이집 애들 씩씩해 보이지만 불쌍해요. 엄마의 애정에 굶주려 있잖아요. 엄마가 일하니까 애들을 그렇게 맡겨가지고, 애들이 약아진다고 해야 하나? 시달린다고 해야 하나? 그런 게 있어요. 여기 정사원도 하나 애를 탁아소에 맡기고 일하는데 ... (松井 마츠이, G3점 파트타이머, 아동복 매장, 담당자, 주당 20시간, 51세, 고졸, 근속 15년, 남편: 회사원, 일반적인 회사원보다 수입이 높은 편, 자녀: 아들 1명, 32세)

저는 파트라는 직업은 육아가 일단락되고 나서 하는 일이라고 생각합니다. 육아 이상 중요한 직업은 없다고 생각합니다. 요즘 젊은 여성들은 육아와 일을 양립하려는 사람들이 많은데, 차분하지 않고 자기주장이 강한 아이들이 많이 눈에 띄는 것은 모성이 결여되어서 그런 건 아닐까요? 젊은 어머니들이 좀 더 아이들에게 눈을 돌렸으면 생각합니다.... (중략) 저는 개인적으로는 자녀가 어린 동안은 육아에 전념하는 것이 좋다고 생각합니다. (설문조사 자유의견, 주 17시간, 고졸, 46세, 1998년 소득 80만 엔, 동거가족: 남편+자녀, 1998년 가구 소득 1,000만 엔, 막내 14세)

여기에 여성 정사원이 육아관련 근무제도(단축근무, 교대근무면제 등)를 이용하는 상황이 되면 문제는 더 복잡해진다. "나는 너만 못해서 일 그만두고 육아에 전념한 줄 아냐"는 시샘 어린 시선의 문제만이 아니다. 노동시간이나 담당직무가 아니라 고용형태에 따라 임금과 기업 내 지위가 결정되는 일본 노동시장의 현실이 적나라하게 드러나기 때문이다. 정사원이 육아휴직이나 육아단축근무를 하면 같은 부서 동료의 일이 늘어나니까 좋아하지 않는 경향이 있지만, 사실 파트타이머는 정사원만큼 부담이 늘어나는 것도 아니다. 게다가 부서가 다르면 자신의 일과는 무관하다. 그럼에도 불구하고, 옆 매장 주부 파트타이머들까지 태도가 싸늘해지는 것은, 실은 그녀들이 자신의 주부 역할을 진정으로 기꺼이 받아들이고 있는 것만은 아닐 가능성을 시사하고 있다.

우리애가 한 살이 될 때까지는 직장에서 인간관계가 엉망이 돼서 정말 힘들었어요. 1년간 밥이 목구멍으로 넘어가지 않는 기분이었어요. 같은 리더(매장 주임) 중에서, 누구는 오전-오후근무만 하고 이건 불평등한 거 아니냐, 고 계속 욕을 하는 사람도 있었고... 우리 애를 위해 참고 분발하자, 고만 생각했어요. (山本 야마모토, G3점 정사원, 스웨터 블라우스 매장, 주임, 고졸, 근속 13년, 남편: G3사 계열사 노조 전임자, 자녀: 25개월)

(출산휴직 후 복직하는 여성 정사원들을) 우리는 어떻게든 돌아갈 수 있게 해주려고 하는데, 점장들도 문제지만, 생각보다 육아단축근무하거나 오전-오후근무만 하는 것에 대해 남자들보다 여자들이 불평하는 경우가더 많아요. 파트들도 걔는 정사원인데 왜 오전-오후근무만 하냐고, 그러면 우리하고 뭐가 다르냐고 하면서 굉장히 불평해요. (飯野 이노, G2사 인사부 정사원, 33세, 대졸, 근속 11년, 남편: 연구자, 무자녀)

3) 체제 편입

체제 편입은 기업이 정한 파트타임 노동자 내의 위계 제도를 받아들여 다른 파트타이머보다 위로 올라감으로써 작업장에서 자기 존재를 인정받고자 하는 태도를 말한다. 그것을 통해 정사원에 대한 상대적 박탈감을 완화하고 자신의 존재감을 확보하려는 것이다. 주로 롱타이머들에게 나타나는 체제 편입 전략은 체념을 기반으로 한다. 체제 편입이 왜곡된 형태로 나타나는 경우 동료 파트타이머에 대한 괴롭힘으로 변질될 수도 있다.

(1) 고용구분과 등급: 능력의 증거

제2장에서 본 바와 같이, 슈퍼마켓 기업은 파트타이머의 기업 내 정착과 숙련 향상의 동기 부여를 위해 파트타임 노동자를 몇 개의 고용구분과 등급으로 나누고 있다. 등급에 따라 시간당 임금이 다른 것은 물론이고, 기업에 따라서는 호칭까지 달라지기도 한다. 정사원이 승진 승급에 민감한 것과 같이 주부 파트타이머들도 작업장에서의 지위에 민감하다. 주부 파트타이머들은 인터뷰 할 때 반드시 호칭이나 자격 등급에 관해 언급하며, 자신의 기업 내 지위를 분명하게 한다.

저는 파트가 아니라 메이트 사원이에요. (이와카와 岩川, G3점 메이트 사원, 여성의류 매장, 담당자, 주 35시간, 49세, 고졸, 근속 3년, 26세에 이혼, 6년 전에 재혼, 남편: 소방공무원, 연간소득 1,000만 엔)

프렌드 사원에도 A와 B가 있거든요. 저는 하루 7시간 근무하기 때문에 프렌드 A예요. (A가 B보다 위 -필자) (本田 혼다, G2점 프렌드 사원, 청과매장 담당자, 주 35시간, 52세, 단기대졸, 근속 17년, 남편: 대졸, 파견회사 임원, 연봉 800만 엔 자녀: 아들 3명, 막내 25세)

치프(주임대행, 시간대 책임자 -필자)는 엑스퍼트만 하는 거예요. 저는 엑스퍼트거든요. (白倉 시라쿠라, S1점 엑스퍼트, 선어 매장, 치프, 주당 37.5시간, 42세, 양재학교 졸업, 근속 14년)

또 파트타임 노동자는 시급에 민감하다. 이것은 단지 수입의 문제가 아니라, 자신의 능력에 대한 인정의 문제이며, 지위의 문제이기 때문이다. 따라서 인사고과시 정사원은 그에 따른 불만이 일어나지 않도록 조심해야 한다. 여기서 주목해야 할 것은, 주부 파트타이머들에게 비교대상은 자신과 같은 일을 하는 정사원이 아니라 다른 주부 파트타이머라는 점이다. 이것은 체제편입전략이 정사원과의 비교, 즉 균등대우에 대한 희망은 가지고 있어봐야 "소용없다"고 체념하는 것을 전제하고 있음을 시사한다.

누가 일을 열심히 하는지, 누가 제대로 하는지 상사가 와서 좀 봐줬으면 좋겠어요. 그리고 일하는 것에 따라서 평가받았으면 좋겠어요. (金井 카나이, G3점 프렌드사원, 주 37.5시간, 43세, 고졸, 근속 10년, 여성복 특수사이즈 매장 담당자, 남편: 건축 관련 일, 연간소득 1,500만 엔 이상, 자녀: 23세 딸, 아들, 결혼 선 B사 정사원)

같은 매장이라도 어떤 매장은 한가롭고 어떤 매장은 바쁘고 그런데도 시간급이 같은 건 불만이에요. 그리고 같은 파트타이머라도 일하는 게 다 다르잖아요. 일하는 걸 봐서 시급을 결정하면 좋겠어요. (山田 야마다, G2점 프렌드 사원, 45세, 단기대졸, 근속 4년 반, 월 90시간, 신사복 매장, 담당자)

파트타이머들은 시간급에 대해 굉장히 예민해요. 서로 이야기 안한다고 하지만 서로 다 알고 있어요. 그래서 아주 가끔씩은 내가 왜 저 사람보다 낮냐고 따지기도 하고요. 정사원하고는 오히려 비교를 안해요. 어차피 다르다고 생각하니까. 하지만 같은 파트 내에서는 1엔, 2엔도 따지죠. (ABC 유니온 임원, 49세, 대졸 남성, G2사 문구매장 출신)

앞서 언급한 바와 같이, 승격·승급의 사다리를 올라가고 싶어 하는 것도 시급에 민감한 것도 단지 경제적 이유만은 아니다. 경제적 사정 때문에 더 벌고 싶다면 노동시간을 늘리는 것이 가장 빠른 길이다. 다음에 인용한 카나이(金井) 씨와 우에노(上野) 씨는 장시간 파트타이머지만 경제적으로는 큰 불편이 없고[24] 가족의 생활에 그녀들의 수입은 그다지 필요하지 않다. 그러나 그녀들은 승격·승급에 열심이다. 자신의 능력 인증이라고 생각하기 때문이다.

> 프렌드도 1급과 2급이 있는데요, 저는 높은 쪽이에요. (중략) 아~ 정사원이 될 수 있으면 얼마나 좋겠어요! 회의에 나가서 내가 기안한 거 쫙 발표하고 사람들한테 평가받고, 인정받고. 나는 자신 있어요, 지금이라도. (金井 카나이, G3점 프렌드 사원, 여성복 특수사이즈 매장 담당자, 주 37.5시간, 43세, 고졸, 근속 10년)

> 전에는 플렉스의 등급이 4등급 제도였어요. 그런데 제도가 바뀌어서 옛날 등급을 인정 안 해준다고 하더라고요. 그래서 1등급부터 다시 시험을 봐서 올라왔어요. 지금은 제일 높은 등급인 3등급이에요. 꼭 승급을 해야 하는 건 아니지만, 매니저가 시험보라고 그래서 봤어요. (上野 우에노, G1점 플렉스 사원, 부인복 매장, 담당자, 40세, 고졸, 근속 13년, 월 149시간)

주부 파트타이머 내부가 위계화되는 것은 고용구분이나 등급 때문만은 아니다. 베테랑 파트타이머가 신입정사원과 신입파트의 교육자라는 것도 작용한다. 교육자와 피교육자의 관계가 완전히 수평적으로 되기는 쉽지 않기 때문이다. 최초의 관계가 그렇게 형성되면 피교육자가 교육자와 동일한 수준의 숙련을 습득하게 되더라도 상당한 기간 이전 관계의 영향이 남는다.

능력의 제도적 증거를 획득하는 것뿐 아니라, 주부 파트타이머들이 정사원의 상사에게 가장 바라는 것은 '인격 존중'과 '소통하려는 자세'다. 주부 파트타이머들은 임금 차별은 노동시장 구조의 문제이기 때문에 개인이 어쩔 수는 없다고 포기하는 대신 개인으로서 할 수 있는 태도의 문제에 대해 매우 중요시하는 경향이 있다. 자신의 임금이 낮다고 해서 자신의 존재나 점포에서의 역할조차 낮은 것은 아니라는 점을 관리직들에게 인정받고 싶어 한다. 위에서 본 바와 같이 설문조사에서도 임금 불만 다음으로 많았던 불만이 파트타이머라고 의견을 들어주지 않는 등 무시하는 것이었다. 이 때문에 신임 주임이 자신의 존재를 충분히 인정하지 않는 태도를 취하면 결코 용서하지 않으며, '윗분들'이 자신들을 인정해주면 감동한다. 기업 측도 이윤 창출의 전체의 구조를 잘 볼 수 있는 위치에 있는 사람일수록 "누가 돈을 벌어주고 있는지" 잘 알고 있기 때문에 그녀들에 대한 "돈이 들지 않는 배려"를 적극적으로 행한다.

> 선대 회장님은 매장 방문하시면 꼭 우리한테도 오셔서 인사하시고 수고한다고 어깨를 두드려주시고 그랬어요. 정말 훌륭한 분이셨죠. (坂口 사카구찌, S3점 파트너 사원, 레지, 주임, 주당 37.5시간, 57세, 전문학교 졸업, 근속 24년. 남편: 정년퇴직, 정년 전에는 가구 회사 영업 사원, 자녀 2명)

> 대기업은 회장이 일일이 점포를 돌 수는 없지만, 지방 중소기업 같으면 사장이 점포 방문할 때 제일 먼저 가는 곳이 점장실이 아닙니다. 우선 매장과 후방을 돌고, 보스의 파트들의 어깨를 두드려주며 "수고하십니다" 하면서 악수하고 인사하고, 그리고 맨 마지막에 점장실에 가는 거예요. 또 유명한 보스들은 이름을 잘 기억해두었다가 이름을 불러주지요. 정사원은 지가 잘난 줄 알지만, 기업은 누가 돈 벌어 주는지 잘 알거든요. (ABC 유니온 임원, 54세, 대졸 남성)

(2) 왕따, 일그러진 위계의식

파트타이머들이 기업의 관리체제에 동의하고 그것에 편입되어 있다는 것을 가장 잘 보여주는 것은 그녀들 자신들에게 "일을 잘 하는 것"이 매우 중요한 기준이라는 점이다. 마치 학교에서 공부 잘하는 학생이 학교체제로부터 인정받는 것처럼, 슈퍼마켓에서는 일을 잘 하는 사람이 상사로부터도 동료로부터도 인정받는다. 특히 장시간 주부 파트타이머들은 그렇게 인정받고자 하는 욕망이 매우 강하다. 인정받고자 하는 주부 파트타이머들의 욕망이 건강하게 발현될 때는 건전한 경쟁의식을 가지고 더 열심히 일하고자 하고 또 동료들끼리 격려해가면서 서로 가르쳐주고 이끌어주는 것으로 나타난다. 하지만 그것이 불건강하게 발현될 때는 주부 파트타이머 내부의 관계를 위계화시키고 그 위계에서 자신이 정점에 서려는 모습으로 나타난다. 그리고 그것이 병리화되었을 때는 누군가 한 사람을 지목하여 무시하고 괴롭히는 양상을 띠기도 한다. 즉 왕따 문제다. 가끔 이 문제는 자신이 놓여진 불평등한 현실에 대한 불만해소의 통로로 사용되기도 한다. 왕따를 당하게 되면 대부분은 울면서 직장을 그만둔다. 그런데 파트타이머들 간에 왕따 문제가 발생했을 때 보통 외부에서는 개입할 수가 없다. 업무상의 문제가 아니라 인간관계의 문제로 표출되기 때문이다. 하지만 지속적으로 누군가를 왕따시키는 사람이나 집단이 있을 때 그것은 전체 점포의 문제가 되기 때문에 관리직들은 그 사람(들)에 대해 주목하면서 매장이동이나 인사고과를 통해 그만두도록 유도한다.

저도 이 직장에서 일하게 된 지 곧 4년입니다. 그동안 인간관계 문제 때문에 몇 명이 그만두고 나가는 것을 봤습니다. 왜 항상 그만두고 나가는 것은 왕따를 시키는 쪽이 아니라 왕따를 당하는 쪽일까 의문스럽습니다. 왕따 시킨 쪽은 "왜 그만두지?"라는 정도로밖에 생각하지 않습니다. (설문조사 자유의견, 32세, 고졸, 1988년 소득 90만 엔, 동거가족: 남편+자녀, 막내 8세, 남편: 단대졸, 1988년 소득 400만 엔)

왕따 당하는 사람들은 보통 다른 사람들에게서, 일을 잘 못한다, 가르쳐줘도 잘 못한다, 일이 너무 늦다, 이런 것들로 왕따 당해요. (S3노조 전임 간부, 대졸 남성, 48세)

우리 점포의 한 매장에서 왕따 당해서 그만둔 사람이 있었어요. 그 사람이 일손이 좀 느렸나봐요. 일을 가르쳐줘도, 가르쳐줘도 못한다고 다른 사람들이 뒤에서 수군거리고 앞에서도 화내고 그랬나봐요. 그래서 결국은 그만 뒀어요. (相馬 소마, G1점 정사원, 총무교육, 담당, 50세, 근속 13년) (필자와의 인터뷰 1년 반 전에 플렉스 사원에서 정사원으로 등용)

불만은 쌓이는데 결국은 윗사람들에게 불만을 표출하지 못하니까 약한 사람, 만만한 사람 괴롭히는 거죠. (塚野 츠카노[25]) A사 파트타이머, 사무실, 담당자, 주 30시

간, 45세, 고졸, 근속 12년, 전직 인쇄회사 정사원, 남편: 고졸, 자영업, 무자녀)

또 G2점 점장의 이야기처럼, 때로는 그 사람들은 관리직이 자신을 대변하게 만들어 그것을 권력으로 이용하고자 할 때도 있다. 왕따 문제는 앞으로 검토하는 작업장 내 소집단과도 밀접한 관련이 있다. 왕따의 주체도 개인이기보다는 소집단인 경우가 많고, 왕따 없는 점포를 만들어가는 것도 소집단이다. 인터뷰를 하다보면 오래된 점포에서는 특히 "여기는 오래된 분들이 잘 해주셔서, 정말 마음 편하게 다닐 수 있는 곳이에요"(岩本 이와모투, G3점 파트타이머, 속옷 매장, 주20시간, 45세, 고졸, 근속13년)라는 말들을 종종 들을 수 있다. 이때의 "오래된 분들"은 장기근속자인 50대의 '왕언니'들이다. 이들이 파트타이머 내부의 여론주도자(opinion leader)로서 왕따 문제 같은 일이 일어나지 않도록 분위기를 만들어가는 점포에서는 왕따 문제가 별로 일어나지 않는다.

> 새 점포에 가면 꼭 접근해오는 파트들이 있어요. 그런 사람들을 조심해야 돼요. 제 경험으로는 그런 사람들은 십중팔구는 일은 제대로 안하면서 관리직한테 잘 보이려고 하는 사람들이에요. 눈 앞에서만 열심히 일하는 척 하면서. 그리고 또 그런 사람들이 같은 파트들을 왕따 해요. (G2점 점장, 44세, 대졸 남성, 근속 21년, 점장경력 5년, 축산 매장 출신)

4. 저항: 자율적 공간 열기

지금까지 주부 파트타이머들이 자신이 처한 상황을 어떻게 이해하고 현실에 적응하고 있는지 검토해왔다. 그러나 처우 격차의 확대라는 불합리한 현실

속에서 그녀들이 주어진 상황을 그냥 받아들이고 있다는 것은 아니다. 수용만 하기에는 현실의 모순은 너무 크다. 제4절에서는 그녀들이 자신의 불만을 어떻게 표출시키면서 자신을 지키려하고 있는지, 즉 저항전략에 대해 살펴본다. 위에서 언급했듯이 이 책에서 말하는 저항 전략은 행위자가 자신이 처한 상황의 지배적인 규범과 규칙에 동의하지 않을 때, "자신의 이익과 자립성을 높이기 위해 지배적인 규범과 기업의 통제를 무시하고 따르지 않거나 맞서는 행위전략"으로 행위자들의 자율적 공간을 여는 것으로 이어진다. 주부 파트타이머의 저항 전략은 저항의 정도에 따라 적극적 저항과 소극적 저항으로 나눌 수 있다. 적극적 저항이 소집단 정치를 통해 비공식 권력을 확보함으로써 기업의 공식 통제 체계와 직접적으로 대결하려는 것인 반면 소극적 저항은 개인적 차원에서 시도되는 저항이다.

1) 소극적 저항

개인 수준의 저항인 소극적 저항에 해당하는 행위로 〈욕하기〉, 〈자기투여제한〉, 〈이직〉 등이 있으며 소극적 저항 전략은 모든 파트타임 노동자가 보편적으로 구사한다. 각각의 행위전략에 대해 자세히 살펴보고자 한다.

(1) 뒤에서, 들리게 욕하기

"파트타이머는 불만을 어떻게 표출하는가"라는 질문에 대한 대답은 단연, 〈욕하기〉다. 이 응답은 관리자도 파트타이머도 마찬가지이다. 그런데 욕하기에도 단계가 있다. 낮은 단계의 욕하기는 친한 파트타이머들끼리 하소연하는 것으로 위로 받고 불만을 해소하려는 것으로, 개인에 대한 것뿐만 아니라 임금과 노동조건 전반에 관한 것이다.

여기서는 일 끝나고 나면 꼭 간식 먹으면서 잠시 쉬다가 가요. 저기 옆에 있는 구내 식당에서요. 뭐 그날 있었던 일에 대해서 이야기하기도 하고, 짜증났던 이야기도 하고. (金井 카나이, G3점 프렌드 사원, 43세, 고졸, 근속 10년, 주 37.5시간, 여성복 특수사이즈 매장, 담당자)

파트들끼리 식당에 모여 앉아서, 정말 장난 아니네, 그러면서 상사 욕을 하지요. (중략) 보너스 날은 식당을 좀 피하는 것이 좋아요. 파트는 보너스가 적기 때문에 보너스 날 분위기가 좋지 않아요. (S2노조 전임간부, 42세, 대졸 남성)

그러나 그런 정도로 해소할 수 없는 수준으로 불만이 쌓이게 되면 다음 단계의 욕하기, 즉 〈뒤에서, 들리게 욕하기〉로 넘어간다. 선날사를 동해 자신의 불만을 전달하여 상사(주로 주임)에게 경고하는 것이다. 인간인 이상 동료를 통해 불만을 들은 상사는 신경이 쓰이게 마련이기 때문이다. 상사에 대한 불만의 주된 내용은 파트타이머들의 의견을 경청하지 않는다, 무시한다, 무례하다, 소통하려하지 않고 일방적으로 지시만 한다, 등이고 욕하기를 행하는 장소는 주로 구내 식당이다. 적극적 저항에서도 보겠지만 구내 식당은 파트타이머 소집단 활동의 주요무대다.

그러나 욕하기의 내용이 반드시 자신의 상사인 정사원에 대한 것만은 아니고 자신이 놓여진 상황에서 출발하는 것들도 많다. 실제로 그녀들을 분노하게 하는 것은 정규직 노동자 자체가 아니라 자신이 놓여진 상황의 구조이기 때문이다.

들어도 괜찮다고 생각되는 정사원이 있거나 아니면 그 매장주임하고 친한 정사원이 근처에 있을 때 일부러 들리게 욕을 해요. 새로 온 우리 주임, 정말 장난 아냐, 내가 열 받아서 정말, 이런 이야기를 큰 소리로 하는 거죠. 그러면 듣고 전하거든요. (塚野 츠카노, A사 파트, 사무실 담당자, 주 30시간, 45세, 고졸, 근속 12년, 전직 인쇄소 정사원 남편: 고졸, 자영업, 무자녀)

(2) 자기투여제한

〈자기투여제한〉이란 직무태만과 더불어 직무수행 및 숙련향상을 위해 노력하지 않는 것 등 현재 수준 이상으로는 직장에 자기투여를 하지 않는 것을 말한다. 노동연구에서 직무태만은 저항전략으로 고용형태와 업종을 불문하고 일반적으로 지적되어 온 것이다. 그러나 일본의 슈퍼마켓 산업에서 주부 파트타이머의 직무 태만이 지적되는 일은 거의 없었다. 그보다는 *"파트타이머 아줌마들이 그런 돈을 받고, 그렇게 열심히 일을 하는 것을 보면 감탄할 수밖에 없어요."*(G2사 인사부 관리직, 대졸 남성, 40대 초반)라는 것이 일반적이었다.

Chris Tilly(1996)가 인터뷰 한 미국 소매업 관리직들은 파트타이머의 무능력, 무책임, 태만 등에 대해 분노에 가까운 불만을 쏟아냈다. 그러나 필자가 Tilly의 연구를 G2사 인사 부장에게 소개했을 때, 그는 "전혀 이해할 수 없어요. 일반적으로 말하자면 파트 쪽이 정사원보다 성실해요"라고 말했다. 필자가 인터뷰한 관리직 중 파트타이머의 태만에 대해 지적한 사람은 G3점 식품 매니저 한 사람 뿐이었다.

> 파트타이머들 중에서 오래된 사람들은 눈에 보이지 않게 일에서 손을 떼요. 오래된 만큼 약았죠. 그러니까 관리자들도 잘 모르게 일에서 손을 떼요. 그리고 주임이 새로 오면 전에는 그런 일 안했다고 하면서 떠넘기고. (G3점, 식품 통괄매니저, 대졸 남성, 40대 전반)

그런데 본고에서 말하는 주부 파트타이머의 자기투여제한은 이중의 의미를 가지고 있음에 주의할 필요가 있다. 그것은 한편으로는, "지금이 딱 좋아요"라는 말에서 알 수 있듯이, 직장보다 가정을 우선하기 때문에 현재 이상으로는 일하고 싶지 않다는 태도로, 수용전략에서 미들타이머가 자신의 노동방식을 합리화하는 태도이기도 하다. 그러나 다른 한편으로는 파트타이머라는 자신의 신분에서는 아무리 열심히 책임 있는 일을 하더라도 돌아오는 것이 없다는 현실을 직시하는 태도이기도 하다. 예를 들어 정사원의 절반의 임금으로 경리업무를 책임지고 있는 츠카노 씨는 자신의 현실에 대한 저항으로 리더 직책을 거부했다.

점장이 저한테 리더(주임대행–필자)가 되라고 한 적이 있었어요. 거절했지요. 파트타이머가 한 달에 5천 엔 리더 수당 받고 책임을 다 지는 거거든요. 경리일은 정사원이 없으니까 지금도 제가 다 하고 있어요. 하루 한 시간 잔업하는 건 기본이죠. 그러니까 제가 리더가 되든 안되든 하는 일이 달라지지는 않지만 명분을 주고 싶지 않았어요. 우리 회사는 파트타이머를 정사원으로 등용하는 제도가 없어요. 파트타이머를 일체 노동조합에 가입시키지도 않고요. 저는 파트타임 일을 하나의 노동방식으로 인정하고 단시간 정사원으로 등용해야 한다고 생각해요. 파트타이머에게 정사원 일 다 시키면서 수당 몇 천엔 주고 생색내는 걸 받아들이고 싶지는 않았어요. 정사원이 하루 8시간에 하는 일을 저는 6시간에 하고 있어요. 그래서 저는 정사원보다 파트타이머의 노동밀도가 더 높다고 생각해요. (塚野 츠카노 A사 파트, 사무실, 담당자, 주 30시간, 45세, 고졸, 근속 12년)

(3) 이직

소극적 저항전략의 마지막으로 〈이직〉이 있다. 이직은 자기 사정에 의한 경우도 있지만, 기업이 제시하는 노동조건이나 근무 환경을 받아들이지 않고 직장을 그만두는 것은 저항 행위의 하나가 된다. 아래에 인용한 다카마츠 씨와 G3점 점장의 이야기에서 알 수 있듯이, 대부분의 이직 이유는 인간관계이고, 상사와의 인간관계에 문제가 있어 그만두는 사람들도 적지 않다. 때문에 앞으로 살펴볼, 소집단에 안정적으로 소속되지 않은 사람들이 이직하는 경향이 있다.

전에 다니던 곳은 인간관계 때문에 그만뒀어요. 파트로 일하는 건 어디 가나 마찬가지지만 그 때는 아직 젊어서 마음에 안들면 그냥 그만뒀어요. (高松 다카마쓰, G2점 프렌드 사원, 주당 37.5시간, 식품레지, 리더, 49세, 중졸, 근속 17년)

파트들이 직장을 그만 두겠다고 할 때 물어보면 제일 많은 건 가족 사정이에요. 그거는 어쩔 수 없지만 그거 말고 점장이 마음에 안 들어서 그만둔다든가 주임이 마음에 안 들어서 그만둔다는 사람들이 있어요. 그러면 저는 "우리(정사원-연구자)는 길어야 3년 있으면 갈 사람이에요. 그리고 ○○씨는 여기 점포에 계실 분이고요. 그냥 우리가 떠날 때까지 조금만 참는다고 생각해주세요"라고 설득해요. (S3점장, 42세, 대졸 남성, 근속 20년, 점장경력 10년 이상)

"파트들은 인근의 다른 점포가 10엔이라도 시급이 높으면 그만두고 거기 가요"라는 S4 노조 간부의 말처럼, 시간급도 이직 이유 중 하나다. 그러나 시급을 이유로 이직하는 경우는 시급이 아직 별로 오르지 않아 채용 시급과 비슷한 사람들, 즉 단기근속자들이 많은 반면, 인간 관계 때문에 이직하는 사람들의 근속 기간은 다양하다. 또 드물기는 하지만, 집단 이직이 발생하는 경우도 있는데 집단이직에 관해서는 적극적 저항에서 다룬다. 이직, 특히 집단이직은 주부 파트타이머 본인들에게도 그 때까지 오른 시간급이 전부 없어지는 손실이지만, 해당 점포와 상사에게도 상당한 타격을 주는 저항 행위다.

(4) 상품 먹고 마시기

노동자가 자신의 처우와 관리직의 태도에 불만을 가질 때 취할 수 있는 행동 중 하나는 회사에 경제적 손실을 주는 것이다. 파업도 고용주에게 경제적 손실을 주는 행위지만 그런 저항은 개별 노동자가 할 수 없는 저항 행위이다. 고용주에게 경제적 손실을 주는 개별 노동자들의 저항 행동으로 자주 거론되는 것 중 하나가 절도다.

그러나 필자는 슈퍼마켓 주부 파트타이머의 절도에 관해서는 거의 들어 본 적이 없다. 관리직들의 이야기에 따르면, 종업원의 절도 자체가 많지 않다. 본사의 부장이 점포를 방문했다 나갈 때도 가방을 열어 보여줘야 하는 규칙 때문에, 절도가 빈발하기는 어렵다[26]. 그러나 만일 있다면 그건 파트타이머보다 정사원 주임일 가능성이 더 높다. 매년 2, 3회 재고 조사를 실시하므로, 재고 조사 책임자인 주임이 아니면 곧 발각되기 때문이다. 예를 들면. 1990년대 중반 G2사의 어느 점포에서는 주임이 다른 점포로 전근 간 후 그 사람이 850만 엔 정도의 상품을 훔친 것이 드러난 사건이 있었다. 또 주임은 가격인하 권한이 있으므로, 마음에 드는 상품이 있으면 할인할 시기가 아니라도 할인 처리를 해서 싸게 살 수도 있다(G2사 인사부장, 50대 후반, 대졸 남성).

2절에서 검토한 바와 같이, 많은 주부 파트타이머는 본인이 처한 상황에 대한 불만이 강하다. 특히 저임금과 정사원과의 임금 격차에 대한 불만이 높다. 그런 상황이라면 슈퍼마켓의 주부 파트타이머들은 자신을 부당하게 착취하고 있는 회사의 물건을 훔치고 싶은 마음이 들어도 당연할 것 같은데 현실은 그렇지 않다는 것을 어떻게 이해해야 할까? 이 문제에 대해 깊이 조사하지는 못했지만, 한 가지 생각할 수 있는 요인은 신원 보증인에 관한 것이다. 2007년과 2008년에 인터뷰한 G1사의 주부 파트타이머들에 따르면, G1사에서는 파트타이머와 계약을 갱신할 때마다 신원 보증인의 보증을 요구하는데 그 신원 보증인이 거의 모두 남편이다. 회사가 보증인으로 남편을 인정하기 때문에 다른 사람에게 부탁할 이유가 없기 때문이다. 결과적으로 그녀들은 "남편의 허가 아래"(G1사 플렉스 사원, 56세, 근속 10년)에서 일하는 셈이 된다. 이런 상황에서는 회사에서 만일의 상황이 발생한다면, 바로 남편에게 연락이 가고 책임을 물을 것이다. 기업으로서는 더 이상 쉬운 통제는 없는 셈이다.

절도 이외의 회사에 경제적 손실을 주는 행위로, 상품을 먹고 마시는 행위를 들 수 있다. 요즈음은 시식용을 먹거나 마시지만, 다음에 인용한 ABC 유니온 임원의 말처럼, 제품 관리가 지금처럼 엄격하지 않았던 70년대와 80년대에는 상품화하기 위한 재료를, 모여서 먹는 일도 드물지 않았다고 한다. 그런데 필자가 보기에, 들고 나가는 것이 아니라 점포 내에서 먹고 마시는 수준이라면 그 행위를 저항 행위라고 말하기는 어렵다. 특히 시식용을 먹는 정도라면 회사에 미치는 경제적 손해가 별로 없을 뿐 아니라 매장 직원 전원이, 나아가 옆 매장 사람들까지 불러 함께 먹는 행위는 종업원의 친목을 도모하는 행위이기도 하기 때문이다. 식사 공동체가 가장 강한 공동체임을 감안하면 오히려 이런 행위는 친기업적인 행위라고 할 수 있을 지도 모르겠다[27]. 돈 들여 직원 회식을 하는 이유가 이런 것 아닌가?

좋은 고기는 점포에서 근무할 때 먹었어요. 옛날에는 아직 고기가 가공센터에서 포장되어 들어오는 것이 아니라, 덩어리가 들어오면 슬라이스해서 팔았거든요. 좋은 고기가 들어오면 매장 사람들이 먹을 만큼 먼저 잘라두고 제품을 만들기도 했어요. 우리만이 아니라 옆 매장 사람들도 불러서, 파티는 아니지만, 모두 같이 먹었어요. 정육만 아니라 생선도 과일도 그렇게 했어요. 모여서 먹기도 하고, 일하면서 왔다갔다 하면서 먹기도 하고. (점장이 혼내지 않았어요?) 점장도 함께 먹었어요. 지금은 상품관리가 철저해지고, 또 불경기이기 때문에 상품화하는 재료는 물론이고 시식용으로 온 것도 먹기 어려울 테지만, 예전에는 자~주 먹었어요. (ABC 유니온 임원 40대 후반, 식품슈퍼 정육 매장 출신)

2) 적극적 저항: 소집단 정치와 비공식 권력

(1) 수다 공동체와 보스

관리자나 노동조합 관계자들과 점포 내의 인간관계 또는 파트타이머들에 대한 관리, 통제 문제에 관해 이야기를 나누게 되면 반드시 나오는 단어 중 하나가 '보스'라는 단어다. 파트타이머는 정사원과 달리 점포이동을 하지 않고 한 점포에서 장기간 근무하는 사람들이고, 집도 점포 근처에 있다. 또 신규 출점한 점포의 경우 영업개시 몇 달 전부터 파트타이머를 모집해서 오픈 준비를 하기 때문에 오픈 멤버들의 응집력은 대단히 강하다. 2~3개월 간 매일 함께 교육 훈련을 받고 다른 점포에 견학을 가기도 하고 실습도 같이 하는 등, 오픈 후에는 경험할 수 없는 높은 밀착도를 경험하기 때문이다.

오픈 멤버가 아니더라도 같은 점포에서 장기간 근무하게 되면 자연스럽게 친해져 소집단이 형성된다. 그리고 소집단에서 발언권이 강한 리더격인 사람이 생기는 것도 자연스러운 일인데 이 소집단의 리더를 '보스'라고 한다. 파트타이머의 자생적 소집단이 비밀결사체도 아닌 바에야 보스라는 호칭은 어떤 의미에서 지나친 표현이기도 하고 또 반쯤 농담조의 호칭이기도 하다. 하지만 이 단어는 매우 보편화되어 관리직들은 물론이고 주부 파트타이머 본인들도 농담조로 보스라는 단어를 사용하는 정도다.

사실, 주부 파트타이머들의 자생적 소집단은 본질적으로는 '아줌마들의 수다 공동체'다. 그녀들은 식사시간에 같이 밥을 먹고, 휴식시간이나 일 마치고 집에 가기 전에 잠깐 구내 식당에 모여 수다를 떨며 마음에 들지 않는 사람을 같이 욕하거나, 쉬는 날을 맞추어 함께 놀러 가는 관계다. 주부 파트타이머들은 이런 수다 공동체를 만들어 직장생활 속에서 쌓인 스트레스를 해소하고 다양한 정보를 공유하여 기업에 종속당하는 것에 저항한다. 비정규 노동자인 파트타임 노동자가 개인 단위로 관리직과 직접 대결하는 것은 어렵기 때문에 비공식 소집단의 형태로 자신들의 존재감을 보여주는. 즉, 주부 파트타이머들은 수다 공동체라는 진지를 구축하고 기업과 관리직에게서 자신을 보호한다.

물론 파트타이머 내부가 완전히 수평적인 관계인 것만은 아니다. 파트타이머의 내부 관계는 기업이 만든 고용구분제도 및 등급제도에 의해 위계화되어 있는 측면이 있다. 또 직접적으로 교육자/피교육자 관계를 형성한 경험이 없다 하더라도 장기근속자와 단기근속자는 점포의 특성 및 업무를 파악하는 수준이 다를 수밖에 없고 그것이 위계로 발전할 소지도 있다. 때문에 경우에 따라 수직적인 관계가 중심이 되는 소집단이 없는 것도 아니다. 아래에 인용된 발언에서 알 수 있듯이 입사 순서로 위계를 설정하려는 경향도 있다.

파트 근무를 시작해서 어언 7년, 나 자신은 선배를 보고, 선배에게 배우고, 선배가 일하는 방식에서 좋은 점을 훔치고, 좋지 않아 보이는 점은 나름대로 개선해 왔습니다. 나중에 들어온 사람들에게도 제가 해봐서 능률이 올랐던 방법 등을 적극적으로 가르치려고 하고 있습니다. 또 회사의 점포 수리(改装) 교육에도 참가했고 후배들에게도 그렇게 가르치고 있습니다만, 또래보다 7~8살 밖에 차이가 안 나는데도 나중에 들어온 사람이 잘난 척하면서 선배의 가르침을 귓등으로도 듣지 않고 "각자 자기 방식이 있으니까"라며 무시하거나, 일하면서 수다 떠느라 일손을 놓고 있는 경우도 많고, 지적하면 오히려 달려듭니다. 치프가 주의를 주면 좋겠는데 치프는 파트보다 나이가 어려서 미움 받으면 일하기가 더 어려워지니까, 뒤에서는 뭐라고 해도 앞에서는 보고도 못 본 척해서 화가 납니다. (설문조사 자유의견, 주 20시간, 53세, 고졸, 1998년 소득 99만 엔, 동거가족: 남편+자녀, 막내 18세, 남편 고졸)

수직적인 관계가 중심인 소집단이 없는 건 아니다. 하지만 그 위계는 기업의 제도가 뒷받침해주는 것이 아니기 때문에 매우 취약한 위계다. 다시 말해 장기근속의 숙련수준이 높은 파트타이머라 하더라도 대부분은 그렇지 못한 파트타이머에 대해 직급상의 상사는 아니다. 때문에 소집단 내부에 위계가 있다 하더라고 그것은 매우 허약한 것이며 더 강한 것은 친밀성의 유대다.

그런데 관리직들이 이 관계를 위계적 조직인 양 보스와 부하라는 지나친 표현을 사용하는 이유는 그녀들이 개인이 아닌 집단으로 모여 있을 때 통제하기 어렵기 때문이다. 그래서 그들은 그 소집단의 리더가 누구인지에 관심을 가진다. 종적 관계 중심의 남성 문화에 익숙한 그들은 여성들, '아줌마들'의 인간관계를 이해하기가 어렵기 때문에 기업 조직의 종적 관계를 아줌마들의 수다 공동체에 그대로 적용해 '보스'와 '부하'라는 표현을 사용하는 것이다.

2,3년에 한 번씩 이동하는 정사원과 달리 한 점포에서 장기간 근무하고 있는 파트타이머들은 강한 결속력을 가질 수 있다. 더욱이 그녀들은 점포에 관해 정규직 상사보다 더 잘 알 뿐 아니라 점포에 대한 애착이 강하다. 또 그녀들에게 직장은 자신의 이름으로 자신의 능력을 인정받은 장소이기도 해, 강한 자기 동일시의 대상이기도 하다. 그 때문에 직장이 "내 가게"가 될 수 있는 것이다. 그런

데 파트타이머들의 결속력이 강할수록 관리직들은 그녀들을 통제하기 어렵다. 공식 통제체제의 작동에 반발하는 집단이 존재할 때, 수직적 관계에 익숙한 관리직들이 가장 이해하기 쉬운 방법은, 누군가 리더십을 가진 사람이 주변 사람들에게 영향력을 행사해 발생하는 것으로 간주하는 것이다.

(2) 보스는 어떤 사람?

어떤 사람이 소집단의 리더가 되는가. 가장 중요한 것은 자신의 의사를 분명하게 밝히는 성격이다. 즉, 점포 안의 다양한 일에 대해, 또 정사원 상사의 태도나 매장 운영에 대해, 여러 평가를 자기 마음 속에만 간직하지 않고 주부 파트타이머들에게도 관리직들에게도 공개적으로 이야기할 수 있는 사람들이다. 다음에 발언을 인용한 소마(相馬) 씨의 경우 노동조합에도 적극적으로 발언한다. 소마 씨는 인터뷰 당시에는 정사원으로 등용되어 있었기 때문에 노조원이었지만 파트였던 시기에는 노조원이 아니었다. 그러나 그녀는 노조 간부가 자신의 점포를 방문할 때마다 불만 사항을 얘기했다.

> 노동조합에서 누가 점포에 올 때마다 말했어요. 파트타이머의 노동조건 문제를. 그렇지만 별로 달라지지 않네요. (相馬 소마, G1점 정사원, 총무교육 담당자, 50세, 근속 1(13)년, 파트타이머로 12년 근무 후 정사원 등용)

다음으로 그녀들은 업무능력이 매우 뛰어난 사람들이다. 물론 반드시 업무능력이 뛰어난 사람만이 보스가 되는 것은 아니지만, 어떤 조직에서도 그러하듯이 업무능력이 떨어지는 사람이 주위 사람들로부터 인정받기는 어렵다. 또 업무능력이 뛰어나지 않으면 정사원 상사와 대립할 때 무시당하지 않을 수 있다. 그러다 보니 자연히 근속년수가 길어 그 점포의 상황에 대해 잘 아는 사람들이 리더가 된다. 따라서 오래된 점포일수록 소집단의 영향력은 커진다. 예를 들어 사례 점포들 중에서도 G3점, S3점, S4점 등 오래된 점포들에서의 인터뷰에서는 아래에 인용한 이와모토(岩本) 씨의 이야기와 같은 내용의 이야기를 종종 들을 수 있었는데, 소집단의 리더들을 지칭하는 것이었다.

> 여기는 참 있기가 편한 곳이에요. 예전부터 있던 분들이 할 말 딱딱 해주고요 또 새로 들어온 사람들 일도 잘 가르쳐주고 사이좋게 지내도록 신경 써주기도 하고.
> (岩本 이와모토, G3점 파트타이머, 속옷매장, 담당자, 주 20시간, 45세, 고졸, 근속 13년)

셋째, 사적 관계인 소집단의 리더인 만큼 인간관계에 대해 잘 관리하는 사람들이다. 물론 점포 내의 모든 사람과의 인간관계를 잘 관리할 필요는 없지만 최소한 자기 그룹 내에서의 인간관계관리가 잘 안 되는 사람들이면 올바른 말을 하더라도 발언권이 떨어지게 되고 따라서 영향력을 행사하기 어렵다.

마지막으로 영향력 있는 리더들은 노조원이다. 즉 상대적인 의미지만 고용이 안정된 사람들이다. 소집단의 리더로서의 역할을 제대로 수행하기 위해서는 다른 사람을 욕하는 데서 결속력을 찾는 수준이어서는 곤란하다. 역시 리더는 상부에 대해 의사를 개진할 수 있어야 하며 그러려면 관리직과 대립하더라도 고용이 불안해지지 않아야 한다. 일반적으로 파트타임 노동자에 대한 채용 권한은 점포에 있지만, 일단 노조원이 되면, 함부로 해고하기 어려워진다. 또 소집단의 보스격인 경우, 문제가 발생하면 노조에 즉시 통보하는 경향이 있다. 조합비를 내고 있는 이상, 노조원에게 일어난 문제를 해결하는 척이라도 하는 것이 노조의 의무임을 그녀들은 잘 알고 있다.

(3) 수다 공동체의 진지전과 비공식 권력

전술한 바와 같이 수다 공동체의 일상활동은 같이 밥/간식 먹으며 수다 떨기와 가끔씩 놀러 다니기로, 그야말로 일상의 커뮤니케이션이다. 물론 수다 공동체의 활동이 이런 것만은 아니다. 한 사례 점포의 수다 공동체는 쉬는 날을 조정해 함께 정당 집회에 간 적도 있었다. 또 어떤 점포의 수다 공동체는 회사 외부의 노조인 커뮤니티 유니온(지역일반노조)에 함께 가입한 적도 있다[28]. 그러나 많은 수다 공동체 일동 활동의 내용은 역시 일상생활에 관한 커뮤니케이션이다. 그녀들은 이 일상의 소통을 통해 저임금·고숙련의 기간제 노동자인 자신들이 사실은 기업의 이윤창출구조의 주역이며, "현재의 일본 기업 중에는, 파트 노동력을 배경으로 급성장한 기업이 많다"[29]는 것을 서로에게 주지시키고, 관리직에 대해서는 자신들의 존재를 인정하게 만든다. 주부 파트타이머는 점포에 장기정착하기 때문에 소집단 활동에 기초한 그녀들의 저항활동을 진지전에 비유할 수 있다.

주부 파트타이머들의 수다 공동체와 직접 대면하게 되는 것은 역시 매장 주임들이다. 주임들은 매장의 영업실적으로 인사고과를 받게 되므로 매장실적을 좌우하는 주부 파트타이머 소집단과의 관계가 매우 중요하다. 주임이 새로 부임했을 때, 주부 파트타이머들과 원만한 관계를 구축하지 못하면 수다 공동체는 '주임을 길들이기' 교육을 시도하기도 한다. 아래 사례는 S3점 청과매장의 주임이 부임 초, 악의는 없었지만 주부 파트타이머들과 원만한 의사소통을 하지 못했기 때문에 하게 된 경험담이다. 운이 나빴나고 해야 할지, 82년에 출점한 짧지 않은 역사를 가진 S3점에서 가장 영향력 있는 보스와 수다 공동체가 청과 매장에 있었다. 주임을 길들이기 위해서는 출근해 매장 뒤쪽의 작업실에서 의견을 교환하는 것만으로는 불충분하다. 주부 파트타이머들이 주임에게 어떻게 대응할지 상의하기 위해 업무가 끝난 저녁시간 또는 일요일에 모였다는 이야기를 필자는 다른 사례 점포의 주부 파트타이머에서 들은 적이 있다.

> 여기 처음 와서요, 이렇게 합시다 저렇게 합시다 라고 이야기해도요, 여자들[30]은요, 말을 잘 안 들어줬어요. 후방에서만 작업하지 말고 상품으로 만든 거를 매장에 내놓고 매장상황을 자주 점검하고 그러자고 이야기해도 "우리는 전에 그런 거 안 했어요. 우리는 후방에서 상품화만 해왔는데 갑자기 왜 그런 거를 하라고 그래요? 그 일은 정사원이 하세요"라고 그러는 거예요. 협조를 안 해줘서 되게 어려웠어요. 지금은 서로 도우면서 잘 하고 있어요. (S3점 정사원, 청과매장, 주임, 30대 전반, 대졸 남성)

파트타이머 소집단과 신임 주임이 힘 겨루기를 하는 일이 종종 있다는 것은 슈퍼마켓에서는 상식이다. 하지만 이에 대해 점장은 문제가 아주 심각해지기 전에는 나서지 않는다. 점장의 성격에 따라 신임주임에게 힘 겨루기를 할 가능성이 있는 소집단과 리더에 대해 넌지시 정보를 주는 점장도 있지만 대체로는 정보를 주지 않는다. 왜냐하면 그것은 특별한 일이 아니고 정사원 주임이 정사원으로 살아남기 위해 해결해야만 하는 자기과제이기 때문이다. 주부 파트타이머 소집단과 주임 간의 힘 겨루기는 일반적으로 다소 시간이 지나면 어떤 지점에서 서로를 인정하면서 해결이 된다. 그러나 원만히 해결되지 못해 매장운영에 지장을 초래하는 정도가 되면 제3자가 개입해서 조정을 해야 하고, 조정이 안 되는 최악의 경우는 누군가를 이동시켜야 한다.

그럴 때 누구를 이동시키는가에 대해서는 정해진 룰이 있는 것은 아니다. S3노조의 전임간부는 파트타이머는 이동시킬 수 없는 사람들이니까 정기인사이동 시기가 아니더라도 정사원을 이동시킨다고 답했다. S4노조 간부와 S2노조 간부는 정사원을 이동시키려면 여러 점포를 같이 움직여야 하니까 점포 내에서 해결할 수 있는 파트타이머를 이동시킨다고 말했다. 그러나 오래된 점포고 영향력 있는 리더들이 많이 있는 점포, 또는 소집단의 결속력이 강한 작업장에서 주임이 소집단 전체와 대립했을 경우, 또는 장기 근속자이며 부주임 격인 주부 파트타이머와 주임이 대립한 경우에는 정기인사이동 시기가 아니어도 주임을 이동시키는 편이 기업에 부담이 적다. 사태의 심각성에 대해 점장이 너무 늦게 눈치를 채거나 알고도 주임을 이동시키지 않고 상황을 적당히 넘기려 하면 집단퇴직 등 더 골치 아픈 상황이 생길 수도 있다. 따라서 적절한 시기에 적절히 개입해 조정하는 것이 중요하다.

아래에 인용한 발언의 화자는 '보스'에 대한 이야기가 나오자 노골적으로 불만을 표현하고 '나쁜 보스'에 대한 이야기에 집중하며 그런 사람들은 내보내야 한다고 강경하게 말했다. 그에게는 청과매장 주임으로 있던 시절에 파트타이머 소집단과 대립하다가 어느 날 갑자기 파트타이머들이 집단퇴사해 버린 경험이 있었다. 아마도 그가 그 집단퇴사 건으로 점장에게서 몹시 혼났을 거라고 상상하기는 어렵지 않다. 본인도 인정하고 있듯이, 장기 근속자를 포함해 한 매장의 주부 파트타이머가 집단퇴사하게 되면 매장 운영에 지장이 생길 수밖에 없기 때문이다.

잘 됐다고 생각했어요. 나쁜 보스는 매장에도 악영향을 미치니까 내보내야 해요. 그리고 한 동네니까 다 소문이 나니까 나쁜 보스가 있으면 사람들이 파트 모집할 때 지원도 잘 안한다고요. 나가서 잘됐지요 뭐. (약간 의기소침해지는 태도로) 그래도 갑자기 한꺼번에 나가니까 처음에는 좀 고생했죠. (사례노조 전임 간부, 44세, 대졸 남성, 청과매장 주임 출신)

그런데 파트타이머의 이동이 반드시 패배의 결과라고만 할 수는 없다. 사토(佐藤) 씨 사례는 비공식 권력을 인정하기를 거부한 정사원을 곤란하게 하기 위해 베테랑 주부 파트타이머가 스스로 매장이동을 자청한 사례다. 만일 그녀가 단지 한 사람의 파트타이머였다면 정사원에게 사과하는 것으로 패배를 인정하고 선어 매장에 계속 근무했을 것이다. 하지만 그녀는 일 잘하는 주부 파트타이머로 인정받고 있었을 뿐 아니라 노동조합의 중앙집행위원이었다. 사토 씨는 그런 자신이, 한참이나 나이가 어린 사원에게 OO군이라고 좀 불렀기로서니, 그것에 대해 반발하는 정사원에게, 자신이 매장을 이동하여 매장 전체의 팀워크를 깸으로써 매장운영에 곤란을 겪게 만드는, 또 다른 방식의 길들이기를 시도한 것이다.

저는 원래 선어매장이었어요. 그 때 참~ 재미있었어요. 회뜨기 경연 대회 같은 것도 하고 새로운 스타일로 모듬회 담는 법 이런 것도 같이 연습하고 서로 격려하면서 정말 분위기 좋았어요. (중략) 한 10년 전쯤인가, 새로 사원이 하나 전근해왔는데 젊은 사람이었거든요. 그래서 내가 특별한 생각 없이 ○○군이라고 불렀더니 그 사원이 화를 내고 난리가 났었어요. 자기를 무시한다고요. 나는 그냥 나이도 어리고 해서 별 뜻 없이 그렇게 부른 건데. 그래서 점장한테 가서 당장 나 매장 바꾸라고 그랬어요. 그래서 서비스 카운터(계산대-필자)로 옮기게 된 거예요. (佐藤 사토, S4점 플렉스 사원, 서비스 카운터, 리더, 주 35시간, 53세, 고졸, 근속 21년, 노조 중앙집행위원)

주임 길들이기는 여러 가지 방식으로 진행된다. 아래의 사례는 연구자가 알고 있는 사례 중에서 가장 극단적인 사례이다. 그런데도 이 사례를 인용한 것은 영향력 있는 파트타이머들의 주임 길들이기에 대한 주변의 반응 때문이다. 그 점포의 관리직과 정사원들은 그녀들이 주임 길들이기를 한다는 것을 모두 알고 있지만 저지하지 않는다. 심지어 "언제 끌려 들어갈까" 하면서 모두 재미있어 하기조차 한다[31]. 일 잘하는 베테랑 파트타이머라 점장도 그녀들에 대해 함부로 할 수 없다. 다시 말해 관리직들은 '저임금·고숙련 노동자'인 주부 파트타이머가 그만두지 않게 하려면 그 정도의 비공식적 권력은 허용할 수밖에 없다고 판단하고 그녀들의 존재의 무게를 인정하는 것이다. 또 필자가 정사원 주임들과의 면접조사에서 주부 파트타이머들의 주임 길들이기에 관해 질문했을 때 몇 명의 주임들이, 자기도 들은 이야기라고 말하면서, 키득키득 웃으면서 곧바로, "냉장고에 끌려들어간다든지" 같은 표현을 사용했던 것을 생각하면, 베테랑 주부 파트타이머들이 주임을 냉장고에 데리고 가서 길들이기를 하는 것이 아주 드문 일이 아닐지도 모르겠다.

제가 전에 근무하던 점포 중 하나에서는요, 3마녀[32]라고 불리는 엄청 유명한 파트타이머들이 있었는데요, 새로 주임이 오면 후방에 있는 냉장고로 끌고 들어간다고 해요. 거기서 "니가 정사원이지만 이 점포는 우리가 더 잘 안다. 여기는 우리 방식이 있다" 뭐 이런 내용으로 길들이는 모양인데, 전부 울고 나온다고 그래요. 말 잘 듣겠다고 약속을 하고요. 점장도 다른 매장 사람들도 다 알고 있죠. 그래서 청과매장에 새로 주임이 오면 언제 끌려 들어가나 에 귀를 기울이고 역시 울고 나왔다더라 라고 킥킥거리면서 이야기하고 그러죠. 그래도 뭐 그렇게 끌려갔던 사람 중에 직장 그만뒀다는 이야기는 못 들어봤어요. 그 아줌마들이 일단 이야기가 되고 나면 굉장히 잘 해준다고 그래요. 그리고 워낙 일을 잘 하는 파트들이고 오래된 사람들이어서 아무도 건드릴 수 없는 사람들이기도 했어요. 회사로서는 정사원이 그만두는 게 낫지 그런 아줌마들 그만두면 타격이 크죠. (ABC 유니온 임원, 40대 중반, 대졸 남성, 정육 매장 출신)

그런데 제2장에서 보았듯이 파트타임 노동자에게도 인사고과가 있다. 따라서 그녀들의 인사고과자인 주임이 제도상의 권력을 바탕으로 주부 파트타이머들을 통제할 가능성도 생각할 수 있다. 예를 들어 G2사의 인사 부장은 자신이 점장일 때, 문제가 있는 파트타이머를 그만두게 하기 위해 인사고과를 이용했다고 말했다. 그리고 S2노조 간부 중 한 사람도 인사고과 점수를 나쁘게 해서 그만두게 한다고 말했다. 관리직들은 한결같이, 인사고과제도가 발달해서 예전보다 보스 문제가 약화되었다고 말했다. G2사와 S2사는 사례기업 중에서 파트타임 노동자에 대한 평가 제도가 가장 정비되지 않은 기업임에도 불구하고 인사고과를 이용하여 주부 파트타이머를 해고한다고 하는 것이다.

일반적으로 말하면 파트타이머 통제에 인사고과라는 수단을 사용할 수 있다. 그러나 파트타이머에 대한 내부화 제도가 진정한 내부화 제도가 아니라 의사 내부화 제도이기 때문에 평가 제도를 이용한 통제 가능성은 제한적이다. 정사원에 비해 파트타이머의 승급 사다리는 매우 짧기 때문에 파트타이머는 일정 기간 승급하고 나면 더 이상 올라갈 곳이 없다. 게다가 불경기속에서 일부 기업에서는 파트타이머도 성적이 나쁘면 평가급이 삭감되기도 한다[33]. 하지만 대부분의 회사에서는 그럴 수 있을 만큼 평가급의 폭이 넓지 않고 승진·승급 사다리가 길지도 않다. 그렇기 때문에 인사고과를 사용해 파트타이머를 통제할 가능성은 장기근속자에 대해서는 별로 높지 않다. 게다가 명확한 근거도 없이 영향력 있는 파트타이머들의 인사고과를 나쁘게 하면 뒷감당하기 어렵다. 따라서 인사고과를 이용한 파트타이머 통제는 근속년수가 짧고 등급이 낮은 파트타이머에 대한 통제수단으로서는 유효할지 몰라도 장기근속의 높은 등급의 파트타이머에 대한 통제수단으로는 유효하지 않다.

이상에서 살펴본 바와 같이 주부 파트타이머들의 수다 공동체는 자신들끼리의 수다로 직장생활의 스트레스를 해소하는 역할을 할 뿐 아니라, 파트타이머들의 존재를 존중하지 않거나 상사가 무리한 업무지시를 할 때 집단의 힘으로 대항하는 역할을 하기도 한다. '함께 있다는 것' 자체가 기업 조직에서 위계의 가장 바닥에 있는 파트타이머의 존재를 보호할 뿐 아니라, 저임금·고숙련 노동으로 기업과 점포의 발전을 이끌어온 자신들의 존재에 대한 '인정투쟁'(Honneth, 1992=2011)을 전개하는 것이다. 그리고 무엇보다 중요한 것은 그녀들의 비공식 권력을 기업이 인정한다는 것이다. 기업으로서는 파트타이머의 〈직무-보상 격차〉를 유지하기 위해서는 저임금으로 고숙련 업무를 담당하고 있는 주부 파트타이머들이 소집단 정치를 통해 기업의 공식 권력과는 별도의 비공식 권력을 구축하는 것을 인정할 수밖에 없다.

5. 비공식 권력의 확대와 공식권력의 균열

지금까지 기업의 기간노동력이 된 주부 파트타이머들이 자기 자신의 상황을 어떻게 해석하고 대응하고 있는지를 살펴봤다.

주부 파트타이머들은 대부분이 가족 형성기에 내부 노동시장을 이탈한 경험이 있는 사람들로, 주부 파트타이머와 정사원을 생애단계 상에 배치한다면 "정사원은 주부 파트타이머의 과거이며, 주부 파트타이머는 정사원의 미래"다. 많은 여성 노동자가 결혼이나 출산을 계기로 정사원 일자리를 그만두었다가 육아가 일단락된 후, 파트타이머로 노동시장에 돌아온다. 그러나 모든 여성이 복귀하는 것은 아니다. 고소득 계층의 여성들은 복귀하지 않는 경향이 있으며, 복귀한 사람들도 가족의 경제적 사정에 따라 노동시간의 길이가 다르다.

장시간 일하는 주부 파트타이머는 경제적 필요 때문에 저임금 장시간 노동으로 가계를 유지하고 있다. 그러나 그녀들에게 적용되는 제도는 의사 내부화 장치이기 때문에 근속이 길어져 숙련도가 높아짐에 따라 같은 일을 하고 있는 정사원과의 임금 격차는 점차 확대된다. 주부 파트타이머는 남성생계부양자에게 부양받는 존재이기 때문에 생계비 임금을 지불하지 않아도 괜찮다는 논리로 그녀들의 노동력을 싼 값에 쓰는 것이다. 이것이 바로 기업이 파트타이머라는 명칭으로 절반의 임금을 받으며 정사원과 다를 바 없는 노동시간으로 정사원과 다를 바 없는 업무를 담당하는 황금알을 낳는 거위를 보유하는 비결이며, 사회정책과 내부 노동시장의 임금 체계로 구성된 주부 제도가 그것의 제도적 기반이다. 그러나 기간적 노동력이 된 주부 파트타이머의 대부분은 가족의 경제적 상황이나 배우자의 직업 등의 사정으로 주부 제도의 틀에 해당하지 않는 사람들이며, 그 모순이 주부협정의 수위를 조정하게 만드는 토대다.

이런 모순적인 상황에서 주부 파트타이머들은 자신의 현실에 불만을 느끼고 갈등할 수밖에 없다. 대부분이 사회보험제도 및 세금제도 상의 피부양자이며, 기간노동력화 수준이 낮은 미들타이머보다 가족의 생계부양자인 사람이 많고, 기간노동력화 수준도 높은 롱타이머 쪽이 자신이 처한 상황에 대해 더 갈등을 느낄 수밖에 없다. 그러나 그녀들의 또 하나의 현실은 가족 책임의 전담자라는 것이다. 그녀들은 체념과 자기 합리화, 나아가 기업이 제공하는 위계 구도를 활용하는 등 현실을 수용하면서도 동료 주부 파트타이머들과 수다 공동체를 만들어 유대를 강화해 관리직과 대치한다. 그리고 '틈새 권력'이라고도 할 수 있는 〈비공식 권력〉을 구축하고, 공식권력에게 기업 및 점포의 발전을 위해 주부 파트타이머들이 한 역할을 인정하도록 인정투쟁을 전개하면서 자신들의 지위를 지키고 자율적 공간을 열며 현실에 대응하고 있다.

미들타이머가 주로 수용 전략을 행사하는 반면, 저항 전략은 롱타이머를 중심으로 행사된다는 점은 가족 배경과 취업 목적, 나아가 직장 내 지위가 파트타임 노동자의 상황 분석과 대응 전략에 영향을 미친다는 점을 시사한다. 〈비공식 권력〉은 주부 파트타이머가 가족 책임 때문에 전근하지 않고 장기간 동일한 직장에서 일하는 조건에서 도출되는 것이다. 즉 주부 파트타이머가 가족 책임의 전담자라는 것은 그녀들을 내부 노동시장에서 배제하는 원인인 동시에 비공식 권력을 확보할 수 있게 하는 토대가 된다.

이상에서 본 바와 같이, 주부협정에 근거한 동의획득 장치를 토대로 주부 파트타이머의 비공식 권력 추구와 구축, 이에 대한 기업의 승인, 그리고 기간(基幹) 파트에 대한 노동조합의 조직화의 결합이, 〈직무-보상 격차〉라는 모순된 현실을 재생산하는 역할을 한다. 그러나 파트타이머의 기간노동력화가 일층 진전되면, 동의 창출을 위한 이 결합구조는 안정적으로 지속되기 어려워진다. 기간노동력화에 따른 파트타이머의 비공식 권력이 커져 공식 권력에 감당하기 어려운 균열을 만들기 때문이다. 기업은 공식 권력을 유지하기 위해 이 갈등과 균열을 봉합해야 한다. 그리고 그 봉합 시도는 제도 개정으로 이어진다. 이에 대해 제5장에서 분석한다.

| 註 |

1) 설문조사에 대한 자세한 내용은 金英(2001b)을 참조할 것.

2) '기타'로 응답한 사람이 20명 있었는데, 구체적인 명칭을 쓴 것을 보면 '○○ 사원'이라는, 주부 파트타이머를 지칭하는 기업의 인사제도 상의 명칭이었다.

3) 설문지가 노동조합을 통해 응답자에게 전달되었지만, 조사대상이 주부 파트임을 알고 있는 노조 간부들이 계약직 및 촉탁에게 설문지를 배포했다는 것 자체에 주목할 필요가 있다. 즉 노조간부들은 기혼여성인 비정규 노동자를 주부 파트로 분류함을 시사한다.

4) 일본 여성의 고등학교 진학률은 1960년 55.9%, 1970년 82.7%, 1975년 93.0%이며, 단기대학 진

학률은 1960년 3.0%, 1970년 11.2%, 1980년 21.0%, 1990년 22.2%, 2000년 17.9%,대학 진학률은 각각 2.5%, 6.5%, 12.3%, 15.2%, 29.2%이다(文部科学省『学校基本調査』).

5) 파트타이머 응답자 20대 22명 중 14명, 30대 68명 중 14명은 자녀가 없는데 이 사람들은 아직 출산이 끝나지 않았을 수 있다(40대 4명, 50대 10명 무자녀).

6) 학력별로 보면 미혼기에 정사원이었던 사람의 비율은 고졸이 87.8%로 가장 높지만 전반적으로 뚜렷한 경향은 나타나지 않았다.

7) 임신·출산 시의 취업 중단에 대한 답변은 결혼시 취업 중단에 대한 답변보다 100명 이상 적다. 전반적으로 무응답률이 낮았음에도 불구하고, 출산 퇴직에 대해 여기까지 무응답률이 높아진 이유는 출산하지 않은 사람들이 있는 것과 더불어 조사지의 질문 순서에 있다고 판단된다. 즉 결혼 시의 퇴직 여부와 그 이유 등을 물은 후 출산 시의 퇴직에 대해 물었기 때문에 결혼 시에 노동시장을 이탈한 사람들이 답변하지 않은 것으로 보인다.

8) 우선순위를 부여한 3개의 답변을 요구했고 우선순위가 높은 순으로 가중치(2, 1.5, 1)를 부여하여 계산했다. 이런 질문에 대한 답변은 집단 간에 큰 차이가 없었고 모두 통계적으로 유의하지 않았다.

9) 이 응답에는 노동시간과 연령에 따른 차이는 거의 없었지만 학력에서는 분명한 차이가 있었다(중졸 0.0%, 고졸 5.4%, 단대졸 8.0%,대졸 13.6%).

10) 질문지 조사에서 가구 소득은 응답자 본인을 제외한 가구원 전체의 소득을 물었다.

11) 필자가 한국에서 인터뷰한, 동일한 경험을 가진 한 40대 주부 파트타이머는, *"가끔씩요, 애를 원망하는 기분이 들 때가 있어요. 그 때 니가 아프기만 하지 않았더라도, 니가 건강했으면 내가 계속 일할 수 있었을 텐데... 라는 기분 ... 애한테는 미안하지만, 그때 그만두지 않으면 좋았을 텐데 라는 생각이 들어서..."* 라고 말했다.

12) 그러나 고용형태를 통제하면 정사원만이 학력에 의한 의견의 차이가 통계적으로 유의미하고 파트타이머 내부에서는 유의미하지 않았다.

13) 필자가 이 불일치를 발견하게 된 것은 질문지 조사에서 자유의견을 읽고 이렇게까지 간절한 마음을 적은 사람이 다른 질문에 어떤 대답을 했는지 알고 싶어졌기 때문이었다. 어쩌면 그녀는 앞부분의 여성의 노동방식에 대한 질문에는 이른바 규범적 또는 자기 합리화를 위한 답변을 했지만 답변을 계속하면서 본인의 진정한 감정을 말해 싶어졌는지도 모르겠다. 필자의 조사경험에 따르면, 질문 자체가 가지고 있는 사고유발 효과가 있다. 노동조건에 관한 설문조사는 응답자에게 일종의 학습 효과를 가지며, 생애사 면접은 본인의 삶과 인간관계를 다시 생각하게 하는 효과가 있다.

14) "여성도 평생 직장 생활을 하고 경제적으로 자립해야한다"라고 답한 사람들 중에서 정사원 취업을 원한다는 답변은 미들타이머, 롱타이머, 정사원 모두에서 약 85%였다

15) 학력도 통제해보았지만 통계적으로 유의하지 않았기 때문에 결과를 제시하지 않았다.

16) 1990년대 한국에서도 기혼여성인 정규직 노동자와 비정규직 노동자 사이에서 성별분업규범 수용도에 거의 차이가 없었다(金英, 2001a). Fagan & Rubery(1996)에 의하면, 여성의 의식을 바탕으로 풀타임 노동 선택과 파트타임 노동 선택을 설명할 수 있는 것은, 유럽에서 1980년대 중반 이후의 영국 정도에 불과하며, 파트타임 선택은 주로 고용주의 전략과 노동시장 제도에 의해 결정된다.

17) 젊은 연인과 함께 가출한 아내에 대한 배신감으로 아버지는 알콜 중독으로 빠졌고, 장녀인 그녀가

가족을 건사해야했기 때문에 그녀는 고등학교를 졸업하기도 힘겨웠다. 어머니 가출 당시 초등학생이었던 남동생은 어머니에게 버림받았다는 정신적인 상처 때문에 인간관계 및 사회생활에서 부적응 문제가 심각했고 결국 노숙자가 되었다. 그런 어머니가 갑자기 나타나 갈 곳이 없으니 거두어달라고 했을 때 그녀는 거절했지만 그녀의 남편이 당신의 상처는 이해하지만 갈 곳 없는 노인을 어떻게 내칠 수가 있겠냐며 받아들였다. 그녀의 남편은 미혼모인 그녀와 결혼해 아이에게 자신이 친아버지가 아니라는 사실을 일체 숨기고(결혼 당시 큰 딸이 아주 어렸음) 아이를 함께 키운 사람이다.

18) 사카이 씨는 불경기 때문에 도장(塗裝)관련 자영업을 하고 있는 남편의 수입이 줄어 생활이 어려워 장시간 계약으로 전환하고 싶어 했고 사회보험에도 가입하고 싶어 했다. 그러나 1990년대 중반부터 본사는 사회 보험료 부담을 줄이기 위해 장시간 계약을 제한하는 정책을 취하고 있었다. 당시에 G1점에서는 식품 부문에서 일할 장시간 파트타이머를 모집하고 있었지만, 토요일과 일요일에 모두 출근하는 것이 조건이었다. 아직 자녀가 두 명 모두 중학생인 사카이 씨는, 그 조건은 무리라고 생각해 포기했다.

19) 이 응답자의 말과 달리 실제로 일본 남성의 가사 노동시간은 그다지 길어지지 않았다. NHK의 생활시간조사에 따르면, 1970년대 이후 남성의 가사노동시간이 증가한 것은 평일은 노인 남성의 가사 노동시간이 늘어났기 때문이며, 일요일은 20~40대 남성의 가사 노동시간이 늘었기 때문이다. 그러나 남성의 가사노동시간은 늘어났다고 말하기 어려운 수준이다. 즉, 1970년의 30대 남성의 일요일 가사노동시간은 취사 2분, 청소 3분, 장보기 17분, 자녀 돌보기 11분, 가정 잡무 39분이었다. 그것이 1995년에는 각각 7, 4, 4, 34, 26, 27분이 되었다. 30대 남성의 일요일의 가사 노동시간이 25년에 걸쳐 겨우 29분 늘어난 것이다(NHK, 1996: 39-40). 또 맞벌이 가구의 남편이 가족을 돌보는 데 쓰는 1일 평균 노동시간은 1991년의 19분(가사 8분, 개호·간호 1분, 육아 3분, 쇼핑 7분)에서 2001년의 26분(각각 9, 1, 5, 11분)으로 10년간 7분 늘었다. 그러나 전업주부 가구 남편의 가사노동시간은 1991년 25분, 2001년 35분(総務庁統計局, 『社会生活基本調査』; 『2001年 女性労働白書』 付表 96, 『2002年 女性労働白書』 付表 93에서 재인용)으로, 전업주부의 남편이 취업주부의 남편보다 가족을 돌보는 데 쓰는 시간이 더 길다는 아이러니마저 일고 있다.

20) 2장에서 언급한 바와 같이, 대부분의 경우 신입사원의 OJT를 담당하는 것은 베테랑 주부파트다.

21) 본인이 일하기 시작한 후 남편이 상당히 바뀌어, 냉장고에서 반찬을 꺼내 데우거나 차 정도는 직접 끓일 수 있게 됐다고 요코타 씨는 말했다.

22) 이 발언은 2000년대에 들어 이전에 비해서는 일-생활 균형과 육아지원을 위한 제도가 정비되고 있음에도 불구하고, 여전히 현실은 다른 여성의 지원이 없으면 여성이 계속 일하는 것이 무리임을 잘 보여주고 있다. 좌담회 이후 3차례에 걸쳐 실시한 구술생애사 인터뷰에 따르면, 그녀 본인이 미혼모로 첫째 딸을 낳았을 뿐 아니라, 이 발언에 등장하는 둘째 딸이 이혼을 생각하는 상황에서 출산했기 때문에 정사원으로 계속 일할 수 있도록 엄마가 도와줘야 한다는 마음이 더 강했다.

23) 이 말은 주부 역할을 평가하는 말일뿐만 아니라 저임금을 받아들일 수밖에 없음을 나타내는 말로 많은 파트타이머가 하는 말이다. 즉 자신들은 가족책임 때문에 교대 근무를 할 수 없기 때문에 같은 일을 담당하는 정사원보다 임금이 낮더라도 어쩔 수 없다고 말할 때, 그 이야기의 시작으로 일반적으로 사용된다. 또 이 말을 여러 명에게서 반복적으로 듣게 되면서 필자는 조사의 방향을 근본적으로 바꾸게 되었다. 즉 조사를 시작하는 시점에 필자는 조사 내용을 이 책의 1장과 2장의 일부 정도로 설

정했었다. 그러나 '주부'라는 말로 자신들의 불만을 외면하고 합리화하는 주부 파트타이머들을 거듭 만나면서 필자는 행위자 전략을 통해 불평등의 재생산 메커니즘을 밝혀야 한다고 생각하게 되었다.

24) 전문직인 카나이 씨의 남편은 연봉이 1,500만 엔이 넘는다. G3점을 3번째 방문했을 때 퇴근하는 그녀와 우연히 마주쳤는데 그녀가 몸에 걸치고 있는 모든 것이 그녀의 월급 한 달 분으로는 사기 어려운 명품이었다. 본인에 따르면 카나이 씨는 일하지 않고 집에서 가만히 있는 것은 참을 수 없는 성격이라 아이들이 어릴 때는 가내부업을 한 적도 있었다. 지기 싫어하는 성격이라 부업할 때도 "다른 사람보다 더 많은 양을 하고 싶었"기 때문에(당신이 제일 많이 했어요, 라는 평가를 받고 싶었다) "저녁 식사 후에는 남편에게도 도와달라고 했다." 그녀의 남편은 그녀가 슈퍼마켓 파트타이머가 되어 야간노동을 하지 않게 되어 편해진 셈이다. 카나이 씨의 집에서 가까운 곳에 백화점이 있는데, 친구들이 모두 그 백화점을 이용하고 있기 때문에 집에서 다소 떨어져있는 G3점을 선택했다. 그러나 그렇게 일하고 싶어 하는 그녀가 시어머니에게 치매가 와서 함께 살며 돌봐야 하게 되어 2006년부터 일을 그만둘 수밖에 없었다. 집에만 있는 것은 참을 수 없다고 하지 않았냐는 필자의 질문에(전화 인터뷰) 카나이 씨는 "조금 힘들지만, 결혼한 후 계속 남편이 잘 해주었으니까 나도 갚아야 한다고 생각"한다고 답했다. 2007-8년 조사에서 확인된 것 중 하나는 50대의 파트타이머 중에서 부모를 돌보기 위해 직장을 그만두는 경우가 적지 않다는 것이었다.

25) 참고사례인 A사 파트타이머인 츠카노 씨는 자신의 점포에 에도가와 유니온 지부를 만든 사람이다. 필자는 1998년 9월부터 1999년 5월에 걸쳐 예비 조사로 츠카노 씨를 시작으로, 슈퍼마켓 등 4개 업종의 파트타이머 12명을 대상으로 면접조사를 실시했다. 츠카노 씨와는 1998년 9월부터 2003년 4월까지 4차례 인터뷰했다. 본인의 요청에 따라 실명을 사용했다.

26) 꼭 훔치고 싶다면 친구를 손님으로 불러서 상품에서 가격표를 뗀 후 가방 안에 넣어서 나가게 하거나 계산 부문의 종업원과 공모하는 방법을 쓴다.

27) 필자도 조사 중에 시식용 식품을 후방에서 함께 먹은 적이 있었는데 확실히 그 후 주부 파트타이머들과 친밀해지고 이야기를 나누기 쉬워졌다. 그 점포의 점장은 노동조합의 요청을 받아들인 회사의 지시에 따라 필자의 조사를 받아들였지만, 필자가 사무실에서 인터뷰를 하는 동안 사무실 밖에 서서 주부 파트타이머들이 무슨 말을 하는지 계속 듣고 있던 사람이었다. 그러나 시식용 식품을 같이 먹을 때의 식원들의 반응을 보면(*"점장이 알면 뭐라고 하지 않아요? - 이 정도는 괜찮아요"*) 시식용 식품을 먹는 것에 관해서는 그다지 엄격하지 않은 것 같았다.

28) 이 사실을 그 기업의 노조보다 ABC 유니온의 해당 지역 지부가 먼저 알아서 그 기업의 노동조합에 알렸다. 그녀들은 압력과 설득 때문에 결국 커뮤니티 유니온을 탈퇴했다.

29) *현재의 일본 기업 중에는, 파트 노동력(가내 부업 포함)을 배경으로 급성장했다고 해도 과언이 아닌 기업이 많다고 생각한다. 그런데도 아무리 일을 잘 해도 '파트 아줌마'는 어디까지나 '파트 아줌마'라는 틀을 넘지 못한다. 무엇보다 정사원과는 선을 긋는다, 대우면에서. 이전에 일했던 회사에서도 업무는 정사원과 차이가 없었지만 임금만은 자리수가 다른 정도로 낮았다. "파트 3명에 정사원 1명"이라고 할 정도다. 지금과 같은 불황기에서야말로 파트 노동력을 새로 평가하고 '파트 아줌마'가 내일도 분발하도록 의욕을 발휘할 수 있는 직장을 만들어갔으면 좋겠다고 절실히 생각한다.* (설문조사 자유의견, 46세, 고졸)

30) 그는 파트타이머들을 '여자들'이라고 부른다. 물론 그가 특별히 하대를 하기 위해 이 단어를 사용

하는 것은 아니다. 이 호칭은 남성 정사원과 여성 파트타이머라는, 식품슈퍼에서 가장 전형적으로 나타나는 성별에 따른 고용형태 분절을 정확히 표현하는 것이다.

31) 이를 다른 사람의 불행을 즐기는 악취미라고 해석할 수도 있다. 연구자가 악취미 아니냐고 말하자 화자는 *"기를 좀 죽이는 거지 뭐 그렇게 나쁜 짓하는 것도 아니고. 그 점포 사람들은 그렇게 심각하게 생각하지 않았어요"* 라고 응답했다.

32) 그 점포 사람들은 이 말을 욕으로 사용했겠지만 필자에게는 대단히 상징적이고 인상 깊은 말이었다. 페미니스트들은 의식적으로 마녀라는 단어를 "여성을 돕는 여성"이라는 의미로 사용하는 경우가 있기 때문이다. 중세 말기의 유럽에서 일어난 '마녀 사냥'에서 마녀로 지목되었던 여성 중 적지 않은 사람이 약초 등을 사용해 주변의 여성들의 임신중단을 도왔다는 의혹으로 마녀로 몰렸다. 그리고 3정립이라는 말에서 알 수 있듯이 다리가 3개면 어떤 지형에서도 안정적으로 설 수 있기 때문에 3은 가장 안정적인 숫자라고도 말해진다. 이런 의미에서 '3마녀'라는 말을 '가장 안정된 여성들의 상호부조관계'라고 할 수 있을 것이다. 제1회 서울국제여성영화제(1997년)의 개막식에서는 3마녀가 등장해 여성영화제 개막을 축복했다.

33) S1사가 이런 경우인데, 전면적 기간화형인 S1사 파트타이머의 평가급의 폭은 300엔을 넘으며, 승급 폭도 가장 넓다.

제5장

주부협정의 개정과 제한적 내부화의 확장

1 개정인사제도의 내용과 목적

2 개정인사제도의 사원구분별 처우

3 〈노동방식의 젠더화〉와 〈신분으로서의 젠더〉

4 더불어 사는 사회를 위한 젠더 평등

지금까지 살펴본 바와 같이, 파트타이머의 숙련이 향상됨에도 불구하고 그에 비례해 처우가 개선되지 않기 때문에, 파트타이머의 직무와 처우의 불균형이 확대한다. 이와 같은 일본 파트타임 노동시장의 특징은 〈주부제도〉와 그것에 입각해 행위하는 행위자들의 〈주부협정〉의 결과물이다.

제2장에서 보았듯이, 기업의 입장에서 보면 주부제도에 입각한 주부협정은 고숙련·저임금 노동자라는 황금알을 낳는 거위인 동시에, 파트타이머의 다양한 저항 행위와 비공식권력이라는 부작용도 초래한다. 기업은 어느 정도까지는 파트타이머의 비공식권력을 인정하지만, 비공식권력을 무제한 인정하게 되면 종업원에 대한 회사의 공식 통제를 포기하는 셈이 되고 기업의 이윤 생산 구조가 불안정해지기 때문에 무언가의 대응책을 취해야 한다. 그 대응책이 파트타이머의 일부를 정사원과는 다른 수준으로 내부화하는 〈제한적 내부화〉 장치이며, 이 책의 사례기업은 모두 그런 제도를 설치하고 있다.

그러나 제한적 내부화 제도는 파트타이머의 숙련 수준을 이전보다 높이는 것을 목적으로 하지만 숙련수준이 높아진 만큼 처우를 개선하지는 않기 때문에 〈직무-보상 격차〉를 더 확대시키게 된다. 따라서 직무와 처우의 불균형에서 발생하는 비공식권력을 근본적으로 통제하기는 어렵다. 또 1990년대 후반부터 저출산 문제에 대한 사회적, 정책적 관심이 높아지면서 양립지원제도를 이용하는 정사원이 증가하고 있어, 파트타이머의 가정 우선성을 보장하는 주부협정을 통한 정사원과의 〈구별짓기〉의 효과가 급격히 약화되고 있다. 때문에 장기근속, 고숙련의 기간(基幹) 파트의 저항행위나 비공식권력을 견제하기가 더 힘들어졌다. 남성생계부양자형 젠더 관계에 기반한 지배적 규범과 규칙에 발생하는 균열을 봉합하기 어려워진 것이다.

이런 상황을 돌파하려는 기업의 대응책이 2000년대 들어 종합슈퍼 대기업이 잇따라 시행하고 있는 '개정인사제도'이다. 종합슈퍼 기업의 개정인사제도는 "고용형태가 아니라 노동방식"을 기준으로 종업원의 기업 내 지위와 처우를 결정하는 인사 제도이며, 다양한 고용형태 간의 '균형 잡힌' 처우를 지향하는 대응으로 평가되었다 (JILPT, 2005, 2006). 다양한 고용형태 간의 처우를 균형 있게 하는 제도는 파트타이머의 〈직무-보상 격차의 확대〉와 기간노동력화의 동시 진행을 멈추게 할 수 있는 제도라고 평가되고 있다. 즉 그 동시 진행을 가능하게 해 온 남성생계부양자형 젠더 관계에 기반한 주부협정을 근본적으로 변화시킬 수 있는 제도라는 것이다. 그런데 정말로 개정인사제도는 노동시장의 민주화와 젠더 평등을 향한 제도인 것일까?

제5장에서는 업계 상위기업인 종합슈퍼 2개사(D사와 E사)의 개정인사제도의 내용과 그 제도가 초래한 결과를 검토해, 개정인사제도가 주부협정에 미친 영향에 관해 논한다. 이것은 행위자 전략의 상호 작용이 구조 변화와 어떻게 연결되는지에 대해 논하는 것이기도 하다.

1. 개정인사제도의 내용과 목적

D사는 2002년, E사는 2003년에 새로운 인사제도를 도입하기로 결정하고 그 다음 해부터 시행하기 시작했다. 개정인사제도의 포인트는 '사원구분기준 변경'과 '비전거(転居)사원의 승격·승진 범위 확장'인데, 결론을 미리 말하면, 이것은 〈여성 종업원의 총파트타임화〉, 〈노동방식의 젠더화의 강화〉 그리고 〈성별의 신분성 강화〉라는 결과로 이어진다.

〈그림 5-1〉과 〈그림 5-2〉에 제시한 두 기업 개정인사제도의 사원구분기준을 보면 D사는 이사를 동반하는 전근인 전거전근 여부와 노동시간, E사는 전거전근 여부만을 기준으로 종업원을 구분하고 있다. 제도개정 이전에 D사는 종업

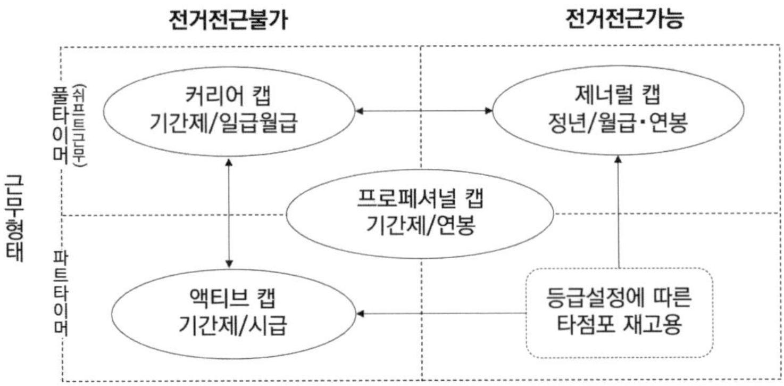

자료출처: D사 내부자료

〈그림 5-1〉 D사의 개정인사제도에서의 사원구분

원을 정사원과 비정사원으로 나누고 비정사원은 또 오렌지 사원(파트타이머), 구(旧)준사원, 정시사원 등으로, 정사원은 전근 범위를 기준으로 N사원, R사원, H사원으로 나누고 있었다. N사원의 전근범위는 전국, R사원의 전근범위는 블록(3개 정도의 현)이고, 대부분이 여성인 H사원의 전근범위는 통근시간 90분 이내였다. 그것을 노동시간과 전거전근 여부를 기준으로 제너럴 캡, 커리어 캡, 액티브 캡으로 변경했다. 〈그림 5-1〉에 제시한 것처럼 사원구분에 따라 적용되는 임금제도와 정년보장이 다르다. D사는 새로운 인사 제도를 〈캡(CAP) 제도〉라고 명명했는데, D사 노동조합의 전임간부(50대 초반, 대졸 남성)에 따르면, CAP제도라고 명명한 것은 Contracts of all Partners의 약자이기도 하지만 "옷에 따라 모자를 바꾸는 것처럼 생애단계에 따라 노동방식을 자유롭게 변경할 수 있다는 의미"를 포함하는 것이다. D사 인사 책임자 (50대 초반, 대졸 남성)에 따르면, "의욕과 능력이 있는 사람에게 일을 맡겨 회사를 발전시키기 위해" 인사 제도를 개정했다. E사 인사 책임자(50대 초반, 대졸, 남성)는 기존의 인사 제도는 고용형태에 따라 처우가 결정되는 제도이며, "기업에 대한 공헌과 처우가 맞지 않는 신분적 제도라서 종업원의 사기를 저하시키는 제도"였기 때문에 그 폐해를 없앴

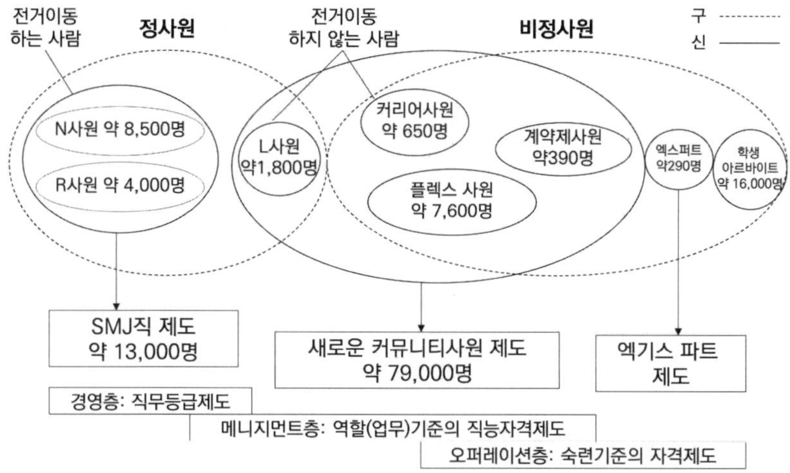

자료출처: E사 내부자료

〈그림 5-2〉 E사의 신구 사원구분

다고 말했다.

E사의 이전 제도에서는 종업원을 크게 정사원과 비정사원으로 구분하고 정사원은 전근 범위에 따라 N사원, R사원, L사원으로, 비정사원은 노동시간 등에 따라 계약사원, 커리어 사원(하루 8시간 연간 1920시간 노동), 플렉스 사원(월 149시간 이하 노동), 아르바이트(노인과 학생) 등으로 구분했다. 그러나 개정 제도에서는 파트타이머까지 포함한 전체 종업원(약사 등 전문직과 학생 아르바이트는 제외)이 전근 범위라는 단일 기준으로, N사원(전국 전근), R사원(블럭 내 전근) 그리고 C사원(이사를 동반하는 전근 없음)으로 구분된다. 또 C사원은 풀타이머 및 파트타이머로 나뉘고 전자는 (임금이 일당으로 계산되는)일급월급 사원으로 불린다.

그런데 이러한 사원구분 기준 변경에 의해 제도 전환시 E사의 L사원 중 약 1,800명이 주부 파트타이머들과 같은 범주인 C사원이 되었는데, 그 중 91.7%(1,650명)가 여성이었다. 그리고 C사원 풀타이머인 일급월급 사원의 노동방식은, 리더 및 매니저 등의 관리적 업무, 전면적인 교대근무, 이사를 동반하지 않는 전근(J3 이상) 등 이전 제도 하의 L사원과 차이가 없다. 〈여성 종업원의 총파트타임화〉라고 하지 않을 수 없는 제도 개정이다. D사의 경우, 제도 전환 시 H사원을 모두 제너럴 캡으로 전환하고 이전 H사원에 대해서는 통근 시간 90분 이내 전근을 인정했다. 다음에 인용한 D사 인사 책임자의 말에 따르면, 노동조건의 불이익 변경은 법률 위반이기 때문이다. 제도 전환시 D사의 종업원 규모는 정사원은 약 1만 명(남성 약 8,000명, 여성 2,000명), 파트타이머는 약 5만 8천 명이었다.

> 비용만 생각하면 회사로서는, H사원이 커리어 캡이 되는 것이 이득입니다만, 개개인의 노동조건을 생각하면 그렇게 할 수는 없습니다. 종업원이 원해서가 아니라 회사 사정으로 제도를 변경하는 거니까요. 노동조건의 불이익 변경은 법률상으로도 하면 안 되는 일이고요. 제너럴 캡은 원래 정사원에서 전환하는 것이기 때문에, 커리어 캡보다 제너럴 캡이 처우가 좋습니다. 그러니까 본인이 원하면 선택할 수 있지만, 회사가 강요할 수는 없습니다. (D사 인사부장, 50대 초반, 대졸 남성)

제2장과 제4장에서 살펴본 바와 같이 전근은 주부 파트타이머가 자신들의 낮은 처우를 인내하게 만드는 구별 짓기의 일환이며, 여성 정사원의 승진·승격을 저해하는 요인이기도 하다. 즉, 전근 범위를 처우 기준으로 하는 것은 여성에게 가족 책임을 전담시키는 남성생계부양자형 젠더 시스템의 인사제도 상의 표현이며, 고용형태 및 노동방식의 젠더화, 또 그에 따른 고용형태의 신분화의 토대이기도 하다. 따라서 기업의 요구에 가족 책임(Family Responsibilities)을 종속시킬 수 있는지 여부를 기준으로 종업원의 처우를 결정한다는 점에서 E사의 개정인사제도는 종합슈퍼 기업들의 개정인사제도의 핵심인 노동 방식의 젠더화를 한층 진전시키는 제도로서의 이념적 선명성을 가지고 있다고 할 수 있다.

다음으로 개정 제도의 또 하나의 포인트인 '비전거사원의 승격·승진 상한

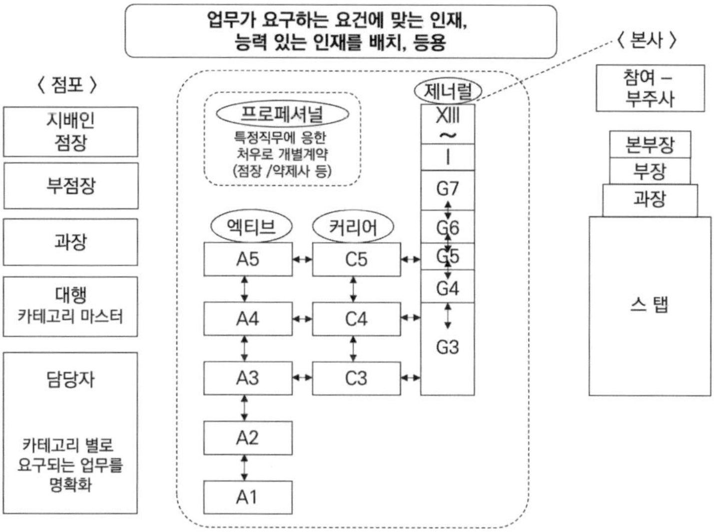

자료출처: D사 내부자료

〈그림 5-3〉 D사 개정인사제도의 자격체계

확장'은 〈그림 5-3〉과 〈그림 5-5〉에서 제시한 바와 같이, 주임까지로 제한되어 있던 비전거사원의 승격·승진이 중소 점포의 점장까지 확장된 것을 가리킨다. E사는 1990년대 초에 전근 범위에 따라 임금과 승격·승진의 상한에도 차이를 두는 인사제도를 도입했다. N사원의 임금을 100으로 했을 때 R사원은 95, L사원은 90으로 설정되어 N사원은 11등급, 최고 경영진, R사원은 8등급, 과장(현 통괄매니저), L사원은 5등급, 주임(현 매니저)까지 승격·승진이 가능했다. 그리고 파트타이머는 공식적인 직함이 있는 보직을 가질 수는 없었다. 또 제도 전환 시 650명이었던 커리어 사원을 제외하면 노동조합에도 가입할 수 없었다. 이것은 D사도 같았다. 그런데 제도 전환으로 이른바 파트타이머가 D사에서는 과장(부문의 통괄매니저)까지, E사에서는 중소 점포의 점장까지 승진할 수 있게 된 것이다.

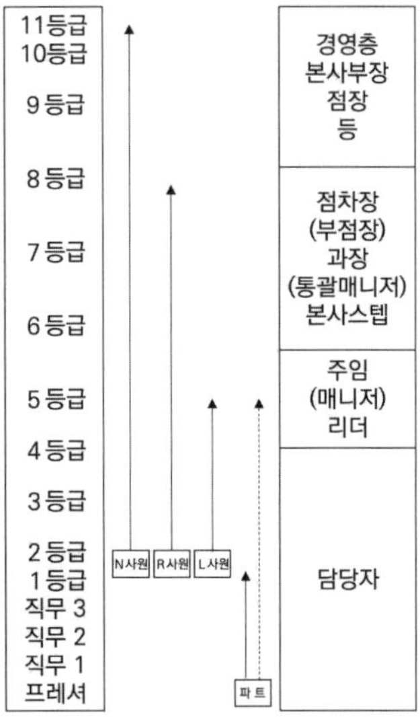

자료출처: E사 내부자료

〈그림 5-4〉 E사의 구자격제도

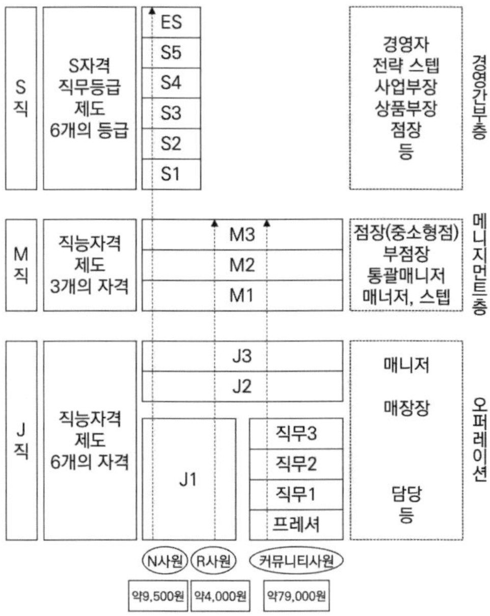

자료출처: E사 내부자료

〈그림 5-5〉 E사의 신자격제도

그러나 제도 전환 전에도 파트타이머의 양적, 질적 기간노동력화가 진전됨에 따라 점포에서 직함은 부여하지 않았지만 파트타이머가 실질적으로 주임 역할을 하는 사례가 늘고 있었다. 또 승격·승진 제한 때문에 L사원/H사원의 능력을 충분히 활용할 수 없는 문제도 부상하고 있었다. E사에서는 이러한 문제 때문에 1999년에 파트타이머 주임 제도를 도입해 소규모 점포(식품슈퍼 점포)를 중심으로 실시하기 시작했다. 그 결과 1999년 말에는 파트타이머 주임이 100명 정도(리더 500여 명)되었고[1], 2003년 말에는 300명 정도까지 늘었다. 이런 상황을 반영하여 E사는 2002년 8월에 먼저 정사원의 자격제도를 〈그림 5-5〉와 같이 SMJ직 제도로 전환하고[2], 이어서 2004년 2월에 L사원과 파트타이머를 C사원으로 통합하면서 C사원의 승격·승진 상한을 중소 점포의 점장까지로 확장했다.

즉 정사원 중 비전거사원(L사원)을 파트타이머와 하나의 사원구분으로 합쳐 매장은 기본적으로 C사원에게 맡기고 있다.

즉, 새로운 인사제도는 기간(基幹) 파트의 직역을 극대화하고 주부협정을 변경하여 제한적 내부화의 범위를 확대한 것이다. 물론 이런 제도는 기간 파트의 사기를 진작하며 다양한 저항 행위를 억제하는 작용을 한다. 게다가 승격·승진을 위해서는 필기시험뿐만 아니라 상사의 추천이 필요하다. 앞으로 검토하는 바와 같이 개정제도에 의해 영향을 받는 것은 파트타이머 중 극히 일부지만, 그럼에도 리더격인 파트타이머의 처우에 발생하는 영향이 작지 않기 때문에 비공식권력은 약화될 수밖에 없다.

실제로 E사의 어떤 점포에서는 제도 개정 후 한 매장의 주임이 자신과 친한 파트타이머들에게만 승격 기회를 주고, 인사고과에서의 평가도 유리하게 한다는 파트타이머들의 불만이 높아졌다. 이 때문에 일부 파트타이머들이 대책을 세우기 위해 매장 밖에서 몇 번 모였다. 그러나 대부분의 파트타이머와는 무관한 제도 개정이었지만 비공식권력의 중심이 되는 장기근속 파트타이머들 가운데는 승격·승진하고 싶은 사람이 없는 것은 아니다. 때문에 적극적인 행동으로 이어지지는 못했다. 이 사례에서 알 수 있듯이, 개정인사제도는 파트타이머에게 승격·승진 가능성을 주는 제한적 내부화를 확장함으로써 비공식권력을 억제하는 기능이 있다. 단 개정제도하에서도 고용형태에 따른 불합리한 처우 격차가 여전히 남아있는 한, 파트타이머들의 비공식권력의 토대가 완전히 없어지는 것은 아니다. 제도 변경에 따른 파트타이머들의 저항 전략의 변화는 향후의 과제지만, 시간이 지남에 따라 새로운 저항 전략이 싹틀 것을 예측할 수 있다.

2. 개정인사제도의 사원구분별 처우

위에서 본 바와 같이 개정 제도에서는 파트타이머도 능력과 의욕이 있으면 승진·승격할 수 있는 범위가 확대되었는데, 그 변화가 처우에는 어떻게 반영되고 있을까? 〈표 5-1〉은 E사 사원구분별 노동조건을 정리한 것이다. 〈표 5-1〉을 보면, 고용형태에 따른 구분을 없앴다는 기업측의 설명에도 불구하고 E사 사원의 처우는 전반적으로 전거전근의 유무를 기준으로 크게 두 집단으로 나누어짐을 알 수 있다. 즉 전거전근을 하는 사원은 기간의 정함이 없는 고용 계약과 높은 처우의 대상이 되지만, 전거전근을 하지 않는 사원은 단기 고용계약과 낮은 처우의 대상이 된다. 또 비전거전근 사원은 퇴직금으로 대표되는 다양한 기업 복지에서 제외되거나 적용되더라도 동등한 적용이 아니다. 결국 E사 비전거전근 사원의 처우는 개정 전의 정사원, 비정사원 중에서 비정사원의 처우에 가깝다. 〈그림 5-1〉에서 본 바와 같이 D사에서도 전거전근 여부에 따라 고용 계약 기간에서 무기와 유기가 갈린다. 퇴직금도, 주택수당, 가족수당, 지역가급 등도 제너럴 캡에게만 지급된다. 또 양사 모두에서 파트타이머의 임금 형태는 시간급이다. 즉 '이른바 파트'도 승격·승진할 수 있게 되었지만, 고용형태에 따라 고용 안정성과 처우의 격차는 여전히 크다.

"고용형태가 아니라 노동방식에 따른 처우"의 핵심으로 기업이 가장 강조하는 점은 임금면에서의 '균형 처우의 확립'이다. 그렇다면 균형 처우는 어느 정도 확립된 것일까?

E사는 "N사원의 임금을 100으로 했을 경우, 자격과 직위가 동일하다면, R사원의 임금은 95, C사원 M층(J3 ~ M3)의 임금은 85가 되도록 설계했다"(인사책임자, 50대 중반 남성)고 한다. 그러나 N사원과 C사원 M층 간의 15% 차이에는 N, R 사원에게는 있는 퇴직금과 주택 보조금, 사택 제도 등이 포함되어 있지 않다. 또 자격이나 직위가 동일한 경우 C사원의 임금은 이전의 L사원의 임금보

〈표 5-1〉 E사 개정제도의 사원구분별 노동조건

사원구분	임금형태	상여	퇴직금	계약기간	교대근무	이동***	노동시간****
N, R사원	일급월급	5개월	○	×	○	○	연간1,920시간
C사원구L사원	일급월급	4개월·2개월*	○	×	○	△	연간1,920시간
C사원M층	일급월급	4개월	×	6개월**	○	△	연간1,920시간
C사원담당자	일급월급	2개월	×	6개월	○	×	연간1,920시간
C사원담당자	시간급	1개월	×	6개월	×	×	월149시간이하

* M층 - 4개월, 담당자 - 2개월
** 점장만 1년
*** ○는 전거전근, △는 비전거전근, ×는 전근없음
**** E사에서 임금형태가 일급월급인 종업원은 1년 단위의 변형노동시간제
자료출처: 필자 조사자료

다 상당히 낮다. 이 때문에 C사원으로 전환한 구 L사원 중 2007년 2월까지 M직(M1 ~ M3)으로 승격하지 못한 사람들은, 정년까지의 고용과 퇴직금은 보장됐지만 임금은 2007년 3월부터 C사원 임금으로 저하했다. 그 결과 M직으로 승급하지 못한 근속 10년 이상의 L사원의 경우 연간소득이 100만 엔 이상 저하했다.

그런데 이 비교에서 주의할 점은, 제한적이나마 균형처우의 대상이 되는 것은 소수의 관리직 파트타이머뿐이라는 점이다. 8만여 명에 달하는 E사 C사원 중 원래 정사원을 제외하면 M층은 1%도 안 된다. 개정제도가 실시된 지 3년이 지난 2007년 6월 현재 일급월급 사원의 등급별 규모는 M2가 3명, M1이 56명, J3가 484명, J2가 1,641명이다. 또 2007년 12월 현재 D사에서 이른바 파트타이머의 규모는 3만 5천 명 정도인데 이 중 커리어 캡은 676명이며, 과장(통괄매니저)인 A5와 C5는 1명과 23명, 대행(주임)은 285명에 불과하다(A3, A4, A5는 각각 14, 73, 62명, C3, C4, C5는 각각 9, 52, 75명).

그렇다면 개정인사제도는 대부분의 파트타이머의 처우에는 어떤 변화를 가져왔을까? 이를 평가하기 위해 E사 종업원의 임금을 비교해보자. 먼저 구 플렉스사원과 C사원 단시간 노동자[3]의 임금을 비교해보면, 양자의 시간급 구성(기본시급 + 지역급 + 자격급 + 부문급 + 평가급 + 직위급 + 요일·시간대 가급 + 통근 수당,

연 2회의 인사고과로 정해지는 평가급은 누적되지 않음)은 완전히 같고 금액상으로도 차이가 없다. E사의 한 점포에 대한 필자의 조사에 따르면, 1998년 이후 단시간 노동자의 시간급은 지역급이 30엔 상승(2002년 10엔, 2006년 20엔)하고 요일·시간대 가급이 크게 저하한 것 외에는 변화가 없다. 요일·시간대 가급이 저하된 것은 파트타이머에게도 근무시간대 이동을 요구하게 되었기 때문인데, 파트타임 노동시장이 다양화해 오후-저녁 근무를 할 수 있는 파트타이머가 늘어난 결과다.

이어서 일급월급 사원의 임금을 전환 이전 커리어 사원의 임금과 비교해보자. 양자는 풀타임 노동, 1년 단위의 변형노동시간제, 전면적인 교대 근무, 리더 및 매장 주임(대행)이 될 것으로 기대되는 등의 면에서 유사한 존재이다. 또 기업의 정책에 따라 제도 전환시 커리어 사원은 모두 일급월급 사원인 J2가 되었기 때문에 두 집단은 인사제도상의 명칭만 변화한 동일 집단이라고 보는데 무리가 없다. 커리어 사원의 월례 임금은 레귤러, 엑스퍼트, 마스터라는 세 개의 자격등급별로 정해진 시간급의 합계고 상여금은 3.3개월분이었다. 또 노동조합원이었기 때문에 시간급은 매년 조금씩 인상되었다. 1999년 시점에서 이러한 커리어 사원의 임금은 마스터 자격의 경우 L사원 4등급의 연간임금액에서 여러 가지 수당을 뺀 금액보다 20% 정도 낮았고 플렉스 사원 리더의 연간임금액보다 30~35% 높았다(비율은 본인들이 제공한 각 등급 노동자의 임금 명세서에서 필자 계산).

그러나 제도 전환에 의해 J2가 되면서 커리어 사원들의 연간임금은 25% 가량 하락했다. "경기가 회복되어 2004, 5년부터 파트타이머를 채용하기 어려워졌기 때문에 가능한 한 지금 일하고 있는 종업원이 떨어져나가지 않게 하기 위해"(노조 전임자, 30대 초반, 대졸 여성), E사는 2006년과 2007년에 일급월급 사원의 기본급을 각각 1만 엔씩 인상하고, 보너스도 1개월에서 2개월로 올렸다. 그러나 이런 개선에도 불구하고 2007년 2월의 C사원 J2의 연간임금은 2004년 2월의 커리어 마스터의 연간임금보다 15% 가량 낮았다. 이 때문에 구 커리어 사원의 임금은 2007년 3월부터 3년에 걸쳐 C사원의 임금액에 맞추어 저하하게 되었다(비율은 E사 노동조합 기관지(2006년)에서 필자 계산). 또 같은 직위의 N사원의 월급을 100으로 했을 경우, 2007년 현재 일급월급 사원의 임금은 J3 매니저 90%, J2 담당자 80%, J2와 J3 리더 75% 정도다. 보너스를 포함하면 연간임금에서의 격차는 J3 매니저가 80%, 그 외는 60% 정도다 (비율은 E사 노동조합 기관지(2007)에서 필자 계산). 여기에 퇴직금과 기업 복지를 더하면 격차는 더 커진다.

또 J2 일급월급 사원(C 사원)의 임금액은 전국 일률이며, 교대 근무가 기본 노동조건이라 요일·시간대 가급이 없기 때문에 지역에 따라 시간급이었던 때보다 임금이 낮아지는 경우도 생긴다. 특히 파트타이머의 시간급이 상대적으로 높은 수도권과 도심 매장에서는 임금액 역전 문제가 심각하다. 더 심각한 문제는 많은 기간(基幹) 파트가 공식적인 직책 없이 그 업무를 담당하고 있는 것이다. 필자가 2006년과 2007년에 걸쳐 조사한, 수도권에 있는 E사의 한 점포에서는, 2007년 11월 현재 6명의 C사원이 직함 없이 관리직 업무를 수행하고 있었고, 그 중에는 시간급 노동자도 있었다. 그러나 정식 직함을 부여받은 파트타이머 출신 매니저는 한 명도 없었다. 해당 매장에 N, R 사원 관리직을 배치하지 않고, 서류상으로는 옆 매장의 매니저가 겸임하는 형식으로 베테랑 파트타이머가 매니저 업무를 담당하는 방식이 제도 개정 후 확산되고 있었다. 직함도 없고 따라서 수당도 없이 관리적 업무를 담당하고 있는 파트타임 노동자들은 정해진 시간 내에 일이 끝나지 않아 집에까지 일을 가지고 가는 것이 일반적이었고, 사람에 따라서는 휴일에 출근하는 경우도 종종 있었다. 주부협정에 따라 인정되어야 할 주부 파트타이머의 가정 우선성이 처우 개선도 없이 부정되고 있는 것이다.

정리하면, 개정 제도에서 강조하는 노동방식에 따른 균형 처우는 대다수의 파트타이머와는 무관한 것이며, 고용형태에 따른 '불합리한' 처우 격차는 여전히 남아있다. 나아가 동일한 직무를 더 낮은 처우를 받는 노동자가 수행하게 되었다. 그리고 그 노동자의 대부분은 가족 책임 때문에 기업의 요구를 전면적으로 수용할 수 없는 여성노동자다.

3. 〈노동 방식의 젠더화〉와 〈신분으로서의 젠더〉

위에서 살펴본 이동 범위를 기준으로 한 사원구분제도 변경으로 가장 큰 변화에 직면한 사람들은 여성 정사원이다. E사에서 제도 개정 시에 L사원에서 C사원으로 전환한 사원은 대부분 여성(91.7%)이었다. D사의 경우도 제도 전환 이전에 입사한 H사원에 대해서는 정사원 기득권을 이후로도 보장하기로 했지만, 2002년에 입사한 신입 사원부터는 보장하지 않는다. 왜 기업은 여성 정사원에게 큰 변화를 가져올 제도개정을 기획한 것일까?

제1장에서 살펴본 바와 같이, 여성정사원이 파트타이머의 기간노동력화에 의해 가장 큰 변화에 직면했다. 먼저 파트타이머와 여성정사원의 직무영역이 겹치게 된 점을 지적하지 않을 수 없다. 파트타이머 주임 제도의 도입으로 제도적으로도 기간 파트의 직무영역과 대다수 여성 정사원의 직무영역이 완전히 겹치게 되었는데, 전근범위에 따라 승격·승진상한이 정해지는 기존 제도에서 대부분의 여성 정사원은 주임까지밖에 승진할 수 없었기 때문이다. 파트타이머와 같은 일을 하는 정사원에게 파트타이머보다 더 높은 임금을 지급해야 하는 것에 대해 기업은 지불하지 않아도 되는 임금비용을 지불하고 있다고 생각하게 된다.

그러나 정사원에게는 오후-저녁 근무를 시킬 수 있기 때문에, 기업의 입장에서 여성 정사원의 존재를 부담으로 느끼게 되는 지점이 임금비용의 문제만은 아니었다. 저출산 문제에 대한 사회적, 정책적 관심이 높아지는 가운데, 기업의 사회적 책임의 일환으로 종업원의 일-가족양립을 지원해야 한다는 압박이 증가했다. 1999년부터는 〈가족친화기업 표창제도〉가 실시되고, 2005년부터는 〈차세대육성지원대책추진법〉이 시행됨에 따라 종업원이 301명 이상인 기업은 종업원의 일-가족양립을 지원하기 위한 행동계획을 행정당국에 제출해야 하게 되었다. 이러한 사회적 분위기 하에서 개별 기업 내에서도 양립지원제도를 이용하는 노동자가 증가했다.

많은 슈퍼마켓 기업들이 그랬던 것처럼, D사와 E사도 1990년대 초반 무렵에는 이미 다양한 양립지원제도를 설치했다[4]. E사의 경우 1990년대 후반까지는 육아단축근무자(근무시간대 고정, 1일 3시간까지 단축 가능)가 기업 전체에서 연간 10여 명에 불과했었지만 그 숫자가 2003년에는 99명으로 증가했다(2007년 2~6월의 5개월 동안 243명). 또 2003년에는 육아단축근무가 가능한 자녀의 연령이 만 3세에서 6세로 확대되었다. 육아휴직 이용자도 2003년에는 145명으로 증가했다. 여기에 더해, 육아 및 간병 등 개인·가족의 사정을 이유로 전근 대상에서 제외되는 전근정지유예제도(1회에 3년, 3회까지 이용 가능)가 신설되어 이용자가 2005년에는 452명에 달했다. D사의 경우도 2007년 11월 현재 1,500명이 채 안 되는 여성 정사원 (제너럴 캡) 중 단축근무자가 314명이다. 그리고 전체 사원 중, 육아 및 간병 휴업자가 70명(제너럴 캡과 커리어 캡 49명, 액티브 캡 21명)이다. 육아단축근무를 신청한 여성 사원을 설득(?)해 파트타이머로 전환시키는 사례가 없지는 않지만, 양립지원제도 이용은 노동자의 권리라는 인식이 사회 전반에 확산되고 있는 가운데 기업이 이에 저항하는 데는 한계가 있다.

그런데 이러한 여성 정사원의 상황은 비용 부담 이상의 문제를 초래한다. 즉, 파트타이머가 자신의 낮은 처우에 납득하는 정도를 저하시켜, 파트타이머의 기간노동력화나 기업으로의 통합에 장애를 발생시킨다. 자신이 부당하게 처우받고 있다고 생각하는 노동자에게 능력 향상을 위한 노력과 회사에 대한 헌신을 기대하기는 어렵기 때문이다. 주부 파트타이머들이 자신의 낮은 처우를 받아들이는 주된 이유는 자신들은 가정 때문에 정사원과 동일한 노동방식으로 일할 수 없다는 것, 즉 전근이나 오후-저녁 근무를 할 수 없다는 것이다. 그러나 기간화된 파트타이머일수록 노동방식이 전근 이외에는 정사원의 노동방식과 차이가 크지 않다. 따라서 제4장에서 살펴본 바와 같이, 노동시간이 길고 숙련 수준이 높은 파트타이머일수록 처우에 대한 불만이 높은 것이 현실이다. 아무리 "우리 애보다도 더 어려요"(田中 다나카, G1점 커리어 사원, 일배 리더, 주 40시간, 59세, 고졸, 근속 13년)라고 생각해도 "나도 나이를 많이 먹었고 젊은 사람들은 앞으로 꽃 피어야 할 사람들이니까 세워주는 것도 좋지 않나 생각하면서 마음을 달"래봐도 (三輪 미와, G3점 프렌드 사원, 치마·바지 매장, 주임대행, 주 37.5시간58세, 고졸, 근속 19년) 현실의 처우 격차는 너무 너무 크다.

이런 가운데 양립 지원 제도를 이용하는 정사원의 존재는 파트타이머들의 상대적 박탈감을 더욱 자극한다. 제4장에서 검토한 바와 같이, 슈퍼마켓 주부 파트타이머의 83.4%가 결혼 전에는 정사원이었지만, 결혼이나 출산을 계기로 퇴직한 경험이 있는 사람들이다. 또 롱타이머의 24.5%는 다시 선택을 할 수 있다면, 결혼, 출산시에도 퇴직하지 않고 정사원으로 계속 일하고 싶다고 생각하고 있으며, 34.9%는 결혼, 출산시에는 일시적으로 퇴직하고 자녀 양육이 일단락된 후 정사원으로 재취업하고 싶다고 생각한다.

"그때는 시대가 그래서 어쩔 수 없었다"(山田 야마다. G2점 프렌드 사원, 신사복 매장, 담당자, 주 22시간, 45세, 단대졸, 근속 4년 반)는 아쉬움은 양립 지원 제도를 이용할 수 있는 현재 정사원에 대한 선망과 질투를 자아내는 동시에 자신의 낮은 처우에 대해 다시 돌아보게 한다. 그래서 육아단축근무를 하는 정사원이 있는 점포에서는 "재는 뭐야! 정사원인데 일하는 시간도 짧고, 오후-저녁 근무도 안하네? 파트인 우리하고 다른 게 뭐야!"(E사 노동조합 전임자, 30대 전반, 대졸 여성)라는 불만의 소리가 높다. 고용형태에 따라 처우가 결정되는 직장에서 오전 10시에 출근해 오후 4시에 귀가하는 정사원이 있는 상황에서 파트타이머의 낮은 처우를 설득하기는 쉽지 않을 것이다. 또 파트타이머의 직무와 처우의 불균형 때문에 베테랑 파트타이머를 중심으로 형성되어있는 수다 공동체의 비공식권력이 작동하고 있음을 감안할 때, 파트타이머와 아무런 차이가 없는 노동방식으로 일하고 있는 정사원의 존재는 기업의 파트타이머 통합에 큰 장애물이다. 즉, 기업의 입장에서 볼 때 개정 제도는, 가족 책임을 짊어지고 있는 (여성)정사원이, 지불하지 않아도 되는 비용을 지불하게 하는 존재로 여겨질 뿐 아니라, 파트타이머의 기업으로의 통합에 장애를 초래하는 존재로 부상함에 따라 그녀들의 처우를 삭감한 기획으로 이해할 수 있다.

이런 노동조건 불이익변경에 구 L사원들은 "파트가 되고 싶지는 않다[5]"며 저항했다[6]. 그러나 "현재 L사원에게는 퇴직금을 보장하고, 향후 3년간 M직으로 승진하면 현재의 임금은 저하하지 않는다"(E사 인사 책임자, 50대 중반, 대졸 남성)는 기업의 약속 앞에서 L사원들은 저항을 포기했다. 결국은 임금 인하로 이어질 이런 제도 변화가 큰 저항에 직면하지 않고 시행될 수 있었던 이유는 무엇보다 장기불황으로 경쟁 기업의 도산이 잇따르고 있어서 노동자들이 강하게 저항하기 어려웠기 때문이다. 더불어 노동조합이 회사의 정책방향이 "진정한 균등 대우를 위한 노력"이라고 평가하며 제도 개정에 찬성한 것도 영향을 미쳤다. 2003년 E사 노조는 제도 변경 준비의 일환으로 새로운 제도에 관해 설명하고 그에 대한 L사원의 의견을 듣는 자리를 지역별로 매월 열었다. 처음에는 많은 사람들이 노동조건 불이익변경에 대한 불만을 가지고 모여 논의했지만, 몇 번의 논의 후, "지금은 시장 상황이 어려워서 어쩔 수 없다", "받아들이지 않으면 퇴사 밖에 없다"는 체념이 퍼졌다(E사 노조 전임자, 30대 초반, 대졸 여성). 참가자가 급감해 대부분의 지역에서 개정제도에 관한 의견교환모임은 중단됐다.

개정제도의 본질이 가족 책임 때문에 기업의 요구를 전면적으로 수용 할 수 없는 여성 정사원을 이른바 파트적인 취급을 받는 고용구분으로 전환시키는 것이라면, 주부 파트타이머에게는 새로운 기회가 될 수 있을까? 새로운 인사 제도 하에서는 전거전근 유무가 사원구분을 정하는 기준이 되었기 때문에, 고용형태와 성별의 관계는 지금까지보다 오히려 더 긴밀해진다. 인사 책임자 및 조합 간부들과의 면접조사에 따르면, 기업이 관리직 파트타이머가 되기를 주로 기대하는 것은, "중년의 주부 파트가 아니라 프리타 등 청년 파트타이머"(E사 노조 전임자, 40대 중반, 대졸 남성)다.

그 배경에는 신규 졸업자도 비정규직으로 취업해야 할 정도로 청년층의 고용 상황이 악화된 사정이 있다(김영, 2011). D사의 경우 2007년에야 커리어 캡에서 제너럴 캡으로 전환한 사람들이 100명 정도 탄생했는데 그 사람들 대부분은 액티브 캡(파트타이머)에서 커리어 캡(풀타이머)로 전환한 사람들이 아니라 처음부터 커리어 캡으로 채용된 사람들이다. 즉, 제도 개정 후 D사는 20대 청년을 커리어 캡으로 신규 채용하기 시작했는데, 커리어 캡 중 60%가 그런 경우다. 이는 E사도 마찬가지다[7]. E사 노동조합 전임자(30대 초반, 대졸 여성)와의 인터뷰에 따르면, J2와 J3의 경우 중도 채용이 상당히 있다. 2005년경부터는 채용공고를 내도 파트타이머가 모이지 않기 때문에 2006년과 2007년에 지역 단위로 청년층을 중심으로 일급월급사원을 중도 채용한 것이다.

더욱이 가족책임을 전담하고 있는 여성 노동자 자신도 정사원 전환과 승격에 적극적으로 되기 어렵다. 제도개정 2년 후에 면담한 E사의 이전 L사원들(매장 주임)은 필자에게 "승격 의사가 없다"고 선언했다. "승격 시험을 보지 않으면 시말서를 써야하기 때문에 시험장에는 가지만[8], 시험 준비를 전혀 하지 않고 가서 그냥 앉아서 시간만 보내고 돌아오"는데, "구 L사원 여성 정사원 중에서 적어도 절반 이상이 그런 선택을 하고 있다"(K씨, 총무, 주임, 근속 35년, 53세, 고졸)한다. "점포에서 근무하는 L사원은 대부분이 기혼여성이고, 미혼 여성의 경우도 늙은 부모와 동거하고 있는 여성"(M씨, 총무교육, 주임, 근속 14년, 35세, 대졸)이다. 그녀들이 승격을 거부하는 이유는 무엇보다 "M직이 되면 노동시간이라는 개념이 없어지고, 노동 강도가 너무 강해지기 때문에 가족을 돌봐야 하는 우리로서는 도저히 무리"(M씨)라는 것이었다. "당초에 L사원을 선택할 때 다른 선택을 할 수 없기 때문에 그 선택을 한 거였는데, 제도가 바뀌었다고 해서 우리의 상황이 바뀌는 것은 아니"(K씨)다.

지금까지 검토해온 바와 같이, 종합슈퍼 기업의 새로운 인사제도는 "고용형태가 아니라 노동방식을 기준으로 한 처우", "파트타이머도 능력과 의욕이 있으면 승진·승격할 수 있다"는 슬로건을 내걸었지만 실제 목적은 '비전거전근 사원의 파트타이머화'와 '파트적 처우를 받는 사원의 승진·승격 상한의 확장'이다. 즉, 개정인사제도는 동일 직무를 더 낮은 처우의 노동자가 수행하도록 하는 제도이며, 그 대상을 여성으로 하고 있기 때문에 여성 노동자의 총파트타임화에서 기업의 활로를 찾으려는 인사 제도라고 할 수 있다. 개정 제도의 이런 실상은 남성생계부양자형의 젠더 관계 하에서 노동방식과 젠더가 강하게 연결되어 있는 한 노동시장에서 공정성이 실현되기 어렵다는 사실을 여실히 보여주고 있다.

4. 더불어 사는 사회를 위한 젠더 평등

이 책은 파트타이머의 기간노동력화가 가장 진전되어 있다고 평가되는 슈퍼마켓 산업을 내상으로, 사회 제도와 규범에 기초한 행위자들의 행위 전략을 분석함으로써, 일본에서 파트타임 노동시장의 특징이 어떻게 형성되고 또 재생산되어 왔는지 분석했다. 1970년대의 오일 쇼크 이후 급속하게 확대한 일본의 파트타임 노동시장에서 남성생계부양자형 젠더 관계에 입각한 제도(주부제도)와 행위자 전략(주부협정)에 의해 파트타이머의 숙련이 향상하는 동시에 정사원과의 임금 격차가 벌어지는 일본 특유의 현상이 전개되어 왔다. 다른 한편으로 이 모순을 기반으로 주부 파트타이머들은 다양한 저항 행위와 함께 작업장 수준에서 비공식권력을 구축하여 자율적 공간을 열고 자신들을 보호해왔다.

이러한 파트타이머들의 저항 행위는 남성생계부양자형 젠더 규범과 제도에 따라 파트타이머를 고숙련·저임금 노동자로 사용하는 기업의 노무관리와 공존하면서도 그 운영을 견제했다. 기존 체제가 만들어내는 불평등에 전적으로 동의할 수 없음에도, 그것을 없애기 위한 조직적 수준의 집단 행동을 취하기 어려운 개별 주체들의 저항 행위가 기존 체제에 균열을 만들고 있었던 것이다. 이런 현실 속에서 파트타이머의 기간노동력화를 더욱 추진하면서 저항을 약화하려는 기업의 대응이 2000년대 들어 종합슈퍼 상위기업들이 잇따라 도입하고 있는 새로운 인사제도다.

개정인사제도는, 숙련이 향상되어 사실상 관리적 업무를 수행하고 있어도 공식적인 직책은 부여받지 못했던 파트타이머에 대해, 중소 점포의 점장 및 총괄 매니저까지 승진할 수 있도록 했다. 파트타이머에 대한 제한적 내부화의 상한을 확장한 것이다. 이를 통해 기업은 숙련 파트타이머들이 지금 현재뿐만 아니라 앞으로도 같은 일을 담당하는 정사원, 즉 그 대부분이 여성인 전거전근하지 않는 정사원에 대해 느끼는 불평등감, 상대적 박탈감을 완화시켜 저항 행위를 약화시키고, 기업의 공식 통제체제에 생긴 균열을 일단 봉합할 수 있다.

그러나 그 제도는 가족 돌봄노동 때문에 기업의 요구에 전면적으로 응할 수 없는 (여성)정사원의 처우를 파트타이머와 같은 수준으로 낮추는 제도이며, 여성만을 대상으로 하는 일-가족 양립제도가 결과적으로 노동시장에서 여성의 지위를 저하시켜 젠더 불평등을 증가시킬 가능성을 시사하고 있다, 뿐만 아니라 개정인사제도는 보직을 부여받지 못하는 숙련 파트타이머의 임금을 이전보다 낮춰, 같은 직무를 더 낮은 처우의 노동자가 수행하도록 하는 제도이다. 전거전근이 사원구분의 기준이 되기 때문에, 기업이 강조하는 바와 같이 원활하게 사원 구분을 전환해 정사원이 될 수 있는 것은 청년이지 기간노동력화의 핵심인 주부 노동자들이 아니다. 즉, 새로운 인사제도는 〈고용형태의 신분성〉을 약화시켜 파트타이머에 대한 제한적 내부화의 범위를 확장하는 대신 〈노동 방식의 젠더화〉와 〈젠더의 신분성〉을 강화한 것이며, 가족 책임의 전담자인 노동자들 사이에서 균형처우를 도모하는 '하향 평준화를 지향하는 제도'라고 할 수 있다.

이와 같은 개정 제도는 젠더 규범이 노동시장의 중요한 운영 원리 중 하나임을 시사하는 동시에 남성생계부양자형 젠더 관계가 노동시장에서의 차별과 배제의 기반이라는 점을 드러내고 있다. 그런데 기존 체제에서의 불이익에 대항한 행위자들의 저항 행위가 제도 변화를 가져오기는 했지만 그 변화가 성별의 신분성을 강화하는 결과로 귀결되었다. 이는 저항 행위가 기본적으로 남성생계부양자형 젠더 모델이라는 기존 체제를 인정한 위에서의 자율성 확보였던 것의 한계, 즉 구조에 갇힌 저항의 한계를 드러내는 것이다.

남성생계부양자형 젠더 관계에 의한 사회적 배제는 파트타임 노동시장에 한정되지 않는다. 남성생계부양자형 젠더 관계에 입각한 일본의 생활보장체계는 탈산업화와 함께 확산되고 있는 새로운 사회적 위험에 대응하지 못하고, 기능 부전에 빠지는 정도를 넘어 역기능하는 상황이다. 즉 일본에서는 생활을 보장해야 할 시스템이 오히려 생활을 위협하고 사회구성원들을 배제하고 있다(오사와 마리, 2008: 12). 2009년 현재 일본은 OECD 국가 중 출생률은 5번째로 낮고 자살률은 3번째로 높다[9]. 많은 일본인에게 결혼하고 가족을 꾸리는 삶, 아이를 낳아 기르는 삶은 꿀 수 있는 꿈이 아니다. 나아가 삶을 유지하는 것 자체도 어려워지고 있다. 젠더 불평등이 일본 사회 전체의 불평등과 배제의 기축, 삶의 고통의 기축이 되고 있는 것이다. 그렇다면, 여성이 가족돌봄노동을 전담하는 것을 전제로 여성의 부담을 경감시키는 것이 아니라, 젠더관계 자체를 바꾸어 성별분업을 타파하고 남성을 가족 안으로 들어오게 해, 여성과 남성이 가족도 사회도 함께 돌보는 것, 남성이든 여성이든 혼자 살더라도 아이를 기르면서 일할 수 있는 사회를 만드는 것이야말로 '일본재생의 길'이며 진정한 노동방식 개혁*이 될 것이다. 남성도 여성도 일과 가족을 양립하고, 지역 사회에 참여할 수 있게 되는 것이야말로 일본 사회에 미래와 희망을 돌이키는 길이 될 것이다.

---

* 2016년 2차 아베정권은 저출산고령화로 인한 생산연령인구의 감소와 육아 및 개호와 일의 양립 등 노동자들의 다양한 필요 등의 사회적 문제에 대응하여 1억 총활약 사회를 만들기 위해 잔업시간제한, 동일노동동일임금 등의 노동방식개혁을 추진하겠다고 발표했다.

| 註 |

1) 자격 등급은 파트타이머의 자격인 '직무 3'인 채 5등급 정사원이 맡는 보직인 주임직을 맡았다.

2) 제도 개정 전후의 자격 등급 간의 대응 관계를 보면, 대체적으로 1~5등급은 J직, 6~8등급은 M직, 9~11등급은 S직이다. 1990년대 중반부터는 고졸 정기채용이 중단되었기 때문에 2002년의 제도 전환시 1,2등급은 거의 없었다(입사시 자격등급: 고졸 1등급, 단기대졸 3등급, 4년제 대졸 4등급).

3) 양자 모두 노동시간은 월 149시간 이하. 2006년부터 단시간 노동자는 J2로 승격할 수 없게 되었다.

4) 양립지원제도 중 가장 효과적인 제도라고 할 수 있는 단시간근무제도의 경우 1996년에 이미 500명 이상 사업장의 31.9%가 도입하고 있었고, 그 비율은 1999년에는 63.2%로 증가했다(厚生労働省, 女性雇用管理基本調査). 여성정사원의 비율이 적지 않은 종합슈퍼 기업의 경우 대부분이 1990년대 초반에 이 제도를 설치했다.

5) 제도 개정에 대한 L사원들의 반응을 묻는 필자의 질문에 대한, 인사 책임자로부터 점포의 구 L사원까지, 대답의 첫마디는 이것이었다.

6) 이 말은 파트타이머가 된다는 것이 단순히 처우 저하 이상의 신분 하락으로 받아들여짐을 시사한다. 대형 종합슈퍼 기업 X사에 대한 기모토 키미코의 연구(木本喜美子, 2003)에 따르면, 점포한정코스(이 책사례기업에서의 L사원, A사원, H사원)의 일반직(담당자)인 여성정사원과 주부 파트타이머 사이에는 〈우리〉 의식이라고 할 수 있는 동료 의식이 싹트고 있다. 나이도 비슷하고 매장 이동이 없는 조건도 같기 때문이다.

   그러나 필자는 그런 현상을 관찰할 수 없었다. 4장 1절에서 검토한 바와 같이 크게 보면 여성정사원과 주부 파트타이머는 생애단계가 다른 같은 집단으로 볼 수 있기 때문에 두 집단 사이에 동료의식이 존재하는 것이 이상할 것이 없을 것이다. 그런데 현실은 그렇게 간단하지 않다. *"기업 내에서 파트와 정사원은 신분이기 때문에 감정적 거리가 멀"*(ABC 유니온 임원, 60대 초반, 대졸 남성)기 때문이다. 그 때문에 노동자가 구조적 위치에 입각한 연대를 발전시키기 위해서는 기업이 설치한 분리의 선을 넘기 위한 노력이 필요하다. 파트타이머와 직역이 같아 직접 비교되고 대체되기 쉬운 현실은 일반직 정사원이 파트타이머를 경계하게 만든다. 이 책의 사례점포 중 주부 파트타이머와 연령이 비슷한 일반직 여성정사원이 있는 점포는 S3점과 S4점인데 근속 20년의 일반직 여성 정사원인 하시모토 씨(S3점)는 자신이 아니라 파트타이머 출신의 사람이 주임이라는 점을 납득할 수 없다고 말했다. 그러나 파트타이머 출신이라는 그 주임은 파트타이머로 입사했을 뿐 하시모토 씨보다 정사원으로서의 근속 기간이 더 길고 본사에서 장기간 바이어 업무를 했던 경력의 소유자이다.

   기모토(2003)와 필자의 연구 간의 차이는 연구대상의 특성과도 관련되어 있다고 보인다. 즉 기모토의 사례점포에서는 정사원 96명 중 64명이 여성, 여성 정사원 중 55명이 점포이동을 하지 않는 점포한정코스, 42명이 일반직, 또 여성일반직 중 22명이 근속10년 이상이다. 필자의 조사경험에 따르면 기모토가 관찰한 점포 사례는 종합슈퍼 점포 중에서 매우 예외적인 경우다. 이 책의 사례 종합슈퍼와 참고사례는 모두 전국기업이기 때문에 정사원의 전근코스 중 이사를 하지 않는 범위 내에서 전근하는 비전거전근 코스는 있어도 점포한정코스는 없다. 정사원 중 여성비율도, 여성정사원 중 일반직 비율도 기모토의 사례 점포에 비해 상당히 낮다. 더욱이 종합슈퍼 사례점포의 경우 여성이라도 근속 10년 이상인 정사원이 담당자로 남아있는 경우가 거의 없다. 예를 들어, G1점의 여성 정사원 담당자 15명 근속 10년 이상인 사람은 3명이고 근속이 가장 긴 사람은 근속 13년의 고졸자다. G2점의 경우 근속 10년 이상의 여성 정사원 중 담당자는 1명밖에 없다(10.3년). 담당자에 관한 정확한 데이터를 얻을 수 없었지만, G3점도 유사하다.

7) D사와 E사 개정 인사 제도의 모델은 이 책의 사례기업 중 하나인 S1사다. 필자는 S1노조 방문시에, S1사의 제도를 공부하러 온 D사 노동조합 간부들과 함께 설명회에 참석한 적이 있다. S1사에서 *"엑스퍼트에서 정사원으로 전환된 사람들 가운데 기혼여성은 거의 없고 주로 청년과 남성 중심"*(엑스퍼트 출신 업무통괄매니저, 40세, 여성)이다. 2004년 한 해 동안 S1사에서 N사원 및 A사원에서 엑스퍼트로 전환한 17명 중 여성은 13명이고, 엑스퍼트에서 N사원과 A사원으로 전환한 33명 중 여성은 한 명도 없다. 2003년까지는 거의 없었던 엑스퍼트에서 정사원으로의 전환자가 2004년에는 33명이나 탄생한 이유는 2003년부터 S1사가 정기 채용 시에 고등학교 신규졸업자를 엑스퍼트로 채용하기 시작했기 때문이다. 그러나 이러한 결과는 우연이 아니다. *"S1사의 목표 가설은 정사원 = 남성 = N, A사원 = 통괄매니저 이상, 파트타이머 = 여성 = 스토어 사원 = 각부문 담당자"*이며(조합 전임간부, 30대 후반, 대졸 남성) 실제로 2003년 8월 현재 정사원 중 여성 비율은 11.4%에 지나지 않았다.

8) E사에서는 자격등급이 J3 이상인 종업원은 모두 매년 승격시험에 응시할 의무가 있다.

9) 둘 다 1위는 한국이다.

부도와 부표

〈부도-1〉 G2사 엑스퍼트 사원 임금체계(2003년)

주: G2사는 도산후, 계약사원, 전문사원, 프렌드 사원을 엑스퍼트 사원으로 합쳤다.
자료출처: G2사 내부자료

〈부도-2〉 G3사 프렌드·메이트 사원 임금체계(1999년)

*직무수당은 프렌드 사원에게만 있다.
자료출처: G3사 내부자료

〈부도-3〉 G3사 준사원·파트타이머·아르바이트 임금체계(1999년)

주: 상여는 준사원에게만 있고, 회사의 업적에 따라서 결정되는 것으로 되어 있다.
자료출처: G3사 내부자료

〈부도-4〉 S1사 파트너 사원 임금체계(1999년)

자료출처: S1사 내부자료

〈부도-5〉 S2사 파트너 사원 임금체계(1999년)

자료출처: S2사 내부자료

〈부도-6〉 S2사 파트너 사원 임금체계(2006년)

* 평가급은 가공센터와 본사 근무자에게만 적용. 시간당 10~20엔
자료출처: S2사 내부자료

〈부도-7〉 S3사 파트너 사원 임금체계(1999년)

자료출처: S3사 내부자료

〈부도-8〉 S4사 준사원 임금체계(1999년)

자료출처: S4사 내부자료

〈부표-1〉 G1점 면접참가자의 개인사항

이름	고용 구분	직위	주당 노동 시간	근속 (년)	시급(엔)/ 연간소득 (만엔)*	연령	학력	매장	미혼시 직업	전직	취업 회수	결혼/ 출산 퇴직
田中 (다나카)	커리어 사원	리더	40	13	1,100	59	고졸	일배	주판학원 교사	좌동	2	출산 퇴직
酒井 (사카이)	플렉스 사원	담당	28	12	810	42	고졸	가전	유치원 보모	보육원 교사	3	연속 취업
板垣 (이타가키)	플렉스 사원	담당	20	8	750	47	고졸	홈패션	백화점 정사원	식육회사 파트	3	결혼 퇴직
上野 (우에노)	플렉스 사원	담당	35	13	830	40	고졸	부인복	소점포 사무	제조업 파트	3	결혼 퇴직
大沢 (오사와)	플렉스 사원	리더	35	11	870	49	고졸	정육	식품회사 경리	자영업	3	연속 취업
横田 (요코다)	플렉스 사원	담당	23	2	780	45	고졸	반찬	_	가내노동	3	미상
久保 (구보)	정사원	주임	40	7	350	29	대졸	교육	현재의 회사	학생	1	계속 취업
相馬 (소마)	정사원	담당	40	13(1)**	-	50	고졸	교육	현재의 회사	동기업 파트	4	결혼 퇴직
土田 (쯔찌다)	정사원	주임	40	27	-	46	고졸	총무	현재의 회사	학생	1	계속 취업
森田 (모리타)	정사원	主任	40	18	-	36	고졸	식품 계산	현재의 회사	학생	1	계속 취업
前原 (마에바라)	정사원	주임	40	16	400+	41	고졸	키즈	사무직	슈퍼 파트	3	연속 취업

* 파트타이머는 시급, 정사원은 연간소득
** ( ) 안은 정사원으로서의 근속년수

〈부표-2〉 G2점 면접참가자의 개인사항

이름	고용 구분	직위	주당 노동 시간	근속 (년)	시급(엔)/ 연간소득 (만엔)*	연령	학력	매장	미혼시 직업	전직	취업 회수	결혼/ 출산 퇴직
本田 (혼다)	프렌드 사원	담당	35	17	900	52	단대졸	청과	학교 사무	파트	2	결혼 퇴직
高松 (다카 마쯔)	프렌드 사원	리더	37.5	17	900	47	중졸	계산	유리공장 생산직	슈퍼 파트	4	결혼 퇴직
山河 (야마 카와)	프렌드 사원	담당	25	1	750	33	대졸	부인 가방	보험회사 정사원	좌동	2	결혼 퇴직
今村 (이마 무라)	프렌드 사원	담당	25	1	750	23	고졸	아동복	의류판매 정사원	좌동	3	결혼시 무직
新村 (니무라)	프렌드 사원	담당	35	5	900	49	고졸	침구	사무직	사무직	3	결혼 퇴직
山田 (야마다)	프렌드 사원	담당	22	4	750	45	단대졸	신사복	제조업 정사원	좌동	2	결혼 퇴직
宮元 (미야 모토)	프렌드 사원	담당	23	9	780	46	고졸	서비스 코너	제조업 정사원	좌동	2	결혼 퇴직
新井 (아라이)	정사원	주임	40	22	500+	46	대졸	가전	현재의 회사	학생	1	계속 취업
萩原 (하기 와라)	정사원	담당	30	10	300	32	대졸	영업 기획	현재의 회사	학생	1	계속 취업
武川 (다께 가와)	정사원	담당	40	7	300	25	고졸	사무실	현재의 회사	학생	1	계속 취업

〈부표-3〉 G3점 면접참가자의 개인사항

이름	고용 구분	직위	주당 노동 시간	근속 (년)	시급(엔)/ 연간소득 (만엔)*	연령	학력	매장	미혼시 직업	전직	취업 회수	결혼/ 출산 퇴직
松井 (마쯔이)	파트 타이머	담당	20	15	790	51	고졸	아동복	백화점 정사원	보모	3	결혼 퇴직
松本 (마쯔모도)	파트 타이머	담당	22	10	790	55	단대졸	양말	인쇄소 정사원	인쇄소 정사원	2	출산 퇴직
岩本 (이와모토)	파트 타이머	담당	20	13	790	45	고졸	속옷	은행 정사원	백화점 파트	3	결혼 퇴직
堀口 (호리구찌)	파트 타이머	담당	22	10	740	44	고졸	신사양품	제조업 정사원	전업주부	2	결혼 퇴직
中村 (나까무라)	메이트 사원	담당	35	1	169***	53	중졸	속옷	제조업 정사원	음식점	7	결혼 시무직
岩川 (이와카와)	메이트 사원	담당	35	3	182***	49	고졸	부인복	백화점 정사원	백화점 파견사원	3	계속 취업
金井 (카나이)	프렌드 사원	담당	37.5	10	177***	43	고졸	부인복 특수사이즈	백화점 정사원	가내노동	3	결혼 퇴직
三輪 (미와)	프렌드 사원	리더	37.5	19	223***	58	고졸	치마 바지	일반회사 경리	슈퍼 파트	3	결혼 퇴직
熱田 (아츠타)	정사원	주임	40	23	350	51	고졸	여성복 특수사이즈	제조업 정사원	주유소 사무원	3	결혼 퇴직
遠藤 (엔도)	정사원	주임	40	25 (22)**	400	49	고졸	구두	전보국	현재회사의 파트	3	출산 퇴직
山本 (야마모토)	정사원	주임	40	13	354	31	고졸	쉐타 브라우스	현재회사	학생	1	계속 취업

** ( ) 안은 정사원으로서의 근속년수
*** 메이트 사원과 프렌드 사원은 연간소득

〈부표-4〉 S1점 면접참가자의 개인사항

이름	고용 구분	직위	주당 노동 시간	근속 (년)	시급(엔)/ 연간소득 (만엔)*	연령	학력	매장	미혼시 직업	전직	취업 회수	결혼/ 출산 퇴직
上村 (우에무라)	헬퍼	담당	25.0	0	605	32	고졸	사무실	제조업 사무직	임시직 공무원	3	결혼 퇴직
杉山 (스기야마)	파트너	담당	35.0	2	630	32	고졸	가공식 품	봉제회사	가내 노동	3	연속 취업
越川 (고에카와)	파트너	담당	25.0	1	605	40	고졸	주거 용품	가업보조	제조업 파트	3	연속 취업
白倉 (시라쿠라)	엑스 퍼트	리더	37.5	14	238***	41	양재 학교	선어	백화점 의복수선	좌동	2	계속 취업
西村 (니시무라)	엑스 퍼트	리더	37.5	20	252***	49	고졸	청과	약국파트	좌동	2	연속 취업

*** 헬퍼, 파트너는 시급, 엑스퍼르는 연간소득

〈부표-5〉 S3점 면접참가자의 개인사항

이름	고용 구분	직위	주당 노동 시간	근속 (년)	시급(엔)/ 연간소득 (만엔)*	연령	학력	매장	미혼시 직업	전직	취업 회수	결혼/ 출산 퇴직
坂口 (사카구찌)	파트너 사원	주임	37.5	24	1,235	57	전문 학교	계산	편물교사	가내노동	3	결혼 퇴직
西川 (니시카와)	파트너 사원	주임	35.0	17	972	45	고졸	양품 일배	요리학원 조수	케익점 파트	3	취업 중단 없음
小林 (고바야시)	파트너 사원	주임	37.5	16	942	46	고졸	정육	사무직		3	결혼 퇴직
山中 (야마나까)	파트너 사원	담당	37.5	17	910	49	고졸	사무실	소기업 사무직	제조업 사무	4	-
関口 (세끼구찌)	정사원	담당	38.8	20	490	38	고졸	사무실	현재회사	학생	1	계속 취업
橋本 (하시모토)	정사원	부주임	38.8	20	490	38	고졸	반찬	현재회사	학생	1	계속 취업
大津 (오츠)	정사원	주임	38.8	26 (23)**	-	53	중졸	반찬	식육회사 생산직	현재회사 파트	3	결혼 퇴직

〈부표-6〉 S4점 면접참가자의 개인사항

이름	고용 구분	직위	주당 노동 시간	근속 (년)	시급(엔)/ 연간소득(만엔)*	연령	학력	매장	미혼시 직업	전직	취업 회수	결혼/ 출산 퇴직
柳沢 (야나기사와)	플렉스 사원	담당	35	19	998	56	고졸	가공식품	가업보조	좌동	2	결혼시 무직
落合 (오찌아이)	플렉스 사원	담당	30	0	759	46	고졸	일배	일반회사 사무직	가내 노동	3	결혼 퇴직
渋谷 (시부야)	플렉스 사원	담당	30	22	1,043	57	단대졸	반찬	일반회사 사무직	전업 주부	2	결혼 퇴직
森 (모리)	플렉스 사원	담당	35	20	1,095	56	고졸	선어	일반회사 사무직	전업 주부	2	결혼 퇴직
平尾 (히라오)	플렉스 사원	담당	30	1	865	41	대졸	정육	-	-	-	-
佐藤 (사토)	플렉스 사원	리더	35	21	1,279	53	고졸	계산	일반회사 사무직	전업 주부	2	결혼 퇴직
佐々木 (사사키)	플렉스 사원	담당	35	8	895	57	고졸	사무실	-	-	-	-

〈부표-7〉 S2사 파트타이머 자격별 작업항목표 (선어)

	프레쉬	시니어	리더	커리어
작업항목	1. 칼 취급	1. 상품화	1.개점준비	1.매장 만들기
	2. 생선회 가공작업	a. 생선회 가공작업 (껍질벗기기 등)	a. 상품도착	a. 작업지시서 발행 (하루)
	3. 냉염수 처리	b. 통마리 가공작업 (세미 도레스, 세 장 뜨기, 열기 등)	b. 검품	b. 매장변경 (전체 조화를 포함)
	4. 온염수 처리	c. 접시담기 (단수미세조정)	c. 구분	2. 판매계획
	5. 접시담기	2. 매장만들기	d. 아침작업 손보기	a. 특가, spot상품 수량설정
	6. 포장작업	a. 판매가 체크	e. 매장 체크 (전체 균형)	b. 매장전개도 작성 (주간)

	프레쉬	시니어	리더	커리어
	7. 계량, 가격붙이기 작업	b. 매장 체크 (정형작업)	2. 매장 만들기	c. 작업할당표 작성
	8. 진열작업	c. 매장변경 (지시에 따른 변경)	a. 작업지시서 발행 (반일)	d. 상품별 면적 설정
	9. 품질 체크(날짜, 물나옴, 이물질 등)	d. POP 작성	b. 검품	e. 판매가 설정
	10. 청소	e. 판매가 변경	c. 온도체크	3. 조정, 변경
	11. 포장재료 보충	3. 상품화 준비	d. 할인(가치와 가격 일치)	a. 매상진척 확인(매장, 판매체 변경 지시)
		a. 수납, 보관	e. 매장변경 (분류 내의 조정)	b. 작업진척상황 체크 (전체 조정)
		b. 피킹, 세팅	f. 판매촉진	c. 투매품 설정(판매가, 판매체 변경지시)
		c. 칼가는 돌 취급	3. 판매계획	4. 기타 업무
		d. 칼 갈기	a. 발주(특별판매, 일시판매 추가 포함)	a. 재고 조사
		4. 발주	b. 판매계획 (매일매일의 수정)	b. 트레이너 업무
		a. 포장재료 발주	c. 매장 전개도 작성 (다음날 분)	
		b. 염간(塩干) 레귤러 발주	d. 매장 지시서 작성	
			4. 조정, 변경	
			a. 매상진척확인 (상품화 수량의 조정)	
			b. 작업진척상황 체크 (단시간내의 조정)	
			5. 상품화	
			a. 생선 토막가공작업 (생다랑어 살뜨기 포함)	
			b. 생선회 가공작업 (다랑어 포함)	

〈부표-8〉 S2사 파트타이머 자격별 작업항목표 (계산)

	프레쉬	시니어	리더	커리어
	1. 기본지식	1. 레지정산	1. 금고점검	1. 상급 트레이닝 (상급 트레이너)
	a. 기초지식	a. 도중집금(途中集金) (금전관리자와 2인제)	a. 금고점검 (금전관리자와 2인제)	a. 접객응대(응용응대) 트레이닝
	2. 레지등록작업	b. 레지닫기작업 (폐점시:#23, #26)	2. 중급 트레이닝 (중급 트레이너)	1) 개별 접객 훈련
	a. 레지등록기본조작 (레지기본조작)	c. 정산 (금전관리자와 2인제)	a. 금고점검 (금전관리자와 2인제)	2) 레지주변의 접객응대
	b. 레지등록기본동작 (접객+레지조작)	d. 오산집계	1) 트레이닝 노트A에 의한 지도요강 교육	3) S/C 주변의 접객응대
	c. 현금 이외의 취급 (기본조작)	e. 각레지정산 (개점전:#99)	2) 트레이닝 계획의 입안방법 교육	4) 클레임 등의 응대, 처리
	d. 금전관리 (기본규칙)	2. 초급트레이닝	3) 지도 포인트(동작 확인 포인트) 교육	5) +알파 서비스 응대
	e. 접객응대 (등록작업중의 대응)	(초급트레이너)	b. 오퍼레이션 (작업수준) 지도	2. 가동계획작성과 운용
	3. 오퍼레이션	a. 결정사항 지도	1) 개점 전 작업	(부문내 인원의 작업 통제)
	a. 개점 전 작업 - 판매가 관련작업	b. 교육스케쥴 입안	2) 폐점 후 작업	a. 고객 수 예측에 기초한 가동대수 산출
작업항목	b. 개점 전 작업 - 레지준비작업	c. 트레이닝 노트 A에 의한 신입교육	3) 영업 중 작업	b. 작업기준 패턴 작성
	c. 개점 전 작업 - 청소	3. 서비스 카운터 업무, CKS작업	4) 레지닫기, 정산	c. 주간가동계획 작성
	d. 개점 전 작업 - 기타: 점포별항목	a. 서비스업무 - 숙련형 업무	5) 시간대별 작업 수준 체크	d. 시간대별 작업에 기초한 작업할당과 작업지시
	e. 폐점작업 - 소모품 보충작업	b. 체커 - 지원업무 - 긴급추가, 판매가연락	3. 레지 시프트의 작성	e. 가동결과의 검증 (효과, 효율)
	f. 폐점작업 - 폐점준비작업	4. 시간대별 작업 레벨 체크	a. 월간근무계획 작성	3. 부문정책과 실행계획의 작성
	g. 폐점작업 - 청소	a. 개점 시 작업준비 수준 체크	b. 주간 필요레지대수 산출	a. 슬랫 결과 분석
	h. 영업 중 작업 - 청소	c. 오전 중 피크시의 서비스 수준 체크	c. 레지 시프트 작성	b. 고객의 목소리 평가 대책 입안
	i. 영업 중 작업 - 소모품 보충작업	d. 저녁피크 시의 서비스 수준 체크	4. 부문별 정기 미팅 등	c. 부문정책 작성
	j. 영업 중 작업 - 비품, 소모품 발주	e. 폐점종료 시의 작업수준 체크	a. 조례, 주례, 종례	d. 목표와 실행계획작성
	4. 서비스 카운터, CSK작업		b. 정기미팅 개최	
	a. 서비스업무 - 정형업무		c. 담당부문회의 참가와 보고	
	b. 체커 - 지원업무 - 정형판단업무			

참고문헌

<일본어문헌>

ゼンセン同盟. 1991.『流通・サービス産業に働く人々の意識』.

パートタイム労働に係る雇用管理研究会報告. 2000.『通常の労働者との均衡を考慮したパートタイム労働者の雇用管理のための考え方の整理について』労働省女性局.

マーケティング史研究会. 2001.『日本流通産業史: 日本的マーケティングの展開』同文舘出版株式会社.

阿部誠. 1991.「パートタイム雇用の階層構造(上):パートタイムの『戦力化』とパートタイム労働者の『階層化』」『大分大学経済論集』第43巻3号.

阿部誠. 1992.「パートタイム雇用の階層構造(下):パートタイムの『戦力化』とパートタイム労働者の『階層化』」『大分大学経済論集』第43巻5号.

伊田広行. 1996.「『パート労働問題』とは何か」大阪経大論集 Vol. 47. No. 1.

伊田広行. 1998.『21世紀労働論 - 規制緩和へのジェンダー的対抗』青木書店.

乙部由子. 2006.『中高年女性のライフサイクルとパートタイマー』ミネルヴァ書房.

永瀬伸子. 1994.「既婚女性の雇用職業形態の選択に関する実証分析」『日本労働研究雑誌』No.418.

永瀬伸子. 1995.「女性の就業選択について」東京大学経済学部博士論文.

永瀬伸子. 1997.「女性就業選択: 家庭内生産と労働供給」中馬宏之. 駿河輝和編『雇用慣行の変化と女性労働』東京大学出版会.

英・スウェーデン・ドイツ・EUに関する研究会資料. 1999. 国際交流基金(編).『女性のパートタイム労働』新水社.

橋詰洋三. 1985.「流通業パート組合結成と雇用政策」『季刊労働法』第136号.

金英. 2001a.「韓日女性労働者の労働市場経験と性別分業意識:正規職·非正規職の比較を中心に」『東亜経済研究』第59巻 第3号.

金英. 2001b.『女性のライフステージとパートタイム労働』ゼンセン同盟 流

通·サービス部会刊.

金英. 2009. 「'均衡を考慮した処遇制度' と働き方のジェンダー化：大手スーパー企業の新人事制度分析を中心に」『社会政策』 第1巻 第2号.

金英. 2010.「おしゃべり共同体の陣地戦と制限的内部化：日本のスーパーマーケットの人事管理とは」『社会科学研究』 第61巻 第5・6号.

経済産業省.『セルフサービス店統計表』 各年版.

経済産業省.『商業統計表』 各年版.

建野賢誠. 2001.「スーパーの日本的展開とマーケティング」 マーケティング史研究会.『日本流通産業史: 日本的マーケティングの展開』 同文舘出版株式会社.

厚生労働省.『女性雇用管理基本調査』 各年版.

厚生労働省.『パートタイマーの実態: パートタイム労働者総合実態調査』 各年版.

厚生労働省.『賃金構造基本統計調査』 各年版.

厚生労働省.『労働組合基礎調査』 各年版.

国際交流基金(編). 1999.『女性のパートタイム労働』. 東京：新水社.

国際産業・労働研究センター. 1992. 『流通業で働くパート等非正規従業員の実体·意識に関する調査』.

佐藤博樹. 1998.「非典型的労働の実態」『日本労働研究雑誌』 第462号.

佐藤博樹・佐野嘉秀・原ひろみ. 2003.『雇用区分の多元化と人事管理の課題』『日本労働研究雑誌』 No.518.

佐野嘉秀. 2000.『パート労働の職域と労使関係』『日本労働研究雑誌』 第481号.

財団法人 21世紀職業財団.『 働く女性の実情 』 各年版.

三山雅子. 1990.「スーパーマーケットにおける能力主義管理と企業内教育-資本による仕事への能動的組織化-」『北海道大学教育学部紀要』 54号.

三山雅子. 1991.「パートタイマーの戦力化と企業内教育」『日本労働研究雑誌』 377号.

三山雅子. 2001.「大競争時代の日本の女性パート労働」竹中恵美子編,『労働とジェンダー』明石書店.

三富紀敬.1992.『欧米女性のライフサイクルとパートタイム労働』ミネルヴァ書房.

山田和代. 1997.「電産賃金体系における『年齢』と『家族』: ジェンダー視点からの分析」『大原社会問題研究所雑誌』No. 461.

山田和代. 2001.「戦後日本の労働組合における家族賃金の形成と展開」竹中恵美子編, 2001,『労働とジェンダー』明石書店.

山縣宏寿. 2007.「生協における正規, パート労働者の賃金格差—A生協の事例に即して」『社会政策学会雑誌』No.19.

篠崎武久・石原真三・塩川嵩年・玄田有史. 2003.『パートが正社員との賃金格差に納得しない理由は何か』『日本労働研究雑誌』No.512.

商業界. 1997.『スーパー名鑑: 本部編 1998年版』.

小野晶子. 2000.「日本の大型小売業における業績管理と要員管理——事例研究: パートタイマー比率増加のメカニズム」『同志社政策科学研究』第2巻第1号.

小野晶子. 2001.「大型小売業における部門の業績管理とパートタイマー」『日本労働研究雑誌』No.498.

仁田道夫. 1993a.「『パートタイム労働』の実態」『ジュリスト』No. 1021.

仁田道夫. 1993b.「『パートタイム労働』の実態をめぐる論点ー大沢助教授の批判に答えて」『ジュリスト』No. 1031.

諏訪康雄. 1994.「日本におけるパートタイム労働政策」『大原社会問題研究所雑誌』No. 424.

水町勇一郎. 1997.『パート労働の法律政策』有斐閣.

水町勇一郎. 1998.「時間制労働者と法」『現代の法 12』岩波出版社.

西本万映子・今野浩一郎. 2003.「パートを中心にした非正社員の均衡処遇と経営パフォーマンス」『日本労働研究雑誌』No.518.

青山悦子. 1990.「パートタイム労働者の人事管理—大手スーパーを中心として—」『三田学会雑誌』83特別号.
浅倉むつ子. 1996.「パートタイム労働と均等待遇原則, 上/下」『労働法律旬報』No.1385, No.1387.
浅倉むつ子. 2004.『パート労働と法律政策』有斐閣.
総務庁統計局.『家計調査』各年版.
総務庁統計局.『就業構造基本調査』各年版.
総務庁統計局.『労働力調査』各年版.
総務庁統計局.『労働力調査特別調査』各年版.
大沢真知子. 1993.『経済変化と女性労働』日本経済評論社.
大沢真知子. 1998.『新しい家族のための経済学』中公新書.
大沢真知子・金明中. 2009.「労働力の非正規化の日韓比較：その要因と社会への影響」『ニッセイ基礎研究所報』No.55.
大沢真理. 1993.「日本的パートの現象と課題一『ジュリスト』四月一五日号『特集:パートタイム労働の現象と課題』を読んで一」『ジュリスト』No. 1026.
大沢真理. 1994.「日本のパートタイム労働とはなにか」,『季刊労働法』170号.
大沢真理. 1997.「パートタイム労働と均等待遇原則-経済的アプローチ」日本労働法学会刊『日本労働法学会誌』90号.
大沢真理. 2002.『男女共同参画社会をつくる』日本放送出版協会.
大沢真理. 2007.『現代日本の生活保障システム』岩波書店.
大沢真理. 2020.『企業中心社会を越えて　現代日本を<ジェンダー>で読む』岩波書店.
大脇雅子. 1999.「日本のパートタイム労働と今後の課題」国際交流基金(編).『女性のパートタイム労働』.
短時間労働の活用と均衡処遇に関する研究会. 2003.『短時間労働の活用と均衡処遇 — 均衡処遇モデルの提案』社会経済生産性本部.
短時間労働の活用と均衡処遇に関する研究会. 2003.『パートタイム労働者の

均衡処遇と経営パフォーマンスに関する調査報告』.
竹中恵美子編. 2001.『労働とジェンダー』明石書店.
中村恵. 1989.「技能という視点からみたパートタイム労働問題」労働省大阪婦人少年室 大阪パートタイム雇用管理改善研究会『技能という視点からみたパートタイム労働問題についての研究』.
禿あや美. 2000.「製造業におけるパートタイマー：A社の定時社員を中心に」, 東京大学 経済学部 修士学位論文.
禿あや美. 2003.「小売業における処遇制度と労使関係：パート労働の職域拡大が持つ意味」『社会政策学会雑誌』No.10.
日本経済新聞社.『流通会社年鑑』各年版.
日本経済新聞社.『流通経済の手引き』各年版.
日本労働研究機構. 1994.『諸外国のパートタイム労働の実態と対策』.
武石恵美子. 2002.「非正規労働者の基幹労働力化」『ニッセイ研究所報』Vol.26.
武石恵美子. 2006.『雇用システムと女性のキャリア』勁草書房.
本多淳亮. 1996.『企業社会と労働者』大阪経済法科大学出版部.
本多淳亮. 1997.「パートタイム労働の理論的検討」『労働法律旬報』No. 1405.
本田一成. 1993.「パートタイム労働者の基幹労働力化と処遇制度」『日本労働研究機構研究紀要』No.6.
本田一成. 1998.「パートタイマーの個別的賃金管理の変容」『日本労働研究雑誌』No.460.
本田一成. 2001.「パートタイマーの量的な基幹労働力化」『日本労働研究雑誌』No. 494.
本田一成. 2002.「チェーンストアにおけるパートタイマーの基幹労働力化と報酬制度に関する実証的研究」『経営情報』8月号.
木村琢磨. 2002.「非正社員・外部人材の活用と職場の諸問題」『日本労働研究雑誌』No.505.
木本喜美子. 2003.『女性労働とマネジメント』勁草書房.

林大樹. 1991.「1980年代の流通業におけるパートタイマーの実態と意識」『一橋論叢』第106巻 第2号.

林大樹. 1992.「パートタイム労働者の組織化を考える」『労働経済旬報』No.1463.

連合総合生活開発研究所. 1992.『労働組合への期待と効果』.

労働政策研究・研修機構. 2005.『パートタイマーと正社員の均衡処遇：総合スーパー労使の事例から』.

労働政策研究・研修機構. 2006.『多様な働き方の実態と課題』.

脇坂明. 1986.「スーパーにおける女性労働力」『岡山大学経済学会雑誌』第17巻 3, 4号.

脇坂明. 1995a.「パートタイマーの類型化 1」『岡山大学経済学会雑誌』第27巻 2号.

脇坂明. 1995b.「パートタイマーの類型化 2」『岡山大学経済学会雑誌』第27巻 3号.

脇坂明. 1996.「パートタイマーの類型化 3」『岡山大学経済学会雑誌』第27巻 4号.

脇坂明・松原光代. 2003.「パートタイマーの基幹化と均等待遇(II)」『学習院大学 経済論叢』Vol.40 No.3.

〈한국어문헌〉

조지 허버트 미트. 2010.『정신·자아·사회 사회적 행동주의자가 분석하는 개인과 사회』 나은영 옮김. 한길사. Mead. George Herbert.1934[2010]. *Mind. Self. and Society*. University of Chicago Press.

터너·비글리·파워. 1996.『사회학이론의 형성』. 김문조 외 옮김. 일신사. Turner, Beeghley and Powers. 1995. *The Emergence of Sociological Theory*. Wadsworth Publishing Company.

막스 베버. 2010.『프로테스탄티즘의 윤리와 자본주의 정신』 김덕영 옮김. 도서출판 길. Weber, Max. 1905. "Die protestantische Ethik und der Geist des Kapitalismus." *Gesammelte Aufsatze zur Religionssoziologie*.

막스 베버. 1997. 『경제와 사회 1』 박성환 옮김. 문학과지성사. Weber, Max. 1972. *Wirtschaft und Gesellschaft Grundriss edr Verstehenden Soziologie*. J.C.B. Mohr(Paul Siebeck) Tubingen.

악셀 호네트. 2011. 『인정투쟁』 문성훈·이헌재 옮김. 사월의 책. Honneth, Axel. 1992. *Kampf um Anerkennung*. Suhrkamp Verlag.

김덕영. 2012. 『막스 베버』 도서출판 길.

김순영. 2006a. "가족주기형 임금제도와 '제도로서의 주부'" 김귀옥·김순영·배은경 엮음. 『젠더연구의 방법과 사회분석』 다해.

김순영. 2006b. "종합슈퍼 기업의 비정규노동 노무관리에 관한 한일비교" 『산업노동연구』 제12권2호.

김순영. 2007. "일본의 사회보장제도에서의 여성지위: 여성 사회권의 세 가지 권리자격을 중심으로" 『페미니즘연구』 제7권1호.

김영. 2011. "녹지 않는 빙하와 청년의 취업상황: 경기회복기의 도쿄를 중심으로" 『한림일본학』 제18집.

〈영어문헌〉

Akerlof&Dickens. 1992. "The Economic Consequence of Cognitive Dissonance". *The American Economic Review*. Vol.72. No.3.

Beechey, V. and Perkins, T. 1987. *A Matter of hours : Women. Part-Time and Labor Market*. Cambridge. Polity Press.

Blossfeld, H.-P. & Hakim, C. 1997. "Comparative Perspective on Part-Time Work" in Blossfeld, H.-P. and Hakim, C. eds. *Between Equalization and Marginalization*. Oxford University Press.

Blossfeld, H.-P. & Hakim, C. eds. 1997. *Between Equalization and Marginalization*. Oxford University Press.

Blumer, Herbert. 1969. *Symbolic Interactionism Perspective and Method.* University of California Press.

Connell, R. W. 1991. *Gender and Power: Society. the Person and Sexual Politics.* Allen and Unwin.

Coser, Lewis. 1971. *Masters of Sociological Thought.* Thomson Learning.

Daune-Richard, A. 1998. "How does the 'social effect' shape the use of part-time work in France. the UK and Sweden?" in Fagan, C. and O'Reilly, J. eds. *Part-Time Prospects.* Routledge.

Dex, S. and Shaw, L. B. 1986. *British and American Women at Work.* London: Macmillan.

Fagan, C. and Rubery, J. 1996. "The Salience of the Part-time Divide in the European Union". *European Sociological Review.* Vol. 12 No. 3.

Fagan, C. and O'Reilly, J. 1998. "Conceptualising part-time Work : the value of an integrated comparative perspectives" in Fagan, C. and O'Reilly, J. eds. *Part Time Prospects.* Routledge.

Hakim, Catherine. 1997. "A Socialogical Perspective on Part-Time Work" in Blossfeld H.-P. and Hakim. C. eds. *Between Equalization and Marginalization.* Oxford University Press.

Houseman, S. and Osawa, M. 1998. "What is the nature of part-time work in the United States of America and Japan?" in Fagan. C. and O'Reilly. J. eds. *Part-Time Prospects.* Routledge.

Jenson, J., Hagen, E. and Reddy, C. 1988. *Feminization of the Labor Force: Paradox and Promises.* Oxford University Press.

Mead, George Herbert. 1938. *The Philosophy of the Act.* University of Chicago Press.

OECD. 2012. *Employment Outlook.* 2012.

O'Reilly, J. 1996. "Theoretical Considerations in Cross-National Employment

Research". *Sociological Research Online*. Vol. 1. No. 1. 〈http://www.socresonline.org.uk/socresonline/1/1/2.html〉.

Orloff, A. S. 1993. "Gender and the Social Rights of Citizenship: The Comparative Analysis of Gender Relations and Welfare States". *American Sociological Review*. Vol. 53.

Pfau-Effinger, B. 1998. "Cultural or structure as explanation for difference in part-time work in Germany. Finland and Netherland?" Fagan. C. and O'Reilly. J. eds. *Part-Time Prospects*. Routledge.

Rubery, Jill. 1998. "Part-time work : a threat to labour standard?" in Fagan, C. and O'Reilly, J. eds. *Part-Time Prospects*. Routledge.

Smith, M., Fagan, C. and Rubery. J. 1998. "Where and why part-time work growing in Europe?" Fagan, C. and O'Reilly, J. eds. *Part-Time Prospects*. Routledge.

Tilly, Chris 1996. *Half a Job : Bad and Good Part-Time Jobs in a Changing Labor Market*. Temple University Press.

설문지

유통업 기혼여성노동자의 직장생활과 가족생활 실태와 의식에 관한 한일비교조사

> 이 조사는 한일 양국 유통업 기혼여성노동자의 직장생활과 가족생활의 실태와 그에 관한 여성노동자의 의식을 비교해, 한일 양국 여성의 여성의 일-가족 양립상황 개선에 기여하고자 하는 목적으로 실시하는 조사입니다. 조사결과가 연구 이외의 목적으로 사용되는 일은 절대로 없을 것입니다. 귀하의 생각을 있는 그대로 기입해주시면 감사하겠습니다. 바쁘신 줄은 잘 알지만 부디 시간을 내시어 조사에 협조해주시길 진심으로 부탁드립니다.

Ⅰ. 귀하 자신과 가족에 관해 여쭙겠습니다.

문1. 현재 회사에서 귀하는 고용형태는 다음 중 무엇입니까?

1. 정사원	2. 계약사원	3. 촉탁	4. 파트타이머
5. 아르바이트	6. 파견	7. 기타(구체적으로	)

문2. 귀하는 현재 몇 세이신가요?

_______________ 세

問 3　あなたと生計を一緒にしている家族の構成はどれですか

1. 남편	2. 남편과 자녀
3. 남편과 자녀와 부모	4. 이혼 후 독신
5. 이혼·별거 후 자녀와 동거	6. 이혼 후 부모 및 친적과 동거
7. 이혼·별거 후 자녀 및 부모와 동거	8. 사별후 독신
9. 사별 후 자녀와 동거	10. 사별 후 부모 및 친적과 동거
11. 사별 후 부모 및 자녀와 동거	12. 기타(구체적으로　　　　)

문4. 귀하와 배우자의 최종학력을 알려주십시오.
(이혼 또는 사별하신 분은 결혼 당시의 배우자의 학력을 선택해주십시오.)

1. 중졸 이하	2. 고졸	귀하 ___________
3. 단기대·전문학교 졸업	4. 4년제 대졸 이상	배우자 ___________
5. 기타(구체적으로		)

문5. (자녀가 있는 분께 여쭙습니다) 귀하의 막내자녀는 현재 몇 세인가요?

______________ 세

문6. 귀하의 세대의 작년 소득액(1998년1월~12월, 귀하 본인의 소득은 제외)에 대해 말씀해주십시오.
(보너스 및 수당 등을 포함하고 세금도 포함한 금액을 적어주십시오).

______________ 엔

문 7. 귀하 자신의 작년소득액(1998년1월~12월)에 대해 말씀해주십시오.
(보너스 및 수당 등을 포함하고 세금도 포함한 금액을 적어주십시오).

______________ 엔

문8. 귀하의 가정에서 주된 가사담당자는 누구입니까?

1. 본인	2. 배우자
3. 자녀	4. 배우자 및 자녀 이외의 가족
5. 가정부 및 타인	6. 기타(구체적으로)

문9. (가정에 개호해야 하는 사람이 있는 분께 여쭙습니다)
귀하의 가정에서 주된 개호담당자는 누구입니까?

1. 본인	2. 배우자
3. 자녀	4. 배우자 및 자녀 이외의 가족
5. 가정부 및 타인	6. 기타(구체적으로)

문10. (자녀가 있는 분께 여쭙습니다) 귀하의 가정에서 주된 육아담당자는 누구입니까?
(자녀가 성장하신 분은 자녀가 어렸을 때를 기준으로 말씀해주십시오)

1. 본인	2. 배우자
3. 자녀	4. 배우자 및 자녀 이외의 가족
5. 가정부 및 타인	6. 기타(구체적으로)

문 11. (자녀가 있는 분께 여쭙습니다) 귀하가 직장에 있는 동안 자녀를 돌보는 사람은 누구입니까?
(자녀가 성장하신 분은 자녀가 어렸을 때를 기준으로 말씀해주십시오)

1. 어린이집 및 유치원	2. 배우자
3. 부모	4. 배우자와 부모 외의 가족, 친척
5. 가정부 및 타인	6. 기타(구체적으로)

문 12. (자녀가 있는 분께 여쭙습니다) 자녀 돌보기를 어린이집이나 타인에게 맡기기 위해 드는 한 달 비용은 얼마입니까? (자녀가 성장하신 분은 자녀가 어렸을 때를 기준으로 말씀해주십시오)

_______________ 엔　　_______________ 년

Ⅱ. 귀하의 취업경험에 관해 여쭙겠습니다.

문 13-1. 귀하는 학교를 졸업한 후 결혼하실 때까지 돈 버는 일을 하셨습니까?

1. 예 ──────→ a 정사원
   b 비정사원
2. 아니요

문 13-2. 귀하는 결혼한 후 출산까지의 기간에 돈 버는 일을 하셨습니까?

1, 예 ──────→ a 정사원
   b 비정사원
2. 아니요

문13-3. 귀하는 출산하신 후 초기육아기까지의 기간에 돈 버는 일을 하셨습니까? (초기육아기: 자녀가 초등학교에 입학할 때까지의 기간)

1, 예 ──────→ a 정사원
   b 비정사원
2. 아니요

문13-4. 귀하는 초기육아기가 끝나고 난 후 돈 버는 일을 하셨습니까?

1, 예 ──────→ a 정사원
   b 비정사원
2. 아니요

문14. 귀하는 현재의 직장에서 근무하시기 직전에 어떤 일을 하고 계셨습니까? 다음 중 해당하는 곳의 번호에 O를 쳐주십시오.

1. 전업주부	2. 가업보조
3. 자영업	4. 통학
5. 현재 회사의 다른 점포의 파트타이머	6. 같은 업종의 다른 회사의 파트타이머

7. 다른 업종의 회사의 파트타이머	8. 현재 회사의 정사원
9. 같은 업종의 다른 회사의 정사원	10. 다른 업종의 회사의 정사원
11. 인재파견회사의 등록 스태프	12. 기타(구체적으로)

문15. 귀하는 결혼하신 직후에 일을 그만두셨나요?

1. 그만두었다 (16번으로 가주세요)
2. 그만두지 않았다 (17번으로 가주세요)
3. 미혼시 일하지 않았다 (18번으로 가주세요)

문16. 귀하가 결혼 직후에 일을 그만두신 이유는 무엇인가요? 아래의 선택지 중에서 세 개를 선택해 중요한 순서대로 적어주세요.

1. 여성은 결혼하면 가정에 전념하는 것이 좋다고 생각해서
2. 직장에서 압력이 있어서
3. 남편이 그만두기를 원해서
4. 일과 가정을 양립하는 생활이 어려워서
5. 당시의 직장에 불만이 있어서
6. 여성은 가정을 희생하면서까지 열심히 일해도 직장인으로서의 미래가 없다고 생각해서
7. 경제적으로 여유가 있어 일할 필요가 없어서
8. 기타(구체적으로)

첫번째 ________ **두번째** ________ **세번째** ________

문17. 귀하가 결혼 후 일을 계속하신 이유는 무엇인가요? 아래의 선택지 중에서 세 개를 선택해 중요한 순서대로 적어주세요.

1. 경제적 안정을 위해서는 외벌이보다 맞벌이가 좋으니까
2. 생활조건 변화와 관계없이 일을 계속하는 것이 당연하다고 생각해서
3. 남편이 계속 일하기를 원해서
4. 직장생활이 즐거워서
5. 결혼 때문에 나 자신의 경력을 희생하고 싶지 않아서
6. 일과 가정을 양립하는 생활이 그다지 어렵지 않아서
7. 아이가 생길 때까지는 괜찮다고 생각해서
8. 남편이 적극적으로 가사를 분담해줘서
9. (구체적으로)

첫번째 ________ **두번째** ________ **세번째** ________

문18. 귀하는 임신 · 출산 시 일을 그만두셨나요?

1. 그만두었다 (19번으로 가주세요)
2. 그만두지 않았다 (20번으로 가주세요)
3. 임신 · 출산 시 일하지 않았다 (21번으로 가주세요)

문19. 귀하가 임신 · 출산시 일을 그만두신 이유는 무엇인가요? 아래의 선택지 중에서 세 개를 선택해 중요한 순서대로 적어주세요.

1. 아이가 있으면 여성은 육아에 전념해야 한다고 생각해서
2. 직장에서 압력이 있어서
3. 남편이 그만두기를 원해서
4. 아이를 맡길 적당한 어린이집을 못 찾아서
5. 출산 후 건강이 나빠져 직장생활을 할 수 없어서
6. 일과 육아를 양립하는 생활이 어려워서
7. 당시의 직장에 불만이 있어서
8. 여성은 가정을 희생하면서까지 열심히 일해도 직장인으로서의 미래가 없다고 생각해서
9. 경제적으로 여유가 있어 일할 필요가 없어서
10. 기타(구체적으로)

첫번째 ________ **두번째** ________ **세번째** ________

문20. 귀하가 임신 · 출산시에 일을 그만두시지 않은 이유는 무엇인가요? 아래의 선택지 중에서 세 개를 선택해 중요한 순서대로 적어주세요.

1. 주택융자 등 경제적 사정 때문에
2. 생활조건 변화와 관계없이 일을 계속하는 것이 당연하다고 생각해서
3. 남편이 계속 일하기를 원해서
4. 직장생활이 즐거워서
5. 아이 때문에 나 자신의 경력을 희생하고 싶지 않아서
6. 일과 가정을 양립하는 생활이 그다지 어렵지 않아서
7. 남편이 적극적으로 육아를 분담해줘서
8. 남편 이외의 가족/친척이 적극적으로 육아를 분담해줘서
9. 기타(구체적으로)

첫번째 ________ **두번째** ________ **세번째** ________

문21. 귀하는 결혼, 임신, 출산 이외의 이유로 일을 그만두신 경험이 있습니까? 있으시다면 그 이유는 무엇입니까? 다음 중 해당되는 곳 모두에 O를 쳐주십시오.

1. 없다
2. 있다 → 이유 A 본인의 병
B 가족의 간호·개호
C 남편 가족의 의사
D 남편의 전근 및 이사
E 정년퇴직
F 일하기 힘든 직장 분위기
G 자기 시간이 필요해서
H 임금, 노동시간 등 노동조건이 나빠서
H 업무 내용에 불만
J 회사 사정(도산·경영악화 등)
K 성희롱
L 해고
M 교육 · 훈련
M 자영업 개업
N 기타(구체적으로)

Ⅲ. 일과 가정의 양립에 관한 생각을 여쭙겠습니다.

문22. 귀하는 결혼한 여성의 직장생활에 관해 어떻게 생각하십니까? 다음 중 해당하는 번호에 O를 쳐주세요.

1. 가능하면 여성은 직장생활을 하지 않는 편이 좋다
2. 여성은 결혼하면 직장생활을 하지 않는 편이 좋다
3. 아이를 낳으면 직장생활을 하지 않는 편이 좋다
4. 가족을 돌보는데 무리가 없는 범위 내에서 하는 편이 좋다
5. 자녀의 학업 및 교육에 문제가 생기지 않는 범위 내에서 하는 편이 좋다
6. 여성도 일생 직장생활을 해서 경제적으로 독립해야 한다
7. 기타(구체적으로)

문23. 만일 귀하가 지금 학생이라면 졸업 후 평생에 걸쳐 어떤 취업방식을 일하고 싶으세요? 다음 중 해당하는 번호에 O를 쳐주세요.

1. 결혼하지 않고 정규직으로 일을 계속하고 싶다
2. 결혼·육아기에도 정규직으로 일을 계속하고 싶다
3. 결혼·육아기 동안은 일을 쉬었다가 그 후 다시 정규직으로 일을 하고 싶다
4. 결혼·육아기 동안은 일을 쉬었다가 그 후 파트 등으로 일을 하고 싶다
5. 결혼·육아기에 일을 그만두고 그 후에는 전업주부로 살고 싶다
6. 처음부터 파트나 아르바이트로 일하고 싶다
7. 자신의 사업을 하고 싶다
8. 연구자, 작가, 예술가 등의 일을 하고 싶다
9. 기타(구체적으로)

문24. 귀하는 여성이 일과 가정을 원만히 양립하기 위해 어떤 지원조치 또는 협조가 가장 필요하다고 생각하십니까? 아래의 선택지 중 세 개를 선택해 중요한 순서대로 적어주세요.

1. 가사와 육아를 분담하려는 남성 자신의 노력
2. 어린이집 확충, 육아개호휴업제도 정비 등 법률적 지원조치
3. 남성에게 가사와 육아를 분담하게 하는 법률적 의무 설정
4. 가정이 있는 여성 노동자에 대한 회사의 지원조치
5. 남녀 모두 전반적인 노동시간 단축
6. 사회적 분위기
7. 정사원에서 파트로, 파트에서 정사원으로의 전환제도
8. 가족 전반의 협력
9. 기타(구체적으로)

첫번째 ________ **두번째** ________ **세번째** ________

문25. 귀하는 가정생활에 관한 다음의 의견에 대해 어떻게 생각하십니까? 「전혀 그렇게 생각하지 않는다」(1점)에서 「완전히 그렇게 생각한다」(7점)까지를 1에서 7까지의 점수로 나타내주십시오.

문 항	찬 성 도						
	1	2	3	4	5	6	7
1. 직장이 있어도 가사는 일차적으로 여성의 책임이다							
2. 직장이 있어도 육아는 일차적으로 여성의 책임이다							
3. 직장이 있어도 자녀교육은 일차적으로 여성의 책임이다							
4. 직장이 있어도 여성에게는 역시 가정이 제일 중요하다							
5. 부부는 자신의 수입을 각자 관리하는 것이 좋다							
6. 남편이 반대하더라도 자신의 직장생활에 대해서는 자신이 결정해야한다							
7. 남성만이 가정의 경제적 부양을 책임지는 것은 불평등이다							
8. 자녀가 있어도 같이 살고 싶지 않은 남편과는 헤어져야 한다							
9. 경제적 불안이 있다면 같이 살고 싶지 않은 남편이라도 헤어지지 않는 것이 좋다							
10. 결혼한 딸에게는 부모 개호에 대한 책임이 없다							
11. 아들이 아니라 며느리가 부모의 개호에 대해 책임지는 것은 옳지 않다							

문26. 귀하의 남편이 귀하의 직장생활을 받아들이는 이유는 무엇입니까? 아래의 선택지 중에서 두 개를 선택해 중요한 순서대로 적어주세요. (이혼 또는 사별하신 분은 결혼 당시의 이유를 답해주시기 바랍니다.)

1. 남편의 수입만으로는 생활이 어려워서
2. 보다 윤택한 생활을 위해
3. 내 일은 내가 정하는 것이니까
4. 여성도 직업을 갖는 것이 당연하다고 생각하니까
5. 남성만 경제적 책임을 지는 것은 불공평하다고 생각해서
6. 지금은 자녀들이 성장해서 집에서 할 일이 많지 않다고 생각해서
7. 자신(남편)에게 불편한 것이 없으니까

첫번째 ________ **두번째** ________

문27. 귀하가 일을 하고 있는 것이 귀하와 귀하의 가정에 어떤 변화를 가져왔다고 생각하십니까? 「전혀 그렇게 생각하지 않는다」(1점)에서 「완전히 그렇게 생각한다」(7점)까지를 1에서 7까지의 점수로 나타내주십시오.

문 항	찬 성 도						
	1	2	3	4	5	6	7
1. 소득이 증가해 생활이 윤택해졌다							
2. 남편과의 관계가 대등해졌다							
3. 남편과 자녀의 가사분담이 늘었다							
4. 잘 돌봐주지 않는다는 가족의 불만이 늘었다							
5. 일과 가정의 이중부담 때문에 건강유지가 어렵다							
6. 남편과 자녀들에게 직접 불만을 들은 적은 없지만 나 자신이 스스로 눈치를 볼 때가 많다							
7. 아이에게 엄마 역할을 충분히 해주지 못해서 미안하다 (자녀가 없는 분은 기입하지 마십시오)							
8. 남편에게 아내 역할을 충분히 해주지 못해서 미안하다 (이혼 또는 사별이신 분은 기입하지 마십시오)							
9. 일과 가정을 양립하기가 어려워 가족들에게 짜증을 내는 일이 많다							

문28. 귀하는 파트타임 노동에 대한 다음의 견해에 대해 어떻게 생각하십니까? 「전혀 그렇게 생각하지 않는다」(1점)에서 「완전히 그렇게 생각한다」(7점)까지를 1에서 7까지의 점수로 나타내주십시오.

문 항	찬 성 도						
	1	2	3	4	5	6	7
1. 파트타임 노동은 여성이 일과 가정을 양립할 수 있게 해주는 고용형태다							
2. 파트타임 노동은 기업이 싼 임금으로 노동자를 고용하기 위한 고용형태다							
3. 파트타임 사원의 증가는 정사원의 고용상태를 불안정하게 한다							
4. 파트타임 노동의 증가는 여성의 자립을 더 어렵게 한다							
5. 파트타임 노동의 증가는 노동자 전체의 노동조건을 악화시킨다							

Ⅳ. 귀하의 노동조건과 업무에 관해 여쭙겠습니다.

문29. 귀하의 직장에서 정사원과 파트타이머는 업무를 어떻게 분담하고 있습니까? a)에서 g)까지 각각에 대해 해당하는 번호에 O를 쳐주십시오.

a) 고객불만에 대한 대응

1. 주로 파트타이머가 하고 있다
2. 정사원도 하지만 파트타이머가 하는 경우가 많다
3. 정사원과 파트타이머가 같은 정도로 하고 있다
4. 주로 정사원이 하지만 파트타이머가 하는 경우도 있다
5. 파트타이머는 하지 않는다

b) 보충하는 상품의 발주

1. 주로 파트타이머가 하고 있다
2. 정사원도 하지만 파트타이머가 하는 경우가 많다
3. 정사원과 파트타이머가 같은 정도로 하고 있다
4. 주로 정사원이 하지만 파트타이머가 하는 경우도 있다
5. 파트타이머는 하지 않는다

c) 신입 파트타이머 지도

1. 주로 파트타이머가 하고 있다
2. 정사원도 하지만 파트타이머가 하는 경우가 많다
3. 정사원과 파트타이머가 같은 정도로 하고 있다
4. 주로 정사원이 하지만 파트타이머가 하는 경우도 있다
5. 파트타이머는 하지 않는다

d) 신입 정사원 지도

1. 주로 파트타이머가 하고 있다
2. 정사원도 하지만 파트타이머가 하는 경우가 많다
3. 정사원과 파트타이머가 같은 정도로 하고 있다
4. 주로 정사원이 하지만 파트타이머가 하는 경우도 있다
5. 파트타이머는 하지 않는다

e) 월별 및 반기(半期)별 매상목표 및 판매(매상)계획 작성

1. 주로 파트타이머가 하고 있다
2. 정사원도 하지만 파트타이머가 하는 경우가 많다

3. 정사원과 파트타이머가 같은 정도로 하고 있다
4. 주로 정사원이 하지만 파트타이머가 하는 경우도 있다
5. 파트타이머는 하지 않는다

f) 작업할당

1. 주로 파트타이머가 하고 있다
2. 정사원도 하지만 파트타이머가 하는 경우가 많다
3. 정사원과 파트타이머가 같은 정도로 하고 있다
4. 주로 정사원이 하지만 파트타이머가 하는 경우도 있다
5. 파트타이머는 하지 않는다

g) 진열과 레이아웃

1. 주로 파트타이머가 하고 있다
2. 정사원도 하지만 파트타이머가 하는 경우가 많다
3. 정사원과 파트타이머가 같은 정도로 하고 있다
4. 주로 정사원이 하지만 파트타이머가 하는 경우도 있다
5. 파트타이머는 하지 않는다

문30-1. 같은 업무를 담당하는 정사원과 비교할 때 파트타이머의 시간당 임금 수준에 대해 어떻게 평가하십니까?

1. 근무시간대의 차이를 생각하면 너무 높다
2. 근무시간대의 차이를 생각하면 다소 높다
3. 근무시간대의 차이를 생각하면 적당한 수준이다
4. 근무시간대의 차이를 생각해도 다소 낮다
5. 근무시간대의 차이를 생각해도 너무 낮다
6. 잘 모르겠다

문30-2. 같은 업무를 담당하는 정사원과 비교할 때 파트타이머의 업무량에 대해 어떻게 평가하십니까?

1. 임금수준의 차이를 생각하면 너무 많다
2. 임금수준의 차이를 생각하면 다소 많다
3. 임금수준의 차이를 생각하면 적절한 수준이다
4. 임금수준의 차이를 생각해도 해도 다소 적다
5. 임금수준의 차이를 생각해도 너무 적다
6. 잘 모르겠다

문31. 귀하는 현재 근무하시는 회사 이외의 곳에서 돈을 벌기 위한 일을 하고 계십니까? 다음 중 해당하는 곳에 O를 쳐주세요.

1. 예 ———→	A 다른 회사의 정사원 B 다른 회사의 파트타이머 C 파견회사의 등록 스태프	2. 아니요

문32. 귀하는 직장생활에 어느 정도 만족하고 계십니까? 직장생활만족도를 1부터 10까지의 점수로 표시해주십시오.

매우 불만									매우 만족
1	2	3	4	5	6	7	8	9	10

문33. 귀하는 현재의 직장생활에 관한 다음의 각 항목에 대해 어떻게 생각하십니까? 「매우 불만」(1점)에서 「매우 만족」(7점)까지를 1에서 7까지의 점수로 평가해주십시오.

	만 족 도						
	1	2	3	4	5	6	7
1. 장기근속 가능성							
2. 근무시간							
3. 직장환경							
4. 업무량							
5. 업무량과 비교한 임금수준							
6. 적성을 고려한 매장 배치							
7. 담당업무에서의 권한							
8. 상사와의 인간관계							
9. 동료와의 인간관계							
10. 승진 · 승격 가능성							
11. 교육 기회							
12. 복리후생							
13. 직장의 장래성							
14. 성취감, 보람							
15. 가정과의 양립 가능성							

문34. 귀하가 직장생활을 하시는 이유는 무엇입니까? 아래의 선택지 중에서 세 가지를 선택해 중요한 순서대로 적어주세요.

1. 주된 생활비를 벌기 위해
2. 생활비를 보조하기 위해
3. 자녀의 교육비나 주택융자금 납부 등이 남편의 수입만으로는 충분하지 않아서
4. 일하는 것은 당연하다고 생각하니까
5. 자신의 인생의 독립성을 높이기 위해
6. 자신을 향상시키고 충실감을 얻기 위해
7. 사회 및 사람과의 연결을 유지하고 싶어서
8. 쇼핑이나 여행 등에 사용할 돈을 벌어 가계에 여유를 주고 싶어서
9. 공부나 취미생활 등 나 자신이 하고 싶은 것을 위한 돈을 벌고 싶어서
10. 기타(구체적으로)

첫번째 ________ **두번째** ________ **세번째** ________

문35. 귀하는 앞으로 어떤 일을 하고 싶으십니까? 아래의 a)에서 g)까지의 각 문항에 대해 답해주십시오.

a) 지금까지와 같은 일	1. 예	2. 아니요
b) 지금보다 기능(技能)이나 책임이 있는 일	1. 예	2. 아니요
c) 업무 내용이 무엇이든 소득이 높은 일	1. 예	2. 아니요
d) 파트타이머가 아니라 정사원	1. 예	2. 아니요
정사원이 아니라 파트타이머		
e) 자신의 적성에 맞는 일	1. 예	2. 아니요
f) 일과 가정의 양립이 어려워 일을 그만두고 싶다	1. 예	2. 아니요
g) 돈 버는 일보다 더 가치 있는 봉사활동을 하고 싶다	1. 예	2. 아니요

V. 노동조합에 관한 생각을 여쭙겠습니다.

문36. 귀하는 노동조합원이십니까?

1. 조합원이다 (37번으로 가주십시오)
2. 조합원이 아니다 (38번으로 가주십시오)

문37. 귀하가 노동조합에 가입하신 이유는 무엇입니까? 아래의 선택지 중에서 두 개를 선택해 중요한 순서대로 적어주세요. (응답 후 40번으로 가주십시오)

1. 노동자의 연대를 강화하기 위해 노동자라면 노동조합에 가입하는 것이 당연하다고 생각하니까
2. 노동조합에 가입하면 임금이나 여러 가지 노동조건이 좋아지니까
3. 노동조합에 가입하면 직장 동료들과 친해져 직장생활이 즐거워지니까
4. 친한 동료가 가입을 권유해서
5. 특별한 이유는 없다
6. 기타(구체적으로)

첫번째 ________ **두번째** ________

문38. 귀하가 노동조합에 가입하시지 않은 이유는 무엇입니까? 아래의 선택지 중에서 두 개를 선택해 중요한 순서대로 적어주세요.

1. 노동조합 자체에 별로 관심이 없어서
2. 특별히 가입을 권유받은 적이 없어서
3. 현재의 회사에 노동조합은 있지만 파트타임 노동자는 가입자격이 없어서
4. 현재의 노동조합은 정사원 중심 노동조합이라서 파트타임 노동자에게는 별로 도움이 되지 않아서
5. 노동조합에 가입하면 관리직들이 싫어하니까
6. 조합비가 부담스러워서
7. 특별한 이유는 없다
8. 기타(구체적으로)

첫번째 ________ **두번째** ________

문39. 귀하는 현재의 회사에 있는 노동조합에 가입을 권유받는다면 어떻게 하시겠습니까?

1. 기쁜 마음으로 가입한다
2. 특별한 불이익이 없다면 가입한다
3. 노동조합이 특별히 도움이 된다고 생각하지 않기 때문에 가입하지 않는다
4. 현재의 노동조합에는 가입하고 싶지 않다
5. 노동조합 자체에 관심이 없어서 가입하지 않는다
6. 잘 모르겠다

문40. 귀하는 노동조합이 어떤 면에서 도움이 된다고 생각하십니까? 아래의 선택지 중에서 세 개를 선택해 중요한 순서대로 적어주세요.

1. 임금과 전반적인 노동조건 개선
2. 회사가 노동자에게 멋대로 할 수 없게 하는 데
3. 복리후생 개선
4. 해고당했을 때의 지원
5. 어려운 상황에 처했을 때의 상담 등 여러 가지 면에서의 지원
6. 노동자 교육
7. 노동자 연대 강화
8. 사회의 전반적인 민주화
9. 기타(구체적으로)

첫번째 ________ **두번째** ________ **세번째** ________

문41. 귀하는 아래의 상황에 직면하게 된다면 어떻게 하시겠습니까? 각 상황별로, 제시된 예 중에서 대응방안을 선택해주십시오.

예 A 참고 견딘다
B 개인적으로 항의한다
C 동료나 주변사람들과 상의한다
D 노동조합에 가서 상담한다
E 노동청에 가서 상담한다
F 민간상담기구 및 시민단체에 가서 상담한다
G 회사를 그만둔다

1. 왕따 등 비인격적 대우를 받았을 때 ________
2. 부당한 업무전환 및 전근 등을 명령받았을 때 ________
3. 부당하게 노동시간단축 및 근무시간대를 변경당했을 때 ________
4. 부당하게 해고당했을 때 ________

Ⅵ. 파트타이머분들에게만 여쭙습니다.

문42. 귀하는 보통 한 주일에 몇 시간 일하십니까? (실노동시간)

_____________ 시간

문43. 귀하는 출근하시는 날 보통 몇 시부터 몇 시까지 근무하십니까?

1. 오전 2. 오후 ________ 시 ________ 분부터
2. 오전 2. 오후 ________ 시 ________ 분까지

문44. 귀하가 정사원 일이 아니라 파트타임 일을 선택하신 이유는 무엇입니까? 아래의 선택지 중에서 세 개를 선택해 중요한 순서대로 적어주세요.

1. 근무시간과 근무일을 선택할 수 있으니까
2. 다른 일과 병행하기 위해
3. 자유로운 시간을 갖고 싶어서
4. 근무지가 집에서 가까워서
5. 가사 및 육아 부담 때문에 정사원으로 일하는 건 무리라서
6. 정사원이 되면 세금 및 사회보험료 부담이 늘어나니까
7. 정사원으로 일하고 싶었지만 채용연령 제한이 있어서 어쩔 수 없이
8. 정사원 일을 찾을 수 없어서
9. 정사원 일처럼 노동시간이 길고 책임이 무거운 일은 하고 싶지 않아서
10. 기타(구체적으로)

첫번째 __________ **두번째** __________ **세번째** __________

문45. 만일 선택하실 수 있다면 귀하는 다음의 어떤 노동조합에 가입하시고 싶으신가요?

1. 회사의 현재의 노동조합
2. 회사 내의 파트타임 노동자만의 노동조합
3. 회사 밖의 현재 존재하는 다른 노동조합
4. 회사 밖의 파트타임 노동자만의 노동조합
5. 어떤 노동조합에도 가입하고 싶지 않다

Ⅶ. 이 설문지의 내용 외에도 귀하가 일과 가정을 양립하면서 또는 파트타임 노동자로서 일하면서 느끼신 어려움이나 불만, 또 그것에 대한 적절한 해결책 및 원하는 지원조치 등이 있다면 어떤 내용이든 적어주십시오.

응답해주셔서 감사합니다.

색인

[ㄱ]

[ㄴ]

[ㄷ]

[ㄹ]

[ㅁ]

[ㅂ]

[ㅅ]

[ㅇ]

[ㅈ]

[ㅊ]

[ㅋ]

[ㅌ]

[ㅍ]

[ㅎ]

[기타]

주부협정과 파트타임 노동

초판 발행 2020년 10월 22일
초판 2쇄 2021년 12월 17일

저자·역자 김 영
사진 김미례·이기태

표지디자인 박지영
내지디자인 박지현

발행인 차정인
펴낸곳 부산대학교 출판문화원
등록 – 제1983-000001호 1983. 11. 10.
주소 – 부산광역시 금정구 부산대학로63번길 2
전화 – (051) 510-1932~3
전송 – (051) 512-7812

* 잘못된 책은 구입한 서점에서 교환해 드립니다.

정가 25,000원

ISBN 978-89-7316-678-7 93330

이 도서의 국립중앙도서관 출판예정도서목록(CIP)은
서지정보유통지원시스템 홈페이지(http://seoji.nl.go.kr)와
국가자료공동목록시스템(http://www.nl.go.kr/kolisnet)에서
이용하실 수 있습니다.(CIP제어번호: 2020042925)